国家卫生和计划生育委员会"十二五"规划
全国高等医药教材建设研究会"十二五"规划教材
全国高等学校制药工程、药物制剂专业规划教材
供药物制剂、制药工程、药学专业用

工业药剂学

主　编　周建平　唐　星

副主编　李范珠　吴传斌　胡巧红　范新华

编　者（按姓氏笔画排列）

马云淑（云南中医学院）

王志萍（广西中医药大学）

李范珠（浙江中医药大学）

吴传斌（中山大学药学院）

张　娜（山东大学药学院）

陈　军（南京中医药大学）

范新华（常州四药制药有限公司）

周建平（中国药科大学）

胡巧红（广东药学院）

唐　星（沈阳药科大学）

蒋曙光（中国药科大学）

人民卫生出版社
PEOPLE'S MEDICAL PUBLISHING HOUSE

图书在版编目（CIP）数据

工业药剂学 / 周建平，唐星主编 . —北京：人民卫生出版社，2014

ISBN 978-7-117-18861-6

Ⅰ. ①工⋯　Ⅱ. ①周⋯②唐⋯　Ⅲ. ①制药工业 – 药剂学 – 高等学校 – 教材　Ⅳ. ①TQ460.1

中国版本图书馆 CIP 数据核字（2014）第 099197 号

| 人卫社官网　www.pmph.com | 出版物查询，在线购书 |
| 人卫医学网　www.ipmph.com | 医学考试辅导，医学数据库服务，医学教育资源，大众健康资讯 |

工业药剂学

主　　编：周建平　唐　星
出版发行：人民卫生出版社（中继线 010-59780011）
地　　址：北京市朝阳区潘家园南里 19 号
邮　　编：100021
E - mail：pmph @ pmph.com
购书热线：010-59787592　010-59787584　010-65264830
印　　刷：保定市中画美凯印刷有限公司
经　　销：新华书店
开　　本：787 × 1092　1/16　　印张：32
字　　数：799 千字
版　　次：2014 年 7 月第 1 版　2020 年 12 月第 1 版第 5 次印刷
标准书号：ISBN 978-7-117-18861-6/R · 18862
定　　价：52.00 元

打击盗版举报电话：010-59787491　E-mail：WQ @ pmph.com
（凡属印装质量问题请与本社市场营销中心联系退换）

出 版 说 明

《国家中长期教育改革和发展规划纲要(2010-2020 年)》和《国家中长期人才发展规划纲要(2010-2020 年)》中强调要培养造就一大批创新能力强、适应经济社会发展需要的高质量各类型工程技术人才,为国家走新型工业化发展道路、建设创新型国家和人才强国战略服务。制药工程、药物制剂专业正是以培养高级工程化和复合型人才为目标,分别于 1998 年、1987 年列入《普通高等学校本科专业目录》,但一直以来都没有专门针对这两个专业本科层次的全国规划性教材。为顺应我国高等教育教学改革与发展的趋势,紧紧围绕专业教学和人才培养目标的要求,做好教材建设工作,更好地满足教学的需要,我社于 2011 年即开始对这两个专业本科层次的办学情况进行了全面系统的调研工作。在广泛调研和充分论证的基础上,全国高等医药教材建设研究会、人民卫生出版社于 2013 年 1 月正式启动了全国高等学校制药工程、药物制剂专业国家卫生和计划生育委员会"十二五"规划教材的组织编写与出版工作。

本套教材主要涵盖了制药工程、药物制剂专业所需的基础课程和专业课程,特别是与药学专业教学要求差别较大的核心课程,共计 17 种(详见附录)。

作为全国首套制药工程、药物制剂专业本科层次的全国规划性教材,具有如下特点:

一、立足培养目标,体现鲜明专业特色

本套教材定位于普通高等学校制药工程专业、药物制剂专业,既确保学生掌握基本理论、基本知识和基本技能,满足本科教学的基本要求,同时又突出专业特色,区别于本科药学专业教材,紧紧围绕专业培养目标,以制药技术和工程应用为背景,通过理论与实践相结合,创建具有鲜明专业特色的本科教材,满足高级科学技术人才和高级工程技术人才培养的需求。

二、对接课程体系,构建合理教材体系

本套教材秉承"精化基础理论、优化专业知识、强化实践能力、深化素质教育、突出专业特色"的原则,构建合理的教材体系。对于制药工程专业,注重体现具有药物特色的工程技术性要求,将药物和工程两方面有机结合、相互渗透、交叉融合;对于药物制剂专业,则强调不单纯以学科型为主,兼顾能力的培养和社会的需要。

三、顺应岗位需求,精心设计教材内容

本套教材的主体框架的制定以技术应用为主线,以"应用"为主旨甄选教材内容,注重学生实践技能的培养,不过分追求知识的"新"与"深"。同时,对于适用于不同专业的同一课程的教材,既突出专业共性,又根据具体专业的教学目标确定内容深浅度和侧重点;对于适用于同一专业的相关教材,既避免重要知识点的遗漏,又去掉了不必要的交叉重复。

四、注重案例引入,理论密切联系实践

本套教材特别强调对于实际案例的运用,通过从药品科研、生产、流通、应用等各环节引入的实际案例,活化基础理论,使教材编写更贴近现实,将理论知识与岗位实践有机结合。既有用实际案例引出相关知识点的介绍,把解决实际问题的过程凝练至理性的维度,使学生对于理论知识的掌握从感性到理性;也有在介绍理论知识后用典型案例进行实证,使学生对于理论内容的理解不再停留在凭空想象,而源于实践。

五、优化编写团队,确保内容贴近岗位

为避免当前教材编写存在学术化倾向严重、实践环节相对薄弱、与岗位需求存在一定程度脱节的弊端,本套教材的编写团队不但有来自全国各高等学校具有丰富教学和科研经验的一线优秀教师作为编写的骨干力量,同时还吸纳了一批来自医药行业企业的具有丰富实践经验的专家参与教材的编写和审定,保障了一线工作岗位上先进技术、技能和实际案例作为教材的内容,确保教材内容贴近岗位实际。

本套教材的编写,得到了全国高等学校制药工程、药物制剂专业教材评审委员会的专家和全国各有关院校和企事业单位的骨干教师和一线专家的支持和参与,在此对有关单位和个人表示衷心的感谢!更期待通过各校的教学使用获得更多的宝贵意见,以便及时更正和修订完善。

全国高等医药教材建设研究会

人民卫生出版社

2014 年 2 月

序号	教材名称	主编	适用专业
1	药物化学 *	孙铁民	制药工程、药物制剂
2	药剂学	杨 丽	制药工程
3	药物分析	孙立新	制药工程、药物制剂
4	制药工程导论	宋 航	制药工程
5	化工制图	韩 静	制药工程、药物制剂
5-1	化工制图习题集	韩 静	制药工程、药物制剂
6	化工原理	王志祥	制药工程、药物制剂
7	制药工艺学	赵临襄 赵广荣	制药工程、药物制剂
8	制药设备与车间设计	王 沛	制药工程、药物制剂
9	制药分离工程	郭立玮	制药工程、药物制剂
10	药品生产质量管理	谢 明 杨 悦	制药工程、药物制剂
11	药物合成反应	郭 春	制药工程
12	药物制剂工程	柯 学	制药工程、药物制剂
13	药物剂型与递药系统	方 亮 龙晓英	药物制剂
14	制药辅料与药品包装	程 怡 傅超美	制药工程、药物制剂、药学
15	工业药剂学	周建平 唐 星	药物制剂、制药工程、药学
16	中药炮制工程学 *	蔡宝昌 张振凌	制药工程、药物制剂
17	中药提取工艺学	李小芳	制药工程、药物制剂

注:* 教材有配套光盘。

全国高等学校制药工程、药物制剂专业
教材评审委员会名单

主任委员

尤启冬　中国药科大学

副主任委员

赵临襄　沈阳药科大学

蔡宝昌　南京中医药大学

委　　员（以姓氏笔画为序）

于奕峰　河北科技大学化学与制药工程学院

元英进　天津大学化工学院

方　浩　山东大学药学院

张　珩　武汉工程大学化工与制药学院

李永吉　黑龙江中医药大学

杨　帆　广东药学院

林桂涛　山东中医药大学

章亚东　郑州大学化工与能源学院

程　怡　广州中医药大学

虞心红　华东理工大学药学院

前　言

药物系指预防、治疗和诊断人的疾病所用物质的总称(亦称原料药)，包括天然药物、化学合成药物和生物技术药物。任何一种药物在临床使用前均必须制成适合于患者使用的安全、有效、质量可控和使用方便的给药形式。工业药剂学是一门围绕药物给药形式，研究其工程理论、生产技术、质量控制和临床应用等内容的一门综合应用性学科，是药剂学的重要分支学科之一，是药剂学的核心。培养和造就掌握现代药物制剂的研究和制造技术的专业科技人才是赋予药学教育工作者的历史使命，也是提高我国制剂工业发展水平的必然选择。

工业药剂学是药物制剂、制药工程等药学专业的主要专业课教材，为了适应我国药学类专业教育的需求以及培养21世纪高素质创新人才，本教材在总结现有教材使用经验的基础上，根据现代制剂工业发展要求和趋势，通过系统梳理、同类合并、突出共性、汇编篇章，并将全书分为三大篇共十八章：第一篇：基本理论和相关知识，本篇由工业药剂学概论、基本理论与方法、药用辅料与应用、车间设计与设备和药品包装与储存等五章内容组成；第二篇：普通制剂与制备技术，本篇由液体制剂、灭菌制剂、固体制剂、雾化制剂、半固体制剂、中药制剂和生物技术药物制剂等七章内容组成；第三篇：新型制剂与制备技术，本篇由快速释放制剂、缓释控释制剂、黏膜给药制剂、透皮给药制剂、靶向给药制剂和新型药物载体等六章内容组成。

本教材以制剂工程基础内容和药剂学基本知识为主，结合现代制剂工业技术和发展趋势，以突出制剂共性技术特征为主线，力求在夯实专业基础理论的基础上，重点掌握常用普通制剂相关知识和技术，积极拓展新型给药制剂相关知识和技术的教学理念，力争实现"基础性知识→必需性知识→发展性知识"的由浅入深、循序渐进的教学目的。具体有如下特点：

1. 在第一篇基本理论和相关知识中，系统整合了制剂工业常用基础理论和方法，有目的地增加了药用辅料与应用、车间设计与设备和药品包装与储存等现代制剂设计与制造、包装与储存等相关知识，有利于学生和读者全面了解现代制剂工业发展现状和趋势。

2. 在第二篇普通制剂与制备技术中，从制剂生产工艺和技术角度，将常用普通制剂划分为液体制剂、灭菌制剂、固体制剂、雾化制剂、半固体制剂、中药制剂和生物技术药物制剂，建立了基于现代制剂工业的分类新方法，有利于学生和读者对知识的系统掌握。

3. 在第三篇新型制剂与制备技术中，根据现代制剂技术现状和发展趋势，将其划分为快速释放制剂、缓释控释制剂、黏膜给药制剂、透皮给药制剂、靶向给药制剂和新型药物载体，既符合现代新制剂的分类方法，又有利于学生和读者对新知识的系统掌握。

4. 制药工程类和药学类院校的各专业学生，可根据各自专业特点以及对药物制剂教学目的和要求的差异，选择性地将本教材内容分为必修、选修或自学等不同要求的篇章。如第

一、第二篇内容可重点面向药学类专业学生;第三篇内容可重点面向药物制剂、制药工程等专业学生。

本教材适合药物制剂、制药工程等药学类院校各本科专业的教学,亦可作为从事药物制剂研发的科技人员的参考书。本教材编者由长期从事药剂学教学和科研工作的各大药学院校教师和生产企业高级专业技术人员组成,在本教材编写过程中姚静、宋煜、夏晓静、周岳宇、蔡翠芳、林霞、胡一平、诸佳珍、刘婷先、王明芳、刘元、马瑞玥、王清清等其他青年教师和专业技术人员协助做了大量工作,在此表示衷心感谢。鉴于现代制剂技术的快速发展,涉及技术领域宽广,专业性和实用性强,限于编者的水平和时间仓促,错误之处在所难免,诚请读者批评指正。

编　者

2014 年 4 月

目　录

第一篇　基本理论与相关知识

第一章　工业药剂学概论 1

第一节　概述 1
一、常用术语与相关学科 2
二、剂型的分类及意义 4
三、工业药剂学的任务与发展 6
第二节　药典及其他药品相关法规简介 13
一、药典 13
二、国家药品标准 14
三、处方与药品 15
四、药品生产管理有关规定 16

第二章　基本理论与方法 19

第一节　溶解和溶出理论 19
一、基本理论 19
二、药物的溶解度与溶出速度 20
第二节　流变学理论 25
一、概述 25
二、流体的基本性质 25
三、流变学在药剂学中的应用与发展 28
第三节　粉体学理论 29
一、概述 29
二、粉体的性质 30
三、粉体学在药剂中的应用与发展 46
第四节　稳定性理论 47
一、概述 47
二、药物稳定性的化学动力学基础 48

三、制剂的稳定性、影响因素及稳定化方法 ……………………………………………… 49

四、固体药物制剂的稳定性 …………………………………………………………………… 59

五、药物与药物制剂稳定性的试验方法 ……………………………………………………… 60

第三章　药用辅料与应用 ………………………………………………………………… 64

第一节　概述 …………………………………………………………………………………… 64

一、药用辅料的作用与应用原则 ……………………………………………………………… 64

二、药用辅料的种类 …………………………………………………………………………… 65

三、药用辅料的一般质量要求 ………………………………………………………………… 65

第二节　表面活性剂 …………………………………………………………………………… 65

一、概述 ………………………………………………………………………………………… 65

二、表面活性剂的种类及主要品种 …………………………………………………………… 66

三、表面活性剂在药剂学中的应用 …………………………………………………………… 67

第三节　药用高分子材料 ……………………………………………………………………… 70

一、概述 ………………………………………………………………………………………… 70

二、药用高分子材料的类别及主要品种 ……………………………………………………… 70

三、药用高分子材料在药剂学中的应用 ……………………………………………………… 71

第四节　药用预混辅料 ………………………………………………………………………… 72

一、概述 ………………………………………………………………………………………… 72

二、类别及主要品种 …………………………………………………………………………… 72

三、预混辅料在药剂学中的应用 ……………………………………………………………… 73

第四章　车间设计与设备 ………………………………………………………………… 75

第一节　制剂车间设计 ………………………………………………………………………… 75

一、制剂工厂设计概述 ………………………………………………………………………… 75

二、制剂工艺流程设计 ………………………………………………………………………… 77

三、物料衡算 …………………………………………………………………………………… 83

四、能量衡算 …………………………………………………………………………………… 85

五、工艺设备的设计和选型 …………………………………………………………………… 86

六、制剂车间布置设计 ………………………………………………………………………… 87

七、制剂车间管道设计 ………………………………………………………………………… 89

八、非工艺设计 ………………………………………………………………………………… 89

第二节　制剂生产设备 ………………………………………………………………………… 90

一、口服固体制剂生产设备 …………………………………………………………………… 90

二、灭菌制剂和无菌制剂生产设备 …………………………………………………………… 92

三、其他制剂生产设备 ………………………………………………………………………… 93

第五章　药品包装与储存 ………………………………………………………………… 94

第一节　药品包装的基本概念 ………………………………………………………………… 94

一、概述 ………………………………………………………………………………………… 94

二、药品包装的定义与分类 …………………………………………… 94

三、药品包装的作用 ……………………………………………………… 95

第二节 药品的包装材料和容器 …………………………………… 96

一、药包材的种类 ………………………………………………………… 96

二、典型药包材的特点 …………………………………………………… 97

三、药包材的质量要求 …………………………………………………… 100

四、药包材的选择原则 …………………………………………………… 101

第三节 药品软包装 ……………………………………………………… 102

一、铝塑泡罩包装 ………………………………………………………… 102

二、复合膜条形包装 ……………………………………………………… 103

三、输液软袋包装 ………………………………………………………… 104

第四节 药品储存与养护 ……………………………………………… 105

一、药品储存 ……………………………………………………………… 106

二、药品养护 ……………………………………………………………… 106

第五节 我国药品包装的有关法规 ………………………………… 106

一、《中华人民共和国药品管理法》 …………………………………… 106

二、《药品包装用材料、容器管理办法》(暂行) ……………………… 107

三、《直接接触药品的包装材料和容器管理办法》 …………………… 107

四、《药品说明书和标签管理规定》 …………………………………… 107

五、《非处方药专有标识管理规定》(暂行) …………………………… 107

六、药包材国家标准 ……………………………………………………… 107

第二篇 普通制剂与制备技术

第六章 液体制剂 …………………………………………………………… 109

第一节 概述 ……………………………………………………………… 109

一、液体制剂的定义、分类、特点与质量要求 ………………………… 109

二、液体制剂的溶剂与附加剂 …………………………………………… 110

三、液体制剂制备的一般工艺流程 ……………………………………… 112

四、不同给药途径用液体制剂 …………………………………………… 112

第二节 低分子溶液剂 ………………………………………………… 112

一、概述 …………………………………………………………………… 112

二、增加药物溶解度的方法 ……………………………………………… 113

三、低分子溶液型液体制剂的处方设计 ………………………………… 113

四、制备 …………………………………………………………………… 114

五、质量评价 ……………………………………………………………… 115

第三节 高分子溶液剂与溶胶剂 …………………………………… 116

一、高分子溶液剂 ………………………………………………………… 116

二、溶胶剂 ………………………………………………………………… 116

第四节 混悬剂 …………………………………………………………… 117

一、概述 …………………………………………………………………………… 117

二、混悬剂的物理稳定性 ………………………………………………………… 118

三、混悬剂的处方设计 …………………………………………………………… 119

四、混悬剂的制备 ………………………………………………………………… 119

五、混悬剂的质量评价 …………………………………………………………… 121

第五节　乳剂 …………………………………………………………………………… 121

一、概述 …………………………………………………………………………… 121

二、乳剂的物理稳定性 …………………………………………………………… 122

三、乳化及乳化剂 ………………………………………………………………… 123

四、乳剂的处方设计 ……………………………………………………………… 124

五、乳剂的制备 …………………………………………………………………… 125

六、乳剂的质量评价 ……………………………………………………………… 128

第六节　液体制剂的包装与贮存 …………………………………………………… 128

第七章　无菌制剂 ……………………………………………………………………… 130

第一节　概述 …………………………………………………………………………… 130

一、无菌制剂的定义与分类 ……………………………………………………… 130

二、无菌制剂的质量要求 ………………………………………………………… 131

第二节　无菌制剂的相关技术与理论 ……………………………………………… 131

一、空气净化技术 ………………………………………………………………… 131

二、水处理技术 …………………………………………………………………… 135

三、液体的过滤技术 ……………………………………………………………… 138

四、热原的去除技术 ……………………………………………………………… 142

五、渗透压调节技术 ……………………………………………………………… 144

六、灭菌与无菌技术 ……………………………………………………………… 146

第三节　注射剂 ………………………………………………………………………… 150

一、概述 …………………………………………………………………………… 150

二、注射剂处方组成 ……………………………………………………………… 153

三、注射剂的制备 ………………………………………………………………… 156

四、注射剂的质量评价 …………………………………………………………… 162

五、举例 …………………………………………………………………………… 163

第四节　输液剂 ………………………………………………………………………… 165

一、输液的分类与质量要求 ……………………………………………………… 166

二、输液剂的制备 ………………………………………………………………… 167

三、输液的质量检查 ……………………………………………………………… 170

四、举例 …………………………………………………………………………… 171

第五节　注射用无菌粉末 …………………………………………………………… 174

一、概述 …………………………………………………………………………… 174

二、注射用无菌粉末的质量要求 ………………………………………………… 174

三、注射用无菌粉末分装工艺 …………………………………………………… 174

　　四、注射用冻干无菌粉末的制备工艺 ·· 175
　第六节　眼用液体制剂及其他无菌制剂 ·· 178
　　一、概述 ·· 178
　　二、药物经眼吸收途径 ·· 179
　　三、眼用制剂的发展 ·· 180
　　四、眼用制剂的质量要求 ··· 180
　　五、眼用液体制剂的附加剂 ··· 181
　　六、眼用液体制剂的制备 ··· 182
　　七、其他灭菌与无菌制剂 ··· 184

第八章　固体制剂 ··· 186

　第一节　概述 ·· 186
　　一、固体剂型的制备工艺 ··· 186
　　二、固体剂型的吸收过程 ··· 186
　　三、Noye-Whitney 方程及其应用 ·· 188
　　四、溶出度 ·· 189
　第二节　散剂 ·· 190
　　一、概述 ·· 190
　　二、散剂的制备 ··· 191
　　三、散剂举例 ·· 200
　第三节　颗粒剂 ·· 200
　　一、概述 ·· 200
　　二、颗粒剂的制备 ··· 200
　　三、颗粒剂的举例 ··· 209
　第四节　胶囊剂 ·· 209
　　一、胶囊剂的定义 ··· 209
　　二、胶囊剂的处方设计 ·· 211
　　三、胶囊剂的制备 ··· 212
　　四、新型胶囊剂的制备 ·· 217
　第五节　片剂 ·· 219
　　一、概述 ·· 219
　　二、常用辅料及作用 ·· 221
　　三、制备方法 ·· 226
　　四、压片 ·· 227
　　五、包衣 ·· 232
　　六、生产中存在的问题及分析 ··· 238
　第六节　滴丸剂 ·· 239
　　一、概述 ·· 239
　　二、常用基质与冷凝介质 ··· 240
　　三、制备方法 ·· 240

　　　四、滴丸剂的质量评价 ……………………………………………………………… 241

　　第七节　微丸 ………………………………………………………………………… 242

　　　一、概述 ……………………………………………………………………………… 242

　　　二、分类 ……………………………………………………………………………… 242

　　　三、微丸的制备 ……………………………………………………………………… 243

　　　四、微丸的质量评价 ………………………………………………………………… 244

　　第八节　膜剂 ………………………………………………………………………… 245

　　　一、概述 ……………………………………………………………………………… 245

　　　二、成膜材料 ………………………………………………………………………… 246

　　　三、膜剂的制备工艺 ………………………………………………………………… 246

　　　四、膜剂的质量评价 ………………………………………………………………… 247

　　第九节　栓剂 ………………………………………………………………………… 248

　　　一、概述 ……………………………………………………………………………… 248

　　　二、栓剂的基质及附加剂 …………………………………………………………… 249

　　　三、栓剂的处方设计 ………………………………………………………………… 250

　　　四、栓剂的制备 ……………………………………………………………………… 252

　　　五、栓剂的质量评价 ………………………………………………………………… 254

第九章　雾化制剂 ……………………………………………………………………… 257

　　第一节　概述 ………………………………………………………………………… 257

　　　一、气雾剂、粉雾剂和喷雾剂的概念 ……………………………………………… 257

　　　二、吸入制剂和非吸入制剂的区别 ………………………………………………… 257

　　第二节　吸入制剂 …………………………………………………………………… 258

　　　一、吸入气雾剂 ……………………………………………………………………… 258

　　　二、粉雾剂 …………………………………………………………………………… 265

　　　三、粉雾剂的质量评价 ……………………………………………………………… 268

　　　四、雾化溶液 ………………………………………………………………………… 269

　　第三节　黏膜及外用制剂 …………………………………………………………… 271

　　　一、黏膜及外用气雾剂 ……………………………………………………………… 271

　　　二、喷雾剂 …………………………………………………………………………… 272

　　　三、泡沫剂 …………………………………………………………………………… 273

　　　四、中药外用气雾剂 ………………………………………………………………… 274

第十章　半固体制剂 …………………………………………………………………… 277

　　第一节　概述 ………………………………………………………………………… 277

　　　一、半固体制剂的概念 ……………………………………………………………… 277

　　　二、半固体制剂的种类 ……………………………………………………………… 277

　　第二节　软膏剂 ……………………………………………………………………… 278

　　　一、概述 ……………………………………………………………………………… 278

　　　二、常用基质 ………………………………………………………………………… 278

　　三、软膏剂的处方设计 ·· 280

　　四、软膏剂的制备 ·· 282

　　五、软膏剂的质量评价 ·· 287

第三节　乳膏剂 ·· 289

　　一、概述 ·· 289

　　二、常用基质 ·· 289

　　三、乳膏剂的处方设计 ·· 292

　　四、乳膏剂的制备 ·· 294

　　五、乳膏剂的质量评价 ·· 295

第四节　凝胶剂 ·· 295

　　一、概述 ·· 295

　　二、水性凝胶材料 ·· 296

　　三、凝胶剂的制备 ·· 297

　　四、凝胶剂的质量评价 ·· 298

第五节　眼膏剂 ·· 298

　　一、概述 ·· 298

　　二、常用基质 ·· 299

　　三、眼膏剂的制备与举例 ·· 299

　　四、眼膏剂的质量评价 ·· 299

第十一章　中药制剂 ·· 301

第一节　概述 ·· 301

　　一、中药与中药制剂的概念 ·· 301

　　二、中药制剂的特点 ·· 301

　　三、中药剂型改革 ·· 302

第二节　中药制剂前处理 ·· 302

　　一、中药的成分 ·· 302

　　二、浸提 ·· 303

　　三、分离与精制 ·· 306

　　四、浓缩与干燥 ·· 308

第三节　浸出制剂 ·· 310

　　一、概述 ·· 310

　　二、汤剂 ·· 311

　　三、合剂 ·· 311

　　四、煎膏剂 ·· 312

　　五、酒剂与酊剂 ·· 313

　　六、流浸膏剂与浸膏剂 ·· 315

第四节　中药丸剂 ·· 315

　　一、概述 ·· 315

　　二、蜜丸 ·· 316

三、水丸 ……………………………………………………………………… 317

四、其他丸剂 ………………………………………………………………… 319

五、丸剂的质量评价 ………………………………………………………… 320

第五节 其他中药成方制剂 …………………………………………………… 321

一、中药片剂 ………………………………………………………………… 321

二、中药胶囊剂 ……………………………………………………………… 322

三、中药注射剂 ……………………………………………………………… 323

四、中药贴膏剂 ……………………………………………………………… 325

第十二章 生物技术药物制剂 ………………………………………………… 327

第一节 概述 …………………………………………………………………… 327

一、定义 ……………………………………………………………………… 327

二、特点 ……………………………………………………………………… 328

第二节 生物技术药物的理化特性与稳定性 ………………………………… 328

一、蛋白质药物的结构与性质 ……………………………………………… 328

二、蛋白质药物的稳定性 …………………………………………………… 329

第三节 生物技术药物制剂的处方和制备工艺 ……………………………… 330

一、生物技术药物的处方设计 ……………………………………………… 330

二、生物技术药物的制备技术及工艺流程 ………………………………… 331

第四节 生物技术药物新型递药系统 ………………………………………… 333

一、纳米载体递药系统 ……………………………………………………… 333

二、长效微球注射剂 ………………………………………………………… 334

三、无针头注射剂 …………………………………………………………… 335

四、结肠定位释药系统 ……………………………………………………… 335

五、肺部给药系统 …………………………………………………………… 335

六、鼻腔给药系统 …………………………………………………………… 335

第三篇 新型制剂与制备技术

第十三章 快速释放制剂 ……………………………………………………… 337

第一节 概述 …………………………………………………………………… 337

一、快速释放制剂的定义与特点 …………………………………………… 337

二、快速释放制剂的发展概况 ……………………………………………… 338

第二节 药物预处理技术 ……………………………………………………… 339

一、速释化药物预处理技术 ………………………………………………… 339

二、药物掩味技术 …………………………………………………………… 348

第三节 快速释放制剂剂型 …………………………………………………… 349

一、分散片 …………………………………………………………………… 349

二、口腔崩解片 ……………………………………………………………… 352

三、滴丸剂 …………………………………………………………………… 358

第十四章　缓释控释制剂 ⋯⋯⋯⋯⋯⋯⋯⋯⋯⋯⋯⋯⋯⋯ 360

第一节　概述 ⋯⋯⋯⋯⋯⋯⋯⋯⋯⋯⋯⋯⋯⋯⋯ 360
　　一、缓释与控释制剂的概念 ⋯⋯⋯⋯⋯⋯⋯ 360
　　二、缓释与控释制剂的特点 ⋯⋯⋯⋯⋯⋯⋯ 361
　　三、缓释与控释制剂的类型 ⋯⋯⋯⋯⋯⋯⋯ 361
　　四、缓释与控释制剂的释药原理 ⋯⋯⋯⋯⋯ 362

第二节　缓释与控释制剂的设计 ⋯⋯⋯⋯⋯⋯⋯ 363
　　一、缓控释剂型设计的临床依据 ⋯⋯⋯⋯⋯ 363
　　二、缓控释剂型设计的可行性评价 ⋯⋯⋯⋯ 365
　　三、缓释与控释制剂的设计 ⋯⋯⋯⋯⋯⋯⋯ 366

第三节　口服缓释与控释制剂 ⋯⋯⋯⋯⋯⋯⋯⋯ 366
　　一、骨架型缓释控释制剂 ⋯⋯⋯⋯⋯⋯⋯⋯ 366
　　二、膜控型缓释与控释制剂 ⋯⋯⋯⋯⋯⋯⋯ 372
　　三、渗透泵型缓释控释制剂 ⋯⋯⋯⋯⋯⋯⋯ 379

第四节　口服定时和定位释药系统 ⋯⋯⋯⋯⋯⋯ 387
　　一、口服定时释药系统 ⋯⋯⋯⋯⋯⋯⋯⋯⋯ 387
　　二、口服定位释药系统 ⋯⋯⋯⋯⋯⋯⋯⋯⋯ 390

第五节　口服缓释控释制剂体内外评价 ⋯⋯⋯⋯ 393
　　一、体外释药行为评价 ⋯⋯⋯⋯⋯⋯⋯⋯⋯ 393
　　二、体内过程评价 ⋯⋯⋯⋯⋯⋯⋯⋯⋯⋯⋯ 396
　　三、体内外相关性 ⋯⋯⋯⋯⋯⋯⋯⋯⋯⋯⋯ 396

第六节　长效注射制剂 ⋯⋯⋯⋯⋯⋯⋯⋯⋯⋯⋯ 399
　　一、长效注射制剂的概念与特点 ⋯⋯⋯⋯⋯ 399
　　二、长效注射释药技术 ⋯⋯⋯⋯⋯⋯⋯⋯⋯ 400
　　三、长效注射微球的制备与评价 ⋯⋯⋯⋯⋯ 403

第十五章　黏膜给药制剂 ⋯⋯⋯⋯⋯⋯⋯⋯⋯⋯⋯⋯ 409

第一节　概述 ⋯⋯⋯⋯⋯⋯⋯⋯⋯⋯⋯⋯⋯⋯⋯ 409
　　一、黏膜给药的定义与特点 ⋯⋯⋯⋯⋯⋯⋯ 409
　　二、黏膜给药的分类 ⋯⋯⋯⋯⋯⋯⋯⋯⋯⋯ 409
　　三、黏膜给药的吸收机制及影响因素 ⋯⋯⋯ 410
　　四、影响药物黏膜吸收的因素及黏膜吸收促进剂 ⋯ 411
　　五、黏膜给药的质量要求 ⋯⋯⋯⋯⋯⋯⋯⋯ 411
　　六、发展趋势 ⋯⋯⋯⋯⋯⋯⋯⋯⋯⋯⋯⋯⋯ 412

第二节　口腔黏膜给药制剂 ⋯⋯⋯⋯⋯⋯⋯⋯⋯ 412
　　一、口腔黏膜给药制剂的定义与特点 ⋯⋯⋯ 412
　　二、口腔黏膜给药制剂的分类 ⋯⋯⋯⋯⋯⋯ 412
　　三、口腔黏膜给药制剂的质量要求 ⋯⋯⋯⋯ 413
　　四、处方设计及举例 ⋯⋯⋯⋯⋯⋯⋯⋯⋯⋯ 413

第三节 鼻黏膜给药制剂 ································ 415
一、鼻黏膜给药制剂的定义与特点 ················ 415
二、鼻黏膜给药制剂分类 ························ 415
三、鼻黏膜给药制剂的质量要求 ·················· 416
四、鼻黏膜给药制剂处方设计 ···················· 417

第十六章 透皮给药制剂 ······························ 419

第一节 概述 ···································· 419
一、TDDS 的发展与特点 ······················ 419
二、TDDS 的分类 ···························· 420
三、适合透皮给药的药物 ························ 421
四、质量要求 ································ 421
第二节 经皮给药制剂的设计 ······················ 421
一、皮肤的生理结构与吸收途径 ·················· 421
二、影响药物经皮吸收的因素 ···················· 422
三、促进药物的经皮吸收 ························ 424
四、经皮吸收制剂的处方设计 ···················· 426
第三节 经皮给药制剂的制备 ······················ 428
一、制备工艺流程 ···························· 429
二、基本工艺 ································ 430
三、经皮给药系统实例 ·························· 431
第四节 经皮给药制剂的质量评价 ···················· 433
一、体外评价 ································ 433
二、生物利用度的测定 ·························· 435

第十七章 靶向给药制剂 ······························ 438

第一节 概述 ···································· 438
一、靶向制剂的定义 ·························· 438
二、靶向制剂的分类 ·························· 439
三、靶向制剂的特点 ·························· 440
四、靶向性评价 ······························ 440
五、适用药物 ································ 441
第二节 被动靶向制剂 ···························· 441
一、脂质体 ·································· 441
二、靶向乳剂 ································ 452
三、微球 ···································· 454
四、纳米粒 ·································· 454
第三节 主动靶向制剂 ···························· 458
一、修饰的药物载体 ·························· 459
二、靶向前体药物和药物大分子复合物 ·············· 461

第四节　物理化学靶向制剂 ··· 462

一、磁性靶向制剂 ··· 462

二、栓塞靶向制剂 ··· 464

三、热敏感靶向制剂 ·· 465

四、pH 敏感靶向制剂 ··· 465

第十八章　新型药物载体 ··· 467

第一节　无机药物载体 ··· 467

一、纳米羟基磷灰石作为药物载体 ·· 467

二、多孔二氧化硅作为药物载体 ·· 472

三、碳纳米管作为药物载体 ··· 477

四、其他类无机药物载体 ·· 479

第二节　蛋白类药物载体 ··· 480

一、白蛋白类载体 ··· 480

二、脂蛋白类载体 ··· 482

三、胶原蛋白类药物载体 ·· 483

第三节　细胞类载体 ··· 484

一、红细胞类载体 ··· 485

二、其他类细胞载体 ·· 487

第一篇 基本理论与相关知识

第一章 工业药剂学概论

> **本章要点**
> 1. 掌握工业药剂学、制剂与剂型、药典等常用术语的基本定义,制剂与剂型分类、作用与意义等。
> 2. 熟悉工业药剂学研究核心和主要内容,药典标准与药品标准,GMP 和 cGMP 基本要求以及对制药工业的影响,处方及非处方药等。
> 3. 了解药剂学发展历程以及在我国制药工业中的地位,工业药剂学的相关学科及之间的联系,工业药剂学的任务和发展等。

第一节 概 述

工业药剂学(industrial pharmacy)系指研究药物制剂和剂型的工程理论、生产技术、质量控制和临床应用等内容的一门综合应用性科学,是药剂学(pharmaceutics 或 pharmacy)的重要分支学科之一,是药剂学的核心。其基本任务是研究将药物制成适宜的剂型,保证以质量优良的制剂满足医疗卫生工作的需要。由于药物不能直接以原料药形式直接应用于临床,必须制备成具有一定形状且适合应用的形式,根据药物的使用目的和性质,可制备适宜的剂型;不同剂型的给药方式不同,其药物在体内的行为也不同,从而产生不同的疗效和不良反应。由此可见,工业药剂学既具有工艺学的性质,又密切联系临床实践,在药学研究领域内具有重要地位,特别在药物制剂研发和临床应用过程中,以及制药工业产业链中起至关重要作用。

目前,药物制剂主要在现代制药企业中批量生产,极少部分制剂由医院制剂室按需少量制备(一般仅供院内使用)。现代制药企业具有专业的工程技术人员、先进的制药设备以及严格的质量保障体系(如 good manufacture practice,GMP),有利于药物制剂的机械化、自动化、批量化生产,不仅劳动生产率高,且在保证产品质量的前提下,可有效降低生产成本,及时为广大民众提供安全、有效、质量可控、使用方便以及价格低廉的临床用药品。

工业药剂学的核心内容是研究药物制剂和剂型的处方工艺设计,以及工业化生产理论、技术和质量控制等,是基于物理化学、化工原理、药物化学、药物分析、制药机械和药用高分子辅料等的综合应用性课程,是药物制剂和制药工程专业的核心课程之一。

一、常用术语与相关学科

(一)常用术语

1. **药物与药品** 药物系指用以预防、治疗和诊断人的疾病所用的物质的总称(亦称原料药),包括天然药物、化学合成药物和生物技术药物。药品(drugs 或 medicines)系指由药物制成的各种药物制品,可直接用于病人的制剂,并规定有适应证、用法、用量的物质,包括中药材、中药饮片、中成药;化学药物和抗生素制剂;生化药品、放射性药品、血清疫苗、血液制品和诊断药品等。药物与药品是不完全等同的两个概念。

2. **药剂学** 系指研究药物剂型和制剂的配制理论、生产技术、质量控制与合理应用等内容的一门综合性技术科学。

3. **剂型**(dosage forms) 几乎所有的药物在临床应用之前,都必须制成适合于医疗或预防应用的形式,以充分发挥药效、减少毒副作用、便于运输、使用与保存。这种适合于疾病的诊断、治疗或预防的需要而制备的不同给药形式,称为药物剂型,简称剂型,如片剂、胶囊剂、注射剂等。

4. **药物制剂**(pharmaceutical preparations) 系指将原料药物按照某种剂型制成一定规格并具有一定质量标准的具体品种,简称制剂。根据制剂命名原则,制剂名=药物通用名+剂型名,如维生素 C 片、阿莫西林胶囊、鱼肝油胶丸等。

5. **辅料和物料** 辅料系指药物制剂中除主药(即活性物质)以外的一切其他成分的总称,是生产制剂和调配处方时所添加的赋形剂和附加剂,是制剂生产中必不可少的组成部分。物料系指制剂生产过程中所用的原料、辅料和包装材料等物品的总称。

6. **药品批准文号** 生产新药或者已有国家标准的药品,须经国务院食品药品监督管理部门批准,并在批准文件上规定该药品的专有编号,此编号称为药品批准文号,是药品生产合法性的标志,药品生产企业在取得药品批准文号后,方可生产该药品。药品批准文号格式:国药准字+1 位字母+8 位数字,试生产药品批准文号格式:国药试字 + 1 位字母 + 8 位数字。其中化学药品使用字母"H",中药使用字母"Z",保健药品使用字母"B",生物制品使用字母"S",体外化学诊断试剂使用字母"T",药用辅料使用字母"F",进口分包装药品使用字母"J"。

7. **批和批号** 在规定限度内具有同一性质和质量,并在同一连续生产周期内生产出来的一定数量的药品为一批。所谓规定限度是指一次投料,同一生产工艺过程,同一生产容器中制得的产品。批号是用于识别"批"的一组数字或字母加数字,用于追溯和审查该批药品的生产历史。每批药品均应编制生产批号。

8. **通用名和商品名** 药品的通用名称系指根据国际通用药品名称、中国国家药典委员会《新药审批办法》的规定的原则命名。药品的通用名称,即同一处方或同一品种的药品使用相同的名称,有利于国家对药品的监督管理,有利于医生选用药品,有利于保护消费者合法权益,也有利于制药企业之间展开公平竞争。药品商品名又称商标名,系指经国家食品药品监督管理部门批准的特定企业使用的该药品专用的商品名称,即不同厂家生产的同一种药物制剂可以有不同的名称,具有专有性质,不可仿用。商品名经注册后即为注册药品。国际非专有名(INN)是世界卫生组织(WHO)制定的药物(原料药)的国际通用名,采用国家非专有名,使世界药物名称得到统一,便于交流和协作。如左旋氧氟沙星是通用名,而"利复星"、"来立信"等即是它的商品名。

(二)工业药剂学的相关学科

药剂学是以多门学科的理论为基础的综合型技术科学,在其不断发展的过程中,各学科互相影响、互相渗透,已形成了许多药剂学的分支学科。工业药剂学是药剂学的核心,是建立在药剂学其他分支学科理论及技术基础上的科学,吸收融合了材料科学、机械科学、粉体工程学、化学工程学等学科的理论和实践,其主要任务是研究剂型和处方设计,制剂工业生产的理论、技术和质量控制等有关问题的学科,是本书介绍的主题内容。

随着时代的发展以及学科细分化趋势,根据现有的药剂学相关学科,可将其分为三大类,即:基础性研究学科(物理药剂学、生物药剂学、药物动力学等)、工业化研究学科(工业药剂学、制剂工程学、药用高分子材料学、制药机械学等)、临床应用研究学科(临床药学、调剂学等),其主要学科简介如下:

1. 物理药剂学(physical pharmacy)　亦称物理药学,系指运用物理化学的原理、方法和手段,研究药剂学中有关处方设计、制备工艺、剂型特点、质量控制等内容的边缘科学。由于药物制剂加工过程主要是物理过程及物理化学过程,因此从 20 世纪 50 年代开始,物理药剂学逐渐发展,由此物理药剂学由简单的剂型制备迈向了科学化和理论化。近年来,物理学的理论和方法在药剂学中的应用日渐增多,对物理药剂学的发展起到了进一步的促进作用。国内外已有物理药剂学的专著和教科书,如 2011 年出版的 Alexander T. 等主编的第五版的 Physicochemical principle of pharmacy。

2. 生物药剂学(biopharmaceutics)　系指研究药物及其剂型在体内的吸收、分布、代谢与排泄的机制及过程,阐明药物因素、剂型因素和生理因素与药效之间关系的边缘科学。自 20 世纪 60 年代迅速发展起来,着重于药物的体内过程,在药物的处方设计、制剂工艺以及最大限度提高生物利用度等方面进行了大量的基础性研究。其中生物药剂学分类系统(biopharmaceutics classification system,BCS)系指根据药物的溶解度和渗透性高低将药物分为四大类的方法,即:Ⅰ类药物为高溶解性和高渗透性;Ⅱ类药物为低溶解性和高渗透性;Ⅲ类药物为高溶解性和低渗透性;Ⅳ类药物为低溶解性和低渗透性。具有生物豁免(biowaiver)的Ⅰ类药物制成口服固体速释剂型可不需进行体内生物利用度试验,仅通过体外溶出度实验可说明生物等效。

3. 药物动力学(pharmacokinetics)　系指采用数学的方法,研究药物的吸收、分布、代谢、排泄的经时过程,及其与药效之间关系的科学。在 20 世纪 70 年代发展为一门独立的学科,已成为药剂学的重要基础学科和边缘学科,为制剂设计、剂型改革、安全合理用药等提供了量化的控制指标。

4. 制剂工程学(engineering of drug preparation)　系指以药剂学、工程学及相关科学的理论和技术来综合研究制剂工程化的应用科学。其综合研究的内容包括产品开发、工程设计、单元操作、生产过程和质量控制等,目的是如何规模化、规范化生产制剂产品。将药物应用于人体时,从药剂学观点制成质量优良的制剂即可,但从制剂工程学观点需要考虑成本、效益。制剂工程学是紧紧围绕企业的需要,即经济效益。要实现降低成本、提高效益这个目标,就必须强调设计和管理上充分利用好一切资源,必须在工程实施上控制好各项参数、指标,深挖潜力,降消耗,堵漏洞,调动一切积极因素。

5. 药用高分子材料学（polymer in pharmaceutics） 系指研究用于药物剂型设计和制剂处方中的合成和天然高分子材料的结构、制备、理化特性、功能与应用的一门交叉学科。高分子材料在剂型中应用广泛,制剂处方中辅料绝大部分属于高分子材料范畴。从某种意义上讲,没有辅料就没有剂型,没有新辅料也没有新剂型。随着高分子材料学的发展,极大促进了药用辅料的发展,加之高分子药物的出现,使人们认识到掌握、了解高分子材料基本理论的重要意义。因此药用高分子材料学是药物制剂专业的必备知识。

6. 临床药学（clinical pharmacy,亦称临床药剂学） 系指以患者为对象,研究合理、有效与安全用药的科学。研究内容主要包括:临床用制剂和处方的研究;药物制剂的临床研究和评价;药物制剂的生物利用度研究;药物剂量的临床监控;药物配伍变化及相互作用研究等。临床药学的出现使药剂工作者直接参与对患者的药物治疗活动,符合医药结合的时代要求,可以较大幅度地提高临床治疗水平。

二、剂型的分类及意义

药物在临床使用前必须制成各类适宜的剂型以适应于临床应用上的各种需要。为了便于研究、学习和应用,有必要对剂型进行分类。剂型的分类方法主要有以下几种:

(一) 剂型的分类

1. 按给药途径分类 将同一给药途径的剂型分为一类,紧密联系临床,能反映给药途径对剂型制备的要求。

(1) 经胃肠道给药剂型:此类剂型是指给药后药物经胃肠道吸收后发挥疗效。如溶液剂、糖浆剂、颗粒剂、胶囊剂、散剂、丸剂、片剂等。口服给药虽然简单方便,但有些药物易受胃酸破坏或被肝脏代谢,引起生物利用度的问题,有些药物对胃肠道有刺激性。

(2) 非经胃肠道给药剂型:此类剂型是指除胃肠道给药途径以外的其他所有剂型,包括:①注射给药,如注射剂,包括静脉注射、肌内注射、皮下注射及皮内注射等;②皮肤给药,如外用溶液剂、洗剂、软膏剂、贴剂、凝胶剂等;③口腔给药,如漱口剂、含片、舌下片剂、膜剂等;④鼻腔给药,如滴鼻剂、喷雾剂、粉雾剂等;⑤肺部给药,如气雾剂、吸入剂、粉雾剂等;⑥眼部给药,如滴眼剂、眼膏剂、眼用凝胶、植入剂等;⑦直肠、阴道和尿道给药,如灌肠剂、栓剂等。

此分类方法的缺点是会产生同一种剂型由于给药途径的不同而出现多次。如喷雾剂既可以通过口腔给药,也可以通过鼻腔、皮肤或肺部给药。又如临床上的氯化钠生理盐水,可以是注射剂,也可以是滴眼剂、滴鼻剂、灌肠剂等。所以此种分类方法无法体现具体剂型的内在特点。

2. 按分散体系分类 按剂型的分散特性,即根据分散介质存在状态的不同以及分散相在分散介质存在的状态特征不同进行分类,利用物理化学等理论对有关问题进行研究,基本上可以反映出剂型的均匀性、稳定性以及制法的要求。分类如下:

(1) 真溶液类:药物以分子或离子状态均匀地分散在分散介质中形成的剂型。通常药物分子的直径小于 1nm,如溶液剂、糖浆剂、甘油剂、溶液型注射剂等。

(2) 胶体溶液类:固体或高分子药物分散在分散介质中所形成的不均匀(溶胶)或均匀的(高分子溶液)分散系统的液体制剂。分散相的直径在 1~100nm 之间,如溶胶剂、胶浆剂。

(3) 乳剂类:液体分散相以小液滴形式分散在另一种互不相溶液体分散介质中组成非均相的液体制剂。分散相的直径通常在 0.1~50μm 之间,如口服乳剂、静脉乳剂、乳膏剂等。

(4) 混悬液类:难溶性药物以固体小粒子分散在液体分散介质中组成非均相分散系统的

液体制剂。分散相的直径通常在 $0.1\sim50\mu m$ 之间,如混悬型洗剂、口服混悬剂、部分软膏剂等。

(5) 气体分散类:液体或固体药物分散在气体分散介质中形成的分散系统的制剂,如气雾剂、喷雾剂等。

(6) 固体分散类:固体药物以聚集体状态与辅料混合呈固态的制剂,如散剂、丸剂、胶囊剂、片剂等普通剂型。这类制剂在药物制剂中占有很大的比例。

(7) 微粒类:药物通常以不同大小的微粒呈液体或固体状态分散,主要特点是粒径一般为微米级(如微囊、微球、脂质体等)或纳米级(如纳米囊、纳米粒、纳米脂质体等),这类剂型能改变药物在体内的吸收、分布等方面特征,是近年来大力研发的药物靶向剂型。

按该法进行分类的缺点在于不能反映剂型的用药特点,可能会出现同一种剂型由于辅料和制法不同而属于不同的分散系统,如注射剂可以是溶液型,也可以是乳状液型、混悬型或微粒型等。

3. 按形态学分类　根据物质形态分类,即分为固体剂型(如散剂、丸剂、颗粒剂、胶囊剂、片剂等)、半固体剂型(如软膏剂、糊剂等)、液体剂型(如溶液剂、芳香水剂、注射剂等)和气体剂型(如气雾剂、部分吸入剂等)。一般而言,形态相同的剂型,在制备特点上有相似之处。例如,液体制剂制备时多需溶解、分散等操作;半固体制剂多需熔化和研和,固体制剂多需粉碎、混合等。但剂型的形态不同,药物作用的速度也不同,如同样是口服给药,液体制剂起效最快,固体制剂则较慢。这种分类方式具有直观、明确的特点,且对药物制剂的设计、生产、储存和应用都有一定的指导意义。不足之处是没有考虑制剂的内在特点和给药途径。

4. 按制法分类　根据制备方法进行分类,与制剂生产技术相关。例如,浸出制剂是用浸出方法制成的剂型(如流浸膏剂、酊剂等);无菌制剂是用灭菌方法或无菌技术制成的剂型(如注射剂、滴眼剂等)。但这种分类方法不能包含全部剂型,故不常用。

5. 按作用时间进行分类　根据剂型作用快慢,分为速释、普通和缓控释制剂等。这种分类方法能直接反映用药后药物起效的快慢和作用持续时间的长短,因而有利于合理用药。但该法无法区分剂型之间的固有属性。如注射剂和片剂都可以设计成速释和缓释产品,但两种剂型的制备工艺截然不同。

以上剂型分类方法各有其特点,但均不完善,各有其优缺点。因此,本书中沿用了医疗、生产、教学等长期使用习惯,采用综合分类的方法。

(二) 剂型的意义

1. 药物剂型与给药途径有关　对临床治疗效果也会产生重要影响。药物制成制剂应用于人体,在人体部位中有二十余种给药途径,即口腔、舌下、颊部、胃肠道、直肠、子宫、阴道、尿道、耳道、鼻腔、咽喉、支气管、肺部、皮内、皮下、肌肉、静脉、动脉、皮肤、眼等。药物剂型必须根据这些给药途径的特点来制备。如眼黏膜用药途径是以液体、半固体剂型最为方便,舌下给药则应以速释制剂为主。有些剂型可以多种途径给药,如溶液剂可通过胃肠道、皮肤、口腔、鼻腔、直肠等途径给药。总之,药物剂型必须与给药途径相适应。

2. 药物剂型的重要性　一种药物可制成多种剂型,可用于多种给药途径,而一种药物可制成何种剂型主要由药物的性质,临床应用的需要、运输、储存等方面的要求决定。良好的剂型可以发挥出良好的药效,剂型的重要性主要体现在以下几个方面:

(1) 可改变药物的作用性质:如硫酸镁口服剂型用作泻下药,但 5% 注射液静脉滴注,能抑制大脑中枢神经,具有镇静、镇痉作用;又如依沙吖啶(ethacridine,即利凡诺)1% 注射液用于中期引产,但 0.1%~0.2% 溶液局部涂敷有杀菌作用。

（2）可调节药物的作用速度：如注射剂、吸入气雾剂等，发挥药效很快，常用于急救；丸剂、缓控释制剂、植入剂等属长效制剂。医生可按疾病治疗的需要选用不同作用速度的剂型。

（3）可降低（或消除）药物的不良反应：如氨茶碱治疗哮喘病效果很好，但有引起心跳加快的毒副作用，若改成栓剂则可消除这种不良反应；缓释与控释制剂能保持血药浓度平稳，从而在一定程度上降低某些药物的不良反应。

（4）可产生靶向作用：如静脉注射用脂质体是具有微粒结构的剂型，在体内能被网状内皮系统的巨噬细胞所吞噬，使药物在肝、脾等器官浓集性分布，即在肝、脾等器官发挥疗效的药物剂型。

（5）可提高药物的稳定性：同种主药制成固体制剂的稳定性高于液体制剂，对于主药易发生降解的，可以考虑制成固体制剂。

（6）可影响疗效：固体剂型如片剂、颗粒剂、丸剂的制备工艺不同会对药效产生显著的影响，药物晶型、药物粒子大小的不同，也可直接影响药物的释放，从而影响药物的治疗效果。

三、工业药剂学的任务与发展

（一）工业药剂学的任务

工业药剂学的基本任务是研究将药物制成适宜的剂型，以优质（安全、有效、质量可控、依从性好）的制剂满足医疗与预防的需要。因此，剂型设计应符合安全有效、质量可控、方便使用的原则，其主要任务包括：

1. 基本理论的研究　每个学科的发展均建立在基本理论的基础上，工业药剂学也不例外。缓控释、透皮以及靶向等理论奠定了缓控释制剂、透皮制剂以及靶向制剂研发的基石，掀起了该三大类制剂的产业化和临床使用热潮，使得药剂学及其相关学科发展更加迅猛。

制剂生产的过程虽然是对有效物质仅仅进行了物理和物理化学处理，但涉及的领域则较为宽泛，需进行广泛而深入的基础理论研究，以提高制剂的生产水平和技术含量。例如，物理化学的分散系理论与剂型相结合，生物药剂学的剂型因素、生理因素对药效影响的深入研究，以及药物动力学体内经时过程的理论发展，对药剂学的发展均具有显著的促进作用。片剂的成型理论，对片剂生产和质量控制有重要的指导意义；以表面活性剂形成胶束用于增加药物溶解度，在药剂学已广泛应用，但对高聚物胶束对难溶性药物增溶理论研究，则亟待深入；采用流变学的基本理论和方法，作为控制混悬液、乳状液、软膏等剂型质量控制的客观指标，可以优化制剂制备工艺和产品质量；把物理化学的动力学理论与制剂稳定性研究相结合，可预测制剂的有效期。因此说，在正确理论指导下的实践具有明确的方向性和较高的成功率。

2. 提高普通剂型的质量　我国目前生产的某些普通剂型的质量与发达国家相比，还有一定的差距。如制剂产品的批内和批间差异性较大，这可能源于原辅料质量差异、制剂生产过程监控不严格、制剂设备运用不稳定等。口服固体制剂的溶出度是衡量药物吸收的体外指标，我国药典规定溶出度标准的制剂数明显少于先进国家药典的品种，不少市售的国产固体制剂的溶出度常常达不到先进国家药典标准，以致我国生产的原料药大量出口，而制剂出口到发达国家的比例极低，甚至还需进口一些普通制剂。因此，只有在提高我国制剂质量的基础上，才能增加国产制剂在国内市场的占有率，从而改变目前低价出口原料，高价进口制剂的局面。

3. 新剂型、新制剂、新技术、新辅料、新设备的研究和开发　近年来，国内外制药行业投入大量的人力、物力和财力相继研究,开发了多种具有"三效"(高效、速效、长效)、"三定"(定时、定位、定量)特征的新剂型和新制剂,提高了药物的临床疗效和服药依从性,降低了药物的不良反应,获得了很大的社会和经济效益。例如,硝苯地平控释片利用渗透泵原理控释药物,使药物在体内保持稳定血药浓度,降低应用普通制剂时导致的血药浓度峰、谷现象,确保疗效同时降低了药物的不良反应。又如,阿霉素脂质体具有一定的肿瘤靶向性,在增加抗肿瘤活性的同时,极大地降低了阿霉素的心脏毒性,实现了增效减毒的目的。经皮给药贴剂,由于药物经皮吸收可避免肝脏的首过效应,并使药物在体内保持稳定的水平,还可随时取下中止用药。因此,新剂型和新制剂的研发是药剂学的研究核心,且必然伴随着对新技术、新辅料、新机械和设备的强烈需求。

新制剂技术不仅对新剂型和新制剂的研发具有支撑作用,且对提高普通制剂的生产水平和制剂质量有重要意义。如微囊化技术、固体分散技术、包合技术(某些难溶性药物被环糊精衍生物包合后可制成注射剂)等,使制剂的质量显著提高,制剂的品种和数量也不断增加。再如纳米化技术可将药物加工成 100nm 以下的超微粒子,再进一步制成方便携带和使用的超微颗粒气雾剂、混悬型静脉注射剂等,不仅大大提高了多种药物的生物利用度,且在一定范围内解决了难溶性药物的成药性这一难题。

药用辅料对新剂型的开发、普通制剂的质量提高以及工艺改革等都具有重要意义。例如,无毒可生物降解的聚乳酸(PLA)、聚乳酸羟基乙酸共聚物(PLGA)等的出现,推进了静脉注射用微球和毫微粒的研发;新型优质乳化剂泊洛沙姆 188(普朗尼克 F68)的出现,促进了静脉注射乳剂的发展。我国在研发新剂型时遇到一些困难,原因之一就和国内药用辅料行业目前还无法跟上国际先进水平有关。

制剂规模化生产离不开制剂设备和机械,研制适合于我国实际情况的新设备和新机械,对于提高我国制剂生产效率、保证制剂质量,进一步使产品进入国际市场具有重要意义。目前制剂生产的发展特点是向密闭式、电子高度程控化发展,而设备则向多机联动和高度自动控制方向发展。例如全自动灯检仪的研制成功,填补了我国注射剂全自动灯检的空白,避免了灯检岗位人为因素的影响,缩小了我国注射剂生产与国际先进水平的差距。又如高速压片机、双层片压制机等新型压片机的出现,提高了生产效率,且为剂型品种多样化和国产化提供了保证。

4. 中药制剂的研究和开发　　中药是中华民族的宝贵遗产,在继承、整理、发展和提高中医药理论和中药传统剂型的同时,运用现代科学技术和方法,研制开发现代化的中药新剂型,是中医药走向世界的必由之路。目前,我国已研制开发了中药注射剂、中药颗粒剂、中药片剂、中药胶囊剂、中药滴丸剂、中药栓剂、中药软膏剂、中药气雾剂等 20 多个新型中药剂型。丰富和发展了中药的剂型和品种,提高了中药的疗效。但中药制剂存在有效成分无法明确、质量标准不易确立等诸多问题,进行中药制剂的研究和开发仍是一项长期而艰巨的任务。

5. 生物技术药物制剂的研究和开发　　生物技术是当今世界科学技术活动中最为活跃、最有前景的新技术,生物技术药物为新药研制开创了一条崭新的道路。如预防乙肝的基因重组疫苗,治疗严重贫血症的红细胞生长素,治疗糖尿病的人胰岛素,治疗侏儒症的人生长激素以及治疗血友病的凝血因子等药物均是现代生物技术医药新产品。它们的出现改变了医药科技界的面貌,为人类解决疑难病症提供最有希望的途径。鉴于生物技术药物普遍存在活性强、剂量小的优点,但性质不稳定,欲应用于临床须制成安全、稳定、使用方便的制剂,如何解决该类药物的制剂成型、稳定性以及多途径给药等问题,是摆在药剂工作者面前的一项新任务。

(二)工业药剂学发展历程

中国古代称药物书为"本草",英语中早期称药物为"druz"(即干燥的草木),这均表明药物起源于植物。这是人类在依靠植物为生的长期过程中,开始逐渐熟悉植物的营养、毒性和治疗作用的突出表现。随着人类对于生活活动过程中导致的如创伤、骨折、脱臼等损伤的应对治疗,以及对动植物、矿物在维护其生存作用方面的不断认识,逐步形成了以加工天然物质(如碾细矿物药、搓揉植物叶、浸泡动物骨骼等)使其便于应用和疾病治疗为目的行为,即属于古代医药学范畴,而对天然药用物质的加工与改造即属于古代药剂学范畴。这亦是"医药不分家"的基源。因此,药剂学知识的起源是人类集体经验的积累,是在与疾病斗争中产生的。

古代药剂学主要指对天然药用物质的简单加工与改造,近代药剂学主要指对普通制剂(如丸剂、膏剂、片剂、注射剂等)处方组成、制备工艺技术的研究,现代药剂学系指在现代理论指导下,重点研究新型药物制剂或给药系统(如缓控释、透皮、靶向制剂或给药系统等)。而工业药剂学是在药剂学发展基础上,专注研究药物制剂工业化生产的细分学科,是药剂学发展的核心内容,工业药剂学发展历程与药剂学发展息息相关。

1. 国外药剂学历史　国外药剂学发展得最早的是埃及和古巴比伦王国(今伊拉克地区),《伊伯氏纸草本》是约公元前 1552 年的著作,记载有散剂、硬膏剂、丸剂、软膏剂等多种剂型,并有药物的处方和制法等。被西方各国公认为药剂学鼻祖的 Galen(公元 131—201 年)是罗马籍希腊人(与我国汉代张仲景同期),在 Galen 的著作中记述了散剂、丸剂、浸膏剂、溶液剂、酒剂等多种剂型,人们称之为"Galen 制剂",至今还在一些国家应用。到近代,药剂学的发展在工业革命时期得到了迅猛发展,1843 年 Brockedon 制备了模印片,1847 年 Murdock 发明了硬胶囊剂,1876 年 Remington 等发明了压片机,使压制片剂得到了迅速发展,1886 年 Limousin 发明了安瓿,使注射剂得到了迅速发展。片剂、注射剂、胶囊剂、橡胶硬膏剂等近代剂型的相继出现,标志着药剂学发展到一个阶段。而物理学、化学、生物学等自然科学的巨大进步为药剂学学科的出现奠定了理论基础。1847 年德国药师莫尔(Mohr)总结了以往和当时的药剂成果,出版了第一本药剂学教科书《药剂工艺学》,标志着药剂学作为一门独立的学科。

进入 20 世纪以后,随着医学的发展,目前认为,对人类危害最大的多发病、常见病集中在四个方面,即癌症、心血管疾病、传染性疾病和老龄化疾病。要提高药物的疗效、降低药物的毒副作用、减少药源性疾病,对药物制剂提出了更高的要求。随着科学技术的飞速发展,各学科之间相互渗透、互相促进,新材料、新辅料、新设备、新工艺的不断涌现和药物载体的修饰,单克隆抗体的应用等,大大促进了药物新剂型和新技术的发展和完善。20 世纪 90 年代以来,药物新剂型和新技术进入一个新的阶段,其特点是理论发展和工艺研究已趋于成熟,药物给药系统在临床应用逐步开展。

2. 国内药剂学历史　我国中医药的发展历史悠久,在夏禹时代制成了至今仍常用的剂型——药酒。于商代(公元前 1766 年)已使用汤剂,是应用最早的中药剂型之一。在《黄帝内经》中已有汤剂、丸剂、散剂、膏剂及药酒等剂型的记载;在东汉张仲景(公元 142—219 年)的《伤寒论》和《金匮要略》中又记载有栓剂、洗剂、软膏剂、糖浆剂等 10 余种剂型,并记载了可以用动物胶、炼制的蜂蜜和淀粉糊为黏合剂制成丸剂。唐代颁布了我国第一部,也是世界上最早的国家药典——唐《新修本草》。后来编制的《太平惠民和剂局方》是我国最早的一部国家制剂规范,比英国最早的局方早 500 多年。明代著名药学家李时珍(1518—1593 年)编著了《本草纲目》,其中收载药物 1892 种,剂型 61 种,附方 11 096 则。

在近代,国外医药技术对我国药剂学发展产生了一定的影响,从国外引进技术建立了一批进行生产注射剂、片剂等的药厂。1950 年全国制药工业会议确定,在优先发展原料药以解决"无米之炊"的基础上发展制剂工业。为适应医药工业的发展,1956 年上海医药工业研究院药物制剂研究室成立,并多次召开全国性的注射剂和片剂等生产经验交流会,促进了我国医药制剂工业的迅速发展。

改革开放以来,我国在药用辅料方面的研究也得到了长足的进步,先后开发出微晶纤维素、可压性淀粉用作固体制剂中的稀释剂,聚维酮用作黏合剂,羧甲基淀粉钠、低取代羟丙基纤维素用作崩解剂,丙烯酸树脂系列用作薄膜包衣材料,优良的表面活性剂泊洛沙姆、蔗糖脂肪酸酯等。在生产技术和设备方面也取得很大进步,例如已研制成功微孔滤膜及与之配套的聚碳酸酯滤过器,可用于控制注射剂中的不溶性微粒,显著提高注射剂的质量;设计制造了多效蒸馏水生产设备,节约了能源并提高了注射用水的质量;生产并应用了更先进的灭菌设备和技术,使灭菌效果更为可靠。在口服固体制剂的生产中,推广应用新辅料,新制剂技术如微粉化等增加药物溶出度的技术,提高产品质量。制粒方面,采用流化喷雾制粒和高速搅拌制粒技术,使产品质量得以提高;包衣除传统的糖包衣外,采用薄膜包衣技术节约工时、材料,提高产品质量。缓控释制剂,透皮吸收给药,靶向、定位给药等也取得很大进展,有一些品种已获准生产。

近来中药的口服制剂得到了长足发展,如益肝灵分散片(有效成分水飞蓟素)、元胡止痛分散片、总丹参酚酸缓释片、苦参素胃内滞留缓释片、葛根黄酮滴丸、甘草提取物缓释微丸、银杏缓释微丸等的研制成功,丰富了中药制剂新剂型,推动中药新剂型向"三效、三小"发展。

生物技术药物源于基因工程、细胞工程、酶工程和发酵工程等,其剂型主要是微粒给药系统,国内正在研究的如干扰素脂质体、胰岛素聚氰基丙烯酸烷基酯类纳米囊或纳米粒、脱乙酰壳多糖为材料制备新城病(ND)疫苗多孔微球、抗人大肠癌免疫毫微球等,取得了一定的成果,但仍需加快进一步产品化、工业化和商品化的进程。

3. 药物制剂的发展　工业药剂学的发展和进步也就是剂型和制剂的发展和进步。从中国传统剂型的膏、丹、丸、散和欧洲的格林制剂到近代的片剂、注射剂、胶囊剂、栓剂、软膏剂和液体药剂等剂型,以及目前研发应用的热点——药物给药系统(drug delivery system, DDS),每一种剂型的出现都包含着科学技术的进步、生产设备和技术的改进或创新、新型材料的应用。

纵观药物剂型的发展历程,可将药物剂型简单地划分为四代:第一代是指简单加工供口服与外用的汤、酒、炙、条、膏、丹、丸、散剂。随着临床用药的需要,给药途径的扩大以及工业机械化与自动化,产生了以片剂、注射剂、胶囊剂和气雾剂等为主的第二代剂型,即所谓的普通制剂,这一时期主要是从体外试验控制制剂的质量。第三代缓控释剂型,是以疗效仅与体内药物浓度有关而与给药时间无关这一概念为基础,它们不需要频繁给药,能在较长时间内维持药物的有效浓度。第四代剂型是以将药物浓集于靶器官、靶组织、靶细胞或细胞器为目的的靶向给药系统。显然,这种剂型提高了药物在病灶部位的浓度,减少在非病灶部位的药物分布,所以能够增加药物的治疗指数并降低毒副作用。

　　可以预见的是,除开发特效药物,包括治疗遗传疾病及肿瘤的基因工程药物,且更多地应用肽类和蛋白类和天然产物作药物或疫苗外,缓释和控释制剂和靶向给药系统不仅是未来药物制剂的发展方向,亦是支撑医药行业快速发展的重要动力。这两种给药系统并非完全独立,前者侧重于时控,后者强调位控,而这两方面同时都涉及量控。如结肠定位给药系统,从释药时间的角度考虑,属于缓控释制剂,而从作用部位来看则属于靶向制剂;又如,靶向给药系统中的脂质体、微球等,普遍都具有缓慢释药的特点。但由于疾病的复杂性和药物性质的多样性,适合于某种疾病和某种药物的给药系统不一定适合于另一种疾病和药物,因此必须发展多种多样的给药系统以适应不同的需要。如心血管疾病患者病程长,治疗药物宜制成缓控释给药系统;抗肿瘤药物毒性大,适宜制成靶向给药系统;降血糖药胰岛素更适宜制成自调式或脉冲式给药系统,在血糖浓度升高时释放药物。虽然,在相当长的一段时间,第二代片剂、注射剂等普通剂型仍是人们主要使用的剂型,但第二代会不断与第三、第四代新剂型、新技术结合,形成新的制剂或给药系统。而我们祖先以自己的智慧创造出来的第一代剂型,更需要发展和继承。只有首先掌握第一、二代剂型的基本理论和知识,才能进一步设计和开发第三、四代剂型。

　　现将药物剂型和制剂的发展概况简述如下:

　　(1) 普通药物剂型和制剂:普通剂型如片剂、注射剂、胶囊剂、软膏剂等在临床用药中占主导地位,在将来很长一段时间内,仍将发挥其重要作用。这些剂型是临床用制剂的基本形式,不仅各种速效和短效的药物制剂需要采用这些形式给药,即使是目前迅速发展的药物给药系统,最终仍需要使用这些剂型。

　　(2) 药物给药系统:药物给药系统(DDS)系指在现代理论指导下,药剂学研究领域取得的新剂型、新制剂、新技术的代表性成果,是现代科学技术进步的结晶。无论口服缓控释给药系统、经皮和靶向给药系统等,都具有丰富的科学内涵和技术基础。在近二三十年间,这些系统在理论研究、剂型设计及制备方法等多方面都得到迅速发展,药物品种不断增加,在临床治疗中正发挥越来越重要的作用,但药物给药系统不能取代普通制剂的作用,必须同时重视两者的发展和提高。

　　1) 缓控释给药系统:根据释药的特点,缓控释给药系统包括定速释药系统、定位释药系统和定时给药系统。缓控释给药系统的剂型品种很多,如片剂、胶囊、膜剂、贴剂、注射剂等;给药途径可以口服,也用于其他途径的给药,包括经皮、注射、眼部给药等,如亮丙瑞林缓释植入剂,植入后有效性长达 1 年。

　　口服缓释给药系统的研究已突破过去几十年的诸多限制,设计原则也发生了重要的观念性改变。由于制剂技术的进步,过去认为不适宜制备缓控释制剂的药物已被成功开发,从而进一步提高患者用药的依从性。例如普萘洛尔、维拉帕米等首过作用强的药物做成了缓、控释制剂;硝酸甘油半衰期很短,也可制成每片 2.6mg 的控释片;而地西泮半衰期长达 32 小时,USP 也收载有缓释制剂产品,卡马西平($t_{1/2}$=36 小时)、非洛地平($t_{1/2}$=22 小时)等半衰期长的药物做成了缓、控释制剂;头孢氨苄、头孢克洛、庆大霉素等抗生素做成了缓、控释制剂;可待因、吗啡等成瘾性药物也做成了缓、控释制剂。此外,复方缓控释制剂也有增加的趋势,如复方烟酸缓释片(洛伐他汀与烟酸)、复方盐酸伪麻黄碱缓释片(盐酸伪麻黄碱与盐酸西替利嗪)、复方非洛地平缓释片(依那普利与非洛地平)等。

　　目前上市的和正在研究的大多数口服缓释系统是定速释药系统,这类制剂发展的另一明显特征是控释或缓释的有效时间从每天 2 次用药延长至每天 1 次用药,即 24 小时缓释或控释效果。上市的这类制剂有硝苯地平、双氯芬酸、单硝酸异山梨酯、地尔硫草、维拉帕米等缓释片剂或胶囊。

口服定位释放给药系统是在口腔或胃肠道适当部位长时间停留,并释放一定量药物,以达增强局部治疗作用或增加特殊吸收部位对药物的吸收。口腔定位释药适合于口腔溃疡、减少肝脏首过效应、延长作用时间、增进大分子药物的吸收等。这类产品国内外均有产品上市,如醋酸地塞米松粘贴片。胃部定位释药利用一些相对密度小以及具有高黏性的材料,使制剂在胃内滞留较长时间并定速释药。此类制剂可能受人体生理因素影响较大,在国内外尚无产品问世。结肠定位释药是近年来研究较多的,其目的是实现药物在结肠部位的释放,提高结肠疾病的治疗效果以及降低药物在全肠道的吸收。结肠给药也可用于保护蛋白质或多肽类药物在胃肠道的稳定性,提高该类药物的口服生物利用度。

口服定时给药系统又称脉冲释放,即根据生物时间节律特点释放需要量的药物。例如针对心绞痛或哮喘常在凌晨发作的特点,研发在晚间服药而凌晨释放的硝酸酯或茶碱制剂,提供治疗该类疾病的最佳方案。通过调节聚合物性填料的溶蚀速度可以在预定时间释药,释药时间根据药物的时辰动力学研究结果确定。此外,根据某些外源性化学物质可以引起疾病的作用机制,研制受这些化学物质调控释药的给药系统是重要的研究方向。

2) 靶向给药系统:靶向给药系统(targeting drug delivery systems),亦称靶向制剂。一般是指经血管注射给药后,载体能将药物有目的地传输至特定病灶组织或部位的给药系统。靶向制剂是上世纪后期医药领域的一个热门课题,主要包括如脂质体、微球、微囊、胶团、乳剂、微乳等微粒或纳米粒载体。经过近半个世纪的研究,靶向制剂已取得了可喜的成绩,对各种微粒载体的机制、制备方法、特性、体内分布和代谢规律有了比较清楚的认识,有的已经上市,如脂质体、微球、白蛋白纳米粒等。

脂质体是最受人们关注的靶向制剂。现在已有 3 个抗真菌药物和 2 个抗癌药物的脂质体制剂得到批准,其他尚有十多种药物的脂质体制剂进入临床试验阶段。多年来,对脂质体在进一步增加提高药物疗效、降低毒性、提高稳定性等方面做了不少工作,并取得了显著进展。例如,为了延长脂质体在血液循环中的时间,减少网状内皮系统的吞噬,开发了长循环脂质体(stealth liposomes),或称隐形脂质体;为了提高脂质体的稳定性,研制了前体脂质体(proliposomes);为了提高脂质体的靶向性,采用抗体、特异性配体嫁接,等等。此外,还出现了其他特殊性能的脂质体,如 pH 敏感脂质体、热敏脂质体、阳离子脂质体、膜融合脂质体等。脂质体的给药途径也不断扩大,除静脉注射外,脂质体制剂也可采用经皮、眼部、肺部等给药,可以增加药物在局部组织的分布。

微球(囊)也是靶向制剂中常用的载体,20 世纪 80 年代瑞典学者首先采用变性淀粉微球用于暂时阻断肝动脉血流,此后研究较多的是肝动脉化疗微球。将抗肿瘤药物包封入微球,经血管注入并栓塞于动脉末梢,对某些中晚期癌症的治疗具有一定的临床意义。

目前对靶向部位的研究除主要的肿瘤靶向治疗外,尚有脑靶向、淋巴靶向等。随着人们对发病机制的研究不断深入,各种疾病的发病部位更加明确,因而对靶向制剂提出了更高的要求。从作用部位来看,靶向制剂可以分为三级水平:第一级是靶向特定的组织或器官,如肝靶向、肺靶向、脑靶向等;第二级是靶向某一器官或组织中的特定细胞,如肝炎、肝癌发生于肝组织中的实质细胞而不是非实质细胞(内皮细胞、Kuffer 细胞等);第三级靶向是指作用于特定组织、特定细胞中的某一细胞器,即细胞内靶向,例如基因治疗需要把反义寡核苷酸输送至细胞质或将质粒输送至细胞核。至今为止,人们对前两级靶向的研究取得了长足的进步,通过改变微粒载体的组成、粒子大小等可实现特定组织的靶向;通过将具有特异识别细胞的配体嫁接于载体表面上可以达到细胞的靶向;三级靶向的研究正处于起步阶段。但总体而言,靶向制剂距离临床上广泛应用还有很多问题需要深入研究,如质量评价和标准、体内转运和代谢、体内生理作用等问题。

3) 给药途径的扩展:除胃肠道给药和血管内给药外,近年来发展的局部给药也是药剂学研究中的热门领域。最早人们在身体上的某一部位用药主要是用于局部治疗,后来又发展到透过局部组织起到全身性治疗的目的。一些胃肠道不稳定、首过效应大、需要频繁注射的药物通过用局部给药的途径有望达到提高药物生物利用度和增加病人耐受性的目的。同一药物,给药途径不同,临床治疗效果也不同。因此,可以根据病情的实际情况,选用恰当的给药途径可以达到"因病治宜"的目的。以硝酸甘油为例,口服片的起效时间为20~45分钟,维持时间为2~6小时;而硝酸甘油舌下黏膜给药和透皮贴剂的起效时间分别为0.3~0.8分钟和30~60分钟,维持时间分别为10~30分钟和24小时。所以,硝酸甘油制成舌下片,因其作用快,对于心绞痛突然发作的病人有缓解作用;而透皮贴剂起效虽慢,但对于心绞痛发作具有预防作用,适合长期给药。此外,发展药物的多种用药途径,有利于丰富剂型的品种,对于生产企业而言,这是一条有效地降低新药开发费用和缩短研制周期的渠道。

目前,经皮给药和黏膜给药是发展比较快的局部给药途径。①经皮给药(transdermal drug delivery systems):经皮给药系统系指通过贴于皮肤表面使药物透皮吸收入血而发挥全身作用的一类制剂,它不同于普通的外用皮肤制剂,虽然它们的共同特点都是必须透过皮肤的角质层屏障,但前者主要起全身作用,后者则主要局限于局部,如起消炎、止痒、治疗创伤、止痛等作用。所以不仅在剂型的设计和制备工艺与外用皮肤制剂有显著差别,而且作用特点也明显不同。通过经皮给药,可以维持药物长时间的稳定和有效,因此,经皮给药系统也是一种缓控释给药系统。目前,美国已批准十几种活性成分的透皮给药系统,集中在心血管药、避孕药、激素药等。另外,至少还有40多种用于全身性透皮传输的药物正在进行评价和试验中。②黏膜给药:黏膜存在于人体各腔道内,黏膜给药系统主要包括除胃肠道以外的口腔黏膜、鼻腔黏膜、肺部黏膜、直肠黏膜、眼部黏膜和阴道黏膜给药等。黏膜给药普遍能够避免胃肠道对药物的破坏、肝脏的首过效应以及某些药物对胃肠道的刺激性等特点,而且具有起效时间快的优点。生物技术药物在疾病的治疗中显示出重要性,但这类药物口服生物利用度极低(不到1%),目前临床上仅用于注射给药,而当前对于这类药物黏膜给药的研究非常活跃。如2型糖尿病病人,需要长期注射胰岛素,病人给药痛苦,为此,人们研制了胰岛素肺部给药、鼻黏膜给药、颊黏膜给药、直肠给药等,其中有产品或即将上市。上述几种黏膜中,口腔、鼻腔和肺部是比较有效的黏膜给药途径。药物经鼻黏膜吸收,不仅可以起局部或全身治疗的作用,也能够到达脑组织,而且鼻黏膜也是疫苗免疫的有效途径。口腔黏膜给药除传统的溶液剂、含片、咀嚼片外,近年来发展的口腔生物黏附制剂,解决病人不自觉的吞咽和滞留时间短的问题。在肺部给药研究过程中,带动了药物递送装置的开发,这些装置使得鼻腔、口腔给药的依从性提高,且具有剂量准确、不易污染等优点。

4) 新技术的发展:药物剂型的不断发展涌现了许多新的制剂技术。例如,在片剂的发展过程中,直接压片技术和薄膜包衣技术对改善片剂的质量、节约能源和劳动力作出了很大的贡献,给生产者和患者带来了明显的经济和治疗学上的效益。又如,难溶性药物的增溶技术也不再局限于使用增溶剂、助溶剂等,固体分散体、包合技术在增加药物的溶解度,提高生物利用度等方面显示出更大的优势。值得一提的是,21世纪兴起的纳米技术对制药行业产生了巨大的影响,不仅靶向制剂可以达到纳米范围(如纳米脂质体、纳米囊、纳米乳等),而且药物也能制成纳米制剂。已有大量事实证明,一些难溶性的药物通过微粉技术或超微粉技术达到纳米大小范围时可以显著提高胃肠道吸收。

新技术的发展为药物新剂型的研制提供了充分的基础条件。例如没有激光技术就不可能出现渗透泵释药系统,没有核辐射技术或薄膜拉伸技术就不可能出现透皮制剂的膜孔控制渗透系统。反之,新剂型的发展也推动了技术的不断更新。例如,包衣膜控制、骨架片、渗透泵是缓控释制剂常用的技术;微囊化、脂质体技术、配体嫁接是靶向制剂常用的技术;离子导入、电穿孔、无针粉末注射是经皮给药中除采用吸收促进剂以外增加药物透皮吸收的新技术。在此,我们很难一一列举各种新剂型中应用的形形色色的新技术。

生物技术的蓬勃发展为药剂学提供了新的发展机遇。当蛋白质、多肽、糖、酶、基因不断地出现在治疗药物的目录中时,发现和寻找适合这类药物的长效、安全且患者乐于接受的治疗途径和剂型的任务摆在了药剂学家的面前。虽然,这方面的研究至今未有实质性的突破,但对这类药物的特性有了更深刻的认识。例如应用晶体技术可以提高蛋白质的稳定性;采用双水相溶剂扩散技术减少蛋白质微球制备过程中的活性损失;聚乙二醇修饰蛋白质技术可以显著提高蛋白药物的半衰期,降低免疫原性等;微粒给药载体和黏膜给药途径将是大分子药物制剂今后的研究发展方向。

第二节　药典及其他药品相关法规简介

为保证制剂产品质量,人民用药安全,制剂生产必须遵循国家的相关标准。以下将简要介绍制剂生产所需遵循的法律法规。

一、药典

1. 概述　药典(pharmacopoeia)是一个国家记载药品规格和标准的法典。大多数由国家组织药典委员会编印并由政府颁布发行,具有法律的约束力。药典中收载的是疗效确切、副作用小、质量较稳定的常用药物及其制剂,规定其质量标准、制备要求、鉴别、杂质检查与含量测定等,作为药品生产、检验、供应与使用的依据。一个国家的药典在一定程度上可以反映这个国家药品生产、医疗和科学技术水平。药典在保证人民用药安全有效、促进药品研究和生产有重大作用。

随着医药科学的发展,新的药物和试验方法不断出现,为使药典的内容能及时反映医药学方面的新成就,药典出版后,一般每隔几年须修订一次。我国药典自 1985 年后,每隔 5 年修订一次。有时为了使新的药物和制剂能及时的得到补充和修改,往往在下一版新药典出版前,还出现一些增补版。

2. 中国药典　新中国成立后的第一版中国药典于 1953 年 8 月出版,定名为《中华人民共和国药典》,简称《中国药典》,依据《中华人民共和国药品管理法》组织制定和颁布实施。现行版是 2010 年版,在此之前颁布了 1953 年、1963 年、1977 年、1985 年、1990 年、1995 年、2000 年、2005 年共 8 个版本。《中国药典》一经颁布实施,其同品种的上版标准或其原国家标准即同时停止使用。

从 2005 年版药典开始,将生物制品从二部中单独列出,为第三部,这也是为了适应生物技术药物在今后医疗中作用将日益扩大所做的修订,同时也说明生物技术药物在医疗领域中的地位显现。

《中国药典》由一部、二部、三部及其增补版组成,内容包含凡例、正文、附录和索引。凡例是使用本药典的总说明,包括药典中各种计量单位、符号、术语等的含义及其在使用时的有关规定。正文是药典的主要内容,阐述本药典收载的所有药物和制剂。附录是阐述本药典所采用的检验方法、制剂通则、对照品与对照药材、试剂、试药、试纸等。索引中包括中文、汉语拼音、拉丁文和拉丁学名索引,以便查阅。

2010 年版《中国药典》收载品种 4567 种,基本覆盖基本药物目录,这版药典主要特点是药品安全性得到进一步保障;药品有效性与可控性大幅度提升;技术现代化与标准国际化明显加强。特别是 2010 年版中的辅料部分,新增药用辅料通则、扩大辅料收载品种、提高了辅料标准要求。

3. 国外药典　据不完全统计,世界上已有近 40 个国家编制了国家药典,另外还有 3 种区域性药典和世界卫生组织(WHO)组织编制的《国际药典》等,这些药典无疑对世界医药科技交流和国际医药贸易具有极大的促进作用。

例如,美国药典《The United States Pharmacopoeia》简称 USP,由美国政府所属的美国药典委员会(The United States Pharmacopeial Convention)编辑出版。USP 于 1820 年出第一版,1950 年以后每 5 年出一次修订版。国家处方集(National Formulary,NF)1883 年第一版,1980 年 15 版起并入 USP,但仍分两部分,前面为 USP,后面为 NF。2005 年以后,每年出版一次,2009 年版为 USP32-NF27,2012 年版为 USP35-NF30。英国药典《British Pharmacopoeia》简称 BP,如出版时间 2011 年 8 月的 BP 2012,共 6 卷,2012 年 1 月生效。欧洲药典《European Pharmacopoeia》简称 EP,欧洲药典委员会于 1964 年成立,1977 年出版第一版《欧洲药典》。《欧洲药典》为欧洲药品质量检测的唯一指导文献,所有药品和药用底物的生产厂家在欧洲范围内推销和使用的过程中,必须遵循《欧洲药典》的质量标准。最新版 EP7,2010 年 7 月出版,2011 年 1 月生效,至 2011 年 7 月已出版增补版 8 版。日本药典称为日本药局方《Pharmacopoeia of Japan》,简称 JP,由日本药局方编集委员会编纂,由厚生省颁布执行,每五年修订一次。分两部出版,第一部收载原料药及其基础制剂,第二部主要收载生药、家庭药制剂和制剂原料。日本药局方,现行版为第 16 版,2011 年发布。国际药典《Pharmacopoeia Internationalis》简称 Ph. Int.,是世界卫生组织(WHO)为了统一世界各国药品的质量标准和质量控制的方法而编纂的,自 1951 年出版了第一版本《国际药典》,最新版为 2006 年第四版,2008 年对其进行第一次增补,2011 年又对其进行了第二次增补,但《国际药典》对各国无法律约束力,仅作为各国编纂药典时的参考标准。

二、国家药品标准

国家药典是法定药典,它不可能包罗所有已生产与使用的全部药品品种。前面已述药典收载的药物一般要求,而对于不符合所订要求的其他药品,一般都作为药典外标准加以编订,作为国家药典的补充。药品标准是国家对药品的质量、规格和检验方法所作的技术规定,是保证药品质量,进行药品生产、经营、使用、管理及监督检验的法定依据。

1. 中国国家药品标准　我国的国家药品标准是《中华人民共和国药品标准》,简称《国家药品标准》,由国家食品药品监督管理总局(CFDA)对临床常用、疗效确切、质量稳定、生产地区较多的原地方标准品种进行质量标准的修订、统一、整理、编纂并颁布实施的,主要包括以下几个方面的药物:

（1）食品药品监督管理局审批的国内创新的重大品种，国内未生产的新药，包括放射性药品、麻醉性药品、中药人工合成品、避孕药品等。

（2）药典收载过而现行版未列入的疗效肯定、国内几个省仍在生产、使用并需修订标准的药品。

（3）疗效肯定、但质量标准仍需进一步改进的新药。

2. 国外药品标准　　其他国家除药典外，尚有国家处方集的出版。如美国的处方集（National Formulary，NF），英国的处方集（British National Formulary）和英国准药典（British Pharmacopoeia Codex，BPC），日本的《日本药局方外医药品成分规格》、《日本抗生物质医药品基准》、《放射性医用品基准》等书。

除了药典以外的标准，还有药典出版注释物，这类出版物的主旨是对药典的内容进行注释或引申性补充。如我国《中华人民共和国药典二部临床用药须知》（2010 年版）。

三、处方与药品

1. 处方的概念与分类　　处方系指医疗和生产部门用于药剂调制、制剂制备的一种重要书面文件。有以下几种：

法定处方：国家药品标准收载的处方。它具有法律的约束力，在制备或医师开写法定制剂时均需遵照其规定。

医师处方：医师对患者进行诊断后对特定患者的特定疾病而开写给药局或药房的有关药品、给药量、给药方式、给药天数以及制备等的书面凭证。该处方具有法律、技术和经济的意义。

协定处方：医院药剂科与临床医师根据医院日常医疗用药的需要，共同协商制订的处方。适于大量配制和储备，便于控制药品的品种和质量，提高工作效率，减少患者取药等候时间。每个医院的协定处方仅限于在本单位使用。

2. 处方药与非处方药　　《中华人民共和国药品管理法》规定了国家对药品实行处方药与非处方药的分类管理制度，这也是国际上通用的药品管理模式。

处方药是必须凭执业医师或执业助理医师的处方才可调配、购买，并在医生指导下使用的药品。处方药可以在国务院卫生行政部门和药品监督管理部门共同指定的医学、药学专业刊物上介绍，但不得在大众传播媒介发布广告宣传。

非处方药不需凭执业医师或执业助理医师的处方，消费者可以自行判断购买和使用的药品。经专家遴选，由国家食品药品监督管理局批准并公布。在非处方药的包装上，必须印有国家指定的非处方药专有标识。非处方药在国外又称之为"可在柜台上买到的药物"（over the counter，OTC）。目前，OTC 已成为全球通用的非处方药的简称。

处方药和非处方药不是药品本质的属性，而是管理上的界定。无论是处方药，还是非处方药都是经过国家食品药品监督管理部门批准，其安全性和有效性是有保障的。其中非处方药主要是用于治疗各种消费者容易自我诊断、自我治疗的常见轻微疾病。

3. 国家基本药物　　WHO 对国家基本药物的定义是：那些能满足大部分人口卫生保健需要的药物。在任何时候都应当能够以充分的数量和合适的剂型提供应用。WHO 提出了基本药物示范目录，现行示范目录为第 9 次修订目录，包括药物 27 类 345 个品种。我国于1982 年首次公布国家基本药物目录，以后每两年公布一次。国家基本药物是从已有国家药品标准药品和进口药品中遴选。遴选的原则为：临床必需、安全有效、价格合理、使用方便、中西药并重。2012年版我国的基本药物目录包括化学药品和生物制品317种,中成药203种,共计520种。目录中的化学药品和生物制品数量与世界卫生组织现行推荐的基本药物数量相近。

四、药品生产管理有关规定

药品是一种特殊的商品。从使用对象上说:它是以人为使用对象,预防、治疗、诊断人的疾病,有目的地调节人的生理机能,有规定的适应证、用法和用量要求;从使用方法上说:除外观,患者无法辨认其内在质量,许多药品需要在医生的指导下使用,而不由患者选择决定。同时,药品的使用方法、数量、时间等多种因素在很大程度上决定其使用效果,误用不仅不能"治病",还可能"致病",甚至危及生命安全。因此药品从研发到生产到销售,各个环节都与普通商品不同,需严格按照药品管理法及相关法规进行。制剂的质量需遵循法典《中国药典》制剂通则中的要求。制剂的生产需按照《药品生产质量管理规范》来执行。以下将对药品管理法、制剂通则、药品生产质量管理规范进行简要介绍。

1. 药品管理法 《中华人民共和国药品管理法》于1984年9月20日以中华人民共和国主席令第18号公布,并指定于1985年7月1日起施行。最新修订版于2001年2月28日颁布,2001年12月1日起施行。共分十章共106条,对药品生产企业的管理、药品经营企业的管理、医疗机构的药剂管理、药品的管理、药品的包装管理、药品价格和广告管理、药品监督、法律责任等都作了明确的规定,并明确界定了药品法有关"用语"的含义。具体实施按2002年8月4日颁布的《中华人民共和国药品管理法实施条例》。

2. 制剂通则(中国药典) 中国药典附录中收载的制剂通则,是按照药物剂型分类,针对剂型特点所规定的基本技术和质量要求。《中国药典》(2010年版)二部(化学药)主要收载有片剂、注射剂、酊剂、栓剂等21个剂型的定义、分类、一般质量要求和检查项目。一部(中药)附录收载有丸剂、散剂、颗粒剂、片剂、锭剂等26个剂型的特点介绍。三部(生物制品)附录收载了13种剂型。

3. GMP和cGMP 药品生产质量管理规范(Good Manufacturing Practice,GMP),是药品在生产全过程中,用科学、合理、规范化的条件和方法来保证生产出优良制剂的一整套系统的、科学的管理规范,是药品生产和质量全面管理监控的通用准则。GMP三大目标要素是将人为的差错控制在最低的限度,防止对药品的污染,保证高质量产品的质量管理体系。GMP总的要求是:所有医药工业生产的药品,在投产前,对其生产过程必须有明确规定,所有必要设备必须经过校验;所有人员必须经过适当培训;厂房建筑及装备应合乎规定;使用合格原辅料;采用经过批准的生产方法;还必须具有合乎条件的仓储及运输设施;对整个生产过程和质量监督检查过程应具备完善的管理操作系统,并严格付诸执行。

实践证明,GMP是防止药品在生产过程中发生差错、混淆、污染,确保药品质量的必要、有效的手段。国际上早已将是否实施GMP作为药品质量有无保障的先决条件,它作为指导药品生产和质量管理的法规,在国际上已有近50年历史,在我国推行也有将近30年的历史。我国在1998年国家药品监督管理局成立后,建立了国家食品药品监督管理局药品认证管理中心,监督管理局为了加强对药品生产企业的监督管理,采取监督检查的手段,即规范GMP认证工作,由国家食品药品监督管理局药品认证管理中心承办,经资料审查与现场检查审核,报国家食品药品监督管理局审批,对认证合格的企业(车间)颁发《药品GMP证书》,并予以公告,有效期5年(新开办的企业为1年,期满复查合格后为5年,期满前3个月内,按药品 GMP 认证工作程序重新检查、换证)。

cGMP 是英文 Current Good Manufacture Practices 的简称,即动态药品生产管理规范,也翻译为现行药品生产管理规范,它要求在产品生产和物流的全过程都必须验证。我国现行版的 GMP 是 2010 年修订,于 2011 年 3 月 1 日开始执行。

到目前为止,已有 100 多个国家和地区制定了 GMP,随着 GMP 的不断发展和完善,GMP 对药品生产过程中的质量保证作用得到了国际的公认。

除与药品生产内容相关的药品生产质量管理规范(GMP)外,其他的药品管理有关规定还有 GLP、GCP 和 GSP。

GLP 是 "Good Laboratory Practice" 的简称,即良好实验规范,又称药物非临床试验管理规范,GLP 是就实验室实验研究从计划、实验、监督、记录到实验报告等一系列管理而制定的法规性文件,涉及实验室工作的可影响到结果和实验结果解释的所有方面。在新药研制的实验中,进行动物药理试验(包括体内和体外试验)的准则,如急性、亚急性、慢性毒性试验、生殖试验、致癌、致畸、致突变以及其他毒性试验等都有十分具体的规定,是保证药品研制过程安全准确有效的法规。

GCP 的中文全称是药物临床试验管理规范(Good Clinical Practice),是临床试验全过程的标准规定。制定 GCP 目的在于保证临床试验过程的规范,结果科学可靠,保护受试者的权益并保障其安全。

GSP(Good Supply Practice)意即良好供应规范,是控制医药商品流通环节所有可能发生质量事故的因素,从而防止质量事故发生的一整套管理程序。

由此可以看出,国家制定一系列法规,其根本目的是保证药品质量:在实验室阶段实行 GLP,在新药临床阶段实行 GCP,在药品生产过程中实施 GMP,在医药商品使用过程中实施 GSP。

(周建平)

思 考 题

1. 简述工业药剂学、制剂、剂型、药典、GMP 的基本含义或定义。
2. 简述剂型分类的方法及各自的优缺点。
3. 简述药典和药品标准收载药物的特点和区别。
4. 简述 GMP 的基本要求和对制药工业的影响。
5. 根据工业药剂学的发展现状,展望未来的工业药剂学。

参 考 文 献

1. Rainer H Muller,Gesine E Hildebrand. 胡晋红等译 . 现代给药系统的理论和实践 . 第 2 版 . 北京:人民军医出版社,2004
2. 平其能 . 现代药剂学 . 北京:中国医药科技出版社,1998
3. 平其能 . 药剂学 . 第 4 版 . 北京:人民卫生出版社,2013

4. 崔福德 . 药剂学 . 第 7 版 . 北京:人民卫生出版社,2011

5. 国家药典委员会 .《中国药典》(2010 年版)二部 . 北京:中国医药科技出版社,2010

6. 国家食品药品监督管理局药品认证管理中心 . 药品 GMP 指南 . 北京:中国医药科技出版社,2011

7. 周建平 . 药剂学进展 . 南京:江苏科学技术出版社,2008

8. 周建平 . 药剂学 . 北京:化学工业出版社,2004

9. 潘卫三 . 工业药剂学 . 北京:高等教育出版社,2006

10. 张志荣 . 药剂学新技术及其在改善药物功效中的作用 . 中国药学杂志,2009,44(20):1525-1532

第二章 基本理论与方法

本章要点
1. 掌握药物溶剂的种类与性质、药物制剂稳定性的意义、化学动力学、流变学有关基本概念;掌握影响药物溶解度与溶出速度的因素及增加药物溶解度与溶出速度的方法、影响药物制剂降解的各种因素及解决药物制剂稳定性的各种方法;掌握药物制剂的实验方法特别是加速实验法、粉体粒径、堆密度及流动性、吸湿性、润湿性的测定方法等。
2. 熟悉制剂中药物化学降解途径与稳定性实验、粉体学在药剂学中的应用、粒子的形态、表面积、孔隙率的表示方法、流变性质等。
3. 了解粉体的形态、比表面积、孔隙率的意义及其应用、流变学的应用与发展等。

　　药物制剂的基本理论是指药物制剂在配制过程中涉及的制备、质控等方面的基本理论,本章节将围绕工业药剂学的主要研究内容,主要阐述包含溶解和溶出、流变学、粉体学、稳定性四个方面的基本理论。

第一节 溶解和溶出理论

一、基本理论

　　溶解系指一种或一种以上的物质(固体、液体或气体)以分子或离子状态分散在液体分散介质的过程。其中,被分散的物质称为溶质,分散介质称为溶剂。从分子间作用力看,溶质分子与溶剂分子产生相互作用时,如果不同种分子间的相互作用力大于同种分子间作用力,则溶质分子从溶质上脱离,继而发生扩散,最终在溶剂中达到平衡状态,形成稳定的溶液。所以也可以说,物质的溶解是溶质分子(或离子)和溶剂的分子(或离子)相互作用的过程,这种相互作用力有极性分子间的定向力、极性分子与非极性分子间的诱导力、非极性分子之间的色散力、离子和极性或非极性分子之间的作用力,以及氢键作用等。其中溶质与溶剂之间的定向力、诱导力和色散力又统称为范德华力。例如水作为一种强极性溶剂,能溶解强电解质、弱电解质和大量的极性化合物,如各种含氧、氮原子的羟基化合物、醛酮类化合物和胺类化合物等。在此类溶解中,水分子和溶质间产生不同的相互作用力:水分子可以与一些强电解质离子产生离子—偶极力吸引;与极性溶质中的氧原子或氮原子形成氢键;与极性羟基化合物分子产生(定向力)范德华力结合。一般而言,这些相互作用中,以离子—偶极力作用最强,氢键力其次,定向力作用最弱。所以,电解质在水中有较大的溶解度。在同一溶解过程中,这些作用力可能同时发生,也可能是单一作用力的存在,实际上很难严格区分。当溶剂的极性减弱时,上述极性物质在溶剂中的相互作用力减少,溶解度减小。反之,如果溶质的极性较小,在分子中具有酯基、烃链等非极性基团时,它们在水中的溶解度随非极性基团的数量增加而明显降低,而在乙醇、丙二醇等极性比水弱的溶剂中有较大的溶解度。

乙醇、丙二醇、甘油等一些极性溶剂能诱导非极性分子产生一定极性而溶解,这类溶剂又称半极性溶剂,溶解中产生的相互作用力包括诱导力和定向力。由于半极性溶剂具有诱导作用,它们常可与一些极性溶剂或非极性溶剂混合使用,作为中间溶剂使本不相溶的极性溶剂和非极性溶剂混溶,也可以用于提高一些非极性溶质在极性溶剂中的溶解度。

溶解的一般规律为:相似者相溶,系指溶质与溶剂极性程度相似的可以相溶。溶剂的极性大小常以介电常数的大小来衡量,具有相近的介电常数者才能相互溶解。

按照极性(介电常数ε)大小,溶剂可分为极性(ε=30~80)、半极性(ε=5~30)和非极性(ε=0~5)三种。溶质分为极性物质和非极性物质。

二、药物的溶解度与溶出速度

(一)溶解度

1. 溶解度的表示方法(表 2-1)

表 2-1　《中国药典》溶解度的描述方法

溶解度术语	溶解限度
极易溶解	系指溶质 1g(ml)能在溶剂下不到 1ml 中溶解
易溶	系指溶质 1g(ml)能在溶剂 1~ 不到 10ml 中溶解
溶解	系指溶质 1g(ml)能在溶剂 10~ 不到 30ml 中溶解
略溶	系指溶质 1g(ml)能在溶剂 30~ 不到 100ml 中溶解
微溶	系指溶质 1g(ml)能在溶剂 100~ 不到 1000ml 中溶解
极微溶	系指溶质 1g(ml)能在溶剂 1000~ 不到 10 000ml 中溶解
几乎不溶或不溶	系指溶质 1g(ml)在溶剂 10 000ml 中不能完全溶解

溶解度(solubility)系指在一定温度(气体在一定压力)下,在一定量溶剂中达饱和时溶解药物的最大量。《中国药典》2010 年版关于药品的近似溶解度有 7 种提法:极易溶解、易溶、溶解、略溶、微溶、极微溶解、几乎不溶或不溶。这些概念仅表示药物大致溶解性能,至于准确的溶解度,一般以一份溶质(1g 或 1ml)溶于若干毫升溶剂表示。药物的溶解度数据可以查阅药典、专门的理化手册等,对于查不到溶解度数据的药物,可以通过实验测定。

(1)特性溶解度(intrinsic solubility):特性溶解度指药物不含任何杂质,在溶剂中不发生解离、缔合,不与溶剂中的其他物质发生相互作用时所形成的饱和溶液的浓度。特性溶解度是药物的重要物理参数之一,了解该参数对剂型的选择、处方及工艺的制订有一定的指导作用。很多情况下,如果药物的特性溶解度小于 1mg/ml 就可能出现吸收问题。尤其是对一个新化合物而言,其特性溶解度是首先应该测定的参数。

(2)平衡溶解度(equilibrium solubility):当弱碱性药物在酸性、中性溶剂中溶解时,药物可能部分或全部转变成盐,在此条件下测定的溶解度就不是该化合物的特性溶解度。在测定药物溶解度时不易排除溶剂、其他成分的影响,一般情况下测定的溶解度称平衡溶解度或表观溶解度。因此,就广义而言,物质的溶解,不仅仅意味着溶质以分子的形式分散在溶剂中,还可以以离子的形式分散于溶剂中;溶解不仅仅由于溶剂的范德华力、氢键力、偶极力和色散力造成,还可以由于与溶剂中的其他溶质形成可溶性盐、溶于胶团、吸附于可溶性高分子溶质、形成可溶性络合物(配合物、复合物)的形式分散于溶剂之中。

2. 溶解度的测定方法　各国药典规定了溶解度的测定方法。《中国药典》2010年版凡例中规定了详细的测定方法,参见药典有关规定:称取研成细粉的供试品或量取液体供试品,置于25℃±2℃一定容量的溶剂中,每隔5分钟强力振摇30秒,观察30分钟内溶解情况,如看不见溶质颗粒或液滴时,即视为完全溶解。

(1) 药物特性溶解度的测定方法:特性溶解度的测定是根据相溶原理图来确定的。在测定数份不同程度过饱和溶液的情况下,将配制好的溶液恒温持续振荡达到溶解平衡,离心或过滤后,取出上清液并做适当稀释,测定药物在饱和溶液中的浓度。以测得药物溶液浓度为纵坐标,药物质量 - 溶剂体积的比率为横坐标作图,直线外推到比率为零处即得药物的特性溶解度。图2-1中正偏差表明在该溶液中药物发生解离,或者杂质成分或溶剂对药物有复合及增溶作用等(曲线A);直线B表明药物纯度高,无解离、与缔合,无相互作用;负偏差则表明发生抑制溶解的同离子效应(曲线C),两条曲线外推与纵轴的交点所示溶解度即为特性溶解度 S_0。

(2) 药物的平衡溶解度的测定方法:药物的溶解度数值多是平衡溶解度,测量的具体方法是:取数份药物,配制从不饱和溶液到饱和溶液的系列溶液,置恒温条件下振荡至平衡,经滤膜过滤,取滤液分析,测定药物在溶液中的实际浓度 S,并对配制溶液浓度 C 作图,如图2-2,图中曲线的转折点 A,即为该药物的平衡溶解度。

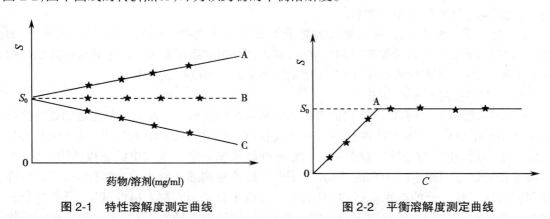

图 2-1　特性溶解度测定曲线　　　　图 2-2　平衡溶解度测定曲线

无论是测定平衡溶解度还是测定特性溶解度,一般都需要在低温(4~5℃)和体温(37℃)两种条件下进行,以便对药物及其制剂的贮存和使用情况做出考虑。如果需要进一步了解药物稳定性对溶解度的影响,试验还应同时使用酸性和碱性两种溶剂系统。

测定溶解度时,要注意恒温搅拌和达到平衡的时间,不同药物在溶剂中的溶解平衡时间不同。测定取样时要保持温度与测试温度一致并滤除未溶的药物,这是影响测定的主要因素。

3. 影响溶解度的因素

(1) 药物分子结构与溶剂:根据"相似相溶"原理,若药物分子间的作用力大于药物分子与溶剂分子间作用,则药物溶解度小,反应,则溶解度大。

(2) 温度:温度对溶解度影响很大,溶解度与温度的关系如下:

$$\ln X = \frac{\Delta H_f}{R}\left(\frac{1}{T_f} - \frac{1}{T}\right) \tag{2-1}$$

式（2-1）中，X 为溶解度（摩尔分数），T_f 药物熔点、T 为溶解时温度，ΔH_f 为摩尔溶解热，R 为气体常数。温度对溶解度的影响取决于溶解过程是吸热过程还是放热过程。$\Delta H_f > 0$ 为吸热过程，溶解度随温度升高而升高；如果 $\Delta H_f < 0$，为放热过程，溶解度随温度升高而降低。

（3）药物的晶型：同一化学结构的药物，由于结晶条件不同，形成结晶的分子排列与晶格结构不同，因而形成不同的晶型，即多晶型。晶型不同，导致晶格能不同，药物的溶解度、溶出速度等也不同。结晶型药物因晶格排列不同可分为稳定型、亚稳定型、不稳定型。稳定型药物溶解度小，亚稳定型药物溶解度大。如氯霉素棕榈酸酯有 A 型、B 型和无定形，其中 B 型和无定形的溶解度大于 A 型，且为有效型。丁烯二酸有顺反两种结构，其晶格引力不同，溶解度相差很大，顺式溶解度为 1∶5；反式溶解度为 1∶150。无定形指药物无结晶结构，无晶型束缚，自由能大，所以溶解度和溶出速度较结晶型大。例如新生霉素在酸性水溶液中形成无定形，其溶解度比结晶型大 10 倍，溶出速度也快。

药物结晶过程中，因溶剂分子加入而使晶体的晶格发生改变，得到的结晶称溶剂化物（solvates），该现象称伪多晶现象。如果溶剂为水则称水化物。溶剂化物和非溶剂化物的熔点、溶解度及溶出速度等物理性质不同。多数情况下，溶解度和溶出速度的顺序排列为：水化物 < 无水物 < 有机溶剂化物。

（4）粒子大小：一般药物的溶解度与药物粒子大小无关，但当药物粒子很小（$\leqslant 0.1\mu m$）时，药物溶解度随粒径减小而增加。

（5）加入第三种物质：溶液中加入溶剂、药物以外的其他物质可能改变药物的溶解度，如加入助溶剂、增溶剂可以增加药物的溶解度，加入某些电解质可能因同离子效应而降低药物的溶解度，如许多盐酸盐药物在 0.9% 氯化钠溶液中的溶解度比在水中低。

4. 增加药物溶解度的方法

（1）加入增溶剂：具有增溶作用的表面活性剂称为增溶剂。表面活性剂能增加难溶性药物在水中的溶解度，是表面活性剂在水中形成胶束的结果。被增溶的物质，以不同方式与胶束相互作用，使药物分散于胶束中。如非极性物质苯完全进入胶束的非极性中心区；水杨酸等带极性基团而不溶于水的药物，分子中非极性基则插入胶束的非极性中心区，极性基则伸入球形胶束外的亲水基团；对羟基苯甲酸由于分子两端都有极性基团，可完全分布在胶束的亲水基团间。影响增溶的因素主要有：①增溶剂的种类：增溶剂的种类和同系物增溶剂的分子量对增溶效果有影响。一般，同系物的增溶剂碳链愈长，其增溶量也愈大。目前认为，对极性药物而言，非离子型增溶剂的 HLB 值愈大，增溶效果愈好。但对极性低的药物，则相反。增溶剂的 HLB 值一般应在 15~18 之间选择。②药物的性质：当增溶剂的种类、浓度一定时，被增溶同系物药物的分子量愈大，增溶量愈小。增溶剂所形成的胶束体积是一定的，药物的分子量愈大，体积也愈大，胶束能增溶药物的量自然愈少。③加入顺序：在实际增溶时，增溶剂加入方法不同，增溶效果也不同。一般现将药物与增溶剂混合，再加入溶剂。如用聚山梨酯类为增溶剂，对冰片的增溶实验证明，先将冰片与增溶剂混合，最好使完全溶解，再加水稀释，冰片能很好溶解。若先将增溶剂溶于水，再加冰片，冰片几乎不溶。

（2）加入助溶剂：常用助溶剂可分为三类：①某些有机酸及其钠盐，如苯甲酸钠、水杨酸钠、对氨基苯甲酸钠等;②酰胺化合物,如乌拉坦、尿素、烟酰胺、乙酰胺等;③无机盐如碘化钾等。助溶的机制一般为:助溶剂与难溶性药物形成可溶性络合物;形成有机分子复合物;通过复分解而形成可溶性盐类。当助溶剂的用量较大时,宜选用无生理活性的物质。常见难溶性药物及其应用的助溶剂见表2-2。

表2-2　常见的难溶性药物及其应用的助溶剂

药物	助溶剂
碘	碘化钾,聚乙烯吡咯烷酮
咖啡因	苯甲酸钠,水杨酸钠,对氨基苯甲酸钠,枸橼酸钠,烟酰胺
可可豆碱	水杨酸钠,苯甲酸钠,烟酰胺
茶碱	二乙胺,其他脂肪族胺,烟酰胺,苯甲酸钠
盐酸奎宁	乌拉坦,尿素
核黄素	苯甲酸钠,水杨酸钠,烟酰胺,尿素,乙酰胺,乌拉坦
卡巴克洛	水杨酸钠,烟酰胺,乙酰胺
氢化可的松	苯甲酸钠,邻、对、间羟苯甲酸钠,二乙胺,烟酰胺
链霉素	蛋氨酸,甘草酸
红霉素	乙酰琥珀酸酯,维生素C
新霉素	精氨酸

(3) 制成盐类:某些难溶性弱酸、弱碱,可制成盐而增加其溶解度。弱酸性药物如苯巴比妥类、磺胺类可以用碱(氢氧化钠、碳酸氢钠、氢氧化钾等)与其作用生成溶解度较大的盐。弱碱性药物如普鲁卡因、可卡因等可以用酸(盐酸、硫酸、磷酸、氢溴酸、枸橼酸、醋酸等)制成盐类。选择盐型,除考虑溶解度外,还需考虑到稳定性、刺激性等方面的变化。如乙酰水杨酸的钙盐比钠盐稳定,奎尼丁的硫酸盐刺激性小于葡萄糖酸盐等。

(4) 使用混合溶剂:混合溶剂是指能与水任意比例混合、与水分子能以氢键结合、能增加难溶性药物溶解度的溶剂,如乙醇、丙二醇、甘油、聚乙二醇300、聚乙二醇400与水就组成混合溶剂。药物在混合溶剂中的溶解度,与混合溶剂的种类、混合溶剂中各溶剂的比例有关。药物在混合溶剂中的溶解度通常是各单一溶剂中溶解度的相加平均值,但也有高于相加平均值的。在混合溶剂中各溶剂在某一比例中,药物的溶解度比在各单纯溶剂中的溶解度大,而且出现极大值,这种现象称为潜溶(cosolvency),这种溶剂称为潜溶剂(cosolvent)。如苯巴比妥在90%乙醇中溶解度最大。

(5) 制成共晶:药物共晶是药物活性成分与合适的共晶试剂通过分子间作用力(如氢键)而形成的一种新晶型,共晶可以在不破坏药物共价结构的同时修饰药物的理化性质,包括提高溶解度和溶出速度。如将阿德福韦酯与糖精制成共晶后,可显著提高阿德福韦酯的溶出速度。共晶试剂目前多是药用辅料、维生素、氨基酸等,当共晶试剂的分子结构和极性与药物活性成分相似时,比较容易形成共晶。

此外,提高温度、改变 pH 可促进药物的溶解;应用微粉化技术可减小粒径,促进溶解并提高药物的溶解度;包合技术等新技术的应用也可促进药物的溶解。

在选择增溶方法时应考虑对人体毒性、刺激性、疗效及溶液稳定性的影响。如苯巴比妥难溶于水,制成钠盐虽能溶于水,但因水解而沉淀和变色,若用聚乙二醇与水的混合溶剂,溶解度增大而且稳定,可供制成注射剂。

(二)溶出速度

1. 药物溶出速度的表示方法   药物的溶出速度是指单位时间药物溶解进入溶液主体的量。溶出过程包括两个连续的阶段,首先是溶质分子从固体表面溶解,形成饱和层,然后在扩散作用下经过扩散层,再在对流作用下进入溶液主体内。固体药物的溶出速度主要受扩散控制,可用 Noyes-Whitney 方程表示:

$$\frac{\mathrm{d}C}{\mathrm{d}t} = KS(C_s - C) \tag{2-2}$$

式中,$\mathrm{d}C/\mathrm{d}t$ 为溶出速度;S 为固体的表面积;C_s 为溶质在溶出介质中的溶解度;C 为 t 时间溶液中溶质的浓度;K 为溶出速度常数。

$$K = \frac{D}{Vh} \tag{2-3}$$

式中,D 为溶质在溶出介质中的扩散系数;V 为溶出介质的体积;h 为扩散层的厚度。当 $C_s \gg C$(即 C 低于 $0.1C_s$)时,则(2-2)式可简化为:

$$\frac{\mathrm{d}C}{\mathrm{d}t} = KSC_s \tag{2-4}$$

式中的溶出条件称为漏槽条件(sink condition),可理解为药物溶出后立即被移出,或溶出介质的量很大,溶液主体中药物浓度很低。体内的吸收也被认为是在漏槽条件下进行。

若能使式中的 S(固体的表面积)在溶出过程中保持不变,则有:

$$\frac{\mathrm{d}C}{\mathrm{d}t} = \kappa \tag{2-5}$$

式中,κ 为特性溶出速度常数,单位为 $\mathrm{mg/(min \cdot cm^2)}$,是指单位时间单位面积药物溶解进入溶液主体的量。一般情况下,当固体药物的特性溶出速度常数小于 $1\mathrm{mg/(min \cdot cm^2)}$ 时,就应认为溶出速度对药物吸收有影响。

2. 影响药物溶出速度的因素和增加溶出速度的方法   影响溶出速度的因素可根据 Noyes-Whitney 方程分析。

(1) 固体的表面积:同一重量的固体药物,其粒径越小,表面积越大;对同样大小的固体药物,孔隙率越高,表面积越大;对于颗粒状或粉末状的药物,如在溶出介质中结块,可加入润湿剂以改善固体粒子的分散度,增加溶出界面,这些都有利于提高溶出速度。

(2) 温度:温度升高,大多数药物溶解度增大、扩散增强、黏度降低,溶出速度加快。少数药物则会随着温度的增加溶解度下降,溶出速度也会随之减慢。

(3) 溶出介质的体积:溶出介质的体积小,溶液中药物浓度高,溶出速度慢;反之则溶出速度快。

(4) 扩散系数:药物在溶出介质中的扩散系数越大,溶出速度越快。在温度一定的条件下,扩散系数的大小受溶出介质的黏度和药物分子大小的影响。

(5) 扩散层的厚度:扩散层的厚度愈大,溶出速度愈慢。扩散层的厚度与搅拌程度有关,搅拌速度快,扩散层薄,溶出速度快。

上述影响药物溶出的因素,仅就药物与溶出介质而言。片剂、胶囊剂等剂型的溶出,还受处方中加入的辅料等因素以及溶出速度测定方法的影响,参见片剂、胶囊剂等有关章节。

第二节 流变学理论

一、概述

在适当的外力作用下,物质所具有的流动和变形性能称为流变性,研究物体变形和流动的科学称为流变学(rheology)。

当外力作用于固体时,物体产生大小或形状的改变,即变形。引起变形的作用力除以作用面积称之为应力(stress)。给固体施加外力时,固体就变形,外力解除时,固体就恢复到原有的形状,固体的这种性质称为弹性(elasticity),这种可逆的形状变化称为弹性变形(elastic deformation)。外力作用于液体时,液体产生不可逆变形即出现流动,流动是液体、气体的主要性质之一,流动的难易程度与液体的黏度有关。黏性(viscosity)是指流体在外力作用下质点间相对运动而产生的阻力。当物体具有黏性与弹性的双重特性时,我们称之为黏弹体(viscoelastic body)。如软膏剂或凝胶剂等半固体制剂均具有黏弹性。

由于具有一定黏性,液层作相对运动,顶层下各液层的流动速度依次递减,形成速度梯度即剪切速率(shearing rate),单位为时间的倒数,用 $D(s^{-1})$ 表示。使各液层间产生相对运动的外力称为剪切力,单位面积上的剪切力称为剪切应力(shearing force),单位为 N/m^2,以 S 表示。剪切速度、剪切应力是表征体系流变性质的两个基本参数。

二、流体的基本性质

(一)流体流型分类

根据流动和变形形式不同,把流体流型分为牛顿流体(Newtonian fluid)与非牛顿流体。各种流体的流变曲线和剪切速率与表观黏度的关系如图 2-3 所示。

1. 牛顿流体 1687 年,牛顿提出了牛顿黏度定律(Newtonian equation),即纯液体和多数低分子溶液在流层条件下的剪切应力 S 与剪切速度 D 成正比,遵循该法则的液体称为牛顿流体。

$$S = \frac{F}{A} = \eta D \tag{2-6}$$

式中,D 为剪切速度,S 为剪切应力,F 为 A 面积上施加的力,η 为黏度系数,或称动力黏度,简称黏度。

牛顿液体具有以下特点:一般为低分子的纯液体或稀溶液;以剪切速度为纵坐标、剪切应力为横坐标作图,所得曲线为流变曲线,牛顿流体的流变曲线是通过原点的直线,见图 2-3(a);在一定温度下,牛顿流体的黏度 η 为常数,它只是温度的函数,随温度升高而减小。

2. 非牛顿流体 剪切应力与剪切速率的关系不符合公式(2-1)的液体,它的黏度不是一个常数,我们称为表观黏度 η_a,表观黏度随剪切速度的变化而变化,这种流体称为非牛顿流体。非牛顿流体根据流动特性可分为塑性流体、假塑性流体、胀性流体和假黏性流体。

(1)塑性流体:当作用在物体上的剪切应力大于某一值时物体开始流动,否则物体保持即时形状并不会流动,具有这种性质的物体称为塑性流体(plastic fluid)。引起塑性液体流动

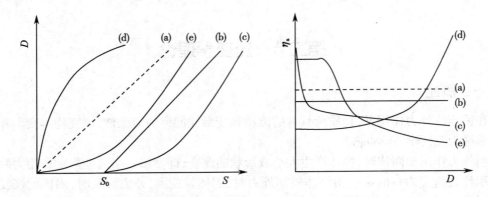

图 2-3　各种流体的流变曲线和剪切速率与表观黏度的关系
(a) 牛顿流体；(b) 塑性流体；(c) 假塑性流体；(d) 胀性流体；(e) 假黏性流体

的最低切应力为屈伏值 S_0(yield value)。这种流体的特点是：只有当剪切应力 S 超过某一值(S_0)后才开始流动，而一旦开始流动，S-D 关系与牛顿流体一样呈线性关系，塑性流体曲线如图 2-3(b) 所示，该流体的特点是：曲线不通过坐标原点，表观黏度与剪切速度无关。在制剂中呈现为塑性流动的剂型有高浓度乳剂、混悬剂、单糖浆等。

塑性流体的流动状态方程用公式(2-7)表示。

$$D = \frac{S - S_0}{\eta_a} \tag{2-7}$$

式中，D 为剪切速度，S 为剪切应力，S_0 为屈伏值，η_a 为表观黏度。

产生塑性流动现象的原因可用图 2-4 说明。静止时粒子聚集形成网状结构，当应力超过 S_0 时，导致体系网状结构被破坏，开始流动。加入表面活性剂或反絮凝剂，会减小粒子间的引力(范德华力)和斥力(短距离斥力)，进而减少或消除屈伏值。装在软膏管的凝胶用力挤出(流动)，涂在皮肤上后不流动，这就是利用凝胶具有屈伏值的实例。

(2) 假塑性流体：当作用在物体上的剪切应力大于某一值时物体开始流动，表观黏度随着剪切应力的增大而减小，这种流体称为假塑性流体(pseudo-plastic fluid)。因为随着剪切速度的增大，表观黏度减小，所以也称为剪切稀化流动(shear thinning flow)。随着剪切流速的增大，其内部结构破坏而黏度变小。假塑性流体流动特性曲线如图 2-3(c) 所示。该流体的特点是：具有屈伏值 S_0，剪切应力超过 S_0 才开始流动；表观黏度 η_a 随剪切速率 D 的增大而减小，其流动曲线为凸向剪切应力 S 轴的曲线。假塑性流体大多数是含有长链大分子聚合物或形状不规则的颗粒的分散体系，如甲基纤维素、羧甲纤维素、大多数高分子溶液等均属于假塑性流体。

剪切稀化的原因如图 2-5 所示。静止状态下，因为长链大分子或不规则颗粒取向各异，互相勾挂缠结，表观黏度较大。在剪切应力的作用下，粒子会呈现出不同程度的定向，使流动阻力减小，即表观黏度降低，而且随剪切应力增大，这种作用随之增加，表现出剪切稀化效

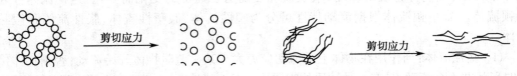

图 2-4　塑性流体的结构变化示意图　　　　**图 2-5　假塑性流体的结构变化示意图**

应。剪切稀化的程度与分子链的长短和线型有关。由直链高聚物分子形成剪切稀化的假塑性溶液,一般来说相对分子质量越高,假塑性越大。

(3) 胀性流体:表观黏度随着剪切应力的增大而增加,这种流动称胀性流动(dilatant flow)。表现为胀性流动的液体称为胀性流体(dilatant fluid)。胀性流体的流动特性曲线如图 2-3(d)所示。该流体的特点是:流动无屈伏值;随剪切速率 D 增大,其体积和刚性增加,表观黏度增大,其流动曲线为凸向剪切速率 D 轴方向并且经过原点的曲线。随着剪切应力 S 或剪切速率 D 的增大,表观黏度 η_a 逐渐增大,所以胀性流动也称作剪切增稠流动(shear thicking flow)。

剪切增稠作用可用胀溶现象来说明(图 2-6)。具有剪切增稠现象的液体,其胶体粒子一般处于紧密充填状态,作为分散介质的水充满致密排列的粒子间隙。当施加应力较小时,缓慢流动,由于水的润滑和流动作用,胶体表现出黏性阻力较小。如果用力搅动,处于致密排列的粒子就会被搅乱,成为多孔隙的疏松排列构造。这时由于原来的

图 2-6　胀性流体的结构变化示意图

水分再也不能填满粒子之间的间隙,粒子与粒子之间没有了水层的润滑作用,因而黏性阻力就会骤然增大,甚至失去流动性。因为粒子在强烈的剪切作用下成为疏松排列结构,引起外观体积增大,所以称之为胀容现象。

通常胀性流体需要满足以下两个条件:粒子必须是分散的,而不能聚结;分散相浓度较高,且只在一个狭小的范围内才呈胀性流动。在浓度较低时为牛顿流体,浓度较高时则为塑性流体,浓度再高时为胀性流体。例如,淀粉浆大约在 40%~50% 的浓度范围内才表现出明显的胀性流型。

(4) 假黏性流体:假黏性流体(pseudo-viscous fluid)的流动特性曲线如图 2-3(e)所示。该流体的特点是:流体无屈服值;随剪切速率 D 的增大,其表观黏度减小,流动曲线为凸向剪切应力 S 轴方向,并且经过原点的曲线。西黄蓍胶、海藻酸钠、羧甲基纤维素、甲基纤维素等溶液,当浓度为 1% 左右时属于假黏性流动流体。

(二)触变性

1. 触变性的概念　触变性(thixotropy)是由两个希腊词语 "thixis"(搅拌,振动)和 "trepo"(变化,改变)组合而成的。触变性是指在一定温度下,非牛顿流体在恒定剪切力(振动、搅拌、摇动)的作用下,黏性减小,流动性增大,当外界剪切力停止或减小时,体系黏度随时间延长而恢复原状的一种性质。触变性不是一种流型,而是某些非牛顿流体在一定剪切力作用下表现出来的一种性质。普遍认为触变性是流体结构可逆转变的一种现象(即凝胶 - 溶胶 - 凝胶的转变,它是由 pH 或其他影响因素诱发时间依赖性黏度改变而引起,体系的容积却不会发生变化。Aerosil 200 水凝胶和羧甲基纤维素溶液均具有触变性。

流体表现触变性的机制可以理解为随着剪切应力的增加,粒子之间形成的结构受到破坏,黏性减小(图 2-7),当撤销剪切应力时,被拆散的粒子靠布朗运动移动并恢复原来的结构,由于粒子之间结构的恢复需要一段时间,从而呈现出对时间的依赖,表现出触变性。因此,剪切速率减小时的曲线与增加时的曲线不重叠,形成了与流动

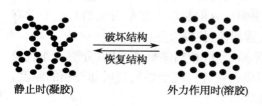

图 2-7　触变性概念模型

时间有关的滞后环（hysteresis loop）（图 2-8）。滞后环的面积大小反映流体的触变性强弱。

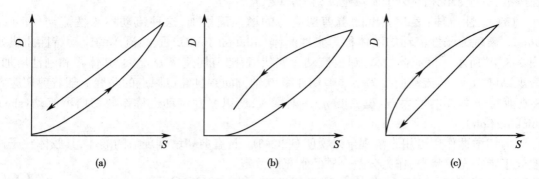

图 2-8　假黏性流动（a）、假塑性流动（b）及胀性流动（c）的触变性履历曲线

触变性在制剂中有许多实际应用，如混悬型注射剂在肌肉组织中形成储库缓慢释放药物；尿路造影剂的注入、滞留、排出时流动性的增减；软膏剂的黏稠性和涂展性的调节等。

2. 影响触变性的因素　触变性受 pH、温度、聚合物浓度、聚合物修饰、聚合物联用、电解质等因素的影响。

（1）pH：聚丙烯酸、泊洛沙姆、乙基纤维素、醋酸纤维素酞酸酯乳胶具有 pH 依赖的触变性。通过泪液、宫颈液引起 pH 增加或降低，会使聚合物溶液凝固。

（2）温度：泊洛沙姆的黏性会随温度、组成改变而变化，而且通过与泊洛沙姆其他衍生物合用，使其具有适宜的相转变温度，可进一步增加其在角膜处的滞留时间。

（3）聚合物浓度：以泊洛沙姆为基质的眼部给药体系，具有很强的浓度依赖性的溶胶 - 凝胶 - 溶胶转变特性。

（4）聚合物的联合应用：含有比例为 2∶1 的卡波普与聚丙烯酸混合物的处方具有最高的黏性，并且表现出明显的触变性，适合作为制霉菌素的局部用凝胶基质。

（5）聚合物结构的修饰：经过疏水基团修饰的羟乙基纤维素衍生物在 O/W 型乳剂中的增稠能力，比其母体羟乙基纤维素强。

（6）离子的加入：硅酸镁铝是一种荷负电的黏土，将其分散于海藻酸钠或壳聚糖溶液中，可增加它们的黏性，使其由牛顿流体转变为具有触变性的假塑性流体。

（7）其他辅料的添加：将卵磷脂、甘油等辅料添加到凝胶体系中，会显著影响其黏性，得到黏稠的触变凝胶剂，增加体系的稳定性。

三、流变学在药剂学中的应用与发展

药物制剂的流变学性质主要有黏性、弹性、硬度、黏弹性、屈伏值及触变性等，通过测定这些性质的参数能表征并剖析其样品的物理、化学性质及其结构。事实上，多数药物制剂属于复杂的多分散体系，其流变性质较复杂，并受到很多因素的影响。制剂要求的与流变学有关的特性包括：稳定性、可挤出性、涂展性、通针性、滞留性、控释性等。

1. 稳定性　乳剂、混悬剂属于热力学不稳定体系，分散相趋向聚结，导致分层。通过控制外相流变特性是使乳剂稳定的一种方法。通常可以通过应用流变添加剂增加外相的黏度，使外相具有一定的屈服值，进而使得乳剂、混悬剂稳定。

2. 可挤出性　软膏剂、凝胶剂等半固体制剂的可挤出性，对于患者的用药依从性具有

重要影响。当产品从软膏管中挤出时，遇到一定阻力，过大过小均不合适。阻力过小，药品在开盖会自动流出，阻力过大，则挤出困难，应当轻轻挤压即保持缓慢地挤出。采用具有触变性的体系，就能解决黏度方面的矛盾。在不同的剪切条件下，同一药膏表现出不同的黏度。当软膏被挤压，所施的剪切应力能破坏原有的结构，黏度变小，容易流动。当挤压停止，触变体系的结构又重新建立，恢复原有的黏度。

3. 涂展性　半固体制剂等都是涂敷在皮肤上使用。通过添加具有触变性的流变添加剂，调节药品的黏度，可使药品易于涂展。停止涂抹时药物黏附于皮肤，使药物易于吸收。

4. 通针性　高浓度普鲁卡因青霉素 G 注射用混悬剂(40%~70%)，其水溶液中含有少量的枸橼酸钠和聚山梨醇酯 80，在通过皮下注射针头时其流体结构很容易被破坏，之后再恢复稠度，从而使药物在体内形成储库。

5. 滞留性　溶液、混悬液、眼膏等传统的眼部给药制剂，具有角膜前损失较多、疗效差异较大、影响视力等缺点。为了避免这些缺点，现已开发了具有触变性的原位凝胶眼部给药系统。此种眼部给药系统对环境变化做出相应反应，如液体制剂一经滴灵敏度就会在眼部结膜穹窿内发生相转变，形成具有黏弹性的凝胶。据报道，水溶性聚丙烯酸凝胶在家兔眼部给药可滞留 4~6 小时，这是由于凝胶具有很高的屈服值，使其抵抗眼睑和眼球运动而引起的剪切作用。

6. 控释性　体液的主要成分为水分，能渗透进入溶胶—凝胶体系基质中，影响其触变体系的结构，尤其是交联度及水合作用程度，进而影响被包裹药物的释放速率。在一种口服触变性制剂中，模拟唾液的恒流会影响药物从凝胶中的释药速率。PEG 凝胶基质在接触模拟唾液时会逐渐溶解，然而以卡波普和聚乙烯 - 苯酚混合物为基质的凝胶接触唾液时会膨胀，形成药物释放的黏性屏障，从而使得不同体系完全释药所需时间不同。

流变学最早是由 Bengham 和 Crawford 于 1929 年提出，我国流变学研究起步较晚，直到 20 世纪 70~80 年代才开始，最初主要用于工业材料与地质材料研究中，用于制剂方面的研究是在近年来才加以重视。流变学在药剂学中对处方设计、制订制备工艺、质量评价具有指导意义，特别是在混悬剂、乳剂、胶体溶液、软膏剂和栓剂中广泛应用。流变性影响药物制剂生产的每一道工序，例如填充、混合、包装等。流变性与实际应用也密切相关，如软膏从管状包装中的可挤出性，注射剂的通针性、应用部位的滞留性等均可用流变学的原理解释。通过流变学性质的研究可以控制制剂质量，还可以为制剂的处方设计、制备工艺及设备选择、贮存稳定性、包装材料选择等提供有关依据。随着半固体及液体的黏度的测定方法的不断改进，一些制剂的流变学参数与生物药剂学及药效之间的相关性也已建立，流变学原理的应用正在日益扩大。相信随着基本原理、测试技术与测试设备的发展与电子计算机的应用，流变学在制剂领域的应用将更为深入与广泛。

第三节　粉体学理论

一、概述

粉体(powder)系指固体细微粒子的集合体。粉体学(micromeritics)系指研究粉体所表现的基本性质及其应用的科学。

粉体的基础是粒子。粒子可以是晶体或无定形的单个粒子，也可以是多个粒子的聚合体。为了区别单个粒子和聚合粒子，将前者叫一级粒子（primary particle），将后者叫二级粒子（second particle）。粒子是粉体运动的最小单元，而且粒子间存在着一定的相互作用，从而出现不同的表现形式。在制剂中，无论是经过粉碎的粉末，还是经过制粒的颗粒、小丸，甚至是片剂的集合体都属于粉体的范畴。

粉体的性质随着粒子很小一点变化而产生很大的变化，影响到药物生产中的粉碎、过筛、混合等工艺，因此对多种剂型的成型有一定的影响，如散剂、颗粒剂、片剂等。同时粉体的基本特性如粒径、比重/密度、表面积对药物的释药速度、起效快慢均亦有直接影响。在医药产品中，固体状态的剂型有散剂、颗粒剂、胶囊剂、片剂等。涉及的单元操作有粉碎、过筛、混合、制粒、干燥、压片、包装、输送、贮存等。多数固体制剂应根据不同需要进行粒子加工以改善粉体性质来满足产品质量和粉体操作的需求。研究粉体的基本性质有助于固体制剂的处方设计、生产过程的工艺控制以及成品的质量控制等。

二、粉体的性质

（一）粒径与粒度分布

1. **粒径** 系指粒子的几何尺寸。对于一个不规则粒子，粒径测定方法不同，其物理意义不同，测定值也不同。单一粒子粒径常用的表示方法有：三轴径、定向径、球相当径、筛分径、Stokes 径等。

（1）几何学粒子径（geometric diameter）：根据几何学尺寸定义的粒子径，见图 2-9。一般用显微镜法、库尔特计数法等测定。近年来计算机的发展为几何学粒子径提供了快速、方便、准确的测定方法。

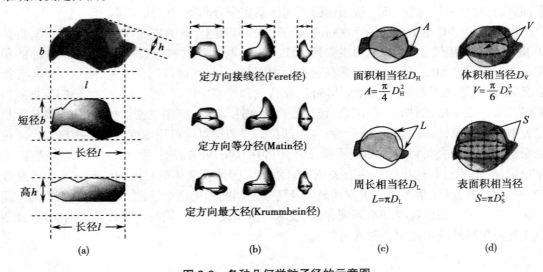

面积相当径 D_H
$$A=\frac{\pi}{4}D_H^2$$

体积相当径 D_V
$$V=\frac{\pi}{6}D_V^3$$

周长相当径 D_L
$$L=\pi D_L$$

表面积相当径
$$S=\pi D_S^2$$

定方向接线径（Feret径）

定方向等分径（Matin径）

定方向最大径（Krummbein径）

(a)　　　(b)　　　(c)　　　(d)

图 2-9　各种几何学粒子径的示意图
（a）三轴径；（b）定方向径；（c）圆相当径；（d）球相当径

1）三轴径（Three shaft diameters）：在粒子的平面投影图上测定长径 l 与短径 b，在投影平面的垂直方向测定粒子的厚度 h，以此各表示长轴径、短轴径和厚度。三轴径反映粒子的实际尺寸。

2）定向径（投影径）：在粒子的投影平面上，某定方向直线长度。常见的有以下几种：①定向接线径（Feret 径）：一定方向的平行线将粒子的投影面外接时平行线间的距离。②定向等分径（Martin 径）：一定方向的线将粒子的投影面积等份分割时的长度。③定向最大径

（Krummbein 径）：在一定方向上分割粒子投影面的最大长度。

3）圆相当径（Heywood 径）：与粒子的投影面积相同圆的直径，常用 D_H 表示。

4）体积等价径（equivalent volume diameter）：与粒子的体积相同的球体直径，也叫球相当径。用库尔特计数器测得，记作 D_V。粒子的体积 $V=\pi D_V^3/6$。

（2）筛分径（sieving diameter）：又称细孔通过相当径。当粒子通过粗筛网且被截留在细筛网时，粗细筛孔直径的算术或几何平均值称为筛分径，记作 D_A。

算术平均径
$$D_A = \frac{a+b}{2} \tag{2-8}$$

几何平均径
$$D_A = \sqrt{ab} \tag{2-9}$$

式中，a 为粒子通过的粗筛网直径；b 为粒子被截留的细筛网直径。粒径的表示方式是 $(-a+b)$，即粒径小于 a，大于 b。如，将某粉体的粒度表示为 $(-1000+900)\mu m$ 时，表明该群粒子小于 $1000\mu m$，大于 $900\mu m$，算术平均径为 $950\mu m$。

（3）有效径（effect diameter）：粒径相当于在液相中具有相同沉降速度的球形颗粒的直径（settling velocity diameter）。该粒径根据 Stock's 方程计算所得，因此又称 Stock's 径，记作 D_{Stk}。

$$D_{stk} = \sqrt{\frac{18\eta}{(\rho_p - \rho_1)\cdot g}\cdot\frac{h}{t}} \tag{2-10}$$

式中，ρ_p、ρ_1 分别表示被测粒子与液相的密度；η 为液相的黏度；h 为等速沉降距离；t 为沉降时间。

（4）比表面积等价径（equivalent specific surface diameter）：与欲测粒子具有相同比表面积的球的直径，记作 D_{SV}。采用透过法、吸附法测得比表面积后计算求得。这种方法求得的粒径为平均径，不能求粒度分布。

$$D_{sv} = \frac{\phi}{S_w\cdot\rho} \tag{2-11}$$

式中，S_w 为比表面积；ρ 为粒子的密度；ϕ 为粒子的性状系数，球体时 $\phi=6$，其他形状时一般情况下 $\phi=6.5\sim8$。

粉体是一群粒度分散、大小不连续的粒子群，是由粒径不等的粒子所组成的集合体，故粉体体系常用平均粒径表示。粉体体系的平均粒径表示方法有：个数平均径、平均表面积径、平均体积径、重量矩平均直径、长度平均径等。

2. 粒度分布　粒度分布系指粉体中不同粒度区间的颗粒含量，反映粒子大小的分布情况。频率分布与累积分布是常用的粒度分布的表示方式。频率分布表示各个粒径的粒子群在全体粒子群中所占的百分数（微分型）；累积分布表示小于或大于某粒径的粒子群在全体粒子群中所占的百分数（积分型）。百分数的基准可用个数基准、质量基准、面积基准、体积基准、长度基准等。

测定基准不同，粒度分布曲线大不一样（图 2-10），因此表示粒度分布时必须注明测定

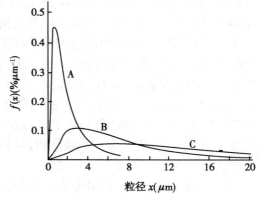

图 2-10　不同基准表示的粒度分布
A：$fc(x)$ 个数基准；B：$fs(x)$ 面积基准；C：$f_M(x)$ 重量或体积基准

基准。不同基准的粒度分布理论上可以互相换算。在制药工业的粉体处理中实际应用较多的是质量基准分布和个数基准分布。现代计算机程序先用个数基准测定粒度分布,然后利用软件处理直接转换成所需的其他基准,非常方便。频率分布与累积分布可用方块图或曲线表示,如图 2-11 所示。用这种形式表示的粒度分布比较直观。

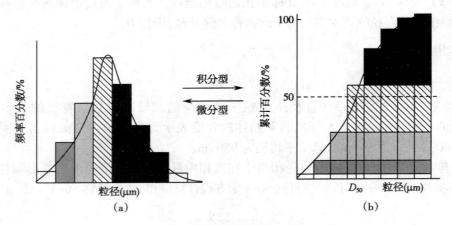

图 2-11　用图形表示的粒度分布示意图
(a)频率分布;(b)累积分布

3. 粒度测量方法　粒度测定方法有显微镜法、库尔特计数法、沉降法、比表面积法、筛分法等。粒子径的测定原理不同,粒子径的测定范围也不同。

(1) 显微镜法:是将粒子放在显微镜下,根据投影像测得粒径的方法,主要测定几何学粒径。光学显微镜可以测定 $1\sim500\mu m$ 的粒径,电子显微镜可以测定 $0.001\sim100\mu m$ 的粒径。测定时应避免粒子间的重叠,以免产生测定误差。本法主要测定以个数、投影面积为基准的粒度分布。

(2) 库尔特计数法:是将粒子群混悬于电解质溶液中,隔壁上设有一个细孔,孔两侧各有电极,电极间有一定电压,当粒子通过细孔时,粒子容积排除孔内电解质而使电阻发生改变。利用电阻与粒子的体积成正比的关系将电信号换算成粒径,而测得粒径及其分布。本法测得的粒径为等体积球相当径,可以求得以个数为基准的粒度分布或以体积为基准的粒度分布。混悬剂、乳剂、脂质体、粉末药物等可用本法测定。测定原理如图 2-12。

(3) 沉降法:是液相中混悬的粒子在重力场中恒速沉降时,根据 Stoke's 方程求出粒径的方法。适用于 $100\mu m$ 以下的粒径的测定,常用 Andreasen 吸管法,如图 2-13 所示。这种装置设定一定的沉降高度,在此高度范围内粒子以等速沉降(求出粒子径),并在一定时间间隔内再用吸管取样,测定粒子的浓度或沉降量,可求得粒度分布。本法测得的粒度分布是以重量为基准的。

(4) 比表面积法:是利用粉体的比表面积随粒径的减少而迅速增加的原理,通过粉体层中比表面积的信息与粒径的关系求得平均粒径的方法,但本法不能求得粒度分布。可测定的粒度范围为 $100\mu m$ 以下。比表面积可用吸附法和透过法测定。

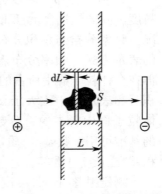

图 2-12　库尔特法测定原理

（5）筛分法：是粒径与粒径分布的测量中使用最早、应用最广，而且简单、快速、实用的方法。常用测定粒度范围在 45μm 以上。筛分原理是利用筛孔将粉体机械阻挡的分级方法。将筛子由粗到细按筛号顺序上下排列，将一定量粉体样品置于最上层中，振动一定时间，称量各个筛号上的粉体重量，求得各筛号上的不同粒级重量百分数，由此获得以重量为基准的筛分粒径分布及平均粒径。本法测得的粒子大小比较粗略。

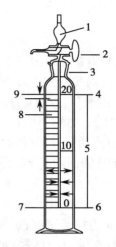

图 2-13 Andreasen 吸管示意图
1. 分液漏斗（10cm³）；2. 三向阀；3. 气孔；4. 标线；5. 沉降距离；6. 基线；7. 移液管开口端；8. 沉降管容积（835cm³）；9. 平均液面下降（cm）

药物粒径大小与制剂的加工及质量密切相关，对于散剂、颗粒剂、胶囊剂、片剂等固体制剂以及软膏剂、涂膜剂、膜剂等剂型来讲，药物混合、分散是否均匀，混合操作的难易程度，都与粒度大小有关，而混合均匀与否直接影响药物的制备（流动性、可压性、成型性）、成品的质量（外观、有效成分分布的均匀性、剂量的准确性、稳定性）、药物的溶解速率、吸收速度等。某些药物粒度大小与毒性密切相关。因此，测定粒子粒度大小在制剂制备中是非常重要的。

（二）粒子形状

粒子的形状系指一个粒子的轮廓或表面上各点所构成的图像。粒子的形态与粒子的许多性质密切相关，如：比表面积、流动性、附着性、化学活性等。

粉体学中粒子形态常用形态系数来表示，粒子的几何、立体各变量之间的关系称为形态系数。常用的形态系数表示方法有：表面积形状系数、体积形状系数、比表面积形状系数、圆形度、球形度等。

（三）粒子的比表面积

1. 比表面积的表示方法　粒子的比表面积包括体积比表面积和质量比表面积。体积比表面积系指单位体积粉体所具有的表面积，以 S_v（cm²/cm³）表示；质量比表面积系指单位质量粉体所具有的表面积，以 S_w（cm²/g）表示。

比表面积是表征粉体中粒子粗细的一种量度，也是表示固体吸附能力的重要参数。比表面积不仅对粉体性质，而且对制剂性质和药理性质都有重要意义。

2. 比表面积的测定方法　测定粉体比表面积的常用方法有气体吸附法（BET）和气体透过法。此外还有溶液吸附、浸润热、消光、热传导、阳极氧化原理等方法。

（1）气体吸附法（gas adsorption method）：具有较大比表面积的粉体是气体或液体的良好吸附剂。在一定温度下 1g 粉体所吸附的气体体积（cm³）对气体压力绘图可得吸附等温线。被吸附在粉体表面的气体在低压下形成单分子层，在高压下形成多分子层。如果已知一个气体分子的断面积 A，形成单分子层的吸附量 V_m，可用公式（2-12）计算该粉体的比表面积 S_w。吸附实验的常用气体为氮气，在氮气沸点 −196℃下，氮气的断面积 $A=0.162nm^2/mol$。

$$S_w = A \cdot \frac{V_m}{22\,400} \cdot 6.02 \times 10^{23}$$

$$(2-12)$$

式（2-12）中的 V_m 可通过 BET（Brunauer，Emmett，Teller）公式计算：

$$\frac{p}{V(p_0 - p_1)} = \frac{1}{V_m C} + \frac{C-1}{V_m C_3} \cdot \frac{p}{p_0} \tag{2-13}$$

式中，V 为在 p 压力下 1g 粉体吸附气体的量，cm^3/g；C 为第一层吸附热和液化热的差值的常数；p_0 为实验室温度下吸附气体饱和蒸气压，Pa，为常数。在一定实验温度下测定一系列 p 对 V 的数值，$p/V(p_0-p)$ 对 p/p_0 绘图，可得直线，由直线的斜率与截距求得 V_m。

（2）气体透过法（gas permeability method）：是气体通过粉体层时，由于气体透过粉体层的空隙而流动，所以气体的流动速度与阻力受粉体层的表面积大小（或粒子大小）的影响。粉体层的比表面积 S_w 与气体流量、阻力、黏度等关系可用 Kozeny-Carman 公式表示，如式（2-14）：

$$S_w = \frac{14}{\rho} \sqrt{\frac{A \cdot \Delta P \cdot t}{\eta \cdot L \cdot Q} \frac{\varepsilon^2}{(1-\varepsilon)^2}} \tag{2-14}$$

式中，ρ 为粒子密度；η 为气体的黏度；ε 为粉体层的孔隙率；A 为粉体层断面积；ΔP 为粉体层压力差（阻力）；Q 为 t 时间内通过粉体层的气体流量。

气体透过法只能测粒子外部比表面积，粒子内部空隙的比表面积不能测（图 2-14），因此不适合用于多孔形粒子的比表面积的测定。

此外，还有溶液吸附、浸润热、消光、热传导、阳极氧化原理等方法。

（四）密度与孔隙率

1. 粉体密度 系指单位体积粉体的质量。由于粉体的颗粒内部和颗粒间存在空隙，粉体的体积具有不同含义。粉体的密度根据所指的体积不同分为真密度、粒密度、堆密度 3 种。

（1）密度的定义

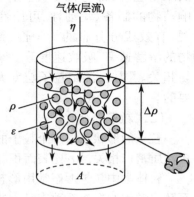

图 2-14 粉体层内气体透过示意图以及颗粒外部接触表面（粗线部）

1）真密度 ρ_t（true density）：系指粉体质量除以不包括颗粒内外空隙的固体体积求得的密度。可用氦气置换法测定。

2）颗粒密度 ρ_g（granule density）：系指粉体质量除以剔除粒子间的空隙但包括粒子本身的细小孔隙测得的颗粒体积所求得的密度，即粒子本身的密度，亦称粒密度。可用水银置换法测定颗粒密度。

3）堆密度 ρ_b（bulk density）：系指粉体质量除以该粉体所占容器的体积求得的密度，亦称松密度。测定方法：将粉体充填于量筒中，按一定的方式使均匀，量得粉体容积，由质量及容积求得粉体的堆密度。填充粉体时，经一定规律振动或轻敲后体积不再变化时测得的密度称振实密度（tap density）ρ_{bt}。

若颗粒致密，无细孔和空洞，则 $\rho_t = \rho_g$；几种密度的大小顺序在一般情况下为 $\rho_t \geq \rho_g > \rho_{bt} \geq \rho_b$。

（2）粉体密度的测定：本测定中实质性问题是如何准确测定粉体的真体积和颗粒体积。常用的方法是用液体或气体将粉体空隙置换的方法。

1）液浸法（liquid immersion method）：求真密度时，将颗粒研细，消除开口与闭口细孔，使用易润湿粒子表面的液体，将粉体浸入液体中，采用加热或减压脱气法测定粉体所排开的液体体积，即为粉体的真体积。

用比重瓶（pycnometer）测量真密度的步骤如下：①称定空比重瓶质量 m_0，然后加入约为瓶容量 1/3 的试样，称其合重 m_s；②加部分浸液约至瓶体积的 2/3 处，减压脱气约 30 分钟，真空度为 2kPa；③继续加满浸液，加盖、擦干，称出(瓶 + 试样 + 液)重 m_{aL}；④称比重瓶单加满浸液的质量 m_L，可按下式计算颗粒真密度 ρ_t：

$$\rho_t = \frac{(m_S - m_0) \cdot \rho_1}{(m_L - m_0) - (m_{aL} - m_S)} \tag{2-15}$$

式中，ρ_1 为浸液密度。如果粉体为非多孔性物质时，用水银、水或苯等液体置换法测得的真密度比较准确。如粉体为多孔性物质，而且浸液难于渗入细孔深处时，则所测得真密度容易产生偏差。

当测定颗粒密度时，方法同上，但采用的液体不同。使用的液体应为与颗粒的接触角大，难于浸入开口细孔的液体，如水银或水。计算时用 ρ_g 代替 ρ_t。

2）压力比较法：根据 Boyle 的气体定理建立的方法。测定时采用氦气或空气，与液浸法相比可避免样品的破坏(如润湿或溶解)。本法常用于药品、食品等复杂有机物的测定。测定原理如图 2-15 所示，A、B 分别为装有气密活塞、等体积的密闭室，若 B 室不装试样，关闭排气阀与连接阀，则两室活塞从①移至②时，两室压力相同，由 $P_0 \rightarrow P_1$；当 B 室装入试样后，重复同一操作，若 B 室活塞移至③时，两室压力 P_1 相等，则②与③之间体积等于试样的体积。

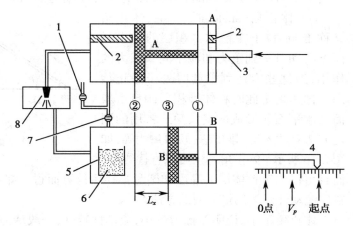

图 2-15　空气置换法测定真密度的原理
1. 排气阀；2. 固定件；3. 比较用活塞；4. 测定用活塞；5. 样品杯；6. 粉体样品；7. 连接阀；8. 压差计

除上述方法外，还有气体透过法、重液分离法、密度梯度法以及沉降法等。

2. 孔隙率(porosity)　粉体中的孔隙包括粉体本身的孔隙和粉体粒子间的空隙。孔隙率系指粉体中孔隙和粉体粒子间空隙所占的容积与粉体容积之比。

$$E_{总} = \frac{V_{b-}V_p}{V_p} = 1 - \frac{V_p}{V_b} \tag{2-16}$$

式中，$E_{总}$ 为孔隙率，V_b 为粉体的体积，V_p 为粉体本身的体积。

孔隙率受粉体形态、大小、粉体表面的摩擦系数、温度及压力等因素影响。孔隙率的测定方法有压汞仪法、气体吸附法等。

（五）流动性与充填性

1. 流动性　粉体的流动性(flowability)与粒子的形状、大小、表面状态、密度、孔隙率等有关，加上颗粒之间的内摩擦力和黏附力等的复杂关系，粉体的流动性无法用单一的物性值来表达。然而粉体的流动性对颗粒剂、胶囊剂、片剂等制剂的混合均匀性、重量差异以及正常的操作影响较大。粉体的流动形式很多，如重力流动、振动流动、压缩流动、流态化流动等，其对应的流动性的评价方法也有所不同，下表列出了流动形式与相应流动性的评价方法。欲测粉体的流动性时最好采用与处理过程相适应的方法，本节介绍常用的几种方法。

表 2-3　流动形式与其相对应的流动性评价方法

种类	现象或操作	流动性的评价方法
重力流动	瓶或加料斗中的流出旋转容器型混合器,充填	流出速度,壁面摩擦角休止角,流出界限孔径
振动流动	振动加料,振动筛充填,流出	休止角,流出速度,压缩度,表观密度
压缩流动	压缩成形(压片)	压缩度,壁面摩擦角内部摩擦角
流态化流动	流化层干燥,流化层造粒颗粒或片剂的空气输送	休止角,最小流化速度

常用的粉体流动性的表示及测定方法有:休止角和流速。

(1) 休止角(angle of repose):休止角又称堆角,粒子在粉体堆积层的自由斜面上滑动时受到重力和粒子间摩擦力的作用,当这些力达到平衡时处于静止状态。休止角是此时粉体堆积层的自由斜面与水平面所形成的最大角。常用的测定方法有注入法、排出法、倾斜角法等,如图 2-16 所示。休止角不仅可以直接测定,

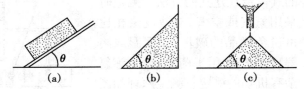

图 2-16　休止角的测定方法
(a)容器倾斜法;(b)排出法;(c)注入法

而且可以测定粉体层的高度和圆盘半径后计算而得。即 $\tan\theta$= 高度 / 半径。休止角是检验粉体流动性好坏的最简便的方法。

休止角越小,说明摩擦力越小,流动性越好,一般认为休止角 θ 小于 30° 时流动性好,休止角 θ 小于 40° 时可以满足生产过程中流动性的需求。黏性粉体或粒径小于 100~200μm 的粉体粒子间相互作用力较大而流动性差,相应的所测休止角较大。值得注意的是,测量方法不同所得数据有所不同,重现性差,所以不能把它看作粉体的一个物理常数。

(2) 流速(flow rate):系指粉体从一定孔径的孔或管中流出的速度。测定方法:将粉体物料加入漏斗中,测定单位时间内流出的粉体量即可测得流速。或用全部物料流出所需的时间来描述,测定装置如图 2-17 所示。

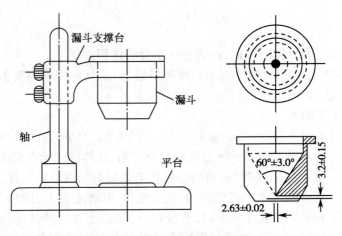

图 2-17　粉体的流动性试验装置

（3）压缩度（compressibility）：将一定量的粉体轻轻装入量筒后测量最初松体积；采用轻敲法（tapping method）使粉体处于最紧状态，测量最终的体积；计算最松密度 ρ_0 与最紧密度 ρ_f；根据公式 3-10 计算压缩度 C。

$$C = \frac{\rho_f - \rho_0}{\rho_f} \times 100(\%)$$

(2-17)

压缩度是粉体流动性的重要指标，其大小反映粉体的凝聚性、松软状态。压缩度 20% 以下时流动性较好，压缩度增大时流动性下降，当 C 值达到 40%~50% 时粉体很难从容器中自动流出。

粒子间的黏着力、摩擦力、范德华力、静电力等作用阻碍粒子的自由流动，影响粉体的流动性。改善粉体流动性常采取的措施有：①增大粒子大小：对于黏附性的粉末粒子进行制粒，以减少粒子间的接触点数，降低粒子间的附着力、凝聚力；②改善粒子形态及表面粗糙度：球形粒子的光滑表面，能减少接触点数，减少摩擦力；③降低含湿量：由于粉体的吸湿作用，粒子表面吸附的水分增加粒子间黏着力，因此适当干燥有利于减弱粒子间作用力；④加入助流剂：在粉体中加入 0.5%~2% 滑石粉、微粉硅胶等助流剂时可大大改善粉体的流动性。这是因为微粉粒子在粉体的粒子表面填平粗糙面而形成光滑表面，减少阻力，减少静电力等，但过多的助流剂反而增加阻力。

2. 充填性

（1）粉体充填性的表示方法：充填性是粉体集合体的基本性质，在片剂、胶囊剂的装填过程中具有重要意义。充填性的常用表示方法由表 2-4 列出。

表 2-4 充填状态的指标

松比容	specific volume	粉体单位质量（1g）所占体积	$\nu = V/W$
松密度	bulk density	粉体单位体积（cm³）的质量	$\rho = W/V$
空隙率	porosity	粉体的堆体积中空隙所占体积比	$\varepsilon = (V-V_t)/V$
空隙比	void ratio	空隙体积与粉体真体积之比	$e = (V-V_t)/V_t$
充填率	packing fraction	粉体的真体积与松体积之比	$g = V_t/V = 1-\varepsilon$
配位数	coordination number	一个粒子周围相邻的其他粒子个数	

注：W：粉体重量，V：粉体的总体积，V_t：粉体的真体积。

松密度与孔隙率反映粉体的充填状态，紧密充填时密度大，孔隙率小。

（2）颗粒的排列模型：颗粒的装填方式影响粉体的体积与孔隙率。粒子的排列方式中最简单的模型是大小相等的球形粒子的充填方式。图 2-18 是由 Graton 研究的著名的 Graton-Fraser 模型，表 2-5 列出不同排列方式的一些参数。

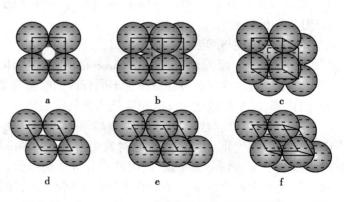

图 2-18 Graton-Fraser 模型（等大小球形粒子的排列图）

表 2-5 等大小球形粒子在规则充填时一些参数

充填名称	孔隙率 /%	接触点数	排列号码
立方格子形充填	47.64	6	a
斜方格子形充填	39.54	8	b d
四面楔格子形充填	30.19	10	e
棱面格子形充填	25.95	12	c f

由表 2-5 可以了解到:球形颗粒在规则排列时,接触点数最小为 6,其孔隙率最大(47.6%),接触点数最大为 12,此时孔隙率最小(26%)。理论上球形粒子的大小不影响孔隙率及接触点数,但在粒子径小于某一限度时,其孔隙率变大、接触点数变少。这是因为粒径小的颗粒自重小,附着、聚结作用强,从而在较少的接触点数的情况下能够被互相支撑的缘故。这同时也说明接触点数反映孔隙率大小。

(3) 充填状态的变化与速度方程:容器中轻轻加入粉体后给予振动或冲击时粉体层的体积减少,这种粉体体积的减少程度也是粉体的特性之一,与流动性密切相关。对粉体层进行震动时,粉体层密度的变化可由振动次数和体积的变化求得。这种充填速度可由川北方程和久野方程进行分析。

川北方程

$$\frac{n}{C} = \frac{1}{ab} + \frac{n}{a} \tag{2-18}$$

久野方程

$$\ln(\rho_f - \rho_n) = -kn + \ln(\rho_f - \rho_0) \tag{2-19}$$

式中,ρ_0、ρ_n、ρ_f 分别表示最初(0 次)、n 次、最终(体积不变)的密度;C 为体积减少度,即 $C=(V_0-V_n)/V_0$;a 为最终的体积减少度,a 值越小流动性越好;k、b 为充填速度常数,其值越大充填速度越大,充填越容易进行。在一般情况下,粒径越大 k 值越大。根据上式,对 $n/C-n$,$\ln(\rho_f-\rho_n)-n$ 作图,根据测得的斜率、截距求算如 a,b,k,C 有关参数。

(4) 助流剂对充填性的影响:助流剂的粒径较小,一般约 $40\mu m$ 左右,与粉体混合时在粒子表面附着,减弱粒子间的黏附从而增强流动性,增大充填密度。助流剂微粉的添加量约在 $0.05\%\sim0.1\%(w/w)$ 范围内最适宜,过量加入反而减弱流动性。如马铃薯淀粉中加入微粉硅胶,使淀粉粒子表面的 $20\%\sim30\%$ 被硅胶覆盖,防止粒子间的直接接触,黏着力下降到最低,松密度上升到最大。

(六)吸湿性与润湿性

1. 吸湿性 吸湿性(moisture absorption)系指固体表面吸附水分的现象。将药物粉末置于湿度较大的空气中时容易发生不同程度的吸湿现象以致使粉末的流动性下降、固结、润湿、液化等,甚至促进化学反应而降低药物的稳定性。

药物的吸湿性与空气状态有关。如图 2-19 中 p 表示空气中水蒸气分压,p_w 表示物料表面产生的水蒸气压。当 p 大于 p_w 时发生吸湿(吸潮);p 小于 p_w 时发生干燥(风干);p 等于 p_w 时吸湿与干燥达到动态平衡,此时的水分称平衡水分。可见将物料长时间放置于一定空气状态后物料中所含水分为平衡含水量。平衡水分与物料的性质及空气状态有关,不同药物的平衡水分随空气状态的变化而变化。

药物的吸湿特性可用吸湿平衡曲线来表示,即先求出药物在不同湿度下的(平衡)吸湿量,再以吸湿量对相对湿度作图,即可绘出吸湿平衡曲线。

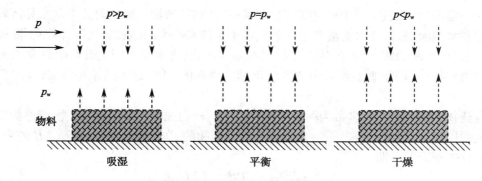

p　　　$p>p_w$　　　　$p=p_w$　　　　$p<p_w$

p_w　　物料

吸湿　　　　　　平衡　　　　　　干燥

图 2-19　物料的吸湿、平衡、干燥示意图

（1）水溶性药物的吸湿性：水溶性药物在相对湿度较低的环境下，几乎不吸湿，而当相对湿度增大到一定值时，吸湿量急剧增加，一般把这个吸湿量开始急剧增加的相对湿度称为临界相对湿度（Critical Relative Humidity，CRH），CRH 是水溶性药物固定的特征参数（图 2-20）。

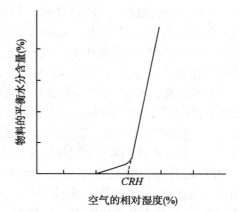

物料的平衡水分含量(%)

CRH

空气的相对湿度(%)

图 2-20　水溶性药物的吸湿特性曲线与临界相对湿度

表 2-6　某些水溶性物质的临界相对湿度（37℃）

药物名称	CRH 值 /%	药物名称	CRH 值 /%
果糖	53.5	枸橼酸钠	84
溴化钠（二分子结晶水）	53.7	蔗糖	84.5
盐酸毛果芸香碱	59	米格来宁	86
重酒石酸胆碱	63	咖啡因	86.3
硫代硫酸钠	65	硫酸镁	86.6
尿素	69	安乃近	87
柠檬酸	70	苯甲酸钠	88
苯甲酸钠咖啡因	71	对氨基水杨酸钠	88
抗坏血酸钠	71	盐酸硫胺	88
枸橼酸	74	氨茶碱	92
溴化六烃季铵	75	烟酸胺	92.8
氯化钠	75.1	氯化钾	82.3
盐酸苯海拉明	77	葡醛内酯	95
水杨酸钠	78	半乳糖	95.5
乌洛托品	78	维生素 C	96
葡萄糖	82	烟酸	99.5

在一定温度下,当空气中相对湿度达到某一定值时,药物表面吸附的平衡水分溶解药物形成饱和水溶液层,饱和水溶液产生的蒸气压小于纯水产生的饱和蒸气压,因而不断吸收空气中的水分,不断溶解药物,致使整个物料润湿或液化,含水量急剧上升。CRH 是水溶性药物的固有特征,是药物吸湿性大小的衡量指标。物料的 CRH 越小则越易吸湿;反之则不易吸湿。

在药物制剂的处方中多数为两种或两种以上的药物或辅料的混合物。水溶性物质的混合物吸湿性更强,根据 Elder 假说,水溶性药物混合物的 CRH 约等于各成分 CRH 的乘积,而与各成分的量无关。即

$$CRH_{AB} = CRH_A \cdot CRH_B \tag{2-20}$$

式中,CRH_{AB} 为 A 与 B 物质混合后的临界相对湿度;CRH_A 和 CRH_B 分别表示 A 物质和 B 物质的临界相对湿度。根据式(2-20)可知水溶性药物混合物的 CRH 值比其中任何一种药物的 CRH 值低,更易于吸湿。如枸橼酸和蔗糖的 CRH 分别为 70% 和 84.5%,混合物的 CRH 为 59.2%。必须注意,使用 Elder 方程的条件是各成分间不发生相互作用,因此对于含同离子或水溶液中形成复合物的体系不适合。

测定 CRH 有如下意义:①CRH 值可作为药物吸湿性指标,一般 CRH 愈大,愈不易吸湿;②为生产、贮藏的环境提供参考,应将生产及贮藏环境的相对湿度控制在药物的 CRH 值以下,以防止吸湿;③为选择防湿性辅料提供参考,一般应选择 CRH 值大的物料作辅料。

(2) 水不溶性药物的吸湿性:水不溶性药物的吸湿性随着相对湿度变化而缓慢发生变化,没有临界点。由于平衡水分吸附在固体表面,相当于水分的等温吸附曲线。水不溶性药物的混合物的吸湿性具有加和性(图 2-21)。

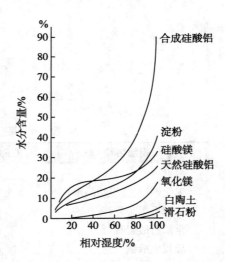

图 2-21 非水溶性药物(或辅料)的吸湿平衡曲线

2. 润湿性 润湿性(wetting)是固体界面由固 - 气界面变为固 - 液界面的现象。粉体的润湿性对片剂、颗粒剂等固体制剂的崩解性、溶解性等具有重要意义。

固体的润湿性用接触角表示,当液滴滴到固体表面时,润湿性不同可出现不同形状,如图 2-22 所示。液滴在固液接触边缘的切线与固体平面间的夹角称接触角。水在玻璃板上的接触角约等于 0°,水银在玻璃板上的接触角约 140°,这是因为水分子间的引力小于水和玻璃间的引力,而水银原子间的引力大于水银与玻璃间的引力所致。接触角最小为 0°,最大为 180°,接触角越小润湿

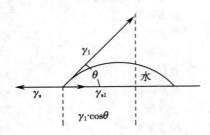 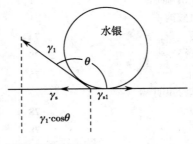

图 2-22 玻璃表面上水和水银的润湿与接触角

性越好。液滴在固体表面上所受的力达到平衡时符合 Yong's 式,表示如下:

$$\gamma_{Sg} = \gamma_{SL} + \gamma_{gL} cos\theta \tag{2-21}$$

式中,γ_{Sg}、γ_{gL}、γ_{SL} 分别表示固 - 气、气 - 液、固 - 液间的界面张力;θ 为液滴的接触角。水在常用物质中的接触角如表 2-7 所示。

表 2-7 水滴在各种固体界面上的接触角

物质	接触角(°)	物质	接触角(°)
阿司匹林	74	保泰松	109
水杨酸	103	强的松	43
吲哚美辛	90	氢化泼尼松	63
茶碱	48	地西泮	83
氨茶碱	47	地高辛	49
氨苄青霉素(无水)	35	异烟肼	49
氨苄青霉素(三水)	21	甲苯磺丁脲	72
咖啡因	43	乳糖	30
氯霉素	59	碳酸钙	58
氯霉素棕榈酸盐(α型)	122	硬脂酸钙	115
氯霉素棕榈酸盐(β型)	108	硬脂酸镁	121
磺胺嘧啶	71	玻璃	0
磺胺甲嘧啶	48	蜡	108
碘胺噻唑	53	水银	140
琥珀磺胺噻唑	64	苯甲酸	61.5
呋喃妥因	69	硬脂酸	106

接触角的常用测定方法有以下两种:

(1)将粉体压缩成平面,水平放置后滴上液滴直接由量角器测定。

(2)在圆筒管中精密充填粉体,下端用滤纸轻轻堵住后浸入水中,如图 2-23 所示。测定水在管内粉体层中上升的高度与时间,根据 Washburn 式 2-22 计算接触角:

$$h^2 = \frac{r\gamma_1 cos\theta}{2\eta} \cdot t \tag{2-22}$$

式中,h 为 t 时间内液体上升的高度;γ_1、η 分别表示液体的表面张力与黏度;r 为粉体层内毛细管半径。毛细管的半径不好测定,常用于比较相对润湿性。片剂崩解时,水首先浸入片剂内部的毛细管中后浸润片剂,式(2-22)对预测片剂的崩解有一定指导意义。

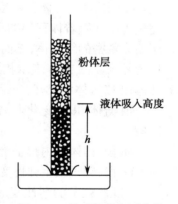

图 2-23 管式接触角测定仪

(七)黏附性与黏着性

在粉体的处理过程中经常发生黏附器壁或形成凝聚的现象。黏附性系指不同分子间产生的引力,如粉体的粒子与器壁间的黏附;凝聚性(或黏着性)系指同分子间产生的引力,如粒子与粒子间发生的黏附而形成聚集体。产生黏附性与凝聚性的主要原因为:①在干燥状态下主要由范德华力与静电力发挥作用;②在润湿状态下主要由粒子表面存在的水分形成液体桥或由于水分的减少而产生的固体桥发挥作用。在液体桥中溶解的溶质干燥而析出结晶时形成固体桥,这就是吸湿性粉末容易固结的原因。

一般来说,粒度越小,粉体越易发生黏附与凝聚,因而影响粉体的流动性、充填性。因此通过制粒方法增大粒径或加入助流剂等手段可防止黏附、凝聚。

（八）粉体的压缩性质

1. 粉体的压缩特性　粉体具有压缩成形性,片剂的制备过程就是将药物粉末或颗粒压缩成具有一定形状和大小的坚固聚集体的过程。

压缩性(compressibility)表示粉体在压力下体积减少的能力;成形性(compactibility)表示物料紧密结合成一定形状的能力。对于药物粉末来说压缩性和成形性是紧密联系在一起的,因此把粉体的压缩性和成形性简称为压缩成形性。在片剂的制备过程中,如果颗粒或粉末的处方不合理或操作过程不当就会产生裂片、粘冲等不良现象以致影响正常操作。压缩成形理论以及各种物料的压缩特性,对于处方筛选与工艺选择具有重要意义。

固体物料的压缩成形性是一个复杂问题,许多国内外学者在不断地探索和研究粉体的压缩成形机制,由于涉及因素很多,其机制尚未完全清楚。目前比较认可的几种说法可概括如下:①压缩后粒子间的距离很近,从而在粒子间产生范德华力、静电力等引力;②粒子在受压时产生的塑性变形使粒子间的接触面积增大;③粒子受压破碎而产生的新生表面具有较大的表面自由能;④粒子在受压变形时相互嵌合而产生的机械结合力;⑤物料在压缩过程中由于摩擦力而产生热,特别是颗粒间支撑点处局部温度较高,使熔点较低的物料部分地熔融,解除压力后重新固化而在粒子间形成"固体桥";⑥水溶性成分在粒子的接触点处析出结晶而形成"固体桥"等。

粉体的压缩特性的研究主要通过施加压力带来的一系列变化得到信息。

（1）压缩力与体积的变化:粉体的压缩过程中伴随着体积的缩小,固体颗粒被压缩成紧密的结合体,然而其体积的变化较为复杂。图 2-24 表示相对体积(V_r= 表观体积 V/ 真体积 V_s)随压缩力(p)的变化。

根据体积的变化将压缩过程分为四段:

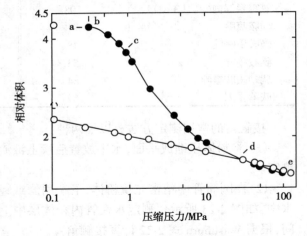

图 2-24　相对体积和压缩力的关系
● 颗粒状;○ 粉末状

ab 段:粉体层内粒子滑动或重新排列,形成新的充填结构,粒子形态不变;

bc 段:粒子发生弹性变形,粒子间产生暂时架桥;

cd 段:粒子的塑性变形或破碎使粒子间的孔隙率减小、接触面积增大,增强架桥作用,并且粒子破碎而产生的新生界面使表面能增大,结合力增强;

de 段:以塑性变形为主的固体晶格的压密过程,此时孔隙率有限,体积变化不明显。

这四段过程并没有明显界限,也不是所有物料的压缩过程都要经过四段。有些过程可能同时或交叉发生,一般颗粒状物料表现明显,粉状物料表现不明显。在压缩过程中粉体层内部发生的现象模拟为如图 2-25 所示。图中(a)行为发生在 ab 段,(b)与(c)行为发生在 bc、cd、de 段。

（2）压缩力的传递:压缩力在压缩过程中通过被压物料传递到各部位,参见图 2-26。图中 F_U 为上冲力;F_L 为下冲力;F_R 为径向传递力;F_D 为模壁摩擦力(损失力);F_E 为推出力;h

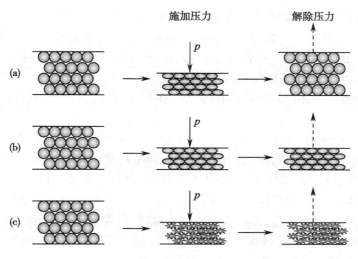

图 2-25　粒子的压缩行为

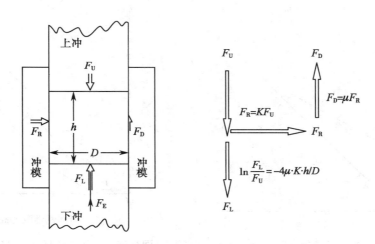

图 2-26　压缩过程的各种力

为成形物高度;D 为成形物直径。

当物料为完全流体时 $F_U=F_L=F_R$,在各方向压力的传递大小相同;但在粉体的压缩过程中由于颗粒的性状、大小不同,颗粒间充满空隙而不连续等原因颗粒与颗粒间、颗粒与器壁间必然产生摩擦力。各力之间关系如下:

1) 径向力与轴向力:其关系式为

$$F_R = \frac{\upsilon}{1 - \upsilon} \cdot F_U \tag{2-23}$$

式中,υ 为泊松比,是横向应变与纵向应变之比($\upsilon=|\epsilon_{横}/\epsilon_{纵}|$),通常为 0.4~0.5。

2) 压力传递率(F_L/F_U):当压缩达到最高点时下冲力与上冲力之比。

$$\ln \frac{F_L}{F_U} = -4\mu \cdot K \cdot h/D \tag{2-24}$$

式中,μ 为颗粒与模壁的摩擦系数,$\mu=F_D/F_R$;K 为径向力与上冲力之比,$K=F_R/F_U$;摩擦力 $F_D=F_U-F_L$。压力传递率越高,成形物内部的压力分布越均匀,最高是 100%。

在一个循环的压缩过程中径向力与轴向力的变化可用压缩循环图表示。图 2-27 表示典型的压缩循环图。图中,OA 段反映弹性变形过程;AB 段反映塑性变形或颗粒的破碎过程;B 点上解除施加的压力;BC 是弹性恢复阶段,BC 线平行于 OA 线;CD 线平行于 AB 线;OD 表示残留模壁压力,其大小反映物料的塑性大小。

物料为完全弹性物质时压缩循环图变为一条直线,即压缩过程与解除压力过程都在一条直线上变化。

(3) 压缩功与弹性功

1) 压缩力与冲位移(压缩曲线):压缩力与上冲位移曲线如图 2-28 所示。1 段为粉末移动,紧密排列阶段;2 段为压制过程;3 段为解除压力,弹性恢复过程;A 表示最终压缩力。理想的塑性变形物料的压缩曲线应是 OAB 直角三角,根据压缩曲线可以简便地判断物料的塑性与弹性。如物料的塑性越强,曲线 2 的凹陷程度越小,曲线 3 越接近垂直。如果完全是弹性物质,压制过程与弹性恢复过程在一条曲线上往复。这种直观的分析方法对片剂的处方设计或辅料的选择具有一定的指导意义。

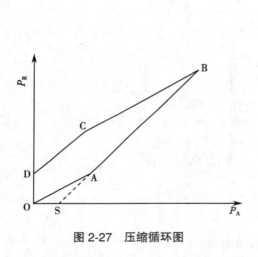

图 2-27　压缩循环图　　　　图 2-28　压缩曲线(压缩力与冲移动距离)

2) 压缩功(compressive work):压缩功 = 压缩力 × 距离。由于压缩力随上冲移动距离的变化而变化,即 $F=f(x)$,如图 2-28 中压缩曲线 OA,因此在压缩过程中所做的功 $W=\int f(x)\mathrm{d}x$,是压缩曲线 OA 下的面积,即 OAB 的面积,其中 CAB 的面积表示弹性恢复所做的功,因此用于压缩成形(或塑性变形)所做的功是 OAC 的面积。

3) 弹性功(elastic work):前已述及,从压缩曲线可求得压缩功和弹性功。实际应用的药物多数为黏弹性物质,即既有黏性又有弹性,只不过以哪个性质为主而已。有些药物在一次压缩过程中很难完成全部的塑性变形,需进行多次压缩。图 2-29 表示两次压缩时压缩曲线的变化,单斜线部分为塑性变形所消耗能量双斜线部分为弹性功。第二次压缩时压缩功明显小于第一次,如果反复压缩

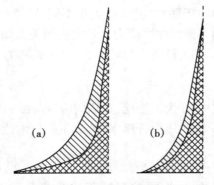

图 2-29　压缩力—上冲移动距离的典型曲线
(a)首次压缩曲线;(b)二次压缩曲线

时压缩功趋于一定,因为此时塑性变形趋于零,所做的功完全是弹性变形所做的功,或弹性变形所需的能量。根据完成塑性变形所需次数可以辨认该物质是塑性变形为主还是弹性变形为主。塑性较好的物质一般在 1~2 次压缩就能完成塑性变形,弹性较强的物质在重复压缩十几次甚至二十多次才能完成塑性变形。

2. 粉体的压缩方程 有关反映压缩特性的方程已有 20 多种,主要是以压缩压力对体积的变化特征为信息进行整理的经验 - 半经验公式,其代表性方程如表 2-8 所示。压缩方程主要来自粉末冶金学、金属粉末的压缩成形的研究文献中,但多数方程也可应用于医药领域,方程中常数反映物料的压缩特性,往往与物料的种类以及其粉体性质有关。在医药品的压缩成形研究中应用较多的方程为 Heckel 方程,Cooper-Eaton 方程和川北方程等,其中Heckel 方程最常用于压缩过程中比较粉体致密性的研究。将 Heckel 方程中的体积换算为孔隙率,其表达式如式(2-25)所示:

$$\ln \frac{1}{\varepsilon} = KP + \ln \frac{1}{\varepsilon_0} \tag{2-25}$$

式中,P 为压力;ε 为压缩力为 P 时粉体层的孔隙率;ε_0 为最初粉体层孔隙率,直线斜率 K 表示压缩特性的参数。

表 2-8 粉体的压缩方程式

提供者	方程式
Bal'shin	$\ln P = -c_1 \dfrac{V}{V_\infty} + c_2$
Jones	$\ln P = -c_3 \left(\dfrac{V}{V_\infty}\right)^2 + c_4$
Nutting	$\ln \left(\dfrac{V_0}{V}\right) = c_5 P^{c_6}$
Smith	$\dfrac{1}{V} - \dfrac{1}{V_0} = c_7 P^{1/3}$
Athy	$\dfrac{V - V_\infty}{V} = \dfrac{V_0 - V_\infty}{V} \exp(1 - c_8 x)$
川北	$\dfrac{V_0 - V}{V_0 - V_\infty} = \dfrac{c_9}{1 + c_{10} P}$
Cooper	$\dfrac{V_0 - V}{V_0 V_\infty} = \{c_{11} \exp(-c_{12}/P) + c_{13} \exp(-c_{14}/P)\}$
Heckel	$\ln \dfrac{V}{V - V_\infty} = c_{15} P + \ln \dfrac{V_0}{V_0 - V_\infty}$

注:P 压力,V 加压后体积,V_∞ 无限大压力时体积,V_0 初期体积,X 粉体层厚,D 相对密度,$c_1 \sim c_{15}$ 常数

由实验结果表明,直线关系反映由塑性变形引起的孔隙率的变化;曲线关系反映由重新排列、破碎等引起的孔隙率的变化。一般药物颗粒在压力较小时表现为曲线关系,压力较大时成直线关系。其直线斜率 K 值越大,表明由塑性变形引起的孔隙率的变化大,即塑性越好。这些压缩特性与粉体的种类、粒度分布、粒子形态、压缩速度等有关。

根据 Heckel 方程描述的曲线将粉体的压缩特性分类为三种(图 2-30)。A 型:压缩过程以塑性变形为主,初期粒径不同而造成的充填状态的差异影响整个压缩过程,即压缩成形过程与粒径有关,如氯化钠等。B 型:压缩过程以颗粒的破碎为主,初期不同的充填状态(粒径不同)被破坏后在某压力以上时压缩曲线按一条直线变化,即压缩成形过程与粒径无关,如乳糖、蔗糖等。C 型:压缩过程中不发生粒子的重新排列,只靠塑性变形达到紧密的成形结构,如乳糖中加入脂肪酸

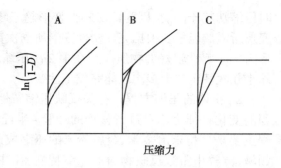

图 2-30 根据 Heckel 式划分的压缩特性的分类
A. 以塑性形变为主;B. 以颗粒的破碎为主;C. 粒子不发生重新排列,只有塑性变形

时压缩过程。压缩曲线的斜率反映塑性变形的程度,斜率越大,片剂的压缩成形越好。

一般,A 型物质的斜率大于 B 型物质。压片过程中以 Heckel 方程描述的情报对处方设计非常有用。

三、粉体学在药剂中的应用与发展

药品中含有固体药物的剂型有散剂、颗粒剂、胶囊剂、片剂、混悬剂等,在制备的单元操作中都与粉体性质紧密相关。粉体粒子大小、形态与密度影响物料混合的均匀度;粉体的堆密度、流动性影响分剂量的准确性;粉体的压缩成形性影响片剂的成型难易;粉体的润湿性、孔隙率、比表面积与固体制剂的崩解、药物溶出有直接关系。可见粉体技术在药物制剂的设计与生产过程中具有重要意义。

1. 在制剂处方设计中的应用

(1) 保证药物制剂的质量:制剂的溶出、崩解、含量均匀度、重量差异、稳定性等都与粉体性质直接相关,为了制备出合格的满足临床应用制剂,必须重视粉体性质。例如,针对水溶性药物,选用辅料时需留意其粉体吸湿性能,避免出现制剂成品易吸湿,保存不易的状况。

(2) 保证生产过程的顺利进行:粉体性质也直接影响着生产进程,如在处方设计时,若选用流动性、压缩成形性差的原料,有可能影响压片的顺利进行,甚至导致片剂的片重差异超限或松片现象。

2. 在固体制剂生产工艺中的应用　由于粉体性质会影响制剂的质量,在生产工艺中常常通过检验半成品的粉体质量,如湿含量、流动性、粒径以保证下一步工序的顺利进行。例如:目前的片剂生产工艺常常采用制粒后压片的工艺。在实际的生产过程中,对颗粒的制备如果仅凭经验操作,质量标准不确定,会导致片剂质量不稳定,产品重现性差。因而需通过测定颗粒的粉体学指标,考察对压片质量的影响,用以指导生产过程中制订简便、可操作性强的颗粒中间体粉体学指标,可使制剂过程中的粉体操作从"盲目化"、"凭经验"发展到科学化、定量化的层次,有助于保证片剂产品的质量稳定。

通过选用合适的生产工艺改善粉体性质还可以有利于药物疗效的发挥,如微粉化醋酸炔诺酮比未微粉化的溶出速率要快很多,在临床上微粉化的醋酸炔诺酮包衣片比未微粉化的包衣片活性几乎大 5 倍。

3. 促进新剂型与新技术的发展　近年来,随着粉体技术在制药工业上的应用日益广泛和制剂现代化的发展,粉体技术有了新的突破和应用,出现了一系列新的粉体技术,如中药

的超细粉体技术、纳米粉体技术等。

超细粉体技术又称超微粉碎技术、细胞级微粉碎技术,它是一种纯物理过程,它能将动、植物药材粉碎到粒径为 5~10μm 以下,通过超细粉体技术加工出的药材超细粉体,药材的细胞破壁率≥95%。因细度极细及均质情况,其体内吸收过程发生了改变,有效成分的吸收速度加快,吸收时间延长,吸收率和吸收量均得到了充分的提高。而且,由于在超细粉碎过程中存在"固体乳化"作用,复方中药药粉中含有的油性及挥发性成分可以在进入胃中不久即分散均匀,在小肠中与其他水溶性成分可达到同步吸收。这是以常规粉碎方式进行的未破壁药材所不能比拟的。

另外,纳米粉体技术也受到关注,通过将药物加工成纳米粒可以提高难溶性药物的溶出度和溶解度,还可以增加黏附性及消除粒子大小差异产生的过饱和现象、或使制剂具靶向性能等,从而能够提高药物的生物利用度和临床疗效。通过采用合适工艺直接将药物粉碎成纳米混悬剂,制成适合于口服、注射等途径给药的制剂以提高吸收或靶向性,特别适合于大剂量的难溶性药物的口服吸收和注射给药。如活性钙的纳米化,可大大提高吸收率,我国已能大量生产。

目前,随着科学的发展和 GMP 的实施,粉体技术受到人们越来越广泛的关注,同时,制药工业的不断发展也对粉体技术提出了更高的要求。伴随着当前中药现代化和纳米技术的发展热潮,粉体技术也有了更广阔的发展空间,必将得到更进一步的发展和提高,从而促进制药工业的发展。

第四节 稳定性理论

一、概述

(一)研究药物制剂稳定性的意义

药物制剂的基本要求应该是安全、有效、稳定。其中药物制剂的稳定性(stability)是指原料药及制剂保持其物理、化学、生物学等性质的能力,它是保证药物制剂安全、有效的前提。如果药物制剂不稳定,则会分解变质,导致药效下降,可能会产生对人体有害的物质,产生毒副作用,甚至可能危及生命。

药物制剂稳定性研究的目的是考察原料药及其制剂的性质在温度、湿度、光线等条件下随时间的变化规律,为药品的生产、包装、贮存、运输条件和有效期的确定提供科学依据,以保障临床用药安全有效。药物稳定性的研究对药物的剂型设计、处方筛选、工艺路线以及包装、贮存、运输等均有指导意义。稳定性研究是药品质量控制的主要内容之一,贯穿药物与制剂开发的全过程。而且,稳定性研究不仅在临床前,而且在药品的临床期间和上市后还继续考察,以确保药品的安全性和有效性。各国都有规定,在申报新药时必须呈报稳定性的研究资料,以考核剂型和处方设计、质量控制等是否合理。

(二)药物制剂稳定性变化分类

药物制剂稳定性变化一般包括化学、物理和生物学三个方面。

1. 化学不稳定性 是指药物由于水解、氧化、还原、光解、异构化、聚合、脱羧,以及药物相互作用产生的化学反应,使药物含量(或效价)、色泽产生变化。

2. 物理不稳定性 是指制剂的物理性能发生变化,如混悬剂中药物颗粒结块、结晶生长,乳剂的分层、破裂,片剂崩解度、溶出速度的改变等。制剂物理性能的变化,不仅使制剂质量下降,还可以引起化学变化和生物学变化。

3. 生物学不稳定性　主要是由于微生物污染滋长,引起药物的酶败分解变质。

二、药物稳定性的化学动力学基础

化学动力学(chemical kinetics)是研究化学反应在一定条件下的速度规律、反应条件(浓度、压力、温度等)对反应速率与方向的影响以及化学反应的机制等。在物理化学中已做详细论述,本书中主要应用其原理与方法来评价药物的稳定性。因此只将与药物制剂稳定性有关的某些内容简要的加以介绍。

研究药物的降解速度,首先要解决的问题是浓度对反应速度的影响。研究药物的降解速度 $\frac{\mathrm{d}C}{\mathrm{d}t}$ 与浓度的关系可用下式(2-26)表示。

$$\frac{\mathrm{d}C}{\mathrm{d}t} = kC^n \tag{2-26}$$

式中,k 为反应速度常数;C 为反应物的浓度;n 为反应级数,$n=0$ 为零级反应,$n=1$ 为一级反应,$n=2$ 为二级反应,以此类推。反应级数是用来阐明反应物浓度对反应速度影响的大小。在药物制剂的各类降解反应中,尽管有些药物的降解反应机制十分复杂,但多数药物及其制剂可按零级、一级、伪一级反应处理。

1. 零级反应　零级反应速度与反应物浓度无关,而受其他因素的影响,如反应物的溶解度,或某些光化反应中光的照度等。零级反应的速率方程可表示为式(2-27):

$$-\frac{\mathrm{d}C}{\mathrm{d}t} = k_0 \tag{2-27}$$

积分得:

$$C = C_0 - k_0 t \tag{2-28}$$

式中,C_0 为 $t=0$ 时反应物的浓度(mol/L);C 为 t 时反应物的浓度(mol/L);k_0 为零级速率常数,(mol/L)/s。C 与 t 呈线性关系,直线的斜率为 $-k_0$,截距为 C_0。

2. 一级反应　一级反应速率与反应物浓度的一次方成正比,在药剂学领域里属于一级反应的现象比较多。体内药物的代谢、消除、微生物的繁殖、灭菌,放射性元素的衰减,大多服从一级反应。其速率方程可表示为:

$$-\frac{\mathrm{d}C}{\mathrm{d}t} = kC \tag{2-29}$$

积分后得浓度与时间关系:

$$\lg C = -\frac{kt}{2.303} + \lg C_0 \tag{2-30}$$

式中,k 为一级速率常数,s^{-1}、min^{-1} 或 h^{-1}、d^{-1} 等。以浓度对数 $\lg C$ 对时间 t 作图呈直线,直线的斜率为 $-k/2.303$,截距为 $\lg C_0$。

通常将反应物消耗一半所需的时间称为半衰期(half life),记作 $t_{1/2}$,恒温时,一级反应的 $t_{1/2}$ 与反应物浓度无关。

$$t_{1/2} = \frac{0.693}{k} \tag{2-31}$$

对于药物降解,常用将降解 10% 所需的时间,称十分之一衰期,记作 $t_{0.9}$,恒温时,$t_{0.9}$ 也与反应物浓度无关。

$$t_{0.9} = \frac{0.1054}{k} \tag{2-32}$$

反应速率与两种反应物浓度的乘积成正比的反应,称为二级反应。若其中一种反应物的浓度大大超过另一种反应物,或保持其中一种反应物浓度恒定不变的情况下,则此反应表现出一级反应的特征,故称为伪一级反应(pseudo first-order reaction)。例如酯的水解、在酸或碱的催化下,可按伪一级反应处理。

三、制剂的稳定性、影响因素及稳定化方法

(一)制剂中药物的化学稳定性

药物由于化学结构的不同,外界环境不同,可发生不同类型的降解反应,水解和氧化是药物降解的两个主要途径。其他如异构化、聚合、脱羧等反应,在某些药物中也有发生。药物的降解过程比较复杂,有时一种药物可能同时或相继产生两种或两种以上的降解反应。

1. 水解 水解是药物降解的主要途径,属于这类降解的药物主要有酯类(包括内酯)、酰胺类(包括内酰胺)等。

(1)酯类药物的水解:含有酯键药物的水溶液,在 H^+ 或 OH^- 或广义酸碱的催化下水解加速。在碱性溶液中,由于酯分子中氧的负电性比碳大,故酰基被极化,亲核性试剂 OH^- 易于进攻酰基上的碳原子,而使酰氧键断裂,生成醇和酸。在酸碱催化下,酯类药物的水解常可用一级或伪一级反应处理。盐酸普鲁卡因的水解可作为这类药物的代表,水解生成对氨基苯甲酸与二乙胺基乙醇,分解产物无明显的麻醉作用。

属于这类药物还有盐酸丁卡因、盐酸可卡因、溴丙胺太林、硫酸阿托品、氢溴酸后马托品等。酯类水解,往往使溶液的 pH 下降,有些酯类药物灭菌后 pH 下降,即提示有水解可能。

(2)酰胺药物的水解:酰胺及内酰胺类药物水解生成酸与胺。属于这类的药物有氯霉素、青霉素类、头孢菌素类、巴比妥类等。此外如利多卡因、对乙酰氨基酚(扑热息痛)等也属于此类药物。

1)氯霉素:氯霉素比青霉素类抗生素稳定,但其水溶液仍很易分解,在 pH7 以下,主要是酰胺水解,生成氨基物与二氯乙酸。在 pH2~7 范围内,pH 对水解速度影响不大。在 pH6 时氯霉素最稳定,pH 小于 2 或大于 8 时水解加速。氯霉素水溶液对光敏感,在 pH5.4 暴露于日光下,变成黄色沉淀。氯霉素溶液可用 100℃、30 分钟灭菌,水解约 3%~4%,115℃热压灭菌 30 分钟,水解达 15%,故后者不宜采用。

2)青霉素和头孢菌素类:这类药物的分子中存在着不稳定的 β- 内酰胺环,在 H^+ 或 OH^- 影响下,很易裂环失效。

氨苄西林在中性和酸性溶液中的水解产物为 α- 氨苄青霉酰胺酸。氨苄西林在水溶液中最稳定的 pH 为 5.8,pH 6.6 时,$t_{1/2}$ 为 39 天。本品只宜制成固体剂型(注射用无菌粉末)。注射用氨苄西林钠在临用前可用 0.9% 氯化钠注射液溶解后输液,但 10% 葡萄糖注射液对本品有一定的影响,最好不要配合使用,若两者配合使用,也不宜超过 1 小时。乳酸钠注射液对本品水解具有显著的催化作用,故二者不能配伍使用。

头孢菌素类药物应用日益广泛,由于分子中同样含有 β- 内酰胺环,易于水解。如头孢唑林钠在酸性或碱性条件下都易水解失效,水溶液 pH4~7 较稳定,在 pH4.6 的缓冲溶液中 $t_{0.9}$ 约为 90 小时。

3)巴比妥类:巴比妥类药物在碱性溶液中容易水解。有些酰胺类药物,如利多卡因,邻

近酰胺基有较大的基团,由于空间效应,故不易水解。

(3)其他药物的水解:阿糖胞苷在酸性溶液中,脱氨水解为阿糖脲苷。在碱性溶液中,嘧啶环破裂,水解速度加速。本品在 pH6.9 时最稳定,水溶液经稳定性预测 $t_{0.9}$ 约为 11 个月左右,常制成注射粉针剂使用。

另外,如维生素 B、地西泮、碘苷等药物的降解,也主要是水解作用。

2. 氧化 氧化也是药物变质的主要途径之一。药物的氧化过程与化学结构有关,如酚类、烯醇类、芳胺类、吡唑酮类、噻嗪类药物较易氧化。药物氧化后,不仅效价损失,而且可能产生颜色或沉淀。有些药物即使被氧化极少量,亦会色泽变深或产生不良气味,严重影响药品的质量,甚至成为废品。

药物氧化分解常是自动氧化,即在大气中氧的影响下进行缓慢的氧化。此反应一般是游离的链式反应,如以 RH 表示药物,X 表示游离基抑制剂,则可分为:

第一步 链开始形成:

$$RH \longrightarrow R\cdot + H\cdot (在热、光的激发下进行)$$

第二步 链传播:

$$R\cdot + O_2 \longrightarrow ROO\cdot (形成过氧化根)$$

$$ROO\cdot + RH \longrightarrow ROOH + R\cdot (过氧化根夺取有机药物中的 H 形成氢过氧化物)$$

金属离子能催化此传播过程。

第三步 链反应终止期:

$$ROO\cdot + X\cdot \longrightarrow 非活性产物$$

$$ROO\cdot + R\cdot \longrightarrow 非活性产物$$

$$ROO\cdot + ROO\cdot \longrightarrow 非活性产物$$

$$R\cdot + R\cdot \longrightarrow 非活性产物$$

(1)酚类药物:这类药物分子中具有酚羟基,如肾上腺素、左旋多巴、吗啡、阿扑吗啡、水杨酸钠等。

(2)烯醇类:维生素 C 是这类药物的代表,分子中含有烯醇基,极易氧化,氧化过程较为复杂。在有氧条件下,先氧化成去氢抗坏血酸,然后经水解为 2,3- 二酮古罗糖酸,再进一步氧化为草酸与 L- 丁糖酸。在无氧条件下,发生脱水作用和水解作用生成呋喃甲醛和二氧化碳。

(3)其他类药物:芳胺类如磺胺嘧啶钠,吡唑酮类如氨基比林、安乃近,噻嗪类如盐酸氯丙嗪、盐酸异丙嗪等,这些药物都易氧化,其中有些药物氧化过程极为复杂,常生成有色物质。含有碳碳双键的药物,如维生素 A 或维生素 D 的氧化是典型的游离基链式反应。易氧化药物要特别注意光、氧、金属离子对它们的影响,以保证产品质量。

3. 光降解 光降解是指药物受光线(辐射)作用使分子活化而产生分解的反应。光能激发氧化反应,加速药物的分解,其速度与系统的温度无关。光降解典型的例子是硝普钠[$Na_2Fe(CN)_5NO\cdot 2H_2O$],避光放置时其溶液剂的稳定性良好,至少可贮存一年,但在灯光下其半衰期仅为 4 小时。光敏感的药物有氯丙嗪、异丙嗪、维生素 B_2、氢化可的松、维生素 A、辅酶 Q_{10} 等。有些药物光降解后产生光毒性,多数是由于生成了纯态氧。具有光毒性的药物有呋塞米、乙酰唑胺、氯噻酮等。

4. 其他反应

(1)异构化:异构化分为光学异构和几何异构二种。通常药物的异构化使生理活性降低甚至没有活性,所以在制备和贮存中应注意防止。

光学异构化可分为外消旋化作用和差向异构作用。如左旋肾上腺素具有生理活性,外消旋以后只有 50% 的活性,本品水溶液在 pH4 左右产生外消旋化作用。差向异构化是指具有多个不对称碳原子的基团发生异构化的现象,如毛果芸香碱在碱性 pH 时,α- 碳原子差向异构化后生成异毛果芸香碱。

有些药物其反式与顺式几何异构体的生理活性有差别,如维生素 A 除了易氧化外,还可能发生几何异构化,其活性形式是全反式,若转化为 2,6 位顺式异构体,其生理活性会降低。

(2) 聚合:是两个或多个分子结合在一起形成复杂分子的过程。如氨苄西林浓的水溶液在贮存过程中能发生聚合反应,一个分子的 β 内酰胺环裂开与另一个分子反应形成二聚物,此过程可继续下去形成高聚物。这种高聚物可诱发和导致过敏反应。塞替派生在水溶液中易聚合失效,以聚乙二醇 400 为溶剂制成注射液,可避免聚合。

(3) 脱羧:对氨基水杨酸钠在光、热、水分存在的条件下很易脱羧,生成间氨基酚,后者还可进一步氧化变色。前面提到的普鲁卡因水解产物对氨基苯甲酸的脱羧也属于此类反应。

(4) 脱水:糖类,如葡萄糖和乳糖可发生脱水反应生成 5- 羟甲基糠醛。红霉素很容易在酸催化下发生脱水反应。前列腺素 E_1 和前列腺素 E_2 发生脱水反应后继续进行异构化反应。

(5) 与其他药物或辅料的作用:制剂中两种药物之间发生化学反应或药物与辅料之间发生作用也是影响药物稳定性的一个因素。20 世纪 50 年代曾报道过抗氧剂亚硫酸氢盐可取代肾上腺素的羟基。还原糖很容易与伯胺(包括一些氨基酸和蛋白质)发生梅拉德反应,具有伯胺和仲胺基团的药物常发生该反应,反应生成褐色产物导致制剂变色。

(二) 药物与制剂的物理稳定性

1. 药物的物理稳定性　药物的化学稳定性固然重要,但药物的物理稳定性也很重要。由于药物的物理状态决定药物的物理性质(如溶解度),这些性质又会影响药效甚至会影响药物的安全性。此外,制剂中辅料的物理性质也可能影响制剂的稳定性(如亲水疏水性)。物料的物理状态一般通过差示扫描量热法(DSC)和 X- 射线衍射法来分析。

制剂中药物和辅料可能存在的物理状态有:无定形、各种晶型、水合物和溶剂化物等。通常,药物或辅料随着时间的变化由热力学不稳定态或亚稳定态转变为更加稳定的状态。下面简单介绍制剂中物料的各种物理变化及其影响因素。

(1) 晶型:晶型是指物质在结晶时受各种因素影响,造成分子内或分子间键合方式发生改变。实质上是物质的分子或原子在晶格空间排列不同而形成。同一种药物采用不同的结晶方法可得到不同的晶型,因而,当药物的某种晶型所接触的温度、湿度、压力等外界条件发生变化时,也可能转化成其他晶型。如亚稳型转化为稳定型,同一种药物不同亚稳型晶型之间互相转变。由于同一种药物的不同晶型,晶格能大小不同,从而表现出不同的理化性质,如溶解度、熔点、密度、蒸气压、光学和电学性质发生改变,稳定性也出现差异。

有些药物在具有同质多晶现象的同时,也可形成无定形粉末。无定形粉末中药物不规则地、无序地自由堆积在一起。与亚稳型相比,无定形的分子间力更弱,常有较低的熔点、密度和硬度、更高的溶解度和溶出速度。因此许多难溶性药物在处方设计时制备成无定形。然而,无定形药物的能级高,随着时间的变化释放能量逐步转化为热力学稳定的低能态结晶型。从而导致药物的溶解度下降,进而影响临床药效和毒性等。如醋丁酰胺盐酸盐有三种晶型和一种无定形,无定形在相对湿度为 50%,80℃下 3 小时转变为 Ⅱ 型。而在 80℃真空条件下会转变为 Ⅲ 型,并发现 Ⅰ 型是最稳定的晶型。

　　一些药物,如利福平、氨苄西林钠、维生素 B_1 等的稳定性与晶型有很大关系。如利福平有无定形[熔点 172~180℃{分解}]、晶型 A[熔点 183~190℃{分解}]和晶型 B[熔点 240℃{分解}]。无定形在 70℃加速实验 15 天,含量下降 10% 以上,室温贮存半年含量明显下降,而晶型 A 和晶型 B 在同样条件下,含量下降 1.5%~4%,室温贮藏 3 年,含量仍在90% 以上。

　　不仅药物,制剂中的辅料在贮存过程中无定形辅料也可能转变成结晶态,如冷冻干燥的无定形蔗糖,当温度超过它的玻璃化温度(T_g)时开始结晶。添加具有高 T_g 和低吸湿性的辅料,如右旋糖酐可提高制剂的 T_g 及抑制结晶。

　　(2) 蒸发:某些药物和辅料在室温下具有较高的蒸气压,容易导致药物蒸发损失。如硝酸甘油有很高的蒸气压,硝酸甘油舌下片在贮存过程中极易导致药物含量的显著下降。这种变化可通过添加非挥发性固定剂(如聚乙二醇)来抑制。现已在日本上市的 β- 环糊精 -硝酸甘油片也是基于同样的原理制备的。

　　2. 药物制剂的物理稳定性　药物制剂的物理变化根据剂型具有不同的表现形式。

　　(1) 溶液剂和糖浆剂:溶液剂在贮存过程中可能发生的物理变化有:主药或辅料发生沉淀、包装不严导致溶剂损失等,均可产生溶液澄明度的变化。影响溶液剂稳定性的主要因素有温度、溶液的 pH 和包装材料等。糖浆剂中糖的质量、中药糖浆剂中药物的变质等,都会使糖浆剂在存放过程中出现浑浊或沉淀。

　　(2) 混悬剂:混悬剂稳定的必要条件是分散相粒子小而均匀,而且保持适当的絮凝状态,使之疏松、不结块、不沉降或沉降缓慢。一旦粒子由于内外因素发生聚结时,粒度分布、沉降速度都会发生较大变化。

　　(3) 乳剂:乳剂可能会发生分层、破裂、转型等稳定性的变化。

　　(4) 片剂:片剂的表面性质、硬度、脆碎性、崩解时限、主药溶出速度也可能发生改变,这些主要受片剂中残存的水分含量、贮存环境的温度、湿度等影响。

　　(5) 栓剂:在贮存过程中发生硬化,从而使融变时间延长。一般认为这是由于栓剂油脂性基质的相变、结晶或酯基转移作用所导致的。

　　(6) 其他剂型:微球等聚合物骨架剂型中药物释放速度在贮存过程中可能会发生变化,主要受聚合物骨架材料的玻璃化温度和晶型的影响。脂质体在贮存过程中可能会使药物泄漏,主要是因为脂膜成分的氧化或水解等化学降解增加了脂质体膜的渗透性而导致的。

　　(三) 药物与制剂的生物学稳定性

　　广义的生物学稳定性变化包括药物的药效学与毒理学变化、微生物污染后药物制剂的变化。一般而言,药物制剂的生物学稳定性变化主要是指药物制剂中,由于含有营养性物质,如糖、蛋白质等,容易引起污染和微生物滋生而产生一些变化:①物理性状变化,如变色、溶液浑浊、气味改变、黏度和均匀性改变;②生成致敏性物质,微生物在繁殖过程中生成一些多糖、蛋白质等物质,具有致敏性,在人体内引起热原 - 抗体反应,如青霉菌属可产生青霉素或类似物质,从而使一些过敏患者致敏;③化学成分被微生物分解或破坏,引起药效或毒性的改变。因此,药物制剂的生物学稳定性对制剂安全、稳定、有效均会造成很大的影响,剂型设计时对生物学稳定性一定要加以考虑。常见有以下的现象导致微生物的污染:

　　1. 制剂车间污染　生产环境中存留的微生物会导致制剂产品污染,因此药品生产车间的环境卫生和空气净化必须引起重视,生产区周围应无露土地面和污染源,对不同制剂的生产厂房应根据《药品生产质量管理规范》所规定的要求,达到相应的洁净级别,尘埃粒数和菌落数应控制在限度范围内。制药设备与用具与药物接触,其表面带有微生物会污染药品,也应及时进行洁净与灭菌处理。操作人员是最主要的微生物的污染源,必须注意操作人员的个人卫生,严格执行卫生管理制度。

2. 制剂原料的污染　常见于一些中药制剂,如中药制剂的原料主要是植物的根、根茎、叶、花、果实和动物组织或其脏器等。原中药不仅本身带有大量的微生物、虫卵及杂质,而且在采集、贮藏、运输过程中还会受到各种污染,如制备含有生药原粉的制剂,肯定会带来中药制剂微生物污染的问题,应该对原中药进行洁净处理,以避免或减少微生物的污染。中药制剂中如糖浆剂、合剂、口服液、蜜丸、水蜜丸等制剂中含糖、蛋白质等微生物的营养物质,在适宜温湿度、pH 条件下,微生物易生长繁殖,应采取适当的方式预防。

3. 辅料的污染　制剂制备过程中会使用各种辅料,其中水在制剂的制备过程中应用较多,特别需要加以重视,用作洗涤和溶剂的水、去离子水、蒸馏水、注射用水,都有相应的质量标准,应符合《中国药典》标准。如注射用水用于配制注射液,必须经过一系列的精制、纯化蒸馏处理后才可以加以应用。若含菌会引起霉变,注射液使用后会引发严重的后果。

除此之外,还须重视包装材料的选择,包装材料种类众多,材料的性质各异,包括容器、盖子、塞子、容器内的填充物,分别由金属、橡胶、塑料、玻璃、棉花及纸质材料构成,它们一般与药品直接接触,如果包装材料本身的质量不佳或者保管不当,均有污染微生物的可能,也会造成制剂的污染。应选择合适的方法进行清洗、洁净,并作相应的灭菌处理。

同时各类不同的剂型对微生物的要求均有具体的规定。要保持药物的生物学稳定性,一是在剂型设计时就应当对其进行充分的考虑。二是采用适当的方法避免药物制剂被微生物污染,防止繁殖和生长,如选择适宜的包装材料、选择使用抑菌剂、保持良好的贮藏环境等。

（四）稳定性的影响因素及稳定化方法

影响药物制剂稳定性的因素包括处方因素和外界因素。处方因素主要有化学结构、溶液 pH、广义的酸碱催化、溶剂、离子强度、药物间相互影响、赋形剂与附加剂等;外界因素包括温度、空气(氧)、湿度和水分、金属离子、光线、制备工艺、包装材料等。外界因素中的温度对各种降解途径(如水解、氧化等)均有较大影响,而光线、空气(氧)、金属离子对易氧化药物影响较大,湿度、水分主要影响固体药物的稳定性,制备工艺和包装材料是各种产品都必须考虑的问题。

处方因素考察的意义在于设计合理的处方,选择适宜剂型和生产工艺。外界因素考察的意义在于可决定该制剂的包装和贮藏条件。

1. 处方因素对药物制剂稳定性的影响

（1）pH 的影响:许多酯类、酰胺类药物常受 H^+ 或 OH^- 催化水解,这种催化作用也叫专属酸碱催化或特殊酸碱催化,此类药物的水解速度,主要由 pH 决定。pH 对速度常数 K 的影响可用下式表示:

$$K=K_0+K_H^+\left[H^+\right]+K_{OH}^-\left[OH^-\right] \tag{2-33}$$

式中,K_0、K_H^+、K_{OH}^- 分别表示参与反应的水分子、H^+、OH^- 的催化速度常数。在 pH 很低时主要是酸催化,则上式可表示为:

$$\lg K=\lg K_H^+-pH \tag{2-34}$$

以 $\lg K$ 对 pH 作图得一直线,斜率为 -1。在 pH 较高时主要是碱催化,若以 K_w 表示水的离子积,即 $K_w=\left[H^+\right]\left[OH^-\right]$,则:

$$\lg K = \lg K_{oH^-} + \lg K_w + pH \tag{2-35}$$

以 $\lg K$ 对 pH 作图得一直线,斜率为 +1。这样,根据上述动力学方程可以得到反应速度常数与 pH 关系的图形。这样的图形叫 pH- 速度图。在 pH- 速度曲线图最低点对应的横坐标,即为最稳定 pH,以 pH_m 表示。pH- 速度图有各种形状,如硫酸阿托品、青霉素 G 在一定 pH 范围内呈 V 形(图 2-31),而乙酰水杨酸水解则呈 S 形(图 2-32)。

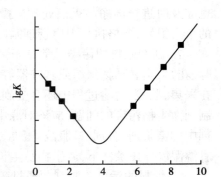

图 2-31 pH- 速度图(V 型)

确定最稳定的 pH 是溶液型制剂的处方设计中首先要解决的问题。pH_m 一般是通过实验求得,方法如下:保持处方中其他成分不变,配制一系列不同 pH 的溶液,在较高温度下(恒温,例如 60℃)进行加速实验。求出各种 pH 溶液的速度常数(K),然后以 $\lg K$ 对 pH 作图,就可求出最稳定的 pH。在较高恒温下所得到的 pH_m 一般可适用于室温,不致产生很大误差。三磷酸腺苷注射液最稳定的 pH 为 9,就是用这种方法确定的。

通过实践或查阅文献资料也可得到药物最稳定的 pH,然后在此基础上进行 pH 调节。调节 pH 时应同时考虑稳定性、溶解度和药效三个方面的因素。如大部分生物碱在偏酸性溶液中比较稳定,故注射剂常调节为偏酸范围。但将它们制成滴眼剂时,就应调节为偏中性范围,以减少刺激性,提高疗效。pH 调节剂一般是盐酸和氢氧化钠,也常用与药物本身相同的酸或碱,如硫酸卡那霉素用硫酸、氨茶碱用乙二胺等。如需维持药物溶液的 pH,则可用磷酸、醋酸、枸橼酸及其盐类组成的缓冲系统来调节。一些药物的最稳定 pH 见表 2-9。

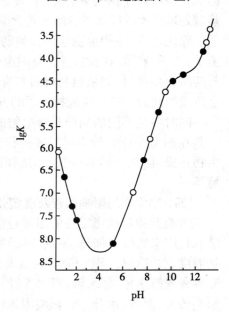

图 2-32 pH- 速度图(S 型)

表 2-9 一些药物的最稳定 pH

药物	最稳定 pH	药物	最稳定 pH
盐酸丁卡因	3.8	苯氧乙基青霉素	6
盐酸可卡因	3.5~4.0	毛果芸香碱	5.12
溴甲胺太林	3.38	甲氧苯青霉素	6.5~7.0
溴丙胺太林	3.3	克林霉素	4.0
三磷酸腺苷	9.0	地西泮	5.0
羟苯甲酯	4.0	氢氯噻嗪	2.5
羟苯乙酯	4.0~5.0	维生素 B_1	2.0
羟苯丙酯	4.0~5.0	吗啡	4.0
乙酰水杨酸	2.5	维生素 C	6.0~6.5
头孢噻吩钠	3.0~8.0	对乙酰氨基酚	5.0~7.0

（2）广义酸碱催化的影响：按照 Bronsted-Lowry 酸碱理论,给出质子的物质叫广义的酸,接受质子的物质叫广义的碱。有些药物也可被广义的酸碱催化水解,这种催化作用叫广义的酸碱催化或一般酸碱催化。许多药物处方中,往往需要加入缓冲剂。常用的缓冲剂如醋酸盐、磷酸盐、枸橼酸盐、硼酸盐等,均为广义的酸碱,对某些药物的水解有催化作用。如磷酸盐、醋酸盐缓冲剂对青霉素 G 水解的影响比枸橼酸盐大。一般缓冲剂的浓度越大,催化速度也越快。

为了观察缓冲液对药物的催化作用,可用增加缓冲剂的浓度,但保持盐与酸的比例不变（pH 恒定）的方法,配制一系列的缓冲溶液,然后观察药物在这一系列缓冲溶液中的分解情况,如果分解速度随缓冲剂浓度的增加而增加,则可确定该缓冲剂对药物有广义的酸碱催化作用。为了减少这种催化作用的影响,在实际生产处方中,缓冲剂应用尽可能低的浓度或选用没有催化作用的缓冲系统。

（3）溶剂的影响：溶剂对药物稳定性的影响比较复杂,对药物的水解影响较大。溶剂的介电常数对离子与带电荷的药物间反应的影响可用式（2-36）表示。

$$\lg K = \lg K_{\infty} - \frac{K' Z_A Z_B}{\varepsilon} \tag{2-36}$$

式中,K' 为速度常数;ε 为介电常数;K_{∞} 为溶剂 ε 趋向 ∞ 时的速度常数,$Z_A Z_B$ 为离子或药物所带的电荷。对于一个给定系统在固定温度下 K 是常数。因此,以 $\lg K$ 对 $1/\varepsilon$ 作图得一直线。如果药物离子与攻击离子的电荷相同,如 OH^- 催化水解苯巴比妥阴离子,则 $\lg K$ 对 $1/\varepsilon$ 作图所得直线的斜率将是负的。在处方中采用介电常数低的溶剂将降低药物分解的速度。故苯巴比妥钠注射液用介电常数低的溶剂,如丙二醇（60%）可使注射液稳定性提高。25℃时的 $t_{0.9}$ 可达 1 年左右。相反,若药物离子与进攻离子的电荷相反,如专属碱对带正电荷的药物催化。则采取介电常数低的溶剂,就不能达到稳定药物制剂的目的。

（4）离子强度的影响：制剂处方中往往需要加入一些无机盐,如电解质调节等渗,抗氧剂防止药物的氧化,缓冲剂调节溶液 pH 等,因此存在溶液的离子强度对降解速度的影响,这种影响可用下式说明：

$$\lg K = \lg K_0 + 1.02 Z_A Z_B \sqrt{\mu} \tag{2-37}$$

式中,K 为降解速度常数;K_0 为溶液无限稀释（$\mu=0$）时的速度常数;μ 为离子强度;$Z_A Z_B$ 为溶液中药物所带的电荷。以 $\lg K$ 对 $\sqrt{\mu}$ 作图可得一直线,其斜率为 $1.02 Z_A Z_B$,外推到 $\mu=0$ 可求得 K_0,若药物与离子带相同电荷时,斜率为正值,则降解速度随离子强度增加而增加,若药物与离子带相反电荷,斜率为负值,离子强度增加,则降解速度降低,若药物为中性分子,斜率为 0,此时离子强度与降解速度无关（图 2-33）。

（5）表面活性剂的影响：一些容易水解的药物,加入表面活性剂可使稳定性增加,如苯佐卡因易受碱催化水解,在 5% 的十二烷基硫酸钠溶液中,30℃时的 $t_{1/2}$ 为 1150 分钟,不加十二烷基硫酸钠时则为 64 分钟。这是因为表面活性剂在溶液中形成胶束,苯佐卡因增溶,在胶束周围形成一层所谓"屏障",阻碍 OH^- 进入胶束,而减少其对酯键的攻击,因而增加苯佐卡因的稳定性。但要注意,加入表面活性剂的浓度必须在临界胶团浓度

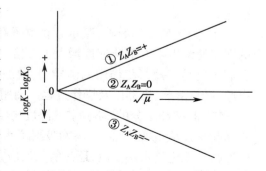

图 2-33　离子强度对反应速度的影响

以上,否则起不到增加稳定性的作用。此外,表面活性剂有时反而使某些药物分解速度加快,如聚山梨酯 80 使维生素 D 稳定性下降。故需通过实验,正确选用表面活性剂。

(6) 处方中基质或赋形剂的影响:一些半固体制剂,如软膏剂、霜剂中药物的稳定性与制剂处方的基质有关。有人考察了一系列商品基质对氢化可的松稳定性的影响,结果聚乙二醇能促进该药物的分解,有效期只有 6 个月。栓剂基质聚乙二醇也可使乙酰水杨酸分解,产生水杨酸和乙酰聚乙二醇。维生素 C 片采用糖粉和淀粉为赋形剂,则产品变色,若应用磷酸氢钙,再辅以其他措施,产品质量则有所提高。一些片剂的润滑剂对乙酰水杨酸的稳定性有一定影响。硬脂酸钙、硬脂酸镁可能与乙酰水杨酸反应形成相应的乙酰水杨酸钙及乙酰水杨酸镁,提高了系统的 pH,使乙酰水杨酸溶解度增加,分解速度加快。因此生产乙酰水杨酸片时不应使用硬脂酸镁这类润滑剂,而须用影响较小的滑石粉或硬脂酸。

2. 外界因素对药物制剂稳定性的影响

(1) 温度的影响:一般来说,温度升高,反应速度加快。根据 Van't Hoff 规则,温度每升高 10℃,反应速度约增加 2~4 倍。然而不同反应增加的倍数可能不同,故上述规则只是一个粗略的估计。温度对于反应速度常数的影响,Arrhenius 方程描述了温度与反应速度之间的定量关系,反应速度常数的对数与热力学温度的倒数成线性关系(斜率为负值),即随着温度升高,反应速度常数增大。它是药物稳定性预测的主要理论依据。

(2) 光线的影响:光是一种辐射能,光线的波长越短,能量越大,光线提供的能量可激发氧化反应,加速药物的降解。许多酚类药物在光线作用下易氧化,如肾上腺素、吗啡、苯酚、可待因等。有些药物分子受辐射(光线)作用使分子活化而产生分解,此种反应叫光化降解,其速度与系统的温度无关。这种易被光降解的物质叫光敏感物质。药物结构与光敏感性有一定的关系,如酚类和分子中有双键的药物,一般对光敏感。常见的对光敏感的药物有、氯丙嗪、异丙嗪、维生素 B_2、氢化可的松、泼尼松、叶酸、维生素 A、维生素 B、辅酶 Q10、硝苯地平等。其中硝普钠是一种强效、速效降压药,临床效果肯定。本品对热稳定,但对光极不稳定,临床上用 5% 葡萄糖配制成 0.05% 硝普钠溶液静脉滴注,在阳光下照射 10 分钟就分解13.5%,颜色也开始变化,同时 pH 下降。室内光线条件下,本品半衰期为 4 小时。

(3) 空气(氧)的影响:大气中的氧是引起药物氧化变质的重要因素。大多数药物的氧化反应往往是含自由基的自氧化反应,少量的氧就能引发反应的开始,一旦反应开始,氧含量就不再是重要因素了。因此易氧化的药物在开始配制制剂时,就应控制氧含量。大气中的氧约占总体积的 21.0%,氧进入制剂主要有两条途径:一是由水带入,氧在水中有一定的溶解度。在平衡时,0℃为 10.19ml/L,25℃为 5.75ml/L,50℃为 3.85ml/L,100℃几乎为 0;二是制剂的容器空间内留存的空气中的氧。因此,对于易氧化的品种,除去氧气是防止氧化的根本措施。

(4) 金属离子的影响:微量金属离子对自动氧化反应有明显的催化作用,如 0.0002mol/L 的铜能使维生素 C 氧化速度增大 1 万倍。铜、铁、钴、镍、锌、铅等离子都有促进氧化的作用,它们主要是缩短氧化作用的诱导期,增加游离基生成的速度。制剂中微量金属离子主要来自原辅料、溶剂、容器以及操作过程中使用的工具等。

(5) 湿度和水分的影响:空气湿度与物料含水量对固体药物制剂的稳定性有较大影响。水是化学反应的媒介,固体药物吸附了水分以后,在表面形成一层液膜,分解反应就在液膜中进行。无论是水解反应,还是氧化反应,微量的水均能加速乙酰水杨酸、青霉素 G 钠盐、氨苄西林钠、对氨基水杨酸钠、硫酸亚铁等的分解。药物是否容易吸湿,取决于其临界相对湿度（CRH）的大小。氨苄西林极易吸湿，经实验测定其临界相对湿度仅为47%，如果在相对湿度（RH）75%的条件下，放置24小时，可吸收水分约20%，同时粉末溶解。这些原料药物的水分含量必须特别注意，一般水分含量在1%左右比较稳定，水分含量越高分解越快。

（6）包装材料的影响：药物贮藏于室温环境中，主要受热、光、湿及空气（氧）的影响。包装材料与制剂稳定性的关系十分密切。特别是直接接触药品的包装材料。玻璃、塑料、金属和橡胶均是药剂上常用的包装材料。包装设计既要考虑外界环境因素，也要考虑包装材料与制剂成分的相互作用对制剂稳定性的影响，否则最稳定的处方、剂型也得不到安全有效的产品。

（7）微生物的影响：会引起制剂霉变，从而影响使用的疗效和安全性。

3. 药物制剂稳定化的方法

（1）控制温度：药物制剂在制备过程中，往往需要加热溶解、干燥、灭菌等操作，此时应考虑温度对药物稳定性的影响，制订合理的工艺条件。如对热不稳定的药物灭菌时，一般应选择高温短时间灭菌，灭菌后迅速冷却，效果较佳。那些对热特别敏感的药物，如某些抗生素、生物制品，则采用无菌操作及冷冻干燥。在药品贮存过程中，也要根据温度对药物稳定性的影响来选择贮存条件。

（2）调节 pH：pH 对药物的水解有较大影响。对于液体药物，根据实验结果或文献报道，可知药物的最稳定 pH，然后用适当的酸、碱或缓冲剂调节溶液 pH 至 pH_m 范围。如果存在广义酸碱催化的情况，调节 pH 的同时，还应选择适宜的缓冲剂。固体制剂和半固体制剂中的药物若对 pH 较敏感，在选择赋形剂或基质时应注意。

药物的氧化作用也受 H^+ 或 OH^- 的催化，一般药物在 pH 较低时比较稳定。对于易氧化分解的药物一定要用酸（碱）或适当的缓冲剂调节，使药液保持在最稳定的 pH 范围。

调节 pH 时，应兼顾药物的稳定性、刺激性与疗效的要求。例如大部分生物碱类药物，尽管在偏酸性下稳定，但在近中性或偏碱性条件下疗效好，故这类药物在配制滴眼剂时，虽然在偏酸性下较稳定，但疗效低且对眼睛有刺激性，一般应调节至近中性为宜。

（3）改变溶剂或控制水分及湿度：在水中很不稳定的药物，可采用乙醇、丙二醇、甘油等极性较小的溶剂，或在水溶液中加入适量的非水溶剂可延缓药物的水解，减少药物的降解速度。固体制剂应控制水分含量，生产时应控制空气相对湿度，还可通过改进工艺，减少与水分的接触时间。如采用干法制粒、流化喷雾制粒代替湿法制粒，可提高易水解药物片剂的稳定性。

（4）避光：光敏感的药物制剂，制备过程中要避光操作，并采用遮光包装材料及避光条件下保存。如采用棕色玻璃瓶包装或在包装容器内衬垫黑纸等。

（5）除氧：将蒸馏水煮沸 5 分钟，可完全除去溶解的氧，但冷却后空气中的氧仍可溶入，应立即使用，或贮存于密闭的容器中。

生产上一般在溶液中和容器空间通入惰性气体，如二氧化碳或氮气，置换其中的氧。在水中通 CO_2 至饱和时，残存氧气为 0.05ml/L，通氮至饱和时约为 0.36ml/L。CO_2 的相对密度及其在水中的溶解度均大于氮气，驱氧效果比氮气好。但 CO_2 溶解于水中可降低药液的 pH，并可使某些钙盐产生沉淀，应注意选择使用。另外，惰性气体的通入充分与否，对成品的质量影响很大，有时同一批号的注射液，色泽深浅不一，可能与通入气体的多少不同有关。

对于固体制剂，为避免空气中氧的影响，也可以采用真空包装。

（6）加入抗氧剂或金属离子络合剂：抗氧剂根据其溶解性能可分为水溶性和油溶性两

种。常用的水溶性抗氧剂有亚硫酸钠、亚硫酸氢钠、焦亚硫酸钠、硫代硫酸钠、硫脲、维生素C、半胱氨酸等,常用的油溶性抗氧剂有叔丁基对羟基茴香醚(BHA)、二丁甲苯酚(BHT)、维生素E等。选用抗氧剂时应考虑药物溶液的pH及其与药物间的相互作用等。焦亚硫酸钠和亚硫酸氢钠适用于弱酸性溶液;亚硫酸钠常用于偏碱性药物溶液;硫代硫酸钠在酸性药物溶液中可析出硫细颗粒沉淀,故只能用于碱性药物溶液。亚硫酸氢钠可与肾上腺素在水溶液中形成无生理活性的磺酸盐化合物;亚硫酸钠可使盐酸硫胺分解失效,亚硫酸氢盐能使氯霉素失去活性。氨基酸类抗氧剂无毒性,作为注射剂的抗氧剂尤为合适。油溶性抗氧剂适用于油溶性药物如维生素A、D制剂的抗氧化。另外维生素E、卵磷脂为油脂的天然抗氧剂。常用抗氧剂及浓度见表2-10。

表2-10　常用抗氧剂及浓度

抗氧剂	常用浓度(%)	抗氧剂	常用浓度(%)
亚硫酸钠	0.1~0.2	蛋氨酸	0.05~0.1
亚硫酸氢钠	0.1~0.2	硫代乙酸	0.05
焦亚硫酸钠	0.1~0.2	硫代甘油	0.05
甲醛合亚硫酸氢钠	0.1	叔丁基对羟基茴香醚*(BHA)	0.005~0.02
硫代硫酸钠	0.1	二丁甲苯酚*(BHT)	0.005~0.02
硫脲	0.05~0.1	培酸丙酯*(PG)	0.05~0.1
维生素C	0.2	生育酚*	0.05~0.5
半胱氨酸	0.00015~0.05		

注:标有*的为油溶性抗氧剂,其他的均为水溶性抗氧剂。

由于金属离子能催化氧化反应的进行,因此易氧化药物在制剂过程中所用的原料、辅料及器具均应考虑金属离子的影响,应选用纯度较高的原辅料,操作过程避免使用金属器皿,必要时还要加入金属离子络合剂。常用的金属离子络合剂有依地酸二钠、枸橼酸、酒石酸等,依地酸二钠最为常用,其浓度一般为0.005%~0.05%。金属离子络合剂与抗氧剂联合使用效果更佳。

(7) 改进剂型或生产工艺

1) 制成固体制剂:凡在水溶液中不稳定的药物,制成固体剂型可显著改善其稳定性。供口服的有片剂、胶囊剂、颗粒剂等;供注射的主要是灭菌粉针剂,是目前青霉素类、头孢菌素类抗生素的基本剂型。还可制成膜剂,如硝酸甘油制成片剂的过程中,药物的含量和均匀度均降低,国内一些单位将其制成膜剂,由于成膜材料聚乙烯醇对硝酸甘油的物理包覆作用使其稳定性提高。

2) 制成微囊或包合物:采用微囊化和β-环糊精包合技术,可防止药物因受环境中的氧气、湿气、光线的影响而降解,或因挥发性药物挥发而造成损失。从而增加药物的稳定性,如维生素A制成微囊后稳定性提高。维生素C、硫酸亚铁制成微囊,可防止氧化。包合物也可增加药物的稳定性,防止易挥发成分的挥发。如易氧化药物盐酸异丙嗪制成β-环糊精包合物,稳定性较原药提高;苯佐卡因制成β-环糊精包合物后,减小了其水解速度,提高了稳定性。

3) 采用直接压片或包衣工艺:对一些遇湿热不稳定的药物压片时,可采用粉末直接压片、结晶药物压片或干法制粒压片等工艺。包衣也可改善药物对光、湿、热的稳定性,如氯丙嗪、异丙嗪、对氨基水杨酸钠等,均制成包衣片;维生素 C 用微晶纤维素和乳糖直接压片并包衣,其稳定性提高。

(8) 制备稳定的衍生物:药物的化学结构是决定制剂稳定性的内因,不同的化学结构具有不同的稳定性。对不稳定的成分进行结构改造,如制成盐类、酯类、酰胺类或高熔点衍生物,可以提高制剂的稳定性。将有效成分制成前体药物,也是提高其稳定性的一种方法。尤其在混悬剂中,药物降解只决定于其在溶液中的浓度,而不是产品中的总浓度,所以将容易水解的药物制成难溶性盐或难溶性酯类衍生物,可增加其稳定性。如青霉素 G 钾盐,衍生为溶解度较小的普鲁卡因青霉素 G(水中溶解度为 1∶250),制成混悬液,稳定性显著提高,同时又减少了注射部位的疼痛感;青霉素 G 还可与 N,N- 双苄乙二胺生成苄星青霉素 G(长效西林),溶解度降低为 1∶6000,稳定性更好,可口服。红霉素与乙基琥珀酸形成红霉素乙基琥珀酸酯(乙琥红霉素),稳定性增加,耐酸性增强,可口服。

(9) 加入干燥剂及改善包装:易水解的药物可与某些吸水性较强的物质混合压片,这些物质起到干燥剂的作用,吸收药物所吸附的水分,从而提高了药物的稳定性。如用 3% 二氧化硅作干燥剂可提高阿司匹林的稳定性。

制剂原料、辅料及制药设备、工具、环境污染是长霉的原因。为防止微生物的污染和滋生,应严格操作规程,视情况添加适当的防腐剂。

包装材料尤其是内包材料对药物稳定性的影响较大,在包装设计过程中,要进行"装样试验",对各种不同的包装材料进行室温留样观察和加速试验,选择稳定性好的包装材料。

四、固体药物制剂的稳定性

1. 固体药物制剂的稳定性特点　由于固体制剂多属于多相的非均匀系统,与溶液型药物制剂的稳定性不同,其稳定性具有如下特点:

(1) 固体药物一般分散较慢,一些易氧化药物的氧化作用往往限于固体表面,而将内部分子保护起来,以致表里变化不一,因此,需要较长时间和精确的分析方法。

(2) 固体状态的药物分子相对固定,不像溶液那样可以自由移动和完全混合,因此具体系统的不均匀性,如片剂片与片之间,胶囊剂一个胶囊与另一胶囊之间,丸剂丸与丸之间等,含量不一定完全相同,因此检测结果难以重现。

(3) 固体制剂是多相系统,常包括气相(空气与水汽)、液相(吸附的水分)和固相,当进行实验时,这些相的组成和状态常发生变化。特别是水分的存在对稳定性影响很大。这些特点说明研究固体药物剂型的稳定性是一件十分复杂的工作。

2. 固体制剂稳定性实验的特殊要求和特殊方法　对固体制剂进行稳定性实验时应注意下列特殊情况:

1) 水分对固体药物的稳定性影响较大,因此对每个样品必须测定水分,加速实验过程中也要测定;

2) 样品必须置于密封容器中,但为了考察包装材料的影响,可以用开口容器与密封容器同时进行,以便比较;

3) 固体剂型的药物含量应尽量均匀,以避免测定结果的分散性;

4) 药物颗粒的大小对实验结果也有影响,故样品要用一定规格的筛子过筛,并测定其粒度;

5) 实验温度不宜过高,以 60℃以下为宜。对于需要测定药物含量和水分的样品都要分别单次包装。

五、药物与药物制剂稳定性的试验方法

药物制剂稳定性试验方法主要是参考《中国药典》2010 年版所载药物稳定性试验指导原则中的相关内容及方法。

药物稳定性试验的目的是考察原料药或药物制剂在温度、湿度、光线的影响下随时间变化的规律,为药品的生产、包装、贮存、运输条件提供科学依据,同时通过试验建立药品的有效期。

药物稳定性试验的基本要求包括以下几个方面:①稳定性试验包括影响因素试验、加速试验与长期试验。影响因素试验用一批原料药或一批制剂进行。加速试验与长期试验要求用三批供试品进行。②原料药供试品应是一定规模生产的,供试品量相当于制剂稳定性试验所要求的批量,其合成工艺路线、方法、步骤应与大生产一致;药物制剂的供试品应是放大试验的产品,其处方与生产工艺应与大生产一致,如片剂、胶囊剂,每批放大试验的规模,片剂至少 10 000 片,胶囊剂至少应为 10 000 粒。大体积包装的制剂如静脉输液等,每批放大规模的数量至少应为各项试验所需总量的 10 倍,特殊品种、特殊剂型所需数量,根据情况另定。③供试品的质量标准应与临床前研究及临床试验和规模生产所使用的供试品质量标准一致。④加速试验与长期试验所用供试品的包装应与上市产品一致。⑤研究药物稳定性,要采用专属性强、准确、精密、灵敏的药物分析方法与有关物质的检查方法,并对方法进行验证,以保证药物稳定性结果的可靠性。在稳定性试验中,应重视降解产物的检查。⑥由于放大试验比规模生产的数量要小,故申报者应承诺在或得批准后,从放大试验转入规模生产时,对最初通过生产验证的 3 批规模生产的产品仍需进行加速试验与长期稳定性试验。

药物制剂稳定性研究,首先应查阅原料药稳定性有关资料,特别了解温度、湿度、光线对原料药稳定性的影响,并在处方筛选与工艺设计过程中,根据主药与辅料性质,参考原料药的试验方法,进行影响因素试验、加速试验与长期试验。

(一)影响因素试验

影响因素试验(强化试验)是在比加速试验更激烈的条件下进行。在筛选药物制剂的处方与工艺的设计过程中,首先应查阅原料药稳定性的有关资料,了解温度、湿度、光线对原料药稳定性的影响,根据药物的性质针对性地进行必要的影响因素试验。

原料药要求进行此项试验,其目的是探讨药物的固有稳定性、了解影响其稳定性的因素及可能的降解途径与分解产物,为制剂生产工艺、包装、贮存条件提供科学依据。同时也可为新药申报临床研究与申报生产提供必要的资料。

药物制剂进行此项试验的目的是考察制剂处方的合理性与生产工艺及包装条件。供试品用一批进行,将供试品如片剂、胶囊剂、注射剂(注射用无菌粉末如为西林瓶装,不能打开瓶盖,以保持严封的完整性),除去外包装,置适宜的开口容器中,进行高温试验、高湿度试验与强光照射试验。

1. 高温试验 供试品开口置适宜和洁净容器,60℃温度下放置 10 天,于第 5 天和第 10 天取样,按稳定性重点考察项目进行检测。若供试品含量低于规定限度则在 40℃条件下同法进行试验。若 60℃无明显变化,不再进行 40℃试验。

2. 高湿度试验 供试品开口置恒湿密闭容器中,在 25℃于相对湿度 75%±5% 或 90%±5% 条件下放置 10 天,于第 5 天和第 10 天取样,按稳定性重点考察项目要求检测,

同时准确称量试验前后供试品的重量,以考察供试品的吸湿潮解性能。若吸湿增重 5% 以下,其他考察项目符合要求,则不再进行此项试验。恒湿条件可在密闭容器如干燥器下部放置饱和盐溶液,根据不同相对湿度的要求,可以选择 NaCl 饱和溶液(相对湿度 75%±1%、15.5~60℃),KNO_3 饱和溶液(相对湿度 92.5%,25℃)。

3. 强光照射试验　供试品开口放置在光橱或其他适宜的光照仪器内,于照度为 4500lx±500lx 的条件下放置 10 天,于第 5 天和第 10 天取样,按稳定性重点考察项目进行检测,特别要注意供试品的外观变化。

(二)加速试验

1. 常规加速试验法　加速试验(accelerated testing)是在加速的条件下进行。其目的是通过加速药物制剂的化学或物理变化,探讨药物制剂的稳定性,为处方设计、工艺改进、质量研究、包装改进、运输、贮存提供必要的资料。供试品要求三批,按市售包装,在温度 40℃±2℃、相对湿度 75%±5% 的条件下放置 6 个月,所用设备应能控制温度 ±2℃、相对湿度 ±5%,并能对真实温度与湿度进行监测。在试验期间第 1 个月、2 个月、3 个月、6 个月末分别取样一次,按稳定性重点考察项目检测。在上述条件下,如 6 个月内供试品经检测不符合制订的质量标准,则应在中间条件即在温度 30℃±2℃,相对湿度 65%±5% 的情况下进行加速试验,时间仍为 6 个月。溶液剂、混悬剂、乳剂、注射液等含有水性介质的制剂可不要求相对湿度。试验所用设备建议采用隔水式电热恒温培养箱(20~60℃)。箱内放置具有一定相对湿度饱和盐溶液的干燥器,设备应能控制所需温度,且设备内各部分温度应均匀,并适合长期使用。也可采用恒温恒湿箱或其他适宜设备。

对温度特别敏感的药物制剂,预计只能在冰箱(4~8℃)内保存使用,此类药物制剂的加速试验,可在温度 25℃±2℃、相对湿度 60%±10% 的条件下进行,时间为 6 个月。

乳剂、混悬剂、软膏剂、眼膏剂、栓剂、气雾剂,泡腾片及泡腾颗粒宜直接采用温度 30℃±2℃、相对湿度 65%±5% 的条件进行试验,其他要求与上述相同。

对于包装在半透性容器的药物制剂,如塑料袋装溶液,塑料瓶装滴眼剂、滴鼻剂等,则应在温度 40℃±2℃,相对湿度 25%±5% 的条件,可用 $CH_3COOK \cdot 1.5H_2O$ 饱和溶液进行试验。

2. 经典恒温法　经典恒温法的理论依据是阿仑尼乌斯(Arrhenius)方程。

大多数反应温度对反应速率的影响比浓度更为显著,温度升高时,绝大多数化学反应速率增大。Arrhenius 根据大量的实验数据,提出了著名的 Arrhenius 经验公式,即速率常数与温度之间的关系式为:

$$K = Ae^{-\frac{E}{RT}} \tag{2-38}$$

式中,A 为频率因子;E 为活化能;R 为气体常数;T 为绝对温度值。上式取对数形式为:

$$\lg K = \frac{-E}{2.303RT} + \lg A \tag{2-39}$$

一般说来,温度升高,导致反应的活化分子分数明显增加,从而反应的速率加快。对不同的反应,温度升高,活化能越大的反应,其反应速率增加得越多。

Arrhenius 方程可用于药品有效期的预测。实验时,将样品放入各种不同温度的恒温水浴中,定时取样测定其浓度(或含量),求出各温度下不同时间药物的浓度。以药物浓度或浓度的其他函数对时间作图,以判断反应级数,若以 C 对 t 作图得一直线,则为零级反应,若以 $\lg C$ 对 t 作图得一直线,则为一级反应。由所得直线斜率可求出各温度下的反应速度常数 K 值,再根据 Arrhenius 方程,以不同温度的 $\lg K$ 对 $1/T$ 作图得一直线(此图称 Arrhenius 图,如

图 2-34），直线斜率为 $-E/(2.303R)$，截距为 lg$A$，并由此可计算出活化能 E 及频率因子 A。若将直线外推至室温，就可求出室温时的反应速度常数（K_{25}）。由 K_{25} 可求出 $t_{0.9}$、$t_{1/2}$ 或室温贮藏若干时间以后残余的药物浓度。

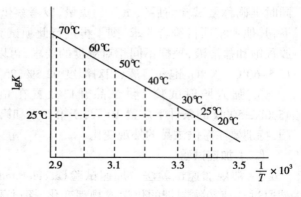

图 2-34　Arrhenius 图

加速试验测定的有效期为预测的有效期，应与留样观察的结果对照，才能确定药品的实际有效期。

经典恒温法应用于均相系统（如溶液），效果较好。而对非均相系统（如混悬液、乳浊液等）通常不适用。另外，在加速试验过程中，如反应级数或反应机制发生改变，也不能采用经典恒温法。

3. $t_{0.9}$ 法　根据经典恒温试验所得数据，处理得各温度下药物分解 10% 所需时间 $t_{0.9}$，用 lg $t_{0.9}$ 代替 lg$K$（K 值与 $t_{0.9}$ 呈反比）对 $1/T$ 作图或进行线性回归亦得一直线，将直线外推至室温，即可求出室温下的 $t_{0.9}$。

4. 活化能估算法　一般反应的活化能在 41.8~83.6kJ/mol 之间，以此为上下限，根据药物在某些温度下的反应速度常数 K，估算产品在室温下降解 10% 所对应的最长和最短时间，这种根据活化能的值来估算制剂有效期的方法，称为活化能估算法。

除上述实验方法外，还有温度系数法、线性变温法、初均速法、自由变温法等，可参阅相关文献。

（三）长期试验

长期试验（long-term testing）是在接近药品的实际贮存条件下进行，其目的是为制订药品的有效期提供依据。供试品三批，市售包装，在温度 25℃±2℃，相对湿度 60%±10% 的条件下放置 12 个月，或在温度 30℃±2℃，相对湿度 65%±5% 的条件下放置 12 个月。每 3 个月取样一次，分别于 0 个月、3 个月、6 个月、9 个月、12 个月取样，按稳定性重点考察项目进行检测。12 个月以后，仍需继续考察，分别于 18 个月、24 个月、36 个月取样进行检测。将结果与 0 个月比较，以确定药品的有效期。由于实验数据的分散性，一般应按 95% 可信限进行统计分析，得出合理的有效期。如统计分析结果差别较小，则取其平均值为有效期，若差别较大则取其最短的为有效期。如果数据表明，测定结果变化很小，说明药物是很稳定的，则不作统计分析。

对温度特别敏感的药品，长期试验可在温度 6℃±2℃ 的条件下放置 12 个月，按上述时间要求进行检测，12 个月以后，仍需按规定继续考察，制订在低温贮存条件下的有效期。

（周建平）

思　考　题

1. 影响药物溶解度的因素及增加药物溶解度的方法是什么？
2. 特性溶解度和平衡溶解度的区别是什么？

3. 分别以混悬剂、乳剂、软膏为例说明流变学在药剂中的应用。

4. 非牛顿流体可分为哪几种类型？

5. 什么是粉体的吸湿性和润湿性？

6. 水溶性药物和水不溶性药物的吸湿性有什么不同？

7. 粉体流动性的影响因素与改善方法有哪些？

8. 延缓药物制剂中有效成分水解的方法有哪些？

9. 药物稳定性实验方法包括哪些？

10. 制剂中药物降解的化学途径主要有哪些？

参 考 文 献

1. 平其能. 药剂学. 第 4 版. 北京：人民卫生出版社，2013

2. 崔福德. 药剂学. 第 7 版. 北京：人民卫生出版社，2011

3. Gao Y，Zu H，Zhang J. Enhanced dissolution and stability of adefovir dipivoxil by cocrystal formation. J Pharm Pharmacol，2011，63（4）：483-490

4. Aakery CB，Salmon DJ. Building co-crystals with molecular sense and supramolecular sensibility. Cryst Eng Comm，2005，7（72）：439-448

5. 张洪斌. 药物制剂工程技术与设备. 北京：化学工业出版社，2010

6. 周建平. 药剂学. 北京：化学工业出版社，2004

7. Banker G A. Modern Pharmaceutics. 4th Ed. Marcel Dekker，2002

8. Kim Huynh-Ba. Handbook of Stability Testing in Pharmaceutical Development：Regulations，Methodologies，and Best Practices. Springer Science Business Media LLC，2009

9. G. 阿尔德勒，C. 尼斯特伦. 崔福德译. 药物粉体压缩技术. 北京：化学工业出版社，2008

10. 国家药典委员会. 中华人民共和国药典（2010 年版二部）. 北京：中国医药科技出版社，2010

第三章　药用辅料与应用

本章要点

1. 掌握药用辅料的应用原则,表面活性剂的概念、结构特点及在药剂学中的应用,药用高分子材料的定义、主要品种、在药剂学中的应用,药用预混辅料的定义、特点。熟悉药用辅料的定义、作用、种类、质量要求,表面活性剂的种类、主要品种,药用高分子材料的特点、类别,药用预混辅料的主要品种、在药剂学中的应用。了解表面活性剂 *HLB* 值的计算。
2. 重点关注　表面活性剂的主要品种及在药剂学中的应用,药用辅料的作用,药用高分子材料的特点及在药剂学中的应用,药用预混辅料的主要品种及在药剂学中的应用。
3. 难点　表面活性剂的性质、主要品种及其在药剂学中的应用,药用高分子材料的特点及其在药剂学中的应用。

第一节　概　　述

药用辅料(excipients)系指生产药品和调配处方时所用的赋形剂和附加剂,是除了活性成分以外,包含在药物制剂中的在安全性方面已进行了合理评估的物质。药用辅料是指在制剂处方设计时,为解决制剂成型性、有效性、稳定性及安全性而加入处方中的除主药以外的一切药用物料的统称。药用辅料是制剂生产中必不可少的重要组成部分,在制剂剂型和生产中起着关键作用。

一、药用辅料的作用与应用原则

1. 药用辅料的作用　药物是决定制剂疗效的决定性因素,而药物剂型对药物的应用和疗效发挥有着关键性的作用。药用辅料的作用有:①赋型,辅料可将药物制成符合临床用药需要的制剂形态,如液体制剂中加入的溶剂,片剂中加入的稀释剂、黏合剂等。②使制备过程顺利进行,如固体制剂中加入润滑剂以改善药物的粉体性质。③提高药物稳定性,如抗氧剂可提高易氧化药物的化学稳定性等。④提高药物疗效,如将胰酶制成肠溶衣片,不仅可使其免受胃酸破坏,还可保证其在肠中充分发挥作用。⑤降低药物毒副作用,如以硬脂酸钠和虫蜡为基质制成的芸香草油肠溶滴丸,既可掩盖药物的不良臭味,也可避免对胃的刺激。⑥调节药物作用,如胰酶肠溶衣片具有助脂肪消化功效,注射液则可用于治疗胸腔积液、血栓性静脉炎和毒蛇咬伤。又如选用不同的辅料,可使制剂具有速释性、缓释性、靶向性、生物降解性等。⑦增加病人用药的顺应性,如口服液体制剂中加入矫味剂,可改善药物的不良口味,提高用药顺应性。

2. 药用辅料的应用原则 ①满足制剂成型、有效、稳定、安全、方便要求的最低用量原则。即用量恰到好处,用量最少不仅可节约原料,降低成本,更重要的是可以减少剂量。②无不良影响原则。即不降低药物疗效,不产生毒副作用,不干扰制剂质量监控。

二、药用辅料的种类

药用辅料种类繁多,在不同剂型中作用不同,可按来源、作用和用途、给药途径等进行分类。

1. 按来源分类 依据来源不同,药用辅料可分为天然物质、半合成物质和全合成物质。

2. 按作用与用途分类 药用辅料在制剂中按作用分类有 66 种,包括溶剂、增溶剂、助溶剂、防腐剂、矫味剂、着色剂、助悬剂、乳化剂、润湿剂、发泡剂、消泡剂、填充剂、吸收剂、稀释剂、黏合剂、崩解剂、润滑剂、助流剂、包衣材料、增塑剂、pH 调节剂、抗氧剂、渗透压调节剂、螯合剂、渗透促进剂、增稠剂、保湿剂、抛射剂、缓控释材料等。

3. 按给药途径分类 药用辅料可分为口服用、注射用、黏膜用、经皮或局部给药用、经鼻或口腔吸入给药用和眼部给药用等。同一辅料可用于不同给药途径的药物制剂,且有不同的作用和用途。

三、药用辅料的一般质量要求

药用辅料应符合以下质量要求:①药用辅料必须符合药用要求,供注射剂用的应符合注射用质量要求。②药用辅料应通过安全性评估,对人体无毒害作用,化学性质稳定,不与主药及其他辅料发生作用,不影响制剂的质量检验。③药用辅料的安全性以及影响制剂生产、质量、安全性和有效性的性质应符合要求。包括与生产工艺及安全性有关的常规试验(如性状、鉴别、检查、含量测定等)项目及影响制剂性能的功能性试验(如黏度等)。④根据不同的生产工艺及用途,药用辅料的残留溶剂、微生物限度或无菌应符合要求;注射用药用辅料的热原或细菌内毒素、无菌等应符合要求。

第二节 表面活性剂

一、概述

表面活性剂(surfactant)系指能显著降低液体表面张力的物质。使液体表面张力降低的性质称为表面活性。表面活性剂的表面活性是由其结构特点所决定的,表面活性剂分子中同时含有不对称分布的亲油基团和亲水基团(图 3-1)。亲油基团一般为 8~20 个碳原子的烃链;亲水基团主要是羧酸、磺酸、氨基、胺基及其盐、羟基、酰胺基、醚键等。

表面活性剂分子在水溶液中的存在状态与其浓度有关。浓度极稀时,表面活性剂分子零星分散在溶液内部及气-液界面(图 3-2a);低浓度时,表面活性剂分子在气-液界面定向排列,表面层的浓度大于溶液内部的浓度(正吸附)(图 3-2b),使表面张力明显降低;浓度较高,表面吸附达到饱和,表面张力达到最低值,表面活性剂分子转入溶液内部,其亲油基团相互缔合形成胶束(图 3-2c)。

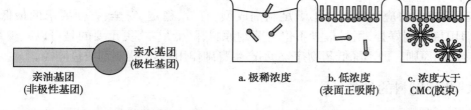

图 3-1　表面活性剂结构示意图　　　图 3-2　表面活性剂分子在溶液中的存在状态

二、表面活性剂的种类及主要品种

依据分子中亲水基团的解离性质不同,表面活性剂可分为离子型和非离子型两类。

(一) 离子型表面活性剂

1. **阴离子型表面活性剂**　起表面活性作用的是阴离子部分,带有负电荷。

(1) 高级脂肪酸盐:又称肥皂类,通常为 C_{12}~C_{18} 的脂肪酸盐,常用硬脂酸、油酸、月桂酸等。可分为碱金属皂(如钠皂、钾皂),碱土金属皂(如钙皂、镁皂)和有机胺皂(如三乙醇胺皂)。乳化性能良好,有一定刺激性,一般只用于外用制剂。

(2) 硫酸化物:系硫酸化脂肪油和高级脂肪醇硫酸酯类,脂肪链在 C_{12}~C_{18} 间。硫酸化油常用硫酸化蓖麻油,可作去污剂、润湿剂等。高级脂肪醇硫酸酯常用十二烷基硫酸钠(又称月桂醇硫酸钠),乳化能力强,主要作外用软膏的乳化剂,还可作增溶剂或片剂的润湿剂。

(3) 磺酸化物:系脂肪族磺酸化物和烷基芳基磺酸化物。常用二辛基琥珀酸磺酸钠、十二烷基苯磺酸钠、牛黄胆酸钠等,去污力、起泡性及油脂分散能力都很强。常作洗涤剂、胃肠道脂肪乳化剂。

2. **阳离子表面活性剂**　起作用的是阳离子,主要是季铵盐类化合物。常用苯扎氯铵(洁尔灭)、苯扎溴铵(新洁尔灭)等,具有较强的表面活性和杀菌作用,但毒性较大,一般只能外用。常用作杀菌剂和防腐剂,主要用于皮肤、黏膜、手术器械消毒。

3. **两性离子型表面活性剂**　分子中同时有正电荷基团(氨基、季铵基等)和负电荷基团(羧基、硫酸基、磷酸基、磺酸基等),随着介质 pH 不同,可表现为阳离子型或阴离子型表面活性剂的性质。

(1) 卵磷脂:系天然两性离子型表面活性剂。毒性小,不溶于水,可溶于乙醚、氯仿等有机溶剂。对热敏感,酸、碱及酶作用下易分解。卵磷脂对油脂的乳化能力很强,可作静脉注射乳剂的乳化剂,也是制备脂质体的主要辅料。

(2) 氨基酸型和甜菜碱型:系合成两性离子型表面活性剂,阴离子部分主要是羧酸盐,阳离子部分为季铵盐(氨基酸型)或铵盐(甜菜碱型)。在碱性溶液中呈现阴离子型表面活性剂的性质,有良好的起泡作用和很强的去污能力;在酸性溶液中则呈阳离子型表面活性剂的性质,有很强的杀菌能力,如十二烷基双(氨乙基)-甘氨酸(Tego 51)。

(二) 非离子型表面活性剂

该类表面活性剂的亲水基团是甘油、聚乙二醇、山梨醇等,亲油基团是长链脂肪酸、长链脂肪醇、烷基或芳烃基等,亲水基和亲油基以酯键或醚键结合。毒性低,刺激性、溶血作用较小。广泛用于外用制剂、内服制剂以及注射剂,个别品种还可用于静脉注射剂。

1. **脂肪酸山梨坦**　商品名为司盘(Span),系失水山梨醇脂肪酸酯,其结构如下:

RCOO⁻为脂肪酸根

根据脂肪酸种类和数量不同,分为月桂山梨坦(司盘 20)、棕榈山梨坦(司盘 40)、硬脂山梨坦(司盘 60)、三硬脂山梨坦(司盘 65)、油酸山梨坦(司盘 80)、三油酸山梨坦(司盘 85)等。脂肪酸山梨坦不溶于水,易溶于乙醇,酸、碱和酶的作用下易水解,亲油性较强,其 HLB 值 1.8~8.6,是常用的 W/O 型乳化剂,或 O/W 型乳剂的辅助乳化剂。

2. 聚山梨酯　商品名为吐温(Tween),系聚氧乙烯失水山梨醇脂肪酸酯,其结构如下:

—(C₂H₄O)n为聚氧乙烯基

根据脂肪酸种类和数量不同,可分为聚山梨酯 20(吐温 20)、聚山梨酯 40(吐温 40)、聚山梨酯 60(吐温 60)、聚山梨酯 65(吐温 65)、聚山梨酯 80(吐温 80)、聚山梨酯 85(吐温 85)等。聚山梨酯易溶于水、乙醇和多种有机溶剂,不溶于油,酸、碱和酶作用下水解,亲水性强。是常用的 O/W 型乳化剂、增溶剂、分散剂和润湿剂。

3. 聚氧乙烯型

(1) 聚氧乙烯脂肪酸酯:系由聚乙二醇与长链脂肪酸缩合而成的酯类。商品有卖泽(Myrij),如聚氧乙烯 40 硬脂酸酯(卖泽 52,Myrij52),水溶性和乳化能力很强。Solutol HS 15 为聚乙二醇十二羟基硬脂酸酯,增溶能力非常强,且可耐受高温灭菌。

(2) 聚氧乙烯脂肪醇醚:系由聚乙二醇与脂肪醇缩合而成的醚类,常作乳化剂和增溶剂。如苄泽(Brij)、西土马哥(Cetomacrogol)、平平加 O(Perogol O)等。Cremophore 为一类聚氧乙烯蓖麻油化合物,HLB 值为 12~18,常作增溶剂和 O/W 型乳化剂,常用 Cremophore EL 和 Cremophore RH4。

(3) 聚氧乙烯 - 聚氧丙烯共聚物:又称泊洛沙姆(poloxamer),商品名普流罗尼克(Pluronic)。随分子中聚氧乙烯比例增加,亲水性增强,HLB 值在 0.5~30。具有乳化、润湿、分散、起泡和消泡等多种优良性能,增溶能力较弱。常用泊洛沙姆 188(Pluronic F68),可作 O/W 型乳化剂,且可用作静脉注射乳剂的乳化剂。毒性小于其他非离子型表面活性剂。

4. 脂肪酸甘油酯　常用的单硬脂酸甘油酯不溶于水。表面活性较弱,HLB 值为 3~4,为弱的 W/O 型乳化剂,常用作 O/W 型乳剂的辅助乳化剂。

5. 蔗糖脂肪酸酯　简称蔗糖酯,有单酯、二酯、三酯、多酯等,HLB 值为 5~13。不溶于水或油,可溶于乙醇、丙二醇,在水、甘油中加热可形成凝胶。常用作 O/W 型乳化剂和分散剂,脂肪酸含量高的蔗糖酯也常用作阻滞剂。

三、表面活性剂在药剂学中的应用

(一)增溶剂

1. 临界胶束浓度　当表面活性剂在溶液表面的正吸附达到饱和后,继续加入表面活性剂,其分子转入溶液中,分子的疏水基相互缔合形成疏水基向内、亲水基向外的缔合体,称为胶团或胶束(图3-2c)。表面活性剂形成胶束时的最低浓度即为临界胶束浓度(critical micelle concentration,CMC)。表面活性剂的CMC与其结构、组成有关,还受外界因素(如温度、pH及电解质等)的影响。亲水基相同的同系列表面活性剂,亲油基团越大,CMC越小。离子型表面活性剂的CMC比非离子型大得多,而胶束缔合数较低。表面活性剂可形成球形、板层状、圆柱形等不同形状的胶束。

2. 增溶　一些水不溶或微溶性物质在胶束溶液中的溶解度可显著增加,这种作用称为增溶。起增溶作用的表面活性剂称为增溶剂,被增溶的物质称为增溶质。作增溶剂的最适HLB值约为15~18。

许多因素影响表面活性剂的增溶作用,主要有:①增溶剂种类,表面活性剂的CMC越小,增溶效果越好。②增溶剂用量,在CMC以上,随着表面活性剂用量增加,增溶量增加,当增溶达到饱和后则变混浊或析出沉淀。③药物性质,解离药物与带有相反电荷的表面活性剂混合时可能影响增溶效果。④增溶剂的加入顺序,通常增溶剂与增溶质先行混合的增溶效果优于增溶剂先与水混合。⑤温度影响胶束形成、增溶质的溶解及表面活性剂的溶解度。对于离子型表面活性剂,当温度上升到某一值后,溶解度急剧增加,此时的温度称为Krafft点,对应的溶解度即为该表面活性剂的临界胶束浓度。Krafft点是离子型表面活性剂的特征值,也是应用温度的下限。对于含聚氧乙烯基的非离子型表面活性剂,溶解度随温度升高而增大,但达到一定温度后,溶解度急剧下降,溶液出现混浊,这种现象称为起昙(或起浊),此时的温度称为昙点(或浊点)。大部分表面活性剂的昙点介于70~100℃;但泊洛沙姆188在常压下观察不到起昙现象。温度达昙点后,表面活性剂的增溶作用下降。

(二) 乳化剂

1. 亲水亲油平衡值　表面活性分子中亲水基团和亲油基团对油或水的综合亲和力称为亲水亲油平衡值(hydrophile lipophile balance,HLB)。HLB值越小亲油性越强,HLB值大亲水性越强。一般将表面活性剂HLB值的范围定为0~40,其中非离子型表面活性剂HLB值在0~20,完全由疏水碳氢链组成的石蜡的HLB值定为0,完全由亲水性氧乙烯组成的聚氧乙烯的HLB值定为20,其他含碳氢链和氧乙烯基的表面活性剂的HLB值介于0~20。一些常用表面活性剂的HLB值见表3-1。

表3-1　常用表面活性剂的HLB值

表面活性剂	HLB值	表面活性剂	HLB值	表面活性剂	HLB值
司盘85	1.8	卖泽45	11.1	二硬脂酸乙二酯	1.5
司盘83	3.7	卖泽49	15.0	单硬脂酸丙二酯	3.4
司盘80	4.3	卖泽51	16.0	单硬脂酸甘油酯	3.8
司盘65	2.1	卖泽52	16.9	单油酸二甘酯	6.1
司盘60	4.7	聚氧乙烯400单油酸酯	11.4	蔗糖酯	5~13
司盘40	6.7	聚氧乙烯400单硬脂酸酯	11.6	卵磷脂	3.0
司盘20	8.6	聚氧乙烯400单月桂酸酯	13.1	油酸三乙醇胺	12.0
吐温85	11.0	苄泽30	9.5	油酸钠	18.0
吐温80	15.0	苄泽35	16.9	油酸钾	20.0
吐温65	10.5	平平加O	15.9	阿特拉斯G-3300	11.7
吐温61	9.6	西土马哥	16.4	阿特拉斯G-263	25~30
吐温60	14.9	Cremophore EL	12~14	十二烷基硫酸钠	40
吐温40	15.6	Cremophore RH4	14~16	阿拉伯胶	8.0
吐温21	13.3	乳化剂OP-10	14.5	明胶	9.8
吐温20	16.7	泊洛沙姆188	16.0	西黄蓍胶	13.0

表面活性剂的 *HLB* 值可通过将分子中各基团的 *HLB* 基团数代入以下经验式求算：

$$HLB=\sum（亲水基团的\ HLB\ 基团数）-\sum（亲油基团的\ HLB\ 基团数）+7 \tag{3-1}$$

非离子型表面活性剂的 *HLB* 值具有加和性，两种非离子型表面活性剂混合后的 *HLB* 值为：

$$HLB_{AB}=\frac{HLB_A\times W_A+HLB_B\times W_B}{W_A+W_B} \tag{3-2}$$

式中，HLB_A 和 HLB_B 分别为 A、B 两种非离子型表面活性剂的 *HLB* 值；W_A 和 W_B 分别为两者的用量，HLB_{AB} 为两者混合后 *HLB* 值。

2. 乳化剂　表面活性剂分子能在油水界面定向排列，显著降低界面张力，并在分散相液滴周围形成乳化膜，防止乳滴合并，使乳剂稳定，因此表面活性剂可作乳化剂。阴离子型表面活性剂通常作外用制剂的乳化剂；非离子型表面活性剂可作为外用、口服或注射用乳剂的乳化剂，其中一些（如泊洛沙姆 188）还可用作静脉注射的乳化剂。通常 *HLB* 值 3~8 的表面活性剂可作 W/O 型乳化剂，*HLB* 值 8~16 的可作 O/W 型乳化剂。

（三）润湿剂

促进液体在固体表面铺展或渗透的作用称为润湿作用。具有润湿作用的表面活性剂称为润湿剂。润湿剂的最适 *HLB* 值一般介于 7~9，还应有适宜的溶解度。

（四）起泡剂与消泡剂

一些表面活性剂溶液或含表面活性物质的溶液（如含皂苷、蛋白质、树胶及其他高分子的中药材浸出液或溶液），当剧烈搅拌或蒸发浓缩时，可产生稳定的泡沫，给操作带来困难。这是由于这些亲水性较强的表面活性剂（称为起泡剂）降低了液体的表面张力，使泡沫稳定。起泡剂的 *HLB* 值一般介于 12~18。可通过加入一些 *HLB* 值为 1~3 的亲油性表面活性剂（称为消泡剂）破坏泡沫。

（五）去污剂

去污剂，又称为洗涤剂，系指用于除去污垢的表面活性剂，*HLB* 值一般介于 13~16。去污作用包括润湿、分散、乳化、增溶、起泡等多种作用。常用去污剂一般为阴离子型表面活性剂，如油酸钠及其他脂肪酸钠皂、钾皂，十二烷基硫酸钠或烷基磺酸钠等。

（六）消毒剂和杀菌剂

大多数阳离子型和两性离子型表面活性剂都可作消毒剂，少数阴离子型表面活性剂（如甲酚皂等）有类似作用。可用于手术前皮肤消毒、伤口或黏膜消毒、手术器械和环境消毒。如苯扎溴铵的 0.5% 醇溶液、0.02% 水溶液和 0.05% 水溶液（含 0.5% 亚硝酸钠）分别用于皮肤消毒、局部湿敷和器械消毒。

在应用表面活性剂时，还需注意其毒性和刺激性。表面活性剂的毒性大小为：阳离子型 > 阴离子型 > 非离子型；两性离子型表面活性剂的毒性小于阳离子型。表面活性剂用于静脉给药的毒性大于口服给药，表面活性剂溶血作用大小为：阴离子型 > 阳离子型 > 非离子型或两性离子型。常用表面活性剂的溶血作用大小为：聚氧乙烯基烷基醚 > 聚氧乙烯烷芳基醚 > 聚氧乙烯脂肪酸酯 > 聚山梨酯；聚山梨酯的溶血作用大小为：聚山梨酯 20> 聚山梨酯 60> 聚山梨酯 40> 聚山梨酯 80。聚山梨酯类一般仅用于肌内注射。各类表面活性剂均可用于外用制剂，但长期使用可能对皮肤或黏膜造成伤害，其刺激性大小为：阳离子型 > 阴离子型 > 非离子型或两性离子型。

第三节 药用高分子材料

一、概述

药用高分子包括高分子药物(如鱼精蛋白胰岛素等)、药用高分子辅料以及高分子包装材料(如聚乙烯、聚丙烯、聚氯乙烯等),本书中主要指药用高分子辅料。药用高分子材料系指具有生物相容性,且经过安全性评价的应用于药物制剂的一类高分子辅料。

与小分子化合物相比,高分子化合物具有以下特点:①分子量大,且分子量具有多分散性;②高分子溶液的黏度比低分子溶液的黏度高得多;③高分子化合物通常较难溶解,先要经过溶胀过程才能溶解;④高分子化合物的分子链长,分子结构层次多;⑤固态的高分子材料通常具有一定的机械强度。

药用高分子材料除了具有高分子化合物的特点外,还具有以下特点:①无毒、无抗原性;②具有良好的生物相容性和物理化学性能;③具有适宜的载药与释药性能。

二、药用高分子材料的类别及主要品种

(一)类别

1. 按用途分类 传统剂型中应用的高分子材料(如丸剂的赋形剂、片剂的黏合剂和崩解剂等)以及缓释、控释制剂和靶向制剂中应用的高分子材料(如缓控释包衣膜、缓控释骨架材料等)。此外,还有包装用材料。

2. 按来源分类 ①天然高分子材料,主要来自植物和动物,如明胶、淀粉、纤维素、阿拉伯胶等;②半合成高分子材料,主要有淀粉、纤维素衍生物,如羧甲基淀粉钠(CMS-Na)、羧甲基纤维素钠(CMC-Na)、羟丙甲纤维素(HPMC)等;③合成高分子材料,聚乙二醇(PEG)、聚维酮(PVP)等。

(二)主要品种

1. 天然及半合成高分子材料 该类高分子材料具有无毒、安全、性质稳定、生物相容性好、成膜性好等优点。主要包括以下几类。

(1)多糖类:①淀粉及其衍生物,如淀粉、预胶化淀粉、糊精、羧甲基淀粉钠、羟乙基淀粉等;②纤维素及其衍生物,如微晶纤维素(MCC)、醋酸纤维素、纤维醋法酯(又称为醋酸纤维素酞酸酯,CAP)、羧甲基纤维素钠、交联羧甲基纤维素钠(CC-Na)、甲基纤维素(MC)、乙基纤维素(EC)、羟乙基纤维素(HEC)、羟丙纤维素(HPC)、羟丙甲纤维素(HPMC)、羟丙甲纤维素酞酸酯(HPMCP)、醋酸羟丙甲纤维素琥珀酸酯(HPMCAS)等;③其他,如阿拉伯胶、海藻酸钠、甲壳素及壳聚糖、透明质酸等。

(2)蛋白质类:主要有明胶、白蛋白等。

2. 合成高分子材料 该类材料大多化学结构和分子量明确,来源稳定,性能优良,品种规格较多。但可能产生生物不相容或与药物发生作用。合成高分子材料主要包括以下几类。

(1)聚乙烯基类:主要有聚维酮、交联聚维酮(PVPP)、聚乙烯醇(PVA)、聚醋酸乙烯酞酸酯(PVAP)、乙烯-醋酸乙烯共聚物(EVA)等。

(2)聚丙烯酸类:主要有卡波姆、丙烯酸树脂类(包括胃溶型、胃崩型、肠溶型和渗透型不同品种)、聚丙烯酸和聚丙烯酸钠、交联聚丙烯酸钠等。

（3）聚醚类：主要有聚乙二醇（PEG）和泊洛沙姆等。

（4）其他合成高分子材料：主要有聚乳酸（PLA）、乳酸 - 羟基乙酸共聚物（PLGA）、硅橡胶等。

三、药用高分子材料在药剂学中的应用

由于不同制剂及给药途径对药用高分子材料的功能有特殊要求。因此，尽管高分子材料的结构式、主要成分、基本性质相同，也不可互相替代使用。以下仅对药用高分子材料在药剂学中的一般应用做简单介绍。

（一）固体制剂的辅料

1. 稀释剂　常用的有淀粉、预胶化淀粉、糊精、微晶纤维素、粉状纤维素等。

2. 黏合剂　常用的有淀粉、预胶化淀粉、聚维酮、羧甲基纤维素钠、甲基纤维素、乙基纤维素、羟丙甲纤维素、糊精、阿拉伯胶、西黄蓍胶、明胶、海藻酸钠、瓜尔胶等。

3. 崩解剂　湿法制粒常用的崩解剂有淀粉、羧甲基淀粉钠、微晶纤维素、交联羧甲基纤维素钠、低取代羟丙纤维素（L-HPC）、交联聚维酮、羟乙基纤维素、预胶化淀粉等。

4. 润滑剂　聚乙二醇等。

5. 包衣材料　常用的薄膜衣材料有：①水溶性包衣材料，如羟丙甲纤维素、羟丙纤维素、聚维酮、聚乙二醇等；②肠溶衣材料，常用的有丙烯酸树脂类、纤维醋法酯、羟丙甲纤维素酞酸酯、醋酸羟丙甲纤维素琥珀酸酯、虫胶等；③水溶性胶囊壳材料，如明胶、羟丙甲纤维素、淀粉等。

（二）缓释、控释制剂的辅料

1. 骨架型缓、控释材料　包括三类：①水溶性或亲水凝胶骨架，常用羟丙甲纤维素、甲基纤维素、羟乙基纤维素、羟丙纤维素、羧甲基纤维素钠、聚维酮、卡波姆、壳聚糖等；②溶蚀性或可生物降解骨架，溶蚀性骨架材料有聚乙二醇、聚乙二醇单硬脂酸酯等，可生物降解骨架材料常用聚乳酸、乳酸 - 羟基乙酸共聚物、聚己内酯、聚氨基酸、壳聚糖等；③不溶性骨架，常用乙基纤维素、聚甲基丙烯酸酯、聚乙烯、乙烯 - 醋酸乙烯共聚物、聚氯乙烯、硅橡胶等。

2. 衣膜型缓、控释材料　包括两类：①微孔膜包衣材料，由不溶解的高分子材料（乙基纤维素、醋酸纤维素、丙烯酸树脂类、乙烯 - 醋酸乙烯共聚物等）与致孔剂（如聚乙二醇、聚维酮、聚乙烯醇等及其他小分子水溶性物质）形成衣膜；②肠溶衣材料，如丙烯酸树脂类、纤维醋法酯、羟丙甲纤维素酞酸酯、醋酸羟丙甲纤维素琥珀酸酯等。

3. 具有渗透作用的高分子渗透膜　利用水不溶性高分子材料形成的半透膜，具有渗透性。常用醋酸纤维素、乙基纤维素、渗透型丙烯酸树脂、乙烯 - 醋酸乙烯共聚物等。

4. 离子交换树脂　用于离子药物的控制释放，利用离子交换使结合的离子型药物释放。目前药用的有波拉克林交换树脂（二乙烯苯 - 甲基丙烯酸钾共聚物）、羧甲基葡萄糖等。

（三）作为液体制剂或半固体制剂的辅料

药用高分子材料在液体或半固体制剂中可作溶剂、共溶剂、增溶剂、助悬剂、分散剂、胶凝剂、乳化剂以及皮肤保护剂等。常用纤维素醚类（如羧甲基纤维素钠、羟丙甲纤维素、甲基纤维素、羟乙基纤维素、羟丙纤维素等）、卡波姆、泊洛沙姆、聚乙二醇、聚维酮等。

（四）作为生物黏附性材料

该类高分子材料可黏着于口腔、胃黏膜等黏膜表面，常用卡波姆、纤维素醚类（如羟丙纤维素、甲基纤维素、羧甲基纤维素钠等）、海藻酸钠、聚卡波菲、聚氧乙烯（PEO）、壳聚糖、聚乙

烯醇、透明质酸、瓜耳胶等。

（五）生物降解性材料

该类高分子材料主要用于植入剂、新型微粒分散给药系统或靶向制剂。根据来源不同，可分为合成生物可降解聚合物和天然生物可降解聚合物两类。常用聚乳酸、聚乙醇酸-聚乳酸共聚物、聚膦腈、聚己内酯、聚氨基酸、聚原酸酯、壳聚糖、白蛋白、明胶、透明质酸、淀粉等。

第四节　药用预混辅料

一、概述

预混辅料系指将多种单一辅料按一定的配方比例，采用一定的生产工艺预先混合均匀，作为一个整体在制剂中使用，以发挥其独特作用的辅料混合物。预混辅料本身就是一个完整的制剂配方。

与单一辅料相比，预混辅料具有以下特点：①多种辅料的混合，预混辅料是多种辅料经过一定的工艺混合在一起，制成的具有特定功能且表观上均一的辅料。②多种功能的集合，通常很难找到某种单一的辅料能满足制剂所需的所有功能，而集多种功能于一身的预混辅料就可充分发挥作用。如低黏度的羟丙甲基纤维素单独作包衣材料，存在附着力差、片芯表面常发生桥接、易出现裂缝等缺陷，与增塑剂聚乙二醇按一定比例预先混合后使用，就成为简单易用且性能优良的预混包衣辅料。③特定的配方组成，每一种预混辅料并非几种单一辅料的任意混合，而是经过大量处方筛选，通过严格的性能测试、稳定性考察，同时考虑与各种活性药物的兼容性，最终获得的一个完善配方。因此每一种预混辅料都有其严格的配方组成。④时间和成本的节约，预混辅料不仅可赋予制剂许多新的功能，还可省略一部分的处方筛选工作，大大缩短药品研发周期以及提高药品生产效率，降低生产成本。

二、类别及主要品种

（一）分类

预混辅料主要根据用途分类，可分为固体制剂预混辅料、包衣预混辅料、缓控释预混辅料、液体制剂预混辅料、局部用制剂预混辅料等。按预混辅料中所含的主要成分不同，目前的预混辅料主要有乳糖预混辅料、纤维素及其衍生物预混辅料、乙烯类聚合物预混辅料以及其他成分的预混辅料。

（二）主要品种

1. 乳糖预混辅料　该类预混辅料的主要成分为乳糖，主要用于固体制剂。如 Ludipress、Ludipress LCE、Cellactose、Pharmatose DCL40、StarLac、Microcelac 100、RetaLac 等。

2. 纤维素及其衍生物预混辅料　该类预混辅料的主要成分为纤维素及其衍生物，应用广泛，可用于固体制剂、薄膜包衣、缓控释制剂、液体制剂和局部用制剂。目前多数是由微晶纤维素与其他辅料制得，如 ProSolv、ProSolv Easytab、ProSolv ODT、Avicel DG、Avicel HFE-102、Avicel CE-15、Avicel RC591、Avicel RL611 等。此外，还有其他纤维素衍生物的产品，如 Vitacel M80K、Opadry、Surelease 等。

3. 乙烯类聚合物预混辅料　该类预混辅料的主要成分为乙烯类聚合物，如聚乙烯醇、聚醋酸乙烯、聚醋酸乙烯酞酸酯（PVAP）等，主要用于薄膜包衣、缓控释制剂。如 Kollidon SR、Kollicoat SR 30D、Kollicoat IR 包衣系统、Kollicoat Protect、Opadry Ⅱ、Opadry 200、Opadry AMB、Opadry Enteric 91 系列、Sureteric、Opadry CA 等。

4. 聚丙烯酸类预混辅料　该类预混辅料的主要成分为丙烯酸树脂类，主要用于薄膜包衣。如 Acryl-EZE、Opadry Enteric 94 系列、95 系列等。

5. 多元醇类预混辅料　该类预混辅料的主要成分为多元醇类（如甘露醇、木糖醇等），主要用于固体制剂。如 Ludiflash、Xylitab 100、Xylitab 200 等。

此外，还有许多其他成分的预混辅料，如 DiPac，Formaxx；用于改善外观、颜色的预混辅料，如 Opaglos 2、Opadry fx、Opalux、Opaspray、Opatint。

三、预混辅料在药剂学中的应用

（一）固体制剂中应用

该类预混辅料主要是为了改善可压性、流动性、崩解性、溶出性能等，主要用于直接压片。有 Ludipress、Ludipress LCE、Ludiflash、Cellactose、Pharmatose DCL40、StarLac、ProSolv、ProSolv Easytab、ProSolv ODT、Vitacel M80K、Microcelac 100、Avicel DG、Avicel HFE-102、Avicel CE-15、StarCap1500、DiPac、Xylitab 100、Xylitab 200、Formaxx 等。

（二）薄膜包衣中的应用

根据包衣目的不同，包衣预混辅料主要包括普通包衣、肠溶包衣、缓控释包衣三种。缓控释包衣预混辅料将在缓、控释制剂的应用中加以介绍。普通包衣预混辅料主要用于改善外观、防潮、掩味、隔离配伍禁忌等，如 Kollicoat IR 包衣系统、Kollicoat Protect、Opadry、Opadry Ⅱ、Opadry 200、Opadry AMB 等。肠溶包衣预混辅料使药物在胃酸性环境下不释放，而进入小肠后释放，有 Acryl-EZE、Opadry Enteric 和 Sureteric 等。

（三）缓、控释制剂中应用

预混辅料可用于缓、控释制剂中作为骨架或（和）薄膜包衣。如 RetaLac、Kollidon SR 可作骨架，Kollicoat SR 30D、Surelease 用于非 pH 依赖的缓释制剂包衣，Opadry CA 用于渗透泵片剂包衣。

（四）液体制剂及局部用制剂中的应用

目前，液体制剂及局部用制剂用的预混辅料主要是针对一些液体制剂（混悬剂、乳剂等）和局部用制剂（喷雾剂、乳膏、洗剂等）易出现物理稳定性问题而设计的。如 RetaLac 可用于混悬剂中作稳定剂；Avicel RC591、Avicel RL611 可用于混悬剂、乳剂、鼻喷雾剂、乳膏剂中作稳定剂。

此外，为改善制剂外观、色泽、突出产品品牌等，设计了专门的预混辅料，主要由色素及其他可改善制剂外观的成分组成。如 Opaglos 2、Opadry fx、Opalux、Opaspray、Opatint 等。

（胡巧红）

思 考 题

1. 何谓药用辅料，有何作用，有哪些种类，其应用原则是什么，质量要求有哪些？

2. 何谓表面活性剂，有哪些类型？乙醇可作为表面活性剂吗，为什么？举例说明表面活性剂在药剂学中的应用。

3. 何谓药用高分子材料,有何特点,有哪些类别,主要品种有哪些? 举例说明药用高分子材料在药剂学中的应用。

4. 何谓药用预混辅料,有何特点,主要品种有哪些,在药剂学中有何应用?

参 考 文 献

1. Ram I Mahato, Ajit S Narang. Pharmaceutical Dosage Forms and Drug Delivery .2nd Ed. CRC Press, Boca Raton 2012

2. Patrick J Sinko. Martin's Physical Pharmacy and Pharmaceutical Sciences—Physical Chemical and Biopharmaceutical Principles in the Pharmaceutical Sciences.6th Edition. Lippincott Williams & Wilkins, Philadelphia 2011

3. Minakshi Marwaha, Deepak Sandhu, Rakesh K Marwah. Coprecessing of excipients: A review on excipient development for improved tabletting performance. International Journal of applied Pharmaceutics. 2010, 2 (3): 41-47

4. Gerad K Bolhuis, N Anthony Armstrong. Excipients for Direct Compaction—an Update. Pharmaceutical Development and Technology. 2006, 11: 111-124

第四章 车间设计与设备

本章要点

1. 掌握制剂车间工艺设计的工作内容(工艺流程设计、物料和能量衡算、工艺设备的设计和选型、制剂车间布置和车间管道设计);
2. 掌握口服固体制剂、灭菌制剂和无菌制剂的主要生产设备;
3. 熟悉制剂工厂设计的基本要求、工作阶段、厂址选择、厂区布置;
4. 了解口服液体制剂、软膏剂的主要生产设备;
5. 了解制剂工厂非工艺设计的概念及其与工艺设计的关系。

第一节 制剂车间设计

一、制剂工厂设计概述

制剂工厂设计是一项涉及面很广的综合性设计工作,以工艺专业为主导,涉及工艺、设备、自动控制、安装、总图、土建、电气、动力、采暖通风、给排水、环境保护、工程经济等多个专业,主要由经过资格认证并获得主管部门颁发的医药专业设计资质证书的设计单位负责。

(一)基本要求

制剂工厂设计是一个多目标的优化问题,不同于常规的数学问题,不是只有唯一正确的答案。设计人员在做出判断和选择时,要考虑各种经常是相互矛盾的因素(技术、经济和安全等方面的要求),在允许的约束条件范围内,选择一个兼顾各方面要求的方案。这种判断和选择贯穿了制剂工厂设计的整个过程。

制剂工厂设计应当遵循下列的基本要求:①严格执行 GMP,使制剂工厂在环境、厂区布局、厂房与设施、设备、卫生等方面均符合 GMP 的要求;②遵守国家和地方制定的环境保护法律的规定;③符合消防、劳动安全卫生、节能等其他法律的规定;④制剂产品的数量和质量指标;⑤经济性:是指制剂工厂不仅应创造利润,而且其技术经济指标应具有竞争力,即要求制剂工厂应当经济地使用资金、原材料、公用工程及人力;⑥安全生产:是指在制剂工厂设计时,必须充分考虑制剂工业化生产中各种明显的和潜在的危险因素,保证工厂人员的身体健康和生命安全,保证机器设备、厂房设施等物质资料的安全;⑦整个生产系统必须是可操作和可控制的。其中,可操作是指生产系统不仅能满足常规操作的要求,而且也能满足开停车等非常规操作的要求;可控制是指生产系统能抑制外部扰动的影响,可调节和保持稳定。

(二) 基本工作阶段

制剂工厂设计的基本工作程序如下：接受任务→项目建议书→可行性研究→设计任务书→初步设计→施工图设计→配合施工→参加试车考核→参加竣工验收→工程总结、设计回访→参加项目后评价。根据该工作程序，可以将制剂工厂设计的工作过程大致分为三个阶段：设计前期工作阶段、设计工作阶段和设计后服务阶段。其中，设计前期工作阶段自接受任务开始，主要包括项目建议书、可行性研究和设计任务书三个工作环节；设计工作阶段主要包括初步设计和施工图设计；配合施工、参加试车考核、参加竣工验收、工程总结和设计回访、参加项目后评价则属于设计后服务阶段。在制剂工厂设计的不同阶段中，开展着不同的具体工作；而这些阶段又相互联系，使得整个设计活动是步步深入的。

(三) 厂址选择

厂址选择属于设计前期工作中可行性研究活动的一个组成部分。它是根据国家的长远发展规划、工业布局规划以及拟建工厂的具体情况和要求，经过多方面的考察和比选，合理地选定工厂的建设地区(即大区位)，确定工厂的具体地点(即小区位)和具体坐落位置(即具体位置)。

1. 厂址选择的基本原则　厂址选择涉及面广，是一项政策性和科学性很强的综合性工作，必须采取科学谨慎的态度，经认真调查研究，确定适宜的厂址。厂址选择应遵循的基本原则有：符合国家相关规划要求的原则，充分考虑拟建工厂的具体情况和要求的原则，经济利益的原则，节约用地的原则，环境保护的原则，长远发展的原则，从全局出发、统筹兼顾的原则。

2. 厂址选择的基本要点　制剂工厂的厂址一般应选择在大气含尘量低、含菌浓度低、无有害气体、自然环境条件良好的区域，且应远离铁路、码头、机场、交通要道以及散发大量粉尘和有害气体的工厂、储仓、堆场等有严重空气污染、水质污染、振动或噪声干扰的区域。制剂工厂由于有较高洁净度的要求，其厂址如不能远离有严重空气污染区时，则应位于其最大频率风向上风侧，或全年最小频率风向的下风侧。

3. 工作程序　厂址选择一般可分为三个阶段：①准备阶段，主要工作是制订选址工作计划、拟定厂址选择指标(选厂指标)和编制资料收集提纲；②现场工作阶段，这是厂址选择的关键环节，主要工作是按照选厂指标，深入现场调查研究，收集基础资料，确定若干个具备建厂条件的厂址方案，以供比较；③编制报告阶段，主要工作是项目总负责人组织选址工作组选择几个可供比较的厂址方案，进行综合分析，对各方面的条件进行优劣比较后，做出结论性意见，推荐出较为合理的厂址，并写出厂址选择报告，绘制出拟选厂址方案图，报有关部门审批。

(四) 厂区布置

厂址选择完成后，需要进行制剂工厂的厂区布置，这也是设计工作阶段的一项重要工作。厂区布置，又称总图布置，是指根据工厂的组成和使用需要，结合有关技术要求，综合考虑建厂场地的各种自然条件和外部条件，确定全厂各建筑物、构筑物、各种设施、交通运输路线的平面和立面关系，使整个工厂形成布置紧凑、流程顺畅、经济合理、使用方便的格局。

1. 总平面布置　总平面布置是厂区布置的核心，是根据工厂的生产特性、规模、工艺流程、运输及安全卫生等要求，结合建厂场地的自然条件和外部条件，合理地布置全厂的建筑物、构筑物、各种设施、交通运输路线，确定它们之间的相互位置和具体的地点。

一般来说，制剂工厂由以下几种类型的单位组成：①主要生产车间；②辅助生产车间；

③仓库;④公用工程;⑤环保设施;⑥全厂性管理服务设施和生活设施;⑦交通运输设施。厂区可按不同的方式划分,如可划分为制剂生产区、辅助车间区、动力设施区、仓库区、厂前区等;也可划分为行政、生活、生产、辅助等区域。

在确定制剂工厂内的组成单位、划分厂区后,即可根据各区域的单位构成及其性质特点进行总平面布置。制剂工厂总平面布置的一个总的原则,就是生产、行政、生活和辅助区的总体布局应合理,不得互相妨碍。

2. 竖向布置 竖向布置是根据建厂场地的自然地形地物状况和总平面布置要求,合理地利用和改造厂区的自然地形,协调确定厂内外的建筑物、构筑物、各种设施、交通运输路线的高程关系,并在满足生产工艺、运输、卫生、安全等方面要求的前提下,使工厂建设的土(石)方工程量为最小以及满足工厂排水的要求。

竖向布置的方式有平坡式、阶梯式和混合式3种。应根据场地的地形和地质条件、厂区面积、建筑物大小、生产工艺、运输方式、建筑密度、管线敷设、施工方法等因素合理确定。

3. 管线综合布置 管线综合布置就是合理确定各种工程技术管线的间距和相对位置,避免它们之间的拥挤和冲突,使它们与总平面及竖向布置相协调,并做到减少能耗、节省投资、节约用地、保证安全、方便施工和检修、便于扩建。

制剂工厂内有生产和生活用的上下水管道、热力管道、压缩空气管道、冷冻管道、动力管道、物料管道等各类管道以及通讯、广播、照明、动力等各种电线电缆,在厂区内形成了庞大复杂的工程技术管线网络。如何布置这些管线、构建工程技术管线网络对制剂工厂建筑群体、总平面布置、竖向布置以及交通运输布置都会产生影响。

4. 交通运输布置 交通运输布置是正确选择厂内外的各种运输方式,合理地组织厂内外运输线路和人流、货流的流向,使厂内外运输、装卸、储存形成完整、连续而又合理的运输系统。交通运输布置是解决工厂原材料、燃料、成品、人员等进出的重要环节。

5. 绿化布置 绿化布置主要是确定厂区的绿化面积、绿化方式。绿化布置应根据工厂性质、环境及环境保护、厂容及景观的要求,结合当地自然条件、植物生态习性、抗污性能和苗木来源等因素,因地制宜,与总平面布置统一进行。

6. 洁净厂房与厂区布置 药品生产环境分为内环境和外环境。内环境是药品生产所在的洁净厂房的内部环境,外环境则是药品生产洁净厂房的外围环境。外环境对内环境有一定的影响。为了有效控制洁净厂房的净化空调系统的新风中的含尘量、含菌量等有害物含量,切实保障洁净厂房内的生产环境,对药品生产的外环境应有所选择。

进行厂区布置时,与洁净厂房有关的注意事项有:①洁净厂房应布置在厂区内环境清洁、人流货流不穿越或少穿越的地方;②洁净厂房与市政交通干道之间的距离不宜小于50m;③洁净厂房应考虑产品工艺特点和防止生产时的交叉污染,合理布局、间距恰当,如青霉素类等高致敏性药品的生产必须设有独立的厂房;④洁净厂房附近的绿化,不应种植散发花絮、纤维质及带绒毛果实的树种,并应铺植草皮,使厂房周围做到无露土地面,且厂房周围也不宜种花,以防花粉污染;⑤洁净厂房周围不宜设置排水明沟;⑥洁净厂房周围宜设置环形消防车道,如有困难时,可沿厂房的两个长边设置消防车道;⑦洁净厂房周围道路面层应选用整体性好、发尘少的材料,不应对药品生产造成污染。

二、制剂工艺流程设计

制剂工艺流程设计分为两类,即试验工艺流程设计和生产工艺流程设计。这里主要讨论的是生产工艺流程设计。工艺流程设计是通过图解的形式和必要的文字说明,将自原料输入到产品输出过程中物料和能量发生的变化及其流向、生产中经历的工艺过程以及使用的设备、管道、仪表等要素表示出来的一项设计活动。

制剂工艺流程设计是制剂车间工艺设计的核心。在全部车间工艺设计活动中,物料和能量衡算、工艺设备的设计和选型、制剂车间布置和车间工艺管道设计等都与工艺流程有直接关系。只有工艺流程确定后,其他各项设计工作才能开展。工艺流程设计并与制剂车间布置一起成为决定制剂车间或装置基本面貌的关键步骤。

(一) 设计任务

在通常的二段式设计中,工艺流程设计的任务主要是在初步设计阶段完成的。它一般包括以下五个方面:

1. 确定整个工艺流程的组成 工艺流程反映了自原料输入到产品输出的整个生产过程。确定工艺流程的组成,就是要确定整个制剂工业化生产过程所需的加工工序、单元操作以及它们之间的顺序和相互联系。工艺流程的组成通过工艺流程图表示,其中加工工序和单元操作表示为设备型式、大小,顺序表示为毗邻关系和竖向布置,相互联系表示为物料流向。

2. 确定载能介质的技术规格和流向 制剂工业化生产中常用的载能介质有水、电、蒸汽、空气(真空或压缩)等,其技术规格和流向可在工艺流程图中用文字和箭头直接表示。

3. 确定生产控制方法 保持生产方法所规定的工艺条件和参数,是保证生产过程按给定方法进行、生产出质量合格产品的必要条件。因此,要确定制剂工业化生产过程中各加工工序和单元操作的检测点(空气洁净度、温度、压力、物料流量、分装、包装量等)、显示计器和仪表以及控制方法(手动或自动化)。

4. 确定安全技术措施 根据生产的开车、停车、正常运转及检修中可能存在的安全问题,确定预防、制止事故的安全技术措施,如设置报警装置、防爆片、安全阀和事故贮槽等。

5. 编写工艺操作规程 根据工艺流程图编写生产工艺操作说明书,阐述从原料到产品的每一个过程和步骤的具体操作方法。

(二) 设计程序

工艺流程设计涉及面广、设计周期长,是一项非常复杂而细致的工作,需要经过由浅入深、由定性到定量、反复推敲和不断完善的过程。根据所绘制的工艺流程图的不同,一般可将工艺流程设计分为以下五个阶段:

1. 绘制工艺流程框图 根据给定的工艺路线,确定工艺流程的组成和顺序后,一般采用工艺流程框图定性表示出自原料变成产品的路线和顺序。工艺流程框图可反映制剂工业化生产所采用的技术路线、主要设备和物流流向。

2. 绘制工艺流程示意图 在工艺流程框图的基础上,分析制剂工业化生产过程的主要设备,进一步以设备的形式定性表示出由原料变成产品的路线和顺序,从而绘制出工艺流程示意图。

3. 绘制物料流程图 工艺流程示意图确定之后,即可开始进行物料衡算。将物料衡算的结果注入在流程中,即可绘制出物料流程图。在这个阶段,工艺流程设计已经由定性转入定量。

4. 绘制初步设计阶段带控制点的工艺流程图 物料流程图确定之后,开始进行工艺设备设计和选型、车间布置、管道设计和仪表自控设计,在此基础上即可绘制出初步设计阶段带控制点的工艺流程图。

5. 绘制施工图设计阶段带控制点的工艺流程图　初步设计阶段的工艺流程设计经审查批准后,按照初步设计的审查意见,对工艺流程图中所选用的设备、管道、阀门、仪表等作必要的修改、完善和进一步的说明,在此基础上即可绘制出施工图设计阶段带控制点的工艺流程图。

(三) 设计技术

1. 工艺流程设计的基本方法——方案比较　为实现工艺路线所规定的基本操作条件或参数,如温度、压力等,设计人员往往可以有不同的技术方案。此时,应通过方案比较来确定一条最优的技术方案,以最终设计出一个合理的工艺流程。例如,在生产片剂时,固体间的混合有搅拌混合、研磨混合与过筛混合等方法;湿法制粒有三步(混合、制粒、干燥)制粒法和一步制粒法;包衣方法有滚转包衣、流化包衣、压制包衣和埋管喷雾滚转包衣等。哪一种方法最好,工艺设计人员只有根据药物的理化性质和加工等要求,对不同的制剂工艺过程技术方案进行全面的分析和比较才能确定。

进行方案比较时,首先要明确判断依据,常用的有制剂产品的质量、产品收率、原辅料及包装材料消耗、能量消耗、产品成本、工程投资、环境保护、安全等因素。另一个应注意的基本前提是保持制剂工艺的原始信息不变。制剂工艺过程的操作参数如单位生产能力、工艺操作温度、压力、生产环境等原始信息,设计者是不能随便变更的。设计者只能采用各种工程手段和方法,保证实现工艺规定的操作参数。

2. 工艺流程设计的技术处理　制剂产品生产过程的工业化是非常复杂的,生产方法确定后,必须从工程的角度进行工艺流程设计的技术处理。

工艺流程设计的技术处理应以单元操作为中心,需要考虑的问题主要有:①操作方式:制剂工业化生产的操作方式有连续操作、间歇操作和联合操作,采用哪一种,要因地制宜,可通过方案比较来确定;②以工业化大规模生产的概念来确定制剂工业化生产的主要过程及设备;③保持主要设备能力平衡,提高主要设备的利用率;④确定配合制剂工业化生产的主要过程所需的辅助过程及设备;⑤其他还应考虑的问题有物料的回收、循环、生产控制方法等。

(四) 设计成果

工艺流程设计的成果主要表现为工艺流程图。不过,在不同的设计阶段,工艺流程图的深度是不同的。

1. 工艺流程框图　工艺流程框图是用方框和圆框(或椭圆框)分别表示单元操作过程及物料,以箭头表示物料和载能介质流向,并辅以文字说明表示制剂工业化生产的工艺过程的一种示意图。它是工艺计算、设备选型和设计、车间布置、公用工程设计等多项设计工作的基础。

图4-1、图4-2和图4-3分别列举的是最终灭菌小容量注射剂、片剂和硬胶囊剂的典型生产工艺流程框图(含环境区域划分)。其他剂型的生产工艺流程框图参见相关章节。

2. 工艺流程示意图　内容包括:以一定几何图形表示的设备示意图,设备之间的竖向关系,全部原辅料、中间体及三废名称及流向,必要的文字注释。如图4-4为某硬胶囊剂的生产工艺流程示意图。

3. 物料流程图　在进行物料衡算后,即可绘制物料流程图。物料流程图有两种不同的绘制方法:最简单的方法是将物料衡算的结果注入在工艺流程示意图中,即可成为物料流程

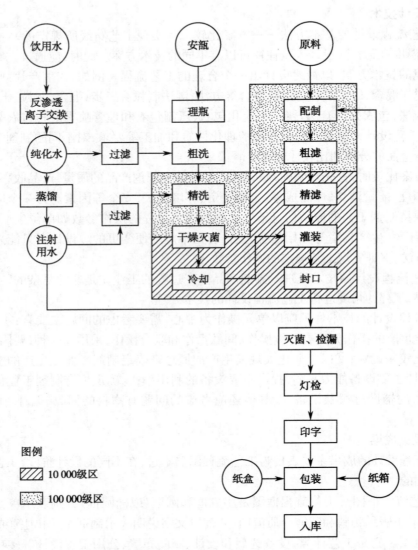

图 4-1   最终灭菌小容量注射剂生产工艺流程（单机灌装）

环境区域划分：10 000 级（2010 年版 GMP 是 C 级背景下的局部 A 级），100 000 级
（2010 年版 GMP 是 C 级）

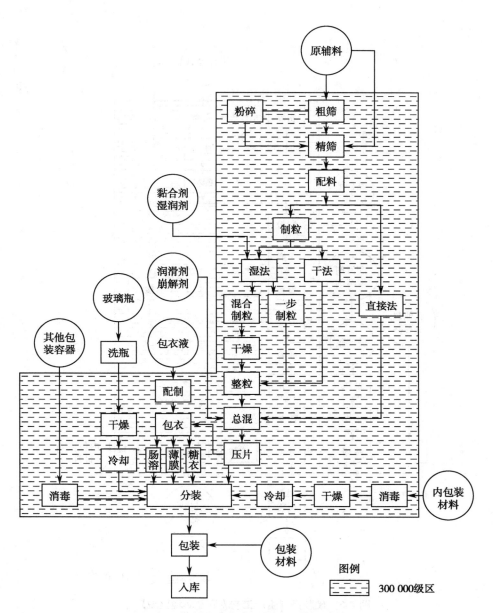

图 4-2　片剂生产工艺流程及环境区域划分

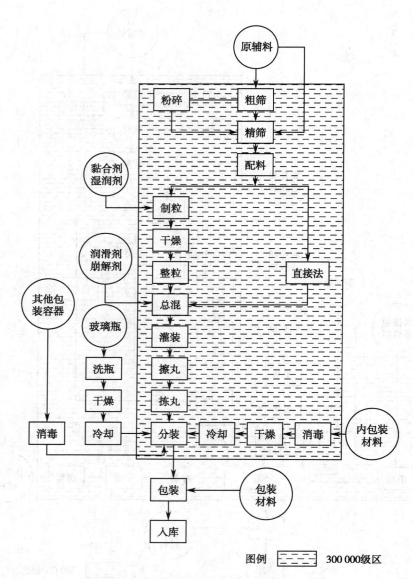

图例 ┌┄┄┄┄┄┐ 300 000级区

图 4-3　硬胶囊剂生产工艺流程及环境区域划分

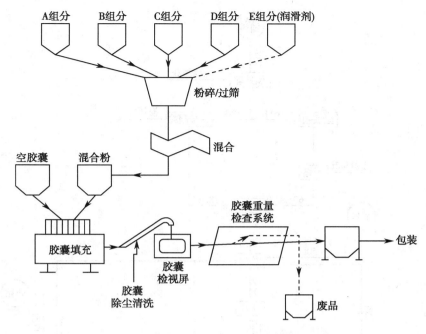

图 4-4 某硬胶囊剂的生产工艺流程示意图

图;第二种方法是用框图绘制,每一个框表示设备位号、操作名称、物料组成和数量。物料流程图既包括物料由原辅料转变为制剂产品的路线,又包括原辅料及中间体在各单元操作的类别、数量和物料量的变化。在物料流程图中,整个物料量是平衡的,因此将其又称为物料平衡图,它为后期的设备选型和设计、车间布置、工艺管道设计等工作提供了计算依据。

图 4-5 是以第一种方法绘制的某中药固体制剂(硬胶囊剂、片剂与颗粒剂)车间的物料流程图。

4. 带控制点的工艺流程图 在初步设计和施工图设计阶段都要绘制带控制点的工艺流程图,但两者的要求和深度是不同的。前者是在物料流程图的基础上,加上设备、仪表、管路等设计结果绘制而成,并作为正式设计成果编入初步设计文件中。后者则是根据初步审查的意见,对前者进行修改和完善,充分考虑施工要求设计而成,并作为正式设计成果编入施工图设计文件中。

三、物料衡算

运用质量守恒定律,对生产过程或设备进行研究,计算进入与离开每一过程或设备的各种物料数量、组分以及各组分的含量,称为物料衡算。

通过物料衡算,可以计算原料与产品间的定量转变关系以及各种原料的消耗量、各种中间产品、副产品的产量、损耗量及组成,从而使设计由定性转向定量。物料衡算也是后续的能量衡算、工艺设备设计和选型、车间布置设计、车间工艺管道设计等单个设计项目的依据,它的结果正确与否将直接关系到整个工艺设计的可靠程度。另外,对于已经投产的建设项目,可以通过物料衡算找出生产中的薄弱环节,为改进生产、完善管理提供可靠的依据,并可作为判断建设项目是否达到设计要求以及检查原料利用率和三废处理完善程度的一种手段。

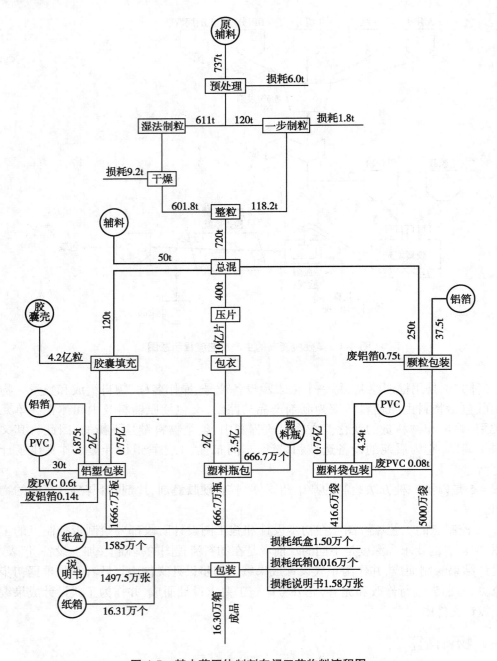

图 4-5　某中药固体制剂车间工艺物料流程图

注:年工作日 250 天;片剂 5 亿片 / 年(单班产量),70% 瓶包,15% 铝塑包装,15% 袋装;胶囊 2 亿粒 / 年(单班产量),50% 瓶包,50% 铝塑包装;颗粒剂 5000 万袋 / 年(双班产量)。

(一) 物料衡算的依据和必要条件

在进行物料衡算前,首先要确定工艺流程示意图。虽然这种示意图只有定性的概念,没有定量的概念,只是定性地表示出在由原料转变为最终产品的过程中要经过哪些过程及设备,但它决定了应对哪些过程或设备进行物料衡算以及这些过程或设备所涉及的物料,用于指导工艺计算既不遗漏,也不重复。其次,要收集必要的与物料衡算有关的数据,包括:生产规模和年生产日;原辅材料、中间体及产品的规格;有关的定额和消耗指标;有关的物理化学常数等。具备了以上这些条件,就可以着手进行物料衡算。

(二)物料衡算的方法和步骤

1. 划定衡算范围　在进行物料衡算时,经常会遇到比较复杂的计算。为计算方便,一般要划定物料衡算范围。根据衡算目的和对象的不同,衡算范围可以是一台设备、一套装置、一个工段、一个车间、一个工厂等。衡算范围一经划定,即可视为一个独立的体系。凡进入体系的物料均为输入项,离开体系的物料均为输出项。

2. 确定衡算基准　在进行物料衡算时,必须选择相应的衡算基准作为计算的基础。根据过程或设备特点合理地选择衡算基准,可以简化计算过程、缩小计算误差。衡算基准有时间基准、质量基准、体积基准、干湿基准等。

3. 根据物料平衡方程式进行物料衡算,列出物料平衡表　物料衡算的理论基础是质量守恒定律,运用该定律可以得出各种过程的物料平衡方程式。制剂工业化生产过程通常为物理过程,其物料衡算比较简单。物料平衡方程式为:

$$\sum G_1 = \sum G_2 + \sum G_3 \tag{4-1}$$

式中,G_1 为输入的物料量;G_2 为输出的物料量;G_3 为损失的物料量。

该方程式既可用于整个物料的衡算,也可用于某组分的物料衡算。据此解出并整理衡算结果,并将结果列成物料平衡表。

四、能量衡算

在制剂工业化生产过程中,无论是进行物理过程的设备,还是进行化学过程的设备,往往伴随着能量变化,因此通常需要进行能量衡算。不过,由于制剂工业化生产中一般无轴功存在或轴功相对来说影响较小,因此,这种能量衡算实质上是热量衡算。

当物料衡算完成后,对于没有热效应的过程,可直接根据物料衡算结果以及物料的性质、处理量和工艺要求进行设备的工艺设计,以确定设备的型式、数量和主要工艺尺寸。对于伴有热效应的过程,还必须进行热量衡算,确定设备的热负荷,而后再根据热负荷的大小以及物料的性质和工艺要求,才能进一步确定传热设备的型式、数量和主要工艺尺寸。热负荷还是确定加热剂或冷却剂用量的依据。另外,在实际生产中,根据需要也可对已经投产的建设项目进行热量衡算,以寻找热量利用的薄弱环节,为完善能源管理、制订节能措施、降低单位能耗提供可靠的依据。

(一)热量衡算的依据

热量衡算的依据是物料衡算的结果以及为热量衡算而收集的有关物料的热力学数据,如比热容、相变热、反应热等。

(二)热量衡算的方法和步骤

1. 划定衡算范围　确定热量衡算所包括或涉及的范围,一般用封闭线将需要衡算的设备、装置、车间等划定出来,范围之内的体系就是要衡算的对象。进、出体系的热量流均用带箭头的热流线标明,热流线一定与范围线相交。

2. 确定衡算基准　热量衡算时一般建议以 273K 为基准温度,以液态为基准物态。

3. 根据热量平衡方程式进行热量衡算,列出热量平衡表　热量衡算的基础是能量守恒定律,在无轴功的条件下,进入系统的热量与离开系统的热量相互平衡。由此得出传热设备的热量平衡方程式:

$$Q_1+Q_2+Q_3=Q_4+Q_5+Q_6 \tag{4-2}$$

式中,Q_1 为物料进入设备带入的热量,kJ;Q_2 为由加热剂或冷却剂传给设备和物料的热量(加热时取正值,冷却时取负值),kJ;Q_3 为过程热效应,kJ;Q_4 为物料离开设备带出的热量,kJ;Q_5 为消耗在加热(冷却)设备各个部件上的热量,kJ;Q_6 为设备向四周散失的热量,kJ。

据此,可以进行各项热量的计算,解出并整理衡算结果,并将结果列成热量平衡表。

五、工艺设备的设计和选型

工艺设备的设计和选型是车间工艺设计中一项重要工作,意义重大。工艺设计人员应按照一定的工作程序、遵循一定的基本原则,认真做好工艺设备设计和选型的具体工作。

(一) 基本工作程序

1. 确定生产操作所用设备的类型　这项工作需和工艺流程设计结合起来进行。例如,制备片剂时需要进行湿法制粒,就要考虑是使用摇摆式制粒机、快速湿法制粒机还是一步制粒机;为了实现包衣,就要考虑使用旋转式包衣锅、流化床还是高效包衣机。

2. 确定设备的材质　根据工艺操作条件和对设备的工艺要求确定设备材质,这项工作应与制药机械专业设计人员共同完成。

3. 确定设备的设计参数　经由工艺流程设计、物料衡算、热量衡算、设备的工艺计算等项工作得到。

4. 确定标准设备(即定型设备)的型号或牌号,并确定台数　标准设备(定型设备)是成批成系列生产的,可以直接向生产厂家订货或购买的设备。标准设备可以通过产品目录或样本手册等查阅其规格及牌号。

5. 提出非标准设备(即非定型设备)的设计条件　非标准设备(非定性设备)是根据工艺要求,通过工艺计算和机械计算而专门设计的需要提供给有关生产厂家制造的设备。对于非标准设备,需要由工艺设计人员向制药机械等专业设计人员提出设计条件和设备草图,明确设备的型式、材质、基本设计参数、维修、安装等要求。

6. 编制工艺设备一览表　根据设计和选型的结果编制工艺设备一览表,可将工艺设备按标准设备和非标准设备两类编制。在初步设计阶段和施工图设计阶段都要编制。

(二) 符合 GMP 要求的设计和选型

设计和选型的基本原则包括:符合 GMP 的有关要求;符合有关技术标准的要求;使设备的能力相互协调、配套;力求技术先进、经济合理。其中,符合 GMP 的有关要求是设计、选型的首要考虑,它与制剂工厂能否通过 GMP 认证,取得药品生产资格有着直接关系。

符合 GMP 要求的设计和选型的基本要点:

1. 功能要求　制剂工业化生产的复杂性决定了其工艺设备功能的多样化,工艺设备的优劣也主要反映在它的功能能否满足生产中的各种应用需求。一般说来,工艺设备应具备下列的四项基本功能:完成特定工艺动作或过程、避免在生产中造成污染、安全保护、在线监测和控制。

2. 材质要求　设备材料不得对药品的性质、纯度、质量产生影响。无论是金属材料还是非金属材料,在与药物等介质接触时,都应具有在腐蚀性、气味性的环境下不发生反应、不释放微粒、不易附着或吸湿的性质。

3. 外观要求　为达到使设备易彻底清洁的目的,设备应做到外形简洁、结构紧凑,如将设备外部、台面设计成仅安排操作的部分,传动等部分均予以内置。

4. 结构设计要求　工艺设备的结构具有不变性,如设备结构(整体或局部)不合理、不适用,一旦设备投入使用,要改变是很困难的。因此,设备的结构设计应考虑以下几点:应利于生产和清洗;有关构件的外部轮廓结构应力求简洁;阻隔设计;防止其他有害生产的情形。

5. 设备接口要求　工艺设备之间、工艺设备与厂房设施、动力设备以及使用管理活动之间都存在互相影响与衔接的问题,这主要通过设备的接口来解决。工艺设备的接口主要涉及某一设备与其相关工艺设备之间以及该设备与配套工程方面。

6. 验证要求　工艺设备的验证是药品生产通过 GMP 认证的必要条件。其基本要求是:①有与生产相适应的设备能力;②有满足制剂生产工艺的完善功能及多种适用性;③能保证生产中品质的一致性;④易于操作和维修;⑤易于设备内外的清洗;⑥各种接口符合协调、配套要求;⑦易安装、易移动,有组合的可能。此外,验证还要求工艺设备附有必要的资料。

六、制剂车间布置设计

制剂车间布置在制剂工艺流程设计、物料衡算、能量衡算、工艺设备设计和选型之后进行。

制剂车间布置是制剂工厂设计中的重大设计项目之一。它不仅直接关系到制剂车间的施工安装、建设投资,而且对车间建成后的生产、管理、安全和经济效益也有直接的影响。一个布置设计不合理的车间,不仅会导致车间建设时工程造价过高、施工安装不便,而且在车间建成后还会带来生产和管理的困难,造成安全卫生隐患、人流物流紊乱、设备维护和检修不便、动力消耗增加、容易发生事故、难以通过 GMP 认证等诸多问题。

(一)制剂车间的组成

1. 生产区域　为降低污染和交叉污染的风险,厂房、生产设施和设备应当根据所生产药品的特性、工艺流程及相应洁净度级别要求合理设计、布局和使用。

根据制剂生产工艺和产品质量要求的不同,制剂车间的生产区域可以进一步划分为一般生产区和洁净区。一般生产区是指对生产环境没有空气洁净度要求的生产区域,如药品的外包装工段等。洁净区是指对生产环境有一定的空气洁净度要求的生产区域。

2010 年修订的 GMP 规定,无菌药品生产所需的洁净区可分为以下 4 个级别:A 级:高风险操作区,如灌装区、放置胶塞桶和与无菌制剂直接接触的敞口包装容器的区域及无菌装配或连接操作的区域,应当用单向流操作台(罩)维持该区的环境状态。单向流系统在其工作区域必须均匀送风,风速为 0.36~0.54m/s(指导值)。应当有数据证明单向流的状态并经过验证。在密闭的隔离操作器或手套箱内,可使用较低的风速。B 级:指无菌配制和灌装等高风险操作 A 级洁净区所处的背景区域。C 级和 D 级:指无菌药品生产过程中重要程度较低操作步骤的洁净区。

以上各级别空气悬浮粒子的标准规定见表 4-1,微生物监测的动态标准见表 4-2。

表 4-1　各级别空气悬浮粒子的标准规定

洁净度级别	悬浮粒子最大允许数 / 立方米			
	静态		动态	
	0.5μm	5.0μm	0.5μm	5.0μm
A 级	3520	20	3520	20
B 级	3520	29	352 000	2900
C 级	352 000	2900	3 520 000	29 000
D 级	3 520 000	29 000	不作规定	不作规定

表 4-2　洁净区微生物监测的动态标准

洁净度级别	浮游菌 cfu/m³	沉降菌（φ90mm） cfu/4 小时[2]	表面微生物	
			接触（φ55mm） cfu/碟	5 指手套 cfu/手套
A 级	<1	<1	<1	<1
B 级	10	5	5	5
C 级	100	50	25	—
D 级	200	100	50	—

2. 辅助生产区域　包括物料净化室,原辅料外包装清洁室,包装材料清洁室,设备及容器具清洗室,清洁工具洗涤存放室,洁净工作服洗涤、干燥和灭菌用室,中间分析控制室等。

3. 仓储区域　包括原料、辅料、包装材料、成品仓库等。

4. 公用工程区域　包括空调机房、空压冷冻机房、循环水制备室、真空泵房、气体处理室、变配电室、维修保养室等。

5. 行政生活区域　人员净化用室,包括雨具存放室、管理间、换鞋室、总更衣室、更换洁净工作服室、洗手间、气闸间等;行政、生活用室,包括办公室、会议室、休息室、卫生间、淋浴室等。

（二）制剂车间布置的主要内容

1. 确定制剂车间的洁净级别　制剂工业化生产对其生产环境的空气洁净度要求与制剂产品的品种、剂型和生产特点有关。GMP 附录中对不同的药品生产环境的空气洁净度级别做出了较为明确的规定,可以据此确定各类制剂车间所应具备的空气洁净度级别。

2. 车间厂房布置　根据投资省、见效快、能耗少、工艺路线紧凑等要求,参考国内外新建的符合 GMP 要求厂房的设计,为了布置制剂车间,以建造单层、大框架、大面积的厂房最为合适。这类厂房具有如下的优点:①有利于按区域概念分隔厂房,并可灵活、紧凑地分隔内部房间,节省面积,便于以后变更工艺、更新设备或进一步扩大产量;②外墙面积最少,能耗少,受外界污染也少;③车间布局可按工艺流程布置得合理紧凑,生产过程中交叉污染、混杂的机会少;④投资省、上马快,尤其对地质条件较差的地区,可使基础投资减少;⑤设备安装方便;⑥便于采用机械化方式输送物料;⑦便于联动化生产、人流物流控制和安全疏散等。不过,这种类型厂房的不足之处是占地面积大。

就多层厂房而言,条型厂房为传统制剂工业化生产厂房的主要形式。在老厂改造、扩建时可能只能采用这种类型的厂房。这种厂房的优点是:①占地少,节约用地;②容易采用自然通风和采光;③生产线布置比较容易,对剂型较多的车间可减少相互干扰;④物料利用位差较易输送;⑤车间运行费用低等。但是,多层厂房也有不足之处:①增加了建筑面积,使有效面积减小,给按不同洁净度分区建造和使用带来难度,且建筑载荷高、造价高;②层间运输不便,运输通道位置制约各层合理布置;③人员净化路程长,增加人员净化室个数与面积;④管道系统复杂,增加敷设难度;⑤在疏散、消防及工艺调整等方面受到约束;⑥竖向通道增加了药品污染的危险。

3. 设备布置　设备布置是根据工艺流程情况及各种有关因素,把各种工艺设备在车间的一定的区域内进行排列。设备布置的任务是决定工艺设备的空间位置,确定各种管线的走向和位置,以便为进一步确定车间建筑物的平、立面具体尺寸提供基本依据。

（三）制剂车间布置的总体要求

制剂车间布置既要考虑车间内部的生产、辅助生产、管理和生活等区域的协调，又要考虑车间与厂区供水、供电、供热和管理部分的呼应，使之成为一个有机整体。

一般来说，进行制剂车间布置时应贯彻以下的一些基本要求：①应按工艺流程及所要求的空气洁净度级别合理布局，利于生产操作，使其互不妨碍，并能保证对生产过程进行有效管理；②要做到人流物流协调，防止混杂和交叉污染；③必须满足生产工艺和GMP的其他要求；④有效利用车间的建筑面积和土地；⑤除考虑工艺设计本身的情况外，还必须考虑其他各专业对车间布置的要求；⑥车间中所采取的劳动保护、安全卫生和防腐蚀等措施应符合有关要求；⑦考虑今后发展的可能性，留有发展余地。

（四）制剂车间布置的工作阶段

1. 初步设计阶段　这一阶段的任务主要有：确定车间各工序的洁净级别；确定生产、生产辅助、仓储、公用工程和生活行政设施的空间布置；决定车间场地与建筑物、构筑物的大小；确定设备的空间（水平和垂直方向）布置；进行通道系统、物料运输设计以及安装、操作、维修所需的空间设计。

2. 施工图设计阶段　这一阶段的任务主要有：落实车间布置（初步设计）的内容；绘制设备、管口及仪表位置的详图；确定与设备安装有关的建筑与结构尺寸；确定设备安装方案；安排管道、仪表、电气管路的走向，确定管廊位置。

（五）制剂车间布置图

制剂车间布置图是制剂车间布置工作的最终成果。初步设计和施工图设计阶段都要绘制车间布置图，但它们的作用不同，设计深度和表达要求也不完全相同。制剂车间布置图由多组平、立面布置图组成，数目的多少以是否表达清楚为原则。

七、制剂车间管道设计

无论是工艺设计还是非工艺设计都包括有制剂车间管道设计的内容。例如，制剂车间内用来输送物料的管道的设计一般属于工艺设计部分，由工艺人员进行设计；蒸汽、水、空调、冷冻等管道的设计，属于非工艺设计部分，由公用工程的设计人员进行设计。另外，有时也将制剂车间内的管道划分成不同的设计区，如把车间以内的全部公用工程管道，划归工艺设计人员进行设计，或者把车间内公用工程的总管划归公用工程的设计人员进行设计，公用工程的支管划归工艺设计人员设计，等等。

车间管道设计的主要内容有：管材的选择、管径和壁厚的确定、阀门和管件的选择、管道绝热结构设计、管道热补偿设计、车间管道布置等。这里不做详细叙述。

八、非工艺设计

在设计工作阶段，除了要进行工艺设计外，还要进行非工艺设计。只有依靠工艺专业和土建、空调、给排水、电气、自动化等非工艺专业的通力协作、密切配合，才能完成整个制剂工厂的设计工作。其中，工艺设计体现制剂工业化生产的特点，居于主导地位，对保证整个工厂设计的质量和进度起着非常重要的作用。工艺设计人员除了要完成本专业的设计工作外，还要负责向非工艺各专业提出设计条件、组织和协调整个设计工作的进程、解决好工艺专业与其他非工专业之间的关系、汇总设计资料等多项工作，它们也是工艺设计人员不可忽视的重要任务。

工艺设计人员向土建等专业提出的设计条件一般分两个阶段进行:在初步设计阶段,工艺设计人员向土建等专业提供一次设计条件,使它们确定各自的方案,并开始进行设计,按时完成任务。在施工图设计阶段,工艺设计人员提供二次条件,即对已有设计的内容提出进一步深化的详细条件以及一些补充修改,为完善其他各专业的设计提供必要的前提。

第二节　制剂生产设备

一、口服固体制剂生产设备

口服固体制剂的生产设备,应根据制剂的具体工艺流程与操作单元进行选择,典型的设备包括:粉碎设备、筛分设备、混合设备、制粒设备、干燥设备、压片设备、胶囊填充设备、包衣设备、固体制剂包装设备等。这里简要介绍粉碎设备、筛分设备、混合设备,其他设备在相关章节中详细介绍。

(一) 粉碎设备

1. 锤式粉碎机　锤式粉碎机是由高速旋转的活动锤击件与固定圈的相对运动对物料进行粉碎的机器。优点是结构简单、体型紧凑、重量轻、操作方便、能耗低、生产能力大、粉碎粒度比较均匀、过粉碎少、粉碎比高(10~50)。缺点是工作部件容易磨损,如由于锤头前端磨损较快,通常设计时要考虑锤头磨损后应能够上下调头或前后调头,或其头部采用堆焊耐磨金属的结构。

锤式粉碎机广泛用于破碎(产品粒度大于3mm)各种中硬度以下且磨蚀性能弱的物料,也可用于破碎含有水分及油质的有机物、具有纤维结构、弹性和韧性较强的药材,但不适用于高硬度和黏性固体物料的粉碎。

2. 齿式粉碎机　齿式粉碎机是由固定齿圈与转动齿盘的高速相对运行对物料进行粉碎的机器。它可粉碎干燥物料,也可粉碎少量润湿物料和含油物料,药品、化学品、化妆品、颜料等软质或中等硬度物料皆适用,故称"万能粉碎机"。

万能磨粉机操作时,应先关闭塞盖,开动机器空转,待高速转动时再加入欲粉碎的药物。加入的物料应大小适宜,必要时预先切成段块。由于高速,造成粉碎过程中会发热,因而不宜用于含有大量挥发性成分的物料或具有黏性的物料。

3. 球磨机　球磨机是以磨球(又称荷球,包括钢球、瓷球、玛瑙球等)为研磨介质的机器。球磨机主要由内装有磨球的圆柱形筒体(或称球磨罐)、端盖、轴承和传动大齿圈、衬板等部件构成。工作时筒体转动,磨球随着筒体往上运动,至一定高度后由于重力作用下落,物料遭到上下运动磨球的连续冲击、研磨作用而逐渐粉碎。

球磨机是粉碎中应用广泛的磨碎机械,可应用于结晶性药物、易融化的树脂树胶、非组织的脆性药物等物料的粉碎。封闭操作时,球磨机还可用于具有刺激性的药物、具有较大吸湿性的浸膏、挥发性药物及其他细料药的粉碎。

4. 气流粉碎机　气流粉碎机,又称气流磨、流能磨,是利用高速弹性气流喷出时形成的强烈多相紊流场,使其中的物料颗粒在自撞中或与冲击板、器壁等部件的撞击中受到强烈冲击、碰撞、剪切、摩擦等作用从而最终达到粉碎的机器。气流磨主要有扁平式、循环管式、对喷式、靶式、流化床对喷式等类型。

气流粉碎机的优点:①粉碎强度大,产品粒度微细,可达数微米甚至亚微米;②颗粒在高速旋转中分级,粒度分布窄;③粉碎室内无转动部件,颗粒主要靠相互撞击而粉碎,物料对室壁磨损极微,设备易于清理,因而可获得高纯度的产品;④粉碎由气体完成,整个机器无活动部件,粉碎效率高;⑤可以在机内实现粉碎与干燥、粉碎与混合、粉碎与化学反应等联合作业,还可进行无菌作业;⑥设备结构紧凑,磨损小,易维修;⑦气体自喷嘴喷出时有冷却效应,粉碎过程中温度几乎不升高,特别适用于热敏性物料。

气流粉碎机的缺点:①辅助设备多、一次性投资大,如完整的扁平式气流磨工作系统除主机外,还包括空压机、贮气罐、空气冷冻干燥机、加料器、旋风分离器、引风器等众多辅助设备;②能耗大,粉碎成本较高;③噪声较大;④影响运行的因素多,一旦工况调整不当,操作不稳定;⑤粉碎系统堵塞时,会发生倒料现象,喷出大量粉尘,恶化操作环境。

(二)筛分设备

1. 振动筛 振动筛是利用机械或电磁方法使筛或筛网发生振动,依靠筛面振动及一定的倾角来满足筛分操作的机械。因为其筛面做高频率振动,颗粒更易接近筛孔,并增加了颗粒与筛面的接触和相对运动,可有效地防止筛孔的堵塞,所以筛分效率较高。而且,它的单位筛面面积处理物料能力大,特别是对细粉的处理能力比其他形式的筛分设备高。再者,其结构简单、紧凑、轻便、体积小、维修费用低。因此,它是一种应用较为广泛的筛分设备。

2. 旋动筛 筛框一般为长方形或正方形,由偏心轴带动在水平面内绕轴心沿圆形轨迹旋动,筛网具有一定的倾斜度,故当筛旋动时,筛网本身可产生高频振动。为防止堵网,在筛网底部网格内置有若干小球,利用小球撞击筛网底部亦可引起筛网的振动。

3. 滚筒筛 筛网覆在圆筒形或圆锥形、六角柱形的滚筒筛框上,滚筒与水平面一般有2~9度的倾斜角,由电机经减速器等带动使其转动。物料由上端加入筒内,被筛过的细料由底部收集,粗料由筛的另一端排出。滚筒筛只用于粗粒物料的筛选,也不适用于黏性物料。

4. 摇动筛 摇动筛是将筛网制成的筛面装在机架上并利用曲柄连杆机构使筛面作往复摇晃运动的筛分设备。摇动筛属于慢速筛分设备,处理量和筛分效率都较低,常用于小量生产,也用于筛分毒性、刺激性或质轻的物料。

(三)混合设备

1. 容器运动型混合机 容器运动型混合机是依靠容器本身的运动带动物料运动从而使其混合均匀的设备。

(1)V形混合机:是传统的容器运动型混合机。V形混合机是将两个圆柱形筒体经80~81°相交成一个尖角状,并安装在一个与两筒体对称线垂直的圆轴上。当圆筒围绕转轴旋转时,物料在圆筒内被分成两部分,再使这两部分物料重新汇合在一起,如此反复循环,在较短时间内即能混合均匀。

V形混合机具有结构简单、操作方便、运行和维护费用低等优点。其缺点是:①多采用间歇操作,生产能力较小;②物料加入及排出时会产生粉尘;③混合容器装卸不便、不易清洗,机器传动部分外露较多;④停车排料时还会出现混合产品偏析现象;⑤空间利用率低、混合时间长、产品混合度较低。

此类混合机适用于物性差异小、流动性好的粉体的混合,也适用于有磨损性的粉体的混合,不适于含有水分、附着性强的粉体的混合。

(2)三维运动混合机:又称多向运动混合机、摇摆式混合机,主要由混合容器、主动轴、从动轴、万向节以及动力装置等组成。当主动轴旋转时,由于两个万向节的夹持,混合容器的运动为以下四种运动的叠加:绕筒体中心轴的转动、筒体两端的上下运动、筒体两端的左右运动和筒体的平移运动,参见图4-6。因此使得物料在混合容器内产生旋转流动、平移和颠倒落体等复杂运动,从而进行有效的对流混合、剪切混合和扩散混合,最终使物料达到充分混合。

三维运动混合机是洁净厂房的首选混合设备之一。其特点是:①占地面积小,结构简单,操作方便;②消除了离心力的弊病,使物料避免了密度偏析、分层、聚积及死角;③能使混合的均一程度达到99%以上;④填充量高达80%~85%;⑤易出料、易清洗和噪音小。该机对有一定湿度、柔软性和相对密度不同的粉体均能达到很好的混合效果。

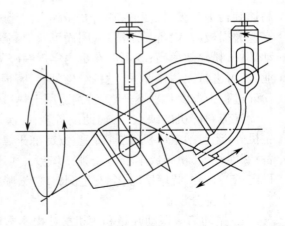

图4-6   三维运动混合机工作原理示意

2. 机械搅拌式混合机   机械搅拌式混合机是依靠容器内的叶片、螺带等机械搅拌装置的搅拌作用将物料进行混合的设备。优点是:能处理附着性、凝聚性强的粉体、湿润粉体和膏状物料,对于物性差别大的物料的混合也能适用;装填率高、操作面积小、占用空间小、操作方便;由于可设计成密闭式和安设夹套,所以可在非常温常压下工作,也可以用于制粒、干燥、涂层等复合操作中。缺点是:启动时功率很大;容器及搅拌装置上会部分地固结粉体;机器的清除较为困难,故障发生率高。主要有槽形混合机和螺旋锥形混合机。

二、灭菌制剂和无菌制剂生产设备

灭菌制剂和无菌制剂生产设备,应根据注射剂种类及的具体工艺流程与操作单元进行选择,典型的设备包括:注射用水生产设备、过滤设备、小容量注射剂生产设备、大容量注射剂生产设备、粉针剂生产设备等。这些设备将在“无菌与灭菌制剂”一章中做详细介绍。

(一) 小容量注射剂生产设备

小容量注射剂(玻璃安瓿)生产设备包括:安瓿洗涤设备(有喷淋式安瓿洗瓶机组、气水喷射式安瓿洗瓶机组、超声波安瓿洗瓶机等种类)、安瓿干燥灭菌设备(有热层流式干热灭菌机、辐射式干热灭菌机、隧道式远红外烘箱等种类)、安瓿灌封设备(安瓿拉丝灌封机)、灭菌检漏设备(如卧式热压灭菌柜)、灯检设备(如安瓿澄明度光电自动检查仪)、包装设备(典型的机组包括开盒机、安瓿印字机、纸盒贴标签机)。

(二) 大容量注射剂生产设备

大容量注射剂(玻璃瓶)生产设备包括:理瓶机(有圆盘式理瓶机、等差式理瓶机等种类)、外洗瓶机、玻璃瓶清洗机(有滚筒式洗瓶机、箱式洗瓶机等种类)、灌装机(有量杯式负压灌装机、计量泵注射式灌装机等种类)、封口机(包括塞胶塞机、玻璃输液瓶轧盖机等)、灭菌设备(有水浴式灭菌柜、回转水浴式灭菌柜等种类)、包装设备。

(三) 粉针剂生产设备

粉针剂(西林瓶)生产设备包括:西林瓶洗瓶机(有毛刷式洗瓶机、超声波清洗机等种类)、粉针分装设备(有螺杆式分装机、气流分装机等种类)冷冻干燥机(用于冻干粉针)、粉针轧盖设备(有单刀式轧盖机、多头式轧盖机等种类)、包装设备。

三、其他制剂生产设备

（一）口服液体制剂生产设备

口服液剂和糖浆剂等的主要生产设备包括：配制罐、贮罐、液体制剂灌封设备和包装容器的洗涤、干燥、灭菌设备。

包装容器的清洗、干燥、灭菌是药液灌装前的重要工序，洗瓶设备有喷淋式洗瓶机、毛刷式洗瓶机、超声波式洗瓶机等，干燥灭菌设备有热压蒸汽灭菌柜、隧道式干热灭菌机、远红外灭菌烘箱等。

灌封机用于药液的自动定量灌装和封口，有直线式和回转式两种。灌封机的结构一般包括自动送瓶、灌液、送盖、封口、传动等几个部分。口服液剂灌封机有 YGE 系列灌封机、YD-160/180 口服液多功能灌封机、DGK10/20 型口服液剂灌封机等。糖浆剂灌装机主要有四泵直线式灌装机、JC-FS 自动液体充填机、YZ25/500 液体灌装自动线等。

（二）软膏剂生产设备

软膏剂的主要生产设备包括：加热罐、配料罐、胶体磨、输送泵、制膏机（如真空制膏机，用于搅拌均匀、加温、乳化）、灌装设备（如软管自动灌装机，包括输管、灌装、封底等主要功能）。

（蒋曙光）

思 考 题

1. 叙述制剂工艺流程设计的分类、目的与任务。
2. 叙述制剂工艺设备的设计和选型的基本工作程序、基本原则以及如何才能做到符合 GMP 的要求。
3. 叙述片剂的主要生产工艺流程及其所采用的主要生产设备。
4. 叙述小容量注射剂的主要生产工艺流程及其所采用的主要生产设备。
5. 作为工艺设计人员，如何布置制剂车间？

参 考 文 献

1. 李亚琴,周建平. 药物制剂工程. 北京:化学工业出版社,2008
2. 张绪峤. 药物制剂设备与车间工艺设计. 北京:中国医药科技出版社,2008
3. 唐燕辉. 药物制剂生产专用设备及车间工艺设计. 第 2 版. 北京:化学工业出版社,2006
4. 张洪斌. 药物制剂工程技术与设备. 北京:化学工业出版社,2003
5. 朱宏吉,张明贤. 制药设备与工程设计. 第 2 版. 北京:化学工业出版社,2011
6. 蒋作良. 药厂反应设备及车间工艺设计. 北京:中国医药科技出版社,1998

第五章　药品包装与储存

本章要点
1. 掌握药品包装的定义、分类及其作用；
2. 掌握药品储存与养护的定义；
3. 掌握药包材与制剂相容性研究的意义；
4. 熟悉常用药包材的种类、一般质量要求与选择原则；
5. 熟悉铝塑泡罩包装、复合膜条形包装和输液软袋包装等药品软包装的应用特点；
6. 了解药品包装的相关法规。

第一节　药品包装的基本概念

一、概述

现代包装的定义,各个国家不尽相同,但其宗旨基本一致。美国包装协会的定义:"包装是为产品的运出和销售的准备行为"。日本工业标准的定义:"包装是在商品的运输与保管过程中,为保护其价值及状态,以适当的材料、容器等对商品所施的技术处理,或施加技术处理后保持下来的状态"。

我国国家标准《包装通用术语》中包装的定义:"为在流通过程中保护产品、方便储运、促进销售,按一定技术方法而采用的容器、材料及辅助物等的总体名称";或指"为了达到上述目的而采用容器、材料和辅助物的过程中施加一定技术方法等的操作活动"。

包装按用途可分为通用包装和专用包装。药品的包装用于包装特殊商品——药品,所以属于专用包装范畴,它具有包装的所有属性,并有特殊性。对药品来说,包装应适用于其预期的临床用途,并应具备如下特性:保护作用、相容性、安全性与功能性。

二、药品包装的定义与分类

药品的包装系指选用适当的材料或容器、利用包装技术对药物制剂的半成品或成品进行分(灌)、封、装、贴签等操作,为药品提供品质保护、方便贮运与促进销售的一种加工过程的总称。对药品包装本身可以从两个方面去理解:从静态角度看,包装是用有关材料、容器和辅助物等材料将药品包装起来,起到应有的功能;从动态角度看,包装是采用材料、容器和辅助物的技术方法,是工艺及操作。

药品包装按其在流通领域中的作用可分为内包装和外包装两大类。

内包装系指直接与药品接触的包装(如安瓿、注射剂瓶、铝箔等)。内包装应能保证药品在生产、运输、贮藏及使用过程中的质量，并便于医疗使用。药品内包装材料、容器（药包材）的选择，应根据所选用药包材的材质，做稳定性试验，考察药包材与药品的相容性。

外包装系指内包装以外的包装，按由里向外分为中包装和大包装。外包装应根据药品的特性选用不易破损的包装，以保证药品在运输、储存、使用过程中的质量。

本章主要介绍药品的内包装，即直接与药品接触的包装材料和容器。

三、药品包装的作用

药品包装是药品生产的继续，是对药品施加的最后一道工序。对绝大多数药品来说，只有进行了包装，药品生产过程才算完成。一种药品，从原料、中间体、成品、制剂、包装到使用，一般要经过生产和流通（含销售）两个领域。在整个转化过程中，药品包装起着重要的桥梁作用，起着特殊的功能。

（一）保护功能

药品在生产、运输、储存与使用过程常经历较长时期，由于包装不当，可能使药品的物理性质或化学性质发生改变，使药品减效、失效、产生不良反应。保护功能主要包括以下两个方面：

1. 阻隔作用　视包装材质与方法不同，包装能保证容器内药物不穿透、不泄漏，也能阻隔外界的空气、光、水分、热、异物与微生物等与药品接触。

2. 缓冲作用　药品包装具有缓冲作用，可防止药品在运输、储存过程中，免受各种外力的震动、冲击和挤压。

（二）方便应用

药品包装应能方便病人及临床使用，能帮助医师、病人科学、安全用药。

1. 标签、说明书与包装标志　标签是药品包装的重要组成部分，它是向人们科学而准确地介绍具体药品的基本内容、商品特性。药品的标签分为内包装标签与外包装标签。内包装标签与外包装标签内容不得超出国家食品药品监督管理总局批准的药品说明书所限定的内容；文字表达应与说明书保持一致。内包装标签可根据其尺寸的大小，尽可能包含药品名称、适应证或者功能主治、用法用量、规格、贮藏、生产日期、生产批号、有效期、生产企业等标示内容，但必须标注药品名称、规格及生产批号。中包装标签应注明药品名称、主要成分、性状、适应证或者功能主治、用法用量、不良反应、禁忌证、规格、贮藏、生产日期、生产批号、有效期、批准文号、生产企业等内容。大包装标签应注明药品名称、规格、贮藏、生产日期、生产批号、有效期、批准文号、生产企业以及使用说明书规定以外的必要内容，包括包装数量、运输注意事项或其他标记等。

药品说明书应包含有关药品的安全性、有效性等基本科学信息。药品的说明书应列有以下内容：药品名称（通用名、英文名、汉语拼音）、化学名称、分子式、分子量、结构式（复方制剂、生物制品应注明成分）、性状、药理毒理、药代动力学、适应证、用法用量、不良反应、禁忌证、注意事项（孕妇及哺乳期妇女用药、儿童用药、药物相互作用和其他类型的相互作用，如烟、酒等）、药物过量（包括症状、急救措施、解毒药）、有效期、贮藏、批准文号、生产企业（包括地址及联系电话）等内容。如某一项目尚不明确，应注明"尚不明确"字样；如明确无影响，应注明"无"。

包装标志是为了帮助用者识别药品而设的特殊标志。麻醉药品、精神药品、医疗用毒性药品、放射性药品等特殊管理的药品，外用药品，非处方药品在其中包装、大包装和标签、说明书上必须印有符合规定的标志;对贮藏有特殊要求的药品,必须在包装、标签的醒目位置和说明书中注明。

非处方药药品标签、使用说明书、内包装、外包装上必须印有非处方药专有标识。专有标识图案分为红色和绿色,红色、绿色专有标识分别用于甲类、乙类非处方药药品作指南性标志。单色印刷时,非处方药专有标识下方必须标示"甲类"或"乙类"字样。

2. 便于取用和分剂量 随着包装材料与包装技术的发展,药品包装呈多样化。如剂量化包装,方便患者使用,亦适合于药房发售药品;如旅行保健药盒,内装风油精、去痛片、黄连素等常用药;如冠心病急救药盒,内装硝酸甘油片、速效救心丸、麝香保心丸等。

(三) 商品宣传

药品属于特殊商品,首先应重视其质量和应用;从商品性看,包装的科学化、现代化程度,一定程度上有助于显示药品的质量、生产水平,能给人以信任预感、安全感,有助于营销宣传。

第二节 药品的包装材料和容器

药品的包装材料和容器简称药包材。药包材的选择取决于药品的物理化学性质,制品需要的保护情况,以及应用与市场需要等的要求。药品包装材料应具备的性能见表 5-1。

表 5-1 药包材应具备的性能

效能	要求	应研究的性能
保护	保护内装物、防止变质、保证质量	机械强度、防潮、耐水、耐腐蚀、耐热、耐寒、透光、气密性强,防止紫外线穿透,耐油,适应气温变化,无味,无霉,无臭
工艺操作	易包装、易充填、易封合,效率高,适应机械自动化	刚性、挺力强度、光滑、易开口、热合性好、防止静电
商品性	造型和色彩美观,能产生陈列效果	透明度好、表面光泽、适应印刷,不带静电(不易污染)
使用方便	便于开启和取用、便于再封闭	开启性能好、不易破裂
成本低廉	合理使用包装经费	节省包装材料成本及包装机械设备费用与劳工费用等。包装速度快

一、药包材的种类

药包材可分别按使用方式、材料组成及形状进行分类:

按使用方式,药包材可分为Ⅰ、Ⅱ、Ⅲ三类。Ⅰ类药包材指直接接触药品且直接使用的药品包装用材料、容器(如塑料输液瓶或袋、固体或液体药用塑料瓶)。Ⅱ类药包材指直接接触药品,但便于清洗,在实际使用过程中,经清洗后需要并可以消毒灭菌的药品包装用材料、容器(如玻璃输液瓶、输液瓶胶塞、玻璃口服液瓶等)。Ⅲ类药包材指Ⅰ、Ⅱ类以外其他可能直接影响药品质量的药品包装用材料、容器(如输液瓶铝盖、铝塑组合盖)。

按形状,药包材可分为容器(如塑料滴眼剂瓶)、片材(如药用聚氯乙烯硬片)、袋(如药用复合膜袋)、塞(如丁基橡胶输液瓶塞等)、盖(如口服液瓶撕拉铝盖)等。

按材料组成,药包材可分为金属、玻璃、塑料(热塑性、热固性高分子化合物)、橡胶(热固性高分子化合物)及上述成分的组合(如铝塑组合盖、药品包装用复合膜)等。

二、典型药包材的特点

(一)金属

金属在制剂包装材料中应用较多的有锡、铁与铝,可制成刚性容器,如筒、桶、软管、金属箔等。用锡、铁、铝等金属制成的容器,光线、液体、气体、气味与微生物都不能透过;它们能耐高温也耐低温。为防止内外腐蚀或发生化学作用,容器内外壁上往往需要涂保护层。

1. 锡 锡化学惰性,冷锻性好。锡管中常含 0.5% 的铜以增加硬度。锡片上包铝能增进成品外观而又能抵御氧化。但锡价比较昂贵。现已采用价廉的涂漆铝管来代替锡管。一些眼用软膏目前仍用纯锡管包装。

2. 铁 药物包装不用铁,但镀锡钢却大量应用于制造桶、螺旋帽盖与气雾剂容器。马口铁是包涂纯锡的低碳钢皮,它具有钢的强度与锡的抗腐蚀力。

3. 铝 铝制品质轻,具有延展性、可锻性与不透性,无气、无味、无毒;可制成刚性、半刚性或柔软的容器。铝表面与大气中的氧起作用能形成氧化铝薄层,该薄层坚硬、透明,保护铝不再继续被氧化。铝制软膏管、片剂容器、螺旋盖帽、小药袋与铝箔等均在药剂中有广泛应用。铝箔具有良好的加工、使用和防潮性能,在药品包装中使用广泛,主要包装形式是泡罩包装、条形包装。

(二)玻璃

玻璃具有优良的保护性,其本身稳定,价廉、美观。玻璃容器是药品最常用的包装容器。玻璃清澈光亮,基本化学惰性,不渗透,坚硬,不老化,配上合适的塞子或盖子与盖衬可以不受外界任何物质的入侵,但光线可透入。需要避光的药物可选用棕色玻璃容器。玻璃的主要缺点是质重和易碎。

药用玻璃主要成分是二氧化硅,常加入钠、钾、钙、铝、硼等的氧化物,以使玻璃呈现热加工性、热稳定性和化学稳定性(耐水性、耐酸性和耐碱性)等有用的性质。国际与国内药用玻璃种类、化学组成及性能见表 5-2 和 5-3。

表 5-2 国际药用玻璃种类、化学组成及性能

化学组成及性能	碱性或碱土硅酸盐玻璃	硼硅玻璃	
		无碱土氧化物(3.3 硼硅玻璃)	含碱土氧化物(中性玻璃)
SiO_2(%)	70~75	81	75
氧化物 RO(%)	12~16	4	4~8
氧化物 R_2O(%)	10~15	—	<5
氧化物 Al_2O_3(%)	0.5~2.5	2~3	2~7
氧化物 B_2O_3(%)	—	12~13	8~12
α(K^{-1})	$8~10 \times 10^{-6}$	3.3×10^{-6}	$4 \times 10^{-6}~5 \times 10^{-6}$
耐水性	中等~弱	很强	很强
耐酸性	很强	很强	很强
耐碱性	中等	中等	中等

注:线膨胀系数(α)指温度升高 1℃(1K)时,在其原长度上所增加的百分数。

表 5-3　国内药用玻璃种类、化学组成及性能

化学组成及性能	碱性或碱土硅酸盐玻璃	硼硅玻璃		低硼硅玻璃
		无碱土氧化物（3.3 硼硅玻璃）	含碱土氧化物（中性玻璃1）	含碱土氧化物（中性玻璃2）
SiO_2（%）	70	81	75	71
氧化物 RO（%）	12~16	4	4~8	11.5
氧化物 R_2O（%）	12	—	5	5.5
氧化物 Al_2O_3（%）	0~3.5	2~3	2~7	3~6
氧化物 B_2O_3（%）	0~3.5	12~13	8~12	5~8
α（K^{-1}）	$7.6 \times 10^{-6}~9 \times 10^{-6}$	$3.2 \times 10^{-6}~3.4 \times 10^{-6}$	$4 \times 10^{-6}~5 \times 10^{-6}$	$6.2 \times 10^{-6}~7.5 \times 10^{-6}$
耐水性	中等~弱	很强	很强	强
耐酸性	很强	很强	很强	很强
耐碱性	中等	中等	中等	中等
应用领域	GM 注射剂瓶,输液瓶,GM 药瓶,G口服液,药用管	G 注射剂瓶,GM 药瓶,G 口服液,药用管,冻干笔式注射玻璃珠,套筒	安瓿,GM 注射剂瓶,冻干、药用管,输液瓶	GM 注射剂瓶,输液瓶,GM 药瓶,G 口服液,药用管,安瓿

注:G 管制,M 模制。

（三）塑料及其复合材料

塑料是一种合成的高分子化合物,具有许多优越的性能,可用来生产刚性或柔软容器。塑料比玻璃或金属轻、不易破碎(即使碎裂也无危险),但在透气、透湿性、化学稳定性、耐热性等方面则不如玻璃。所有塑料都能透气透湿、高温软化,很多塑料也受溶剂的影响。

根据受热的变化塑料可分成二类:一类是热塑性塑料,它受热后熔融塑化,冷却后变硬成形,但其分子结构和性能无显著变化,如:聚氯乙烯(PVC)、聚乙烯(PE)、聚丙烯(PP)、聚酰胺(PA)等。另一类是热固性塑料,它受热后,分子结构被破坏,不能回收再次成型,如酚醛塑料、环氧树脂塑料等。前一类较常用。

近年来,除传统的聚对苯二甲酸乙二醇酯(聚酯,PET)、聚乙烯、聚丙烯等包装材料用于医药包装外,各种新材料如铝塑、纸塑等复合材料也广泛应用于药品包装,有效地提高了药品包装质量和药品档次,显示出塑料广泛的发展前景。

1. 聚氯乙烯　PVC 透明性好,强度高,热封性和印刷性优良,在医药包装中,硬质 PVC主要用于制作周转箱、瓶等;软 PVC 主要用于制作薄膜、袋等,PVC 片材被用作片剂、胶囊剂的铝塑泡罩包装的泡罩材料。

2. 聚丙烯　无毒,PP 密度很低,未填充或增强的密度仅有 0.90~0.91g/cm³,通常都是结晶态,熔点为 185~170℃,故耐热性高,可在沸水中蒸煮。它是弱极性高聚物,所以热黏合性、印刷性较差,常用于提高透明性或阻隔性。

3. 聚对苯二甲酸乙二醇酯　医药包装中使用的 PET 种类很多,由于其强度高、透明性好、尺寸稳定性优异、气密性好,常用来代替玻璃容器和金属容器,用于片剂、胶囊剂等固体制剂的包装;特性黏度在 0.57~0.64cm³/g 之间的 PET 经双向拉伸后形成 BOPET(双向拉伸PET),常用于包装中药饮片。另外,由于其保气味和耐热性高,可作为多层复合膜中的阻隔层,如 PET/PE 复合膜等。PET 的最大缺点是不能经受高温蒸汽消毒。

4. 聚萘二甲酸乙二醇酯(PEN) PEN 的力学性能优良,有很强的耐紫外线照射特性,透明性、阻隔性好,玻璃化转变温度高达 121℃,结晶速度较慢,易制成透明的厚壁耐热容器。PEN 价格较高,为降低成本,常采用 PEN 与 PET 共混,形成 PEN/PET 共混物使其成本与玻璃相当,又具有与玻璃瓶相同的气密性。由于 PEN 有较强的耐紫外线照射的特性,使药品的成分不因光线照射而发生变化,常用于口服液、糖浆等制剂的热封装,是目前唯一能取代玻璃容器并可用工业方法蒸煮消毒的刚性包装材料。

5. 聚偏氯乙烯(PVDC) PVDC 的透明性好,印刷性和热封性能优异,其最大特点是对空气中的氧气及水蒸气、二氧化碳等具有良好的阻隔性,防潮性极好。但由于其价格昂贵,在医药包装中主要与 PE、PP 等制成复合薄膜用作冲剂和散剂等制剂的包装袋。

6. 镀铝膜(VM) 真空镀铝膜是在高真空状态下将铝蒸发到各种基膜上的一种软包装薄膜产品,镀铝层非常薄。在中药的粉剂、颗粒剂、散剂的外包装中广泛使用的有 PET、CPP(流延聚丙烯)、OPP、PE 等真空镀铝膜。其中应用最多是 PET、CPP、PE 真空镀铝膜。真空镀铝软薄膜包装除了具有塑料基膜的特性外,还具有漂亮的装饰性和良好的阻隔性,尤其是各种塑料基材经镀铝后,其透光率、透氧率和透水蒸气率降低几十倍甚至上百倍。

7. 双向拉伸聚丙烯(BOPP) 该种薄膜材料具有良好的透明性、耐热性和阻隔性,用于药品软包装复合袋的外层,把它与热封性好的 LDPE(低密度聚乙烯)、EVA(乙烯共聚物)或与铝箔复合,能大大提高复合膜的刚度及物理机械性能,如在 BOPP 基膜上涂上防潮及阻隔性能优良的 PVDC,则可大大提高它的防透过性能。

8. 流延聚丙烯(CPP) 该材料具有良好的热封性,用于药品包装复合包装袋的内层,真空镀铝后可与 BOPP、PET 等复合。

9. 氟卤代烃薄膜 该塑料薄膜是氯三氟乙烯(CTFE)的共聚物,不可燃、阻隔性优良且透明,具有独特的应用范围。目前有两类,即 CTFE 和乙烯三氟氯乙烯共聚物。CTFE 化学性质稳定,能经受住金属、陶瓷和其他塑料所不能经受的化学物质的侵蚀;水气渗透率比其他任何塑料薄膜都低,实际上其吸湿性等于零;能与各种基料复合,像 PE、PVC、PET、NY(尼龙)、铝箔等;亦可用真空喷镀铝法给它们喷镀金属。CTFE 薄膜及其复合物主要用于包装需要高度防潮的药片和胶囊。

药品包装中可使用的塑料还有聚酰胺(PA)、聚氨酯(PUR)、聚苯乙烯(PS)、乙烯/乙烯醇共聚物(EVOH)、乙烯/乙酸乙烯酯共聚物(E/VAC)、聚四氟乙烯(PTFE)、聚碳酸酯(PC)、聚氟乙烯(PVF)等,其用途大都是发挥这些塑料所具有的防潮、遮光、阻气、印刷性好等优点。

不论何种塑料,其基本组成为:塑料,残留单体,增塑剂,成形剂,稳定剂,填料,着色剂,抗静电剂,润滑剂,抗氧剂以及紫外线吸收剂等。任一组分都可能迁移而进入包装的制品中。聚氯乙烯(与聚烯烃相比)中含有较多的附加剂,如残留的单体氯乙烯以及增塑剂邻苯二甲酸二乙基乙酯(DEHP),为塑料中有较大危险的一个品种。1950 年 8 月美国 FDA 提出禁止制造和使用聚氯乙烯容器作食品包装,在燃烧时产生有害的氯和盐酸气体,故不符合安生卫生和消除公害的要求。

(四)橡胶

橡胶具有高弹性、低透气和透水性、耐灭菌、良好的相容性等特性,因此可用来制造医药包装系统的基本元素——药用胶塞。橡胶塞一般常用作医药产品包装的密封件,如输液瓶塞、冻干剂瓶塞、血液试管胶塞、输液泵胶塞、齿科麻醉针筒活塞、预装注射针筒活塞和各种气雾瓶(吸气器)密封件等。

理想的胶塞应具备以下性能:对气体和水蒸气低的透过性;低的吸水率;能耐针刺且不落屑;有足够的弹性,刺穿后再封性好;良好的耐老化性能和色泽稳定性;耐蒸汽、氧乙烯和辐射消毒等。

1. **天然橡胶** 是第一代用于药用瓶塞的橡胶,由于天然胶需要高含量的硫化剂、防老剂以防老化,所以易产生药品不需要的高残余量的抽出物,其吸收率也不理想。因此,天然胶塞已被淘汰。

2. **乙丙橡胶** 其配方采用过氧化物硫化,不含任何增塑剂,但常有来自橡胶中的催化剂残余物,因此,这种橡胶一般只用于与高 pH 溶液或某些气雾剂接触的瓶塞或密封件。

3. **丁腈橡胶** 具有优异的重密封性能和耐油、耐各种溶剂性能,被广泛应用于药品推进胶件,如气雾泵的计量阀、兽药耐油瓶塞等。

4. **丁基橡胶** 是异丁烯和少量异戊二烯的共聚物。异戊二烯的加入使丁基胶分子链上有了可用硫黄或其他硫化剂硫化的双键。它具有对气体的低渗透性、低频率下的高减振性、优异的耐老化、耐热、耐低温、耐化学、耐臭氧、耐水及蒸汽、耐油等性能及较强的回弹性等特点。

5. **卤化丁基橡胶** 卤化丁基胶与丁基橡胶有着共同的性质和特点,但由于卤元素氯或溴的存在,使胶料的硫化活性和选择性更高,易与不饱和橡胶共硫化,消除了普通丁基橡胶易污染的弊病,是当前药用瓶塞最理想的材料。目前全球 90% 以上的瓶塞生产企业多采用药用级可剥离型丁基橡胶或卤化丁基橡胶作为生产和制造各类药用胶塞的原料。

三、药包材的质量要求

为确认药包材可被用于包裹药品,有必要对这些材料进行质量监控。根据药包材使用的特定性,这些材料应备有下列特性:①保护药品在贮藏、使用过程中不受环境的影响,保持药品原有属性;②药包材与所包装的药品不能有化学、生物意义上的反应;③药包材自身在贮藏、使用过程中性质应有较好的稳定性;④药包材在包裹药品时不能污染药品生产环境;⑤药包材不得带有在使用过程中不能消除的对所包装药物有影响的物质。

所有药包材的质量标准需证明该材料具有上述特性,并得到有效控制。为此各国对药包材制定了相应标准。

(一) 药包材质量标准体系

1. **药典体系** 发达国家药典附录列有药包材的技术要求(主要针对材料)。主要包括安全性项目(如异常毒性、溶血、细胞毒性、化学溶出物、玻璃产品中的砷、聚氯乙烯中的氯乙烯、塑料中的添加剂等)、有效性项目(材料的确认、水蒸气渗透量、密封性、扭力)等。

2. **ISO 体系** ISO/TC76 以制订药品包装材料、容器标准为主要工作内容。根据形状制订标准(如铝盖、玻璃输液瓶)。基本上涉及药包材的所有特性,但缺少材料确认项目、也缺少证明使用过程中不能消除的其他物质(细菌数)和监督抽查所需要的合格质量水平。

3. **各国工业标准体系** 已逐渐向 ISO 标准转化。

4. **国内药包材标准体系** 形式上与 ISO 标准相同,安全项目略少于先进国家药典。目前主要项目、格式与 ISO 标准相类似,某些技术参数略逊。安全性项目如"微生物数"、"异常毒性"等也有涉及。为有效控制药包材的质量,国家食品药品监督管理局(SFDA)已于2002 至 2006 年间,陆续制定并颁布六辑《直接接触药品的包装材料和容器标准质》(YBB标准)。中国食品药品检定研究院包装材料与药用辅料检定所从 2009 年开始,按照玻璃类(代号 0)、金属类(代号 1)、塑料类(代号 2)、橡胶类(代号 3)、预灌封组合件(代号 4)、其他类(代号 5)、方法类(代号 6)六大类对 129 个药包材国家标准的整理、勘误和汇编工作,于 2012 年 12 月形成了勘误修订后的《直接接触药品的包装材料和容器标准》汇编。

(二) 药包材的质量要求

根据药包材的特性,药包材的标准主要包含以下项目:

1. 材料的确认(鉴别)　主要确认材料的特性、防止掺杂、确认材料来源的一致性。

2. 材料的化学性能　检查材料在各种溶剂(如水、乙醇和正己烷)中浸出物(主要检查有害物质、低分子量物质、未反应物、制作时带入物质、添加剂等)、还原性物质、重金属、蒸发残渣、pH、紫外吸收度等;检查材料中特定的物质,如聚氯乙烯硬片中氯乙烯单体、聚丙烯输液瓶催化剂、复合材料中溶剂残留;检查材料加工时的添加物,如橡胶中硫化物、聚氯乙烯膜中增塑剂(邻苯二甲酸二辛酯)、聚丙烯输液瓶中的抗氧剂等。

3. 材料、容器的使用性能　容器需检查密封性、水蒸气透过量、抗跌落性、滴出量(若有定量功能的容器)等;片材需检查水蒸气透过量、抗拉强度、延伸率;如该材料、容器需组合使用需检查热封强度、扭力、组合部位的尺寸等。

4. 材料、容器的生物安全检查项目　微生物数,根据该材料、容器被用于何种剂型测定各种类微生物的量;安全性,根据该材料、容器被用于何种剂型需选择测试异常毒性、溶血细胞毒性、眼刺激性、细菌内毒素等项目。

四、药包材的选择原则

(一) 对等性原则

在选择药品包装时,除了必须考虑保证药品的质量外,还应根据药品的价格、品性或附加值,选择价格相对等的药包材。

(二) 美学性原则

药品的包装是否符合美学,在一定程度上会左右一个药品的命运。从药品包装材料的选用来看,主要考虑药包材的颜色、透明度、挺度、种类等。

(三) 相容性原则

药包材与药物制剂的相容性系指药品包装材料与制剂间的相互影响或迁移。它包括物理相容、化学相容和生物相容。

药品包装系统一方面为药品提供保护,以满足其预期的安全有效性用途;另一方面还应与药品具有良好的相容性,即不能引入可引发安全性风险的浸出物,或引入浸出物的水平符合安全性要求。为此,国家食品药品监督管理局已于 2012 年 9 月颁布了《化学药品注射剂与塑料包装材料相容性研究技术指导原则(试行)》,并将陆续颁布其他剂型与包装材料的相容性研究的指导原则。

是否需要进行相容性研究,以及进行何种相容性研究,应基于对制剂与包装材料发生相互作用的可能性以及评估由此可能产生安全性风险的结果。与口服制剂相比,吸入气雾剂或喷雾剂、注射液或注射用混悬液、眼用溶液或混悬液、鼻吸入气雾剂或喷雾剂等制剂,由于给药后将直接接触人体组织或进入血液系统,被认为是风险程度较高的品种;另外,大多液体制剂在处方中除活性成分外还含有一些功能性辅料(助溶剂、防腐剂、抗氧剂等),这些功能性辅料的存在,可促进包装材料中成分的溶出,因此与包装材料发生相互作用的可能性较大;按照药品给药途径的风险程度及其与包装材料发生相互作用的可能性分级,这些制剂被列为与包装材料发生相互作用可能性较高的高风险制剂。对上述制剂必须进行药品与包装材料的相容性研究，以证实包装材料与制剂具有良好的相容性。

（四）适应性原则

药品必须通过流通领域才能到达患者手中，而各种药品的流通条件并不相同，因此药品包装材料的选用应与流通条件相适应。流通条件包括气候、运输方式、流通对象与流通周期等，它们对药品包装材料的性能要求各不相同。

（五）协调性原则

药品包装应与该包装所承担的功能相协调。药品包装对保护药品的稳定性关系极大，因此，要根据药物制剂的剂型来选择不同材料制作的包装容器。例如，液体和胶质药品宜选用不渗漏的材料制作包装容器。药品包装材料、容器必须与药物剂型相容，并能抗外界气候、抗微生物、抗物理化学等作用的影响，同时应密封、防篡改、防替换、防儿童误服用等。

第三节　药品软包装

软包装是近年来常用的包装形式。应用的包装材料主要是塑料膜，即单纯的塑料膜，或包括纸、塑料、铝箔等制成的复合膜、铝塑泡罩等。

一、铝塑泡罩包装

药品的铝塑泡罩包装又称水泡眼包装，简称"PTP"（press through packaging），是先将透明塑料硬片吸塑成型后，将片剂、丸剂或颗粒剂、胶囊等固体药品填充在凹槽内，再与涂有黏合剂的铝箔片加热黏合在一起，形成独立的密封包装。这种包装是当今制药行业应用广泛、发展迅速的药品软包装形式之一。

与瓶装药品相比，泡罩包装最大的优点是便于携带、可减少药品在携带和服用过程中的污染，此外泡罩包装在气体阻隔性、防潮性、安全性、生产效率、剂量准确性等方面也具有明显的优势。泡罩包装的另一优势是全自动的封装过程最大程度地保障了药品包装的安全性。全自动泡罩包装机包括泡罩的成型、药品填充、封合、外包装纸盒的成型、说明书的折叠与插入、泡罩板的入盒以及纸盒的封合，全部过程一次完成。

（一）药品包装用铝箔

药品泡罩包装采用的铝箔是密封在塑料硬片上的封口材料（也叫盖口材料），通常称为"PTP"药用铝箔，它以硬质铝箔为基材，具有无毒、无腐蚀、不渗透、卫生、阻热、防潮等优点，很容易进行高温消毒灭菌，并能阻光，可保护药品片剂免受光照变质。铝箔与塑料硬片密封前需在专用印刷涂布机上印制文字图案，并涂以保护剂，在铝箔的另一面涂以黏合剂。涂保护剂的作用是防止铝箔表面油墨图文磨损，同时也防止铝箔在机械收卷时外层油墨与内层的黏合剂接触而造成污染。黏合剂的作用是使铝箔与塑料硬片具有良好的黏合强度。铝箔除用于片剂、胶囊的包装外，还可用于针剂等药品的外包装。

（二）药品包装常用泡罩材料

泡罩包装良好的阻隔性能缘于对原材料铝箔和塑料硬片的选择。铝箔具有高度致密的金属晶体结构，有良好的阻隔性和遮光性；塑料硬片则应具备足够的对氧气、二氧化碳和水蒸气的阻隔性能、高透明度和不易开裂的机械强度。目前最常用的药用泡罩包装材料有PVC片、PVDC片及真空镀铝膜（详见"药包材的种类"）。

（三）铝箔印刷用油墨及其黏合材料

铝箔印刷用油墨应具备良好的铝箔黏附性，印刷的文字图案要牢固，同时溶剂释放较快，耐热性好，耐磨性及光泽性能好，且无毒、不污染所包装的药品，黏度应符合铝箔印刷速度及干燥的要求等。目前药用铝箔常用的油墨主要有醇溶性聚酰胺类油墨，其特点是具备较好的黏附性及光泽性，耐磨且溶剂释放性较好；另一类是以聚乙烯醋酸乙烯共聚合树脂/丙烯酸为主要成分的铝箔专用油墨，其色泽鲜艳、浓度高，耐高温性及与铝箔的黏附性强，有良好的透明性，已广泛应用于药品铝箔的印刷。

铝箔用黏合剂主要是聚醋酸乙烯酯与硝酸纤维素混合的溶剂型黏合剂，该黏合剂在熔融状态下流动性、涂布性好，在一定温度下与铝塑及 PVC 表面有良好的亲和力，能在化学或物理作用下发生固化结合。铝箔用黏合剂今后发展方向，一是开发固含量高、黏度低的黏合剂；二是向无溶剂型胶黏剂方向发展。

药用铝箔的印刷、涂覆黏合剂等工序均在药用 PTP 铝箔印刷涂布设备上完成。该设备主要由印刷系统、涂布系统、烘干系统及收放卷系统构成。

（四）铝塑泡罩材料热封的检验

药品包装厂将印刷涂布后的铝箔提供给制药厂，药厂在自动泡罩包装机上对铝箔及塑料硬片进行热压合，并填入药品，其过程为：塑料硬片泡罩成形→填装药片或胶囊→塑料硬片与铝箔热压封合→按所设计的尺寸裁切成板块。

为保证所封合的泡罩包装的质量，应对其进行密封性能测试，方法为：将样品放入能承受 100kP$_a$ 的容器中，盖紧密封，并抽真空至 80kPa±13kPa，30 秒后，注入有色水，恢复常压，打开盖检有无液体渗入泡罩内。泡罩包装的湿热试验及其他检验方法，可根据 ZB-CO8003《药品铝塑泡罩包装》的要求进行检验。

二、复合膜条形包装

条形包装（strip packaging，SP）是利用两层药用条形包装膜（SP 膜）把药品夹于中间，单位药品之间隔开一定距离，在条形包装机上把药品周围的两层 SP 膜内侧热合密封，药品之间压上齿痕，形成一种单位包装形式（单片包装或成排组成小包装）。取用药品时，可沿齿痕撕开 SP 膜即可。条形包装可在条形包装机上连续作业，特别适合大批量自动包装。

条形包装复膜袋不仅能包装片剂，也是颗粒、散剂等剂型的主要包装形式，适于包装剂量大、吸湿性强、对紫外线敏感的药品。

SP 膜是一种复合膜，具有一定的抗拉强度及延伸率，适合于各种形状和尺寸的药品，并且包装后紧贴内装药品，不易破裂和产生皱纹。目前较普遍使用的铝塑复合膜，一般有玻璃纸/铝箔/低密度聚乙烯（PT/Al/LDPE）和涂层/铝箔/低密度聚乙烯（OP/Al/LDPE）两种结构，即铝箔与塑料薄膜以黏合剂层压复合或挤出复合而成，由基层、印刷层、高阻隔层、密封层组成。基层在外，热封层在内，高阻隔层和印刷层位于中间。

基层材料要求机械性能优良、安全无毒、有光泽，有良好的印刷性、透明性、阻隔性和热封性。典型材料有 PET、PT 及带 PVDC 涂层的玻璃纸。PT/AL/LDPE 结构的产品可在玻璃纸表面进行彩色印刷，且产品结构挺性较好，不易起皱。OP/AL/LDPE 结构的产品由于采用铝箔表印，一般不能印刷太多颜色，且表面印字不耐划伤。

高阻隔层应有良好的气体阻隔性、防潮性和机械性能，其典型材料是软质铝箔。PT/Al/LDPE 结构的产品由于表面采用玻璃纸，防潮性差，玻璃纸易与铝箔离层；其阻隔层一般采用

6.5~9μm 厚铝箔,阻氧、阻水和隔光性能欠佳,故一般用于阻隔性能要求不高的药品条形包装中。OP/Al/LDPE 结构的复合膜,其阻隔层的铝箔厚度一般都在 25μm 以上,因而其防潮性和阻气性能极佳(一般为 PT/Al/LDPE 结构的 7 倍以上),其氧气透过量和水蒸气透过量基本为零,特别适用于防潮、阻气和隔光性能要求很高的药品条形包装中。若需要透明条形包装膜,则采用 PVDC 作高阻隔层材料。

密封层是条形包装膜的内层,应具有优良的热封性、化学稳定性与安全性,一般采用 LDPE 材料。

三、输液软袋包装

传统输液容器为玻璃瓶。玻璃瓶具有良好的透明度、相容性及阻水阻气性能。但玻璃瓶也有明显的缺陷,如体重大,稳定性差,口部密封性差,胶塞与药液直接接触,易碎、碰撞引起隐形裂伤易引起药液污染,烧制玻璃瓶时污染大及能源耗大。在输液方式上,由于玻璃瓶不能扁瘪,输液过程中需形成空气回路,外界空气进入瓶体形成内压方能使药液滴出,空气中的灰尘、微生物(如细菌、真菌等)可由此进入玻璃瓶中污染输液,此外,当加入治疗性药物(如易氧化药物)需长时间滴注时,药物不断与空气接触,易引起部分药物降解。

针对玻璃瓶输液容器存在的缺陷,在 20 世纪 60 年代,世界发达国家开始研究使用高分子材料制造输液容器。塑料输液瓶材料多为聚丙烯、聚乙烯,其性能特点主要为稳定性好、口部密封性好、无脱落物、胶塞不与药液接触、质轻、抗冲击力强、节约能源、保护环境、一次性使用免回收等。但聚丙烯材料的耐低温性能较差,温度降低时抗脆性降低;聚乙烯材料不耐高温消毒。另在输液方式上,没有克服玻璃瓶的缺陷,需要进气口,因而可增加瓶内微粒或污染的可能。因此,硬塑料瓶的发展也受到限制。

为解决玻璃和塑料输液瓶易造成输液污染的问题,输液软袋包装应运而生,软袋输液在使用过程中可依靠自身张力压迫药液滴出,无须形成空气回路。输液软袋包装具有以下优点:①软袋包装较输液瓶轻便、不怕碰撞,携带方便。②特别适应于大剂量加药。如用瓶装500ml 的液体只能加药液 20ml,而软袋包装 500ml 的液体则可加药液 150ml。前者需反复抽吸,延长了操作时间,增加了污染机会。③加药后不漏液。输液瓶加药后会增加瓶内压力,造成液体从排气管漏出,既浪费药液又增加污染机会。④软袋包装液体是完全密闭式包装,不存在瓶装液体瓶口松动、裂口等现象。⑤柔韧性强,可自收缩。药液在大气压力下,可通过封闭的输液管路输液,消除空气污染及气泡造成栓塞的危险,且有利于急救及急救车内加压使用。⑥形状与大小简便易调,而且可以制作成单室、双室及多室输液。⑦输液袋在输液生产中可以完成膜的(清洗)印刷、袋成型、袋口焊接、灌装、无气或抽真空、封口;且生产线可以完成在线检漏和澄明度检查。

(一) 聚氯乙烯(PVC)软袋

PVC 软袋作为第二代输液容器,在临床上解决了原瓶装半开放式输液的空气污染问题,但 PVC 软袋材料含有聚氯乙烯单体,不利于人体的健康;PVC 中的增塑剂 DEHP 渗漏溶于药液中,可影响药液的内在质量,患者长期使用易影响其造血功能。此外,PVC 材质本身具有透气性和渗透性,灭菌温度控制不好,可使输液袋吸水泛白而不透明;PVC 材质中有微粒脱落,影响产品的澄明度。PVC 材料本身的特点限制了其在输液包装方面的应用,而材质稳定、无需空气具有自身平衡压力的非 PVC 软袋输液容器在近二三十年来得到了飞速发展。

（二）聚烯烃多层共挤膜软袋（非 PVC 软袋）

近年来聚烯烃多层共挤膜软袋已广泛取代玻璃瓶而用于输液包装。聚烯烃多层共挤膜的发展经历了两个阶段，其一是 20 世纪 80 到 90 年代的聚烯烃复合膜，各层膜之间使用黏合剂，不利于膜材的稳定，对药液的稳定性也有潜在影响；第二个阶段是近四五年发展起来的聚烯烃多层共挤膜，是多层聚烯烃材料同时熔融交联共挤出膜，不使用黏合剂，增加了膜材的性能，使其更安全、有效，符合药用和环保要求。

1. 聚烯烃多层共挤膜的结构　　目前较常用的聚烯烃多层共挤膜多为三层结构，由三层不同熔点的塑料材料如 PP、PE、PA 及弹性材料（苯乙烯 - 乙烯 / 丁烯 - 苯乙烯嵌段共聚物，SEBS），在 100 级洁净条件下共挤出膜。有两种类型，一种为内层、中层采用 PP 与不同比例的弹性材料混合，内层化学性质稳定，不脱落出异物；中层具有优良的水、气阻隔性能；外层为机械强度较高的 PET 或 PP 材料，表面经处理后文字印刷较为清晰。另一种为内层采用 PP 与 SEBS 共聚物的混合材料；中层采用 SEBS，更增加了膜材的抗渗透性和弹性；外层采用 PP 材料。另外，由于两层材料的熔点从内到外逐渐升高，利于由内向外热合，使其更加严密牢固。PP 材料具有很好的水气阻隔性能，与各种药液有很好的相容性，能保证药液的稳定性。

2. 聚烯烃多层共挤膜的特性　　聚烯烃多层共挤膜的结构和严格控制的生产过程决定了其具有以下特性：①安全性高。膜材多层交联共挤出，不使用黏合剂和增塑剂，吹膜使用一百级洁净空气，筒状出膜避免了污染。②惰性极好。不与任何药物产生化学反应，对大部分的药物吸收极低。③热稳定性好。可在 121℃高温蒸汽灭菌，不影响透明度。④阻隔性好。对水蒸气透过性极低，使输液浓度保持稳定；气体透过性极低，使药物保持稳定。⑤机械强度高。可抗低温，不易破裂，易于运输、储存。⑥环保型材料。用后处理时对环境不造成影响，焚烧后只产生水和二氧化碳。

目前聚烯烃多层共挤膜成本较高，但由于聚烯烃多层共挤膜软袋比传统容器有非常显著的优势（表 5-4），相信随着技术的不断进步和膜材成本的降低，它在输液产品包装的发展中将发挥越来越重要的作用。

表 5-4　聚烯烃多层共挤膜软袋与传统容器的比较

项目	共挤膜软袋	PVC 软袋	玻璃瓶	PE 瓶	PP 瓶
封闭输液系统	++	++	−−	−	−
柔软性 / 收缩性	++	++	−−	+/−	−
消毒后透明度	++	−−	++		
机械强度	++	++	−−	+/−	+/−
药物相容性	+		++	+	+
耐温性能	+	+/−	++		+/−
阻水性能	+	−−	++		+
环境危害	+		+/−	+/−	+/−

注：++ 表示很好，+ 表示好，+/− 表示一般，− 表示差，−− 表示很差。

第四节　药品储存与养护

新修订的《药品经营质量管理规范》（以下简称药品 GSP）经卫生部部务会通过并正式

发布,已于 2013 年 6 月 1 日起正式实施。药品 GSP 是企业药品经营管理和质量控制的基本准则。新修订药品 GSP 按照完善质量管理体系的要求,从药品经营企业的人员、机构、设施设备、体系文件等质量管理要素各个方面,对采购、验收、储存、养护、销售、运输、售后管理等环节都做出了规定。

一、药品储存

药品储存系指药品从生产到消费领域的流通过程中,经过多次停留而形成的储备,是药品流通过程中不可少的重要环节。

企业应当根据药品的质量特性对药品进行合理储存,并符合以下要求:①按包装标示的温度要求储存药品,包装上没有标示具体温度的,按照《中国药典》规定的贮藏要求进行储存;②储存药品相对湿度为 35%~75%;③在人工作业的库房储存药品,按质量状态实行色标管理:合格药品为绿色,不合格药品为红色,待确定药品为黄色;④储存药品应当按照要求采取避光、遮光、通风、防潮、防虫、防鼠等措施;⑤搬运和堆码药品应当严格按照外包装标示要求规范操作,堆码高度符合包装图示要求,避免损坏药品包装;⑥药品按批号堆码,不同批号的药品不得混垛,垛间距不小于 5cm,与库房内墙、顶、温度调控设备及管道等设施间距不小于 30cm,与地面间距不小于 10cm;⑦药品与非药品、外用药与其他药品分开存放,中药材和中药饮片分库存放;⑧特殊管理的药品应当按照国家有关规定储存;⑨拆除外包装的零货药品应当集中存放;⑩储存药品的货架、托盘等设施设备应当保持清洁,无破损和杂物堆放;⑪未经批准的人员不得进入储存作业区,储存作业区内的人员不得有影响药品质量和安全的行为;⑫药品储存作业区内不得存放与储存管理无关的物品。

二、药品养护

药品养护系是运用现代科学技术与方法,研究药品储存与养护技术和储存药品质量变化规律,防止药品变质,保证药品质量,确保用药安全、有效的一门实用性技术科学。

养护人员应当根据库房条件、外部环境、药品质量特性等对药品进行养护,主要内容是:①指导和督促储存人员对药品进行合理储存与作业;②检查并改善储存条件、防护措施、卫生环境;③对库房温湿度进行有效监测、调控;④按照养护计划对库存药品的外观、包装等质量状况进行检查,并建立养护记录;对储存条件有特殊要求的或者有效期较短的品种应当进行重点养护;⑤发现有问题的药品应当及时在计算机系统中锁定和记录,并通知质量管理部门处理;⑥对中药材和中药饮片应当按其特性采取有效方法进行养护并记录,所采取的养护方法不得对药品造成污染;⑦定期汇总、分析养护信息。

第五节 我国药品包装的有关法规

一、《中华人民共和国药品管理法》

《中华人民共和国药品管理法》(简称《药品管理法》)已由中华人民共和国第九届全国人民代表大会常务委员会第二十次会议于 2001 年 2 月 28 日修订通过,修订后的《药品管理法》自 2001 年 12 月 1 日起施行。《药品管理法》已将药品包装、药包材、药品标签与说明书纳入药品监督管理的范畴。

二、《药品包装用材料、容器管理办法》（暂行）

SFDA 于 2000 年 4 月 29 日以第 21 号局令颁布了《药品包装用材料、容器管理办法》（暂行）。对Ⅰ、Ⅱ、Ⅲ类药包材的注册审批（包括药包材生产企业质量保证体系的检查验收）、标准制定和监督管理工作等作了详细的规定。

三、《直接接触药品的包装材料和容器管理办法》

为加强直接接触药品的包装材料和容器（药包材）的监督管理，保证药品质量，保障人体健康和药品的使用安全、有效、方便，根据《中华人民共和国药品管理法》及《中华人民共和国药品管理法实施条例》，《直接接触药品的包装材料和容器管理办法》（局令第 13 号）于 2004 年 6 月 18 日经国家食品药品监督管理局局务会审议通过，本办法自公布之日（2004 年 7 月 20 日）起施行。

《直接接触药品的包装材料和容器管理办法》分为总则、药包材的标准、药包材的注册、药包材的再注册、药包材的补充申请、复审、监督与检查、法律责任、附则等九个部分。

四、《药品说明书和标签管理规定》

《药品说明书和标签管理规定》（局令第 24 号），于 2006 年 3 月 10 日经国家食品药品监督管理局局务会审议通过，自 2006 年 6 月 1 日起施行。

五、《非处方药专有标识管理规定》（暂行）

为规范非处方药药品的管理，根据《处方药与非处方药分类管理办法》（试行），1999 年 11 月 19 日 SFDA 负责制定、公布了非处方药专有标识及其管理规定。指出，非处方药专有标识是用于已列入《国家非处方药目录》，并通过药品监督管理部门审核登记的非处方药药品标签，使用说明书、内包装、外包装的专有标识，也可用作经营非处方药药品的企业指南性标志。

六、药包材国家标准

为加强直接接触药品的包装材料和容器的监督管理，SFDA 根据《药品管理法》、《药品管理法实施条例》，及我国药包材发展的实际情况，参考国际上药包材同类标准，组织药典委员会及有关专家启动了药包材国家标准的制定和修订工作。2002 年到目前为止，共颁布了六辑，涉及产品通则、具体产品标准、方法标准、药品包装材料与药物相容性试验指导原则等。

（蒋曙光）

思　考　题

1. 药品包装有何特别之处？如何从静态和动态两个角度理解药品包装？
2. 常用药包材的种类有那些？药包材有何要求？各种药包材分别有何特点？
3. 药品软包装有哪些形式？各种形式的应用特点分别是什么？

4. 何谓药品储存与养护,各有何要求?

5. 现行的与药品包装相关的法规有哪些? 查找法规的全文,叙述其主要内容。

6. 查询国家食品药品监督管理总局网站,简要叙述化学药品注射剂与塑料包装材料相容性试验的研究内容。

参 考 文 献

1. 中国食品药品检定研究院包装材料与药用辅料检定所.直接接触药品包装材料和容器标准汇编,2012

2. EMEA. 3AQ10a. Plastic Primary Packaging Materials,1994

3. Banker GS. Modern Pharmaceutics. 3rd ed. New York:Marcel Dekker Inc,1995

4. 白冰.药品的泡罩包装与软包装复合膜.中国包装,2003,23(1):79-81

5. 胡芳梅.药品包装发展的现状与未来.中国包装工业,2002,(12):41-44

6. 张继红.非 PVC 多层共挤膜在药品输液剂包装中的应用.中国包装工业,2002,(2):23-24

7. 陈玉珠,孙晋涛.输液包装材料的发展——介绍非 PVC 复合膜软袋.中国制药信息.2002,18(1):16-19

8. 国家食品药品监督管理局.化学药品注射剂与塑料包装材料相容性研究技术指导原则(试行).2012

9. 中华人民共和国卫生部.药品经营质量管理规范,2013

第二篇　普通制剂与制备技术

第六章　液 体 制 剂

本章要点

1. 掌握液体制剂的定义、特点、分类与质量要求,增加药物溶解度的方法,混悬剂的定义、物理稳定性、制备,乳剂的定义、特点、物理稳定性、常用乳化剂、制备。
2. 熟悉液体制剂的常用溶剂和附加剂,低分子溶液剂的定义、特点和制备,高分子溶液和溶胶剂的定义、性质和制备,混悬剂的特点、质量要求及质量评价;乳剂的分类及质量评价。
3. 了解不同给药途径用的液体制剂的定义和应用,液体制剂的防腐、包装与贮存。

第一节　概　　述

一、液体制剂的定义、分类、特点与质量要求

(一) 定义

液体制剂(liquid pharmaceutical preparations)系指药物(液体、固体或气体)分散在适宜的分散介质中制成的液体形态的制剂,可供内服或外用。分散相以不同的分散程度(分子、离子、胶粒、颗粒或其混合形式)存在于分散介质中,形成均相或非均相液体。液体制剂是常用的剂型之一,品种多,应用广。

(二) 分类

1. **按分散系统分类**　该法按分散相粒子的大小进行分类(表6-1),便于对制剂的制备工艺和稳定性进行研究,以保证制剂的质量和疗效。

表 6-1   按分散系统分类

类型		分散相粒子大小(nm)	特征	举例
分子分散系	低分子溶液剂	<1	均相,热力学稳定体系,形成真溶液	对乙酰氨基酚口服溶液
胶体分散系	高分子溶液剂	1~100	均相,热力学稳定体系,形成真溶液	胃蛋白酶合剂
	溶胶剂		非均相,热力学不稳定体系,动力学稳定体系	胶体氢氧化铝
粗分散系	乳剂	>100	非均相,热力学、动力学均不稳定体系	鱼肝油乳剂
	混悬剂	>500	非均相,热力学、动力学均不稳定体系	布洛芬混悬液

2. 按给药途径分类　①内服液体制剂,如糖浆剂、合剂、混悬剂、乳剂等;②外用液体制剂,包括皮肤用液体制剂(搽剂、洗剂等)、五官科用液体制剂(滴鼻剂、滴耳剂等)和直肠、阴道、尿道用液体制剂(灌肠剂等)。

(三)特点

液体制剂的主要特点有:①药物分散度大,吸收快,发挥疗效迅速;②给药途径广,可内服或外用;③分剂量、服用方便,尤其适于婴幼儿和老年人用药;④可减少某些药物的刺激性,如减少易溶性固体药物(碘化物等)口服后局部浓度过高引起胃肠道刺激;⑤药物分散度大,易发生降解,使药效降低;⑥以水为溶剂时,易霉变,常需加入防腐剂;⑦对于非均相液体制剂,易产生物理稳定性问题;⑧液体制剂体积较大,携带、运输、贮存均不方便。

(四)质量要求

液体制剂的质量要求是:①药物浓度准确、稳定;②均相液体制剂应是澄明溶液,非均相液体制剂中的药物粒子应分散度大且均匀,振摇时易分散均匀;③内服液体制剂应外观良好,口感适宜;外用液体制剂应无刺激性;④液体制剂应具备一定的防腐能力,贮存和使用过程中不应发生霉变;⑤液体制剂的包装容器应大小适宜,便于患者携带和服用。

二、液体制剂的溶剂与附加剂

(一)常用溶剂

在溶液剂中称为溶剂,但在溶胶剂、混悬剂、乳剂中应称为分散介质。应根据药物性质、医疗要求和制剂要求合理选择溶剂。

1. 极性溶剂

(1)水:是最常用的溶剂,能与乙醇、甘油、丙二醇等以任意比例混合。能溶解大多数无机盐及许多极性有机药物,能溶解药材中的苷类、生物碱盐类、糖类、蛋白质、树胶、鞣质、黏液质、酸类和色素等。但水能使一些药物的稳定性变差,且易霉变。

(2)甘油:能与水、乙醇、丙二醇等以任意比例混合。甘油能溶解许多不易溶于水的药物。甘油有很强的吸水性,浓度30%以上有防腐作用。多用于外用制剂(如硼酸甘油、碘甘油等)。

(3)二甲亚砜(dimethyl sulfoxide,DMSO):吸湿性较强,能与水、乙醇、甘油、丙二醇等以任意比例混合。DMSO溶解范围广,还可促进药物在皮肤和黏膜的渗透,但有轻度刺激性。

2. 半极性溶剂

(1) 乙醇:也是常用的溶剂,有一定的药理作用,易挥发,易燃,毒性较其他有机溶剂小。能与水、甘油、丙二醇等以任意比例混合。能溶解大多数有机药物以及药材中的苷类、生物碱及其盐类、挥发油、树脂、鞣质、某些有机酸和色素等。浓度20%以上的乙醇具有防腐作用。

(2) 丙二醇:药用规格必须是 1,2- 丙二醇,毒性及刺激性小,能与水、乙醇、甘油等以任意比例混合。能溶解许多有机药物(如磺胺类、维生素 A、维生素 D 等)。可作为内服及肌内注射液的溶剂,还可促进药物在皮肤和黏膜的吸收。

(3) 聚乙二醇类(polyethylene glycol,PEG):液体制剂中常用的是聚乙二醇 400~600,能与水、乙醇、甘油、丙二醇等以任意比例混合。能溶解许多水溶性无机盐及水不溶性有机药物。对某些易水解药物有一定的稳定作用。在外用制剂中,可增加皮肤柔韧性且有保湿作用。

3. 非极性溶剂

(1) 脂肪油:为常用的非极性溶剂,系指豆油、花生油、橄榄油等植物油。能溶解挥发油、游离生物碱等油溶性药物。易酸败、皂化而变质。多作为外用制剂的溶剂。

(2) 液状石蜡:分为轻质和重质两种。能溶解挥发油、生物碱等非极性药物。液状石蜡具有润肠通便作用。多用于软膏及糊剂中,也可作口服制剂、搽剂的溶剂。

(3) 油酸乙酯:常作甾体类及其他油溶性药物的溶剂。多用于外用制剂,在空气中暴露易氧化。

(二)液体制剂的附加剂

除了药物和溶剂外,液体制剂中常需加入附加剂,包括增溶剂、助溶剂、潜溶剂、防腐剂、矫味剂、着色剂、抗氧剂、pH 调节剂等。以下主要介绍常用的防腐剂、矫味剂和着色剂。

1. 防腐剂(preservatives) 防腐剂系指防止药物制剂受微生物污染产生变质的添加剂。

(1) 羟苯酯类:包括对羟基苯甲酸甲酯、乙酯、丙酯、丁酯,亦称为尼泊金类。抑菌作用强,特别是对大肠杆菌的抑制作用很强。在偏酸性、中性溶液中有效,在弱碱性、强酸溶液中抑菌作用减弱。抑菌作用随烷基碳数增加而增强,但溶解度则减小。该类防腐剂混合使用具有协同作用,浓度为 0.01%~0.25%。遇铁盐变色,与聚山梨酯类、聚乙二醇类配伍时溶解度增加,但抑菌能力下降。

(2) 苯甲酸及苯甲酸钠:苯甲酸在酸性溶液中的抑菌效果较好,在 pH2.5~4 作用最强,常用浓度为 0.03%~0.1%。苯甲酸的防霉作用较弱,防发酵能力较强。苯甲酸在水中溶解度较小,常配成 20% 的醇溶液备用。苯甲酸钠在酸性溶液中的防腐作用与苯甲酸相当,常用浓度为 0.1%~0.2%,pH 大于 5 时抑菌效果明显降低,用量应不少于 0.5%。

(3) 山梨酸:在水中极微溶解,可溶于沸水,易溶于乙醇。需在酸性溶液中使用,在 pH4 的水溶液中防腐效果最好。常用浓度为 0.05%~0.3%(pH<6.0)。山梨酸在空气中久置易氧化。

(4) 苯扎溴铵:又称为新洁尔灭。极易潮解,溶于水和乙醇。在酸性、碱性溶液中均稳定,耐热压。常用浓度为 0.02%~0.2%,多用于外用制剂。

此外,20% 以上的乙醇、30% 以上的甘油溶液具有防腐作用;桉叶油、薄荷油、桂皮油等可用于防腐;醋酸氯己啶具有广谱杀菌作用,用量一般为 0.02%~0.05%。

2. 矫味剂(flavoring agents) 为掩盖许多药物的不良臭味,液体制剂中常需加入矫味剂。

(1) 甜味剂:天然甜味剂中,蔗糖和单糖浆应用最广;甜菊苷常用量为 0.025%~0.05%,常与蔗糖和糖精钠合用。合成甜味剂中,糖精钠常用量为 0.03%,常与单糖浆、蔗糖和甜菊苷合用;阿司帕坦(也称为蛋白糖)可用于糖尿病、肥胖症患者。

（2）芳香剂：天然香料有芳香性挥发油（如薄荷油、橙皮油等）及其制剂（如薄荷水、桂皮水等）。人工合成香精主要是水果味香精（如橘子香精、草莓香精等）。

（3）胶浆剂：通过干扰味蕾的味觉而矫味，常用阿拉伯胶、羧甲基纤维素钠、甲基纤维素等。

（4）泡腾剂：有机酸（如酒石酸、枸橼酸等）与碳酸氢钠一起，遇水后产生的大量二氧化碳能麻痹味蕾起矫味作用。

3. 着色剂（colorants）　为改善液体制剂的外观，易于识别浓度、区分用法等，有时需加入着色剂。

（1）天然色素：常用的植物性色素有苏木、甜菜红、姜黄、胡萝卜素、松叶蓝、叶绿酸铜钠盐、焦糖等。矿物性色素有氧化铁等。

（2）合成色素：合成色素一般毒性较大，在液体制剂中用量不宜超过万分之一。可用于内服制剂的合成色素有苋菜红、柠檬黄、胭脂红等。外用色素有品红、亚甲蓝、苏丹黄 G 等。

三、液体制剂制备的一般工艺流程

液体制剂包括的种类较多，其制备方法亦有不同，液体制剂制备的一般工艺流程为：

四、不同给药途径用液体制剂

1. 洗剂（lotions）　洗剂系指含药物的溶液、乳状液、混悬液，供清洗或涂抹皮肤用的液体制剂。分散介质多为水和乙醇。通常具有清洁、消毒、消炎、止痒、收敛和保护等作用。

2. 搽剂（liniments）　搽剂系指药物用乙醇、油或适宜溶剂制成的溶液、乳浊液或混悬液，供无破损皮肤揉擦用的液体制剂。

3. 滴耳剂（ear drops）　滴耳剂系指由药物与适宜辅料制成的水溶液，或由甘油或其他适宜溶剂和分散介质制成的澄明溶液、混悬液或乳浊液，供滴入外耳道用的液体制剂。主要用于消毒、止痒、收敛、消炎及起润滑作用。

4. 滴鼻剂（nasal drops）　滴鼻剂系指药物与适宜辅料制成的澄明溶液、混悬液或乳浊液，供滴入鼻腔用的液体制剂。主要用于局部消毒、消炎、收缩血管和麻醉，亦可通过鼻黏膜吸收起全身作用。

5. 灌肠剂（enemas）　灌肠剂系指灌注于直肠的水性、油性溶液或混悬液，以治疗、诊断或营养为目的的液体制剂。

此外，还有合剂、酊剂、含漱剂、灌洗剂、滴牙剂等。

第二节　低分子溶液剂

一、概述

低分子溶液剂系指小分子药物以分子或离子（<1nm）状态分散在溶剂中制成的均相液

体制剂,可供内服或外用。包括溶液剂、芳香水剂、糖浆剂、醑剂、甘油剂和涂剂等。

溶液剂(solutions):系指药物溶解于溶剂中所制成的澄明液体制剂。药物通常是不挥发性药物。

芳香水剂(aromatic waters):系指芳香挥发性药物(多数为挥发油)的饱和或近饱和的水溶液。以乙醇和水的混合溶剂制成的含大量挥发油的溶液,则称为浓芳香水剂。

糖浆剂(syrups):系指含有药物的浓蔗糖水溶液,供口服用。糖浆剂的含蔗糖量应不低于45%(g/ml)。纯蔗糖的近饱和水溶液称为单糖浆,浓度为85%(g/ml)或64.7%(g/g)。

醑剂(spirits):系指挥发性药物的浓乙醇溶液。可供内服或外用。醑剂中的药物浓度一般为5%~10%,乙醇浓度一般为60%~90%。

甘油剂(glycerites):系指药物溶于甘油制成的溶液,专供外用。常用于耳、鼻、喉科疾患。

涂剂(paints):系指含药物的水性或油性溶液、乳浊液、混悬液,供临用前用消毒纱布或棉球等蘸取后涂于皮肤或口腔与喉部黏膜的液体制剂。

二、增加药物溶解度的方法

一些药物由于溶解度小,即使制成饱和溶液也达不到治疗所需的浓度,因此,必须采用适宜的方法增加药物的溶解度以制成合格的制剂。

1. 制成盐类 一些难溶性弱酸性药物(如巴比妥类、磺胺类、水杨酸类等)或弱碱性药物(如生物碱类等),可通过与碱(碳酸氢钠、氢氧化钠、氢氧化氨等)或酸(盐酸、硫酸、磷酸、酒石酸、枸橼酸等)成盐,增加在水中溶解度。如水杨酸的溶解度为1:500,而水杨酸钠的溶解度则为1:1。

2. 使用混合溶剂 当不宜制成盐类增加药物溶解度时,常应用混合溶剂。如聚乙二醇和水的混合溶剂可增加苯巴比妥的溶解度。混合溶剂中各溶剂在某一比例时,药物溶解度出现极大值,此现象称为潜溶,该混合溶剂称为潜溶剂。

3. 加入助溶剂 当加入第三种物质时,可增加一些难溶性药物在水中的溶解度,此现象称为助溶;加入的第三种物质是低分子化合物时,称为助溶剂。如咖啡因与苯甲酸钠形成苯甲酸钠咖啡因后,溶解度从1:50增大到1:1.2。常用助溶剂有无机化合物(如碘化钾等)、某些有机酸及其钠盐(如苯甲酸钠等)和酰胺类化合物(如尿素、烟酰胺等)。

4. 加入增溶剂 应用表面活性剂形成胶束增加难溶性药物溶解度。溶剂为水时,常用聚山梨酯类、聚氧乙烯脂肪酸酯类等。

三、低分子溶液型液体制剂的处方设计

低分子溶液型液体制剂的处方设计需综合考虑药物、溶剂和附加剂的理化性质及其相互作用。同时,还需考虑制剂的稳定性、应用方法和成本等。

首先,必须使药物有足够的溶解度,以满足临床治疗的剂量要求。当必须制成溶液,但药物溶解度达不到最低有效浓度时,就需要考虑增加药物溶解度。其次,药物分散度大,化学活性高,在水中易降解(如维生素C等),且一些药物的水溶液极易霉变(如肾上腺素水溶液等),因此,还需特别重视药物的稳定性。再者,溶剂可能影响药物的用法或用药部位,如5%苯酚水溶液用于衣物消毒,而5%苯酚甘油溶液可用于中耳炎,因此,选择溶剂时还需考虑用药部位和方法。此外,还应考虑药物与附加剂、附加剂与附加剂间的相互作用。

四、制备

低分子溶液剂的一般制备工艺流程如下：

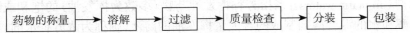

药物的称量 → 溶解 → 过滤 → 质量检查 → 分装 → 包装

药物的溶解通常在配液罐（图 6-1）中进行，然后经过滤器过滤后再分装，分装操作通常在灌装轧盖机（图 6-2a）或灌装旋盖机（图 6-2b）中完成，不同的低分子溶液剂使用的灌装机不同。对于口服溶液剂，分装后通常还需进行灭菌。

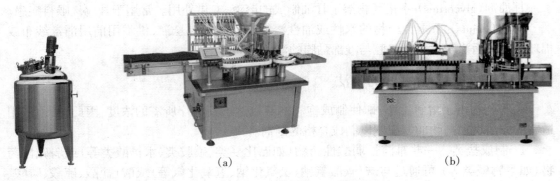

(a) 　　　　　　　　　　　　(b)

图 6-1　配液罐

图 6-2　灌装设备
(a)灌装轧盖机;(b)灌装旋盖机

（一）溶液剂

1. 制备方法

（1）溶解法：该法适用于较稳定的化学药物，多数溶液剂应用此法制备。通常取处方总量 1/2~3/4 的溶剂，加入药物搅拌溶解，过滤，再通过滤器加溶剂至全量，搅匀。过滤后的药液质量检查后及时分装、密封、贴标签及外包装。

例 6-1　复方碘溶液

【处方】碘 0.25kg　碘化钾 0.5kg　纯化水加至 5L

【制法】取碘化钾，加纯化水 0.5L 溶解，然后加入碘搅拌使溶解，再加纯化水至 5L，搅匀，质检后分装，即得。

【注解】本品可供内服，用于缺乏碘所致的疾病（如甲状腺肿等）。碘化钾作助溶剂，碘化钾应配成浓溶液，再加入碘，以利于碘的溶解。本品应避光，密封保存。

（2）稀释法：适用于以高浓度溶液或易溶性药物的浓贮备液等为原料的情况。直接用溶剂稀释至所需浓度即得。如过氧化氢溶液的浓度为 30%（g/ml），高于其常用浓度（2.5%~3.5%（g/ml））。

2. 注意事项　①有些易溶的药物溶解缓慢，应采用粉碎、搅拌、加热等措施加快溶解；②易氧化的药物，应将溶剂加热放冷后再加入药物溶解，同时加抗氧剂；③易挥发的药物应在最后加入；④先溶解溶解度小的药物，再加入其他药物，难溶性药物可加助溶剂或增溶剂。

（二）芳香水剂

原料为纯净的挥发油或化学药物时多用溶解法或稀释法制备（如薄荷水等）。溶解法制备芳香水剂时,应使药物与水的接触面积尽可能大,以加快溶解。稀释法是以浓芳香水剂加水稀释后制得。原料为含挥发成分的药材时多用蒸馏法制备(如金银花露等)。

(三)糖浆剂

1. 制备方法

(1)热溶法:该法适于对热稳定的药物和有色糖浆的制备。将蔗糖溶于沸纯化水中,加热使其完全溶解,降温后加再入其他药物搅拌溶解,过滤,再通过滤器加纯化水至全量,分装,即得。该法可使蔗糖快速溶解,还可杀死微生物。但加热时间不宜过长,温度不宜超过100℃,否则转化糖含量增加使糖浆剂颜色变深。

例 6-2 单糖浆

【处方】蔗糖 8.5kg 纯化水加至 10L

【制法】取纯化水 4.5L 煮沸,加蔗糖搅拌溶解,继续加热至 100℃,趁热保温滤过,再自滤器上加纯化水适量,使其冷至室温后成 10L,搅匀,质检后分装,即得。

【注解】本品 25℃时相对密度为 1.313,常作矫味剂和赋形剂。制备过程中温度升至100℃后的时间应适宜,加热时间过长,转化糖含量高,在贮存时易发酵;加热时间太短,则达不到灭菌目的。

(2)冷溶法:该法适于对热不稳定或挥发性药物的制备。将蔗糖溶于冷的纯化水或含药溶液中。该法制备的糖浆剂颜色较浅,但所需时间较长且易污染微生物。

(3)混合法:该法适于制备含药糖浆剂。将含药溶液与单糖浆混匀即得,需注意防腐。

2. 注意事项

(1)药物加入的方法:①水溶性固体药物先溶于少量纯化水,溶解度小的药物先溶于少量其他溶剂后,再与单糖浆混匀;②药物的液体制剂或可溶性液体药物可直接加入单糖浆中;③药物为含醇制剂时,可加入甘油助溶;④药物为水性浸出制剂时,需纯化后再与单糖浆混匀。

(2)制备过程中的注意事项:①应选用药用蔗糖;②操作应在无菌环境中进行,各种用具、容器应进行洁净或灭菌处理,并及时灌装;③宜用蒸汽夹层锅加热,严格控制温度和时间。

3. 糖浆剂生产存在的问题 ①霉败:糖浆剂(尤其是低浓度糖浆剂)易被微生物污染而变质。主要是由于蔗糖和药物不洁净,生产中用具和容器处理不当,生产环境不符合要求。应针对原因采取措施,并及时灌装,低浓度糖浆剂还应加防腐剂。②沉淀:糖浆剂在贮存过程中产生沉淀,主要是由于蔗糖质量差或含有浸出制剂,其中含有可溶性高分子杂质,可过滤除去。③变色:糖浆剂制备时加热温度高、时间长,尤其是在酸性条件下加热,转化糖增多,颜色变深。加有着色剂的糖浆剂则可能退色。

五、质量评价

液体制剂均应浓度准确、稳定,并具备一定的防腐能力,在贮存、使用过程中不发生霉变。口服溶液剂除药物含量应符合要求外,还应检查装量、微生物限度。糖浆剂除了药物含量应符合要求外,一般还需检查相对密度、pH、装量、微生物限度。醑剂还有含醇量的要求。微生物限度标准为:每毫升制剂中含细菌不得过 100cfu、霉菌和酵母菌不得过 100cfu、不得检出大肠埃希菌。

第三节   高分子溶液剂与溶胶剂

一、高分子溶液剂

高分子溶液剂（polymer solutions）系指高分子化合物以分子状态分散在溶剂中制成的均相液体制剂。以水为溶剂时，亦称为亲水胶体溶液，属于热力学稳定体系。在药剂学中应用广泛。

1. 高分子溶液的性质

（1）荷电性：许多高分子化合物结构中的某些基团会解离而使其在溶液中带电。如阿拉伯胶、海藻酸钠等带负电；而蛋白质水溶液，当 pH 大于等电点时，带负电，pH 小于等电点时，带正电。

（2）渗透压：高分子溶液具有较高的渗透压，渗透压的大小与高分子溶液的浓度有关。

（3）聚结特性：高分子化合物的亲水基与水作用可形成牢固的水化膜，使溶液稳定；高分子化合物的荷电对溶液的稳定也有一定作用。当水化膜被破坏及荷电发生变化时，高分子溶液易出现聚结。加入脱水剂（如乙醇、丙酮等）或大量电解质（盐析作用）可破坏水化膜，使高分子凝结沉淀。光线、盐类、pH、絮凝剂、射线等可使高分子聚集成大粒子后沉淀或漂浮，此现象称为絮凝。

（4）胶凝性：当温度变化时，一些高分子溶液可从黏稠性流动液体转变为不流动的半固体状物质，称为凝胶，形成凝胶的过程称为胶凝。有些高分子溶液（如明胶水溶液等）温度降低时形成凝胶，另一些高分子溶液（如甲基纤维素等）则是温度升高时形成凝胶。

2. 高分子溶液剂的处方设计   为制得安全、有效，性质稳定的高分子溶液剂，处方设计时应考虑药物的亲水性、溶解度、解离后所带电荷的种类及其与处方中其他药物或辅料的相互作用。

3. 制备   高分子溶液剂通常采用溶解法制备，其制备工艺流程为：

称量 → 溶胀 → 溶解 → 质量检查 → 分装 → 包装

制备高分子溶液剂所用的设备与低分子溶液剂相似。

（1）高分子药物的溶解过程：与低分子药物的溶解不同，高分子药物溶解时首先要经过溶胀过程。溶胀是指水分子渗入到高分子药物中，与其极性基团发生水化作用，使体积膨胀，此过程需较长时间。随着溶胀继续进行，高分子间充满水分子，分子间作用力减弱，最后完全溶解形成高分子溶液。

（2）注意事项：①高分子药物应先粉碎成细粒，加入一定量水静置使其充分溶胀；②不同的高分子物质形成溶液的条件不同。如明胶需粉碎后在水中浸泡 3~4 小时后再加热搅拌溶解；胃蛋白酶则应撒于水面，待自然溶胀后再搅拌溶解，若立即搅拌则形成团块，不利溶解。③高分子药物带电荷时，应注意处方中其他成分的电荷及制备中可能遇到的相反电荷，避免产生聚结。④长期贮存或受外界因素的影响，高分子溶液易聚结而沉淀，因此不宜大量配制。

二、溶胶剂

溶胶剂（sols）又称为疏水胶体溶液，系指固体药物以微粒（多分子聚集体）分散在分散介质中制成的非均相液体制剂。属热力学不稳定体系。溶胶剂中微粒大小介于 1~100nm。

1. 溶胶的性质

（1）溶胶的双电层结构：溶胶剂中的固体微粒（胶核）因自身解离或吸附溶液中的某种离子而带电，带电的胶核表面吸附溶液中的一部分反离子，构成吸附层；少部分的反离子则扩散到溶液中，形成扩散层。吸附层和扩散层带相反电荷，称为双电层（或扩散双电层）。双电层之间的电位差称为 ζ 电位（图 6-3）。ζ 电位是衡量溶胶是否稳定的指标之一。ζ 电位越高，胶粒间的排斥力越大，进入吸附层的反离子越少，扩散层的反离子越多，扩散层越厚，水化膜也越厚，溶胶越稳定。ζ 电位小于 25mV 时，溶胶聚结速度加快，产生聚结不稳定。

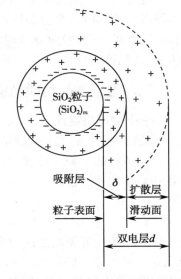

（2）溶胶的性质：①光学性质：当一束强光线通过溶胶时，从侧面可以看到一个圆锥形光束，称为丁铎尔效应；②动力学性质：溶胶剂中的胶粒产生布朗运动，使溶胶在较长时期内稳定；③电学性质：溶胶剂由于双电层结构而带电，在电场作用下，会产生电位差；④稳定性：溶胶剂属热力学不稳定、动力学稳定体系。胶粒表面所带电荷、胶粒周围的水化膜及胶粒的布朗运动，增加了溶胶剂的聚结及动力稳定性。溶胶剂对电解质极其敏感，电解质可中和电荷，使 ζ 电

图 6-3　溶胶的双电层结构示意图

位降低、水化膜变薄，加速胶粒聚结沉淀。在溶胶剂中加入亲水性高分子溶液，可使其具有亲水胶体的性质，稳定性增加，这种胶体称为保护胶体。

2. 溶胶剂的处方设计　设计溶胶剂的处方时，如何使制剂稳定是关键，主要应考虑药物在水中的带电性、分散度以及与附加剂的配伍等因素。

3. 制备　溶胶剂可采用分散法或凝聚法制备。分散法包括机械分散法、胶溶法、超声分散法，机械分散法常用的设备是胶体磨，胶溶法是使新生的粗粒子重新分散的方法，超声分散法是用超声波能量使粗粒子分散成溶胶剂的方法。凝聚法包括物理凝聚法和化学凝聚法。

第四节　混　悬　剂

一、概述

混悬剂（suspensions）系指难溶性固体药物分散在分散介质中制成的非均相液体制剂，可供内服或外用。难溶性固体药物与适宜辅料制成的粉末状或颗粒状制剂，临用时加水振摇后分散形成混悬液的称为干混悬剂。混悬剂粒径一般介于 0.5~10μm，有的可达 50μm 或更大。混悬剂属于热力学和动力学均不稳定体系。混悬剂在许多剂型（洗剂、搽剂、注射剂、滴眼剂、气雾剂等）中均有应用。

以下情况可考虑将药物制成混悬剂：①难溶性药物需制成液体制剂应用；②药物剂量超过溶解度，不能制成溶液剂；③两种溶液混合，药物溶解度降低或生成难溶性物质；④为使药物产生缓释作用。但从安全考虑，毒剧药或剂量小的药物不应制成混悬剂。

混悬剂具有以下特点：①混悬剂是低溶解度药物的优良给药剂型，可避免该类药物制成溶液剂体积过大的缺点；②与溶液剂相比，混悬剂可掩盖药物的不良味道；③可使药物缓释；④混悬剂为物理不稳定性体系；⑤混悬剂的体积较大，不便于携带。

混悬剂的质量要求是：①药物的化学性质应稳定，使用或贮存期间的含量应符合要求，不得有发霉、酸败、变色、异物、产生气体或变质现象；②混悬剂中微粒大小根据用途不同而有不同要求；③微粒应分散均匀，沉降速度应慢、沉降后不应结块，轻摇后应易再分散，沉降体积比应不低于 0.90。

二、混悬剂的物理稳定性

（一）物理稳定性

混悬剂存在的主要问题是物理稳定性，主要表现在以下方面。

1. 微粒的沉降　静置时，混悬剂中的药物微粒在重力作用下产生沉降，其沉降速度可用 Stoke's 定律描述。

$$v = \frac{2r^2(\rho_1 - \rho_2)g}{9\eta} \tag{6-1}$$

式中，v 为微粒沉降速度；r 为微粒半径；ρ_1、ρ_2 分别为微粒和分散介质的密度；g 为重力加速度；η 为分散介质的黏度。可通过减小微粒半径、增加介质黏度、减少微粒和分散介质间密度差以降低沉降速度，增加混悬剂稳定性。

2. 微粒的荷电与水化　与溶胶剂类似，混悬剂中的微粒也能带电荷，具有双电层结构，有 ζ 电位，且微粒周围存在水化膜，阻止微粒间相互聚结，使混悬剂稳定。加入电解质会影响混悬剂的稳定性。

3. 絮凝和反絮凝　混悬剂中微粒的分散度大，总表面积很大，具有很高的表面自由能，因此具有自发降低表面自由能的趋势，这就意味着微粒间将产生聚集。微粒荷电产生的排斥力可阻碍微粒聚集。当加入适当的电解质，使 ζ 电位降低到一定程度（通常控制 ζ 电位在 20~25mV），微粒形成疏松的絮状聚集体，总表面积减小，表面自由能降低，混悬剂处于稳定状态。混悬微粒形成疏松聚集体的过程称为絮凝（flocculation），加入的电解质称为絮凝剂。阴离子的絮凝作用大于阳离子，且离子价数越高，絮凝效果越好。向处于絮凝状态的混悬剂中加入电解质，使其变为非絮凝状态的过程称为反絮凝（deflocculation），加入的电解质称为反絮凝剂。絮凝剂与反絮凝剂可以是同一种物质。

4. 微粒的增长和晶型转变　药物粒子越小溶解速度越快；当粒子小于 0.1μm 时，粒子越小，溶解度越大。由于混悬剂是过饱和的溶液，其中的小粒子不断溶解，粒径越来越小，大粒子则变得越来越大，沉降加快，混悬剂的稳定性降低。许多药物存在多晶型，可能发生晶型转变，导致药物溶解度发生变化，影响混悬剂的稳定性。因此，制备混悬剂时，应同时考虑药物粒子大小及其分布。

5. 分散相的浓度与温度　对于同一分散介质，分散相的浓度增加，混悬剂的稳定性将降低。此外，温度变化会使药物溶解度、微粒沉降速度、絮凝速度及沉降体积发生变化，影响混悬剂的稳定性。

（二）稳定剂

1. 助悬剂　助悬剂主要是增加分散介质的黏度和微粒的亲水性，有些还可使混悬剂具有触变性，增加混悬剂的稳定性。助悬剂包括低分子化合物（甘油、单糖浆等）、高分子化合物、硅酸盐类(二氧化硅、硅酸铝镁等)和触变胶。高分子化合物是常用的助悬剂,包括天然高分子化合物(西黄蓍胶、阿拉伯胶等)以及合成高分子化合物(甲基纤维素、羧甲基纤维素钠等)。触变胶具有凝胶和溶胶互变特性,可提高混悬剂的稳定性。如2%单硬脂酸铝溶于植物油中可形成典型的触变胶。

2. 润湿剂 润湿剂能降低药物微粒与分散介质间的界面张力,使疏水性药物(如硫黄、甾醇类等)易被水润湿与分散。常用润湿剂有聚山梨酯类、泊洛沙姆等,此外,甘油等也有一定的润湿作用。

3. 絮凝剂和反絮凝剂 制备混悬剂时常加入絮凝剂降低微粒的ζ电位,使微粒形成疏松聚集体,经振摇可重新均匀分散,以增加混悬剂的稳定性。反絮凝剂则使ζ电位升高,阻碍微粒间的聚集。常用的絮凝剂、反絮凝剂有枸橼酸盐、枸橼酸氢盐、酒石酸盐、酒石酸氢盐、磷酸盐及氯化物等。

三、混悬剂的处方设计

在进行混悬剂处方设计时,除了药物的治疗作用、化学稳定性、制剂的防腐、色泽等问题外,还需重点考虑物理稳定性。应采取适当的方法减小微粒的粒径,对于疏水性药物还应保证其被充分润湿,选用合适的稳定剂,以提高物理稳定性。除了符合液体制剂的一般要求外,对混悬剂还有特殊要求:①混悬剂中药物粒子需有一定的细度,并且粒径均匀,用药时无刺激性或不适感;②药物的溶解度应最低,药物粒子应能较长时间保持悬浮状态;③粒子的沉降速度应很慢,沉降后亦不结块,轻摇即能迅速重新分散均匀;④混悬剂应具有一定的黏度,且可方便地从容器中取出较均匀的制剂。

四、混悬剂的制备

(一)制备

制备混悬剂的方法有分散法和凝聚法,分散法是主要的方法。

1. 分散法 该法是先将固体药物粉碎成符合混悬剂要求的微粒,然后再分散于分散介质。生产时需应用粉碎机、乳匀机、胶体磨(图6-4)等设备。其工艺流程为:

固体药物 → 粉碎 → 润湿 → 分散 → 助悬、絮凝 → 质量检查 → 分装 → 包装

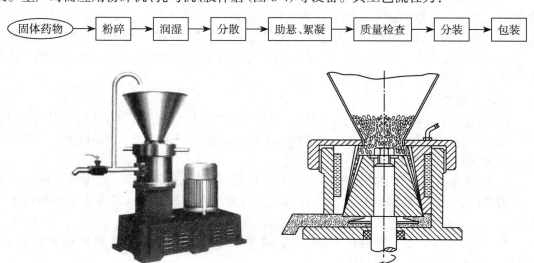

图6-4 胶体磨及其工作原理示意图

首先,将药物粉碎到一定细度后,加入含有润湿剂的少量水,静置数小时以排出内部的空气;期间将助悬剂分散在大部分的分散介质中,静置使完全水化。然后将润湿后的药物微粒缓缓加入到含有助悬剂的分散介质中。再将絮凝剂小心加入,之后加入防腐剂、矫味剂、着色剂。最后再通过乳匀机或胶体磨将其制成均匀的产品。根据药物与分散介质的性质不同,具体的制备工艺稍有不同。亲水性药物的细粒子可直接与少量处方中的液体先混,而疏水性药物则必须先与含润湿剂的少量水研匀;对于质重、硬度大的药物,可采用"水飞法",即药物加适量水研磨后,加入大量水搅拌,稍稍静置后倾出上层液体,留在底部的粗粒再加水研磨,如此反复直到达到要求的粒度,该法可获得极细的微粒。

胶体磨由磨头部件、底座传动部件、电动机三部分组成。其工作原理是:流体或半流体物料通过高速相对运动的定齿与动齿之间的间隙(间隙可调)时,受到强大的剪切力、摩擦力、高频振动、高速旋涡等作用,被乳化、分散、均质和粉碎,达到超细粉碎及乳化的效果。胶体磨结构简单,使用方便,适用于较高黏度及较大颗粒的物料。但存在流量不恒定,易产生较大热量使物料变性,表面较易磨损而导致细化效果显著下降的缺点。

例 6-3　布洛芬混悬液

【处方】布洛芬(粒径 4~10μm)200g　Avicel CL-611　130g　苯甲酸钠 20g　枸橼酸 20g　甘油 1.2kg　蔗糖 2.5kg　山梨醇 5g　聚山梨酯 80　10g　柠檬香精 30g　纯化水加至 10L

【制法】取甘油加热至 50~55℃,加入苯甲酸钠、枸橼酸溶解得溶液(1)。将 Avicel CL-611 加入适量纯化水中,用高速剪切设备将其分散成均匀的混悬体系(2)。将加热至 50~55℃的纯化水与聚山梨酯 80 混合制成分散液(3)。将蔗糖、山梨醇、柠檬香精、溶液(1)与混悬体系(2)混匀得混合物(4)。将微粉化的布洛芬与分散液(3)混匀,加入到混合物(4)中,在低速氮气流下,用高速剪切设备高速搅匀,即得。

【注解】本品为非甾体类抗炎药,有解热、镇痛及抗炎作用。主要用于由感冒、急性上呼吸道感染,急性咽喉炎等疾病引起的发热。也用于轻至中度疼痛,类风湿性关节炎及骨关节炎等风湿性疾病。Avicel CL-611 为助悬剂,苯甲酸钠、山梨醇为防腐剂,聚山梨酯 80 为润湿剂,蔗糖、柠檬香精、枸橼酸为矫味剂。

2. 凝聚法　该法是应用物理或化学方法使溶解在分散介质中的药物离子或分子产生聚集形成混悬剂。物理凝聚法通常是将药物在适当的溶剂中制成饱和溶液,在急速搅拌下加到另一种液体中,使药物快速结晶,可获得 10μm 以下(占 80%~90%)微粒,然后再将微粒分散于适宜的介质中。化学凝聚法是通过使两种化合物发生化学反应生成不溶性的药物微粒制备混悬剂,该法目前已很少使用。

(二)注意事项

1. 混悬剂中的药物微粒越小,沉降越慢,混悬剂越稳定。但粒子不宜过小,否则沉降后易结块,不易再分散。此外,应注意药物微粒的形状对混悬剂稳定性的影响,不应选择沉积后易形成顽固结块的微粒形状。

2. 分散介质的黏度越大,药物微粒沉降越慢,但黏度也不宜太高,否则不仅使用时混悬剂难以倾倒,而且制备时微粒分散困难。可通过选用具有触变性的助悬剂解决上述问题。

3. 在混悬剂中加入絮凝剂时,必须正确选用电解质种类,调整ζ电位绝对值到 20~25mV,使微粒恰好能发生絮凝作用。

五、混悬剂的质量评价

除了药物含量、装量、重量差异(仅单剂量包装的干混悬剂检查)、干燥失重(仅干混悬剂检查)、微生物限度检查外,混悬剂的质量评价还包括以下项目。

1. 微粒大小的测定 微粒大小不仅影响混悬剂的质量和稳定性,也影响药效和生物利用度,因此,微粒大小及其分布是评价混悬剂质量的一个重要指标。可用显微镜法、库尔特计数法、沉降法等测定。

2. 沉降体积比的测定 沉降体积比是指混悬剂沉降后沉降物的体积与沉降前混悬剂的体积之比。可用于评价混悬剂的沉降稳定性以及稳定剂的效果。测定方法是:将混悬剂50ml 置于具塞量筒中,密塞,用力振摇1分钟,记录混悬物的初始高度(H_0),静置3小时,记录混悬物的最终高度(H),按下式计算沉降体积比 F:

$$F = \frac{H}{H_0} \tag{6-2}$$

F 介于 0~1 之间,F 值越大,混悬剂越稳定。以 H/H_0 为纵坐标,时间 t 为横坐标作图,可得沉降曲线。沉降曲线的形状可用于判断混悬剂处方设计优劣,若沉降曲线下降平和缓慢,则处方设计优良。

3. 絮凝度的测定 絮凝度是比较混悬剂絮凝程度的重要参数,以 β 表示。

$$\beta = \frac{F}{F_\infty} \tag{6-3}$$

式中,F 及 F_∞ 分别为絮凝混悬剂与无絮凝混悬剂的沉降体积比。β 越大,絮凝效果越好,混悬剂越稳定。

4. 重新分散试验 优良的混悬剂,在贮存后经过振摇,沉降物应能很快均匀分散,以确保用药剂量的准确。重新分散试验方法:将混悬剂置于 100ml 量筒内,放置一定时间使其沉降,然后以 20r/min 的转速旋转一定时间,量筒底部的沉降物应重新均匀分散。

5. ζ 电位的测定 通过测定混悬剂的 ζ 电位可获知混悬剂的存在状态,通常 ζ 电位小于 25mV 时混悬剂呈絮凝状态,ζ 电位介于 50~60mV 时混悬剂呈反絮凝状态。

6. 流变学性质的测定 应用旋转黏度计测定混悬液的流动曲线,从流动曲线形状可以确定混悬液的流动类型,评价其流变学性质。若为触变流动、塑性流动、假塑性流动,可有效降低微粒沉降速度。

第五节 乳 剂

一、概述

乳剂(emulsions)系指两种互不相溶的液体混合,其中一种液体以小液滴状态分散在另一种液体中制成的非均相液体制剂,可供内服、外用或注射。通常为热力学和动力学均不稳定体系。乳剂中,形成小液滴的液体称为分散相、内相或非连续相,另一种液体称为分散介质、外相或连续相。其中一相通常是水或水溶液,常以水相(W)表示;另一相是与水不相混溶的有机液体,常以油相(O)表示。

根据分散相液滴的粒径大小以及制备方法不同,可将乳剂分为以下几类:①普通乳

(emulsions):粒径在 0.5~100μm,可分为水包油(O/W)型和油包水(W/O)型。两者的主要区别见表 6-2。②亚微乳(submicron emulsions):粒径在 0.1~0.5μm,通常作为胃肠外给药的载体,如用于补充营养的静脉注射脂肪乳剂。③纳米乳(nanoemulsions)、微乳(microemulsions):通常粒径在 10~100nm,为胶体分散体系。纳米乳属于热力学不稳定体系,外观呈半透明或透明状,粒径分布为单峰或多峰,分散相为球形小液滴。微乳属于热力学稳定体系,通常呈透明状,粒径分布为窄的单峰,分散相可以是球形或非球形小液滴。④复乳(multiple emulsions):又称为二级乳,是由初乳(一级乳)进一步乳化制成的复合型乳剂,分为 W/O/W 型和 O/W/O 型,复乳的液滴一般在 50μm 以下。复乳可口服,也可注射。复乳具有两层或多层液体乳化膜,因此可以更有效地控制药物的扩散速率。

表 6-2 水包油(O/W)型或油包水(W/O)型乳剂的主要区别

	O/W 型乳剂	W/O 型乳剂		O/W 型乳剂	W/O 型乳剂
外观	通常乳白色	接近油的颜色	水溶性染料	外相可被染色	内相可被染色
稀释	外相可被水稀释	外相可被油稀释	油溶性染料	内相可被染色	外相可被染色
导电性	导电	几乎不导电			

乳剂具有以下特点:①乳剂中的液滴分散度很大,药物能较快地吸收发挥药效,生物利用度高;②油类药物制成乳剂可确保剂量准确,且服用方便;③O/W 型乳剂可掩盖油类药物的不良臭味;④外用乳剂可改善药物对皮肤、黏膜的渗透性和刺激性;⑤静脉注射乳剂具有靶向性。

乳剂的质量要求是:①不得有发霉、酸败、变色、异物、产生气体或其他变质现象;②应呈均匀的乳白色,用半径 10cm 的离心机以 4000r/min 的转速离心 15 分钟,不应出现分层现象;③加入的附加剂应不影响产品的稳定性、含量测定和检查。

二、乳剂的物理稳定性

1. 分层(delamination) 乳剂在放置过程中出现分散相液滴上浮或下沉,又称为乳析(creaming)。主要是由于分散相与连续相的密度存在差异。可通过减小乳滴粒径、增加连续相的黏度、减小分散相与连续相的密度差以降低分层速度。此外,分散相的相体积亦影响乳剂的分层。分层一般是可逆的,经振摇后仍能恢复成均匀的乳剂。

2. 絮凝 使 ζ 电位降低,乳剂的分散相液滴产生聚集而絮凝,此时分散相液滴的界面电荷和乳化膜仍然存在,因此,絮凝时乳滴的聚集和分散是可逆的,经过充分振摇,乳剂仍可使用。絮凝主要是由于存在电解质、离子型乳化剂引起。此外,乳剂的黏度、相体积比、流变性亦与絮凝有关。

3. 转相(phase inversion) 乳剂从一种类型(O/W 型或 W/O 型)转变成另一种类型(W/O 型或 O/W 型)。转相主要是由于乳化剂性质发生改变引起。如当一价钠皂遇到足量的氯化钙后生成二价钙皂,使乳剂由原来的 O/W 型转变成 W/O 型。又如向乳剂中加入相反类型的乳化剂,当两者比例达到转相临界点后,乳剂发生转相。乳剂转相的速度还与相体积比有关。

4. 合并与破裂 乳剂中乳滴周围的乳化膜破坏导致乳滴变大的现象称为合并(coalescence)。合并进一步发展使乳剂分为油、水两相的现象称为破裂(cracking)。破裂是不可逆的。乳滴大小不匀易产生聚集合并,因此应尽可能使乳滴大小均匀。增加连续相的黏度也可降低乳滴合并的速度。影响乳剂稳定性的最重要因素是乳化剂的理化性质,直接关系到所形成乳化膜的牢固程度。

5. 酸败 乳剂受外界因素(光、热、空气等)及微生物的影响,使油相或乳化剂等发生变质。可通过加入抗氧剂、防腐剂以及采用适宜的包装和贮存条件等加以解决。

三、乳化及乳化剂

(一)乳剂形成的原理

1. 降低界面张力 油水两相间存在界面张力,当一相以液滴状态分散于另一相中时,两相的界面增大,表面自由能也增大,液滴将重新聚集合并。加入乳化剂可有效降低界面张力和表面自由能,利于形成乳滴,并保持乳剂的分散状态和稳定性。

2. 形成牢固的乳化膜 乳化剂被吸附于液滴周围,不仅可降低界面张力和表面自由能,而且可在液滴表面形成乳化膜,阻碍液滴合并。乳化膜越牢固,乳剂越稳定。乳化剂种类不同,形成不同类型的乳化膜,O/W 型乳剂的乳化膜有:①单分子乳化膜:表面活性剂类乳化剂被吸附在乳滴表面,定向排列形成单分子乳化膜;②多分子乳化膜:亲水性高分子化合物类乳化剂被吸附在乳滴周围,形成多分子乳化膜;③固体粒子乳化膜:当固体粉末足够细,不会受重力作用而沉降,且对油水两相都有一定润湿性时,可被吸附于乳滴表面,形成固体粒子乳化膜;④复合凝聚膜:乳化膜也可以由两种或两种以上的不同物质组成。其中一种水不溶性物质形成单分子膜,另一种水溶性物质与之结合形成复合凝聚膜。

(二)乳化剂

乳化剂是乳剂不可缺少的重要组成部分,是决定乳剂类型和稳定性的关键因素。理想的乳化剂应具备以下条件:①具有较强的乳化能力,可使界面张力降至 10×10^{-5}N/cm 以下;②能快速被吸附到乳滴周围,形成牢固的乳化膜;③能使乳滴带电,具有适宜的 ζ 电位;④可增加乳剂的黏度;⑤在很低浓度即可发挥乳化作用。此外,还应有一定的生理适应能力,对机体不产生毒副作用;化学性质稳定;不影响药物的吸收。常用的乳化剂有表面活性剂、亲水高分子化合物和固体粉末三类。

1. 表面活性剂 该类乳化剂乳化能力强,稳定性较好,混合使用效果最好。通常使用非离子型表面活性剂,常用的有:①脂肪酸山梨坦类,*HLB* 值为 3~8 者可形成 W/O 型乳剂,亦可在 O/W 型乳剂中与聚山梨酯类配伍作混合乳化剂;②聚山梨酯类,常用的 *HLB* 值为 8~16,形成 O/W 型乳剂;③聚氧乙烯脂肪醇醚类,常用 Cremophor EL、Cremophor RH40,常用于微乳中作乳化剂;④聚氧乙烯-聚氧丙烯共聚物,具有乳化、润湿、分散等优良性能,但增溶能力较弱;其中的泊洛沙姆 188 可作 O/W 型乳化剂,亦可用于静脉注射乳剂中作乳化剂。阴离子型表面活性剂乳化剂常用于外用乳剂,如十二烷基硫酸钠、硬脂酸钠、硬脂酸钾、油酸钠、油酸钾、硬脂酸钙(W/O 型)等。两性离子型表面活性剂乳化剂有磷脂,乳化能力强,常用于制备不易破坏的 O/W 型亚微乳,可供内服、外用或注射。

2. 亲水高分子化合物 该类乳化剂可形成 O/W 型乳剂,常用于口服乳剂,使用时需加入防腐剂。常用的有:①阿拉伯胶,常用浓度 10%~15%,常与西黄蓍胶、果胶、海藻酸钠等合用;②西黄蓍胶,水溶液黏度较高,乳化能力较差,通常与阿拉伯胶混合使用;③明胶,用量为油的 1%~2%,易受溶液 pH 及电解质的影响产生凝聚;④杏树胶,乳化能力、黏度均超过阿拉伯胶,用量为 2%~4%,可作为阿拉伯胶的代用品。其他可作乳化剂的亲水性高分子化合物还有白及胶、果胶、桃胶、海藻酸钠等,乳化能力较弱,多与阿拉伯胶合用起稳定作用。

3. 固体粉末　通常接触角小、易被水润湿的固体粉末可作 O/W 型乳化剂,如氢氧化镁、氢氧化铝、二氧化硅、硅藻土等;接触角大、易被油润湿的固体粉末可作 W/O 型乳化剂,如硬脂酸镁、氢氧化钙、氢氧化锌等。

4. 辅助乳化剂　指与乳化剂合用能增加乳剂稳定性的乳化剂。辅助乳化剂自身的乳化能力很弱或无乳化能力,但能提高乳剂的黏度,增强乳化膜的强度。能增加水相黏度的辅助乳化剂有羧甲基纤维素钠、羟丙纤维素、甲基纤维素、海藻酸钠、西黄蓍胶、皂土等;增加油相黏度的辅助乳化剂有鲸蜡醇、蜂蜡、硬脂酸、硬脂醇、单硬脂酸甘油酯等。

四、乳剂的处方设计

为制得稳定的乳剂,除了水相、油相外,还必须加入乳化剂,三者缺一不可。乳剂的类型主要取决于乳化剂的种类、性质及油水两相的体积比。设计乳剂处方时,首先应根据乳剂的类型和药物的性质等选择合适的乳化剂,并确定油水两相的体积比,然后选择可调整连续相黏度的辅助乳化剂以及其他附加剂(如矫味剂、防腐剂、抗氧剂等)。通过试验比较,优化处方组成。

(一) 乳剂类型的确定

乳剂的类型应根据产品的用途和药物性质进行设计。供口服或静脉注射用时应设计成 O/W 型乳剂,供肌内注射用时通常制成 O/W 型乳剂,若为了使水溶性药物缓释则可设计成 W/O 型或 W/O/W 型乳剂,供外用时应按医疗需要和药物性质选择制成 O/W 型乳剂或 W/O 型乳剂。

(二) 乳化剂的选择

选择乳化剂时,应综合考虑用药目的、乳剂类型、药物性质、处方组成以及制备方法等。

1. 根据乳剂的类型选择　欲制备 O/W 型乳剂应选择 O/W 型乳化剂,制备 W/O 型乳剂则应选择 W/O 型乳化剂。可依据乳化剂的 *HLB* 值进行选择。

2. 根据乳剂的用药目的选择　口服乳剂通常应选择无毒的天然或某些亲水性高分子乳化剂。外用乳剂应选择对局部无刺激,长期使用无毒性的乳化剂。注射用乳剂应选择磷脂、泊洛沙姆等乳化剂。

3. 根据乳化剂的性能选择　应选择乳化能力强,性质稳定,不易受胃肠生理因素及外界因素(酸、碱、盐、pH 等)影响,无毒、无刺激性的乳化剂。

4. 混合乳化剂的选择　乳化剂混合使用可改变 *HLB* 值,使乳化剂的适应性更广,但必须选用得当。乳化剂混合使用时,必须符合各种油对 *HLB* 值的要求(表 6-3)。阴离子型乳化剂和阳离子型乳化剂不可混合使用。

表 6-3　各种油乳化所需的 *HLB* 值

油相	所需 *HLB* 值		油相	所需 *HLB* 值	
	W/O 型乳剂	O/W 型乳剂		W/O 型乳剂	O/W 型乳剂
鲸蜡醇	—	15	液状石蜡(轻)	4	10~12
硬脂醇	7	15~16	液状石蜡(重)	4	10.5
硬脂酸	6	17	棉籽油	5	10
无水羊毛脂	8	15	植物油	—	7~12
蜂蜡	5	10~16	挥发油	—	9~16
微晶蜡	—	9.5	油酸	—	17

(三) 相体积分数

相体积分数是指分散相占乳剂总体积的分数,常以 φ 表示。通常相体积分数介于 20%~50% 时乳剂较稳定。不考虑乳化剂作用时,油相体积小于 26% 时,易形成 O/W 型乳剂;反之,水相体积小于 26% 时,易形成 W/O 型乳剂。因乳滴周围的乳化膜带电,通常 O/W 型乳剂较 W/O 型乳剂更易形成,且稳定。O/W 型乳剂中油相体积可以超过 50%,甚至更高(可达 90% 以上);但 W/O 型乳剂中水相体积必须低于 40%,否则乳剂不稳定。

此外,还可考虑在乳剂中加入其他成分,使乳剂稳定。如加入辅助乳化剂、抗氧剂、防腐剂等。

五、乳剂的制备

(一) 乳剂的制备

乳剂制备通常需借助外界强大的机械能量将分散相(通常含有药物)以小液滴的状态分散在分散介质中,其制备工艺流程为:

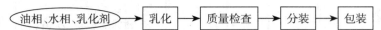

油相、水相、乳化剂 → 乳化 → 质量检查 → 分装 → 包装

乳剂制备通常采用机械法,生产中使用的主要设备有真空乳化机(图 6-5)、胶体磨、高压均质机(图 6-6)、高剪切乳化机(图 6-7)、超声乳化机。对于口服乳剂,还需采用适当的方法进行灭菌。

真空乳化机通常由乳化锅、水锅、油锅、刮壁双搅拌、均质乳化真空系统、加热温度控制系统、电器控制等组成,适用于高黏度的物料,如乳膏、乳剂等。其工作原理是:物料在水锅、油锅内加热、搅拌混合后,由真空泵吸入乳化锅,通过乳化锅内的刮壁双搅拌、高速剪切的均质搅拌器,迅速被破碎成微粒,同时,真空系统可将气泡及时抽走,以确保获得优质产品。

高压均质机以高压往复泵为动力传递及物料输送机构,将物料输送至工作阀(一级均质阀及二级乳化阀)。物料高速通过工作阀细孔的过程中,在高压下产生强烈的剪切、撞击和空穴作用,使液态物质或以液体为载体的固体颗粒得到超微细化。高压均质机不适于黏度很高的物料。与离心式分散乳化设备(胶体磨、真空乳化机等)相比,高压均质机具有细化作用更强烈,物料发热量较小,可定量输送物料的优点;但存在耗能较大,损失较多,维护工作量较大的缺点。

管线式高剪切乳化机由 1~3 个工作腔组成,在马达的高速驱动下,物料在转子与定子之间的狭窄间隙中高速运动,形成紊流,物料受到强烈的液力剪切、离心挤压、高速切割、撞击和研磨等综合作用,从而达到分散、乳化和破碎的效果。物料的物理性质、工作腔数量以及物料在工作腔中的停留时间决定了粒径分布范围及均化、细化的效果和产量大小。管线式高剪切乳化机处理量大,适合工业化在线连续生产,可实现自动化控制,粒径分布范围窄,省时、高效、节能。

超声波乳化机是利用 10~15kHz 的高频振动制备乳剂。该法乳化时间短,液滴细小且均匀,但可能引起某些药物分解。本法不适于黏度大乳剂制备。

例 6-4 马洛替酯乳剂

【处方】马洛替酯 100g 玉米油 300g 精制豆磷脂 50g 聚山梨酯 80 50g 薄荷脑 5g 甜菊苷 15g 磷酸缓冲液适量 蒸馏水加至 5L

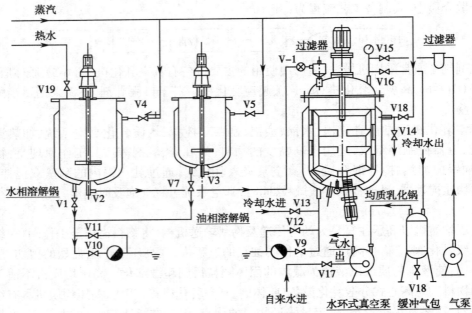

图 6-5 真空乳化机及其工作示意图

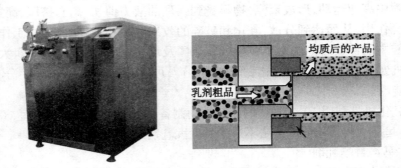

图 6-6 高压均质机及其工作原理示意图

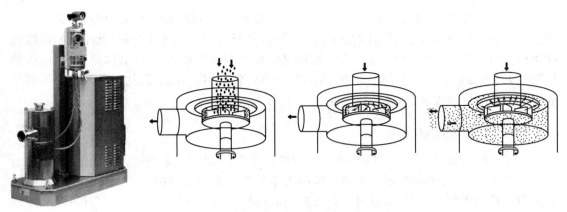

图 6-7　管线式高剪切乳化机及其工作原理示意图

【制法】用蒸馏水适量溶解乳化剂(精制豆磷脂、聚山梨酯 80),将马洛替酯溶于玉米油,将此玉米油溶液逐渐加入上述乳化剂的水溶液中,在适宜温度下高速搅拌使形成初乳,然后加入矫味剂薄荷脑、甜菊苷混匀,用磷酸缓冲液调 pH 至 6.5~7.5,再加蒸馏水至足量,粗滤,过高压均质机,精滤后灌装于洗净烘干的玻璃瓶中,封口,100℃灭菌 30 分钟,即得。

【注解】本品为口服乳剂,用于治疗慢性肝病低蛋白血症。本品为 O/W 型乳剂,处方中以精制豆磷脂、聚山梨酯 80 为混合乳化剂,玉米油为油相兼作溶解药物的溶剂,薄荷脑、甜菊苷为矫味剂,磷酸盐缓冲液为 pH 调节剂。本品应避光,密闭贮存。

乳剂少量制备时,亦可采用手工法,包括油中乳化剂法(又称干胶法)、水中乳化剂法(又称湿胶法)、两相交替加入法和新生皂法。

复乳的制备通常采用二步乳化法,首先将水相、油相、乳化剂制成一级乳(O/W 型或 W/O 型),然后再将一级乳分散在油或水的连续相中经过乳化制得二级乳(O/W/O 型或 W/O/W 型)。影响 W/O/W 型复乳稳定性的因素有:①内水相液滴小,一级乳乳滴较小,复乳较稳定;②内、外水相间存在渗透压,水分子可透过油膜,油相的渗透性影响复乳稳定性;③油膜的性质与厚度;④内、外水相中加入高分子稳定剂,可提高复乳稳定性。

纳米乳、微乳中除了油相、水相、乳化剂外,通常还含有助乳化剂。由于纳米乳属于热力学不稳定体系,制备时也需要借助外界强大的机械能量。微乳属于热力学稳定体系,理论上可以自发形成,但制备时通常仍借助一定的外界机械能量。

(二)制备中的注意事项

1. 药物的加入方法　①水溶性药物先溶于水相,油溶性药物先溶于油相,再制备乳剂;②若药物在油、水中都不溶解,则可用亲和性大的液相与药物一起研磨后再制成乳剂;③当有可使胶类脱水的成分(如浓醇或大量电解质)时,应稀释后,再逐渐加入。

2. 注意事项　①乳化剂的性质与用量:乳化膜的强度与乳化剂结构和用量有关。一般直链结构比支链结构的乳化剂更易形成紧密牢固的乳化膜。乳化剂用量太少,形成的乳化膜密度过小甚至不足以包裹乳滴,用量过多则乳化剂不能完全溶解。乳化剂越多,ζ 电位越高,乳滴不易聚集。一般普通乳剂中乳化剂用量为 5~100mg/ml。②相体积分数:通常乳剂的相体积分数(φ)为 20%~50%。低于 20% 时乳剂不稳定,接近 50% 时乳剂较稳定。③乳化温度:加热可降低黏度,利于形成乳剂;但同时增加乳滴动能,促进液滴合并,降低乳剂的稳定性。一般最适宜的乳化温度为 70℃左右。非离子型乳化剂温度不宜超过其昙点。降低温度对乳剂的影响更甚,使乳剂的稳定性降低,甚至破裂。④乳化时间:乳化开始阶段搅拌可促使乳滴形成,但乳剂形成后继续搅拌则增加乳滴碰撞机会,加速乳滴聚集合并,因此应避免乳化时间过长。⑤其他:乳剂中的其他成分、乳剂制备方法、乳化设备及水质等都可能影响成品的分散度、均匀性及稳定性。

六、乳剂的质量评价

除了药物含量,检查装量、微生物限度应符合要求外,乳剂还需进行以下质量评价。

1. 乳滴粒径大小的测定 乳滴的粒径大小是衡量乳剂质量的重要指标。不同用途的乳剂对粒径大小要求不同,如静脉注射用乳剂的粒径应小于 $0.5\mu m$。可应用显微镜法、库尔特计数器法、激光散射光谱法、透射电镜法进行测定。

2. 分层现象的观察 乳剂分层的快慢是衡量乳剂稳定性的重要指标。通常采用离心法,将乳剂以 4000r/min 离心 15 分钟,若不分层则可认为乳剂较稳定。亦可采用加速试验法,将乳剂置于 10cm 离心管中以 3750r/min 速度离心 5 小时,相当于放置一年自然分层的效果。

3. 乳滴合并速度的测定 乳滴的合并速度符合一级动力学规律:

$$\lg N = \lg N_0 - \frac{kt}{2.303} \tag{6-4}$$

式中,N 为 t 时间的乳滴数;N_0 为 t_0 时的乳滴数;k 为合并速度常数。k 值大乳剂不稳定,k 值小则乳剂稳定。

4. 稳定常数的测定 乳剂离心前后光密度变化的百分率称为稳定常数,以 K_e 表示。

$$K_e = \frac{A_0 - A}{A} \times 100\% \tag{6-5}$$

式中,K_e 为稳定常数;A_0 为离心前乳剂稀释液的吸光度;A 为离心后乳剂稀释液的吸光度。K_e 愈小乳剂愈稳定。本法可定量研究乳剂的稳定性。

第六节 液体制剂的包装与贮存

液体制剂的包装与产品的质量、运输和贮存关系密切。若包装选择不当,在运输和贮存过程中会发生变质。因此包装材料的选择极为重要。通常包装材料应符合以下要求:①不与药物发生作用,不改变药物的理化性质和疗效,不吸收也不沾留药物;②可防止外界不利因素对制剂的影响;③坚固耐用、体积小质量轻、形状合适、便于携带和运输;④价廉易得。

液体制剂的包装材料包括:容器(玻璃瓶、塑料瓶等)、瓶塞(橡胶塞、塑料塞)、瓶盖(塑料盖、金属盖)、标签、说明书、纸盒、纸箱等。液体制剂包装瓶上都应贴上标签,内服与外用液体制剂的标签颜色应不同。

液体制剂的主要溶剂是水,在贮存期间易发生水解、污染微生物而变质。生产中除了应注意采取有效的避菌措施外,还需加入防腐剂,并选择适宜的包装材料。液体制剂一般应密封、贮于阴凉干燥处,并避光。贮存期不宜过长。

(胡巧红)

思 考 题

1. 液体制剂的特点有哪些,可分为哪几类? 简述溶液剂、高分子溶液剂、溶胶剂、混悬剂、乳剂的定义。
2. 制备溶液剂重点应考虑哪些因素,可采取哪些措施增加药物的溶解度?
3. 液体制剂常用的矫味剂有哪几类? 常用的防腐剂有哪些,各有何特点?
4. 何谓高分子溶液剂、溶胶剂,各有何性质?
5. 混悬剂的质量要求有哪些;影响混悬剂稳定性的因素有什么;混悬剂稳定剂的种类有哪些,它们的作用是什么;可用哪些措施延缓混悬微粒沉降速率;混悬剂常用的制备方法有哪些?
6. 乳剂由哪几部分组成,可分为哪几类,决定类型的主要因素是什么,乳剂存在哪些不稳定现象,乳剂常用的制备方法有哪些?

参 考 文 献

1. David Jones. Pharmaceutics — Dosage Form and Design. London·Chicago: Pharmaceutical Press, 2008
2. David Troy, Paul Beringer. Remington: The Science and Practice of Pharmacy. 21th Ed. Philadelphia: Lippincott Williams & Wilkins, 2005
3. David Julian McClements. Nanoemulsions versus microemulsions: terminology, differences, and similarities. Soft Matter. 2012, 8, 1719-1729
4. 卢山,刘红华,陆毅. 布洛芬口服混悬液及其制备方法. 中国,CN101991531B. 2012-06-27
5. 蔡慧明,何国熙,叶志明. 马洛替酯乳剂及其制备方法. 中国,申请号 03132225.5 2003-08-04

第七章　无　菌　制　剂

第一节　概　　述

在医疗临床实践中，有的药物直接注入、植入人体，如注射剂和植入剂；有的药物直接用于特定的器官，如眼用制剂；有的药物直接用于开放性的伤口或腔体，如冲洗剂；有的药物直接用于烧伤或严重创伤的体表创面，如无菌软膏剂、无菌气雾剂、无菌散剂、无菌涂剂与涂膜剂及无菌凝胶剂等创面制剂；用于手术或创伤的黏膜用制剂，如无菌耳用制剂和无菌鼻用制剂；这些制剂的质量对人体的健康影响很大，《中国药典》2010 年版规定，这些制剂必须经过无菌检查法检查并符合规定，以保证药物的安全性和有效性。

一、无菌制剂的定义与分类

（一）定义

无菌制剂（sterile preparation）系指法定药品标准中列有无菌检查项目的制剂。包括大小容量注射剂、眼用制剂及其他无菌制剂如植入剂、冲洗剂、无菌软膏剂、无菌气雾剂、无菌散剂、无菌耳用制剂、无菌鼻用制剂、无菌涂剂与涂膜剂、无菌凝胶剂等。

（二）分类

1. 根据给药方式、给药部位及临床应用的不同，无菌制剂可分为以下 6 类。

（1）注射剂：系指药物与适宜的溶剂或分散介质制成的供注入体内的溶液、乳状液或混悬液及供临用前配制或稀释成溶液或混悬液的粉末或浓溶液的无菌制剂。如小容量注射剂、大容量注射剂及粉针剂等。

（2）眼用制剂：系指直接用于眼部发挥治疗作用的无菌制剂。眼用制剂可分为眼用液体制剂（滴眼剂、洗眼剂、眼内注射溶液）、眼用半固体制剂（眼膏剂、眼用乳膏剂、眼用凝胶剂）、眼用固体制剂（眼膜剂、眼丸剂、眼内插入剂）等。

（3）植入剂：系指药物与辅料制成的供植入人体内的无菌固体制剂。此类制剂一般采用特制的注射器植入，也可以用手术切开植入，在体内持续释放药物，维持较长时间。

（4）冲洗剂：系指用于冲洗开放性伤口或腔体的无菌溶液。

（5）创面用制剂：如用于烧伤、创伤或溃疡的气雾剂、喷雾剂；用于烧伤或严重创伤的涂剂、涂膜剂、凝胶剂、软膏剂、乳膏剂及局部散剂等。

（6）手术用制剂：手术时使用的制剂，如用于手术的耳用制剂、鼻用制剂；止血海绵剂和骨蜡等。

2. 根据生产工艺的不同，无菌制剂可分为最终灭菌产品和非最终灭菌产品。

（1）最终灭菌产品：系指采用最终灭菌工艺的无菌制剂。

（2）非最终灭菌产品：系指部分或全部工序采用无菌生产工艺的无菌制剂。

二、无菌制剂的质量要求

无菌制剂的质量要求比非无菌制剂严格得多，质量要求主要有无菌，无细菌内毒素或热原，可见异物、不溶性微粒、安全性、渗透压摩尔浓度及稳定性等，均应符合规定。

1. 无菌　所有无菌制剂都必须经过无菌检查法（药典附录ⅪH）检查，应符合规定。

2. 无细菌内毒素或热原　除另有规定外，静脉、脊椎腔用注射剂及冲洗剂，必须照细菌内毒素检查法（药典附录ⅪE）或热原检查法（药典附录ⅪD）检查，应符合规定。

3. 可见异物　除另有规定外，注射剂、滴眼剂及眼内注射溶液，必须照可见异物检查法（药典附录ⅨH）检查，应符合规定。

4. 不溶性微粒　除另有规定外，溶液型静脉用注射液、注射用无菌粉末及注射用浓溶液，必须照不溶性微粒检查法（药典附录ⅨC）检查，应符合规定。

5. 安全性　注射剂必要时应进行相应的安全性检查，如异常毒性、过敏反应、溶血与凝聚、降压物质等，均应符合要求。

6. 渗透压摩尔浓度　除另有规定外，静脉输液、椎管注射用注射液、水溶液型滴眼剂、洗眼剂及眼内注射溶液，必须照渗透压摩尔浓度测定法（附录ⅨG）检查，应符合规定。

7. 稳定性　生产过程中应尽可能缩短注射剂的配制时间，防止微生物与热原的污染及药物变质。制备混悬型注射液、乳状液型注射液过程中，要采取必要的措施，保证粒子大小符合质量标准的要求。除另有规定外，混悬型注射液中药物粒度应控制在 $15\mu m$ 以下，含 $15{\sim}20\mu m$（兼有个别 $20{\sim}50\mu m$）者，不应超过 10%，若有可见沉淀，振摇时应容易分散均匀。混悬型注射液不得用于静脉注射或椎管注射；乳状液型注射液应稳定，不得有相分离现象，不得用于椎管注射。静脉用乳状液型注射液中乳滴的粒度 90% 应在 $1\mu m$ 以下，不得有大于 $5\mu m$ 的乳滴。

8. 其他静脉输液与脑池内、硬膜外、椎管内用的注射液，均不得加抑菌剂。除另有规定外，一次注射量超过 15ml 的注射液，不得加抑菌剂。

第二节　无菌制剂的相关技术与理论

一、空气净化技术

（一）概述

空气净化系指以创造洁净空气为目的的空气调节措施。根据不同行业的要求和洁净标准,可分为工业净化和生物净化。工业净化系指除去空气中悬浮的尘埃粒子的环境,如电子工业环境等。另外,在某些特殊环境中,可能还有除臭、增加空气负离子等要求。生物净化系指不仅除去空气中悬浮的尘埃粒子,而且要求除去微生物等以创造洁净空气的环境,如制药工业、生物学实验室、医院手术室等均需要生物洁净。

(二)洁净室的净化标准

目前,GMP在世界大多数国家和组织得到了广泛的实施,但其洁净度标准尚未统一。根据我国2010年版GMP规定,洁净区的设计必须符合相应的洁净度要求,包括达到"静态"和"动态"的标准。无菌药品生产所需的洁净区可分为A、B、C、D 4个级别。

A级:高风险操作区,如:灌装区、放置胶塞桶、敞口注射剂瓶的区域及无菌装配或连接操作的区域。通常用单向流操作台(罩)来维持该区的环境状态。单向流系统在其工作区域必须均匀送风,风速为0.36~0.54m/s(指导值)。应有数据证明单向流的状态并须验证。

B级:指无菌配制和灌装等高风险操作A级区所处的背景区域。

C级和D级:指生产无菌药品过程中重要程度较低的洁净操作区。

以上各级别空气悬浮粒子的标准规定,如表7-1所示。

表7-1　洁净室各级别空气悬浮粒子的标准规定

洁净度级别	悬浮粒子最大允许数/立方米			
	静态		动态	
	≥0.5μm	≥5μm	≥0.5μm	≥5μm
A级	3520	1	3520	1
B级	3520	1	352 000	2000
C级	352 000	2000	3 520 000	20 000
D级	3 520 000	20 000	不作规定	不作规定

我国《药品生产质量管理规范》除对含尘浓度和微生物浓度有规定外,另外还规定:①洁净室(区)的温度和相对湿度应与药品生产工艺相适应,无特殊要求时,温度应控制在18~26℃,相对湿度控制在45%~65%;②空气洁净度级别不同的相邻房间之间的静压差应大于5Pa,洁净室(区)与室外大气的静压差应大于10Pa;③空气洁净度的测试要求在静态条件下检测;④主要工作室的照度宜为300lx,有特殊要求的生产部位可设置局部照明。表7-2为2010年版GMP规定洁净度各级别的微生物监测动态标准。

表7-2　2010年版GMP规定洁净度各级别的微生物监测动态标准

洁净度级别	浮游菌 cfu/m³	沉降菌(Φ90mm) cfu/4 小时	表面微生物	
			接触碟(Φ55mm) cfu/碟	5指手套 cfu/手套
A级	<1	<1	<1	<1
B级	10	5	5	5
C级	100	50	25	—
D级	200	100	50	—

注:表中各数据均为平均值;单个沉降碟的暴露时间可以少于4小时,同一位置可使用多个沉降碟连续进行监测并累积数。

（三）浮尘浓度测定方法

1. 含尘浓度　含尘浓度系指单位体积空气中含粉尘的个数（计数浓度）或毫克量（重量浓度）。

2. 浮尘浓度测定方法　测定空气中浮尘浓度和粒子大小的常用方法有：光散射法、滤膜显微镜法和比色法。

（1）光散射式粒子计数法：当含尘气流以细流束通过强光照射的测量区时，空气中的每个尘粒发生光散射，形成光脉冲信号，并转化为相应的电脉冲信号。根据散射光的强度与尘粒表面积成正比，脉冲信号次数与尘粒个数相对应，最后由数码管显示粒径和粒子数目。

（2）滤膜显微镜计数法：采用微孔滤膜真空过滤含尘空气，捕集尘粒于微孔滤膜表面，用丙酮蒸汽熏蒸至滤膜呈透明状，置显微镜下计数。根据空气采样量和粒子数计算含尘量。

（3）光电比色计数法：采用滤纸真空过滤含尘空气，捕集尘粒于滤纸表面，测定过滤前后的透光度。根据透光度与积尘量成反比，计算含尘量。中、高效过滤器的渗漏常用本法。

（四）空气滤过技术

洁净室的空气净化技术一般采用空气过滤法，当含尘空气通过具有多孔过滤介质时，粉尘被微孔截留或孔壁吸附，达到与空气分离的目的。该方法是空气净化中经济有效的关键措施之一。

1. 过滤方式　空气过滤属于介质过滤，可分为表面过滤和深层过滤。

（1）表面过滤系指大于过滤介质微孔的粒子截留在介质表面，使其与空气达到分离。常用的介质材料有由醋酸纤维素或硝酸纤维素制成的微孔滤膜。主要用于无尘、无菌洁净室等高标准空气的末端过滤。

（2）深层过滤系指小于过滤介质微孔的粒子吸附在介质内部，使其与空气达到分离。常用的介质材料有玻璃纤维、天然纤维、合成纤维、粒状活性炭、发泡性滤材等。

2. 空气过滤机制及影响因素

（1）空气过滤机制：制药工业空气净化所采用滤材有玻璃纤维、泡沫塑料、无纺布等，其过滤机制有以下几种。

1）惯性作用：含尘气体通过纤维时，气体流线发生绕流，但尘粒由于惯性作用径直前进与纤维碰撞而附着。此作用随气速和粒径的增大而增大。

2）扩散作用：由于气体分子热运动对微粒的碰撞而使粒子产生布朗运动，因扩散作用便与纤维接触而被附着。尘径越小、气速越低，扩散作用越明显。

3）拦截作用：含尘气流通过纤维层时，若尘粒的粒径小于密集的纤维间隙时，或尘粒与纤维发生接触时，尘粒即被纤维阻留。

4）静电作用：含尘气流通过纤维时，由于摩擦作用，尘粒和纤维都可能带上电荷，由于电荷作用，尘粒可能沉积在纤维上。

5）其他重力作用，分子间力等。

（2）影响空气过滤的主要因素

1）粒径越大，拦截、惯性、重力沉降作用越大，越易除去；反之，越难除去。过滤器捕集粉尘的量与未过滤空气中的粉尘量之比为"过滤效率"。小于 $0.1\mu m$ 的粒子主要作扩散运动，粒子越小，效率越高；大于 $0.5\mu m$ 的粒子主要作惯性运动，粒子越大，效率越高。在 $0.1\mu m$ 与 $0.5\mu m$ 之间，效率有一处最低点；

2）过滤风速在一定范围内，风速越大，粒子惯性作用越大，吸附作用增强，扩散作用降低,但过强的风速易将附着于纤维的细小尘埃吹出,造成二次污染,因此风速应适宜;风速小,扩散作用强,小粒子越易与纤维接触而吸附,常用极小风速捕集微小尘粒;

3)介质纤维直径和密实性纤维越细、越密实,拦截和惯性作用增强,但阻力增加,扩散作用减弱;

4)附尘随着过滤的进行,纤维表面沉积的尘粒增加,拦截作用提高,但阻力增加,当达到一定程度时,尘粒在风速的作用下,可能再次飞散进入空气中,因此过滤器应定期清洗,以保证空气质量。

3. 空气过滤器及其特性

(1)空气过滤器常以单元形式制成,即将滤材装入金属或木质框架内组成一个单元过滤器,再将一个或多个单元过滤器安装到通风管道或空气过滤箱内,组成空气过滤系统。单元过滤器一般可分为:板式、契式、袋式和折叠式空气过滤器(图7-1)。

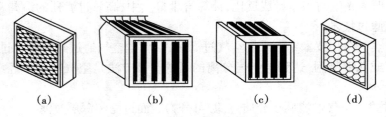

图7-1   空气过滤器种类
(a)折叠式过滤器;(b)袋式过滤器;(c)契式过滤器;(d)板式过滤器

1)折叠式过滤器用于高效过滤,主要滤除小于 $1\mu m$ 的浮尘,对粒径 $0.3\mu m$ 的尘粒的过滤效率在 99.97% 以上,一般装于通风系统的末端,必须在中效过滤器保护下使用。

2)契式和袋式过滤器用于中效过滤,主要用于滤除大于 $1\mu m$ 的浮尘,常置于高效过滤器之前。

3)板式过滤器是最常用的初效过滤器,通常置于上风侧的新风过滤,主要滤除粒径大于 $5\mu m$ 的浮尘,且有延长中、高效过滤器寿命的作用。

(2)空气过滤器的特性

1)过滤效率是过滤器主要参数之一,评价过滤器的除尘能力,过滤效率越高,除尘能力越大。

2)穿透率和净化系数:穿透率系指滤器过滤后和过滤前的含尘浓度比,表明过滤器没有滤除的含尘量,穿透率越大,过滤效率越差,反之亦然。净化系数系指过滤后空气中含尘浓度降低的程度。以穿透率的倒数表示,数值越大,净化效率越高。

3)容尘量系指过滤器允许积尘的最大量。一般容尘量定为阻力增大到最初阻力的两倍或过滤效率降至初值的 85% 以下的积尘量。超过容尘量,阻力明显增加,捕尘能力显著下降,并且容易发生附尘的再飞扬。

(五)洁净室的设计

制药企业应按照药品生产种类、剂型、生产工艺和要求等,将生产厂区合理划分区域。通常可分为一般生产区、控制区、洁净区和无菌区。洁净区的设计必须符合相应的洁净度要求,包括达到"静态"和"动态"的标准。无菌药品生产所需的洁净区可分为 A、B、C、D 等 4 个级别。洁净区一般由洁净室、风淋、缓冲室、更衣室、洗澡室和厕所等区域构成。各区域的连接必须在符合生产工艺为前提下,明确人流、物流和空气流的流向(洁净度从高→低),确保洁净室内的洁净度要求。

基本原则:洁净室面积应合理,室内设备布局尽量紧凑,尽量减少面积;同级别洁净室尽可能相邻;不同级别的洁净室由低级向高级安排,彼此相连的房间之间应设隔离门,门应向洁净度高的方向开启,空气洁净级别不同的相邻房间之间的静压差应大于5Pa,洁净室与室外的静压差应大于10Pa;洁净室内一般不设窗户,若需窗户,应以封闭式外走廊隔离窗户和洁净室;洁净室门应密闭,人、物进出口处装有气阀(air lock);光照度应大于300lx;无菌区紫外灯一般安装在无菌工作区上方或入口处。

气流要求:由高效过滤器送出的洁净窄气进入洁净室后,其流向的安排直接影响室内洁净度。气流形式有层流和乱流。

1. 层流　是指空气流线呈同向平行状态,各流线间的尘埃不易相互扩散,亦称平行流。该气流即使遇到人、物等发生体,进入气流中的尘埃也很少扩散到全室,而是随平行流迅速流出,保持室内洁净度,常用于100级洁净区。层流分为水平层流和垂直层流。垂直层流以高效过滤器为送风口,布满顶棚,地板全部为回风口,使气流自上而下地流动;水平层流的送风口布满一侧墙面,对应墙面为回风口,气流以水平方向流动。

2. 乱流　亦称素流,是指空气流线呈不规则状态,各流线间的尘埃易相互扩散。可获得10 000~100 000级的洁净空气。

二、水处理技术

(一)概述

水是灭菌制剂与无菌制剂生产中用量大、使用广的一种溶剂,因其使用的范围不同,《中国药典》2010年版把制药用水而分为饮用水、纯化水、注射用水及灭菌注射用水。灭菌制剂与无菌制剂一般根据各生产工序或使用目的与要求选用纯化水、注射用水及灭菌注射用水。

(二)制药用水

1. 饮用水(drinking water)　为天然水经净化处理所得的水,其质量必须符合现行中华人民共和国国家标准《生活饮用水卫生标准》,饮用水可作为药材净制时的漂洗、制药用具的粗洗用水。除另有规定外,也可作为药材的提取溶剂。

2. 纯化水(purified water)　系指饮用水经蒸馏法、离子交换法、反渗透法或其他适宜的方法制备的制药用水。不含任何附加剂,其质量应符合2010年版《中国药典》二部纯化水项下的规定。

纯化水可作为配制普通药物制剂用的溶剂或试验用水;可作为中药注射剂、滴眼剂等灭菌制剂所用药材的提取溶剂;口服、外用制剂配制用溶剂或稀释剂;非灭菌制剂用器具的精洗用水。也用作非灭菌制剂所用药材的提取溶剂。纯化水不得用于注射剂的配制与稀释。

纯化水有多种制备方法,应严格监测各生产环节,防止微生物污染,确保使用点的水质。

3. 注射用水(water for injection)　系指纯化水经蒸馏所得的水,应符合细菌内毒素试验要求。注射用水必须在防止细菌内毒素产生的设计条件下生产、贮藏及分装。其质量应符合2010年版《中国药典》二部注射用水项下的规定。

注射用水可作为配制注射剂、滴眼剂等的溶剂或稀释剂及容器的精洗。

为保证注射用水的质量,应减少原水中的细菌内毒素,监控蒸馏法制备注射用水的各生产环节,并防止微生物的污染。应定期清洗与消毒注射用水系统。注射用水的储存方式和静态储存期限应经过验证确保水质符合质量要求,例如可以在80℃以上保温或70℃以上保温循环或4℃以下的状态下存放。

4. 灭菌注射用水（sterile water for injection）　系指注射用水按照注射剂生产工艺制备所得。不含任何添加剂。主要用于注射用灭菌粉末的溶剂或注射剂的稀释剂。其质量符合2010年版《中国药典》二部灭菌注射用水项下的规定。

（三）原水处理技术

1. 电渗析法（electrodialysis method）　电渗析净化处理原水是一种制备初级纯水的技术。电渗析法对原水的净化处理较离子交换法经济，节约酸碱，特别是当原水中含盐量较高（≥300mg/L）时，离子交换法已不适用，而电渗析法仍然有效。但本法制得的水比电阻较低，一般在5万~10万Ω·cm，因此常与离子交换法联用，以提高净化处理原水的效率。

电渗析技术净化处理原水的基本原理，是依靠外加电场的作用，使原水中含有的离子发生定向迁移，并通过具有选择透过性阴、阳离子交换膜，使原水得到净化，如图7-2所示。

当电渗析器的电极接通直流电源后，原水中的离子在电场作用下发生迁移，阳离子膜显示强烈的负电场，排

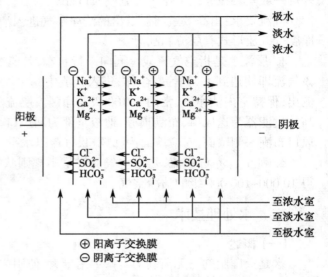

图7-2　电渗析原理示意图

斥阴离子，而允许阳离子通过，并使阳离子向负极运动；阴离子膜则显示强烈的正电场，排斥阳离子，只允许阴离子通过，并使阴离子向正极运动。在电渗析装置内的两极间，多组交替排列的阳离子膜与阴离子膜，形成了除去离子区间的"淡水室"和浓聚离子区间的"浓水室"，以及在电极两端区域的"极水室"。原水通过电渗析设备就可以合并收集从各"淡水室"流出的纯水。

电渗析法净化处理原水，主要是除去原水中带电荷的某些离子或杂质，对于不带电荷的物质除去能力极差，故原水在用电渗析法净化处理前，必须通过适当方式除去水中含有的不带电荷的杂质。

2. 反渗透法（method of reverse osmosis）　反渗透法制备纯化水，具有能耗低、水质好、设备使用与保养方便等优点，它为纯化水的制备开辟了新途径。反渗透设备工艺流程为：原水→原水箱→增压泵→多介质过滤器（石英砂过滤器）→活性炭过滤器→软水处理器→精密过滤器→高压泵→一级反渗透（RO）装置→纯净水箱→高压泵→二级反渗透→纯化水。

当两种不同浓度的水溶液（如纯水和盐溶液）用半透膜隔开时，稀溶液中的水分子通过半透膜向浓溶液一侧自发流动，这种现象叫渗透。由于半透膜只允许水通过，而不允许溶解性溶质通过，因而渗透作用的结果，必然使浓溶液一侧的液面逐渐升高，水柱静压不断增大，达到一定程度时，液面不再上升，渗透达到动态平衡，这时浓溶液与稀溶液之间的水柱静压差即为渗透压。若在浓溶液一侧加压，当此压力超过渗透压时，浓溶液中的水可向稀溶液作反向渗透流动，这种现象称为反渗透，反渗透的结果能使水从浓溶液中分离出来，渗透与反

渗透的原理如图 7-3 所示。

用反渗透法制备纯化水,常选择的反渗透膜有醋酸纤维素膜和聚酰胺膜,膜孔大小在 0.5~10nm 之间。由于反渗透膜的种类不同,其作用机制也有差异。现以醋酸纤维素膜处理盐水为例,介绍选择性吸附 - 毛细管流动机制。

根据吉布斯(Gibbs)吸附公式,在恒温条件下为:

$$\Gamma = -\frac{c}{RT} \cdot \frac{d\sigma}{dc} \qquad (7-1)$$

式中,Γ 为溶质在界面上的吸附量;σ 为溶液的表面张力;c 为溶质的浓度。

水有一定的表面张力,而且随溶质浓度的不同而有显著的变化。若溶质能提高水的表面张力,使 $d\sigma/dc > 0$,则

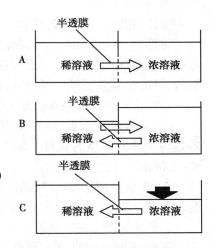

图 7-3　渗透与反渗透原理示意图

$\Gamma < 0$,就为负吸附,这表明表面层溶质的浓度比溶液内部小。据此,氯化钠和其他盐类能增加水的表面张力,则在氯化钠溶液接触空气的界面上就能形成一层纯水层。

根据上述概念,若多孔性膜的化学结构适宜,使得它能在与盐水溶液接触时,于膜表面选择性吸附水分子而排斥溶质,这样在膜与溶液界面上就将形成一层纯水层,其厚度视界面性质而异,或为单分子层或为多分子层。在施加压力的情况下,界面上纯水便不断通过毛细管而渗出,最终从盐水中分离出纯水。

由此可见,用反渗透法制备纯化水,其机制完全不同于蒸馏法。一般一级反渗透装置能除去水中一价离子 90%~95%,二价离子 98%~99%,同时还能除去微生物和病毒,但其除去氯离子的能力,不能达到《中国药典》2010 年版附录的要求,只有二级反渗透装置才能较彻底地除去氯离子。

3. 离子交换法(ion exchange method)　本法的主要特点是制得的水化学纯度高,设备简单,节约燃料和冷却水,成本低。

离子交换法净化处理原水制备离子交换水的基本原理是:当水通过阳离子交换树脂时,水中阳离子被树脂所吸附,树脂上的阳离子 H$^+$ 被置换到水中,并和水中的阴离子组成相应的无机酸。常用的离子交换树脂有阳、阴离子交换树脂两种,如 732 型苯乙烯强酸性阳离子交换树脂,极性基团为磺酸基,可用简式 RSO$_3$H$^+$(氢型)或 RSO$_3^-$Na$^+$(钠型)表示;717 型苯乙烯强碱性阴离子交换树脂,极性基团为季铵基团,可用简式 RN$^+$(CH$_3$)3OH$^-$(羟型)或 RN$^+$(CH$_3$)3Cl$^-$(氯型)表示。钠型和氯型比较稳定,便于保存,故市售品需用酸碱转化为氢型和羟型后才能使用。

离子交换法处理原水的工艺,一般可采用阳床、阴床、混合床的组合形式,混合床为阴、阳树脂以一定比例混合组成。大生产时,为减轻阴树脂的负担,常在阳床后加脱气塔,除去二氧化碳,使用一段时间后,需再生树脂或更换。混合床为阳树脂和阴树脂以一定比例混合而成。

一般常水(如饮用水)通过离子交换树脂联合床系统的处理,可除去水中绝大部分的阳离子与阴离子,对于热原与细菌也有一定的清除作用。目前生产过程中,通常通过测定比电阻来控制去离子水的质量,一般要求比电阻值在 100 万 $\Omega \cdot cm$ 以上,测定比电阻的仪器常用 DDS- II 型电导仪。

（四）注射用水的制备技术

蒸馏法（distillation method）制备注射用水是在纯化水的的基础上进行。该法可以除去水中所有不挥发性微粒（如悬浮物、胶体、细菌、病毒、热原等杂质）、可溶性小分子无机盐、有机盐、可溶性高分子材料等，是最经典、最可靠的制备注射用水的方法。

蒸馏法制备注射用水的蒸馏设备，主要有下列几种：

（1）塔式蒸馏水器：主要由蒸发锅、隔沫器（也称挡板）和冷凝器3部分组成，其中隔沫器是防止热原污染的装置。塔式蒸馏水器的生产能力大，并有多种不同规格，其生产能力50~200L/h，可根据需要选用。

（2）多效蒸馏水器：多效蒸馏水器的最大特点是节能效果显著，热效率高，能耗仅为单蒸馏水器的三分之一，并且出水快、纯度高、水质稳定，配有自动控制系统，成为目前药品生产企业制备注射用水的重要设备。多效蒸馏水器通常有三效、四效、五效。

五效蒸馏水器其基本结构如图7-4所示。

五效蒸馏水器由5只圆柱形蒸馏塔和冷凝器及一些控制元件组成。在前四级塔内装有盘管，并互相串联起来，蒸馏时，进料水（一般为去离子水）先进入冷凝器，由塔5进来的蒸汽预热，然后依次进入4级塔、3级塔、2级塔、1级塔，此时进料水温度达到130℃或更高，在1级塔内，进料水在加热时再次受到高压蒸汽加热，一方面蒸汽本身被冷凝为回笼水，一方面进料水

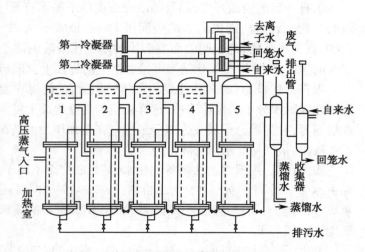

图7-4　五效蒸馏水机结构示意图

迅速被蒸发，蒸发的蒸汽进入2级塔加热室供2级塔热源，并在其底部冷凝为蒸馏水，都汇集于蒸馏水收集器，废气则从废气排出管排出。多效蒸馏水器的出水温度在80℃以上，有利于蒸馏水的保存。

多效蒸馏水器的性能取决于加热蒸汽的压力和级数，压力越大，产量越高，效数越多，热的利用效率也越高。多效蒸馏水器的选用，应根据实际生产需要，结合出水质量、能源消耗、占地面积等因素的综合考虑，一般以四效以上较为合理。

（3）气压式蒸馏水器：主要由自动进水器、热交换器、加热室、蒸发室、冷凝器及蒸气压缩机等组成，目前国内已有生产。该设备具有多效蒸馏器的优点，利用离心泵将蒸汽加压，提高了蒸汽利用率，而且不需要冷却水，但使用过程中电能消耗较大。

三、液体的过滤技术

（一）概述

过滤（filtration）系指使液固混合物中的流体强制通过多孔性过滤介质，将其中的悬浮固体颗粒加以截留，从而实现混合物分离的操作。待过滤的混合物称为滤浆，穿过过滤介质的澄清液体称为滤液，被截留的固体颗粒层称为滤饼。过滤操作是制备注射液、输液、滴眼液

等灭菌与无菌制剂工艺中必不可少的重要单元操作。

（二）过滤机制与影响因素

根据固体粒子在滤材中的截留方式不同,可把过滤过程分为介质过滤(media filtration)和滤饼过滤(cake filtration)。介质过滤又可分表面过滤(surface filtration)和深层过滤(depth filtration),前者广泛用于制药生产中,后者较少应用。

(1) 介质过滤系指依靠介质的拦截作用进行固 - 液分离的操作,根据截留方式不同分为表面过滤和深层过滤。

1) 表面过滤:利用过滤介质表面或过滤过程中所生成的滤饼表面,来拦截固体颗粒,使固体与液体分离。如图 7-5 所示,这种过滤只能除去粒径大于滤饼孔道直径的颗粒,但并不要求过滤介质的孔道直径一定要小于被截留颗粒的直径。在一般情况下,过滤开始阶段会有少量小于介质通道直径的颗粒穿过介质混入滤液中,但颗粒很快在介质通道入口发生架桥现象(图 7-6),使小颗粒受到阻拦且在介质表面沉积形成滤饼。此时,真正对颗粒起拦截作用的是滤饼,而过滤介质仅起着支承滤饼的作用。不过当悬浮液的颗粒含量极少而不能形成滤饼时,固体颗粒只能依靠过滤介质的拦截而与液体分离;此时只有大于介质孔道直径的颗粒方能从液体中除去。

2) 深层过滤:当颗粒尺寸小于介质孔道直径时,不能在过滤介质表面形成滤饼,这些颗粒便进入介质内部(图 7-7),借惯性和扩散作用趋近孔道壁面,并在静电和表面力的作用下沉积下来,从而与流体分离。深层过滤会使过滤介质内部的孔道逐渐缩小,所以过滤介质必须定期更换或再生。用砂滤法过滤饮用水是深层过滤的实例。

图 7-5 表面过滤　　　　图 7-6 架桥现象　　　　图 7-7 深层过滤

(2) 滤饼过滤系指使用织物、多孔材料或膜作为过滤介质,过滤介质只是起着支撑滤饼的作用的过滤。过滤介质的孔径不一定要小于最小颗粒的粒径。过滤开始时,部分小颗粒可以进入甚至穿过介质的小孔,但很快即由颗粒的架桥作用使介质的孔径缩小形成有效的阻挡。被截留在介质表面的颗粒形成称为滤饼的滤渣层,透过滤饼层的则是净化了的滤液。随滤饼的形成真正起过滤介质作用的是滤饼本身,因此称为滤饼过滤。

滤饼过滤的过滤速度和助力主要受滤饼的影响,如药物的重结晶、药材浸出液的过滤等属于此类过滤。过滤的目标是滤饼层或滤液,也可能两者都是。

（三）过滤器和过滤装置

1. 砂滤棒　　以 SiO_2、Al_2O_3、黏土、白陶土等材料经过 1000℃以上的高温焙烧成空心的滤棒。如图 7-8 所示。配料的粒度越细,则砂滤棒的孔隙越

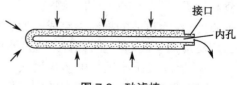

图 7-8 砂滤棒

小,滤速也越低。砂滤棒的微孔径约为 $10\mu m$ 左右,相同尺寸的砂滤棒依微孔径不同,可分为细、中、粗号几种规格。

由图可知,将砂滤棒的接口以密封接头与真空系统连接时,置于药液中的砂滤棒即可完成过滤作用。滤液在真空作用下透过管壁,经管内空间汇集流出。采用砂滤棒的过滤方法一般只作为不精细的过滤使用。

2. 垂熔玻璃过滤器 以均匀的玻璃细粉高温熔合而成具有均匀孔径的滤板,再将此滤板粘接于漏斗中即成为垂熔玻璃漏斗过滤器,如图 7-9 所示。通常有垂熔玻璃漏斗、垂熔玻璃滤球和垂熔玻璃滤棒三种。

3 号和 G2 号垂熔玻璃滤器用于常压过滤;4 号和 G3 号垂熔玻璃滤器用于减压或加压过滤;6 号、G5、G6 号垂熔玻璃滤器用于无菌过滤。使用新的器具时,需先用重铬酸清洗液或硝酸钠液抽滤清洗后,再用清水(蒸馏水)及去离子水抽洗至中性。使用完毕用水抽洗,并以 1%~2% 硝酸钠硫酸液浸泡处理。由于垂熔玻璃的孔径较均匀,常作为精滤或膜滤前的预滤用。

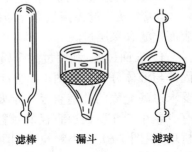

滤棒　　漏斗　　滤球

图 7-9 垂熔玻璃滤器

3. PE 管过滤器 PE 管是用聚乙烯高分子粉末烧结成的一端封死的管状滤材。当采用的原料粒径不同,烧结工艺不同时,PE 管将会具有不同的微孔径及孔隙度(图 7-10)。

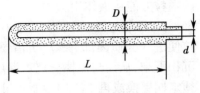

图 7-10 PE 管过滤器

(1) PE 管过滤器的原理及特点:PE 管微孔孔道细而弯曲,各孔道相互连通,呈交叉无规则状态分布,对于粒径大于 $0.5\mu m$ 的悬浮物及菌类有很好的截留能力。过滤时可采用外部加压或内部抽真空的方式,使药液穿过管壁的孔隙进入管内,滤渣则截留于管壁外部,从而达到过滤的目的。随着管壁上滤渣的不断增多,过滤阻力逐渐增加,滤速则随之下降,此时可利用压缩空气或水由管内向外反冲再生,使 PE 管表面的甚至孔道内的滤渣及堵塞颗粒脱落,从而恢复其滤速。

PE 管具有耐磨损、耐冲击、机械强度好,不易脱粒,不易破损的特点。还具有耐酸、碱及大部分有机溶剂(如酯、酮、醚等)的腐蚀、无毒、无味等特点。PE 管经常用于医药、精细化工产品后处理的过滤分离,更适用于经一般过滤后的精密复滤。PE 管也可用于气体中灰尘、水滴、油滴等气固或气液的分离,也适用于工业废水中的油滴的去除等液 - 液分离操作,精度可达 2×10^{-6} 级。

(2) PE 管过滤器的结构及操作工艺:将单支的 PE 管固联在花板或是直管上即构成花板式安装、管排式安装的 PE 管过滤器。当过滤器面积较小时,为减少接管排列空间,常做成花板式结构(即在塑料或钢制的管板上打有三角形或正方形排列的通孔),将 PE 管开口的一端在管板孔中固联,形成一个管束,再将整个管束固定在机壳内,管束的一侧与无管的一侧用管板隔开。装有 PE 管的一侧机壳内充满药液,利用药液的泵压(或气压)或在无管的一侧抽真空,作为过滤的推动力完成过滤过程。过滤后的药液在无管的一侧汇集并引出。PE 管已广泛应用于制药行业,如针剂洗瓶水的过滤、针剂药液的过滤。

4. 板框式压滤机 由多块滤板与滤框相间重叠排列的板框式压滤机是水针注射液粗滤、半精滤的常见设备。滤框的作用积集滤渣和承挂滤布。滤板表面制成各种凹凸形,以支撑滤布和有利于滤液的排除。过滤时悬浮液由左上角进料孔道→滤框内部空间→滤液通过滤框两侧的滤布→顺滤板表面的凹槽流下→由滤液的出口阀排出。滤渣积集于滤框内部，当滤渣充满滤框后松开丝口→取出滤框→用水冲去滤渣→框、板及滤布经洗涤、装合后再次使用。常用于过滤黏性、颗粒大的浸出液（图 7-11）。

5. 微孔滤膜过滤器　药用微孔滤膜过滤器的结构如图 7-12 所示。

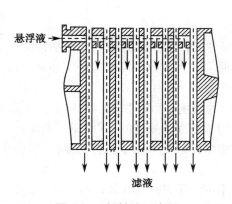

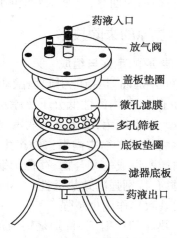

药液入口
放气阀
盖板垫圈
微孔滤膜
多孔筛板
底板垫圈
滤器底板
药液出口

图 7-11　板框式压滤机　　　　图 7-12　微孔滤膜过滤器

微孔滤膜采用高分子材料（如醋酸纤维素等）制作，滤膜安放时，反面朝向被滤过液体，有利于防止膜的堵塞。安装前，滤膜应放在注射用水中浸渍润湿 12 小时（70℃）以上，安装时，滤膜上还可以加 2~3 层滤纸，以提高滤过效果。

滤网托板（网板或孔板），微孔滤膜置于滤网托板上，以获得承受过滤压差所需的足够刚度及强度。排气嘴经一段操作时间后，药液中所夹带的气体将汇集于滤室上部，故需定期使用排气嘴将气体排出，以防影响药液向滤室的输入和影响膜面的有效工作面积。微孔滤膜的孔径小，过滤时必须加较大的压力，因此微孔滤膜滤器要求密封性好，防止过滤时漏气或漏液。

6. 折管式膜滤器　将高分子平板微孔膜折叠成手风琴状后再围成圆筒形的过滤器。折管式膜滤器增大过滤单位体积的过滤面积，加压的原药液自管外向管内过滤后，可作为成品药液去灌装（图 7-13）。

由于欲截留的杂质粒子量较少，所以一般使用周期较长。当操作一段时间后过滤阻力增大，则停止向管内供料，过滤器进行清洗再生。

图 7-13　折管式膜滤器

（四）常见的过滤方式

1. 自然滤过　通常采用高位静压滤过装置。该装置适用于楼房，配液间和储液罐在楼上，待滤药液通过管道自然流入滤器，滤液流入楼下的贮液瓶或直接灌入容器。利用液位差形成的静压，促使经过滤器的滤材自然滤过。此法简便、压力稳定、质量好，但滤速慢。

2. 减压滤过装置　是在滤液贮存器上不断抽去空气，形成一种负压，促使在滤器上方的药液经滤材流入滤液贮存器内。

3. 加压滤过装置　系用离心泵输送药液通过滤器进行滤过。其特点是：压力稳定、滤速快、质量好、产量高。由于全部装置保持正压，空气中的微生物和微粒不易侵入滤过系统，同时滤层不易松动，因此滤过质量比较稳定。适用于配液、滤过、灌封在同一平面工作。

不论采用何种滤过方式和装置，由于滤材的孔径不可能完全一致，故最初的滤液不一定澄明，需将初滤液回滤，直至滤液澄明度完全合格后，方可正式滤过，供灌封。

四、热原的去除技术

（一）热原的定义与组成

热原（pyrogen）是指能引起恒温动物体温异常升高的致热物质。它包括细菌性热原、内源性高分子热原、内源性低分子热原及化学热原等。大多数细菌都能产生热原，致热能力最强的是革兰阴性杆菌，霉菌甚至病毒也能产生热原。

微生物代谢产物中内毒素是产生热原反应的最主要致热物质。内毒素是由磷脂、脂多糖和蛋白质所组成的复合物，存在于细菌的细胞膜与固体膜之间，其中脂多糖是内毒素的主要成分，具有特别强的致热活性。不同的菌种脂多糖的化学组成也有差异，一般脂多糖的分子量越大其致热作用也越强。

含有热原的注射剂，特别是输液剂注入人体时，有 30 至 90 分钟的潜伏期，然后就会出现发冷、寒战、体温升高、身痛、发汗、恶心呕吐等不良反应，有时体温可升至 40℃ 左右，严重者还会出现昏迷、虚脱，甚至危及生命，临床上称上述现象为"热原反应"。因此，中国药典规定，静脉用注射剂、脊椎腔用注射剂及冲洗剂，必须照细菌内毒素检查法或热原检查法检查，应符合规定。

（二）热原的基本性质

热原的基本性质主要有：

1. 水溶性　热原含有磷脂、脂多糖和蛋白质，能溶于水，其浓缩的水溶液往往带有乳光。

2. 不挥发性　热原本身不挥发，但因溶于水，在蒸馏时，可随水蒸气雾滴进入蒸馏水中，故蒸馏水器均应有完好的隔沫装置，以防止热原污染。

3. 耐热性　热原的耐热性较强，一般经 60℃ 加热 1 小时不受影响，100℃ 也不会发生热解，但在 180℃ 3~4 小时，250℃ 30~45 分钟或 650℃ 1 分钟可使热原彻底破坏。虽然现已发现某些热原也具有热不稳定性，但必须注意，在通常采用的注射剂灭菌条件下，热原不能被破坏。

4. 滤过性　热原体积较小，约在 1~5nm 之间，一般滤器均可通过，不能截留去除，但活性炭可吸附热原，纸浆滤饼对热原也有一定的吸附作用。

5. 其他性质　热原能被强酸、强碱、强氧化剂如高锰酸钾、过氧化氢以及超声波破坏。热原在水溶液中带有电荷，也可被某些离子交换树脂所吸附。

（三）热原的污染途径

热原是微生物的代谢产物，污染热原的途径与微生物的污染直接相关。

1. 溶剂带入　系出现热原的主要原因。如注射用水在制备时操作不当或蒸馏水器结构不合理，都有可能使蒸馏水中带有热原。即使原有的注射用水或注射用油不带有热原，但如果贮存时间较长或存放容器不洁，也有可能由于污染微生物而产生大量热原。注射用水或注射用油应新鲜使用,蒸馏器质量要好,环境应洁净。因此,注射剂的配制,要注意溶剂的质量,最好是新鲜制备的溶剂。

2. 原辅料带入　原辅料本身质量不佳,特别是用生物方法制造的辅料易滋生微生物,贮存时间过长或包装不符合要求甚至破损,均易受到微生物污染而导致热原产生。有些药品如葡萄糖、乳糖、右旋糖苷等,都容易产生热原,应用时应当注意。

3. 容器或用具带入　制备无菌制剂时所用的用具、管道、装置、灌装容器,如果未按GMP要求认真清洗处理,均易使药液污染而导致热原产生。因此,在相关工艺过程中涉及的用具、器皿、管道及容器,均应按规定的操作规程作清洁或灭菌处理,符合要求后方能使用。

4. 制备过程带入　制备过程中洁净度不符合无菌制剂的要求,操作时间过长,产品灭菌不及时或不合格,工作人员未严格执行操作规程,这些因素都会增加微生物的污染机会而产生热原。因此,在无菌制剂制备的各个环节,都必须严格按GMP规定操作,并尽可能缩短生产周期。

5. 使用过程带入　比如静脉用注射剂本身不含热原,但使用后仍出现有热原反应,这往往是由于注射器具的污染造成的不良后果。输液剂在临床使用时所用的相关器具,必须无菌无热原,这也是防止热原反应发生所不能忽视的环节。

(四) 除去药液中热原的方法

根据热原的基本性质和可能被热原污染的途径,除去药液中的热原可从以下两个方面着手。

1. 除去药液或溶剂中热原的方法

(1) 吸附法:活性炭是常用的吸附剂,用量一般为溶液体积的 0.1%~0.5%。使用时,将一定量的针用活性炭加入溶液中,煮沸,搅拌 15 分钟即能除去液体中大部分热原。活性炭的吸附作用强,除了吸附热原外,还有脱色、助滤作用。

(2) 离子交换法:热原分子上含有磷酸根与羧酸根,带有负电荷,因而可以被碱性阴离子交换树脂吸附。

(3) 凝胶滤过法:也称分子筛滤过法,是利用凝胶物质作为滤过介质,当溶液通过凝胶柱时,分子量较小的成分渗入到凝胶颗粒内部而被阻滞,分子量较大的成分则沿凝胶颗粒间隙随溶剂流出。

(4) 超滤法:本法利用高分子薄膜的选择性与渗透性,在常温条件下,依靠一定的压力和流速,达到除去溶液中热原的目的。用于超滤的高分子薄膜孔径可控制在 50nm 以下,其滤过速度快,除热原效果明显。

(5) 反渗透法:本法通过三醋酸纤维素膜或聚酰胺膜除去热原,效果好,具有较高的实用价值。

(6) 其他方法:采用二次以上湿热灭菌法,或适当提高灭菌温度和时间,处理含有热原的葡萄糖或甘露醇注射液亦能得到热原合格的产品。微波也可破坏热原。

2. 除去容器或用具上热原的方法

(1) 高温法:对于耐高温的容器或用具,如注射用针筒及其他玻璃器皿,在洗涤干燥后,经 180℃加热 2 小时或 250℃加热 30 分钟,可以破坏热原。

(2) 酸碱法:对于耐酸碱的玻璃容器、瓷器或塑料制品,用强酸强碱溶液处理,可有效地破坏热原,常用的酸碱液为重铬酸钾硫酸洗液、硝酸硫酸洗液或稀氢氧化钠溶液。

上述方法可除去药液、溶剂中或容器或用具上的热原,应根据实际情况合理选用。

(五) 热原与细菌内毒素的检查方法

照《中国药典》2010 年版附录中相关规定的热原检查法或细菌内毒素检查法检查。

1. 热原检查法　本法系将一定剂量的供试品,静脉注入家兔体内,在规定的时间内,观察家兔体温升高的情况,以判断供试品中所含热原限度是否符合规定。具体实验方法和结果判断标准见《中国药典》2010 年版一部附录ⅩⅢ A。

为确保实验结果正确,避免其他因素的影响或干扰,对供试验用家兔的筛选、实验操作室的环境条件以及试验操作方法均应有严格要求。试验所用的注射器具和与供试品溶液接触的器皿,应在 250℃加热 30 分钟,也可采用其他适宜的方法除去热原。

为了提高家兔热原测定法的精确度和效率,国产 RY 型热原测试仪,采用直肠热电偶代替直肠温度计,同时测量 16 只动物,在实验中将热电偶固定于家兔肛门内,其温度可在仪表中显示,具有分辨率高,数据准确的特点,可提高检测效率。

2. 细菌内毒素检查法　本法系利用鲎试剂来检测或量化由革兰阴性菌产生的细菌内毒素,以判断供试品中热原的限度是否符合规定的一种方法。

细菌内毒素是药物所含热原的主要来源,细菌内毒素检查法利用鲎试剂与细菌内毒素产生凝集反应的原理,来判断供试品细菌内毒素的限量是否符合规定。鲎试剂为鲎科动物东方鲎的血液变形细胞溶解物的无菌冷冻干燥品。鲎试剂中含有能被微量细菌内毒素激活的凝固酶原和凝固蛋白质。凝固酶原经内毒素激活转化成具有活性的凝固酶,进一步促使凝固蛋白原转变为凝固蛋白而形成凝胶。

细菌内毒素检查包括两种方法,即凝胶测定法和光度测定法。供试品检测时可使用其中任何一种方法进行试验。当测定结果有争议时,除另有规定外,以凝胶法结果为准。具体实验方法和结果判断见《中国药典》2010 年版一部附录ⅩⅢ D。

细菌内毒素检查法灵敏度高,操作简单,试验费用少,尤其适用于生产过程中热原的检测控制,可迅速获得结果。但容易出现"假阳性",且对革兰阴性菌产生的细菌内毒素不够灵敏,故不能取代家兔的热原试验法。

五、渗透压调节技术

(一) 等渗与等张的定义

1. 等渗溶液(isoosmotic solution)　系指与血浆渗透压相等的溶液,属于物理化学概念。

2. 等张溶液(isotonic solution)　系指渗透压与红细胞膜张力相等的溶液,属于生物学概念。

(二) 渗透压的调节方法

正常人体血液的渗透压摩尔浓度范围为 285~310 毫渗透压摩尔浓度(mOsmol/kg),0.9% 的氯化钠溶液或 5% 的葡萄糖溶液的渗透压摩尔浓度与人体血液相当。高于或低于血浆渗透压的溶液相应地称为高渗溶液或低渗溶液。无论是高渗溶液还是低渗溶液注入人体时,均会对机体产生影响。肌内注射时人体可耐受的渗透压范围相当于 0.45%~2.7% 氯化钠溶液所产生的渗透压,即相当于 0.5~3 个等渗浓度。当大量低渗溶液注入血液后,水分子穿过细胞膜进入红细胞内,使红细胞胀破,造成溶血现象,这将使人感到头胀、胸闷、严重的可发生麻木、寒战、高热、尿中出现血红蛋白。一般正常人的红细胞在 0.45% 氯化钠溶液中就会发生溶血,在 0.35% 氯化钠溶液中可完全溶血。而当静脉注入高渗溶液时,红细胞内水分因渗出而发生细胞萎缩,尽管只要注射速度缓慢,机体血液可自行调节使渗透压恢复正常,但在一定时间内也会影响正常的红细胞功能。因此,静脉注射剂必须注意渗透压的调节。对于脊椎腔内注射,由于脊椎液量少,循环缓慢,渗透压的紊乱很快就会引起头痛、呕吐等不良反应,所以也必须使用等渗溶液。

常用的渗透压调整剂有氯化钠、葡萄糖等。渗透压的调整方法有冰点降低数据法和氯化钠等渗当量法。

1. 冰点数据降低法 一般情况下,血浆冰点值为 –0.52℃。根据物理化学原理,任何溶液其冰点降低到 –0.52℃时,其渗透压与血浆等渗。等渗调节剂的用量可用式 7-2 计算。

$$W = \frac{0.52 - a}{b} \tag{7-2}$$

式中,W—配制等渗溶液需加入的等渗调节剂的量(%,g/ml);a—1% 药物溶液的冰点下降度;b—用以调节的等渗剂 1% 溶液的冰点下降度。

例 7-1 1% 氯化钠的冰点下降度为 0.58℃,血浆的冰点下降度为 0.52℃,求等渗氯化钠溶液的浓度。

已知 b=0.58,纯水 a = 0,代入式 9-2 得:

$$W = \frac{0.52 - a}{b} = \frac{0.52 - 0}{0.58} = 0.9 \, (\text{g/100ml})$$

即:配制 100ml 氯化钠等渗溶液需用 0.9g 氯化钠,换句话说,0.9% 氯化钠溶液为等渗溶液。

例 7-2 配制 2% 盐酸普鲁卡因溶液 100ml,需加氯化钠多少,才能使之成为等渗溶液?

从表 7-3 查得,本例 a=0.12 × 2=0.24(℃),b=0.58℃

代入式 7-2 得:W=(0.52−0.24)/0.58=0.48(g/100ml)

即需要添加氯化钠 0.48g,才能使 2% 的盐酸普鲁卡因溶液 100ml 成为等渗溶液。

表 7-3 一些药物水溶液的冰点降低数据与氯化钠等渗当量

名称	1% 水溶液(kg /L) 冰点降低值 /℃	1g 药物氯化钠等渗当量(E)	等渗浓度溶液的溶血情况		
			浓度 /%	溶血 /%	pH
硼酸	0.28	0.47	1.9	100	4.6
盐酸乙基吗啡	0.19	0.15	6.18	38	4.7
硫酸阿托品	0.08	0.1	8.85	0	5.0
盐酸可卡因	0.09	0.14	6.33	47	4.4
氯霉素	0.06				
依地酸钙钠	0.12	0.21	4.50	0	6.1
盐酸麻黄碱	0.16	0.28	3.2	96	5.9
无水葡萄糖	0.10	0.18	5.05	0	6.0
葡萄糖(含 H_2O)	0.091	0.16	5.51	0	5.9
氢溴酸后马托品	0.097	0.17	5.67	92	5.0
盐酸吗啡	0.086	0.15			
碳酸氢钠	0.381	0.65	1.39	0	8.3
氯化钠	0.58		0.9	0	6.7
青霉素 G 钾		0.16	5.48	0	6.2
硝酸毛果芸香碱	0.133	0.22			
吐温 80	0.01	0.02			
盐酸普鲁卡因	0.12	0.18	5.05	91	5.6
盐酸地卡因	0.109	0.18			

2. 氯化钠等渗当量法　氯化钠等渗当量系指与 1 克药物呈等渗效应的氯化钠的质量。用 E 表示,其计算公式为:

$$X=0.009V-EW \tag{7-3}$$

其中,X 为配成 V ml 等渗溶液需要加入的氯化钠的量;V 为配制溶液的体积(ml);E 为 1g 药物的氯化钠等渗当量;W 为药物的克数。一些药物的 E 值见表 7-3。

例 7-3　配制 2% 盐酸麻黄碱溶液 200ml,欲使其等渗,需加入多少克氯化钠?

由表 7-3 可知,1g 盐酸麻黄碱的氯化钠等渗当量为 0.28,根据公式 7-3,得:

$$X=0.009V-EW$$
$$=0.009\times200-0.28\times(200\times2\%)$$
$$=1.8-1.12$$
$$=0.68(g)$$

例 7-4　取硫酸阿托品 2.0g,盐酸吗啡 4.0g,配制成注射液 200ml,要使之成为等渗溶液,需加多少克氯化钠?

从表 7-3 查知,硫酸阿托品的 E 值为 0.13,盐酸吗啡的 E 值为 0.15,根据公式 7-3,得:

$$X=0.009V-EW$$
$$=0.009\times200-(0.13\times2+0.15\times46)$$
$$=1.8-0.86=0.94(g)$$

例 7-5　欲配制以下处方的溶液 1000ml,分别采用冰点降低法和氯化钠等渗当量法计算所需氯化钠的量。

处方		1% 溶液冰点下降值	氯化钠等渗当量
硼酸	0.67g	0.28	0.47
氯化钾	0.33g	0.44	0.78
氯化钠	q.s		
注射用水	ad100ml		

冰点降低数据法:

$$W=\frac{0.52-(0.28\times0.67+0.44\times0.33)}{0.58}\times\frac{1000}{100}$$
$$=3.23(g)$$

氯化钠等渗当量法:

$$W=0.009\times1000-\left(0.47\times0.67\times\frac{1000}{100}+0.78\times0.33\times\frac{1000}{100}\right)$$
$$=9-3.149-2.574$$
$$=3.28(g)$$

六、灭菌与无菌技术

药剂学中灭菌与无菌技术的主要目的是杀灭或除去所有微生物繁殖体和芽孢,以确保药物制剂安全、稳定、有效。因此,研究、选择有效的灭菌方法,对保证制剂质量具有重要意义。相关的基本概念如下。

1. 灭菌(sterilization)　系指用物理或化学等方法杀灭或除去所有微生物繁殖体和芽孢

的手段。

2. 灭菌法（sterilizing technique） 系指杀灭或除去所有微生物繁殖体和芽孢的方法或技术。

3. 无菌（sterility） 系指在任一指定物体、介质或环境中，不得存在任何活的微生物。

4. 无菌操作法（aseptic technique） 系指在整个操作过程中利用或控制一定条件，使产品避免被微生物污染的一种操作方法或技术。

5. 防腐（antisepsis） 系指用物理或化学方法抑制微生物生长与繁殖的手段，也称抑菌。对微生物的生长与繁殖具有抑制作用的物质称抑菌剂或防腐剂。

6. 消毒（disinfection） 系指用物理或化学方法杀灭或除去病原微生物的手段。对病原微生物具有杀灭或除去作用的物质称消毒剂。

在药剂学中灭菌法可分为三大类：即物理灭菌法、化学灭菌法、无菌操作法。相应的技术有：物理灭菌技术、化学灭菌技术、无菌操作技术。

（一）物理灭菌技术

物理灭菌技术系指利用蛋白质与核酸具有遇热、射线不稳定的特性，采用加热、射线和过滤的方法，杀灭或除去微生物的技术。

1. 干热灭菌法 系指在干燥环境中加热灭菌的技术。特点：灭菌温度高、效果差、成本高、适应性差。

（1）火焰灭菌法：系指用火焰直接灼烧微生物而达到灭菌的方法。特点：灭菌迅速、可靠、简便。适用范围：耐火焰的物品与用具，不适合药品的灭菌。

（2）干热空气灭菌法：系指在高温干热空气中灭菌的方法。特点：干热空气穿透力弱，各处温度均匀性较差，干燥状态下微生物耐热性强，故本法温度高，时间长。适用范围：耐高温的物品、油脂、部分药品等。灭菌条件：135~145℃灭菌需 3~5 小时；160~170℃灭菌需 2~4 小时；180~200℃灭菌需 0.5~1 小时。

2. 湿热灭菌法 系指采用饱和蒸汽、沸水或流通蒸汽进行灭菌的方法。特点：由于蒸汽潜热大，穿透力强，易使蛋白变性，比干热空气灭菌法效率高，是制剂生产过程中最常用的方法。

（1）热压灭菌法：系指用高压饱和水蒸气加热杀死微生物的方法。特点：灭菌效果强，能杀灭所有的细菌繁殖体和芽孢，效果可靠。适用范围：耐高压蒸汽的药物制剂、玻璃、金属、瓷器、橡胶制品、膜滤器等。灭菌条件：116℃ 40 分钟；121℃ 30 分钟；126℃ 15 分钟。

热压灭菌设备种类较多，如卧式、立式和手提式热压灭菌器等。卧式热压灭菌柜最常用，见图 7-14。

操作方法：

1）准备阶段：灭菌柜的清洗、夹套用蒸汽加热，使夹套中的蒸气压力上升至所需标准；

2）灭菌阶段：在柜内放置待灭菌物

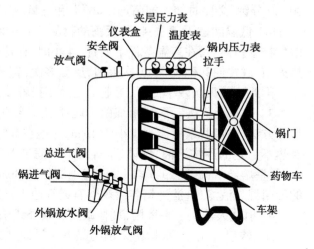

图 7-14 卧式热压灭菌柜

品,关闭柜门,旋紧;通入热蒸汽灭菌;

3）后处理阶段:到时间后,先将蒸汽关闭,排气,当蒸汽压力降至"0",开启柜门,冷却后,取样。

注意事项:

1）必须使用饱和蒸汽;

2）必须将灭菌器内的空气排除;

3）灭菌时间必须从全部药液温度真正达到所要求的温度时算起;

4）灭菌完后停止加热,必须使压力逐渐降到0,才能稍稍打开灭菌锅,待10~15分钟,再全部打开,以避免人员安全问题,防止物品冲出等。

影响湿热灭菌的因素有:

1）微生物的种类和数量:微生物的耐热、耐压的次序为芽孢 > 繁殖体 > 衰老体。微生物数量愈少,所需灭菌时间愈短;

2）蒸汽的性质:饱和蒸汽热含量较高,热穿透力较强,灭菌效率高;湿饱和蒸汽因含有水分,热含量较低,热穿透力较差,灭菌效率较低;过热蒸汽温度高于饱和蒸汽,但穿透力差,灭菌效率低,且易引起药品的不稳定性。因此,热压灭菌应采用饱和蒸汽;

3）药物性质与灭菌条件:一般而言,灭菌温度愈高,灭菌时间愈长,药品被破坏的可能性愈大。因此,在设计灭菌温度和灭菌时间时必须考虑药品的稳定性,即在达到有效灭菌的前提下,尽可能降低灭菌温度和缩短灭菌时间。

4）其他(介质性质):介质 pH 对微生物的生长和活力具有较大影响。一般情况下,在中性环境微生物的耐热性最强,碱性环境次之,酸性环境则不利于微生物的生长和发育。介质中的营养成分愈丰富(如含糖类、蛋白质等),微生物的抗热性愈强,应适当提高灭菌温度和延长灭菌时间。

(2) 流通蒸汽灭菌法:在常压下,采用 100℃流通蒸汽加热杀灭微生物的方法。特点:不能保证杀灭所有的芽孢。适用范围:较多地用于消毒与不耐高热的药物制剂等。灭菌条件:100℃,30~60分钟。

(3) 煮沸灭菌法:把待灭菌物品放入沸水中加热灭菌的方法。特点:不能确保杀灭所有的芽孢。适用范围:常用于注射器等的消毒和不耐高热的药物制剂等。灭菌条件:煮沸30~60分钟,必要时加入抑菌剂,如酚类和三氯叔丁醇等,可杀死芽孢菌。

(4) 低温间歇灭菌法:将待灭菌的物品置 60~80℃的水或流通蒸汽中加热 60 分钟,杀灭微生物繁殖体后,在室温条件下放置 24 小时,让待灭菌物中的芽孢发育成为繁殖体,再次加热灭菌、放置使芽孢发育、再次灭菌,反复多次,直至杀灭所有的芽孢。

因此法的灭菌效率低下,工业上已经不推荐使用。

3. 过滤灭菌法 系指利用细菌不能通过致密具孔材料的原理以除去气体或液体中微生物的方法。机制:繁殖体很少小于 $1\mu m$,芽孢在 $0.5\mu m$ 左右,故可通过过筛滤除。适用范围:对热不稳定的药物溶液、气体、水等。常用滤过器的孔径:微孔薄膜滤器,$0.22\mu m$ 或 $0.3\mu m$;G6 号垂熔玻璃漏斗,$2\mu m$ 以下;白陶土滤柱,$1.3\mu m$ 以下。测定孔径的方法,用 $0.7\mu m$ 左右的细菌混悬液滤过,滤液培养后观察有无细菌生长。

4. 射线灭菌法 系采用辐射、微波和紫外线杀灭微生物的方法。

(1) 辐射灭菌法:系指将灭菌物品置于适宜放射源辐射的 γ 射线或适宜的电子加速器发生的电子束中进行电离辐射而达到杀灭微生物的方法。机制:使生物大分子电离,产生自由基,最终分解。特点:不升高温度,包装后也可灭菌。不足之处:费用高、可能促进药物降解、安全问题。适用范围:不耐热药品、医疗器械、高分子材料等。

(2)紫外线灭菌法:系指用紫外线(能量)照射杀灭微生物的方法。机制:紫外线可使核酸蛋白变性;空气受紫外线照射后可产生臭氧。特点:紫外线是直线传播,可被表面反射,穿透力弱,较易穿透空气及水。灭菌力最强的波长是 254nm。注意事项:一般在人员进入前开启 1~2 小时,人员进入时关闭。适用范围:照射物表面、空气及蒸馏水。

(3)微波灭菌法:系指采用微波(频率为 300MHz~300kMHz)照射产生的热能杀灭微生物的方法;机制:微波照射可产生热效应,可使蛋白质变性;微波的非热效应可干扰细菌正常的新陈代谢。特点:低温、常压、省时、高效、均匀、不破坏药物成分、保质期长、节能、不污染、操作简单、易维护等。适用范围:水性注射液。

(二)化学灭菌法

化学灭菌法指用化学药品直接作用于微生物而将其杀灭的方法。杀菌剂系指对微生物具有杀灭作用的化学药品。

1. 气体灭菌法 利用化学消毒剂形成的气体杀灭微生物的方法。适用范围:注射用固体粉末、不耐热的医用器具、设备,以及无菌室等设施;常用气体:环氧乙烷、甲醛、丙二醇、甘油和过氧乙酸蒸气等;注意事项:灭菌后残留气体的处理。

2. 药液灭菌法 采用杀菌剂溶液进行灭菌的方法。常用的药液:苯扎溴铵、酚或煤酚皂、75% 乙醇溶液等。应用范围:手、无菌设备和其他器具的消毒等。

(三)无菌操作法

无菌操作法系指在无菌控制条件下生产无菌制剂的方法。

1. 无菌操作室的灭菌 往往需要几种灭菌法同时应用。用空气灭菌法对无菌室进行灭菌。常用甲醛溶液加热熏蒸法等。定期用药液法在室内进行喷洒或擦拭用具、地面与墙壁等;每天工作前用紫外线灭菌法灭菌 1 小时,中午休息时再灭菌 0.5~1 小时。

2. 无菌操作 操作人员进入操作室之前要严格按照操作规程,进行净化处理;无菌室内所有用具尽量用热压灭菌法或干热灭菌法进行灭菌;物料在无菌状态下送入室内;人流、物流严格分离。制备注射剂时,多需加入抑菌剂。小量制备,可采用层流洁净工作台或无菌操作柜。柜内或用紫外灯灭菌,或使用药液喷雾灭菌。

(四)灭菌参数

在一般灭菌条件下,产品中可能还存有极微量微生物,而现行的无菌检验方法往往难以检出被检品中的极微量微生物。为了保证产品的无菌,有必要对灭菌方法的可靠性进行验证,F 与 F_0 值即可作为验证灭菌可靠性的参数。

1. D 值 系指在一定温度下,杀灭 90% 微生物(或残存率为 10%)所需的灭菌时间。杀灭微生物符合一级动力学过程,

即: $$\mathrm{d}N/\mathrm{d}t = -kt \tag{7-4}$$

或 $$\lg N_0 - \lg N_t = kt/2.303 \tag{7-5}$$

式中,N_t 为灭菌时间为 t 时残存的微生物数;N_0 为原有微生物数;k 为灭菌常数。

$$D = t = 2.303/k\,(\lg_{100} - \lg_{10}) \tag{7-6}$$

式中,D 值即为降低被灭菌物品中微生物数至原来的 1/10 所需的时间。在一定灭菌条件下,不同微生物具有不同的 D 值;同一微生物在不同灭菌条件下,D 值亦不相同。因此,D 值随微生物的种类、环境和灭菌温度变化而异。

2. Z 值 系指降低一个 $\lg D$ 值所需升高的温度,即灭菌时间减少到原来的 1/10 所需升高的温度或在相同灭菌时间内,杀灭 99% 的微生物所需提高的温度。

$$Z = (T_2 - T_1) / (\lg D_2 - \lg D_1) \tag{7-7}$$

3. F 值 系指在一定灭菌温度 (T) 下给定的 Z 值所产生的灭菌效果与在参比温度 (T_0) 下给定的 Z 值所产生的灭菌效果相同时所相当的时间(equivalent time)。F 值常用于干热灭菌,以分钟为单位,其数学表达式为:

$$F = \Delta t \sum 10^{(T-T_0)/z} \tag{7-8}$$

4. F_0 值 系指在一定灭菌温度 (T)、Z 值为 10℃ 所产生的灭菌效果与 121℃、Z 值为 10℃ 所产生的灭菌效果相同时所相当的时间。F_0 值目前仅限于热压灭菌,以分钟为单位。物理 F_0 值的数学表达式为:

$$F_0 = \Delta t \sum 10^{(T-121)/z} \tag{7-9}$$

生物 F_0 值的数学表达式为:

$$F_0 = D_{121} \times (\lg N_0 - \lg N_t) \tag{7-10}$$

式中,N_t 为灭菌后预计达到的微生物残存数,即染菌度概率(probability of nonsterility),当 N_1 达到 10^{-6} 时(原有菌数的百万分之一),可认为灭菌效果较可靠。因此,生物 F_0 值可认为是以相当于 121℃ 热压灭菌时,杀灭容器中全部微生物所需要的时间。

影响 F_0 值的因素主要有:①容器大小、形状及热穿透性等;②灭菌产品溶液性质、充填量等;③容器在灭菌器内的数量及分布等。

测定 F_0 值时应注意的问题:①选择灵敏,重现性好的热电偶,并对其进行校验;②灭菌时应将热电偶的探针置于被测样品的内部,并在柜外温度记录仪上显示;③对灭菌工艺和灭菌器进行验证,要求灭菌器内热分布均匀,重现性好。

(五)无菌检查法

无菌检查法系指检查药品与辅料是否无菌的方法,是评价无菌产品质量必须进行的检测项目,药剂或药品经灭菌或无菌操作法处理后,需经无菌检验证实已无微生物生存,方能使用。《中国药典》规定的无菌检查法有"直接接种法"和"薄膜过滤法"。

1. 直接接种法 将供试品溶液接种于培养基上,培养数日后观察培养基上是否出现混浊或沉淀,与阳性和阴性对照品比较或直接用显微镜观察。

2. 薄膜过滤法 取规定量供试品经薄膜过滤器过滤后,取出滤膜在培养基上培养数日,观察结果,并进行阴性和阳性对照试验。该方法可过滤较大量的样品,检测灵敏度高,结果较"直接接种法"可靠,不易出现"假阴性"结果。应严格控制操作过程中的无菌条件,防止环境微生物污染,从而影响检测结果。

第三节 注 射 剂

一、概述

注射剂(injection)系指药物与适宜的溶剂或分散介质制成的供注入体内的溶液、乳状液或混悬液及供临用前配制或稀释成溶液或混悬液的粉末或浓溶液的无菌制剂。因具有疗效确切、剂量准确、定位准、起效快等优点,近年来在新型释药系统注射剂方面有较大的发展,出现了脂质体、微球、微囊、无针注射剂等新型注射给药系统。

（一）注射剂的分类与给药途径

1. 注射剂的分类　根据 2010 年版《中国药典》附录规定,注射剂可分为注射液、注射用无菌粉末与注射用浓溶液。

（1）注射液:包括溶液型、乳状液型或混悬型注射液,可用于肌内注射、静脉注射、静脉滴注等。其中,供静脉滴注用的大体积(除另有规定外,一般不小于 100ml)注射液也称静脉输液。

溶液型注射液应澄明;除另有规定外,混悬型注射液中药物粒度应控制在 15μm 以下,含 15~20μm(间有个别 20~50μm)者,不应超过 10%,若有可见沉淀,振摇时应容易分散均匀。混悬型注射液不得用于静脉注射或椎管注射;乳状液型注射液应稳定,不得有相分离现象,不得用于椎管注射。静脉用乳状液型注射液中乳滴的粒度 90% 应在 1μm 以下,不得有大于 5μm 的乳滴。除另有规定外,静脉输液应尽可能与血液等渗。

（2）注射用无菌粉末:系指药物制成的供临用前用适宜的无菌溶液配制成澄清溶液或均匀混悬液的无菌粉末或无菌块状物。可用适宜的注射用溶剂配制后注射,也可用静脉输液配制后静脉滴注。无菌粉末用溶剂结晶法、喷雾干燥法或冷冻干燥法等制得。

（3）注射用浓溶液:系指药物制成的供临用前稀释供静脉滴注用的无菌浓溶液。

2. 注射剂的给药途径　根据临床治疗的需要,注射剂的给药途径可分为皮内、皮下、肌内、静脉、脊椎腔、动脉内及其他注射等。

（1）皮内注射(intracutaneous,ic):注射于表皮与真皮之间,一般注射部位在前臂。一次注射剂量在 0.2ml 以下,常用于过敏性试验或疾病诊断,如青霉素皮试液、白喉诊断毒素等。

（2）皮下注射(subcutaneous,sc):注射于真皮与肌肉之间的松软组织内,注射部位多在上臂外侧,一般用量为 1~2ml。皮下注射剂主要是水溶液,但药物吸收速度稍慢。

（3）肌内注射(intramuscular,im):注射于肌肉组织中,注射部位大都在臀肌或上臂三角肌。肌内注射较皮下注射刺激小,注射剂量一般为 1~5ml。肌内注射除水溶液外,尚可注射油溶液、混悬液及乳浊液。油注射液在肌肉中吸收缓慢而均匀,可起延效作用。

（4）静脉注射(intravascular,iv):注入静脉使药物直接进入血液,因此药效最快,常作急救、补充体液和供营养之用。由于血管内容量大,大剂量的静脉注射剂又称为"输液剂"。一次剂量自几毫升至几千毫升,且多为水溶液。油溶液和一般混悬液或乳浊液能引起毛细血管栓塞,故不能做静脉注射。凡能导致红细胞溶解或使蛋白质沉淀的药液,均不宜静脉给药。静脉注射剂不能加入抑菌剂。

（5）脊椎腔注射(vertebra caval route):注入脊椎四周蛛网膜下腔内。由于神经组织比较敏感,且脊椎液循环较慢。故注入一次剂量不得超过 10ml,而且要求使用最纯净的水溶液,其 pH 为 5.0~8.0 之间,渗透压亦应与脊椎液相等。否则由于渗透压紊乱或其他作用,很快会引起患者头痛和呕吐等不良反应。

（6）动脉内注射(intra-arterial route):注入靶区动脉末端,如诊断用动脉造影剂、肝动脉栓塞剂等。

（7）其他注射:如心内注射(intracardiac injection)、关节内注射(intra-articular injection)、滑膜腔内注射(Synovial cavity injection)、穴位注射(acupoint injection)以及鞘内注射(intrathecal injection)等。

（二）注射剂的特点

注射剂一般由药物、溶剂、附加剂及特制的容器组成,由于它可在皮内、皮下、肌内、静脉、脊椎腔及穴位等部位给药,为药物作用的发挥提供了有效途径,因而在临床尤其是危重急症疾病的治疗中应用十分广泛。其主要的特点包括:

1. 药效迅速、剂量准确、作用可靠。

2. 可适用于不宜口服给药的患者和不宜口服的药物。

3. 可发挥局部定位作用。但注射给药不方便,注射时易引起疼痛。

4. 易发生交叉污染、安全性差。

5. 制造过程复杂,对生产的环境及设备要求高,生产费用较大,价格较高。

(三) 注射剂的发展概况

注射剂因具有疗效确切、剂量准确、定位准、起效快等优点,一直以来都备受关注。近年来,在注射剂的新型释药系统方面有较大的发展,出现了一些新型长效和靶向注射剂,如脂质体注射剂、长效生物降解型微球注射剂、纳米粒注射剂、聚合物胶束注射剂、储库型控释注射剂、无针注射释药系统等。新型注射剂除具有传统注射剂的优点外,还采用了现代释药技术,具有很好的临床应用前景。目前国内外已上市的新型注射剂主要有:

1. 脂质体注射剂　脂质体因生物相容性好,一直受到人们的关注。目前已上市的品种有顺铂注射液(商品名:铂龙)、重组人白介素 -2 注射液(商品名:德路生、悦康仙、远策欣、博捷速等)、类胰岛素生长因子注射液、前列腺素 E1 注射液(商品名:凯时、前列地尔)、长春新碱注射液(商品名:Marqibo)、羟基喜树碱脂质体注射剂(商品名:菲尔比)、利巴韦林脂质体(商品名:病毒唑)和硝酸异康唑脂质体等。

2. 长效生物降解型微球注射剂　将药物结合于微球载体中通过皮下或肌肉给药,可使药物缓慢释放,改变其体内转运过程,延长在体内的作用时间(可达 1~3 个月),大大减少用药次数,明显提高患者用药的顺应性。目前已上市的品种有亮丙瑞林(商品名:抑那通)、奥曲肽(商品名:善龙)、利培酮(商品名:恒德)等。

3. 纳米粒注射剂　2005 年 1 月,美国 FDA 批准白蛋白结合紫杉醇纳米粒注射混悬液上市,用于转移性乳腺癌联合化疗失败后或辅助化疗 6 个月内复发的乳腺癌。这标志着可采用 ABI 专利纳米粒白蛋白结合技术制备新一类“蛋白质结合粒”药品。

4. 聚合物胶束注射剂　紫杉醇聚合物胶束注射剂,已在韩国上市,在美国等国家进行临床研究。

5. 储库型控释注射剂　美国 FDA 已批准了硫酸吗啡储库泡沫型长效注射剂上市,用于治疗大手术后的疼痛。

6. 无针注射释药系统　无针注射释药系统的释药原理是采用经皮释药的粉末 / 液体喷射手持器具,利用高压气体(氦气等)将药物粉末 / 液滴瞬时加速至 750 米 / 秒,经皮肤细胞进入皮内。已在英国、法国、德国、爱尔兰和意大利等 30 多个国家销售新颖的 Mhi-500 胰岛素无针头注射释药系统,单剂最多可释出胰岛素 100 单位中的 70 单位,可替代针筒或笔式注射器注射胰岛素。

(四) 注射剂的质量要求

1. pH　注射剂的 pH 要求与血液相等或接近,人体血液的 pH 为 7.4 左右,故注射剂的 pH 一般应控制在 4~9 的范围内。也可根据具体品种确定,但同一品种的 pH 允许差异范围不超过 ±1.0。

2. 渗透压摩尔浓度　除另有规定外,静脉输液及椎管注射用注射液按各品种项下的规定,照《中国药典》2010 年版渗透压摩尔浓度测定法(附录Ⅸ G)检查,应符合规定。

3. 可见异物　照《中国药典》2010 年版可见异物检查法(附录Ⅸ H)检查,应符合规定。

4. 不溶性微粒　除另有规定外,溶液型静脉注射液、注射用无菌粉末及注射用浓溶液,照《中国药典》2010 年版附录中的不溶性微粒检查法(附录Ⅸ C)检查,应符合规定。

5. 无菌　照《中国药典》2010 年版附录无菌检查法(附录Ⅺ H)检查,应符合规定。

6. 细菌内毒素或热原　除另有规定外,静脉用注射剂按各品种项下的规定,照细菌内毒素检查法(附录Ⅺ E)或热原检查法(附录Ⅺ D)检查,应符合规定。

7. 安全性　为确保临床用药安全,注射剂必要时应进行相应的安全性检查,如异常毒性、过敏反应、溶血与凝聚、降压物质等,均应符合《中国药典》的要求。

8. 装量　标示装量为 50ml 以上的注射液及注射用浓溶液,照 2010 年版《中国药典》最低装量检查法(附录Ⅹ F)检查,应符合规定。

9. 装量差异　除另有规定外,注射用无菌粉末照下述方法检查,应符合规定。检查法取供试品 5 瓶(支),除去标签、铝盖,容器外壁用乙醇擦净,干燥,开启时注意避免玻璃屑等异物落入容器中,分别迅速精密称定,倾出内容物,容器用水或乙醇洗净,在适宜条件下干燥后,再分别精密称定每一容器的重量,求出每瓶(支)的装量与平均装量。每瓶(支)装量与平均装量相比较,应符合表 7-4 的规定,如有 1 瓶(支)不符合规定,应另取 10 瓶(支)复试,应符合规定。

表 7-4　装量差异限度表

平均装量	装量差异限度	平均装量	装量差异限度
≤0.05g	±15%	0.15~0.50g	±7%
0.05~0.15g	±10%	>0.5g	±5%

10. 稳定性　溶液型注射液应澄明;除另有规定外,混悬型注射液中药物粒度应控制在 15μm 以下,含 15~20μm(间有个别 20~50μm)者,不应超过 10%,若有可见沉淀,振摇时应容易分散均匀。混悬型注射液不得用于静脉注射或椎管注射;乳状液型注射液应稳定,不得有相分离现象,不得用于椎管注射。静脉用乳状液型注射液中乳滴的粒度 90% 应在 1μm 以下,不得有大于 5μm 的乳滴。

为保证注射剂的质量,在具体产品制备时,应根据药物的物理性质、化学性质、药理作用及临床用药要求,合理地进行处方设计并确定适宜的制备工艺。

二、注射剂处方组成

注射剂的处方主要由主药、溶剂和 pH 调节剂、抗氧剂、络合剂等辅料组成。由于注射剂的特殊要求,处方中所有组分,包括原料药都应采用注射级规格,应符合药典或相应的国家药品质量标准的要求。

(一)注射用原料的要求

与口服制剂的原料相比,注射用原料的质量标准更高,除了对杂质和重金属的限量更严格外,还对微生物及热原等有严格的规定,如要求无菌、无热原。配制注射剂时,必须使用注射级规格的原料,必须符合《中国药典》或相应的国家药品质量标准的要求。

我国新实施的 GMP 对注射用原料有以下技术要求:

(1)原料的来源稳定可靠;

(2)在运输贮藏过程中防止污染;

（3）根据工艺提出的相关物质等化学指标及根据剂型要求提出的微生物、内毒素等相关生测指标，对原料进行精制并制定高于法定标准的内控标准，使其达到注射级的质量标准，并经批准后使用。

（二）常用注射用溶剂

1. 注射用水（water for injection） 为纯化水经蒸馏所得的水，是最常用的注射用溶媒。《中国药典》2010 年版规定：注射用水必须在防止细菌内毒素产生的设计条件下生产、贮藏及分装。其质量应符合注射用水项下的规定。有关注射用水的制备和具体质量要求详见本章第二节。

2. 灭菌注射用水（sterilized water for injection） 为注射用水按照注射剂生产工艺制备所得，不含任何添加剂。主要用于注射用灭菌粉末的溶剂或注射剂的稀释剂。药典规定其质量符合灭菌注射用水项下的规定。

3. 注射用油（oil for injection） 常用的有大豆油、麻油、茶油等植物油。其他的植物油如花生油、玉米油、橄榄油等经过精制后也可供注射用。

2010 年版《中国药典》对注射用油的质量要求规定：无异臭，无酸败味；色泽不得深于黄色 6 号标准比色液；在 10℃时应保持澄明；碘值为 79~128；皂化值为 185~200；酸值不得大于 0.56。凡能符合以上要求，本身无毒，在注射用量内对人体无害，不影响主药疗效，组织有良好吸收者，都可用作注射用油。

碘值、皂化值、酸值是评价注射用油质量的重要指标。碘值是指 100g 油脂与碘起加成反应时所需碘的克数，其值反映油脂中不饱和键的多寡，碘值高，说明含不饱和键多，油容易氧化酸败。皂化值是指皂化 1g 油脂所需氢氧化钾的毫克数，其高低表示游离脂肪酸和结合成酯的脂肪酸总量，过低表明油脂中脂肪酸分子量较大或含不皂化物（如胆固醇等）杂质较多；过高则脂肪酸分子量较小，亲水性较强，失去油脂的性质。酸值是指中和 1g 油脂中含有的游离酸所需氢氧化钾的毫克数，酸值高表明油脂酸败严重，不仅影响药物稳定性，且有刺激作用。

4. 其他非水注射用溶剂 其他还有乙醇、丙二醇、聚乙二醇等溶剂。供注射用的非水性溶剂，应严格限制其用量，并应在品种项下进行相应的检查。常用的非水注射用溶剂有：

（1）乙醇（ethanol）：本品与水、甘油、挥发油等可任意混溶，可供静脉或肌内注射。小鼠静脉注射的 LD_{50} 为 1.97g/kg，皮下注射为 8.28g/kg。采用乙醇为注射溶剂浓度可达 50%。但乙醇浓度超过 10% 时可能会有溶血作用或疼痛感。如氢化可的松注射液、乙酰毛花苷 C 注射液中均含有一定量的乙醇。

（2）丙二醇（propylene glycol，PG）：本品与水、乙醇、甘油可混溶，能溶解多种挥发油，小鼠静脉注射的 LD_{50} 为 5~8g/kg，腹腔注射为 9.7g/kg，皮下注射为 18.5g/kg。复合注射用溶剂中常用的含量为 10%~60%，用做皮下或肌注时有局部刺激性。其对药物的溶解范围广，已广泛用于注射溶剂，供静注或肌注。如苯妥英钠注射液中含 40% 丙二醇。

（3）聚乙二醇（polyethylene glycol，PEG）：本品与水、乙醇相混溶，化学性质稳定，PEG300、PEG400 均可用作注射用溶剂。有报道 PEG300 的降解产物可能会导致肾病变，因此 PEG400 更常用，其对小鼠的 LD_{50} 腹腔注射为 4.2g/kg，皮下注射为 10g/kg。如塞替派注射液以 PEG400 为注射溶剂。

（4）甘油（glycerin）：本品与水或醇可任意混溶，但在挥发油和脂肪油中不溶，小鼠皮下注射的 LD_{50} 为 10ml/kg，肌内注射为 6ml/kg。由于黏度和刺激性较大，不单独作注射剂溶剂用。

常用浓度为 1%~50%,但大剂量注射会导致惊厥、麻痹、溶血。常与乙醇、丙二醇、水等组成复合溶剂,如普鲁卡因注射液的溶剂为 95% 乙醇(20%)、甘油(20%)与注射用水(60%)。

（三）注射剂的主要附加剂

2010 年版《中国药典》规定,注射剂中除主药外,还可根据制备及医疗的需要添加其他物质,以增加注射剂的有效性、安全性与稳定性,这类物质统称为注射剂的附加剂(additives for injection)。附加剂主要用于以下几个方面:①增加药物溶解度;②增加药物稳定性;③调节渗透压;④抑菌;⑤调节 pH;⑥减轻疼痛或刺激。选择的附加剂及其使用的浓度应对机体无毒性,与主药无配伍禁忌,不影响主药的疗效与含量测定。常用的附加剂见表 7-5。

表 7-5 注射剂常用的附加剂

附加剂种类	附加剂名称	使用浓度（溶液总量 %）
抗氧剂	焦亚硫酸钠	0.1~0.2
	亚硫酸氢钠	0.1~0.2
	亚硫酸钠	0.1~0.2
	硫代硫酸钠	0.1
金属螯合剂	EDTA·2Na	0.01~0.05
	醋酸,醋酸钠	0.22,0.8
	枸橼酸,枸橼酸钠	0.5,4.0
	乳酸	0.1
	酒石酸,酒石酸钠	0.65,1.2
	磷酸氢二钠,磷酸二氢钠	1.7,0.71
	碳酸氢钠,碳酸钠	0.005,0.06
助悬剂	羧甲基纤维素	0.05~0.75
	明胶	2.0
	果胶	0.2
稳定剂	肌酐	0.5~0.8
	甘氨酸	1.5~2.25
	烟酰胺	1.25~2.5
	辛酸钠	0.4
增溶剂、润湿剂或乳化剂	聚氧乙烯蓖麻油	1~65
	聚山梨酯 20(吐温 20)	0.01
	聚山梨酯 40(吐温 40)	0.05
	聚山梨酯 80(吐温 80)	0.04~4.0
	聚维酮	0.2~1.0
	聚乙二醇 -40- 蓖麻油	7.0~11.5
	卵磷脂	0.5~2.3
	脱氧胆酸钠	0.21
	普朗尼克 F-68(泊洛沙姆 188)	0.21
抑菌剂	苯酚	0.25~0.5
	甲酚	0.25~0.3
	氯甲酚	0.05~0.2
	苯甲醇	1~3

续表

附加剂种类	附加剂名称	使用浓度（溶液总量 %）
抑菌剂	三氯叔丁醇	0.25~0.5
	硝酸苯汞	0.001~0.002
	尼泊金类	0.01~0.25
局麻剂（止痛剂）	盐酸普鲁卡因	0.5~2
	利多卡因	0.5~1.0
等渗调节剂	氯化钠	0.5~0.9
	葡萄糖	4~5
	甘油	2.25
填充剂	乳糖	1~8
	甘露醇	1~10
	甘氨酸	1~10
保护剂	乳糖	2~5
	蔗糖	2~5
	麦芽糖	2~5
	人血红蛋白	0.2~2

三、注射剂的制备

注射剂的生产过程包括原辅料的准备与处理、配制、灌封、灭菌、质量检查和包装等步骤。制备不同类型的注射剂,其具体操作方法和生产条件有区别,注射剂的制备工艺流程如图 7-15 所示。

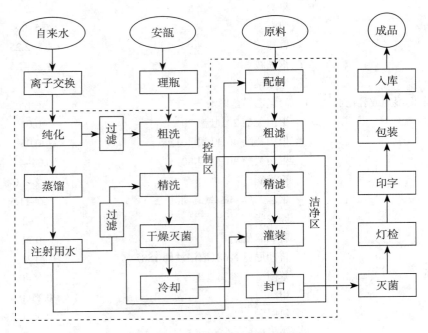

图 7-15　注射剂生产工艺流程图

注射剂的制备,要设计合理的工艺流程,也要具备与各生产工序相适应的环境和设施,这是提高注射剂产品质量的基本保证。注射剂生产厂房设计时,应根据实际生产流程,对生产车间布局、上下工序衔接、设备及材料性能进行综合考虑,总体设计要符合国家食品药品监督管理总局制定的《药品生产质量管理规范》的规定。

(一) 水处理

1. 注射用水的质量要求　注射用水系指纯化水经蒸馏所得的水。应为无臭、无味、澄明的液体。2010 年版《中国药典》规定:除硝酸盐、亚硝酸盐、电导率、总有机碳、不挥发物与重金属按纯化水检查应符合规定外,还要求 pH 应为 5.0~7.0,氨含量不超过 0.00002%,细菌内毒素与微生物限度检查,均应符合规定。

2. 注射用水的制备　参照本章第二节注射用水制备技术。

(二) 容器处理

注射剂常用容器有玻璃安瓿、玻璃瓶、塑料安瓿、塑料瓶(袋)等。容器的密封性,需用适宜的方法确证。除另有规定外,容器应符合有关注射用玻璃容器和塑料容器的国家标准规定。容器用胶塞特别是多剂量包装注射液用的胶塞要有足够的稳定性,其质量应符合有关国家标准规定。除另有规定外,容器应足够透明,以便内容物的检视。

1. 安瓿　安瓿的式样包括曲颈安瓿和粉末安瓿两种,其中曲颈易折安瓿使用方便,可避免折断后玻璃屑和微粒对药液的污染,故国家食品药品监督管理总局(CFDA)已强制推行使用该种安瓿。曲颈易折安瓿有点刻痕易折安瓿和色环易折安瓿两种。粉末安瓿用于分装注射用固体粉末或结晶性药物。安瓿的颜色一般无色透明,因无色透明有利于药液澄明度检查。目前制造安瓿的玻璃主要有中性玻璃、含钡玻璃和含锆玻璃。中性玻璃化学稳定性好,适用于近中性或弱酸性注射剂;含钡玻璃耐碱性好,适用于碱性较强的注射剂;含锆玻璃耐酸碱性能好,不易受药液侵蚀,适用于酸碱性强的药液和钠盐类的注射液等。

2. 西林小瓶　包括管制瓶和模制瓶两种。管制瓶的瓶壁较薄,厚薄比较均匀,而模制瓶正好相反。常见容积为 10ml 和 20ml,应用时都需配有橡胶塞,外面有铝盖压紧,有时铝盖上再外加一个塑料盖。主要用于分装注射用无菌粉末,如注射用无菌粉末多采用此容器包装。

3. 注射剂容器的质量要求　注射剂的容器不仅要盛装各种不同性质的注射剂,而且还要经受高温灭菌和在各种不同环境条件下的长期贮存。常用的注射剂玻璃容器应符合下列要求:①安瓿玻璃应无色透明,以便于检查注射剂的澄明度、杂质以及变质情况;②应具有低的膨胀系数和优良的耐热性,能耐受洗涤和灭菌过程中产生的冲击,在生产过程中不易冷爆破裂;③要有足够的物理强度,能耐受热压灭菌时所产生的压力差,生产、运输、贮藏过程中不易破损;④应具有较高的化学稳定性,不易被药液侵蚀,也不改变溶液的 pH;⑤熔点较低,易于熔封;⑥不得有气泡、麻点与砂粒。

塑料容器的主要成分是热塑性聚合物,附加成分含量较低,但有些仍含有不等量的增塑剂、填充剂、抗静电剂、抗氧化剂等。因此,选择塑料容器时,有必要进行相应的稳定性试验,依据试验结果才能决定能否应用。

4. 安瓿的质量检查　为了保证注射剂的质量,安瓿使用前要经过一系列的检查,检查项目与方法,均可按《中国药典》的规定,生产过程中还可根据实际需要确定具体内容,但一般必须通过物理和化学检查。

(1) 物理检查:主要检查外观,包括尺寸、色泽、表面质量、清洁度及耐热耐压性能等。

（2）化学检查：主要检查安瓿的耐酸性能、耐碱性能及中性检查等。

（3）装药试验：当安瓿用料变化或盛装新研制的注射剂时，经一般理化性能检查后，仍需作必要的装药试验，以进一步考察容器与药物有无相互作用。

5. 安瓿的洗涤　安瓿洗涤的质量对注射剂成品的合格率有较大影响。目前国内多数药厂使用的安瓿洗涤设备有三种：喷淋式安瓿洗瓶机组、气水喷射式洗瓶机组和超声波安瓿洗瓶机。

（1）喷淋式安瓿洗瓶机组：该机组由喷淋机、甩水机、蒸煮箱、水过滤器及水泵等机件组成。喷淋机主要由传送带、淋水板及水循环系统三部分组成。喷淋式安瓿洗瓶机组生产效率较高，尤以 5ml 以下小安瓿洗涤效果较好（图 7-16）。

（2）气水喷射式安瓿洗瓶机组：该组设备适用于大规格安瓿和曲颈安瓿的洗涤。它主要由供水系统、压缩空气及其过滤系统、洗瓶机等三大部分组成。洗涤时，利用洁净的洗涤水及经过过滤的压缩空气，通过喷嘴交替喷射安瓿内外部，将安瓿喷洗干净。压缩空气经水洗罐、木炭层、瓷环层、涤纶袋滤器处理后，由管路进入贮水罐，将洗涤水压经双层涤纶器而进入喷水阀中。同时经水洗滤过处理的压缩空气也进入喷气阀中，两阀借助偏心轮及传动机构和脚踏板，交替启闭，使压缩空气和洗涤水从针头中交替喷出，进行安瓿冲洗。

（3）超声波安瓿洗瓶机：图 7-17 是超声波安瓿洗涤机工作原理示意图。如图所示，超声波安瓿洗涤机由 18 等分圆盘、18（排）×9（针）的针盘、上下瞄准器、装瓶斗、推瓶器、出瓶器、水箱等构件组成。输送带由缺齿轮传动，作间歇运动，每批送瓶 9 支。整个针盘有 18 个工位，每个工位有 9 针，可以安排 9 支安瓿同时进行清洗。针盘由螺旋锥齿轮、螺杆一等分圆盘传动系统传动，当主轴转过一周则针盘转过 1/18 周，一个工位。

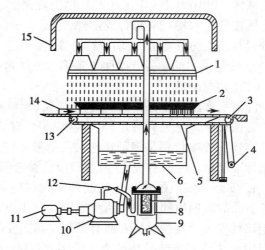

图 7-16　安瓿喷淋机

1. 多水喷头；2. 尼龙网；3. 止逆链轴；4. 偏心带凸轮；5. 链带；6. 水箱；7. 多孔不锈钢胆；8. 滤袋；9. 过滤缸；10. 离心泵；11. 电动机；12. 调节阀；13. 链轮；14. 盛安瓿盘；15. 箱体

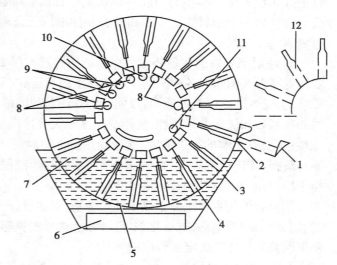

图 7-17　超声波安瓿洗瓶机的工作原理图

1. 推瓶器；2. 引导器；3. 水箱；4. 针管；5. 瓶底座；6. 超声波发生器；7. 液位；8. 吹气；9. 冲循环水；10. 冲新鲜水；11. 注水；12. 出瓶

该机的作用原理是：浸没在清洗液中的安瓿在超声波发生器的作用下，使安瓿与液体接触的界面处于剧烈的超声振动状态时所产生的一种"空化"作用，将安瓿内外表面的污垢冲击剥落，从而达到安瓿清洗的目的。

在整个超声波洗瓶过程中，应注意不断将污水排出并补充新鲜洁净的纯化水，严格执行操作规范。

6. 安瓿的干燥与灭菌　安瓿一般可在烘箱中 120~140℃ 干燥 2 小时以上。供无菌操作药物或低温灭菌药物的安瓿，则需 150~170℃ 干热灭菌 2 小时。

工厂大生产中，现在多采用隧道式烘箱进行安瓿的干燥，此设备主要由红外线发射装置与安瓿自动传递装置两部分组成，隧道内平均温度在 200℃ 左右，一般小容量的安瓿约 10 分钟即可烘干，可连续化生产。还有一种电热红外线隧道式自动干燥灭菌机，附有局部层流装置，安瓿在连续的层流洁净空气保护下，经过 350℃ 的高温，很快达到干热灭菌的目的，洁净程度高。

经灭菌处理的空安瓿应妥善保管，存放空间应有洁净空气保护，存放时间不应超过 24 小时。

（三）药液的配制和滤过

1. 注射液的配制

（1）配液用具的选择与处理：配液用具必须采用化学稳定性好的材料制成，如玻璃、搪瓷、不锈钢、耐酸耐碱陶瓷及无毒聚氯乙烯、聚乙烯塑料等。一般塑料不能耐热，高温易变形软化，铝质容器稳定性差，均不宜使用。

配液用具在使用前要用洗涤剂或清洁液处理，洗净并沥干。临用时，再用新鲜注射用水荡涤或灭菌后备用。每次用具使用后，均应及时清洗，玻璃容器中也可加入少量硫酸清洁液或 75% 乙醇放置，以免长菌，临用前再按规定方法洗净。

（2）配液方法：小量配制注射液时，一般可在中性硬质玻璃容器或搪瓷桶中进行。大量生产时，常以带蒸汽夹层装置的配液锅为容器配制注射液。

配液方式有两种。一种是稀配法，即将原料加入所需的溶剂中一次配成注射剂所需浓度，本法适用于原料质量好，小剂量注射剂的配制；另一种是浓配法，即将原料先加入部分溶剂配成浓溶液，加热溶解滤过后，再将全部溶剂加入滤液中，使其达到注射剂规定浓度，本法适用于原料质量一般，大剂量注射剂的配制。为保证质量，浓配法配成的药物浓溶液也可用热处理冷藏法处理（即先加热至 100℃，再冷却至 0~4℃，静置），经处理后的浓溶液滤过后，再加入全部溶剂量。

若处方中几种原料的性质不同，溶解要求有差异，配液时也可分别溶解后再混合，最后加溶剂至规定量。

有些注射液由于色泽或澄明度的原因，配制时需加活性炭处理，活性炭有较好的吸附、脱色、助滤及除杂质作用，能提高药液澄明度和改善色泽。应用时，常把注射用规格的活性炭，加入药液中加热煮沸一定时间，并适当搅拌，稍冷后即滤过。但必须注意，针用活性炭使用前应在 150℃ 干燥 3~4 小时，进行活化处理，一般用量为 0.1%~1%，同时也不能忽视活性炭可能对有效成分的吸附，从而影响药物含量的问题，要经过实验比较研究，才能评价其使用效果。

配液所用注射用水，贮存时间不得超过 12 小时。配液所用注射用油，应在使用前经 150~160℃ 灭菌 1~2 小时，待冷却后即刻进行配制。

药液配制后,应进行半成品质量检查,检查项目主要包括 pH、相关成分含量等,检验合格后才能进一步滤过和灌封。

2. 注射液的滤过　参照本章第二节的液体的过滤技术。

（四）灌装和封口

注射剂的灌封包括药液的灌装与容器的封口,这两部分操作应在同一室内进行,操作室的环境要严格控制,达到尽可能高的洁净度(例如 100 级)。

注射液滤过后,经检查合格应立即灌装和封口,以避免污染。

1. 注射液的灌装　药液的灌装,力求做到剂量准确,药液不沾瓶颈口,不受污染。灌装标示装量为不大于 50ml 的注射剂,应按下表适当增加装量。除另有规定外,多剂量包装的注射剂,每一容器的装量不得超过 10 次注射量,增加装量应能保证每次注射用量。2010 年版《中国药典》规定的注射剂的增加量详见表 7-6。

表 7-6　注射液灌装时应增加的灌装量

标示量 /ml	增加量 /ml		标示量 /ml	增加量 /ml	
	易流动的液体	黏稠的液体		易流动的液体	黏稠的液体
0.5	0.10	0.12	10	0.50	0.70
1	0.10	0.15	20	0.60	0.90
2	0.15	0.25	50	1.0	1.5
5	0.30	0.50			

为使药液灌装量准确,每次灌装前,必须用精确的量筒校正灌注器的容量,并试灌若干次,然后按《中国药典》2010 年版附录注射液装量检查法检查,符合装量规定后再正式灌装。

2. 注射液的封口　工业化生产多采用自动灌封机进行药液的灌装,灌装与封口由机械联动完成。

图 7-18 是安瓿自动拉丝灌封机工作原理示意图。工作时,空安瓿置于落瓶斗 5 中,由拨轮 6 将其分支取出并放置于齿板输送机构 4 上。齿板输送机构倾斜安装在工作台上,由双曲柄机构带动,将安瓿一步步地自右向左输送。当空瓶输送到药液针架 3 的下方时,针架被凸轮机构带动下移,针头伸入瓶内进行灌装。灌封完毕针架向上返回,安瓿经封口火焰 2 封口后,送入出瓶斗 1 中。瓶内药液由定量灌注器 9 控制装量,凸轮 7 控制定量灌注器的活塞杆上下移动,完成吸、排药液的任务,调整杠杆 8 可以调节灌注药液的量。

为了进一步提高注射剂生产的质量与效率,我国已设计制成多种规格的洗、灌、封联动机和割、洗、灌、封联动机,该机器将多

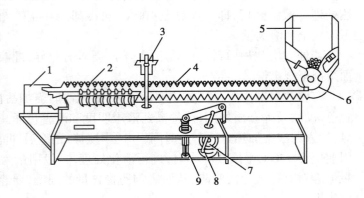

图 7-18　安瓿自动灌封机结构示意图

1. 出瓶斗；2. 封口火焰；3. 药液针架；4. 齿板输送机构；5. 落瓶斗；6. 拨轮；7. 凸轮；8. 调整杠杆；9. 定量注射器

个生产工序在一台机器上联动完成。常见的洗灌封联动机的结构如图 7-19 所示。

如图 7-19 所示,该联动线的工艺流程是:安瓿上料→喷淋水→超声波洗涤→第一次冲循环水→第二次冲循环水→压缩空气吹干→冲注射用水→三次吹压缩空气→预热→高温灭菌→冷却→螺杆分离进瓶→前充气→灌药→后充气→预热→拉丝封口→计数→出成品。

清洗机主要完成安瓿超声波清洗和水气清洗,杀菌干燥机多采用远红外高温灭菌,灌封机完成安瓿的充氮灌药和拉丝封口。灭菌干燥和灌封都在 100 级层流区域内进行。

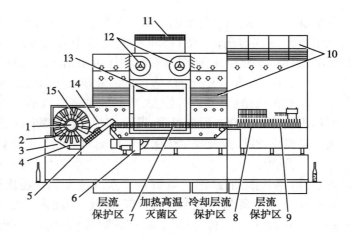

图 7-19 洗灌封联动机的结构示意图
1. 转鼓;2. 超声波清洗槽;3. 电热;4. 超声波发生器;5. 进瓶斗;6. 排风机;7. 输送网带;8. 充气灌封;9. 拉丝封口;10. 高效过滤器;11. 中效过滤器;12. 风机;13. 加热元件;14. 出瓶口;15. 水气喷头

洗灌封联动机实现了水针剂从洗瓶、烘干、灌液到封口多道工序生产的联动,缩短了工艺过程,减少了安瓿间的交叉污染,明显地提高了水针剂的生产质量和生产效率,且其结构紧凑,自动化程度高,占地面积小。

注射剂灌装与封口过程中,对于一些主药遇空气易氧化的产品,还要通入惰性气体以置换安瓿中的空气。常用的惰性气体有氮气和二氧化碳。高纯度的氮气可不经处理直接应用,纯度差的氮气以及二氧化碳必须经过处理后才能应用。通气时,1~2ml 的安瓿可先灌装药液后通气;5~10ml 安瓿应先通气,后灌装药液,最后再通气。若多台灌封机同时运行时,为保证产品通气均匀一致,应先将气体通入缓冲缸,使压力均匀稳定,再分别通入各台灌封机,各台机器上也应有气体压力测定装置,用以控制调节气体压力。惰性气体的选择,要根据药物品种而确定,一般以氮气为好,二氧化碳易使安瓿爆裂,同时有些碱性药液或钙制剂,也会与二氧化碳发生反应,选用时应注意。

灌装与封口过程中,因操作方法或生产设备的原因,常可能出现如下问题:①灌装剂量不准确,可能是剂量调节装置的螺丝松动;②安瓿封口不严密出现毛细孔,通常是熔封火焰的强度不够;③安瓿出现大头(鼓泡)或瘪头现象,前者多是火焰太强,后者则是安瓿受热不均匀;④安瓿产生焦头,往往是药液灌装时沾染瓶颈所致,其原因可能是药液灌装太急,溅起的药液黏附瓶颈壁上;灌装针头往安瓿中注药后未能及时回药,顶端还带有药液水珠,黏于瓶颈;灌装针头安装位置不正,尤其是安瓿瓶口粗细不匀,注药时药液沾壁;压药与针头打药的动作配合不好,造成针头刚进瓶口就注药或针头临出瓶口才注完药液;针头升降轴不够润滑,针头起落迟缓,等等。上述问题的存在,均会影响注射剂的质量,应根据具体情况,分析原因,改进操作方法或调整设备运行状态,从根本上解决问题。

(五)注射剂的灭菌与检测

灌封后的注射剂应及时灭菌。一般注射剂从配制到灭菌,应在 12 小时内完成。灭菌方法和条件主要根据药物的性质选择确定,其原则是既要保持注射剂中相关药物的稳定,又必须保证成品达到完全灭菌的要求,必要时可采取几种灭菌方法联用。在避菌条件较好的情况下生产的注射剂,一般 1~5ml 的安瓿可用流通蒸汽 100℃灭菌 30 分钟,10~20ml 的安瓿100℃灭菌 45 分钟,灭菌温度和时间还可根据药品的具体情况作适当调整。凡对热稳定的产品,也可采用热压灭菌方法进行灭菌处理。灭菌效果的 F_0 值应大于 8。

注射剂灭菌后,要进行检漏,其目的是将熔封不严,安瓿顶端留有毛细孔或裂缝的注射剂检出剔除。安瓿有泄漏情况,药液容易流出,微生物或空气也可由此进入安瓿,将直接导致药液变质,故检漏处理对于保证注射剂质量也是十分必要的。

工业化生产时,检漏一般应用灭菌检漏两用器,使用灭菌检漏两用器,在灭菌过程完成后,可稍开锅门,从进水管放进冷水淋洗安瓿使温度降低,然后密闭锅门并抽气使灭菌器内压力逐渐降低。此时安瓿如有漏气,安瓿内的空气也会随之被抽出,当真空度达到85.12~90.44kPa 时,停止抽气,将有色溶液(如 0.05% 曙红或酸性大红 G 溶液)吸入灭菌器内,待有色溶液浸没安瓿后,关闭色水阀,开放气阀,并把有色溶液抽回贮液器中,开启锅门,将锅内注射剂取出,淋洗后检查,即可。

此外也可将安瓿倒置或横放于灭菌器内,在升温灭菌时,安瓿内部空气受热膨胀形成正压,药液则从漏气安瓿顶端的毛细孔或裂缝中压出,灭菌结束后变成空安瓿而被检出剔除。该方法操作简便,灭菌与检漏同时完成,可酌情选择。

(六)注射剂的印字与包装

注射剂经质量检验合格后即可进行印字包装。每支注射剂上应标明品名、规格、批号等。印字可用手工或印字机。用印字机可使印刷质量提高,也加快了印字速度。目前,药厂大批量生产时,广泛采用印字、装盒、贴签及包装等联成一体的印包联动机,大大提高了印包工序效率。包装对保证注射剂在贮存器的质量稳定具有重要作用,既要避光又要防止损坏,一般用纸盒,内衬瓦楞纸分割成行包装。塑料包装是近年来发展起来的一种新型包装形式,安瓿塑料包装一般有热塑包装和发泡包装。

注射剂包装盒外应贴标签,表明品名、规格、生产批号、生产厂名及药品生产批准文号等。包装盒内应放注射剂详细使用说明书,说明药物的含量或处方、应用范围、用法用量、禁忌、贮藏、有效期及药厂名称等。

四、注射剂的质量评价

注射剂的制备工艺比较复杂,为确保注射剂的成品质量,注射剂必须按照其质量要求,进行质量检查,每种注射剂均有具体规定,包括含量、pH 以及特定的检查项目。除此之外,尚需符合《中国药典》2010 年版注射剂项下的各项规定,包括装量、可见异物、细菌内毒素或热原检查及无菌检查等。

(一)渗透压摩尔浓度

除另有规定外,静脉输液及椎管注射用注射液按各品种项下的规定,照《中国药典》2010 年版渗透压摩尔浓度测定法(附录Ⅸ G)检查,应符合规定。

(二)可见异物检查

照《中国药典》2010 年版可见异物检查法(附录Ⅸ H)检查,应符合规定。

(三)不溶性微粒

除另有规定外,溶液型静脉注射液、注射用无菌粉末及注射用浓溶液,照《中国药典》2010 年版附录中的不溶性微粒检查法(附录Ⅸ C)检查,应符合规定。

（四）细菌内毒素或热原检查

除另有规定外,静脉用注射剂按各品种项下的规定,照细菌内毒素检查法(附录Ⅺ E)或热原检查法(附录Ⅺ D)检查,应符合规定。

（五）无菌检查

任何注射剂都必须抽取一定数量的样品进行无菌检查,照《中国药典》2010 年版附录无菌检查法(附录Ⅺ H)检查,应符合规定。

（六）pH 测定

药液的 pH 使用酸度计测定。水溶液的 pH 通常以玻璃电极为指示电极、饱和甘汞电极为参比电极进行测定。一般允许 pH 范围在 4.0~9.0 之间,具体品种按其质量要求检查。

（七）装量检查

标示装量为 50ml 以上的注射液及注射用浓溶液,照 2010 年版《中国药典》最低装量检查法(附录Ⅹ F)检查,应符合规定。

（八）其他检查

根据品种不同,有的尚需要进行有关物质、降压物质、异常毒性、刺激性、过敏性等试验。

五、举例

（一）2% 盐酸普鲁卡因注射液

本品为盐酸普鲁卡因的灭菌水溶液,含盐酸普鲁卡因应为标示量的 95.0%~105.0%。

【处方】盐酸普鲁卡因 20.0g　氯化钠 4.0g　0.1mol/L 盐酸适量注射用水加至 1000ml。

【制法】取注射用水约 80%,加入氯化钠,搅拌溶解,再加盐酸普鲁卡因使之溶解,加入 0.1mol/L 的盐酸溶解 pH4.0~4.5,再加水至足量,搅匀,滤过分装于中性玻璃容器中,封口。最后用 100℃流通蒸汽灭菌 15 分钟即得。

【性状】本品为白色结晶或结晶性粉末。

【功能与主治】本品为局部麻醉药,用于封闭疗法、浸润麻醉和传导麻醉。

【用法与用量】浸润麻醉:0.25%~0.5% 水溶液,每小时不得过 1.5g。阻滞麻醉:1%~2% 水溶液,每小时不得过 1.0g。硬膜外麻醉:2% 水溶液,每小时不得过 0.75g。

【规格】2ml:40mg

【贮藏】遮光,密闭保存。

【注解】①本品为酯类药物,易水解。保证本品稳定性的关键是调节 pH,本品 pH 应控制在 4.0~4.5 范围。灭菌温度不宜过高,时间也不宜过长。②氯化钠用于调节渗透压,实验表明还有稳定本品的作用。未加氯化钠的处方,一个月分解 1.23%,加 0.85% 氯化钠的仅分解 0.4%。③光、空气及铜、铁等金属离子均能加速本品分解。④极少数病人对本品有过敏反应,故用药前询问病人过敏史或做皮内实验(0.25% 普鲁卡因溶液 0.1ml)。

（二）维生素 C 注射液（抗坏血酸注射液）

本品为维生素 C 的灭菌用水溶液,含维生素 C 应为标示量的 90.0%~110.0%。

【处方】维生素 104g　碳酸氢钠 49g　亚硫酸氢钠 2g　依地酸二钠 0.05g　注射用水加至 1000ml。

【制法】在配制容器中,加配制量 80% 的注射用水,通入二氧化碳饱和,加维生素 C 溶解后,分次缓缓加入碳酸氢钠,搅拌使完全溶解,加入预先配制好的依地酸二钠溶液和亚硫酸氢钠溶液,搅拌均匀,调节溶液 pH 至 6.0~6.2,添加二氧化碳饱和注射用水足量,用垂熔玻璃漏斗与薄膜滤器滤过,溶液中通二氧化碳,并在二氧化碳或氯气流下灌装,封口,最后用 100℃流通蒸汽灭菌 15 分钟即得。

【性状】本品为无色的澄明液体。

【作用与用途】本品参与体内氧化还原及糖代谢过程,增加毛细血管致密性,减少通透性和脆性,加速血液凝固,刺激造血功能;促进铁在肠内的吸收;增强机体对感染的抵抗力,并有解毒等作用。用于防治坏血病,各种急慢性传染病、紫癜、高铁血红蛋白症、肝胆疾病及各种过敏性疾患。亦可用于冠心病的预防等。

【用法与用量】静脉注射或肌内注射,成人每次 0.5~1.0g。

【规格】1ml:100mg

【贮藏】遮光,密闭保存。制剂色泽变黄后不可应用。

【注解】维生素 C 分子中有烯二醇结构,显强酸性,注射时刺激性大,产生疼痛,故加入碳酸氢钠,是维生素 C 部分的中合成钠盐,以避免疼痛。同时碳酸氢钠也有调节 pH 的作用,能提高本品的稳定性。

维生素 C 在水溶液中极易氧化、水解生成 2,3- 二酮 -L- 古罗糖酸而失去治疗作用。若氧化水解成 5- 羟甲基糖醛(或从原料中带入),继而在空气中能形成黄色聚合物。故本品质量好坏与原辅料的质量密切相关。同时本品的稳定性还与空气中的氧、溶液的 pH 等因素有关,在生产中采取调节药液 pH、充惰性气体、加抗氧剂及金属络合剂等综合措施,以防止维生素 C 的氧化。

实验研究还表明,本品的稳定性还与温度有关,100℃灭菌 30 分钟,含量减少 3%,而 100℃灭菌 15 分钟,含量减少 2%,故一般采用流通蒸汽 100℃灭菌 15 分钟,但操作过程应尽量在避菌条件下进行,以免污染。

(三)醋酸可的松注射液

本品为醋酸可的松的灭菌水溶液,含醋酸可的松的含量应为标示量的 90.0%~110.0%。

【处方】醋酸可的松微晶 25g　硫柳汞 0.01g　氯化钠 3g　聚山梨酯 80 1.5g　羧甲基纤维素钠(30~60cPa·s)5g　注射用水加至 1000ml。

【制法】①硫柳汞加于 50% 量的注射用水中,加羧甲基纤维素钠,搅匀,过夜溶解后,用 200 目尼龙布过滤,密闭备用;②氯化钠溶于适量注射用水中,经 G4 垂熔漏斗滤过;③将①项溶液置水溶中加热,加②项溶液及聚山梨酯 80 搅匀,使水浴沸腾,加醋酸可的松,搅匀,继续加热 30 分钟。取出冷至室温,加注射用水调至总体积,用 200 尼龙布过筛两次,于搅拌下分装于瓶内,扎口密封,灭菌,即可。

【性状】本品为细微颗粒的混悬液,静置后细微颗粒下沉,振摇后呈均匀的乳白色混悬液。

【功能与主治】用于治疗原发性或继发性肾上腺皮质功能减退症,合成糖皮质激素所需酶系缺陷所致的各型先天性肾上腺增生症,以及利用其药理作用治疗多种疾病,包括:①自身免疫性疾病:如系统性红斑狼疮、血管炎、多肌炎、皮肌炎、Still 病、Graves 眼病、自身免疫性溶血、血小板减少性紫癜、重症肌无力;②过敏性疾病,如严重支气管哮喘、过敏性休克、血清病、特异反应性皮炎;③器官移植排异反应,如肾、肝、心等组织移植;④炎症性疾患,如节段性回肠炎、溃疡性结肠炎、非感染性炎性眼病;⑤血液病,如急性白血病、淋巴瘤;⑥其他结节病、甲状腺危象、亚急性非化脓性甲状腺炎、败血性休克、脑水肿、肾病综合征、高钙血症。

【用法与用量】主要用于肾上腺皮质功能减退。而不能口服糖皮质激素者,在应激状况下,肌内注射 50~300mg/d。

【规格】5ml:0.125g

【贮藏】密封,遮光。

【注解】①对某些感染性疾病应慎用,必要使用时应同时用抗感染药,如感染不易控制应停药;②甲状腺功能低下、肝硬化、脂肪肝、糖尿病、重症肌无力患者慎用;③停药时应逐渐减量或同时使用促肾上腺皮质激素类药物。

(四)维生素 B_2 注射液

本品为维生素的灭菌水溶液,含维生素 B_2 应为标示量的 90.0%~110.0%。

【处方】维生素 B_2 2.575g 烟酰胺 77.25g 乌拉坦 38.625g 苯甲醇 7.5g 注射用水加至 1000ml。

【制法】将维生素 B_2 先用少量注射用水调匀用,再将烟酰胺、乌拉坦溶于适量注射用水中,加入活性炭 0.1g,搅拌均匀后放置 15 分钟,粗滤脱炭,加注射用水至约 900ml,水浴上加热至室温。加入苯甲醇,用 0.1mol/L 的 HCl 调节 pH 至 5.5~6.0,调整体积至 1000ml,然后在 10℃下放置 8 小时,过滤至澄明、灌封,100℃流通蒸汽灭菌 15 分钟,即可。

【性状】本品为无色的澄明液体。

【功能与主治】本品用于预防和治疗口角炎、舌炎、结膜炎、脂溢性皮炎等维生素 B_2 缺乏症。

【用法与用量】成人每日的需要量为 2~3mg。治疗口角炎、舌炎、阴囊炎时,皮下注射或肌注一次 5~10mg,每日 1 次,连用数周。

【规格】每支 2ml:1mg、2ml:5mg、2ml:10mg。

【贮藏】密封,遮光。

【注解】①维生素 B_2 在水中溶解度小,0.5% 的浓度已为过饱和溶液,所以必须加入大量的烟酰胺作为助溶剂。此外还可用水杨酸钠、苯甲酸钠、硼酸等作为助溶剂。还有 10% 的 PEG600 以及 10% 的甘露醇也能增加维生素 B_2 的溶解度。②维生素 B_2 水溶液对光极不稳定,在酸性或碱性溶液中都易变成酸性或碱性感光黄素。所以在制造本品时,应严格避光操作,产品也需避光保存。③本品还可制成长效混悬注射剂,如加 2% 的单硬脂酸铝制成的维生素 B_2 混悬注射剂,一次注射 150mg,能维持疗效 45 天,而注射同剂量的水性注射剂只能维持药效 4~5 天。

第四节 输 液 剂

输液剂(infusions)是指供静脉滴注用的大体积(除另有规定外,一般不小于 100ml)注射液,也称静脉输液。它是注射液的一种形式,通常包装于玻璃或塑料的输液瓶或袋中,不得加抑菌剂。

输液剂的使用剂量大,直接进入血液循环,故能快速产生药效,是临床救治危重和急症病人的主要用药方式。其作用多样,适用范围广,临床主要用于纠正体内水和电解质的紊乱,调节体液的酸碱平衡,补充必要的营养、热能和水分,维持血容量。也常把输液剂作为一种载体,将多种注射液如抗生素、强心药、升压药等加入其中供静脉滴注,以使药物迅速起效,并维持稳定的血药浓度,确保临床疗效的发挥。

一、输液的分类与质量要求

(一)输液剂的分类及临床用途

目前临床上常用的输液剂可分为:

1. 电解质输液(electrolyte infusions)　用于补充体内水分、电解质,纠正体内酸碱平衡等。如氯化钠注射液、复方氯化钠注射液、乳酸钠注射液等。

2. 营养输液(nutrition infusions)　用于补充供给体内热量、蛋白质和人体必需的脂肪酸和水分等。如葡萄糖注射液、氨基酸输液、脂肪乳剂输液等。

3. 胶体输液(colloid infusions)　这是一类与血液等渗的胶体溶液,由于胶体溶液中的高分子不易通过血管壁,可使水分较长时间在血液循环系统内保持,产生增加血容量和维持血压的效果。胶体输液有多糖类、明胶类、高分子聚合物等。如右旋糖酐、淀粉衍生物、明胶、聚维酮等。

4. 含药输液(drug-containing infusions)　如氧氟沙星输液。

(二)输液剂的质量要求

输液剂的质量要求基本上与注射剂是一致的。但由于输液剂的注射量大,直接注入静脉,因而质量要求更严格。无菌、无热原或细菌内毒素、不溶性微粒等项目,必须符合规定;pH 尽可能与血液相近;渗透压应为等渗或偏高渗;不得添加任何抑菌剂,并在储存过程中质量稳定;使用安全,不引起血象的任何变化,不引起过敏反应,不损害肝肾。

(三)输液剂和小体积注射液的区别

注射剂可分为注射液、注射用无菌粉末与注射用浓溶液。注射液又包括溶液型、乳状液型或混悬型注射液,可用于肌内注射、静脉注射、静脉滴注等。其中,供静脉滴注用的大体积(除另有规定外,一般不小于 100ml)注射液,也称静脉输液。除了静脉输液外的注射液,就是小体积注射液。

输液和小体积注射液都属于注射剂,但质量要求、处方设计等方面存在区别,现对比如表 7-7 所示。

表 7-7　输液剂和小体积注射液的区别

类别	小体积注射液	输液剂
剂量	<100ml	≥100ml
给药途径	肌内注射为主,静脉、脊椎腔推注,皮下以及局部注射	静脉滴注
工艺要求	从配制到灭菌,一般应控制在 12 小时内完成	从配制到灭菌应控制在 4 小时内完成
附加剂	可加入适宜抑菌剂	不得加入任何抑菌剂
不溶性微粒	除另有规定外,每个供试品容器(份)中含 10μm 以上的微粒不得过 3000 粒,含 25μm 以上的微粒不得过 300 粒	除另有规定外,每 1ml 中含 10μm 以上的微粒不得过 12 粒,含 25μm 以上的微粒不得过 2 粒
渗透压	等渗	等渗、偏高渗或等张

二、输液剂的制备

（一）输液剂制备的工艺流程

输液剂有玻璃容器与塑料容器两种包装。玻璃瓶包装输液剂制备的生产工艺流程如图 7-20 所示。塑料瓶与塑料袋的生产工艺流程分别如图 7-21 和图 7-22 所示。

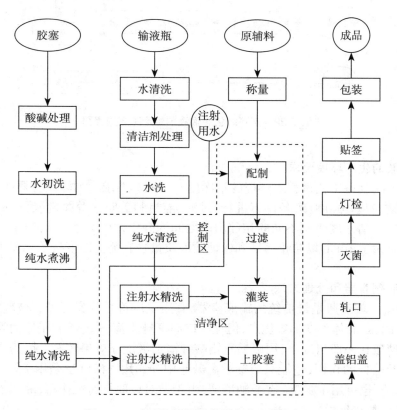

图 7-20 玻璃瓶包装输液剂生产工艺流程图

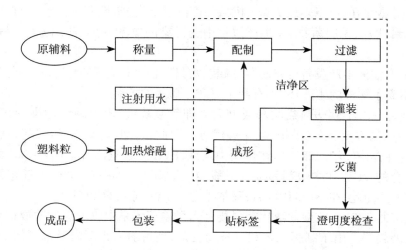

图 7-21 塑料瓶包装输液剂生产工艺流程图

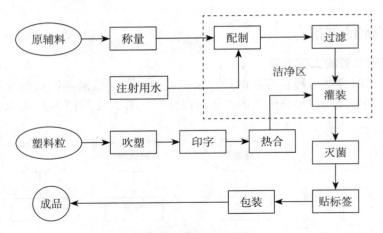

图 7-22 塑料袋包装输液剂生产工艺流程图

(二）输液的生产环境要求

输液的不同制备工艺过程对环境的洁净度有不同的要求。如输液容器的洗涤、输液的配制要求在洁净度 10 000 级条件下进行；过滤、灌封和盖胶塞等关键操作，应在 100 级条件下进行。空气洁净度级别不同的相邻房间之间的静压差应大于 5Pa，洁净室（区）与室外大气静压差应大于 10Pa，以防止污染和保证输液质量。有关洁净度技术和要求详见本章第二节。

(三）输液剂容器和处理方法

1. **玻璃瓶**   玻璃瓶是最传统的输液容器，其质量应符合国家标准。玻璃瓶具有透明、热稳定性好、耐压、瓶体不变形等优点，但存在口部密封性差、易碎不利于运输等缺点。

清洗玻璃瓶在一般情况下，用硫酸重铬酸钾清洁液洗涤效果较好。因为它既有强力的消灭微生物及热原的作用，还能对瓶壁游离碱起中和作用。碱洗法是用 2% 氢氧化钠溶液（50~60℃）冲洗，也可用 1%~3% 碳酸钠溶液，由于碱对玻璃有腐蚀作用，故碱液与玻璃接触时间不宜过长（数秒钟内）。

2. **塑料瓶**   医用聚丙烯塑料瓶，亦称 PP 瓶，现已广泛使用。此种输液瓶耐腐蚀，具有无毒、质轻、耐热性好（可以热压灭菌）、机械强度高、化学稳定性好等优点。而且还有装入药液后口部密封性好、无脱落物、在生产过程中受污染的概率减少、使用方便、一次性使用等优点。

目前，新型输液生产设备已将制瓶、灌装、密封三位一体化，在无菌条件下完成大输液自动化生产，精简了输液的生产环节，有利于对产品质量的控制。

3. **塑料袋**   由于软塑料袋吹塑成型后立即灌装药液，不仅减少污染，而且提高工效。具有重量轻、运输方便、不易破损、耐压等优点。因此，自 20 世纪 70 年代起，欧美国家开始用 PVC 软塑料袋替代塑料瓶。但在使用中发现，PVC 由聚氯乙烯单体（VCM）聚合而成，而其中未经聚合的 VCM 和增塑剂邻苯二甲酸 -2- 乙基己酯（DEHP）会逐渐迁移进入输液，对人体产生毒害。为此，在 90 年代以后，又禁止生产 PVC 输液软塑料袋。

目前上市的非 PVC 新型输液软塑料袋是当今输液体系中较理想的输液包装形式，代表国际最新发展趋势。由于制膜工艺和设备较复杂，到目前为止国内尚未有技术成熟的生产这种薄膜的企业，主要依赖进口，生产成本较高。

4. 橡胶塞 输液瓶所用橡胶塞对输液的质量影响很大,因此对橡胶塞有严格的质量求:①富有弹性及柔软性;②针头刺入和拔出后应立即闭合,能耐受多次穿刺而无碎屑落;③具有耐溶性,不会增加药液中的杂质;④可耐受高温灭菌;⑤有高度的化学稳定性;⑥对药物或附加剂的作用应达最低限度;⑦无毒性,无溶血作用。但目前使用的橡胶塞还不能全部满足上述要求,加之橡胶塞组成复杂,必须加强对橡胶塞的处理,以减少对药液的污染。

橡胶塞的处理:橡胶塞先用酸碱法处理,水洗至 pH 呈中性,再用纯水煮沸 30 分钟,用注射用水洗净备用。我国规定使用合成橡胶塞,如丁基橡胶塞,具备诸多优异的物理和化学性能,符合药品对瓶塞材料的质量要求。但一些活性比较强的药物可能和丁基胶塞发生反应,如头孢菌素类药物、治疗性输液以及中药注射剂等。因此在国内多采用涤纶膜将药液和橡胶塞隔离,称为覆膜胶塞。其特点是:对电解质无通透性,理化性能稳定。

药用丁基胶塞在使用时应注意:应在洁净区域打开包装。药品生产企业应在 100 000 级洁净区打开外包装,在 10 000 级洁净区打开内包装。采用注射用水进行清洗,清洗次数不宜超过两遍,最好采用超声波清洗,清洗过程中切忌搅拌,应尽可能地减少胶塞间的摩擦。干燥灭菌最好采用湿热灭菌法,121℃ 30 分钟即可。如果条件不允许湿热灭菌,只能干热灭菌,则时间最好不要超过 2 小时。在胶塞干燥灭菌的过程中,应尽量设法减少胶塞间的摩擦。

(四)输液的配液

输液剂的配制多采用带有夹层的不锈钢或搪瓷玻璃罐,可以加热,还带有搅拌装置。使用前,配制用具和容器要认真洗涤,防止热原污染;使用后,相关的器具也要及时洗净。

输液剂的配制方法一般有两种。

1. 浓配法 凡原料质量虽符合规定标准,但溶解后澄明度较差者可用此法。配制时,先将药物配成浓溶液,如葡萄糖配成 50%~70% 浓度,氯化钠配成 20%~30% 浓度,加活性炭煮沸吸附后,滤过,再用滤过的注射用水稀释至所需浓度。本法可除去部分在高浓度溶液中不溶解的杂质。

2. 稀配法 凡原料质量较好,溶解后成品澄明度合格率较高的可用此法。配制时,将原料直接溶解于注射用水配成所需浓度,加活性炭吸附处理后,药液再经粗滤、精滤,即可供灌装。

(五)输液的过滤

配制输液剂时用活性炭处理药液,可有效吸附热原、色素和其他杂质,活性炭必须选用纯度高的针用规格,同时还要考虑温度、pH、用量等操作条件,一般采用加热煮沸,再冷却至 40~50℃ 时滤过的方法。活性炭在酸性溶液中吸附力最强,在碱性溶液中有时会出现"胶溶"或脱吸附作用。活性炭的用量一般为溶液总量的 0.02%~0.5%,吸附时间 20~30 分钟,效果良好,分次吸附法比一次吸附法效果更好。

输液剂的滤过是除去药液中的杂质,保证输液质量的重要操作步骤之一,必须选择适当的滤材、滤器和滤过方法。

输液的滤过方法、滤过装置与一般注射剂相同,多采用加压滤过法,效果较好。滤过时可分预滤与精滤两步进行。用陶质砂滤棒、垂熔玻璃滤器、板框式压滤机或微孔钛滤棒等作为滤过材料进行预滤,操作时,可在滤棒上先吸附一层活性炭,并在滤过开始后,反复进行回滤直到滤液澄明合格为止,滤过过程中,不要随便中断操作,以免冲动滤层,影响滤过质量。精滤多采用微孔滤膜作为滤过材料,常用滤膜的孔径为 0.65μm 或 0.8μm,也可采用双层微孔滤膜,上层为 3μm 微孔膜,下层为 0.8μm 微孔膜。经精滤处理后的药液,即可进行灌装。目前,输液剂生产时也有将预滤与精滤同步进行的,采用加压三级滤过装置,即:砂滤棒→垂熔玻璃滤球→微孔滤膜。三级滤过装置通过密闭管道连接,既提高了滤过效率,也保证了滤液的质量。

（六）输液的灌封

灌封室的洁净度应为 100 级或局部 100 级。玻璃瓶输液的灌封由药液灌注、丁基胶塞、轧铝盖组成。滤过和灌装均应在持续保温(50℃)条件下进行,防止细菌粉尘的污染。灌封要按照操作规程连续完成,即药液灌装至符合装量要求后,立即对准瓶口塞入丁基胶塞,轧紧铝盖。灌封要求装量准确,铝盖封紧。目前药厂多采用回转式自动灌封机、自动放塞机、自动落盖轧口机等完成联动化、机械化生产,提高了工作效率和产品质量。

（七）输液的灭菌

输液剂灌封后,应及时进行灭菌处理,一般灭菌过程应在 4 小时内完成。灭菌时,采用热压灭菌法,即 115℃ 68.7kPa(0.7kg/cm^2)维持 30 分钟,也可根据成品容量的大小,酌情确定灭菌条件,以保证灭菌质量。对于塑料袋装输液剂的灭菌条件通常为 109℃热压灭菌 45 分钟或 111℃ 30 分钟。

三、输液的质量检查

按《中国药典》大体积注射液项下质量要求,逐项检查。主要有:可见异物、不溶性微粒检查、热原或细菌内毒素检查、无菌检查、含量测定、pH 测定及检漏等。检查方法应按《中国药典》或有关规定执行。

（一）可见异物与不溶性微粒检查

可见异物按药典方法检查,应符合规定,若发现有崩盖、歪盖、松盖、漏气、隔离薄膜脱落的成品,也应及时挑出剔除。

由于肉眼只能检出 50μm 以上的粒子,药典还规定在可见异物检查符合规定后,还应对 ≥100ml 的静脉滴注用注射液进行不溶性微粒检查,照《中国药典》2010 年版附录中的不溶性微粒检查法(附录Ⅸ C)检查,应符合规定。

（二）热原或细菌内毒素与无菌检查

对于输液,热原和无菌检查都非常重要。必须按《中国药典》2010 年版规定方法进行检查,应符合规定。

（三）有效成分的含量、药液的 pH 及渗透压检查

根据品种按《中国药典》2010 年版该项下的各项规定进行。

（四）主要存在的问题及解决方法

1. 输液剂存在的问题　输液剂的质量要求高,目前质量方面存在的主要问题是染菌、热原和澄明度问题,应引起充分的注意。

(1) 染菌问题:由于输液生产过程中严重污染、灭菌不彻底、瓶塞松动、漏气等原因,致使输液剂出现浑浊、霉团、云雾状、产气等染菌现象,也有一些外观并无太大变化。如果使用这种输液,会引起脓毒症、败血病、热原反应,甚至死亡。

(2) 热原问题:反映在临床上使用输液时,热原反应时有发生,关于热原的污染途径和防止办法在本章第二节已有详述。但使用过程中的污染引起的热原反应,所占比例不容忽视,如输液器等的污染,因此尽量使用全套或一次性输液器,包括插管、导管、调速、加药装置、末端滤过、排除气泡及针头等,并在输液器出厂前进行灭菌,能为使用过程中避免热原污染创造有利条件。

(3) 可见异物与不溶性微粒的问题:输液中的微粒包括碳黑、碳酸钙、氧化锌、纤维素、纸屑、黏土、玻璃屑、细菌、真菌、真菌芽孢和结晶体等。若输液中如含有大量肉眼看不见的微粒、异物,其对人体的危害是潜在的、长期的,可引起过敏反应、热原样反应等。较大的微粒,可造成局部循环障碍,引起血管栓塞;微粒过多,会造成局部堵塞和供血不足,组织缺氧,产生水肿和静脉炎;异物侵入组织,由于巨噬细胞的包围和增殖而引起肉芽肿。

微粒产生的原因有:

1) 原料与附加剂质量问题:原料与附加剂质量对澄明度影响较显著,如注射用葡萄糖有时含有水解不完全的产物糊精、少量蛋白质、钙盐等杂质;氯化钠、碳酸氢钠中含有较高的钙盐、镁盐和硫酸盐;氯化钙中含有较多的碱性物质。这些杂质的存在,可使输液产生乳光、小白点、浑浊。活性炭杂质含量多,不仅影响输液的可见异物检查指标,而且还影响药液的稳定性。因此,原辅料的质量必须严格控制。

2) 胶塞与输液容器质量问题:胶塞与输液容器质量不好,在储存中有杂质脱落而污染药液。有人对输液中的“小白点”进行分析,发现有钙、锌、硅酸盐与铁等物质;对储存多年的氯化钠输液检测有钙、镁。这些物质主要来自胶塞和玻璃输液容器。有人对聚氯乙烯袋装输液与玻璃瓶装输液进行对比试验,将检品不断振摇 2 小时,发现前者产生的微粒比后者多 5 倍,经薄层层析和红外光谱分析,表明微粒为对人体有害的增塑剂二乙基邻苯二甲酸酯(DEHP)。

3) 工艺操作中的问题:如生产车间空气洁净度差,输液瓶、丁基胶塞等容器和附件洗涤不净,滤器选择不当,滤过方法不好,灌封操作不合要求,工序安排不合理等。

4) 医院输液操作以及静脉滴注装置的问题:无菌操作不严、静脉滴注装置不净或不恰当的输液配伍都可引起输液的污染。

5) 还有丁基胶塞的硅油污染问题。

2. 解决办法

(1) 按照输液用的原辅料质量标准,严格控制原辅料的质量。

(2) 提高丁基胶塞及输液容器质量。

(3) 尽量减少制备生产过程中的污染,严格灭菌条件,严密包装。

(4) 合理安排工序,加强工艺过程管理,采取单向层流净化空气,及时除去制备过程中新产生的污染微粒,采用微孔滤膜滤过和生产联动化等措施,以提高输液剂的澄明度。

(5) 在输液器中安置终端过滤器(0.8μm 孔径的薄膜),可解决使用过程中微粒污染。

四、举例

(一) 15% 葡萄糖注射液

【处方】注射用葡萄糖 50g,1% 盐酸适量,注射用水加至 1000ml。

【制法】取处方量葡萄糖,加入煮沸的注射用水中,使成 50%~70% 浓溶液,加盐酸适量调节 pH 至 3.8~4.0,加活性炭 0.1%~0.2%(g/ml)混匀,煮沸 20~30 分钟,趁热滤除活性炭,滤液中加入注射用水至 1000ml,测定 pH、含量,合格后,经预滤及精滤处理,灌装,封口,115℃ 68.7kPa 热压灭菌 30 分钟即得。

【性状】本品为无色的澄明液体。

【作用与用途】具有补充体液、营养、强心、利尿、解毒作用。用于大量失水、血糖过低等。

【用法与用量】静脉注射,每日 500~1000ml,或遵医嘱。

【规格】5%×250ml

【贮藏】密闭保存。

【注解】①葡萄糖注射液有时会产生絮凝状沉淀或小白点,一般是由于原料不纯或滤过时漏炭等原因所致。通常采用浓配法,并加入适量盐酸,中和蛋白质、脂肪等胶粒上的电荷,使之凝聚后滤除。同时在酸性条件下加热煮沸,可使糊精水解、蛋白质凝集,通过加适量活性炭吸附除去。上述措施可提高成品的澄明度。②葡萄糖注射液不稳定的主要表现为溶液颜色变黄和 pH 下降。成品的灭菌温度愈高、时间愈长,变色的可能性愈大,尤其在 pH 不适合的条件下,加热灭菌可引起显著变色。葡萄糖溶液的变色原因,一般认为是葡萄糖在弱碱性溶液中能脱水形成 5-羟甲基呋喃甲醛(5-HMF),5-HMF 再分解为乙酰丙酸和甲酸。同时形成一种有色物质。颜色的深浅与 5-HMF 产生的量成正比。pH 为 3.0 时葡萄糖分解最少,故配液时用盐酸调节 pH 至 3.8~4.0,同时严格控制灭菌温度和受热时间,使成品稳定。

（二）0.9%氯化钠注射液

【处方】注射用氯化钠 9g,注射用水加至 1000ml。

【制法】取处方量氯化钠,加注射用水至 1000ml,搅匀,滤过,灌装,封口,115℃ 68.7kPa 热压灭菌 30 分钟即得。如氯化钠质量差,可先配成 20%~30% 的浓溶液,加适量活性炭,煮沸 20~30 分钟,粗滤除去活性炭,加注射用水至全量,精滤,灌装,灭菌,即可。

【性状】本品为无色的澄明液体。

【作用与用途】为电解质补充剂。用于治疗因大量出汗、剧泻、呕吐等所致的脱水,或用于大量出血与手术后补充体液。

【用法与用量】静脉滴注,常用量为 500~1000ml。

【规格】①100ml∶0.9g;②250ml∶2.25g

【贮藏】密闭保存。

【注解】①本品 pH 应为 4.5~7.5。②本品久贮后对玻璃有侵蚀作用,产生具有闪光的硅酸盐脱片或其他不溶性的偏硅酸盐沉淀。一旦出现则不能使用。③本品对水肿与心力衰竭患者慎用。

（三）复方氨基酸输液

【处方】L-赖氨酸盐酸盐 19.2g　L-缬氨酸 6.4g　L-精氨酸盐酸盐 10.9g　L-苯丙氨酸 8.6g　L-组氨酸盐酸盐 4.7g　L-苏氨酸 7.0g　L-半胱氨酸盐酸盐 1.0g　L-色氨酸 3.0g　L-异亮氨酸 6.6g　L-蛋氨酸 6.8g　L-亮氨酸 10.0g　甘氨酸 6.0g　亚硫酸氢钠(抗氧剂)0.5g　注射用水加至 1000ml

【制法】取约 800ml 热注射用水,按处方量投入各种氨基酸,搅拌使全溶,加抗氧剂,并用 10% 氢氧化钠调 pH 至 6.0 左右,加注射用水适量,再加 0.15% 的活性炭脱色,过滤至澄明,灌封于 200ml 输液瓶内,充氮气,加塞,轧盖,于 100℃灭菌 30 分钟即可。

【性状】本品为无色的澄明液体。

【作用与用途】用于大型手术前改善患者的营养,补充创伤、烧伤等蛋白质严重损失的患者所需的氨基酸;纠正肝硬化和肝病所致的蛋白紊乱,治疗肝性脑病;提供慢性、消耗性疾病、急性传染病、恶性肿瘤患者的静脉营养。

【用法与用量】静脉滴注,用适量 5%~12% 葡萄糖注射液混合后缓慢滴注。滴速不宜超过每分钟 30 滴,一次 250~500ml。

【规格】输液用玻璃瓶,每瓶 250ml;每瓶 500ml。

【贮藏】密闭保存。

【注解】①应严格控制滴注速度。②本品系盐酸盐,大量输入可能导致酸碱失衡。大量应用或并用电解质输液时,应注意电解质与酸碱平衡。③用前必须详细检查药液,如发现瓶身有破裂、漏气、变色、发霉、沉淀、变质等异常现象时绝对不应使用。④遇冷可能出现结晶,可将药液加热到 60℃,缓慢摇动使结晶完全溶解后再用。⑤开瓶药液一次用完,剩余药液不宜贮存再用。

(四)静脉注射用脂肪乳

【处方】精制大豆油(油相)150g　精制大豆磷脂(乳化剂)15g　注射用甘油(等渗调节剂)25g　注射用水加至 1000ml

【制法】称取豆磷脂 15g,高速组织捣碎机内捣碎后,加甘油 25g 及注射用水 400ml,在氮气流下搅拌至形成半透明状的磷脂分散体系;放入二步高压匀化机,加入精制豆油与注射用水,在氮气流下匀化多次后经出口流入乳剂收集器内;乳剂冷却后,于氮气流下经垂熔滤器过滤,分装于玻璃瓶内,充氮气,瓶口中加盖涤纶薄膜、橡胶塞密封后,加轧铝盖;水浴预热 90℃左右,于 121℃灭菌 15 分钟,浸入热水中,缓慢冲入冷水,逐渐冷却,置于 4~10℃下贮存。

【性状】本品为无色的澄明液体。

【作用与用途】本品是一种浓缩的高能量肠外营养液,可供静脉注射,能完全被机体吸收,它具有体积小、能量高、对静脉无刺激等优点。因此本品可供不能口服食物和严重缺乏营养的(如外科手术后或大面积烧伤或肿瘤等患者)患者的需要。

【用法与用量】静脉滴注,第 1 日脂肪量每千克体重不应超过 1g,以后剂量可酌增,但脂肪量每千克体重不得超过 2.5g。静滴速度最初 10 分钟为每分钟 20 滴,如无不良反应出现,以后可逐渐增加,30 分钟后维持在每分钟 40~60 滴,控制输注速度。

【规格】10% 250ml;10% 500ml;20% 250ml。

【贮藏】密闭保存。

【注解】①长期使用,应注意脂肪排泄量及肝功能,每周应作血象、血凝、血沉等检查。若血浆有乳光或乳色出现,应推迟或停止应用。②严重急性肝损害及严重代谢紊乱,特别是脂肪代谢紊乱脂质肾病,严重高脂血症病人禁用。③使用本品时,不可将电解质溶液直接加入脂肪乳剂,以防乳剂破坏,而使凝聚脂肪进入血液。④使用前,应先检查是否有变色或沉淀;启封后应 1 次用完。

(五)右旋糖酐输液

【处方】右旋糖酐 60g,氯化钠 9g,注射用水加至 1000ml。

【制法】取右旋糖酐配成 15% 的浓溶液,加 1.5% 活性炭,煮沸约 30 分钟,用砂滤棒压滤脱炭,加注射用水至 1000ml,加入氯化钠溶解,调整 pH4.4~4.9,再加 0.05% 活性炭搅拌,加热至 70~80℃,用活性炭打底的砂滤棒滤过至澄明,按不同规格分装,用 112℃热压灭菌 30 分钟,即可。

【作用与用途】本品为血管扩张药。能提高血浆胶体渗透压,增加血浆容量,维持血压。常用于治疗外科性休克、大出血、烫伤及手术休克等,用以代替血浆。

【用法与用量】本品专供静脉注射,注入人体后,血容量增加的程度超过注射同体积的血浆。每次注射用量不超过 1500ml,一般是 500ml,每分钟注入 20~40ml,在 15~30 分钟左右注完全量。

【规格】①100ml:6g 右旋糖酐与 0.9g 氯化钠;②250ml:15g 右旋糖酐与 2.25g 氯化钠;③500ml:30g 右旋糖酐 20 与 4.5g 氯化钠

【贮藏】在 25℃以下保存。

【注解】①右旋糖酐是蔗糖发酵后生成的葡萄糖聚合物,其通式为$(C_6H_{10}O_5)_n$,按分子量不同分为高分子量(10 万~20 万)、中分子量(4.5 万~7 万)、低分子量(2.5 万~4.5 万)和小分子量(1 万~2.5 万)4 种。分子量愈大,体内排泄愈慢。目前,临床上主要用中分子量和低分子量的。②右旋糖酐经生物合成法制得,易夹带热原,故制备时活性炭的用量较大。③本品溶液黏度高,需在较高温度时加压滤过。④本品灭菌一次,其分子量下降 3000~5000,灭菌后应尽早移出灭菌锅,以免色泽变黄,应严格控制灭菌温度和灭菌时间。⑤本品在贮存过程中,易析出片状结晶,主要与贮存温度和分子量有关,在同一温度条件下,分子量越低越容易析出结晶。

第五节　注射用无菌粉末

一、概述

注射用无菌粉末(sterile powder for injection)又称粉针剂,是指药物制成的供临用前用适宜的无菌溶液配制成澄清溶液或均匀混悬液的无菌粉末或无菌的块状物,可用适宜的注射用溶剂配制后注射,也可用静脉输液配制后静脉滴注。注射用无菌粉末在标签中应标明所用溶剂。凡对热不稳定或在水溶液中易分解失效的药物,如一些抗生素、医用酶制剂及生化制品,均需用无菌操作法制成粉针剂,临用前加适当溶剂溶解、分散供注射用。

粉针剂的生产必须在无菌室内进行。其质量要求与溶液型注射剂基本一致,其质量检查应符合《中国药典》2010 年版的各项检查。

粉针剂的制备方法有两种,即无菌粉末直接分装法和无菌水溶液冷冻干燥法。

二、注射用无菌粉末的质量要求

除应符合《中国药典》2010 年版对注射用原料药物的各项规定外,还应符合下列要求:①粉末无异物,配成溶液后可见异物检查合格;②粉末细度或结晶度应适宜,便于分装;③无菌、无热原或细菌内毒素。

由于多数情况下,制成粉针的药物稳定性较差,因此,粉针的制造一般没有灭菌的过程,大都采用无菌工艺。对无菌操作有较严格的要求,特别是在灌封等关键工序,必须采用较高的层流洁净措施,以保证操作环境的洁净度。

三、注射用无菌粉末分装工艺

(一) 生产工艺

1. 原材料准备　对直接无菌分装的原料,应了解药物粉末的理化性质,测定物料的热稳定性,临界相对湿度,粉末的晶形和松密度,以便确定适宜的分装工艺条件。

无菌原料可用灭菌溶剂结晶法、喷雾干燥法或冷冻干燥法制得,必要时进行粉碎和过筛。

2. 容器的处理　安瓿或小瓶、丁基胶塞处理及相应的质量要求同注射剂和输液剂。各种分装容器洗净后,需经干热灭菌或红外线灭菌后备用。已灭菌好的空瓶应存放在有净化空气保护的贮存柜中,存放时间不超过 24 小时。

3. 分装　分装必须在高度洁净的灭菌室中按照灭菌操作法进行。根据分装药物的性质控制分装条件。分装后,小瓶立即加塞并用铝盖密封。安瓿也应立即熔封。

4. 灭菌　能耐热品种,可选用适宜灭菌方法进行补充灭菌,以保证用药安全。对不耐热品种,应严格无菌操作,控制无菌分装过程中的污染,成品不再灭菌处理。

（二）无菌分装工艺中存在的问题及解决方法

1. 装量差异　物料流动性差是主要原因。物料含水量和吸潮以及药物的晶态、粒度、比容以及机械设备性能等均会影响流动性,以致影响装量,应根据具体情况分别采取措施。

2. 可见异物问题　由于药物粉末经过一系列处理,污染机会增加,以致可见异物不合要求。应严格控制原料质量及其处理方法和环境,防止污染。

3. 无菌度问题　由于产品是经过无菌操作制备的,所以稍有不慎就有可能受到污染,而且微生物在固体粉末中的繁殖慢,危险性不大。为解决此问题,一般都在 100 级净化条件下分装。

4. 吸潮变质　一般认为是由于胶塞透气性和铝盖松动所致。因此,要进行橡胶塞密封性检测,另外铝盖压紧后瓶口应烫蜡,以防止水气透入。

四、注射用冻干无菌粉末的制备工艺

（一）冷冻干燥技术

冷冻干燥(freeze drying)是将需要干燥的药物溶液预先冻结成固体,然后在低温低压下,水分从冻结状态直接升华除去的一种干燥方法。凡是对热敏感或在水中不稳定的药物,适合此法。

由于干燥是在固态、低温和真空中进行,避免了灭菌操作的高温过程;产品以固体形式贮藏,含水量低,有利于药物的稳定性;冻干制品质地疏松,加水后溶解迅速;污染机会相对较少,产品中的微粒物质较少;剂量准确,外观好。但本法需特殊设备,成本较高,产量受一定限制;有时药物难冻干;少数产品溶解时可能出现浑浊。

1. 冷冻干燥原理　冷冻干燥的原理可用三相图加以说明(图 7-23)。图中 OA 是冰 - 水平衡曲线,OB 为水 - 蒸汽平衡曲线,OC 为冰 - 蒸汽平衡曲线,O 点为冰、水、气的三相平衡点,该点温度为 0.01℃,压力为 4.6mmHg,从图中可以看出当压力小于 4.6mmHg 时,不管温度如何变化,水只能以固态和气态两相存在。固态(冰)吸热后

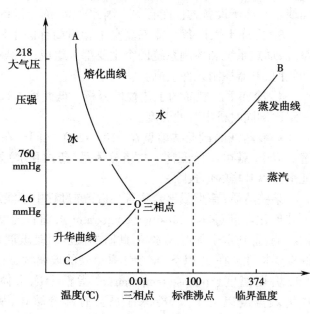

图 7-23　冷冻干燥中水的三相平衡图

不经液相直接转变为气态,而气态放热后直接转变为固态,如冰的饱和蒸气压在 –40℃时为 0.1mmHg,若将 –40℃的冰压力降低到 0.01mmHg,则固态的冰直接变为蒸汽。同理,将 40℃ 的冰在 0.1mmHg 时加热到 –20℃,甚至加热到 20℃,固态的冰也直接变为蒸汽,即发生升华 现象。升高温度或降低压力都可打破气、固两相平衡,使整个系统朝冰转化为气的方向进行。

冷冻干燥的优点是:①冷冻干燥在低温下进行,因此对于许多热敏性的药物如抗生素、 生物药特别适用;②在冷冻干燥过程中,微生物的生长和酶的作用无法进行,因此能保持药 物原来的性能;③复溶性好,由于在冻结的状态下进行干燥,因此干燥后的物质疏松多孔,呈 海绵状,加水后溶解迅速而完全,几乎立即恢复原来的性状;④由于干燥在真空下进行,氧气 极少,因此一些易氧化的物质得到了保护;⑤产品含水量低,冷冻干燥能排除 95%~99% 以 上的水分,使干燥后产品能长期保存而不致变质。冷冻干燥的不足之处是:溶剂不能随意选 择,有时某些产品重新溶解时出现混浊。此外,本法需要特殊设备,成本较高。

2. 冷冻干燥曲线及其分析　在冷冻干燥过程中,制品温度与板温随时间的变化所绘制 的曲线称为冷冻干燥曲线,如图 7-24 所 示。先将冻干箱空箱降温到 –40~–50℃, 然后将产品放入冻干箱内进行预冻(降 温阶段),制品的升华是在高真空下进行 的。冷冻干燥时可分为升华和再干燥阶 段,升华阶段进行第一步加热,使冰大量 升华,此时制品温度不宜超过共熔点。 干燥阶段进行第二步加热,以提高干燥 程度,此时板温一般控制在 30℃左右,直 到制品温度与板温重合即达终点。不同 产品应采用不同干燥曲线,同一产品采 用不同曲线时,产品质量也不同。冻干

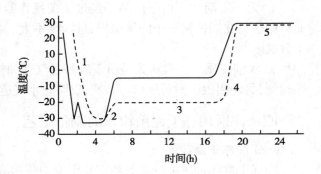

图 7-24　冷冻干燥曲线图
1. 降温阶段;2. 第一阶段升温;3. 维持阶段;4. 第二阶段 升温;5. 最后维持阶段

曲线还与冻干设备的性能有关。因此产品、冻干设备不同时,冻干曲线亦不相同。

3. 冷冻干燥设备　冷冻真空干燥机简称冻干机。冻干机按系统分,由制冷系统、真空 系统、加热系统和控制系统四个主要部分组成;按结构分,由冻干箱、冷凝器、冷冻机、真空泵 和阀门、电器控制元件组成。

4. 冷冻干燥制品的工艺技术分析　低共熔点(eutectic point)指冷却过程中药物与冰按 一定比例同时析出时的温度。

一般药液的最低共熔点在 –10~–20℃之间。在冻干过程中,如果把温度控制在最低共 熔点以下,就可以保证整个二组分体系(药物和水)处在固体状态,加上高真空的环境,则保 证水分以升华的形式除去。

某些溶质(糖类或聚合物等)在冷冻过程中不能形成共熔体系,故没有低共熔点,但有一 个玻璃化温度(glass transition temperature),随着温度降低,水不断析出冰晶,体系变得越来 越黏稠,直到水全部形成冰晶,此时的温度就是玻璃化温度。玻璃化温度(T_g)是无定形系统 的重要特性。在 T_g 以下,整个体系呈硬的玻璃状态;而在 T_g 以上,整个体系为黏稠的液体。

坍塌温度(collapse temperatrue)指整个冻干体系宏观上出现坍塌时的温度。如果 在坍塌温度以上干燥,冷冻体系会有部分熔化,从而破坏了冷冻建立起来的微细结构 (microstructure)可能出现各种形式的坍塌,包括轻微皱缩和塌陷等。显然对无定形系统而言,

T_g 与坍塌温度有密切关系,而对共熔体系来讲,最低共熔点与坍塌温度有密切关系。

（二）冻干无菌粉末的制备工艺

冻干前先要配液、预滤、无菌过滤、装瓶、加半塞、入箱等。分装时药液的厚度在1cm左右比较适当;整个冻干过程要严格按无菌操作法进行。

1. 制备工艺流程　无菌配液→过滤→分装→放入冻干箱→预冻→减压→加温→再干燥。

2. 冻干工艺

（1）预冻(恒压降温):预冻温度应低于产品低共熔点10~20℃,以保证冷冻完全。冻结温度的高低及冷冻速度是主要的控制参数。不同的物料其冻结点不同,冻结速度的快慢直接关系到物料中冰晶颗粒的大小,冰晶颗粒的大小对固体物料的结构及升华速率有直接的关系。预冻有速冻法和慢冻法。其中速冻法是在产品入箱之前,先把冻干箱温度降到 –45℃以下,制品再入箱,这样形成细微冰晶,产品疏松易溶。对生物制品有利,引起蛋白质变性的概率很小,对于酶类或活菌、活病毒的保存有利。慢冻法形成结晶粗,但有利于提高冻干效率。预冻时间一般为1~3小时,有些品种需要更长时间。若预冻不完全,在减压过程中可能产生沸腾冲瓶的现象,使制品表面不平整。

（2）升华(恒压升温):升华的两个基本条件,一是保证冰不溶化,二是冰周围的水蒸气必须低于物料冻结点的饱和蒸气压。升华干燥一方面要不断移走水蒸气,使水蒸气压低于饱和蒸气压,另一方面为加快干燥速度,要连续不断地提供升华所需的热量,这便需要对水蒸气压和供热温度进行最优化控制,以保证升华干燥能快速、低耗能完成。

升华干燥法分为两种:

1）一次升华法(较常用):适用于低共熔点 –10~20℃的制品,而且溶液浓度、黏度不大,装量厚度在 10~15mm 的情况。先按速冻法预冻制品,启动真空泵,当干燥箱内真空度达13.33Pa(0.1mmHg)以下时,关闭冷冻机,开始加热,使产品的温度逐渐升高至约 –20℃,水分基本除尽后,转入再干燥阶段。

2）反复冷冻升华法:该法的减压和加热升华过程与一次升华法相同,只是预冻过程须在共熔点与共熔点以下 20℃之间反复升降预冻,而不是一次降温完成。通过反复升温降温处理,制品晶体的结构被改变。由致密变为疏松,有利于水分的升华。适用于熔点较低、结构比较复杂、难于冻干、黏稠的产品如蜂蜜和蜂王浆等。像蜂蜜这样的产品在升华干燥过程中,往往冰块软化,冰块表面形成黏稠状的网状结构,活在表层形成致密结构,严重影响升华和干燥,影响最终产品的外观。

（3）干燥:当升华干燥阶段完成后,水分通常并未完全除去,故需要进一步干燥,以除去残余的水。通常是将制品温度缓慢升到 0℃或 0℃以上(根据物料的稳定性确定),然后保温一段时间,一般在 0.5~5 小时不等。

预冻温度和时间、最适干燥温度、干燥时间、真空度等对其稳定性和产品外观的影响。

冻干结束后,需要在真空下进行箱内压塞;样品出箱后进行压盖。冻干周期一般在25~30小时之间,样品量越大,冻干时间越长。产品含水量也是一个重要参数,水分过多会影响药物的稳定性或引起制剂的坍塌;过度干燥(保温时间较长)也可能影响稳定性,而且成本增加。再干燥可保证冻干制品含水量 <1%,并有防止回潮的作用。

（三）冷冻干燥过程中常出现的异常现象及处理方法

1. 含水量偏高　装入的液层过厚、干燥时供热不足、真空度不够、冷凝器温度偏高、干燥时间不够等均可出现。解决办法要根据上述具体问题而定。

2. 喷瓶　预冻温度过高或时间太短、产品冻结不实、升华时供热过快、局部过热等，可使部分内容物熔化为液体，在高真空条件下从已干燥的固体界面下喷出。防止喷瓶，必须控制预冻温度在共熔点以下 10~20℃，时间足够，使产品冻结结实；同时加热升华，温度不宜超过共熔点，而且应该是均匀、缓慢的进行。

3. 产品外观不饱满或萎缩　冻干过程中先形成的干燥外壳结构致密，使水蒸气难以穿过而升华出去，并使部分药品逐渐潮解，引起体积收缩和外观不饱满。一般黏度较大的样品更易出现这类情况。解决的办法包括处方和冻干工艺两个方面。在处方中适量加入甘露醇或氯化钠等填充剂，可改善结晶状态和制品的通气性，制品比较疏松，有利于水蒸气的升华；在制备上采用反复预冷-升华法，可防止形成干燥致密的外壳，也有利于水蒸气的顺利逸出，使产品外观得到改善。

（四）举例

注射用辅酶A（coenzyme A）的无菌冻干制剂。本品为体内乙酰化反应的辅酶，有利于糖、脂肪以及蛋白质的代谢。用于白细胞减少症，原发性血小板减少性紫癜及功能性低热。

【处方】辅酶 A 56.1 单位　水解明胶（填充剂）5mg　甘露醇（填充剂）10mg　葡萄糖酸钙（填充剂）1mg　半胱氨酸（稳定剂）0.5mg

【制法】将上述各成分用适量注射水溶解后，无菌过滤，分装于安瓿中，每支 0.5ml，冷冻干燥后封口，漏气检查即得。

【注解】①本品为静脉滴注，一次 50 单位，一日 50~100 单位，临用前用 5% 葡萄糖注射液 500ml 溶解后滴注。肌内注射，一次 50 单位，一日 50~100 单位，临用前用生理盐水 2ml 溶解后注射。②辅酶 A 为白色或微黄色粉末，有吸湿性，易溶于水，不溶于丙酮、乙醚、乙醇，易被空气、过氧化氢、碘、高锰酸盐等氧化成无活性二硫化物，故在制剂中加入半胱氨酸等，用甘露醇、水解明胶等作为赋形剂。③辅酶 A 在冻干工艺中易丢失效价，故投料量应酌情增加。

第六节　眼用液体制剂及其他无菌制剂

一、概述

眼用液体制剂（ophthalmic preparations）系指供滴眼、洗眼或眼内注射用以治疗或诊断眼部疾病的液体制剂。分为滴眼剂、洗眼剂和眼内注射溶液三类。中药眼用液体制剂是由提取物、饮片制成的直接用于眼部发挥治疗作用的眼用液体制剂（滴眼剂）。眼用液体制剂也有以固态药物形式包装，另备溶剂，临用前配成溶液或混悬液的制剂。

滴眼剂（eye drop）系指由药物与适宜辅料制成的供滴入的眼内的无菌液体制剂。可分为水性或油性溶液、混悬液或乳状液。

洗眼剂（eye lotions）系指由药物制成的无菌澄明水溶液，供冲洗眼部异物或分泌液、中和外来化学物质的眼用液体制剂。

眼内注射溶液（intraocular solution）系指由药物与适宜辅料制成的无菌澄明溶液，供眼周围组织（包括球结膜下、筋膜下及球后）或眼内注射（包括前房注射、前房冲洗、玻璃体内注射、玻璃体内灌注等）的无菌眼用液体制剂。

眼用液体制剂在生产与储存中应符合下列有关规定：

1. 滴眼剂中可加入调节渗透压、pH、黏度及增加药物溶解度和制剂稳定性的辅料，并可加适宜浓度的抑菌剂和抗氧剂。所用辅料不应降低药效或产生局部刺激。

2. 除另有规定外，滴眼剂应与泪液等渗。混悬型滴眼剂的沉降物不应沉降或聚集，经振摇应易再分散，并检查沉降体积比。

3. 洗眼剂属用量较大的眼用制剂，应尽可能与泪液等渗并具相近的 pH。多剂量的洗眼剂一般应加适当的抑菌剂，并在使用期间均能发挥抑菌作用。

4. 眼内注射溶液、眼内插入剂、供外科手术用和急救用的眼用制剂，均不得加抑菌剂或抗氧剂或不适当的缓冲剂，且应包装于无菌容器内供一次性使用。

5. 除另有规定外，滴眼剂每个容器的装量应不超过 10ml；洗眼剂每个容器的装量应不超过 200ml。包装容器应无菌、不易破裂，其透明度应不影响可见异物检查。

6. 眼用制剂应遮光密封贮存，启用后最多可使用 4 周。

二、药物经眼吸收途径

（一）吸收途径

眼的药物吸收途径主要有两条，即药物溶液滴入结膜囊内通过角膜和结膜吸收。一般认为滴入眼中药物首先进入角膜内，药物透过角膜至前房，进而到达虹膜。药物经结膜吸收途径是通过巩膜，到达眼球后部。

眼用液体制剂滴入给药时，大部分药物集中在结膜的下穹隆中，借助于毛细管力、扩散力和眨目反射等，使药物进入角膜前的薄膜层中，并由此渗入到角膜中，角膜前薄膜由脂质外层、水性中层和黏蛋白层组成，它与水性或脂性药物均能相容。

药物采用滴入方式给药不能透入或透入太慢时，可将药物直接注射进入结膜下，此时药物可借助于简单扩散，通过巩膜进入眼内，对睫状体、脉络膜和视网膜发挥作用。若将药物作眼球后注射，药物则以简单扩散方式进入眼后段，可对眼球后的神经及其他结构发挥作用。

此外，药物尚可通过眼以外部位给药后经分布到达眼睛，但要达到有效治疗浓度，必须加大药物剂量。因此，作用于眼部的药物，一般情况下以局部给药为宜。

（二）影响药物眼部吸收的因素

药物在眼的吸收，同其疗效有直接的关系。影响药物眼部吸收的主要因素如下：

1. 药物从眼睑缝隙的流失　人正常泪液的容量约为 $7\mu l$，若不眨眼最多只能容纳药液 $30\mu l$，若眨眼则药液的损失将达 90% 左右。溢出的药液大部分沿面颊淌下，或从排出器官进入鼻腔或口腔中，然后进入胃肠道。因此滴眼剂应用时，若每次增加药液的用量，将使药液有较多的流失；同时由于泪液每分钟能补充总体的 16%，角膜或结膜囊内存在的泪液和药液的容量越小，泪液稀释药液的比例就越大。基于上述原因，若增加滴药的次数，则有利于提高主药的利用率。

2. 药物经外周血管消除　滴眼剂中药物进入眼睑和结膜囊的同时，也通过外周血管迅速从眼组织消除。结膜含有许多血管和淋巴管，当由外来物引起刺激时，血管处于扩张状态，透入结膜的药物有很大比例进入血液中。

3. 药物的脂溶性与解离度　药物的脂溶性与解离度同药物透过角膜和结膜的吸收有关。角膜的外层为脂性上皮层，中间为水性基质层，最内为脂性内皮层，因而脂溶性物质（分子型药物)较易渗入角膜的上皮层和内皮层,水溶性物质(或离子型药物)则比较容易渗入基质层。具有两相溶解的药物,容易透过角膜。完全解离或完全不解离的药物则不能透过完整的角膜。而当角膜有某种程度的损伤时,药物的透过可发生很大的改变,通透性将大大增加。结膜下是巩膜,水溶性药物易通过,而脂溶性药物则不易渗入。

4. 刺激性 滴眼剂的刺激性较大时,能使结膜的血管和淋巴管扩张,增加了药物从外周血管的消除;同时由于泪液分泌增多,不仅将药物浓度稀释,而且增加了药物的流失,从而影响了药物的吸收作用,降低药效。

5. 表面张力 滴眼剂的表面张力对其泪液的混合及对角膜的透过均有较大影响。表面张力愈小,愈有利于泪液与滴眼剂的混合,也有利于药物与角膜上皮层的接触,使药物容易渗入。

6. 黏度 增加黏度可延长滴眼剂中药物与角膜的接触时间,例如 0.5% 甲基纤维素溶液对角膜接触时间可延长约 3 倍,从而有利于药物的透过吸收,能减少药物的刺激。

三、眼用制剂的发展

滴眼剂是治疗眼部疾病的重要剂型之一,但由于角膜屏障的存在、泪液的稀释作用、泪道的引流等原因,许多局部眼用制剂的生物利用度较差,在治疗应用时受到了限制。为了在玻璃体内获得并维持较高的药物浓度,必须反复给药。但是,通过反复给药来维持药物浓度,病人耐受性差,另一方面,药物可经鼻腔、口腔等途径吸收,增强了毒副作用。因此,理想的眼用药物给药系统应该具备这些性质:角膜和结膜透过性好,在角膜前停留时间延长,容易被消除、无刺激、使用舒适(包括减少催泪作用和眨眼反射作用)、适宜的流变学性质。现已有许多新型的眼科控释给药系统,如脂质体、环糊精、微球体等。这些剂型能够长时间平稳地释放治疗浓度的药物、减少给药次数、方便给药消减峰谷现象、降低药物的不良反应避免药物流失、提高生物利用度、减少给药剂量等。

四、眼用制剂的质量要求

眼用液体制剂的质量要求类似于注射剂,在 pH、渗透压、无菌、澄明度等方面都有相应的要求。

1. pH 人体正常泪液的 pH 为 7.4,正常眼可耐受的 pH 为 5.0~9.0,pH 为 6.0~8.0 时无不舒适的感觉,pH 小于 5.0 或大于 11.4 则有明显的刺激,眼用溶液剂的 pH 应控制在适当范围以兼顾药物的溶解度、稳定性、刺激性的要求,同时亦应考虑 pH 对药物吸收及药效的影响。

2. 渗透压摩尔浓度 除另有规定外,滴眼剂、洗眼剂和眼内注射溶液按各品种项下的规定,按照渗透压摩尔浓度测定法(附录XI G)测定,应符合规定。除另有规定外,应与泪液等渗,所以低渗溶液应该用合适的调节剂调节成等渗。

3. 无菌 正常人的泪液中含有溶菌酶,故有杀菌作用,同时不断地冲刷眼部,使眼部保持清洁无菌,角膜、巩膜等也能阻止细菌侵入眼球。但当眼睛损伤或眼部手术后,这些保护条件就消失了。因此,对眼部损伤或眼手术后作用的眼用制剂,必须要求绝对无菌,成品要经过严格的灭菌,并不允许加入抑菌剂,常用单剂量包装,一经打开使用后,不能放置再用。一般用于无外伤的滴眼剂,要求无致病菌,不得检出铜绿假单胞菌和金黄色葡萄球菌。滴眼剂是一种多剂量剂型,病人在多次使用后容易染菌,因此可加抑菌剂,于下次再用之前恢复无菌。

4. 可见异物　除另有规定外,滴眼剂照可见异物检查法(附录Ⅺ H)中滴眼剂项下的方法检查,应符合规定。眼内注射溶液照可见异物检查法(附录Ⅺ H)中注射液项下的方法检查,应符合规定。

5. 黏度　滴眼剂的黏度适当增大,可使药物在眼内停留时间延长,从而增强药物的作用,同时黏度增加后减少刺激作用,也能增加药效。合适的黏度在 4.0~5.0mPa·S 之间。

6. 粒度　除另有规定外,混悬型眼用制剂照下述方法检查,粒度应符合规定。

取供试品强烈振摇,立即量取适量(相当于主药 10μg)置于载玻片上,照粒度和粒度分布测定法(附录Ⅸ E 第一法)检查,大于 50μm 的粒子不得过 2 个,且不得检出大于 90μm 的粒子。

7. 沉降体积比　混悬型滴眼剂照下述方法检查,沉降体积比应不低于 0.9。

用具塞量筒量取供试品 50ml,密塞,用力振摇 1 分钟,记下混悬物的开始高度 H_0,静置 3 小时,记下混悬物的最终高度 H,按下式计算:沉降体积比 $=H/H_0$

8. 装量与包装　除另有规定外,滴眼剂每个容器的装量应不超过 10ml;洗眼剂每个容器的装量应不超过 200ml。包装容器应无菌、不易破裂,其透明度应不影响可见异物检查。

9. 贮藏　眼用制剂应遮光密封贮存,启用后最多可使用 4 周。

五、眼用液体制剂的附加剂

为了保证眼用溶液剂的安全、有效、稳定,满足临床用药的需要,除了主药以外,还可加入适当的附加剂。主要有以下几种:

1. 调整 pH 的附加剂　确定眼用溶液剂的 pH,要结合药物的溶解度、稳定性、刺激性等多方面因素考虑,为了避免刺激性和使药物稳定,常选用适当的缓冲液作溶剂,使眼用溶液剂的 pH 稳定在一定的范围内。

常用的缓冲液有:

(1) 磷酸盐缓冲液:以无水磷酸二氢钠和无水磷酸氢二钠各配成一定浓度的溶液,临用时二液按不同比例混合后得 pH5.9~8.0 的缓冲液,具体比例见表 7-8。

表 7-8　磷酸盐缓冲溶液

pH	0.8%(g/ml) 磷酸二氢钠 (ml)	0.947%(g/ml) 磷酸氢二钠 (ml)	使 100ml 溶液等渗应加氯化钠克数	pH	0.8%(g/ml) 磷酸二氢钠 (ml)	0.947%(g/ml) 磷酸氢二钠 (ml)	使 100ml 溶液等渗应加氯化钠克数
5.91	90	10	0.48	6.98	40	60	0.45
6.24	80	20	0.47	7.17	30	70	0.44
6.47	70	30	0.47	7.38	20	80	0.43
6.64	60	40	0.46	7.73	10	90	0.43
6.81	50	50	0.45	8.04	5	95	0.42

其中二液等量配合成的 pH6.8 缓冲液,最为常用。

(2) 硼酸缓冲液:将硼酸配成浓度为 1.9%(g/ml)的溶液,其 pH 为 5,可直接作眼用溶液剂的溶剂。

(3) 硼酸盐缓冲液：以硼酸和硼砂各配成一定浓度的溶液，临用时二液按以下比例混合得 pH6.7~9.1 的缓冲液，具体比例见表 7-9。

表 7-9 硼酸盐缓冲液

pH	0.24%（g/ml）硼酸（ml）	1.91%（g/ml）硼砂（ml）	使 100ml 溶液等渗应加氯化钠克数	pH	0.24%（g/ml）硼酸（ml）	1.91%（g/ml）硼砂（ml）	使 100ml 溶液等渗应加氯化钠克数
6.77	97	3	0.22	8.20	65	35	0.25
7.09	94	6	0.22	8.41	55	45	0.26
7.36	90	10	0.22	8.60	45	55	0.27
7.60	85	15	0.23	8.60	40	60	0.27
7.87	80	20	0.24	8.84	30	70	0.28
7.94	75	25	0.24	8.98	20	80	0.29
8.08	70	30	0.25	9.11	10	90	0.30

缓冲溶液贮备液，应灭菌贮藏，并添加适量抑菌剂，以防微生物生长。

2. 调节渗透压的附加剂 一般眼用溶液剂将渗透压调整在相当于 0.8%~1.2% 氯化钠浓度的范围即可。滴眼剂是低渗溶液时应调整成等渗溶液，但因治疗需要也可采用高渗溶液，而洗眼剂则应力求等渗。

调整渗透压的附加剂常用的有氯化钠、硼酸、葡萄糖、硼砂等，渗透压调节的计算方法与注射剂相同，即用冰点降低数据法或氯化钠等渗当量法。

3. 抑菌剂 眼用液体制剂属多剂量剂型，要保证在使用过程中始终保持无菌，必须添加适当的抑菌剂。常用的抑菌剂见表 7-10。

表 7-10 常用抑菌剂及其使用浓度

抑菌剂	浓度	抑菌剂	浓度
氯化苯甲羟胺	0.01%~0.02%	三氯叔丁醇	0.35%~0.5%
硝酸苯汞	0.002%~0.004%	对羟基苯甲酸甲酯与	甲酯 0.03%~0.1%
硫柳汞	0.005%~0.01%	丙酯混合物	丙酯 0.01%
苯乙醇	0.5%		

单一的抑菌剂，不能达到理想效果，可采用复合抑菌剂使抑菌效果明显增强，如少量的依地酸钠能使其他抑菌剂对铜绿假单胞菌的抑制作用增强，对眼用液体制剂较为适宜。

4. 调整黏度的附加剂 适当增加滴眼剂的黏度，既可延长药物与作用部位的接触时间，又能降低药物对眼的刺激性，有利于发挥药物的作用。常用的有甲基纤维素、聚乙烯醇、聚维酮、聚乙二醇等。

5. 其他附加剂 根据眼用溶液剂中主药的性质，也可酌情加入增溶剂、助溶剂、抗氧剂等，其用法用量参见有关章节。

六、眼用液体制剂的制备

（一）制备工艺流程图

眼用液体制剂的制备工艺流程如图 7-25 所示。

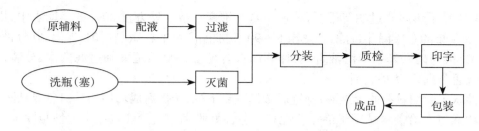

图 7-25 滴眼剂制备工艺流程图

用于手术、伤口、角膜穿通伤的滴眼剂及眼用注射溶液按注射剂生产工艺制备,分装于单剂量容器中密封或熔封,最后灭菌,不加抑菌剂,一次用后弃去,保证无污染。洗眼剂用输液瓶包装,其清洁方法按输液包装容器处理。主药不稳定者,全部以严格的无菌生产工艺操作制备。若药物稳定,可在分装前大瓶装后灭菌,然后再在无菌操作条件下分装。

(二)制备工艺

1. **滴眼剂容器的处理** 滴眼剂的容器有玻璃瓶与塑料瓶两种。中性玻璃对药液的影响小,配有滴管并封以铝盖的小瓶,可使滴眼剂保存较长时间,故对氧敏感药物多用玻璃瓶。遇光不稳定药物可选用棕色瓶。玻璃滴瓶用前须洗刷干净,装于耐酸尼龙丝网袋内,浸泡于重铬酸钾浓硫酸清洁液中 4~8 小时后取出,先用常水冲洗除尽清洁液,再用滤过澄明的纯化水冲洗。经干热灭菌或热压灭菌备用。橡胶帽、塞的洗涤方法与输液瓶的橡胶塞处理方法相同,但由于无隔离膜,应注意吸附药物问题。

塑料滴眼瓶由聚烯烃吹塑制成,当时封口,不易污染且价廉、质轻、不易碎裂,较常用。但塑料中的增塑剂或其他成分会溶入药液中,使药液不纯;同时塑料瓶也会吸附某些药物,使含量降低影响药效;塑料瓶有一定的透气性,不适宜盛装对氧敏感的药物溶液。塑料滴眼瓶的清洗处理:切开封口,应用真空灌装器将滤过注射用水灌入滴眼瓶中,然后用甩水机将瓶中水甩干,如此反复三次,最后在密闭容器内用环氧乙烷灭菌后备用。

2. **药液的配制与过滤** 滴眼剂所用器具于洗净后干热灭菌,或用杀菌剂(用 75% 乙醇配制的 0.5% 度米芬溶液)浸泡灭菌,用前再用纯化水及新鲜的注射用水洗净。

药物、附加剂用适量溶剂溶解,必要时加活性炭(0.05%~0.3%)处理,经滤棒、垂熔玻璃滤球和微孔滤膜滤至澄明,加溶剂至全量,灭菌后半成品检查。眼用混悬剂配制,可将药物微粉化后灭菌;另取表面活性剂、助悬剂加适量注射用水配成黏稠液,再与药物用乳匀机搅匀,添加注射用水至足量。

中药眼用溶液剂,先将中药按注射剂的提取和纯化方法处理,制得浓缩液后再进行配液。

3. **药液的灌装** 眼用液体制剂配成药液后,应抽样进行定性鉴别和含量测定,符合要求方可分装于无菌容器中。普通滴眼剂每支分装 5~10ml 即可,供手术用的眼用液体制剂可装于 1~2ml 的小瓶中,再用适当的灭菌方法灭菌。工业化生产常用减压真空灌装法分装。

(三)举例

醋酸可的松滴眼液(混悬液)

【处方】醋酸可的松(微晶)(主药)5.0g 吐温 -80(表面活性剂)0.8g 硝酸苯汞(抑菌剂)0.02g 硼酸(渗透压调节剂)20.0g 羧甲基纤维素钠 2.0g 蒸馏水加至 1000ml

【制法】取硝酸苯汞溶于处方量 50% 的蒸馏水中,加热至 40~50℃,加入硼酸、吐温 -80

使溶解,3 号垂熔漏斗过滤待用;另将羧甲基纤维素钠溶于处方量 30% 的蒸馏水中,用垫有 200 目尼龙布的布氏漏斗过滤,加热至 80~90℃,加醋酸可的松微晶搅匀,保温 30 分钟,冷至 40~50℃,再与硝酸苯汞等溶液合并,加蒸馏水至足量,200 目尼龙筛过滤两次,分装,封口,100℃流通蒸汽灭菌 30 分钟。

【性状】微细颗粒的混悬液,静置后微细颗粒下沉,振摇后成均匀的乳白色混悬液。

【功能与主治】本品用于治疗急性和亚急性虹膜炎、交感性眼炎、小泡性角膜炎及角膜炎等。

【用法与用量】滴眼:一日 3~4 次,用前摇匀。

【规格】3ml:15mg

【贮藏】遮光,密闭保存。

【注解】①醋酸可的松微晶的粒径应在 5~20μm 之间,过粗易产生刺激性,降低疗效,甚至会损伤角膜。②羧甲基纤维素钠为助悬剂,配液前需精制。本滴眼液中不能加入阳离子型表面活性剂,因与羧甲基纤维素钠有配伍禁忌。③为防止结块,灭菌过程中应振摇,或采用旋转无菌设备,灭菌前后均应检查有无结块。④硼酸为 pH 与等渗调节剂,因氯化钠能使羧甲基纤维素钠黏度显著下降,促使结块沉降,改用 2% 的硼酸后,不仅改善降低黏度的缺点,且能减轻药液对眼黏膜的刺激性。本品 pH 为 4.5~7.0。

七、其他灭菌与无菌制剂

(一)体内植入制剂

植入给药系统(implantable drug delivery systems,IDDS)系一类经手术植入皮下或经针头导入皮下的控制释药制剂,植入剂为一种无菌固体制剂,由药物和赋形剂经熔融、热压、辐射等方法制成。具有定位给药、减少用药次数、给药剂量小、长效恒速作用及可采用立体定位技术等优点,它适用于半衰期短、代谢快,尤其是不能口服的药物。目前研究中的 IDDS 主要有:植入泵、高分子聚合物植入系统(最多)、可降解型注射式原位 IDDS。

(二)创面用制剂

1. 溃疡、烧伤及外伤用溶液剂、软膏剂 用于溃疡、烧伤部位的溶液剂和软膏剂属于灭菌制剂,必须在无菌条件下制备,注意防止微生物污染,所用的基质、药物、器具、包装等均应严格灭菌。成品中不得检出金黄色葡萄球菌和铜绿假单胞菌。对于伤口,眼部手术用的溶液、软膏剂的无菌检查,按照《中国药典》2005 年版附录(XI H)的无菌检查法,应符合规定。其微生物限度检查按附录(XI J)也应符合规定。

硼酸溶液(boric acid solution)为消毒防腐剂,抑菌作用弱,无刺激性。用于皮肤,黏膜及伤口的消毒。也可用于渗出性皮肤湿疹,急性皮炎及褥疮等的清洗或湿敷。

2. 溃疡、烧伤及外伤用气雾剂、粉雾剂 粉雾剂、气雾剂可用于保护创面(如烧伤面)、清洁消毒、局部麻醉和止血等局部作用。用途不同,其要求亦不相同,用于创面保护和治疗的气雾剂,必须无刺激性,防止吸收中毒,有利于创面修复、抗菌且具有良好的透气性,例如灼伤涂膜气雾剂。保护创面用气雾剂的处方如下。

(三)手术用制剂

1. 止血海绵(hemostatic sponge) 海绵剂(spongia,spongc)系指亲水性胶体溶液,经冷冻或其他方法处理后制得的质轻、疏松、坚韧而又具有极强的吸湿性能的海绵状固体灭菌制剂,海绵剂的原料有糖类和蛋白质,如淀粉、明胶、纤维、蛋白等。海绵剂主要用于外伤止血,故属于灭菌制剂范畴。

2. 骨蜡（cera aseptical pro osse bone wax）　本品为骨科止血剂,用于骨科手术及脑手术时用于骨出血。在无菌状况下密封保存于玻璃瓶或铁盒中。使用时,用75％乙醇及生理盐水冲洗出血部位,加热软化本品,涂于骨上渗血处。

（王志萍）

思 考 题

1. 简述无菌制剂的定义、特点和质量要求。

2. 简述空气洁净度的标准与洁净室的设计。

3. 在药剂学中,常用的灭菌法有哪些?

4. 灭菌参数 F_0 值的含义与意义是什么? 如何计算?

5. 注射剂的一般质量要求有哪些?

6. 简述热原的含义、组成、性质、污染途径及除去方法。

7. 注射剂常用的溶剂和附加剂有哪些? 各起什么作用?

8. 注射剂的等渗调节剂的用量是如何计算的? 有多少种计算方法?

9. 输液剂与小体积注射剂的质量要求有什么不同?

10. 简述输液剂的制备过程及常易出现的质量问题。

11. 注射用无菌粉末的制备方法有哪些?

12. 影响眼用液体制剂眼部吸收的因素有哪些?

13. 简述眼用液体制剂的质量要求。

参 考 文 献

1. 国家药典委员会 . 中华人民共和国药典(2010 年版)二部附录 . 北京:中国医药科技出版社,2010

2. 崔福德 . 药剂学 . 第 7 版 . 北京:人民卫生出版社,2011

3. 胡容峰 . 工业药学 . 北京:中国中医药出版社,2010

4. 杨明 . 中药药剂学 . 北京:中国中医药出版社,2010

第八章　固体制剂

本章要点

1. 掌握固体制剂的各种剂型的定义、分类、特点以及各种剂型常用的制备方法、工艺和质量要求。
2. 熟悉制备各种固体制剂常用的处方辅料、设备、操作流程及关键技术指标，可对生产中存在的问题进行分析。
3. 了解各种固体制剂的典型处方并学会对其进行分析。

第一节　概　述

固体制剂是以固体状态存在的剂型总称。常见的固体制剂有散剂、颗粒剂、胶囊剂、片剂、丸剂、滴丸剂、膜剂等。这些固体制剂与液体制剂相比具有：物理、化学稳定性好；生产成本低，包装运输方便；服用与携带方便等特点。以它独特的优势，在新药开发或患者使用中为首选剂型，在药物制剂中占有率高达 70% 以上。

本章主要介绍散剂、颗粒剂、胶囊剂、片剂、丸剂、滴丸剂、微丸、膜剂及栓剂，包括剂型特点、制备方法、制备所需的辅料与设备、制剂质量控制等。

一、固体剂型的制备工艺

固体制剂的制备过程实际是粉体的处理过程。通常，首先将药物进行粉碎与过筛处理，获得粒径小而粒度分布均匀的药物粉末，然后进行混合、制粒、干燥、压片等单元操作。把粉状物料混合后直接分装，即得散剂；把粉状混合物料进行制粒后分装，可得颗粒剂；把制备的颗粒装入胶囊，即得胶囊剂；把制备的颗粒压片，即得片剂；将片剂包衣后可得包衣片剂。制备流程如图 8-1 所示：

其他的固体制剂还包括丸剂、滴丸剂、微丸、膜剂及栓剂等。滴丸剂系指固体或液体药物与适当物质加热融化混匀后，滴入不相混溶的冷凝液中，收缩冷凝而制成的小丸状制剂，主要供口服使用。膜剂系指药物溶解或均匀分散于成膜材料中加工成的薄膜制剂。该制剂的工艺简单，生产中没有粉末飞扬。体积小，质量轻，便于携带及运输。栓剂系指药物与适宜的基质制成的具有一定性状的供腔道给药的固体型外用制剂。

二、固体剂型的吸收过程

固体制剂的主要给药方式是口服，因此具有共同的吸收途径。固体制剂口服给药后，药物必须溶出、溶解，才能经胃肠道上皮细胞吸收进入血液循环发挥其治疗作用。特别是对一

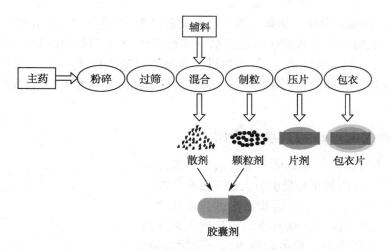

图 8-1 几种固体制剂制备工艺流程图

些难溶性药物来说,药物的溶出过程将成为其吸收的限速过程。若溶出速度小,吸收慢,则血药浓度就难以达到治疗的有效浓度。不同剂型,其在体内的吸收路径也不同。各种固体制剂在胃肠道中的行为如图 8-2 所示:

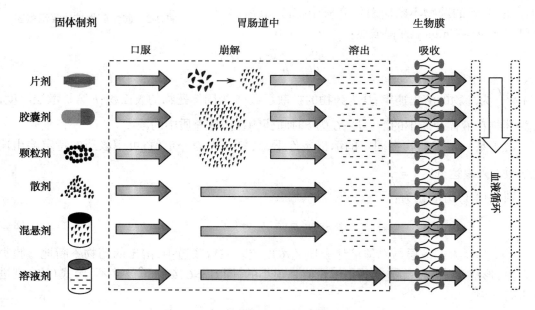

图 8-2 各种固体制剂在胃肠道中的行为

影响药物吸收的因素有很多,包括生理因素、药物因素和剂型因素。其中生理因素主要包括消化系统因素、循环系统因素以及机体的生理、病理情况等。药物因素主要包括药物的解离度、脂溶性、药物溶出特性以及药物在胃肠道中的稳定性等。剂型对药物的吸收有很大影响,因为药物的不同剂型,给药部位及吸收途径各异,药物被吸收的速度与量亦不同。

一般而言,不同口服制剂吸收的快慢顺序是:溶液剂 > 混悬剂 > 散剂 > 颗粒剂 > 胶囊剂 > 片剂 > 丸剂。片剂和胶囊剂首先崩解成细颗粒状,药物分子从颗粒中溶出,药物通过胃肠黏膜吸收进入血液循环中。散剂口服后没有崩解过程,迅速分散后具有较大的比表面积,因此药物的溶出、吸收和奏效较快。混悬剂的颗粒较小,因此药物的溶解与吸收过程更快,而溶液口服后没有崩解和溶解过程,药物可直接被吸收进入血液循环,药物的起效时间更短。因此,固体制剂在体内首先崩解、分散成细颗粒是提高溶出速度,加快吸收速度的有效措施之一。

三、Noye-Whitney 方程及其应用

药物的溶出过程发生在固体药物与液体溶媒接触的界面上,当药物与溶剂间的吸引力大于固体药物粒子间的内聚力时,溶出就会发生,药物溶出的速率取决于药物在溶剂中的溶解度和药物从溶出界面进入总体溶液中的速率。因此,溶出过程由固液界面上药物溶解、扩散的速率控制。

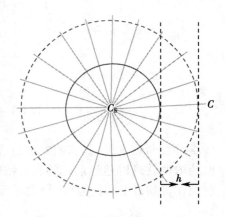

图 8-3　固体药物扩散层示意图

药物粒子与胃肠液或溶出介质接触后,药物溶解于介质,并在固 - 液界面之间形成溶解层,称之为扩散层或静流层,如图 8-3 所示。药物在扩散层中饱和浓度 C_s 与总体介质浓度 C 形成浓度差。由于浓度差$(C_s-C)>0$的存在,溶解的药物不断向总体介质中扩散,其溶出速度可用 Noyes-Whitney 方程描述:

$$\frac{\mathrm{d}C}{\mathrm{d}t} = \frac{D}{h}S(C_s - C) \tag{8-1}$$

式中,$\frac{\mathrm{d}C}{\mathrm{d}t}$为药物的溶出速率;$D$ 为药物的扩散系数;S 为固体药物的表面积;h 为扩散层厚度;C_s 为药物在液体介质中的溶解度;C 为 t 时间药物在液体介质中的浓度。

由于某一特定药物在固定的溶出条件下,其 D 和 h 为一定值,可用该药的特定溶出速度常数 k 来表达,即:$k = \dfrac{D}{h}$

则式(8-1)可简化为:

$$\frac{\mathrm{d}C}{\mathrm{d}t} = kS(C_s - C) \tag{8-2}$$

式中,(C_s-C)为扩散层与总体液体介质的浓度差。在胃肠道中,溶出的药物不断地透膜吸收入血,形成漏槽状态。与 C_s 相比,C 值是很小的,即 $C_s \gg C$,C 值可忽略不计,式(8-2)则进一步简化为:

$$\frac{\mathrm{d}C}{\mathrm{d}t} = kSC_s \tag{8-3}$$

从式(8-3)可知,溶出速度$\left(\dfrac{\mathrm{d}C}{\mathrm{d}t}\right)$与药物的溶出速率常数 k、固体药物颗粒的表面积 S 和药物溶解度 C_s 成正比。

由 Noyes-Whitney 方程可知,影响药物溶出速度的因素有很多,主要包括:①固体的粒径和表面积:相同质量固体药物,粒径越小,其表面积越大,溶出界面越大。粉碎减小粒径、改善崩解等可增加药物的溶出面积,从而提高药物溶出速度。②药物的溶出速率常数:增加搅拌、降低黏度、升高温度等,有利于药物扩散,加快的药物溶出速度。③药物的溶解度:提高

温度、改变晶型、制成固体分散体等,有利于提高药物的溶解度,提高溶出速度。④总体液体介质的体积:总体液体介质体积越大,扩散所需时间越长,完成药物溶出过程所需时间越长,溶出速率越低。⑤扩散层的厚度:扩散层的厚度越大,溶出速率越慢。增加搅拌可减少扩散层厚度,增加溶出速率。

四、溶出度

溶出度(dissolution)系指药物从片剂或胶囊剂等固体制剂在规定溶剂中溶出的速度和程度。

(一)溶出度检查的意义

根据《中国药典》2010 年版的有关规定,溶出度检查用于一般的片剂,而释放度检查适用于缓(控)释制剂。必须指出,只有在体内吸收与体外溶出存在着相关的或平行的关系时,溶出度或释放度的检查结果才能真实地反映药物体内的吸收情况,达到控制片剂质量的目的。如果尚未进行体内试验(例如新研制的片剂)或者体内外试验不相关,那么溶出度试验只能提供一种具有"否定"意义的信息,不能推出"肯定"的结论。如果经实验证明片剂的体外溶出或释放与体内吸收具有相关性,那么溶出度或释放度的测定将具有十分重要的意义,并且完全可以作为片剂生产和检验中的一种常规的检查方法,控制片剂质量。

(二)试验方法设计

溶出度的常用测定装置如图 8-4 所示:

1. 测定方法 《中国药典》2010 年版附录规定溶出度的测定方法第一法(转篮法)、第二法(桨法)、第三法(小杯法)。具体测定方法及结果判断见《中国药典》2010 年版附录 X C 部分。

2. 溶出介质 《中国药典》2010 年版规定溶出介质应使用新鲜配制并脱气的溶出介质。常用的有:新鲜蒸馏水、不同浓度的盐酸或不同 pH 的缓冲液等,有时还需要加入适量的表面活性剂、有机溶剂等。另外,溶出介质的体积必须要符合漏槽条件才能保证试验结果的准确性。

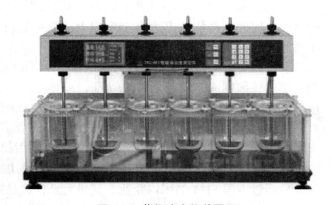

图 8-4 药物溶出仪装置图

3. 操作条件 操作容器为 1000ml 圆底烧杯,第三法采用 250ml 圆底烧杯,转速的大小应该控制一致。另外,转篮或搅拌桨必须垂直平衡转动,使溶出试验时搅拌条件一致,不得变形或倾斜。

(三)溶出曲线相似性

比较溶出曲线相似性的方法和模型有很多,Moore 和 Flanner 提出一种非模型依赖数学方法——用变异因子(difference factor, f_1)与相似因子(similarity factor, f_2)定量评价溶出曲线之间的差别,应用广泛。其中相似因子 f_2 被 FDA 推荐为比较两条溶出曲线的首选方法。

$$f_1 = \left\{ \frac{\sum\limits_{i=1}^{n} |\overline{R_t} - \overline{T_t}|}{\sum\limits_{i=1}^{n} \overline{R_t}} \right\} \times 100 \tag{8-4}$$

$$f_2 = 50 \log_{10}\left\{\left[1 + \frac{1}{n}\sum_{i=1}^{n} Wt\,(\overline{R_t} - \overline{T_t})^2\right]^{-0.5} \times 100\right\} \tag{8-5}$$

式(8-4)、式(8-5)中 n 为取样点数目，$\overline{R_t}$ 和 $\overline{T_t}$ 分别是在 t 时间点的参比制剂和待测制剂平均累积溶出百分率，式(8-4)中用绝对值是为了保证在这些时间点的溶出度之和的正负变异不能被抵消。当各个时间点的 $\overline{R_t}$ 和 $\overline{T_t}$ 差值的总和等于 0 时，f_1 的值为 0，当 $\overline{R_t}$ 和 $\overline{T_t}$ 差值增大时，f_1 的值也成比例的增大。如果 f_1 落在 0~15 之间，且 $\overline{R_t}$ 和 $\overline{T_t}$ 在任何时间点溶出度的平均误差不超过 15%，表明两种制剂的溶出度相似或相同。

相似因子 f_2 与两条溶出曲线任一时间点平均溶出度的方差成反比，注意具有较大溶出度差值的时间点。由于 f_2 对评价两条溶出曲线中较大差异值的时间点具有更高的灵敏性，有助于确保产品特性的相似性。因此，f_2 方法已经被美国 FDA 和我国 SFDA 采用，用于评价制剂条件变更前后溶出或释放特性的相似性。

用相似因子法判断溶出曲线相似性的标准为 f_2 在 50~100 之间。此外，进行溶出试验及数据处理时还应满足以下条件：①每条溶出曲线至少采用 12 个剂量单位(如片剂 12 片，胶囊 12 粒)进行测定；②除 0 时外，第 1 个时间点的变异系数不得超过 20%，从第 2 个时间点到最后 1 个时间点溶出结果的变异系数应小于 10%，方可采用溶出度的均值；③两个产品(如受试制剂与参比制剂、变更前后、两种压力等)应在同样的条件下进行试验，两条曲线的时间点应设置一致，至少应有 3 个点；④保证药物溶出 90% 以上或达到溶出平台；⑤计算 f_2 时只能有一个时间点药物溶出达到 85% 以上。如果制剂 15 分钟内药物溶出达到 85% 以上，则不必进行溶出曲线比较。

相似因子 f_2 已经被美国 FDA 药品评审中心推荐使用，并于 2004 年 1 月推出了"固体制剂溶出曲线数据库"，规定采用相似因子 f_2 对溶出曲线一致性进行评估；日本官方也推荐采用该法用于评价四种不同 pH 溶出介质的溶出曲线相似性；在我国，国家药监局在 2008 年 4 月发布的《已上市化学药品变更研究的技术指导原则(一)》中也推荐使用相似因子 f_2 比较工艺变更前后溶出行为的相似性。另外，国内采用相似因子进行溶出曲线相似性评价的文献也有很多。浙江华海药业 2007 年 6 月通过了美国仿制药申请(ANDA)，成为我国首家制剂成品通过美国 FDA 的国内企业。其研发思路就是在严格的溶出试验条件下，将大规模生产的仿制制剂与原研制剂在多种溶出介质中进行溶出曲线比较，以 f_2 因子大于 50 进行评估。可以看出，相似因子 f_2 法用于评价溶出曲线相似性是一种有广泛应用前景的评价方法。

第二节　散　剂

一、概述

(一) 散剂的定义、分类和特点

散剂(powders)系指药物或与适宜的辅料经粉碎、均匀混合制成的干燥粉末状制剂，分为口服散剂和局部用散剂。散剂作为一种古老的传统药物剂型，在《黄帝内经》《神农百草经》等医药典籍中都有记载，广泛应用于临床。

散剂可以按照以下方法进行分类：

按应用用途可分为口服散剂与局部用散剂。口服散剂一般溶于或分散于水或其他液体中服用，也可直接用水送服，如五味沙棘散、牛黄千金散等。局部用散剂可供皮肤、口腔、咽喉、腔道等处应用；专供治疗、预防和润滑皮肤的散剂也可称为撒布剂或撒粉，如六一散、冰硼散等。

按组成药味多少分为单散剂与复散剂。单散剂是指由一种药物组成，如蔻仁散、川贝散等。复散剂是指由两种或两种以上药物组成，如八味檀香散、七厘散等。

按药物性质不同，可分为含剧毒药散剂，如九分散、丸一散等；含液体成分散剂，如蛇胆川贝散、紫雪散等；含共熔组分散剂，如白避瘟散、痱子粉等。

按剂量情况可分为分剂量散剂与不分剂量散剂，分剂量散剂是指将散剂分成单独剂量由患者按包服用，大多数内服散剂都属于分剂量散剂；不分剂量散剂是指以总剂量形式由患者按医嘱自己分取剂量，大多数的外用散剂属于不分剂量散剂。

散剂作为一种古老的传统固体剂型，在西药中应用的不多，在中药制剂中仍然有一定应用，这是因为散剂具有如下特点：①粉碎程度大，比表面积大、易分散、起效快，故称"散者散也，去急疾"；②外用覆盖面大，具保护、收敛等作用；③制备工艺简单，剂量易于控制，便于小儿与老人服用；④贮存、运输、携带比较方便。

散剂分散度较大，因此粉碎后比表面积增大，其气味、刺激性及化学活性也相应增加，而且某些挥发成分极易散失。所以，某些腐蚀性强、遇光、湿、热容易变质的药物一般不宜制成散剂。

（二）散剂的质量要求

散剂在生产与贮藏期间应符合下列相关规定：①供制散剂的成分均应粉碎成细粉。除另有规定外，口服散剂为细粉，儿科及局部用散剂为最细粉，眼科用散剂为极细粉。②散剂应干燥、疏松、混合均匀色泽一致。制备含有毒性药物或药物剂量小的散剂时，应采用配研法混匀并过筛。③散剂中可含有或不含辅料，根据需要可加入矫味剂、芳香剂和着色剂等。④散剂可单剂量包装也可多剂量包（分）装，多剂量包装者应附分剂量的用具。⑤除另有规定外，散剂应密闭储存，含挥发性或极易吸潮药物的散剂应密封储存。

（三）散剂的引湿性

散剂由于其分散性较大，粒度小，比表面积大，因此极易吸收空气中的水分，引起潮解、发霉等，从而影响药物的药效，因此散剂具有引湿性。药物的引湿性是指在一定温度及湿度条件下该物质吸收水分能力或程度特性。通常采用增重百分量来衡量物料的引湿性，在进行药物引湿性试验时，供试品为符合药品质量标准的固体原料药，试验结果可作为选择适宜的药品包装和贮存条件的参考。

引湿性特征描述与引湿性增重的界定：

潮解：吸收足量水分形成液体。

极具引湿性：引湿增重不小于15%。

有引湿性：引湿增重小于15%但不小于2%。

略有引湿性：引湿增重小于2%但不小于0.2%。

无或几乎无引湿性：引湿增重小于0.2%。

二、散剂的制备

散剂制备的一般工艺流程如图8-5所示：

固体物料进行粉碎之前，通常要进行前处理，即将物料处理到符合粉碎要求的程度，如果是中药，要根据处方中的各个药材的性状进行适当的处理，使之干燥成净药材以供粉碎；

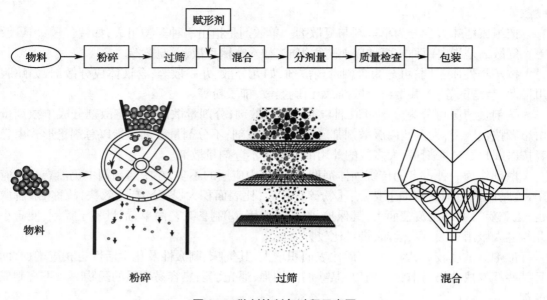

图 8-5　散剂的制备过程示意图

如果是西药,一般将原、辅料充分干燥,以满足粉碎要求。

（一）粉碎

1. 粉碎的概念与意义　粉碎（crushing）是指借助机械力将大块物料破碎成适宜程度的碎块或细粉的过程。通常将粉碎前的粒度（D_1）与粉碎后的粒度（D_2）之比称为粉碎度或粉碎比（n）。

$$n = \frac{D_1}{D_2} \tag{8-6}$$

对物料进行粉碎的意义在于:①增加表面积,有利于提高难溶性药物的溶出速度和生物利用度;②减小粒度,有利于固体制剂中各成分的混合均匀;③增大粒子数,有利于提高固体药物在液体、半固体、气体中的分散度;④有助于从天然药物中提取有效成分等。粉碎会对药品质量产生很大影响,在产生有利作用的同时也要注意粉碎过程中带来的不良作用,如晶型转变、热分解、黏附与团聚（agglomeration）、流动性变差、粉尘飞扬、粉尘爆炸等。

2. 粉碎的机制　被粉碎的物料受到外加机械力作用时,起初表现为弹性形变,而当施加的压力大于物料的屈服应力时会发生塑性形变,当应力超过物料本身分子间内聚力时可产生裂隙或裂缝,最终破碎。粉碎过程常用的外加力有冲击力（impact）、压缩力（compression）、剪切力（cutting）、弯曲力（bending）、研磨力（rubbing）等。被粉碎物料的性质、粉碎程度不同,所需施加的外力也不同。通常多数粉碎过程是这几种力综合作用的结果。

3. 粉碎方法　根据被粉碎物料的性质、产品粒度的要求以及粉碎设备等不同条件采用不同的粉碎方法。

（1）闭塞粉碎和自由粉碎:闭塞粉碎（packed crushing）是指将被粉碎物料投入粉碎机中进行粉碎,直至粉碎完成再取出物料的操作。自由粉碎（free crushing）是指在粉碎过程中达到粉碎粒度要求的粉末能及时排出,粗粒继续粉碎的操作。

（2）开路粉碎和循环粉碎：开路粉碎是指连续地把粉碎物料供给粉碎机的同时，不断地从粉碎机中把已经粉碎的细物料取出的操作过程，即物料仅通过一次粉碎机就完成粉碎的操作。循环粉碎是指经粉碎机粉碎的物料通过筛网或分级设备使粗粒重新返回到粉碎机进行反复粉碎的操作过程。

（3）干法粉碎与湿法粉碎：干法粉碎是使物料处于干燥状态（一般是使水分小于5%）下进行粉碎的操作过程。湿法粉碎是指在药物中加入适量的水或其他液体进行研磨粉碎的操作过程。这样"加液研磨法"可降低颗粒间的集结，能量消耗降低，从而提高粉碎效率。对某些难溶于水的药物可采用"水飞法"，即药物与水共置于研钵中（量大一般使用球磨机）一起研磨，使细粉末漂浮于液面或混悬于水中，然后将此混悬液倾出，余下的粗粒加水反复操作直至所有药物研磨完毕。最后所得的混悬液合并，沉降，倾去上清液，湿粉经干燥可得极细粉末。湿法粉碎相对于干法粉碎而言，可避免操作过程中粉尘飞扬，减轻某些刺激性药物或剧毒药物对人体的危害。

（4）低温粉碎：低温粉碎是利用物料在低温时脆性增大、韧性与延伸性降低的性质以提高粉碎效率的方法。

（5）混合粉碎：将两种或两种以上的物料一起粉碎的操作过程称为混合粉碎。

4. 粉碎机

（1）研钵（mortar）：由瓷、玻璃、玛瑙制成，主要用于小剂量药物的粉碎。

（2）球磨机（ball mill）：是在不锈钢或陶瓷制成的圆柱筒内装入一定数量大小不同的钢球或瓷球组成。图8-6（a）表示水平放置球磨机的示意图，图8-6（b、c、d）分别表示球磨机内球的运动情况。圆筒转速过小时［图8-6（b）］，球随罐体上升至一定高度后往下滑，其粉碎机制主要靠研磨作用，效果较差。转速过大时［图8-6（d）］，球与物料靠离心力作用随罐体旋转，失去物料与球体的相对运动。当转速适宜时［图8-6（c）］，除一小部分球下落外，大部分球随罐体上升至一定高度，并在重力与惯性力作用下沿抛物线抛落，此时物料的粉碎主要靠冲击和研磨的联合作用，粉碎效果最好。

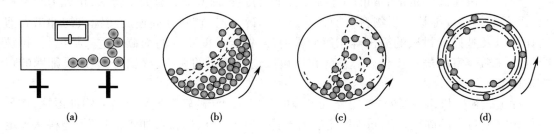

（a）　　　　　（b）　　　　　（c）　　　　　（d）

图8-6　球磨机与球的运动状况
（a）球磨机结构；（b）过慢运动速度；（c）适宜运动速度；（d）过快运动速度

球磨机粉碎的主要影响因素有：

1）圆筒的转速：适宜转速为临界转速的0.5~0.8倍。临界转速（critical velocity，V_C）是指球体在离心力作用下能够随圆筒做旋转运动的最小速度。

$$V_C = （gr）^{\frac{1}{2}} \tag{8-7}$$

2）球体大小和密度：球体的直径越小，密度越大粉碎的粒径越小，通常根据物料的粉碎要求选择合适的球体大小和密度。

3）球体和物料的总装量：适宜装量应为罐体总容积的 50%~60% 左右。

球磨机可实现密闭操作，适于贵重物料的粉碎、无菌粉碎、干法粉碎、湿法粉碎、间歇粉碎，可获得极细粉，必要时还可充入惰性气体来防止氧化。新型立式搅拌球磨机可粉碎获得 100nm~5μm 的粒子。

（3）冲击式粉碎机（impact crusher）：冲击式粉碎机是以冲击力为主对物料进行粉碎，适用于韧性、脆性物料的粉碎，及对物料进行中碎、细碎、超细碎等，应用广泛，故有"万能粉碎机"的美称。其典型的粉碎结构有锤击式和冲击柱式粉碎机（图 8-7）。

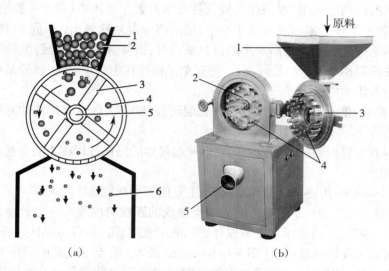

图 8-7　锤击式粉碎机和冲击式粉碎机
（a）锤击式粉碎机：1. 料斗；2. 原料；3. 锤头；4. 未过筛颗粒；5. 旋转轴；6. 过筛颗粒。（b）冲击式粉碎机：1. 料斗；2. 转盘；3. 固定盘；4. 冲击柱；5. 出料口

锤击式粉碎机（hammer mill）是在高速旋转的旋转轴上安装有数个锤头，机壳上装有衬板，机壳下部装着筛板。当物料从加料斗进入粉碎室时，物料在高速旋转锤头的冲击和剪切作用以及被抛向衬板的撞击等作用而被粉碎，符合粒度要求的细粒通过筛板出料，粗粒会继续在粉碎室内进一步粉碎。粉碎粒度可以通过锤头的大小、形状、转速以及筛网的目数来调节。

冲击式粉碎机，又称转盘式粉碎机。是指在高速旋转的转盘上固定若干圈冲击柱，在另一与转盘相对应的固定盖上同样固定有若干圈冲击柱。从加料口加入物料后，物料从固定板中心轴向进入粉碎机，在离心作用下物料从中心部位被甩向外壁的过程受到冲击柱的冲击而被粉碎，符合要求的细粒由底部的筛孔出料，而粗颗粒在机内进一步粉碎。粉碎程度和盘上固定的冲击柱的排列方式有关。

（4）气流粉碎机（jet mill）：又称流能磨（fluid-energy mills），当 7~10 个大气压的压缩空气通过喷嘴沿切线进入粉碎室时会产生超音速气流，气流把物料带入粉碎室后，气流使物料分散、加速，同时粒子与粒子之间，粒子与器壁间发生强烈撞击、冲击、研磨而使得物料粉碎。被压缩空气夹带的细粉从出料口进入旋风分离器或袋滤器后产生分离，而较大的颗粒由于离心力的作用沿器壁外侧重新进入粉碎室，重复粉碎过程。粉碎程度与粉碎室的几何形状、喷嘴的个数与角度、气流的压缩压力以及进料量等因素有关。

气流式粉碎机的特点：①适合粒度要求为 3~20μm 的超微粉碎；②由于高压空气从喷嘴喷出时产生焦耳 - 汤姆逊冷却效应，因此适用于热敏性物料和熔点低的物料的粉碎；③粉碎费用较高；④可用于无菌粉末的粉碎。

（5）胶体磨（colloid mill）：胶体磨是一种湿法粉碎机（图8-8）。典型的胶体磨由定子（stator）和转子（rotor）组成，它的工作原理是物料在离心力的作用下，通过高速相对运动的定齿与动齿之间，因此通过定齿与动齿齿面之间的物料会受到强大的剪切、研磨及高频振动等作用，使得物料有效地被粉碎成胶体状。粉碎后的产物在旋转转子的离心作用下从缝隙中排出。胶体磨常用于混悬剂与乳剂等分散系的粉碎。

图 8-8　胶体磨

（6）滚压粉碎机（roller mill）：滚压粉碎机通常用于半固体分散体系的粉碎，如软膏、栓剂等基质中物料的粉碎。物料通过两个相对旋转的压轮之间的缝隙，受压缩力与剪切力的作用而被粉碎。通过提高两个压轮的转速差可获得较高的剪切力，从而提高粉碎程度。物料通过压轮间缝隙的速度与物料的塑性有关，当物料为稀糊状时，滚压粉碎机的粉碎与胶体磨相同。

球磨机主要通过磨碎、冲击作用对物料进行粉碎，适合于可磨性物料，物料粉碎后粒度达 20~200μm；滚压机主要通过压缩、剪切力对物料进行粉碎，适于软性粉体物料，物料粉碎后粒度达 20~200μm；冲击式粉碎机主要通过冲击力对物料进行粉碎，绝大多数的医药品都采用冲击式粉碎机进行粉碎，粒度可达 4~325μm；胶体磨主要通过磨碎作用对物料进行粉碎，适合于软性纤维状物料，物料粉碎后粒度达 20~200μm；气流式粉碎机主要通过撞击、研磨作用对物料进行粉碎，适于中硬度物质，粉碎后粒度达 1~30μm。

（二）筛分

筛分法（sieving method）系指利用筛网的孔径大小将物料进行分离的方法。粉碎后物料的粒径通常不均匀，筛分的目的是为了获得更为均匀的粒子群，或去细粉取粗粉，或去粗粉取细粉，或去粗、细粉取中粉等。对于药品质量控制以及制剂生产的顺利进行具有极其重要的意义，如散剂、颗粒剂等制剂药典都规定有粒度要求；在混合、制粒、压片等单元操作过程中对混合度、粒子的流动性、充填性、片重差异、片剂的硬度、裂片等有显著影响。筛分设备如下：

（1）药筛：筛分用的药筛通常分为两种，一种是冲眼筛又称模压筛，是在金属板上冲出圆形的筛孔而成。筛孔坚固，不易变形，在高速旋转粉碎机的筛板及药丸等粗颗粒的筛分中应用。另一种是编织筛，是由具有一定机械强度的金属丝（如不锈钢、铜丝、铁丝等）或非金属丝（如尼龙丝、绢丝等）编织而成。编织筛单位面积上的筛孔多、筛分效率高，因此可用于细粉的筛选。非金属丝制成的筛网具有一定弹性且耐用。尼龙丝对一般药物较稳定，在制剂生产中应用较多，但编织筛线易于移位致使筛孔变形，分离效率下降。

药筛孔径的大小用筛号表示，我国有中国药典标准和工业标准。《中国药典》2010 年版规定的药筛选用国家标准的 R40/3 系列。药筛分为 9 个号（表 8-1），粉末分为 6 个等级。

粉末分等如下：

最粗粉：指能全部通过一号筛，但混有能通过三号筛不超过 20% 的粉末；

表 8-1   药筛分等级

筛号	筛孔内径（平均值）	目号
一号筛	2000μm±70μm	10 目
二号筛	850μm±29μm	24 目
三号筛	355μm±13μm	50 目
四号筛	250μm±9.9μm	65 目
五号筛	180μm±7.6μm	80 目
六号筛	150μm±6.6μm	100 目
七号筛	125μm±5.8μm	120 目
八号筛	90μm±4.6μm	150 目
九号筛	75μm±4.1μm	200 目

粗粉：指能全部通过二号筛，但混有能通过四号筛不超过 40% 的粉末；

中粉：指能全部通过四号筛，但混有能通过五号筛不超过 60% 的粉末；

细粉：指能全部通过五号筛，并含能通过六号筛不超过 95% 的粉末；

最细粉：指能全部通过六号筛，并含能通过七号筛不超过 95% 的粉末；

极细粉：指能全部通过八号筛，并含能通过九号筛不超过 95% 的粉末。

（2）筛分装置：筛分装置主要靠振动将细粉流过筛孔，其典型设备有振荡筛分仪和旋振筛，如图 8-9 所示。

1）振荡筛分仪：根据筛序，按照孔径大小从上到下排列，最上面的为筛盖，最下面的为接收器。将物料放入顶层筛上，盖上盖，固定在摇动台进行摇动和振动数分钟，可完成对物料的分级。通常用于测定物料的粒度分布。

2）旋振筛：旋振筛筛网的运动方向有三维性，物料从筛网中心部 1 加入，经筛分后筛网上的粗料由上部排出口 2 排出，筛网下的细料由下部的排出口 3 排出。旋振筛具有分离效率高，单位筛面处理能力大，常用于批量生产的筛分中。

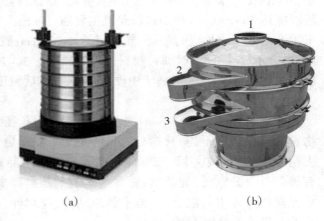

（a）   （b）

图 8-9   振荡筛分仪和旋振筛
（a）振荡筛分仪；（b）旋振筛

（三）混合

混合（mixing）是指把两种以上的组分均匀混合的操作过程。混合操作的目的是使得含量均匀一致，在固体混合中，粒子是最小的分散单元，不可能得到分子水平的完全混合。混合结果直接影响制剂的质量，如在片剂生产中，混合不均匀会使片剂出现斑点，崩解时限、强度不合格等，影响药效。尤其是对于安全范围窄的药物、活性强而含量非常低的药物、需要长期服用的药物，因混合不均匀导致主药的含量不均匀对治疗效果带来极大的影响，甚至带来毒性反应。因此，合理的混合操作是保证制剂产品质量的重要措施之一。

1. 混合机制　混合机内粒子通过随机的相对运动完成混合,Lacey 概括了以下三种混合机制。

(1) 对流混合:固体粒子群在机械转动的作用下产生较大的位移时产生的总体混合。

(2) 剪切混合:由于粒子群内部力的作用结果产生滑动面,破坏了粒子群的团聚状态而进行的局部混合。

(3) 扩散混合:由于粒子的无规则运动在相邻粒子间发生相互交换位置从而进行的局部混合。

实际的操作过程中并不是上述三种混合机制独立进行,而是相互联系的。水平转筒混合器以对流混合为主,而搅拌混合器以强制的对流与剪切混合为主。通常,在混合开始阶段以对流与剪切混合为主导作用,之后扩散的混合作用增加。

2. 混合设备　实验室常用的混合方法有搅拌混合、研磨混合、过筛混合。研磨混合法适用于小量药物的混合,通常使用研钵。在大批量生产时多采用搅拌或容器旋转的方式,使得物料整体和局部产生相对移动,从而实现均匀混合。固体混合设备通常分成两类,即容器旋转型和容器固定型。

(1) 容器旋转型混合机:靠容器本身的旋转作用,在带动物料上下运动的同时使物料混合的设备。其形式多样,见图 8-10。

1) V 型混合机:是两个圆筒呈 V 型交叉结合而成,交叉角 α=80°~81°,见图 8-10(a)。随着圆筒转动过程,物料被分成两部分,然后重新汇合在一起。物料在混合机内如此"分开"和"汇合"反复进行,因此,可在较短时间内实现物料的混合均匀,混合过程中适宜转速为临界转速的 30%~40%,适宜填充容积为 30%,混合时间不宜过长。

2) 双锥形混合机:两个圆锥形圆筒各结合在短圆筒的两端而成的设备,容器中心线和旋转轴垂直,见图

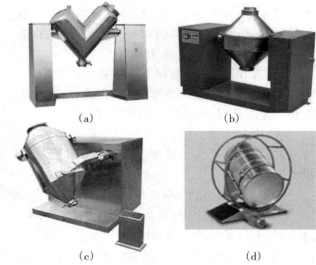

图 8-10　旋转型混合机形式
(a)V 型;(b) 双锥型;(c) 双锥三维运动型;(d) 倾斜圆筒型

8-10(b) [8-10(c) 是双锥三维运动型]。混合机内物料的运动状态和混合效果与 V 型混合机类似。

3) 圆筒型混合机:有水平圆筒型和倾斜圆筒型两种类型,倾斜圆筒型混合机见图 8-10(d)。倾斜圆筒型混合机改变了水平圆筒型混合机在混合过程中物料单纯做反复上下运动的运动轨迹,不仅提高了混合度,而且混合时填充体积也由 30% 提升到 70%。

(2) 容器固定型混合机:系在固定容器内靠叶片、螺带或气流的搅拌作用将物料进行混合的设备。

1) 带式搅拌混合机(ribbon mixer):是由断面为 U 形的固定槽与搅拌浆组成,如图 8-11 所示。在搅拌浆的作用下物料不停地上下、左右、内外的各个方向运动,从而达到混合均匀。这种混合机宜适用于造粒前的制软材操作。

2）锥形螺旋搅拌混合机（screw mixer）：由锥形容器和内装一个至两个螺旋推进器所组成，如图 8-12 所示。螺旋推进器的轴线和容器锥体的斜线平行，螺旋推进器在容器内既有自转又具有公转，充填量为 30% 左右。在螺旋推进器的作用下物料自底部上升，又在公转的作用下在全容器内旋转，产生上下循环运动和涡旋。它的混合特点是：混合度高、混合速度快，混合物料比较多时也能达到均匀混合，混合所需动力消耗相对其他混合机少。

图 8-11 带式搅拌混合机
1. 混合槽；2. 固定轴；3. 搅拌桨

3. 影响混合的因素　影响混合的因素概括起来有：

（1）物料因素：是指物料的粉体性质，即欲混合的各组分的粒径大小、形状、密度、含水量等。通常情况下，小粒径、大密度、球状颗粒易在大颗粒缝隙中往下流动而影响物料混合效果，适宜的含水量可在一定程度上防止离析。

（2）操作因素：指物料的装填容积比（物料容积与混合机容积之比）、装料方式、混合比、混合机的转动速度及混合时间等对混合的影响。

（3）设备因素：是指混合机的不同类型、不同

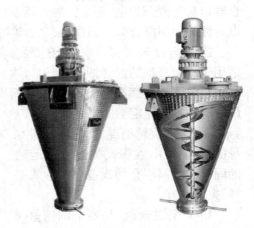

图 8-12 锥形垂直螺旋混合机

尺寸、内部结构产生不同的混合机制，因此要根据物料的性质和混合要求选择合适的混合设备。

为了达到理想的混合效果，应充分考虑以下因素：

（1）各组分的比例：基本等量且物料性质、粒度相近时容易混合。混合组分间比例相差过大时，不易混合均匀，此时要采用等量递加混合法（又称配研法）进行混合，即先将量小的药物研细后，再加入等体积的其他细粉研匀，如此倍量增加混合至全部混匀。含有剧毒药物、贵重药物的物料的混合也应采用等量递加混合法。

"倍散"是指在小剂量的剧毒药或贵重药中加入一定量的稀释剂，经配研法混合制成的稀释散。倍散中稀释倍数是根据剂量来确定的：剂量 0.1~0.01g 可配成十倍散（即 9 份稀释剂与 1 份药物混合），0.01~0.001g 可配制成百倍散，0.001g 以下应配制成千倍散。配制倍散时采用逐级稀释法。配制倍散常用的稀释剂有淀粉、糖粉、乳糖、糊精、沉降碳酸钙、磷酸钙、白陶土等。为了便于观察混合是否均匀，通常加入少量色素如胭脂红等。

（2）各组分的密度：当各组分的密度差别较大时，密度小的组分易于上浮，而密度大的组分易于下沉，而使得混合不均匀，操作时应先把密度小的组分放入混合器中，再把密度大的组分放入到混合器中进行混合。而当粒径小于 30μm 时，各组分密度差异将不会成为导致分离的主要因素。

（3）各组分的吸附性和带电性：在混合过程中，有的药物粉末对混合器械具有吸附性，不只影响混合也会造成损失。通常将量大或不易吸附的药粉或辅料垫底，然后加入量少或者易吸附的组分。混合摩擦使得粉末带电不易混匀，通常可加少量表面活性剂或润滑剂来克

服这一问题,如十二烷基硫酸钠、硬脂酸镁等。

(4)含液体或易引湿成分液体:含液体或易引湿成分的混合通常在混合前采取相应的措施。如:处方中含有液体组分时,可用处方中其他固体组分或吸收剂吸收该液体至不润湿为止,常用的吸收剂有蔗糖和葡萄糖、磷酸钙、白陶土等;含有结晶水的组分(如硫酸镁结晶、硫酸钠等)在研磨过程中释放水而引起湿润,可采用等量的无水物代替;若某组分的吸湿性很强(如胃蛋白酶等),一般在低于其临界相对湿度条件下,迅速混合并密封防潮;若混合后引起引湿性增强,通常不混合,采用分别包装或包衣后混合。

(5)含可形成低共熔混合物组分:有些药物按一定比例混合时,可形成低共熔混合物从而在室温条件下产生润湿或液化现象。在药剂调配过程中可发生低共熔现象的常见药物有水合氯醛、樟脑等,以一定比例进行混合研磨时极易产生润湿、液化,此时尽量避免形成低共熔物的混合比。

(6)组分间的化学反应:含有氧化和还原性或其他混合后易起化学变化的药物组分时,应将药物分别包装,服用时迅速混合,或将某组分粉末包衣后再混合。

混合是影响散剂产品质量的关键环节所在,散剂制备过程中常存在物料"分散不均匀"的问题。物料粉碎后,巨大的比表面积使粉体具有很高的表面自由能,极易自动团聚,导致了粉体性质的随机性,无法保证粉体的均匀分散、稳定可控,会对药物的药效产生影响。近年来发展起来的中成粒子设计技术是按照一定的结构模型,在微观层面对组方粉体进行精密的分散和重组,构建分散均匀、质量稳定的重组粒子。该粒子包含了处方药物的全部成分,实现了所有粉体的均匀分散、稳定可控,克服了粉体自动聚集、易吸潮、色泽不均、口感气味差、挥发性成分易散失等不足。

(四)分剂量

是指将混合均匀的物料,按照剂量要求分装的操作。常用方法有:目测法、重量法、容量法三种,机械化生产多采用容量法。

(五)包装与贮存

散剂的质量除了和制备工艺有关以外,还与散剂的包装、贮存条件等密切相关。由于散剂比表面积较大,易引湿、潮解、结块、霉变以及氧化等,因此散剂的包装应注意防潮与密封。为保证散剂不吸潮,不只对生产环境严格控制,贮存环境也要严格要求,水溶性药物散剂的生产和贮存环境的相对湿度应控制在药物的临界相对湿度以内。

(六)散剂的质量要求

《中国药典》2010 年版收载了散剂的质量检查项目,主要有:

1. 粒度　除另有规定外,局部用散剂按单筛分法依法检查,通过七号筛($125\mu m$,120 目)的粉末重量,应不低于95%。而用于烧伤或严重创伤的外用中药散剂,按单筛分法依法检查,通过六号筛($150\mu m$,100 目)的粉末重量,不得少于95%。

2. 外观均匀度　取供试品适量,置光滑纸上,平铺约 $5cm^2$,将其表面压平,在亮处观察,应呈现均匀的色泽,无花纹与色斑。

3. 干燥失重　除另有规定外,取供试品,照干燥失重测定法测定,在 105℃ 干燥至恒重,减失重量不得超过 2.0%。

4. 水分　中药散剂中规定水分含量,照水分测定法测定,除另有规定外,不得超过9.0%。

5. 装量差异　取单剂量包装的散剂,依法检查,装量差异限度应符合规定。凡规定检查含量均匀度的散剂,一般不再进行装量差异的检查。

6. 装量   多剂量包装的散剂,照最低装量检查法检查,应符合规定。

7. 无菌   用于烧伤或创伤的局部用散剂,照无菌检查法检查,应符合规定。

8. 微生物限度   除另有规定外,照微生物检查法检查,应符合规定。

三、散剂举例

例 1   石榴健胃散

【处方】石榴子 750g   肉桂 120g   豆蔻 60g   荜茇 75g   红花 375g

【制备】取以上五味,粉碎成极细粉,过筛,混匀,即得。

【功能与主治】温胃益火,化滞除稳,温通脉道。用于消化不良、食欲不振、寒性腹泻等。

例 2   蛇胆川贝散

【处方】蛇胆汁 100g   川贝母 600g

【制法】取以上二味,川贝母粉碎成细粉,与蛇胆汁混匀,干燥,粉碎,过筛,即得。

【功能与主治】清肺,止咳,除痰。用于肺热咳嗽,痰多。

第三节   颗 粒 剂

一、概述

(一) 定义、分类及特点

颗粒剂(granules)系指药物与适宜的辅料制成具有一定粒度的干燥颗粒状制剂。颗粒剂可分为可溶颗粒(通称为颗粒)、混悬颗粒、泡腾颗粒、肠溶颗粒、缓释颗粒和控释颗粒等。供口服用。

与散剂相比,颗粒剂具有以下特点:①分散性、附着性、团聚性、引湿性等相对较少;②采用多种成分混合后用黏合剂制成颗粒,可有效防止各种成分的离析;③贮存、运输方便;④在必要时采取对颗粒进行包衣,通过采用不同性质的包衣材料使颗粒具有防潮性、缓释性或肠溶性等。

(二) 颗粒剂的质量要求

颗粒剂在生产与贮存期间内应符合下列有关规定:

(1) 药物与辅料应均匀混合:凡属挥发性药物或遇热不稳定的药物在制备过程应注意控制适宜的温度条件,凡遇光不稳定的药物应避光操作。

(2) 颗粒剂应干燥,颗粒均匀,色泽一致,无吸潮、结块、潮解等现象。

(3) 根据需要可加入适宜的矫味剂、芳香剂、着色剂、分散剂和防腐剂等添加剂。

(4) 颗粒剂的溶出度、释放度、含量均匀度、微生物限度等应符合要求。必要时,包衣颗粒剂应检查溶剂残留。

(5) 除另有规定外,颗粒剂应密封,置干燥处贮存,防止受潮。

(6) 单剂量包装的颗粒剂在标签上要标明每个袋(瓶)中活性成分的名称及含量。多剂量包装的颗粒剂除应有确切的分剂量方法外,在标签上要标明颗粒中活性成分的名称和含量。

二、颗粒剂的制备

颗粒剂制备过程主要涉及制粒技术,制粒(granulation)是指粉末状的药物原料中加入适宜的润湿剂和黏合剂,经加工制成具有一定形状和大小颗粒状物体的操作过程。制粒方法包括湿法制粒与干法制粒两大类。而制粒前药物的粉碎、过筛、混合等操作,与散剂制备过程相同。颗粒剂的制备工艺流程见图8-13。

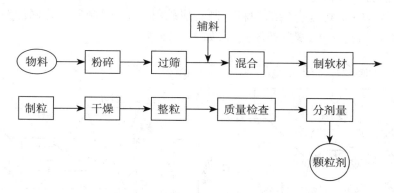

图 8-13　颗粒剂的制备工艺流程图

1. 制软材　制软材又称捏合(kneading),是指在固体粉末中加入少量液体或黏合剂混匀,制备成具有一定塑性的物料的操作。制软材作为湿法制粒的前处理过程具有极其重要的意义:①使得粉末具有黏性,易于制粒;②可有效防止各种成分的分离,保持均匀的混合状态;③黏合剂能够均匀分布在颗粒剂表面,可以改善物料的压缩成形性。

黏合剂的加入量是制软材的关键,也是湿法制粒的关键。如图8-14所示,若加入的液体量过少,结合力弱,则不易成粒;液体量过多时,结合力过强,制备颗粒时会形成条状或黏合在一起无法制粒;只有液体量适宜时,制成的颗粒保持松散,不黏结,易于干燥。

过去常通过经验来判断制得的软材合适与否,即"手握成团,轻压即散"。现代技术可采用科学方法判断,例如测量液体加入量对混合能量的变化来判断润湿程度

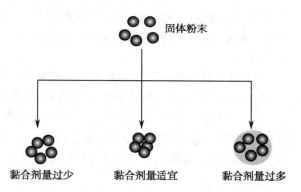

图 8-14　捏合时黏合剂加入量与成形情况

是否适宜。目前已有不经制软材可直接制粒的方法,如高速搅拌制粒、流化床制粒等。

2. 制粒　制粒(granulation)是指物料制成具有一定形状与大小的颗粒状物的操作过程。对粉状物料来说,制粒的目的是:①改善粉末的流动性;②防止混合不均匀;③防止粉尘飞扬及器壁上的黏附;④可调整堆密度,改善溶解性;⑤改善片剂生产过程中的压力不均匀传递现象等。

制得的颗粒可能是最终产品也可能是中间体,通常由于制粒目的不同对颗粒的要求有所不同,如在颗粒剂中颗粒是最终产品,不仅要求流动性要好,而且外形美观、均匀;而在片剂生产中过程中颗粒是中间体,要求不仅流动性要好,而且保证有较好的压缩成形性。一般根据不同要求采取不同制粒方法。制粒方法可大体归纳为湿法制粒和干法制粒,其中湿法制粒应用最为广泛。

(1) 湿法制粒:湿法制粒(wet granulation)是在粉末物料中加入适宜黏合剂来制备颗粒

的方法。粉末靠黏合剂的架桥或黏结作用聚结在一起,并在机械力的作用下分离成具有一定大小和形状的颗粒。

湿法制粒的方法和设备

1）挤压制粒法:是将混合后的物料先制备成软材,然后强制通过筛网而制备颗粒的方法,这类设备有摇摆挤压式、螺旋挤压式等,如图 8-15 所示。

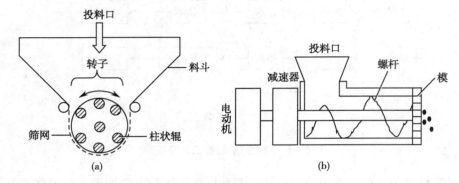

图 8-15　挤压式制粒机示意图
（a）摇摆式挤压制粒机;（b）螺旋挤压制粒机

挤压制粒的要点:制软材是关键步骤,因此必须选好适宜黏合剂、适宜浓度和适宜用量;颗粒的大小是通过筛网的孔径大小来调节的,粒度分布较均匀,粒子形状多为柱状;制粒程序多（先混合、制软材）、重现性差、劳动强度大,不适合大批量和连续生产;筛网的寿命短,需要经常更新筛网。

2）高速搅拌制粒法:是指在一个容器内,通过高速搅拌的分散作用使黏合剂和物料均匀混合而制粒的方法,其设备主要由容器、搅拌器、切割刀所组成,见图 8-16。

制粒机制:如图 8-17 所示,粉料与黏合剂在搅拌桨作用下高度分散并充分混合,在离心作用下被甩向器壁后向上运动,形成较大的聚结块;切割刀将较大聚结块绞碎、切割,与搅拌浆的搅拌作用相呼应,压实颗粒;在高速搅拌作用下,小颗粒不断成长、压实、滚动形成致密均匀的颗粒。

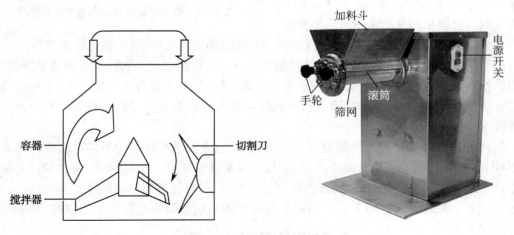

图 8-16　高速搅拌制粒装置

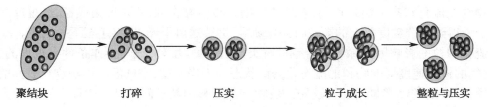

| 聚结块 | 打碎 | 压实 | 粒子成长 | 整粒与压实 |

图 8-17 高速搅拌制粒机制示意图

搅拌制粒影响粒径大小和致密性的主要因素有:黏合剂的加入量和种类;粉末原料的粒度;搅拌速度;搅拌器的形状、角度以及切割刀的位置等。

高速搅拌制粒法的特点:在一个容器内进行混合、捏合、制粒过程;和传统的挤压制粒相比,省工序、操作简单且快速;制备的颗粒粒度较均匀,流动性好,能够满足高速压片机的要求,不仅可制备致密、高强度的适于装胶囊的颗粒,也可制备松软的适合压片的颗粒;与流化沸腾制粒法相比,本法制得的颗粒密度稍大并且没有粉尘飞扬的缺点,也不存在细粉的回收问题;因此,高速搅拌制粒法的应用愈来愈广泛。

3)转动制粒法:将混合后的物料置于容器中,在容器或底盘的驱动下喷洒黏合剂制备球形粒子的方法。

转动制粒分为三个阶段:母核的形成阶段:在粉末中喷入少量黏合剂,这样就会产生以液滴为核心的大量母核,中药的生产过程中称为起模;母核的长大阶段:在转动过程中母核被喷洒的黏合剂润湿,散布的药粉就会黏附并层积在母核表面,如此反复多次,就可获得一定大小的药丸,这在中药生产过程中称为泛制;压实阶段:停止加入黏合剂和药粉后,药丸中多余的液体在继续转动过程中会被挤出表面或渗入未被润湿的层积粉末层,颗粒会被压实。通常在起模后过筛,用获得相对均匀母核后进行泛制,或使用空白丸心进行逐层泛制。这种转动制粒机多用于 2~3mm 药丸的生产。

4)流化制粒法:当物料粉末在容器内自下而上的气流作用下保持悬浮的流化状态时,液体黏合剂向流化层喷入使粉末聚结成颗粒的方法称为流化制粒法。其结构主要由容器、气体分布装置(如筛板等)、喷雾装置、气固分离装置(如袋滤器)、空气进口和出口、物料排出口等组成(机制示意图见图 8-18)。由于在一台设备内即可完成混合、制粒、干燥等过程,所以兼有"一步制粒机"之称。流化制粒的特点:简化工艺过程、劳动强度小;制得的颗粒为多孔性柔软颗粒,密度小、强度小,且颗粒粒度分布均匀,流动性、压缩成形性好。

流化制粒机在操作时,将药物和辅料粉末装入容器中,气流从床层下部通过筛板吹入,

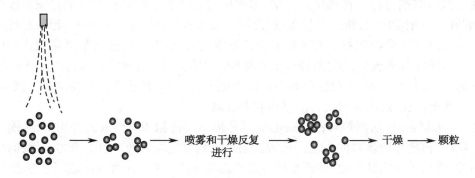

| | | 喷雾和干燥反复进行 | | 干燥 | 颗粒 |

图 8-18 流化制粒机制示意图

使得物料在流化状态下混合均匀,然后均匀喷入液体黏合剂,粉末聚集成粒,经过反复的喷雾和干燥得到符合粒度要求的颗粒时停止喷雾,继续送风干燥,出料送至下一工序。

流化制粒的影响因素除了黏合剂的种类、原料的粒度外,还与操作条件有很大的关系。如:空气的进口速度影响物料的流态化分散状态与干燥速度;空气温度影响物料表面的润湿和干燥;黏合剂的喷雾量增加,粒径变大;喷雾速度影响粒子间的结合速度及颗粒的大小及均匀度;喷嘴高度影响喷雾面积和润湿均匀性。

5) 喷雾制粒法:喷雾制粒是将药物溶液或混悬液喷雾于干燥室内,雾滴在热气流作用下迅速蒸发水分而直接获得球状干燥细粒的方法。以干燥为目的的叫喷雾干燥;以制粒为目的的叫喷雾制粒。

喷雾制粒过程是指将待制粒的药物、辅料与黏合剂溶液混合,制成固体量约为50%~60%的混合浆状物,用泵输送至离心式雾化器的高压喷嘴,在喷雾干燥器的热空气流中雾化成大小适宜的液滴,热空气流将其迅速干燥而得到细小的、近似球形的颗粒并落入干燥器的底部,干品可连续或间歇出料。在喷雾制粒中原料液的喷雾是靠雾化器来完成,因此雾化器是喷雾干燥制粒机的关键零件。常见的雾化器有三种形式,即压力式雾化器、气流式雾化器和离心式雾化器。

喷雾制粒的优点:制粒过程快;物料受热时间短,适合热敏物料的制粒;粒度范围约在三十微米到数百微米,堆密度约在 $0.2~0.6g/cm^3$ 的中空球状粒子较多,粒子具有良好的溶解性、分散性和流动性;缺点是设备高大、汽化液体量大,设备费用高、能量消耗大。

6) 液相中晶析制粒法:液相中晶析制粒法是使药物在液相中析出结晶的同时借液体架桥剂和搅拌作用聚结成球形颗粒的方法。因颗粒的形状为球形,故又称球形晶析制粒法,简称球晶制粒法。球晶制粒物是一种纯药物结晶聚结在一起形成的球状颗粒,不仅流动性和充填性能良好,而且压缩成形性好,因此可减少辅料用量或者不使用辅料进行直接压片。

湿式球晶制粒法:将药物溶解在良溶剂中,搅拌下把药物溶液加入不良溶剂中,良溶剂立即扩散于不良溶剂中而使药物析出微细结晶,这时游离的液体架桥剂润湿结晶,微晶互相碰撞时聚结成粒,并在搅拌的剪切作用下使颗粒变成致密球状。

球晶制粒法的特点:①在一个过程中同时进行结晶、聚结、球形化;②制备的球形颗粒流动性好;③利用药物与高分子的共沉淀法,制备功能性球形颗粒,可大大简化工程、重现性好;④如能在合成的最后重结晶过程中利用该技术制备颗粒,可直接压片,具有广阔的应用前景。

7) 高速超临界流体制粒法:高速超临界流体(RESS)制粒过程是指超临界流体经过微细喷嘴快速膨胀的过程。在膨胀过程中,温度压力的骤然变化导致溶质的过饱和度骤然升高,当溶液以单相喷出时,析出大量微核,微核在极短的时间内会快速生长,形成粒度均匀的亚微米以至纳米级微细颗粒。其颗粒的成长非常均匀,整个制粒涂布都是累积式一层一层的长大。高速超临界流体造粒的特点是能够控制颗粒的大小,然而在实际工业生产中却存在很多的不利因素,比如,不仅流体要在高速下喷淋,动力消耗较大,而且喷嘴的最低温度可达零下七八十摄氏度,因此对设备的材料要求较高。

(2) 干法制粒:干法制粒(dry granulation)是指将药物和辅料粉末混合均匀、压缩成大片状或板状后,再粉碎成颗粒的方法。该方法依靠压缩力使粒子间产生结合力,必要时可加干黏合剂,以增加粒子间结合力,保证片剂的硬度或脆碎度合格。这种方法适用于热敏性物料、遇水易分解的药物,如阿司匹林、克拉霉素等。

干法制粒方法有压片法和滚压法。压片法（tableting method）是利用重型压片机将物料粉末压成直径约 20~25mm 的胚片，然后破碎成一定大小颗粒的方法。滚压法（roller compaction method）是利用转速相同的两个滚动圆盘之间的缝隙药把药物粉末压成板状，然后破碎成一定大小颗粒的方法，如图 8-19 所示。滚压制粒成功将药物粉末压成板状的关键在于：要有足够的粉末供应到压轮区；药物粉末进入到压轮区后必须完全地被输送到压轮最窄区域；压轮的压缩力尽可能在被压缩物料上分布均匀；在滚压之前进行足够的真空脱气并有效的分布。

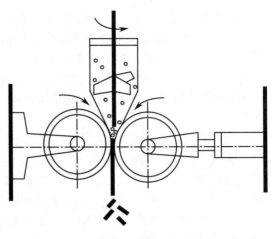

图 8-19　滚压制粒示意图

干法制粒法应注意由于高压引起的晶型转变及活性降低的问题。

（3）制粒机制：粒子间的结合力（interparticulate bonds）：Rumpf 提出，制粒时粒子间结合力有五种形式：

1）范德华力、静电力和磁力：粒子和粒子间产生的引力，粒径 <50μm 时更为显著，而且随着粒子间距离的减小而逐渐增大。

2）界面张力和毛细管力：液体在粒子之间形成液体架桥时产生，与液体的填充量有关。液体的加入量对湿法制粒起及其重要的作用，通常当液体以索带状存在时会得到较好的颗粒；当液体以钟摆状存在时，颗粒会松散；而以毛细管状存在时，制得的颗粒发黏。

3）附着力与黏着力：通常高黏度液体产生的结合力，表面张力小，易涂布在固体表面，因而产生较大结合力。如图 8-20（a），淀粉糊产生这种力。固体桥（solid bridges）：见图 8-20（b），如：可溶性物质干燥析出时；高黏度黏合剂干燥时；熔融液体经冷却后凝固等均可形成固体桥。在湿法制粒中常见的固

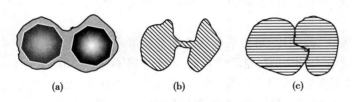

图 8-20　粒子间的架桥方式

（a）粒子表面附着液层的架桥；（b）粒子间固体架桥；（c）粒子间机械镶嵌

体架桥是黏合剂干燥或者可溶性成分干燥析出产生的。机械镶嵌（mechanical interlocking bonds）：通常发生在搅拌和压缩操作过程中，其结合强度大，如图 8-20（c），在制粒过程中所占的比例往往不大。

由液体架桥产生的结合力主要影响粒子的成长和粒度分布，而固体桥产生的结合力主要影响颗粒的强度和溶解度。

3. 干燥　干燥（drying）是利用热能去除湿物料中水分或其他溶剂的操作过程，在制剂的生产中需要干燥的物料多数为湿法制粒所得的物料，但也有固体原料药以及中药浸膏等。

（1）干燥方法

1）常压箱式干燥：如图 8-21，事先把湿颗粒平铺在干燥盘内（薄厚应适宜，一般不超过

10cm),然后放置在隔板上。热空气以水平方向通过最下层湿颗粒的表面,然后流经加热器,使之每通过一次湿颗粒后得到再次加热,以保证整个干燥室内上、中、下各层干燥盘内的物料受热均匀。这样,每次都得到补充加热的空气依次流过各层隔板,最后由出口排出,也可部分地或全部地进入下一循环。

常压箱式干燥的优缺点:

优点:箱式干燥设备简单,成本低,适用于小批量的生产、干燥时间要求比较长的物料以及易产生碎屑或有爆炸危险的物料干燥。缺点:劳动强度大,热能利用率低,易产生物料干燥不均匀现象。尤其是当干燥速度太快时,很容易造成外壳干而颗粒内部未完全干燥的"虚假干燥"现象,不仅给后续的制片工艺带来不利影响,而且会影响药物的疗效。该干燥过程极易造成可溶性成分在颗粒之间发生"迁移"从而影响片剂的含量均匀度。

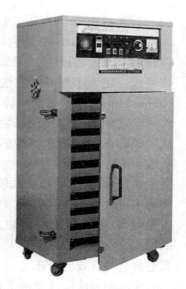

图 8-21 常压箱式干燥机

2) 流化床干燥:与流化制粒的工作原理相同,只不过在上宽下窄的流化室底部筛网上放置待干燥的湿颗粒,这些湿颗粒在热空气的吹动下上下翻腾,处于流化状态(沸腾状态),通过不断地与热气流进行热交换,逐渐蒸发湿颗粒中的水分,蒸发的水分则随上升的热气流带走,在流化室内连续不断地进行这种传热、传质过程,最终实现湿颗粒的干燥;值得注意的是,颗粒在流化室内翻腾,流动性很强,在流化室的下部会形成连续的、进动性的流化沸腾层(逐渐向出口方向移动),约 20 分钟左右,打开出口闸门,干颗粒即可由此流出,也可以在出口处装备电磁振动筛,使干颗粒过筛后收集在适宜的容器中,这样可以实现连续化的流化干燥与制粒相连接的自动化生产。

流化床干燥的特点:效率高,速度快,时间短;对于某些热敏感物料可采用;操作方便,劳动强度小,自动化程度高;所得产品干湿程度均匀,流动性良好;与箱式干燥相比,由于在干燥过程中颗粒上下翻腾,互相并不紧密接触,所以很少发生可溶性成分的"迁移"现象,颗粒压片后片剂的含量均匀度较好。但存在设备不易清洗、细颗粒比例较高等问题。

3) 喷雾干燥:干燥原理同喷雾制粒法,以制粒为目的的操作叫做喷雾制粒,以干燥为目的的操作为喷雾干燥。喷雾干燥过程中粒子的蒸发面积大、干燥时间短,适于热敏物料及无菌制剂的干燥。干燥后的产品多为松脆的颗粒,溶解性能好。喷雾干燥器内送入的料液及热空气都经过除菌高效滤过器滤过,因此可获得无菌干品,通常抗生素粉针的制备可采用该干燥方法。

4) 红外干燥:红外干燥是利发射的红外线对物料直接照射加热的一种干燥方式,红外线是介于微波和可见光之间的一种电磁波。其波长范围为 0.72~1000μm 的广阔区域,波长在 0.72~5.6μm 的区域称近红外,5.6~1000μm 的区域称远红外。

红外线辐射器所产生的电磁波以光的速度辐射至被干燥的物料,当红外线的发射频率与物料中分子运动的固有频率相匹配时引起物料分子的强烈振动和转动,在物料内部分子间发生激烈的碰撞与摩擦而产生热量,从而达到干燥的目的。

红外线干燥的特点:干燥过程中物料表面和内部的物料分子同时吸收红外线,因此受热均匀、干燥快、干燥质量好。但是电能消耗大。

5) 微波干燥:属于介电加热干燥器。把物料置于高频交变电场内,从物料内部均匀加热,迅速干燥的方法。工业上使用的频率为 915MHz 或 245MHz。

水分子是中性分子,但能够在强外加电场力的作用下发生极化,并趋向于与外电场方向一致的整齐排列。当改变电场的方向,水分子又会按新的电场方向重新整齐排列。当外加电场不断地改变方向时,水分子也会随着电场方向不断地迅速转动,这一过程中水分子间会产生剧烈的碰撞和摩擦,使得部分能量转化为热能。微波干燥器内是高频交变电场,这样就使得湿物料中的水分子迅速获得热量而气化,从而使湿物料得到干燥。

微波干燥的特点:加热迅速、均匀、干燥速度快、热效率高;含水物料的干燥特别适用;操作控制灵敏、操作方便;缺点:成本高,对有些物料的稳定性有影响。因此在避免物料表面温度过高或防止主药在干燥过程中的迁移时使用。

6) 冷冻干燥:冷冻干燥是利用固体冰升华去除水分的干燥方法,很多药物在液体状态下时易失活(viability),而在大气压状态下时易变质。这些药物是热敏性的或者容易和氧起反应,因此,为了使其稳定,必须使其脱水成固体状态。因此冷冻干燥法就变的极为适用。

(2) 干燥的基本原理及影响因素

1) 干燥的基本原理:当热空气与湿物料接触时,热空气就会将自身的一部分热能传给物料,此传热过程的动力是二者的温度差;湿物料得到热量后,其中的水分不断气化并向热空气中移动,这是一个传质过程,其动力为二者的水蒸气分压之差。干燥过程得以进行的必要条件是被干物料表面所产生的水蒸气分压 p_w 大于干燥介质(热空气)的水蒸气分压 p,即 $p_w>p$;如果 $p_w=p$,表示干燥介质与物料中水蒸气达到平衡,干燥即行停止;如果 $p_w<p$,物料不仅不能干燥反而吸潮。

相对湿度(relative humidity,RH)是指在一定温度及总压下,湿空气中的水蒸气分压 p 与饱和空气中的水蒸气分压 p_s 的比值,常用百分数表示:饱和空气的 RH=100%,未饱和空气的 RH<100%,绝干空气的 RH=0%。故相对湿度直接反映空气中湿度的饱和程度。

2) 物料中水分的性质

平衡水与自由水:平衡水和自由水是用来判断物料中水分是不是能干燥的水分。平衡水(equilibrium water)系指在一定空气状态下,空气中水蒸气分压与物料表面产生的水蒸气压相等时物料所含的水分,是干燥除不去的水分,平衡水与物料的性质、空气状态有关;自由水(free water)系指物料中所含多于平衡水分的那一部分水,又称为游离水,是在干燥过程中能除去的水分。各种物料的平衡水量随空气中相对湿度的增加而增大。

结合水分与非结合水分:结合水与非结合水用来判断物料中水分干燥的难易程度。结合水分(bound water)系指以物理化学方式与物料结合的水分,与物料的结合力较强,干燥速度缓慢。如动植物物料细胞壁内的水分、物料内毛细管中水分、可溶性固体溶液中的水分等都属于结合水。非结合水分(nonbound water)系指主要以物理方式结合的水分,与物料的结合力很弱,干燥速度较快。

3) 干燥速率及其影响因素:干燥速率是在单位时间内、单位干燥面积上被干物料所能气化的水分量。即水分量的减少值,其单位为 $kg/(m^2 \cdot s)$。

从物料含水量随时间变化的干燥速率曲线图(图 8-22)可知:从 A 到 B 为物料短时间的预热段;在含水量从 X' 减少到 X_0 的范围内,物料的干燥速率不随含水量的变化而变化,保持恒定(BC 段),称为恒速干燥阶段。

在含水量低于 X_0 直到平衡水分 X^* 为止,干燥速率随含水量的减少而降低(CD 段),称为降速干燥阶段。恒速干燥阶段与降速干燥阶段的分界点称为临界点（C点），该点所对应的含水量 X_0 为临界含水量。

因为以上不同干燥阶段的干燥机制不同，所以干燥速率的影响因素也不相同：

在恒速干燥阶段，物料中水分含量比较多，当物料表面的水分气化并扩散到空气中时，物料内部的水分会及时补充到物料表面，保持充分润湿的表面状态，此时的干燥速率主要受物料外部条件的影响，取决于水分在物料表面的气化速率，其强化途径有：①提高空气温度或降低空气中湿度，以提高传热和传质的推动力；②改善物料与空气的接触情况，提高空气的流速，加快水分的汽化速度。

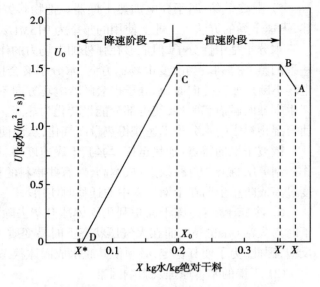

图 8-22　干燥速率曲线

在降速干燥阶段，当水分含量低于 X_0 之后，物料表面水分的汽化速率大于内部水分向表面的移动速率，随着干燥过程的进行，物料表面会逐渐变干，温度上升，物料表面的水蒸气压低于恒速段时的水蒸气压，因而传质推动力 (p_w-p) 下降，干燥速率也降低，其速率主要由物料内部水分向表面的扩散速率所决定，内部水分的扩散速率主要取决于物料本身的结构、形状、大小等。其强化途径有：①提高物料的温度；②改善物料的分散程度，以促进内部水分向表面的扩散。而改变空气的状态及流速对干燥的影响不大。

4. 整粒　干燥后的颗粒一般通过筛分法进行整粒和分级，一方面使干燥后结块、粘连的颗粒散开，另一方面获得大小均匀一致的颗粒。一般通过筛分法进行整粒和分级。

5. 质量检查与分剂量　将制得的颗粒进行含量检查与粒度测定等，按剂量装入适宜袋中。颗粒剂的贮存和注意事项基本与散剂相同，主要是做好防潮工作以及防止多组分颗粒的分层。

颗粒剂的质量检查，除药物含量、外观外，《中国药典》2010 年版还规定了粒度、干燥失重、水分、溶化性、装量差异等检查项目。

【粒度】除另有规定外，照粒度和粒度分布测定法检查（附录ⅨE 第二法　双筛分法），不能通过一号筛与能通过五号筛的总和不得超过供试量的 15%。

【干燥失重】除另有规定外，照干燥失重测定法（附录ⅧL）测定，在 105℃干燥至恒重，含糖颗粒应在 80℃减压干燥，减失重量不得超过 2.0%。

【溶化性】除另有规定外，可溶性颗粒和泡腾颗粒溶化性检查，应符合规定。

混悬颗粒或已规定检查溶出度或释放度的颗粒剂，可不进行溶化性检查。

【装量差异】除另有规定外，单剂量包装的颗粒剂装量差异，应符合规定，凡规定检查含量均匀度的颗粒剂，一般不再进行装量差异的检查。

【装量】多剂量包装的颗粒剂，照最低装量检查法（附录ⅩF）检查，应符合规定。

三、颗粒剂的举例

例1 复方丹参颗粒

【处方】丹参1350g 三七423g 冰片24g

【制法】取以上三味,丹参加乙醇加热回流1.5小时,提取液滤过,滤液回收乙醇并浓缩至适量,备用;药渣加50%乙醇加热回流1.5小时,提取液滤过,滤液回收乙醇并浓缩至适量,备用;药渣加水煎煮2小时,煎液滤过,滤液浓缩至适量,与上述各浓缩液合并,喷雾干燥制成干膏粉。三七粉碎成细粉,加入上述干膏粉和适量的糊精,混匀,制成颗粒,干燥。冰片研细,用无水乙醇溶解,均匀地喷于颗粒上,包薄膜衣,制成1000g,即得。

【功能与主治】活血化瘀,理气止痛。用于气滞血瘀所致的胸痹,症见胸闷,心前区刺痛;冠心病心绞痛见上述症候者。

例2 痔炎消颗粒

【处方】火麻仁150g 紫珠叶150g 槐花750g 山银花75g 地榆75g 白芍60g
三七5g 白茅根150g 茵陈75g 枳壳50g

【制法】取以上十味,除三七外,其余火麻仁等九味药材,粉碎,加水煎煮二次,每次2小时,滤过,合并滤液并浓缩至相对密度为1.07~1.12(90℃)的清膏,加入乙醇使含醇量达70%,搅匀,静置,滤过,残渣再用70%乙醇适量洗涤,合并滤液,回收乙醇,并继续浓缩至相对密度为1.20~1.26(30℃)的清膏。另取三七粗粉,用70%乙醇加热提取三次,每次2小时,提取液滤过,滤液回收乙醇后,浓缩至相对密度为1.20~1.26(30℃)的清膏,上述二种清膏合并,加入适量蔗糖粉,混匀,制成颗粒,干燥,制成1000g。或加入甘露醇、阿司帕坦、甜菊素适量,制粒(无蔗糖),干燥,制成颗粒300g,即得。

【功能与主治】清热解毒,润肠通便,止血,止痛,消肿。用于血热毒盛所致的痔疮肿痛、肛裂疼痛及痔疮手术后大便困难、便血及老年人便秘。

第四节 胶 囊 剂

一、胶囊剂的定义

(一)定义、分类及特点

胶囊剂(capsules)系指将药物(或药物与辅料的混合物)充填于空心硬质胶囊或密封于软质囊材中而制成的制剂,主要供口服。依据胶囊剂的溶解与释放特性,通常将胶囊分为以下几种:

1. **硬胶囊(hard capsules)** 系采用适宜的制剂技术,将药物或加适宜辅料制成粉末、颗粒、小片、小丸、半固体或液体等,充填于空心胶囊中而制成的胶囊剂(图8-23)。

2. **软胶囊(soft capsules)** 系将一定量的液体药物直接包封,或将固体药物溶解或分散在适宜的赋形剂中制备成溶液、混悬液、乳液或半固体,密封

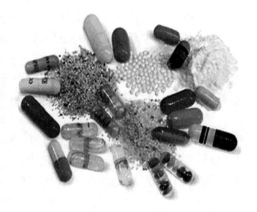

图8-23 硬胶囊及其填充的药物形式

于软质囊材中制成。

3. 缓释胶囊（sustained release capsules） 系指在水中或规定的释放介质中缓慢地非恒速释放药物的胶囊剂。缓释胶囊应符合缓释制剂的有关要求并应进行释放度检查。

4. 控释胶囊（controlled release capsules） 系指在水中或规定的释放介质中缓慢地恒速或接近恒速释放药物的胶囊剂。控释胶囊应符合控释制剂的有关要求并应进行释放度检查。

5. 肠溶胶囊（enteric capsules） 系指将硬胶囊或软胶囊的囊壳以适宜的肠溶材料制备，或将肠溶材料包衣处理后的颗粒或小丸等填充进胶囊而制成的胶囊剂。

将药物制备成胶囊剂具有如下一些特点：

1. 能掩盖药物的不良臭味，提高药物稳定性 药物装于胶囊壳中后，可以免受空气、光线等的影响，对具不良臭味和不稳定的药物也有一定遮蔽、保护和稳定作用。

2. 药物在体内起效快、生物利用度较高 药物以粉末或颗粒状态直接填装于囊壳中，在胃肠道中能够迅速分散、溶出和吸收，其生物利用度将高于丸剂、片剂等。

3. 液态药物固体剂型化 液态药物或含油量高的药物难以制成丸剂、片剂等固体剂型，可充填于软质胶囊中形成软胶囊，方便携带、服用和分剂量。

4. 可延缓或定位释放药物 先将药物制成缓释颗粒，再按需要装入胶囊中，可达到缓释延效作用；将胶囊剂制成肠溶胶囊可将药物定位释放于小肠；还可制成直肠或阴道给药的胶囊剂，使药物定位释放于这些腔道。

5. 以明胶制备的囊壳受温度和湿度影响较大 以湿度为例，明胶在相对湿度较低时，易龟裂、减重；相对湿度较高时，又会发生变形、增重现象。因此在制备、贮存时应该妥善处理。

6. 生产成本相对较高 胶囊剂是将药物的粉末、颗粒、小片、小丸等填充于囊壳中，相对地增加了制备的工艺程序和生产成本。

7. 特殊群体如婴幼儿和老人等口服用药有一定困难，而且一些药物不适宜制备成胶囊。不宜制备成胶囊剂的药物主要有：①填充的药物是水溶液或稀乙醇溶液，会使囊壁溶化；②填充风化性药物，可使囊壁软化；填充吸湿性很强的药物，可使囊壁脆裂；③醛类药物可使明胶变性；④液体药物含挥发性、小分子有机物时，能使囊材软化或溶解；⑤ O/W 型乳剂与囊壁接触后，会使囊壁变软。

（二）胶囊剂的质量要求

胶囊剂的质量应符合《中国药典》2010 年版"制剂通则"项下对胶囊剂的要求：

1. 外观 胶囊外观应整洁，不得有黏结、变形、渗漏或囊壳破裂现象，并应无异臭。

2. 水分 中药硬胶囊应做水分检查。取供试品内容物，照水分测定法测定，除另有规定外，不得超过 9.0%。

3. 装量差异 胶囊剂装量差异限度，应符合下列规定：①平均装量在 0.30g 以下，装量差异限度为 ±10%；②平均装量在 0.30g 及 0.30g 以上，装量差异限度为 ±7.5%。

检查法：除另有规定外，取供试品 20 粒，分别精密称定重量后，倾出内容物（不得损失囊壳），硬胶囊用小刷或其他适宜用具拭净，软胶囊用乙醚等易挥发性溶剂洗净，置通风处使溶剂自然挥尽，再分别精密称定囊壳重量，求出每粒内容物的装量与平均装量。每粒的装量与平均装量相比较，超出装量差异限度的不得多于 2 粒，并不得有 1 粒超出限度 1 倍。

凡规定检查含量均匀度的胶囊剂，可不进行装量差异的检查。

4. 崩解时限 对于硬胶囊或软胶囊，除另有规定外，取供试品 6 粒，按《中国药典》2010

年版二部附录ⅩA进行崩解时限检查(如胶囊漂浮于液面,可加挡板)。硬胶囊应在30分钟内全部崩解,软胶囊应在1小时内全部崩解。软胶囊剂可改在人工胃液中进行检查。如有1粒不能完全崩解,应另取6粒复试,均应符合规定。

对于肠溶胶囊,除另有规定外,取供试品6粒,按《中国药典》2010年版二部附录ⅩA进行崩解时限检查(如胶囊漂浮于液面,可加挡板):先在盐酸溶液(9→1000)中检查2小时,每粒的囊壳均不得有裂缝或崩解现象;继将吊篮取出,用少量水洗涤后,每管各加入挡板,改在人工肠液中进行检查,1小时内应全部崩解。如有1粒不能完全崩解,应另取6粒复试,均应符合规定。

凡规定检查溶出度或释放度的胶囊剂,可不进行崩解时限的检查。

(三)包装与贮存

由胶囊剂的囊材性质所决定,包装材料与储存环境如湿度、温度和贮藏时间对胶囊剂的质量都有明显的影响。一般来说,高温、高湿(相对湿度60%)对胶囊剂可产生不良的影响,不仅会使胶囊吸湿、软化、变黏、膨胀、内容物结团,而且还会造成微生物滋生。因此,必须选择适当的包装容器与贮藏条件。一般应选用密闭性能良好的玻璃容器、透湿系数小的塑料容器和泡罩式复合铝塑包装,在小于25℃、相对湿度不超过45%的干燥阴凉处,密闭贮藏。

二、胶囊剂的处方设计

常规的胶囊是将药物以不同形式填充到空胶囊中而制备成的。对制备胶囊的处方进行设计时,应充分考虑到胶囊壳的组成和药物的填充要求。

(一)硬胶囊的处方设计

1. 空胶囊的组成

(1)成囊材料:明胶是最为常用的成囊材料,主要分为A、B两种型号。A型明胶是由酸水解制得的,等电点为pH7~9;B型明胶由碱水解制得,等电点pH4.7~5.2。明胶可以由动物骨皮制得。在实际应用中,为兼顾囊壳的强度和塑性,常采用骨、皮混合胶作为囊材的制备材料。冻力强度与黏度是明胶的两个重要参数。明胶的质量越纯,分子量越大,含水解产物越少,其冻力强度越高,所制成的空胶囊有较坚固的拉力与弹性。明胶相对分子质量越大,黏度越大。一般明胶的黏度控制在4.3~4.7mPa/s之间,黏度过大,制得的空胶囊厚薄不均,表面不光滑;黏度过小,干燥需时间长,壳薄而易破损。

明胶易受外界环境的影响而发生质量变化,因此,研究开发新型胶囊材料具有潜在应用价值。近来,羟丙甲基纤维素、海藻多糖、明胶与淀粉的混合物、羟丙甲基纤维素与羟丙甲基淀粉的混合物都被探索用于制备胶囊。

(2)附加成分:为使所制备的囊壳更适于实际应用,在空胶囊的制备过程中还需添加如下添加剂来改善囊壳的性质(表8-2)。

2. 药物的填充要求

(1)药物的性质:硬胶囊的囊材的主要成分是明胶,具有一定的脆性和水溶性,因而对所填充药物的性质有一定的要求。药物的水(醇)溶液、吸湿性很强或易风化的药物会破坏囊壳,不适宜直接填充进囊壳制备成胶囊。此外,囊壳溶化后,会造成药物局部浓度过大。因此,易溶刺激性药物在制备成胶囊时,应该慎重考虑。

(2)药物填充的流动性:若药物粉碎至适宜粒度就能满足填充要求,即可直接填充,但多

表 8-2 空胶囊制备常用的附加成分

附加剂种类	功能	常用附加剂
增塑剂	增加所制备空胶囊的韧性与可塑性	甘油、山梨醇、CMC-Na、HPC、油酸酰胺磺酸钠等
增稠剂	减小流动性、增加胶冻力	琼脂等
遮光剂	增加光敏感药物的稳定性	二氧化钛、硫酸钡或沉降碳酸钙等
着色剂	美观和便于识别	食用色素等
防腐剂	防止霉变	尼泊金类等防腐剂
增亮剂	增加胶囊的光泽度	十二烷基磺酸钠等
芳香矫味剂	为矫正药物的不良嗅味	乙基芳香醛、香精油等

数药物由于流动性差等方面的原因,不能直接填充。在这些药物填充过程中,可加入一定量的蔗糖、乳糖、微晶纤维素、二氧化硅、硬脂酸镁、滑石粉等稀释剂、润滑剂来改善物料的流动性,以满足填充要求;也可将药物制成颗粒或小丸等再进行填充。

（二）软胶囊的的处方设计

1. 囊壁的组成 软胶囊囊壁主要由明胶、增塑剂、水三者构成,其重量比例通常是干明胶:干增塑剂:水为 1:(0.4~0.6):1。若增塑剂用量过低(或过高),则会造成囊壁过硬(或过软)。常用的增塑剂有甘油、山梨醇或二者的混合物。

2. 药物的性质与附加剂

(1) 药物的性质:软质囊材以明胶为主,因此对明胶性质无影响的药物和附加剂均可填充,如各种油类和液体药物、药物溶液、混悬液等(图 8-24)。

(2) 附加剂的影响:软胶囊内容物为粉末时,要将其制备成混悬液常用的分散介质是植物油或 PEG 400。其中 PEG 400 能与水相混溶,尤适于中药软胶囊和速效软胶囊的制备。除了分散介质,混悬液中还应加入助悬剂,以确保填装药物分散均匀,剂量准确。在油状介质中通常需加入油蜡混合物(氢化植物油 1 份、蜂蜡 1 份,熔点为 33~38℃的短链植物油 4 份)作助悬剂。在 PEG 400 等非油性介质中,可用 1%~15% PEG 4000 等为助悬剂。

图 8-24 软胶囊剂

3. 药物为混悬液时对胶囊大小的影响 当内容物为药物的混悬液时,为求得适宜的软胶囊大小,可通过测定药物的"基质吸附率"(base adsorption)来计算,即 1g 固体药物制成(填充软胶囊用)的混悬液时所需液体基质的克数,可按下式计算:

$$基质吸附率 = 基质重量 / 固体重量 \tag{8-8}$$

根据基质吸附率,称取基质与固体药物,混合匀化,测定其堆密度,便可决定制备一定剂量的混悬液所需模具的大小。显然药物粉末的形态、大小、密度、含水量等,均会对基质吸附率有影响,从而影响软胶囊的大小。

三、胶囊剂的制备

（一）硬胶囊的制备

硬胶囊剂的制备工艺流程如图 8-25 所示。

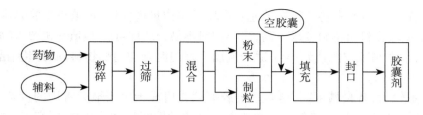

图 8-25 硬胶囊的制备工艺流程

1. 空胶囊的制备

（1）空胶囊制备工艺：空胶囊的制备工艺主要经过六个工艺（图 8-26）。

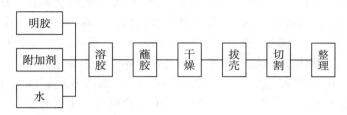

图 8-26 空胶囊制备工艺流程

在实际生产过程中，生产环境洁净度应达 10 000 级，温度 10~25℃，相对湿度 35%~45%。空胶囊可用 10% 环氧乙烷与 90% 卤烃的混合气体进行灭菌处理。

（2）空胶囊的规格与质量：空胶囊的质量与规格均有明确规定。空胶囊共有 8 种规格，0~5 号最为常用（表 8-3）。

表 8-3 空胶囊的号数与容积

空胶囊/号	0	1	2	3	4	5
容积/ml	0.75	0.55	0.40	0.30	0.25	0.15

制备空胶囊的成品后，应作必要的检查，以保证其质量。检查项目主要包括外观、臭味、含水量、脆碎度、溶化时限、重金属含量及卫生学检查等。

检查后应将胶囊套合，装于密闭容器中，置 40℃ 以下、相对湿度 30%~40% 处，避光贮藏，备用。

2. 填充物料的填充与封口

（1）物料的填充：硬胶囊剂的药物填充多用容积控制，将物料填充进入空胶囊可采用手工填充和机械填充两种方式。

1）手工填充：手工填充药物时，应先将药物粉末铺成一层并轻轻压紧，使其厚度为囊体高度的 1/4~1/3。然后持囊体，开口向下插入粉末内，使粉末嵌入胶囊中。如此压装数次至胶囊被填满，称重，若重量适合，即将囊帽套上。填装过程中所施压力应均匀，并随时校准。手工装填胶囊时应注意清洁卫生，操作前必须洗手并戴上手套，填充时也可使用胶囊分装器加快操作。手工填充生产效率低，只适合小剂量药品和贵重药品等的填充，不利于大规模生产。

2）机械填充法：使用机械法对胶囊剂进行填充，主要分为 a、b、c、d 四种类型：a 型是由螺旋钻将物料压进胶囊；b 型是用柱塞上下往复将物料压进胶囊；c 型是利用物料流动性使其自由流入胶囊;d 型是先将药物在填充管内压成单位量药粉块,再填充于胶囊中。从填充原理看,a、b 型填充机对物料要求不高,只要物料不易分层即可;c 型填充机要求物料具有良好的流动性,常需制粒才能达到;d 型适于流动性差但混合均匀的物料,如针状结晶药物、易吸湿药物等。

　　由于产量较大、装量精度高,全自动硬胶囊填充机成为生产最为常用的设备(图 8-27)。全自动填充操作过程类似高速旋转压片机。颗粒流动性好时,可用饲粉器充填于胶囊体中,若流动性不好,则采用多站孔塞式的粉末药柱充填方式。全自动胶囊填充机又可分为间歇回转式和连续回转式两大类。间歇回转式胶囊填充机由机架、回转台、传动系统、胶囊送进机构、粉剂充填组件、颗粒充填机构、胶囊分离机构、废胶囊剔除机构、胶囊封合机构、成品胶囊排出机构等组成。工作时,空胶囊自贮囊斗落下,被排列成胶囊帽在上的状态,并落入主工作盘上的囊板孔中。在拔囊区,拔囊装置将胶囊帽留在上囊板孔中,而胶囊体则落入下囊板孔中。在体帽错位区,上囊板连同胶囊帽一起被移开,胶囊体的上口则置于定量填充装置的下方。在填充区,药物被定量填充装置填充进胶囊体。在废囊剔除区,未拔开的空胶囊被剔除装置从上囊板孔中剔除出去。在胶囊闭合区,上、下囊板孔的轴线对正,并通过外加压力使胶囊帽与胶囊体闭合。在出囊区,出囊装置将闭合胶囊顶出囊板孔,并经出囊滑道进入包装工序。在清洁区,清洁装置将上、下囊板孔中的胶囊皮屑、药粉等清除。由于每一工作

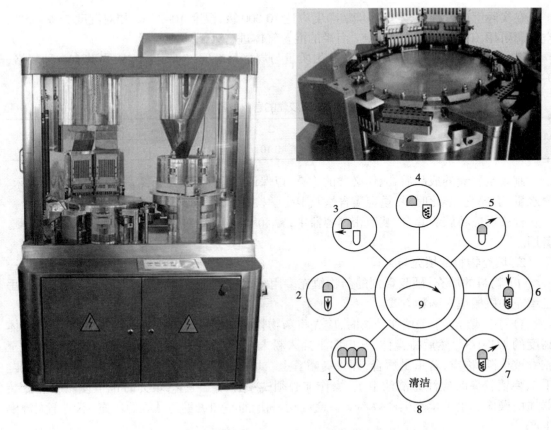

图 8-27　全自动硬胶囊填充机、主工作盘及各区域功能流程图
1. 排序与定向区;2. 拔囊区;3. 体帽错位区;4. 药物充填区;5. 废囊剔除区;6. 胶囊闭合区;7. 出囊区;
8. 清洁区;9. 主工作盘

区域的操作工序均要占用一定的时间,因此主工作盘需要间歇转动。

(2) 胶囊规格的选择:用相同规格空胶囊填充时,药物种类不同,所填充药物的量也不同。在选择空胶囊的规格时,首先应按药物规定剂量所占容积来选择最小空胶囊,可以凭经验试装后决定,但一般宜先测定待填充物料的堆密度,然后根据应装剂量计算该物料容积,以决定应选胶囊的号数。

(3) 封口:药物填充于囊体后,即可套合胶囊帽。目前多使用锁口式胶囊,密闭性良好,不必封口;若使用非锁口式胶囊,则须封口。封口材料可用不同浓度的明胶液,如明胶 20%、水 40%、乙醇 40% 的混合液等,也可用聚维酮(PVP 40 000)2.5 份、聚乙烯聚丙二醇共聚物 0.1份、乙醇 97.4 份的混合液。封口时,在囊体和囊帽套合处封上一圈胶液,烘干,即得。

3. 硬胶囊剂制备过程中容易出现的质量问题

(1) 装量差异超限:导致装量差异超限的原因主要有囊壳因素、药物因素、填充设备因素等。可以通过加入适宜辅料或者制颗粒等方法改善药物的流动性,使填充准确,同时对填充设备要及时维修保养,确保正常运转。

(2) 吸潮:胶囊剂的吸潮问题是较普遍的问题。可以通过改进制备工艺(如制粒、防潮包衣),利用玻璃瓶、双铝箔包装、铝塑包装等方法解决。

4. 典型处方与分析

例:盐酸雷尼替丁胶囊

【处方】盐酸雷尼替丁 150g　磷酸氢钙 100g　60% 乙醇适量　硬脂酸镁 1.7g　共制成硬胶囊剂 1000 粒

【制法】将处方中盐酸雷尼替丁、磷酸氢钙混合均匀,加入 60% 乙醇于制粒机中搅拌制成湿颗粒,颗粒要求细小、完整均匀。干燥,温度应低于 60℃颗粒水分小于 3%,干颗粒过 20目筛网整粒,加入硬脂酸镁混合均匀,按常法制成胶囊。

【注解】本品加适量的磷酸氢钙增加稳定性,防止引湿,使药粉流动性好。

(二) 软胶囊剂的制备

1. 软胶囊的制备方法　软胶囊的制备常采用滴制法和压制法。生产时,胶囊成型与药物填充是同时进行的。其制备工艺流程图如图 8-28 所示:

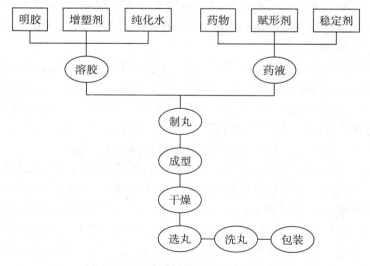

图 8-28　软胶囊的制备工艺流程

(1) 滴制法：滴制法由具双层滴头的滴丸机(图8-29)完成。以明胶为主的软质囊材(一般称为胶液)与被包药液,分别在双层喷头的外层与内层喷出。通过控制胶液与药液的滴出速度,使定量的明胶液将定量的药液包裹后,再滴入与胶液不相混溶的冷却液中。在冷却液中,由于表面张力作用,滴液会形成球形,并逐渐冷却、凝固成软胶囊。

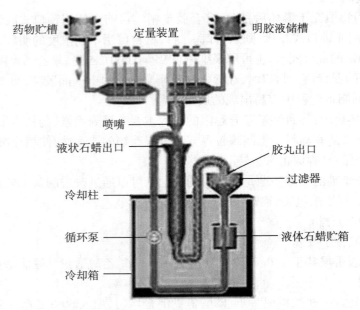

图8-29 滴制法制备软胶囊的生产过程示意图

制备软胶囊具体步骤如下：

1) 胶液的制备：取蒸馏水(明胶量的1.2倍)及甘油(胶水总量的25%~30%),水浴加热至70~80℃,混匀,加入明胶搅拌,熔融,保温1~2小时,静置待泡沫上浮,保温过滤,备用。

2) 提取或精制药液。

3) 制备软胶囊：将药液与明胶液经滴丸机喷头滴入冷却液(如液状石蜡、硅油等)中,并由收集器收集。胶液与药液在60℃保温,喷头处温度为75~80℃,冷却液为13~17℃,滴丸车间温度控制在15~20℃。

4) 整丸与干燥：从收集器中取出胶丸,用纱布拭去软胶囊表面的液状石蜡,在20~30℃冷风中干燥,再用石油醚洗涤两次,乙醇洗涤一次后于30~35℃烘干,水分控制在12%~15%。

在采用滴制法制备软胶囊剂时,应当注意影响其质量的因素：明胶液的处方组成比例；胶液的黏度；药液、胶液及冷却液三者的密度；胶液、药液及冷却液的温度；软胶囊剂的干燥温度。在实际生产过程中,必须经过试验才能确定最佳的工艺条件。

(2) 压制法：压制法是将明胶与甘油、水等溶解后形成的胶液制成厚薄均匀的胶片,再将药液置于两个胶片之间,用钢板模或旋转模压制软胶囊的一种方法。目前生产上主要采用旋转模压法,旋转模压法制囊机及模压过程见图8-30。该机由涂胶机箱、鼓轮制出的两条胶片连续不断地向相反方向移动,在接近旋转模时,两胶片靠近,此时药液由填充泵经导管至楔形注入器,定量地注入胶片之间,并在向前转动中被压入模孔、轧压、包裹成型,剩余的胶片即自动切断分离。胶片在接触模孔的一面需涂润滑油,所以常用石油醚洗涤胶丸,再于

21~24℃,相对湿度 40% 条件下干燥胶丸。

2. 软胶囊制备过程中存在的问题

（1）软胶囊中的物质迁移：迁移包括囊壳成分（如水分）向内容物的迁移，以及内容物向囊壳的迁移。该迁移过程常取决于囊壳内物质扩散通道的性质、内容物分散介质的性质以及药物本身的性质。需要针对各项因素分别进行改进。

（2）崩解迟缓：以明胶为主要成分的软胶囊，囊壳在高温、高湿、紫外辐射等物理条件或遇到醛类、酮类等化学物质时都有可能发生交联老化而产生崩解迟缓现象。减少交联的方法包括：在内容物中加入含少量醛基的辅料；在制备胶囊壳时使用含有大量氨基的添加剂（如甘氨酸、赖氨酸）等。

（3）胶囊与包装容器粘连现象：囊壳中含有较多的甘油，存放时间过长或温度过高均会发生粘连现象。可在囊材中加入一些微晶纤维素或用蜡处理胶囊表面，以防止粘连现象。

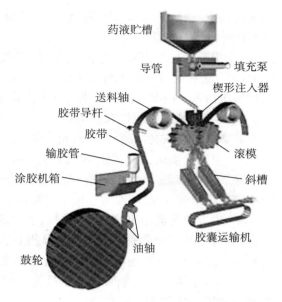

图 8-30 自动旋转轧囊机旋转模压示意图

3. 软胶囊的典型处方与分析

例：尼群地平胶丸（软胶囊）

【处方】

内容物：尼群地平 100g　PEG 400 4000g　甘油 200g　聚山梨酯 -80 200g

囊壳：明胶 3000g　甘油 900ml　水 2000ml

共制成软胶囊 1000 粒

【制法】称取处方量尼群地平，加入到 PEG 400 中，加热搅拌使药物溶解，置室温备用。称取处方量明胶，置于蒸馏水中使其充分溶胀后，加热溶解，加入甘油等其他辅料，并加水至全量，60℃保温搅拌，混合均匀，静置脱泡，经 200 目筛过滤后备用。将制得的囊心药液和 60℃明胶溶液用轧囊机压制成丸。在转笼中用冷风固化成型后，依次用石油醚、乙醇洗去表面油层，于 24~32℃热风干燥，即得。

【注解】①PEG 400 有促进囊壳硬化作用，但在囊壳处方中加入明胶量 5% 的 PEG 400 时，可作为辅助崩解剂，有效缩短崩解时间；②PEG 400 的干燥过程比较快，所以需恰当掌握干燥时间；③PEG 400 对囊壳有硬化作用，加入 5%~10% 的甘油可使其硬度降低。

四、新型胶囊剂的制备

近年来，由于临床需要，人们对胶囊剂进行了多方面的研究，开发出如肠溶胶囊、缓释胶囊、液体胶囊等新型胶囊，受到了广泛的关注。

（一）新型胶囊的种类

1. 肠溶胶囊　具有胃刺激性或臭味、遇酸不稳定或需在肠内发挥疗效的药物可设计制备成在胃内不溶而在肠内崩解、溶化的肠溶胶囊。其制备方法可分为以下几种：

（1）以肠溶材料制成空心胶囊：把溶解好的肠溶性高分子材料加到明胶液中，然后加工成肠溶性空胶囊,如邻苯二甲酸醋酸纤维素(CAP)、虫胶等作为肠溶材料制备成肠溶软胶丸,具有较好的肠溶性能。

(2) 用肠溶材料作外层包衣:先用明胶制成空胶囊,然后在明胶壳表面包裹肠溶材料,如以 PVP 为底衣层,用 CAP、蜂蜡等作外包衣层,可使包衣后的胶囊具有稳定的肠溶性。常用的材料包括苯二甲酸羟丙甲纤维素和聚丙烯酸树脂类。

本法与片剂的薄膜包衣基本相同,但因硬胶囊粗细不一,囊帽直径大于囊体,在工艺上不容易掌握,且包衣后胶囊表面的光洁度变差,有待新一步工艺改进。

(3) 甲醛浸渍法:明胶经甲醛处理可发生胺缩醛反应,使其分子相互交联形成甲醛明胶,只能在肠液中溶解。此种处理法受甲醛浓度、处理时间、贮存时间等因素影响较大,肠溶性极不稳定。因此,产品应经常作崩解时限检查,现阶段应用较少。

(4) 内容物为肠溶剂型:可将颗粒、小片或微丸等通过肠溶材料包衣等手段先制备成肠溶剂型,再将其填充到胶囊壳中最终获得具有肠溶效果的胶囊。该种方法制备的肠溶胶囊受胶囊壳的影响较小,还可通过调整内容物性质来控制药物的释放速度,应用较为广泛。

2. 骨架胶囊   骨架胶囊的制备是先将明胶、蛋白、琼脂、多糖类及其他高分子材料制成骨架载体用于吸附主药的水溶液(30%~50%),然后再将含药骨架与明胶制成的胶片一起压制成软胶囊而得到的。载体应在 30~49℃熔化,水分可控制在 5%~20%,胶囊与骨架间能自行平衡水分。

3. 泡腾胶囊   泡腾胶囊是指一种用明胶作囊材的阴道或直肠用泡腾胶囊,具有替代阴道或肛门栓给药的潜质。但不能快速溶解或刺激性很强的药物,不宜制成此类胶囊剂。在胶囊中应加入泡腾赋形剂如枸橼酸、富马酸、酒石酸等酸源;碳酸氢钠和碳酸钠的混合物(1:9)为二氧化碳源;水、醇、PEG、微粉硅胶及适宜的润滑剂等辅料。制备时可将主药与所筛选的赋形剂直接填充到合适空胶囊中,也可将其混合制粒后再填充。

4. 软心硬胶囊   软心硬胶囊的外观类似普通硬胶囊,但其内容物为含药凝胶,具有触变性或温变性。内容物在搅动条件下或一定温度下为液态,易于流动和灌装,而在静止状态或冷却后即凝成固态,便于贮存。该胶囊服用进入胃肠道后由于压力或体温的改变可变为液态,易于药物吸收。该制剂具有硬胶囊和软胶囊的一般优点,如可掩盖药物的不良臭味,减少刺激性,生物利用度高等。在制备工艺方面,该胶囊可避免软胶囊制备时产生的油性废胶及难于清洗的问题,可降低生产成本。

5. 脉冲胶囊   脉冲胶囊也称柱塞型定时释药系统,主要由以下几部分组成:水不溶性胶囊壳体、药物贮库、定时塞、水溶性胶囊帽。胶囊壳体是由不溶性膜层构成的,药物贮藏在膜构成贮药器中;胶囊帽是水溶性的,其中可填充首剂药物;在胶囊体与帽之间是一种定时塞,可分为膨胀型、溶蚀型、酶可降解型等类型。以膨胀型定时塞为例,定时塞与胶囊的口径相吻合,是定时释药的关键部位。胶囊服用后胶囊帽首先溶解,使首剂药物首先溶解释放,间隔一段时间后,胶塞在胃肠液中膨胀直至排出胶囊(可根据材料、直径、厚度限定所需时间),这样贮药器中的药物也被释放出来。如需延长释药时间,可增大胶塞的体积或改变胶塞的填充位置。设计脉冲胶囊可定时传递固体或流体药物剂型,适用于哮喘、心血管、糖尿病等患者的给药。

6. 液体胶囊   液体胶囊是将含药液体填充进入空胶囊中而制成的,具有提高稳定性、填充能力大、生物利用度可控、病人认可度好、消除生产粉尘等优点。硬胶囊灌装液体的技术始于 1978 年,最初,在硬胶囊内充填的是脂溶性液体。随着实践经验和技术的不断发展,许多液状或固状的活性物质都可以与脂溶性基质配方形成液体(亦包括悬浮液)灌装于硬胶囊内。液体胶囊的生产工艺包括基质材料的液化(一般为热熔或摇溶)、加入活性剂、泵入胶囊体和成品固化。工艺具有如下要求:

(1) 胶囊壳:胶囊壳应较稳定,常用标准明胶胶囊壳,也可采用甲基纤维素制备的胶囊壳;

(2) 赋形剂:赋形剂应具备相应的性质,适应摇溶或热熔的需要。由于液体材料与囊壳的接触面积较大,潜在的反应性也较大。因此还需要考虑赋形剂与囊壳的相容性。常用的赋形剂包括聚乙烯乙二醇、半合成甘油酯衍生物等。

(3) 药物稳定性:在制备过程中应该注意药物的稳定性。对药物配方进行热稳定性实验是至关重要的。可使用摇溶工艺、充氮气或缩短加温时间以改善药物稳定性。

(4) 密封:药品注入胶囊后仍保持液状者需要密封,以防止泄漏。经密封处理后的胶囊还可以防止氧气进入以提高药物稳定性。

(二)处方与分析

例:盐酸二甲双胍肠溶胶囊

【处方】

微丸处方

盐酸二甲双胍 250g   微晶纤维素(空白丸核)30g   滑石粉 30g   3% 羟丙基甲基纤维素水溶液适量

包衣处方

Eudragit L 30D-55 300g   枸橼酸三乙酯 20g   滑石粉 50g   水 300ml

共制成胶囊 1000 粒

【制法】①含药丸芯的制备:取微晶纤维素空白丸核(40~60 目)500g,置离心包衣造粒机内,将盐酸二甲双胍(过 120 目)加入加料斗内,以 3% 羟丙甲纤维素水溶液为黏合剂,操作离心包衣造粒机,至药粉供完,抛光并取出烘干,即得含药丸芯;②含药丸芯的修饰:称取含药丸芯 500g,置包衣机内,另将 50g 滑石粉加入加料斗内,以 3% 羟丙甲纤维素水溶液为黏合剂,开动离心包衣造粒机,至滑石粉供完为止,取出烘干,即得;③包衣工艺:称取以滑石粉修饰过的含药丸芯 500g,置包衣机内,另取包衣液适量,以包衣锅进行包衣,至包衣液喷完时停止,取出热处理 24 小时即可;④装胶囊:将上述含药包衣微丸测定含量后填充明胶硬胶囊壳即得。

【注解】①盐酸二甲双胍肠溶胶囊的制备主要是为了克服普通制剂口服后进入上消化道后溶解而产生的刺激性,并实现药品在小肠上部的良好吸收;②影响离心造粒法制备微丸的工艺因素主要有:主机转速、喷枪喷雾条件、喷浆速度、供粉速度和抛光时间等,应注意进行控制;③使用 3% 羟丙基甲基纤维素水溶液做黏合剂时,操作过程中粉末层积较为顺利,制得的含药微丸表面光滑,圆整度较好,同时机械强度亦较高。

第五节 片 剂

一、概述

(一)片剂的定义、特点及质量要求

片剂(tablets)系指药物与适宜辅料通过制剂技术制成的片状制剂。

　　片剂形状多为圆形,是药物制剂中应用最广泛的一种剂型。近几十年以来,国内外药学工作者对片剂的成型理论、崩解溶出机制以及各种新型辅料进行了不断的研究,片剂的生产技术、加工设备也得到了很大的发展,全粉末直接压片、流化喷雾制粒、全自动高速压片机、全自动程序控制高效包衣机等新技术、新工艺和新设备已经广泛地应用于国内外的片剂生产实践,从而使片剂的品种不断增多,目前在世界各国药典收载的制剂中以片剂为最多。

　　片剂特点:①能适应临床用药的多种要求:如速效(分散片)、长效(缓释片)、口腔疾病(口含片)、阴道疾病(阴道片)、肠道疾病(肠溶片)等;②剂量准确,服用方便:以片数为剂量单位;③体积小,携带、运输、贮存方便;④生产的机械化、自动化程度高,成本较低;⑤化学稳定性较好,受外界因素的影响较小。

　　但是片剂也存在以下缺点:①幼儿和昏迷病人服用困难;②处方和工艺设计不妥容易出现溶出和吸收等方面的问题;③含挥发性成分的片剂,不宜长期保存。

　　根据《中国药典》2010年版附录"制剂通则"的规定,片剂的质量要求如下:①硬度适中;②色泽均匀,外观光洁;③符合重量差异的要求,含量准确;④符合崩解度或溶出度的要求;⑤小剂量的药物或作用比较剧烈的药物,应符合含量均匀度的要求;⑥符合有关卫生学的要求。

(二) 片剂的分类

　　片剂以口服片剂为主,另有口腔用片剂和外用片剂等,介绍如下:

　　1. 口服片剂　指供口服的片剂,其中的药物主要是经胃肠道吸收而发挥作用,亦可在胃肠道局部发挥作用。主要包括:

　　(1) 普通压制片(compressed tablets):药物与辅料混合、压制而成的普通片剂,应用最为广泛。

　　(2) 包衣片(coated tablets):在普通压制片外包上一层衣膜的片剂。

　　根据包衣材料的不同可分为以下几种:①糖衣片(sugar coated tablets):主要包衣材料为蔗糖,对药物起保护作用或掩盖不良气味,如小檗碱糖衣片;②薄膜衣片(film coated tablets):包衣材料为高分子材料,如羟丙甲纤维素;③肠溶衣片(enteric coated tablets):包衣材料为肠溶性高分子材料,此种片剂在胃液中不溶,肠液中溶解,如阿司匹林肠溶片。

　　(3) 多层片(multilayer tablets):由两层或多层组成的片剂。制成多层片的目的是避免各层药物的接触,减少配伍变化,或调节各层药物的释放速率,亦有改善外观的作用。如胃仙-U多层片、马来酸曲美布汀多层片。

　　(4) 咀嚼片(chewable tablets):在口腔中咀嚼后咽下的片剂。常加入糖类及适宜的香料以改善口感。如维生素C咀嚼片。

　　(5) 泡腾片(effervescent tablets):指含有碳酸氢钠和有机酸的片剂,二者遇水反应产生二氧化碳气体,使片剂快速崩解。如维生素C泡腾片。

　　(6) 分散片(dispersible tablets):系遇水可迅速崩解,均匀分散的片剂,可直接吞服或加水分散后服用。药物应是难溶性的。如罗红霉素分散片。

　　(7) 口腔速崩片(orally disintegrating tablets):又称口腔速溶片(orally dissolving tablets),在口腔中能迅速崩解或溶解,一般吞咽后发挥全身作用。

　　2. 口腔用片剂

　　(1) 口含片(troches):又称含片,指含在口腔内,药物缓缓溶解而产生持久局部或全身作用的片剂,主要起局部消炎、杀菌、收敛或局部麻醉作用。如复方草珊瑚含片。

（2）舌下片（sublingual tablets）：指置于舌下，能迅速溶化的片剂。药物通过舌下黏膜快速吸收而显现速效作用，避免肝脏的首过效应，主要用于急症的治疗。如硝酸甘油舌下片。

（3）口腔贴片（buccal tablets）：系指粘贴于口腔内，经黏膜吸收后起局部或全身作用的片剂。如甲硝唑口腔贴片。

3. 其他途径应用的片剂

（1）阴道用片（vaginal tablets）：置于阴道内应用的片剂。多用于阴道的局部疾患，也用于计划生育等。

（2）植入片（implant tablets）：指植入（埋入）体内慢慢溶解并吸收，产生持久疗效的片剂。

按释药速度的不同，片剂还可分为普通片剂、速释片剂和缓（控）释片剂。

（1）缓释片（sustained release tablets）：系指在水中或规定的释放介质中缓慢地非恒速释放药物的片剂，如盐酸吗啡缓释片等。与相应普通制剂相比具有服药次数少、作用时间长的优点。

（2）控释片（controlled release tablets）：系指在水中或规定的释放介质中缓慢地恒速或接近恒速释放药物的片剂。与相应的缓释片相比，血药浓度更加平稳，如硝苯地平控释片等。

缓释片和控释片已经愈来愈受到医药界的高度重视，因为它代表了现代药物制剂一个重要的发展方向。目前，国内外药剂工作者正在进行着深入研究和广泛开发，其主要技术关键是在实际工业化生产中，采用性能稳定、优良的药用辅料以及先进的制药设备。

二、常用辅料及作用

片剂是由发挥治疗作用的药物（即主药）和没有生理活性的某些物质构成的，在药剂学中，通常将这些成分总称为辅料（excipients 或 adjuvants）。根据它们所起作用的不同，常将辅料分成如下四大类：填充剂（fillers）或稀释剂（diluents）、黏合剂（adhesives）、崩解剂（disintegrants）和润滑剂（lubricants）。

（一）稀释剂

稀释剂（diluents）又称填充剂（fillers），系指用于增加片剂的重量与体积、改善药物压缩成形性、增加含量均匀度的辅料。片剂的直径一般不小于 6mm，片重多在 100mg 以上，因此当药物剂量太小不能满足压片要求时，需使用稀释剂或填充剂。

常用的稀释剂有：

1. 淀粉（starch）　最常用为玉米淀粉，白色细微粉末，无臭、无味、不溶于冷水和乙醇，能与大多数药物配伍，外观色泽好，价格便宜，是固体制剂最常用的辅料。但其具有黏附性，流动性和可压性差，生产中常与适量糖粉或糊精等合用。

2. 蔗糖（sucrose）　无色结晶或白色结晶性松散粉末，无臭、味甜。本品粘合力强，可增加片剂的硬度，并使片剂外观光洁，但吸湿性强，一般不单独应用，常与淀粉、糊精配合使用。

3. 糊精（dextrin）　淀粉水解中间产物的总称。本品为白色或类白色的无定形粉末，很少单独应用，常与淀粉、蔗糖配合使用。

4. 乳糖（lactose）　一种优良的片剂填充剂，但价格较贵，在国内应用不多。乳糖为白色结晶或粉末，无吸湿性，可压性好，性质稳定。由喷雾干燥法制得的乳糖流动性、可压性良好，可供粉末直接压片用。目前已经上市的乳糖型号有 DCL-11、DCL-21、M-200、Flowlac-100、Tablettose 70、80、100 等，其中 DCL-21 成形性较好，Flowlac-100 压缩性较好，Tablettose 70、80、100 的黏合性较好。

5. 预胶化淀粉（pregelatinized starch）　亦称可压性淀粉，目前上市的是部分胶化淀粉（PPS），为白色干燥粉末，不溶于有机溶剂，无臭无味，性质稳定，为多功能辅料，可用作填充剂，具有良好的流动性、可压性、自身润滑性和干黏合性，并有较好的崩解作用，可用于粉末直接压片。国内产品与国外 Colorcon 公司的 Starch RX1500 相当。

6. 微晶纤维素（microcrystalline cellulose，MCC）　系由纤维素经部分酸水解制得的聚合度较小的结晶性纤维素，为白色或类白色细微结晶性粉末，无臭无味，对药物有较大的容纳量，具有良好的流动性和可压性，有较强的结合力，亦有"干黏合剂"之称，可用于粉末直接压片。另外，片剂中含有 20% 以上的微晶纤维素时崩解较好。

7. 无机盐类　主要是一些无机钙盐，如硫酸钙、磷酸氢钙、药用碳酸钙等。其中二水硫酸钙最为常用，其性质稳定，无臭、无味，微溶于水，可与多种药物配伍。

8. 糖醇类　甘露醇和山梨醇互为同分异构体。本品为白色、无臭、具有甜味的结晶性粉末或颗粒。近年来开发的赤藓糖，其甜度为蔗糖的 80%，溶解速度快，在口腔内 pH 不下降（有利于保护牙齿），是制备口腔速溶片的最佳辅料，但价格比较昂贵。

（二）润湿剂与黏合剂

润湿剂（moistening agent）和黏合剂（binders）是在制粒过程中添加的辅料。

1. 润湿剂　某些药物粉末本身没有黏性，通过加入适当的液体诱发物料黏性，此时加入的液体叫做润湿剂。常用的润湿剂有蒸馏水和乙醇。

（1）蒸馏水（distilled water）：价格低廉，来源丰富，是首选的润湿剂，但不适于对水敏感的药物。由于易产生润湿不均匀的现象，可用低浓度的淀粉浆或乙醇代替。

（2）乙醇（ethanol）：可用于遇水易分解的药物或遇水黏性太大的药物。乙醇浓度越大，黏性越低，因此醇的浓度要视原辅料的性质而定，常用浓度为 30%~70%。

2. 黏合剂　某些药物粉末本身不具黏性或黏性较小，需加入具有黏性的物质才能将其黏合起来，此时加入的黏性物质叫做黏合剂。常用黏合剂如下：

（1）淀粉浆：片剂中最常用的黏合剂，常用 8%~15% 的浓度，并以 10% 淀粉浆最为常用；若物料可压性较差，可再适当提高淀粉浆的浓度到 20%。淀粉浆的制法主要有煮浆和冲浆两种方法：①煮浆法：将淀粉混合于全量水中，边加热边搅拌，直至糊化；②冲浆法：将淀粉混悬于少量水中，然后按浓度要求冲入一定量的沸水，不断搅拌糊化而制得。

（2）纤维素衍生物

1）甲基纤维素（methylcellulose，MC）和乙基纤维素（ethylcellulose，EC）：两者分别是纤维素的甲基和乙基醚化物，含甲氧基 26.0%~33.0% 或乙氧基 44.0%~51.0%。其中，甲基纤维素具有良好的水溶性，可作为黏合剂使用。乙基纤维素不溶于水，在乙醇等有机溶媒中的溶解度较大，并根据其浓度不同产生不同强度的黏性，可用其乙醇溶液作为对水敏感药物的黏合剂，但应注意本品的黏性较强且在胃肠液中不溶解，会对片剂的崩解及药物的释放产生阻滞作用。目前，常利用乙基纤维素的这一特性，将其用于缓（控）释制剂中（骨架型或膜控释型）。

2）羟丙纤维素（hydroxypropylcellulose，HPC）：系指 2-羟丙基醚纤维素，商品名为 hyprolose，分为低取代（L-HPC）和高取代（H-HPC）两种，分子量在 4 万 ~91 万之间，分子量增大，其黏度也依次增大。L-HPC 为白色或类白色粉末，无臭、无味，在冷水中溶解成透明溶液，加热至 50℃形成凝胶状，是优良的黏合剂，也可作为片剂崩解剂使用。H-HPC 主要用于制备凝胶骨架的缓释片剂。

3）羟丙甲纤维素（hydroxypropylmethyl cellulose，HPMC）：本品为白色或类白色纤维状

或颗粒状粉末,无臭、无味,可溶于水及部分极性有机溶剂。HPMC 根据分子量和黏度不同分为多种型号,美国 Dow 公司的型号有 K4MP、K15MP、K100MP 等,日本信越公司的型号有 SH60、SH65、SH90 等。本品不仅用作制粒的黏合剂,而且在凝胶骨架片缓释制剂中得到广泛的应用。

4)羧甲基纤维素钠(carboxymethylcellulose sodium,CMC-Na):CMC-Na 是纤维素的羧甲基醚化物,不溶于乙醇、氯仿等有机溶媒,在水中先溶胀再溶解。用作黏合剂的浓度一般为 1%~2%,其黏性较强,常用于可压性较差的药物,但应注意是否造成片剂硬度过大或崩解超限。

(3)聚维酮(povidone,PVP):即聚乙烯吡咯烷酮(PVP)性质稳定,可溶于水和乙醇,低浓度溶液(10% 以下)黏度仅略高于水,可用作润湿剂,高浓度形成黏稠胶状液体,为良好黏合剂。PVP 因分子量不同而分为不同规格,如 K30、K60、K90 等,其中常用的是 K30(分子量 3.8万)的乙醇溶液(3%~15%),适用于对水和热敏感的药物,常用于泡腾片及咀嚼片的制粒中。

(4)明胶(gelatin):即动物胶原蛋白的水解产物。根据制备时水解的方法不同分为酸法明胶(A 型)和碱法明胶(B 型),A 型明胶等电点为 7~9,B 型明胶等电点为 4.7~5,可根据药物对酸碱度的要求选用 A 型或 B 型。本品浸在水中时会膨胀变软,能吸收其自身质量 5~10倍的水。在热水中溶解,在冷水中形成胶冻或凝胶,故制粒时明胶溶液应保持较高温度。适用于在水中不需崩解或延长作用时间的口含片等。

(5)聚乙二醇(polyethylene glycol,PEG):环氧乙烷与水聚合而成的混合物。根据分子量不同有多种规格,常用的黏合剂型号为 PEG4000、PEG6000。制得的颗粒压缩成形性好,片剂不变硬,适用于水溶性与水不溶性药物的制粒。

(6)其他黏合剂:50%~70% 的蔗糖溶液,海藻酸钠溶液等。

(三)崩解剂

崩解剂(disintegrants)是使片剂在胃肠液中迅速裂碎成细小颗粒的物质,除了缓释片以及某些特殊用途的片剂(如口含片)外,一般片剂中都应加入崩解剂。特别是难溶性药物,其溶出是药物在体内吸收的限速阶段,其片剂的快速崩解更具有实际意义。

1. 崩解剂的作用机制

(1)毛细管作用:这类崩解剂能保持片剂的孔隙结构,形成易于润湿的毛细管道,并有一定的吸水性。当片剂置于水中时,水能迅速地随毛细管进入片剂内部,使整个片剂润湿而促使崩解。如淀粉和纤维素衍生物类。

(2)膨胀作用:崩解剂吸水后体积膨胀,使片剂的结合力被瓦解,从而发生崩解。如羧甲基淀粉钠,在冷水中能膨胀,体积可增加 300 倍,膨胀作用十分显著,片剂可迅速崩解。膨胀率是表示崩解剂的体积膨胀能力大小的重要指标,膨胀率越大,崩解效果越好。

(3)产气作用:泡腾崩解剂中常用枸橼酸或酒石酸加碳酸钠或碳酸氢钠,遇水产生二氧化碳气体,借助气体膨胀作用而使片剂崩解。使用泡腾崩解剂的片剂叫做泡腾片。

(4)润湿热:物料在水中产生溶解热时,使片剂内部残存的空气膨胀,促使片剂崩解。

2. 常用崩解剂 常用的崩解剂有:

(1)干淀粉:一种最为经典的崩解剂,其含水量在 8% 以下,吸水性较强且有一定的膨胀性,较适用于水不溶性或微溶性药物的片剂,但对易溶性药物的崩解作用较差,这是因为易溶性药物遇水溶解产生浓度差,使片剂外面的水不易通过溶液层面透入到片剂的内部,阻碍了片剂内部淀粉的吸水膨胀。

（2）预胶化淀粉：其中部分支链淀粉具有较强的亲水性，可快速吸水膨胀，部分尚未改变的淀粉可变形复原，因此可用于全粉末压片和湿法制粒压片，崩解、溶出效果均比较好。

（3）羧甲基淀粉钠（sodium carboxymethyl starch，CMS-Na）：白色无定形粉末，吸水性极强，吸水膨胀作用非常显著，体积可膨胀为原来的 300 倍，是一种性质优良的崩解剂，适用于湿法制粒和粉末直接压片用，常用量为片剂重量的 1%~6%。

（4）低取代羟丙基纤维素（low-sustituted hydroxypropylcellulose，L-HPC）：兼具黏结和崩解的双重作用，用量一般为 25%，可应用于不易成型的药品提高片剂硬度，提高崩解分散的细度，加快药物溶出。

（5）交联羧甲基纤维素钠（croscarmellose sodium，CCMC-Na）：不溶于水，在水中能吸收数倍量的水膨胀而不溶化，具有较好的崩解性和可压性，与羧甲基纤维素钠合用崩解效果更好，但与干淀粉合用崩解作用会降低。常用量为片剂重量的 0.5%。

（6）交联聚乙烯吡咯烷酮（cross-linked polyvinyl pyrrolidone，交联 PVP）：交联 PVP 是白色、流动性良好的粉末；在水、有机溶媒及强酸、强碱溶液中均不溶解，但在水中迅速溶胀并且不会出现高黏度的凝胶层，因而其崩解性能十分优越，已为英、美等国药典所收载，国产品现已研制成功。

（7）其他：海藻酸钠或海藻酸的其他盐；黏土类如皂土、胶体硅酸镁铝；阳离子交换树脂等。

3. 崩解剂的加入方法　崩解剂的加入方法不同，崩解效果不同。外加法将崩解剂加在颗粒外，因而片剂崩解较快，崩解形成的粒子较大；内加法将崩解剂加在颗粒内，因而片剂崩解较慢，崩解形成的粒子较小；内外加法将 25%~50% 的崩解剂加在颗粒外，50%~75% 的崩解剂加在颗粒内，因而片剂崩解较快，崩解形成的粒子较小。在相同用量的崩解剂时，崩解速度是外加法 > 内外加法 > 内加法；溶出速度是内外加法 > 内加法 > 外加法。

（四）润滑剂

按其作用不同，润滑剂可分成三类：①助流剂（glidants）：增加颗粒流动性，改善颗粒的填充状态的物质；②抗黏剂（antiadherents）：防止原辅料黏着于冲头表面的物质；③（狭义）润滑剂（lubricants）：降低颗粒之间以及颗粒或药片与冲模孔壁之间摩擦力的物质。一种理想的润滑剂应同时具有助流、抗黏和润滑作用，但目前应用的润滑剂中尚没有这种理想状态。一般将具有上述任何一种作用的辅料都称为润滑剂。

润滑剂的作用机制至今尚不很清楚，一般认为润滑剂的作用是改善颗粒的表面特性，包括以下几方面的作用：①改善粒子表面的静电分布；②改善粒子表面的粗糙度，减小摩擦力；③改善气体的选择性吸附，减弱粒子间的范德华力等。

常用的润滑剂有：

1. 硬脂酸镁（magnesium stearate）　疏水性润滑剂，有良好的附着性，与颗粒混合后分布均匀而不易分离。少量即有较好润滑作用，为广泛应用的润滑剂。用量一般为 0.3%~1%，用量过大片剂不易崩解或产生裂片。

2. 微粉硅胶（silica gel）　轻质的白色粉末，比表面积大，有良好的流动性。用作助流剂，可用于粉末直接压片，常用量为 0.1%~0.3%。

3. 滑石粉（talc）　其成分为含水硅酸镁，有较好的滑动性，抗黏性明显，且能增加颗粒的润滑性和流动性。本品不溶于水，但有亲水性，对片剂的崩解影响不大。常用量一般为 0.1%~3%，最多不要超过 5%，过量时反而流动性差。

4. 氢化植物油（hydrogenated vegetable oil） 润滑性能好。用时将其溶于轻质液状石蜡中喷于颗粒上，以利于分布均匀。

5. 聚乙二醇（PEG） PEG4000 和 PEG6000 为水溶性润滑剂。溶解后可得到澄明溶液，不影响片剂崩解溶出。常用于可溶性片剂。

6. 十二烷基硫酸钠（sodium lauryl sulfate） 为水溶性阴离子型表面活性剂，具有良好润滑作用。能增强片剂的机械强度并能促进片剂的崩解和药物的溶出。

（五）其他辅料

1. 着色剂 片剂中常加入着色剂以改善外观和便于识别。色素必须是药用级，最大用量不超过 0.05%，要注意色素与药物的反应及干燥中颜色的迁移。

2. 芳香剂和甜味剂 主要用于口含片和咀嚼片。常用的芳香剂为芳香油；甜味剂一般不需另加，可在选择稀释剂时一并考虑。

3. 预混辅料 预混辅料是将多种单一辅料按一定比例，以一定的生产工艺预先均匀混合在一起，成为一种具有特定功能且表现均一的新辅料。预混剂辅料粒度分布均匀，比普通辅料有更好的流动性、黏合性和压缩成形性，可用于粉末直接压片。预混辅料最早出现在 20 世纪 80 年代，第一个是微晶纤维素和碳酸钙的预混辅料，1990 年出现了纤维素和乳糖的预混辅料 Cellactose。目前市场上已有几十种预混辅料，可分为两大类：一类是适于固体制剂生产的预混辅料，如 Cellactose、StarLac、SMCC 等，部分已上市的产品见表 8-4；第二类是用于包衣的预混剂。

表 8-4　已上市的几种预混辅料

商品名	生产商	混合辅料成分	优点
Ludipress	BASF，Ludwigsbafen，Germany	乳糖，3.2%PVP K30，交联 PVP	吸水性好，流动性好
DiPac	Domino Sugar	蔗糖，3% 糊精	直接压片
Prosolv	Penwest PharmaceuticalsCompany	微晶纤维素，二氧化硅	流动性更好，降低了湿法制粒的敏感性，片剂的硬度更好，降低了脆碎度
Avicel CE-15	FMC Corporation	微晶纤维素，瓜尔胶	减少了砂砾状物质，减少塞牙现象，提高了整体的味觉感受
Microcelac	Meggle	微晶纤维素，乳糖	能使流动性很差的活性药物制得高剂量但体积小的片子
Pharmatose DCL40	DMV Veghel	95% β- 乳糖 +5% 乳糖醇	很好的可压性，对润滑剂敏感度低
StarLac	Roquette	85% α- 乳糖 +15% 玉米淀粉	流动性好
Cellactose	Meggle	75% α- 乳糖 +25% 粉末纤维素	优异的可压缩性使可压性差的主药能被压制成片，流动性好，口感好
ForMaxx	Merck	碳酸钙，山梨醇	控制了粒径分布

（六）辅料的选用原则

辅料选择的主要依据是药物性质和用药目的，选择时必须注意以下几点：

1. 注意各类辅料的相互影响　辅料虽然按照它在片剂中的不同作用而分为四类,但实质上它们是相互联系、相互影响的整体,如黏合剂选用不当会影响崩解剂的作用,又如糖粉作为稀释剂,也有黏合作用,故在选用黏合剂时就不要选择黏性太强的,可考虑减少黏合剂的用量,甚至改用润湿剂。又如淀粉为稀释剂也有崩解作用,处方中就不需另加崩解剂等。

2. 辅料本身应具备的条件　①化学性质稳定不与主药发生化学作用,不影响药效;②对人体无害,不影响主药的含量测定;③生产操作简单易行。

部分已获得国内注册证的辅料如表 8-5 所示。

表 8-5　部分已获得国内注册证的辅料

产品名称	优点
乳糖 PVP K30	吸附性好,流动性好,片剂硬度与压片速度无关
乳糖纤维素	可压性好,口感好,成本低
碳酸钙山梨醇	粒度分布窄
微晶纤维素乳糖	载药量高,可用于流动性差的药物
阿斯巴甜	优秀的甜味剂,蔗糖的替代品,适于口含及糖尿病人服用药物,是蔗糖甜度的 200~250 倍
EUDRAGITAL100	肠溶包衣,包衣能抵抗湿热环境,可制作锭剂
苏丽丝 SURELEASE	一种使用乙基纤维素作为控释材料,含成膜剂、增塑剂和稳定剂的水性分散体,为简单易用的全水包衣系统,药物释放不受 pH 影响,可以应用于颗粒和小丸包衣,也可作为有效的湿法制粒的黏合剂,把制成的颗粒进一步压制成缓释片

三、制备方法

片剂是将粉状或颗粒状物料压缩而成形的一种剂型。制粒是改善物料的流动性、压缩成形性的有效方法之一,因而制粒压片法是传统而基本的片剂制备方法。近年来,优良辅料和先进压片机的出现,粉末直接压片法(不需制粒)得到了越来越多的关注。片剂的制备可分为两大类或三小类:制粒压片法:又分为湿法制粒压片法和干法制粒压片法;直接压片法:粉末直接压片法。其制备片剂的各种工艺流程图如图 8-31 所示。

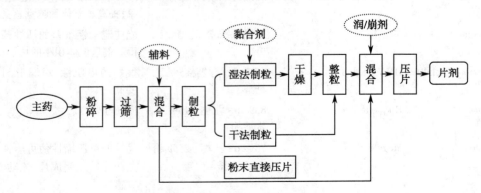

图 8-31　片剂的制备工艺流程图

(一)湿法制粒压片

湿法制粒压片是在原辅料中加入润湿剂或黏合剂,再制粒压片的方法。湿法制粒(wet

granulation)得到的颗粒经过表面润湿,表面性质好,外形美观,流动性、可压性好,是应用最为广泛的一种制粒压片方法。

湿法制粒有以下优点:①表面改性好(表面黏附黏合剂),使颗粒具有良好的压缩成形性;②粒度均匀、流动性好;③耐磨性较强等。最大的缺点是不适宜于热敏性、湿敏性、极易溶性物料的制粒。

(二)干法制粒压片法

热敏性物料、遇水不稳定的药物及压缩易成形的药物可采用干法制粒,然后压成片剂。

干法制粒(dry granulation)是把药物粉末直接压缩成较大片剂或片状物后,再粉碎成所需大小颗粒的方法。干法制粒有重压法和滚压法。重压法系将固体粉末先在重型压片机上压成直径为 20~25mm 的胚片,再破碎成所需大小的颗粒。滚压法系利用滚压机将药物粉末滚压成片状物,通过颗粒机破碎成一定大小的颗粒。

(三)粉末直接压片

粉末直接压片法(direct compression method)是不经过制粒过程直接把药物和所有辅料混合均匀后进行压片的方法。该法避开制粒过程,将药粉直接压成片剂,可省时节能、工艺简便、工序减少、适用于湿热条件下不稳定的药物。近二十年来,随着科学的发展,可用于粉末直接压片的优良药用辅料与高速旋转压片机的研制成功,促进了粉末直接压片的发展。目前直接压片品种不断上升,有些国家高达 60% 以上的片剂生产采用粉末直接压片法。

可用于粉末直接压片的辅料有:各种型号的微晶纤维素、可压性淀粉、喷雾干燥乳糖、碳酸氢钙二水复合物、微粉硅胶等,常用的崩解剂有 L-HPC,PVPP,CCMC-Na 等高效崩解剂,以及部分预混辅料等。

四、压片

(一)计算片重

片重包括药物和所有辅料的总量。计算方法包括以下两种:

1. 按主药含量计算片重 药物制成干颗粒时,由于经过了一系列的操作过程,原料药必将有所损耗,所以应对颗粒中主药的实际含量进行测定,然后按照下面的公式计算片重:

$$片重 = \frac{每片主药含量(标示量)}{颗粒中主药含量(实测值)} \quad (8\text{-}9)$$

2. 按干颗粒总质量计算片重 在药厂中,已考虑到原料的损耗,因而增加了投料量,则片重的计算可按公式计算(成分复杂、没有含量测定方法的中草药片剂只能按此公式计算):

$$片重 = \frac{干颗粒重 + 压片前加入辅料量}{预定压片数} \quad (8\text{-}10)$$

(二)压片机

压片用压片机有单冲压片机和多冲旋转压片机两大类。

单冲压片机(single punch tabletting machine)仅在实验室应用,如图 8-32 所示,单冲压片机主要由转动轮、冲模冲头及其调节装置、饲粉器三个部分组成。其工作过程如图

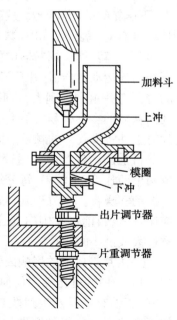

加料斗

上冲

模圈

下冲

出片调节器

片重调节器

图 8-32 单冲压片机主要构造示意图

8-33 所示：

多冲旋转压片机（rotating tabletting machine）在生产中应用，有 16 冲、19 冲、33 冲、55 冲等，生产效率较高，压力分布均匀（上、下冲同时加压），饲粉方式合理，机械噪音很小，结构如图 8-34 所示。

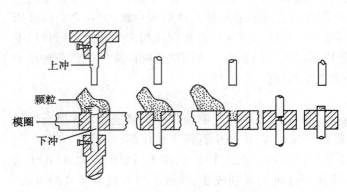

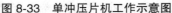

图 8-33　单冲压片机工作示意图　　　　　　　图 8-34　多冲高速压片机

多冲旋转式压片机由三大部分构成：机座和机台（转盘）、压制机构、加料部分及其调节装置。①机座和机台（转盘）：机座位于压片机的下部，内部装有动力及传动机构。压片时，下冲上升，同时，上冲下降落入模孔内，从而实现上、下冲的同时加压，得到质量较好的片剂。②压制机构：包括圆环形的上冲轨道、下冲轨道和上压轮、下压轮以及推片调节器、压力调节器。另外，上压轮连有一杠杆，杠杆下端被一个弹簧压住，当上压轮受力过大时，此装置可使上、下压轮间的距离增大，从而保证机器和冲模的安全，这一装置称为压力缓冲装置，单冲压片机没有这一装置。③加料部分及其调节装置：饲粉器在多冲旋转式压片机上是固定不动的，当中盘转动时，饲粉器中的颗粒源源不断地流入中盘的各个模孔内，将它们填装满，然后下冲向前运动，当到达片重调节器上方凸起的半月形滑道时，多余的颗粒由下冲推出到中盘的台面上并由刮板刮去，至此，颗粒的填充与片重的调节完成。显然，片重调节器决定了模孔内颗粒的实际体积，因而决定了片重。在上述过程之后，下冲沿轨道下降 3~5mm，以防压片时上冲将模孔内的颗粒"溅散"出来，从而进一步保证了片重的准确性。

目前国内生产中使用较多的 33 冲压片机为双流程，它有两套压轮，每冲旋转一圈可压成两个药片，产量较高，每分钟可生产 1000~1600 片，又由于两套压轮交替加压，减少了机器的振动和噪音。双流程旋转式压片机的冲数皆为奇数。51 冲、55 冲压片机是效率更高的高速压片机，目前已在国内部分药厂应用，压片速度可以高达 50 000 片 / 分，并能自动剔除片重过大或过小的药片。

（三）片剂成形的影响因素

1. **药物的可压性**　任何物质都兼有一定的塑性和弹性，若其塑性较大，则称其为可压性好，压缩时主要发生塑性变形，易于固结成型；若弹性较强，则可压性差，即压片时所产生的形变趋向于恢复到原来的形状，致使片剂的结合力减弱或瓦解，发生裂片和松片等现象。这种弹性复原现象可以用弹性复原率定量地加以测定，其计算公式如下：

$$弹性复原率 = \frac{H_t - H_0}{H_0} \times 100\% \tag{8-11}$$

式中，H_t 为片剂推出模孔后的高度，可用卡尺方便地量出；H_0 为片剂被加压成形时的高度，可用位移传感器与应变仪联合应用而测得。

2. 药物的熔点及结晶形态　药物的熔点较低有利于"固体桥"的形成，但熔点过低，压片时容易粘冲；立方晶系的结晶对称性好、表面积大，压缩时易于成型；鳞片状或针状结晶容易形成层状排列，所以压缩后的药片容易分层裂片，不能直接压片；树枝状结晶易发生变形而且相互嵌接，可压性较好，易于成型，但缺点是流动性极差。

3. 黏合剂和润滑剂　一般而言，黏合剂的用量越大，片剂越易成型，但应注意避免硬度过大而造成崩解、溶出的困难；润滑剂在其常用的浓度范围以内，对片剂的成型影响不大，但由于润滑剂往往具有一定的疏水性，当其用量继续增大时，会过多地覆盖于颗粒的表面，使颗粒间的结合力减弱，造成片剂的硬度降低。

4. 水分　颗粒中含有适量的水分或结晶水，有利于片剂的成型。这是因为干燥的物料往往弹性较大，不利于成型，而适量的水分在压缩时被挤到颗粒的表面形成薄膜，起到一种润滑作用。另外，这些被挤压到颗粒表面的水分，可使颗粒表面的可溶性成分溶解，当压成的药片失水后，发生重结晶现象而在相邻颗粒间架起了"固体桥"，从而使片剂的硬度增大。当然，颗粒的含水量也不能太多，否则会造成粘冲现象。

5. 压力　一般情况下，压力愈大，颗粒间的距离愈近，结合力愈强，压成的片剂硬度也愈大，但当压力超过一定范围后，压力对片剂硬度的影响减小。加压时间延长有利于片剂成型，并使之硬度增大。单冲压片机属于撞击式压片，加压时间很短，所以极易出现裂片（顶裂）现象；旋转式压片机的加压时间较长，因而不易裂片；近年来发展的"多次压片机"，可使加压时间由 0.05 秒延长到 0.22 秒，因而极少出现裂片。

（四）片剂的质量检查

1. 外观性状　片剂的外观性状应完整光洁，色泽均匀，无杂斑，无异物，并在规定的有效期内保持不变。

2. 片重差异　片重差异应符合现行药典对片重差异限度的要求，具体检查方法参考《中国药典》2010 年版附录 Ⅰ A。

糖衣片、薄膜衣片（包括肠衣片）应在包衣前检查片芯的重量差异，符合规定后方可包衣；包衣后不再检查片重差异。另外，凡已规定检查含量均匀度的片剂，不必进行片重差异检查。

3. 硬度和脆碎度

（1）硬度（hardness）：系指片剂的径向破碎力，常用孟山都硬度计或硬度测定仪来测定（图8-35 左）。在生产中常用的经验方法是：将片剂置中指与食指之间，以拇指轻压，根据片剂的抗压能力，判断其硬度。药典中尚未规定片剂硬度检查的具体方法，但一般认为普通片剂的硬度在 50N 以上为好。

（2）脆碎度（breakage）：反映片剂的抗磨损和抗振动能力，常用 Roche 脆度测定仪测定（图8-35 右）。脆碎度小于 1% 为合格片剂，具体测定方法参考《中国药典》2010 年版附录 Ⅹ G。

4. 崩解度　除药典规定进行"溶出度或释放度"检查的片剂以及某些特殊的片剂（如口含片、咀嚼片等）以外，一般的口服片剂需做崩解度检查。《中国药典》规定普通片的崩解时限是 15 分钟；分散片为 3 分钟；舌下片泡腾片为 5 分钟；薄膜衣片为 30 分钟；肠溶衣片则要求在盐酸溶液中 2 小时内不得有裂缝、崩解或软化现象，在磷酸盐缓冲液（pH 6.8）1 小时内

图 8-35 脆碎度测定仪(左);硬度测定仪(右)

全部溶解并通过筛网;结肠定位肠溶衣片在盐酸溶液及磷酸盐缓冲液(pH 6.8)中不释放或不崩解,在 pH7.5~8.0 磷酸盐缓冲液中 1 小时内完全释放或崩解。

崩解度检查采用"吊篮法":使 6 根底部镶有筛网(网孔直径 2mm)的玻璃管,上下往复通过(37±1)℃的水,每个玻璃管中的每个药片应在药典规定的时间内全部通过筛网(图 8-36)。

5. 溶出度或释放度 溶出度或释放度根据《中国药典》的有关规定,溶出度检查用于一般的片剂,而释放度检查适用于缓(控)释制剂。

缓控释制剂释放度的检查,除另有规定外至少去 3 个时间点:①开始 0.5~2 小时的取样时间点,用于考察药物是否有突释;②中间取样时间点(释放约 50%),用于确定释药特性;③最后取样时间点,用于考察释药是否完全。此 3 点用来表征片剂在体外的释放度。具体要求参考《中国药典》2010 年版附录ⅩD。

图 8-36 片剂崩解仪

6. 含量均匀度 含量均匀度是指小剂量药物在每个片剂中的含量是否偏离标示量以及偏离的程度,每片标示量不大于 10mg 或每片主药含量不大于 5% 时,均应检查含量均匀度。均匀度的检查方法详见《中国药典》2010 年版附录ⅩE。

(五)片剂的包装

片剂的包装与贮存应当做到密封防潮以及使用方便等。

1. 多剂量包装 几十片甚至几百片包装在一个容器中为多剂量包装,容器多为玻璃瓶和塑料瓶,也有用软性薄膜、纸塑复合膜、金属箔复合膜等制成的药袋。

(1)玻璃瓶:应用最多的包装容器,其密封性好,不透水汽和空气,化学惰性,不易变质,价格低廉,有色玻璃瓶有一定的避光作用。缺点是质量较大、易于破损等。

(2)塑料瓶:其优点是质地轻,不易破碎,容易制成各种形状,外观精美等,缺点是密封隔离性能不如玻璃制品,在过高的温度及湿度下可能会发生变形等。

2. 单剂量包装 单剂量包装主要分为泡罩式(亦称水泡眼)包装和窄条式包装两种形式,均将片剂单个包装,使每个药片均处于密封状态,提高了对产品的保护作用,也可杜绝交叉污染。另外,亦使患者用起来更为方便,外观装潢亦显得贵重、美观。

泡罩式包装的底层材料(背衬材料)为无毒铝箔与聚氯乙烯的复合薄膜,形成水泡眼的材料为硬质 PVC;硬质 PVC 经红外加热器加热后在成型滚筒上形成水泡眼,片剂进入水泡眼后,即可热封成泡罩式的包装(图 8-37)。

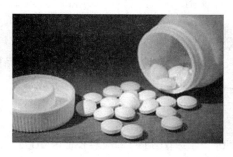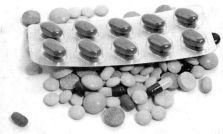

图 8-37　片剂的包装

窄条式包装是由两层膜片(铝塑复合膜、双纸塑料复合膜)经黏合或热压而形成的带状包装,与泡罩式包装比较,成本较低、工序简便。

(六) 片剂举例

通过下面实例,可以更清楚地了解片剂的制备过程,并可通过处方分析更深刻地认识各种辅料在片剂中的作用,从而获得独立进行处方设计与片剂制备的能力。

1. 含液体药物的片剂

例: 维生素 E 片(生育酚片)

【处方】维生素 E 醋酸酯 5g　淀粉 38.5g　95% 乙醇 4g　糊精 10g　碳酸钙 30g　淀粉浆(15%)35g　磷酸氢钙 41g　硬脂酸镁 1g　制成 1000 片(每片含维生素 E 5mg)

【制法】将维生素 E 醋酸酯溶于 95% 乙醇中,然后加入辅料,混合均匀,制粒,压片即得。

【注解】处方中维生素 E 醋酸酯为主药,因其为黏稠状液体,故先将其溶解在乙醇中,再与干性辅料混合,制粒,压片。该处方中淀粉和糊精作为填充剂,部分淀粉兼有内加崩解剂的作用;干淀粉为外加崩解剂;淀粉浆为黏合剂;硬脂酸镁为润滑剂。

2. 小剂量药物的片剂

例: 维生素 B_2 片

【处方】维生素 B_2 5g　淀粉 26g　糊精 42g　硬脂酸镁 0.7g　50% 乙醇 q.s.　制成 1000 片(每片含维生素 B_2 5mg)

【制法】淀粉与糊精混合均匀,维生素 B_2 按等量递加法加入上述辅料中,加入 50% 乙醇制软材,挤压过筛制颗粒,干燥,压片即得。

【注解】处方中维生素 B_2 为主药,淀粉一部分作为填充剂一部分作为崩解剂,糊精一部分作为填充剂一部分作为黏合剂,50% 乙醇为润湿剂,硬脂酸镁为润滑剂。因为是小剂量片剂,其混合的均匀程度直接关系到药物的含量均匀度。采用等量递加法将药物与辅料混合是小剂量片剂常用的混合方法,通过该方法能使药物与辅料均匀混合,从而保证每片中药物含量较为均匀,保证用药安全性和有效性。

3. 中药片剂

例: 当归浸膏片

【处方】当归浸膏 262g　淀粉 40g　轻质氧化镁 60g　硬脂酸镁 7g　滑石粉 80g　制成 1000 片

【制法】取当归浸膏加热(不用直火)至 60~70℃,搅拌使之熔化,将轻质氧化镁、滑石粉

(60g)及淀粉依次加入混匀,分铺烘盘上,于60℃以下干燥至含水量3%以下。然后将烘干的片(块)状物粉碎成14目以下的颗粒,最后加入硬脂酸镁、滑石粉(20g)混匀,过12目筛整粒,压片、质检、包糖衣。

【注解】当归浸膏中含有较多糖类物质,吸湿性较大,加入适量滑石粉(60g)可以克服操作上的困难;当归浸膏中含有挥发油成分,加入轻质氧化镁吸收后有利于压片;本品的物料易造成粘冲,可加入适量的滑石粉(20g)克服之,并控制在相对湿度70%以下压片。

4. 分散片

例:阿奇霉素分散片

【处方】阿奇霉素 250g 羧甲基淀粉钠 50g 乳糖 100g 微晶纤维素 100g 甜蜜素 5g 2%HPMC 水溶液 q.s. 滑石粉 25g 硬脂酸镁 2.5g 制成 1000 片

【制法】取处方量阿奇霉素和羧甲基淀粉钠(通常为一半)混匀过筛,加入甜蜜素、乳糖和微晶纤维素,混匀过筛,以 2%HPMC 水溶液为黏合剂制软材,制粒,干燥,整粒,加剩余羧甲基淀粉钠、滑石粉和硬脂酸镁,混匀,压片,即得。

【注解】处方中羧甲基淀粉钠为崩解剂,内外加法;乳糖和微晶纤维素为填充剂;甜蜜素为矫味剂;2%HPMC 水溶液为黏合剂;滑石粉和硬脂酸镁为润滑剂。该分散片遇水迅速崩解,均匀分散为混悬状,适合大剂量难溶性药物的剂型设计。

5. 特殊用途的片剂

例:维生素 C 泡腾片

【处方】维生素 C 500g 酒石酸 250g 碳酸氢钠 60g 蔗糖 1000g 乳糖 100g 色素 q.s. PVP 醇溶液 q.s. 水溶性润滑剂 q.s. 制成 1000 片

【制法】取维生素 C、酒石酸分别过 100 目筛,混匀,以 95% 醇和适量色素液制成软材,过 14 目筛制湿粒,于 50℃左右干燥,备用。另取碳酸氢钠、糖粉水液(含少量色素)和单糖浆适量制软材,过 12 目筛制湿粒,于 50℃左右干燥,然后与上述干粒混合,整粒,加适量香精醇溶液,烘片刻,加适量水溶性润滑剂过 100 目筛,混匀,压片。

【注解】用碳酸氢钠为二氧化碳源制备泡腾片有很多优点,如泡腾片在水中迅速溶解,能产生较多的二氧化碳,且泡腾溶液的 pH 较低。但碳酸氢钠与钠的比值高(1:1),一个代表性的泡腾片约含有 20mmol 的钠,若一天服用多次,会给某些不宜多食钠的患者带来不良后果。因此,泡腾片处方设计中应考虑少用碳酸氢钠,并用碳酸氢钾、碳酸钙等不含钠或含钠低的二氧化碳源代替。

6. 特殊制法的片剂:以全粉末片为例

例:罗通定片

【处方】罗通定 30g 滑石粉 10g 微晶纤维素 25g 微粉硅胶 1g 淀粉 23g 硬脂酸镁 1g 制成 1000 片

【制法】取处方量罗通定和辅料粉末,混匀过筛,全粉末直接压片,即得。

【注解】处方中微晶纤维素为干黏合剂和崩解剂,淀粉为崩解剂和填充剂,滑石粉和硬脂酸镁为润滑剂,微粉硅胶作为助流剂。

五、包衣

(一)包衣的目的和种类

包衣(coating)系指在片剂(常称其为片芯或素片)的外表面均匀地包裹上一定厚度的衣

膜,它是制剂工艺中的一种单元操作,有时也用于颗粒或微丸的包衣。对制剂进行包衣的主要目的如下:

1. 控制药物在胃肠道的释放部位 例如,在胃酸、胃酶中不稳定的药物(或对胃有强烈刺激性的药物),可以制成肠溶衣片,使其在小肠才释放出来,避免了胃酸、胃酶对药物的破坏。

2. 控制药物在胃肠道中的释放速度 半衰期较短的药物,制成片芯后,以适当的材料包衣,通过调整包衣膜的厚度和通透性,即可控制药物释放速度,达到缓释、控释、长效的目的。

3. 掩盖苦味或不良气味 例如,将黄连素包成糖衣片后,即可掩盖其苦味,方便服用。

4. 防潮、避光、隔离空气以增加药物稳定性 例如,降糖药培利格列扎易受酸碱催化降解,采用包衣法制备成含药片剂后,其稳定性得到显著改善。

5. 防止药物的配伍变化 例如,可以将两种药物分别制粒、包衣后,再进行压片,从而避免两者的直接接触。

6. 改善片剂的外观和光洁度 例如,有些药物制成片剂后,外观不好(尤其是中草药的片剂),包衣后可使片剂的外观显著改善。

包衣包括糖包衣、薄膜包衣和压制包衣等类型。实际生产中,前两种最为常用。其中薄膜衣又分为胃溶型、肠溶型和水不溶型三种。无论包制何种衣膜,都要求片芯具有适当的硬度,以免在包衣过程中破碎或缺损;同时也要求片芯具有适宜的厚度与弧度,以免片剂互相粘连或衣层在边缘部断裂。

(二) 包衣工艺

1. 糖衣包衣 糖包衣是指用蔗糖为主要包衣材料的传统包衣工艺。虽然具有操作时间长、所需辅料多等缺点,但由于用料便宜易得且操作设备简单,糖衣包衣工艺是目前国内外应用仍然较为广泛的一种包衣方法,尤其是中药片剂的包衣。工艺流程如图 8-38 所示:

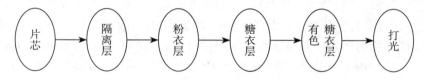

图 8-38 糖衣包衣法操作工艺流程图

在各个操作步骤中所采用的材料也有所不同:

(1) 隔离层:隔离层是在片芯外起隔离作用的衣层,可防止包衣溶液中的水分透入片芯。常用材料有玉米朊乙醇溶液、邻苯二甲酸醋酸纤维素乙醇溶液以及明胶浆等。隔离层一般包 3~5 层,每层需要干燥约 30 分钟。

(2) 粉衣层:粉衣层主要是通过润湿黏合剂和撒粉将片芯边缘的棱角包圆的衣层。润湿黏合剂常用明胶、阿拉伯胶或蔗糖的水溶液,撒粉则常用滑石粉、蔗糖粉。一般要包 15~18 层,直至片剂的棱角消失。

(3) 糖衣层:包粉衣层后片面比较粗糙、疏松,在粉衣层外包上一层蔗糖衣,使其表面光滑、细腻。糖衣层用料主要是适宜浓度的蔗糖水溶液。包完粉衣层的片芯,加入稍稀的糖浆,逐次减少用量,在 40℃下缓缓吹风干燥,一般要包 10~15 层。

(4) 有色糖衣层:为增加美观或遮光,或便于识别,可在糖衣层外再包有色糖衣。和包糖衣层的工序完全相同,应先加浅色糖浆,再逐层加深,以防出现色斑。为防止可溶性成分在干燥过程中的迁移，目前多用色淀。一般需包制 8~15 层。

(5) 打光：在糖衣最外层涂上一层极薄的蜡层，以增加光泽，并兼有防潮作用。国内一般用川蜡；用前需要精制，即加热至 80~100℃熔化后过 100 目筛，并掺入 2% 硅油混匀，冷却，粉碎，取过 80 目的细粉待用。

2. 薄膜包衣　薄膜包衣是指在片剂、颗粒或其他粒子等固体剂型上包裹高分子聚合物薄膜，膜的厚度通常为 20~100μm。与糖衣包衣工艺相比，薄膜包衣具有以下优势：包衣后片重增加小；包衣所用时间短；操作相对简便；包衣后对崩解及药物溶出影响小；片面上可以印字等。

具体操作过程如下：①在包衣锅内装入适当形状的挡板，以利于片芯的转动与翻动；②将片芯放入锅内，喷入一定量的薄膜衣材料溶液，使片芯表面均匀润湿。③吹入缓和的热风（温度在 40℃左右），使溶剂蒸发。干燥过程不能过快，以免衣膜产生"皱皮"或"起泡"现象；也不能干燥过慢，否则会出现"粘连"或"剥落"现象。包衣与干燥过程要重复若干次，直至达到一定的厚度为止。④在室温或略高的温度下自然放置 6~8 小时，使之固化完全。⑤为完全除尽残余的有机溶剂，要在 50℃条件下干燥 12~24 小时。

(1) 薄膜衣的材料：薄膜包衣材料通常由高分子材料、增塑剂、释放调节剂、增光剂、固体物料、色料和溶剂等组成。

1) 高分子包衣材料：按衣层的作用可将高分子成膜材料分为普通型、缓释型和肠溶性三大类。①普通型：主要用于吸潮和防止粉尘污染等。主要包括一些纤维素衍生物，如羟丙基甲基纤维素（HPMC）、羟丙基纤维素（HPC）等。HPMC 较为常用，其易在胃液中溶解，对药物崩解和溶出影响小，成膜性好，形成的薄膜强度适宜。②缓释型：主要用于调节药物的释放速度，这类材料常为在水中或在整个生理 pH 范围内不溶的高分子材料。常用材料包括丙烯酸树脂（EuRS，EuRL 系列）、乙基纤维素（EC）、醋酸纤维素（CA）等。其中乙基纤维素应用较为广泛，且显示出良好的缓释效果。乙基纤维素与醋酸纤维素常与 HPMC 或 PEG 混合使用，以产生致孔作用，使药物溶液易于扩散。③肠溶型：肠溶聚合物有耐酸性，只能在肠液中溶解，可实现药物的肠定位释放。常用的肠溶性材料有醋酸纤维素钛酸酯（CAP）、聚乙烯醇钛酸酯（PVAP）、羟丙基甲基纤维素钛酸酯（HPMCP）、丙烯酸树脂 EuS100、EuL100 及醋酸羟丙甲纤维素琥珀酸酯（HPMCAS）等。邻苯二甲酸醋酸纤维素或称醋酸纤维素酞酸酯（CAP），是目前应用最广的肠溶性包衣材料。而 HPMCP 和 HPMCAS 均为近年来发展的新材料，稳定性较 CAP 好。

2) 增塑剂：是指能改变高分子薄膜物理机械性质，从而增加其可塑性的材料。增塑剂因与成膜材料具有一定的化学相似性，可依靠较强的亲和力插入聚合物分子链间，削弱链间的相互作用力，增加链的可动性，从而增加链的柔韧性。纤维素材质常用的增塑剂有甘油、丙二醇、PEG 等，一般带有羟基；脂肪族非极性聚合物的增塑剂有甘油单醋酸酯、甘油三醋酸酯、蓖麻油、液状石蜡等。

3) 释放调节剂：也称致孔剂。在水不溶性薄膜衣中加有水溶性物质后，遇水可溶解形成多孔膜，从而来控制药物的释放速度。常见的水溶性致孔剂有蔗糖、氯化钠、表面活性剂和 PEG 等。选用的薄膜材料不同，使用的致孔剂也不同。如吐温、司盘、HPMC 可作为乙基纤维素薄膜衣的致孔剂；黄原胶可作为甲基丙烯酸酯薄膜衣的致孔剂。

4) 固体物料和色素：在包衣过程中有些聚合物的黏性过大，需适当加入固体粉末以防止颗粒或片剂的粘连，如滑石粉、硬脂酸镁、微粉硅胶等。

色素的加入主要有以下几种目的:便于鉴别;满足包衣后产品美观要求;也有遮光等特殊作用。但是加入色素后可能降低薄膜的拉伸强度,使薄膜弹性模量增加并会减弱薄膜的柔性。因此需慎重添加。

5) 溶剂:溶剂的作用是将成膜材料均匀分布到片剂的表面,溶剂挥发,成膜材料在片剂表面成膜。溶剂应有良好的溶解性,形成的溶液有适宜的黏度,有适宜的蒸发速度等。常用的溶剂有乙醇、异丙醇、甲醇等,水溶性成膜材料可用水做溶剂。

(2) 聚合物水分散体:聚合物水分散体是将水不溶性聚合物材料以 10nm~1μm 的粒子形式分散在水介质中形成的胶体分散系,亦称为水分散体乳胶液。水分散体除避免使用有机溶剂外,还具有含量高、黏度低的优点,对包衣的产业化具有重要的意义。

聚合物水分散体的成膜机制:水分散体包衣是将水分散体材料配制成一定浓度的包衣液后,再喷洒到片剂的表面。在初期,聚合物粒子黏附于片剂表面,首先形成一个不连续的膜。经热处理时,水分开始蒸发,这些粒子会紧密接触、变形、凝聚、融化,使缝隙消失(临界包衣水平)。最后形成聚合物粒子彼此相连的连续膜。上述过程需要经历四个阶段:①第一阶段:片剂表面形成的乳胶膜失水;②第二阶段:聚合物粒子由水膜分开,形成致密的粒子排列,粒子周围水膜的毛细管作用极大加速了这个过程;③第三阶段:粒子变形;④第四阶段:聚合物粒子扩散形成薄膜。

为方便包衣过程,可通过调整包衣聚合物材料单体的种类,添加辅助成分和控制聚合反应的条件,制备成新型聚合物水分散体。常见新型聚合物水分散体有:①Kollicoat® SR 30D:分散体是由聚乙酸乙烯酯(27%)、聚乙烯吡咯烷酮(2.5%)和十二烷基硫酸钠(SDS,0.3%)乳化-聚合而成。由于含有 SDS,分散体的黏度较低而稳定性较高。该分散体的最低成膜温度为18℃,包衣时无需再加塑化剂,也不需要进行老化处理。②Eudragit® FS 30D:分散体是由丙烯酸甲酯、甲基丙烯酸甲酯和异丁烯酸以 7:3:1(w/w)聚合而成的阴离子水分散体,同时含有 SDS(0.3%)和吐温-80(1.2%)。该水分散体形成的衣膜可在碱性介质中溶解,适于结肠定位释药制剂的包衣。③硅酮弹性体水分散体:水分散体是由羟基端封闭的聚二甲基硅氧烷(PDMS)聚合胶粒组成,固含量为 53%(w/w)。该水分散体在使用时无需加增塑剂,但需加入 PEG 等致孔剂调节药物释放。硅酮弹性体水分散体可用以控释制剂的包衣,致孔剂和二氧化硅等的加入量可显著影响包衣后制剂的释药特性。

(三) 包衣的设备与方法

1. 膜包衣装置 膜包衣装置大体可分为三大类:锅包衣装置、转动包衣装置、流化包衣装置。锅包衣装置主要用于片剂的包衣;转动包衣装置也可用于小丸的制备与包衣;流化床包衣装置还适于微丸的包衣。

(1) 锅包衣装置:这种包衣过程是在包衣锅内完成的,故也称为锅包衣法。它是一种最经典而又最常用的包衣方法,包括普通锅包衣法(普通滚转包衣法)、埋管包衣法及高效包衣锅法。

1) 倾斜包衣锅和埋管包衣锅:普通包衣锅法常用倾斜包衣锅。倾斜包衣锅为传统的锅转动型包衣机(图 8-39)。其主要构造包括:莲蓬形或荸荠形的包衣锅、动力部分和加热鼓风及吸粉装置等三大部分。将片剂置于锅内,片剂在包衣锅口附近形成旋涡状的运动,将包衣液均匀地涂在每个片剂的表面。最后经反复喷洒和干燥获得包衣片。在实际操作中,要在加入包衣材料后加以搅动,否则可能使包衣衣层的重量和厚薄不一致。在生产实践中也常常采用加挡板的方法来改善药片的运动状态,以达到最佳的包衣效果,比如,Pellegrin 包衣

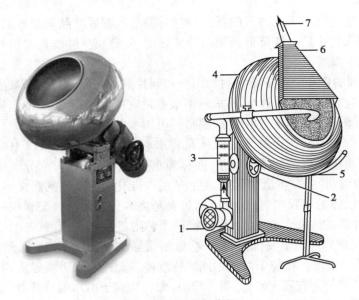

图 8-39 倾斜包衣锅

1. 鼓风机；2. 包衣锅角度调节器；3. 电热丝；4. 包衣锅；5. 煤气管
加热器；6. 吸粉罩；7. 接排风

锅采用了渐进式挡板，显著地改善了包衣锅内的翻动效果。

　　倾斜包衣锅内空气流通较差，干燥慢，工业上采用的改良方法是在物料层内插进喷头和
空气入口。改良后的装置又称为埋管包衣锅（图 8-40）。改良后的包衣锅底部装有输送包衣
溶液、压缩空气和热空气的埋管。包衣溶液在压缩空气的带动下，由下向上喷至锅内的片剂
表面，并由下部上来的热空气干燥。改良后的包衣方法不仅能防止喷液的飞扬，而且加快了
物料的干燥速度，提高了劳动生产率。

　　2）高效水平包衣锅：高效水平包衣锅是为进一步改善传统倾斜型包衣锅干燥能力差的

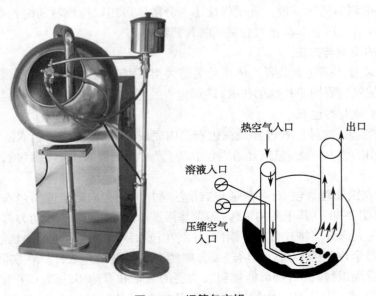

图 8-40 埋管包衣锅

缺点而开发出新型的包衣锅。按照包衣机的锅型不同,高效包衣机可分为网孔式、间隙网孔式和无孔式三类,可用于糖包衣和薄膜包衣。由于干燥速度快、包衣效果好,高效包衣锅已成为包衣装置的主流。

在高效包衣锅锅壁上装有带动片剂向上运动的挡板。包衣锅工作时,锅内的片剂将进行复杂的运动。在片剂运动过程中,安装在锅壁斜面上部的喷雾器将向片剂表面喷洒包衣液。而干燥空气则从转锅前面的空气入口进入,穿过片剂层从锅底的多孔板进入夹层而排出。

由于结构、原理与普通包衣锅不同,高效包衣锅具有以下特点:①粒子运动不依赖空气流的运动,因此适合于片剂和较大的颗粒包衣;②运行过程中可随意停止空气送入;③粒子运动比较稳定,适合易磨损的脆弱粒子的包衣;④装置可密闭,卫生、安全、可靠;⑤缺点是干燥能力相对较低,小粒子的包衣易粘连,应注意。

(2) 转动包衣装置:转动包衣装置是在转动制粒机的基础上发展起来的,主要用于微丸的包衣。包衣装置的容器盘旋转时,加到容器盘上的粒子层在旋转过程中将形成麻绳样旋涡状环流。喷雾装置安装于颗粒层斜面上部,将包衣液或黏合剂向粒子层表面定量喷雾,并由自动粉末撒布器撒布主药粉末或辅料。包衣液的喷雾和干燥交替反复进行,在粒子表面形成多层包衣,直至符合包衣要求。

转动包衣装置的特点:①粒子运动主要依靠圆盘的机械运动,不需强的空气流,可减少粉末飞扬;②由于粒子间剪切运动激烈(类麻花状),可减少粒子间的粘连,可用于微丸的包衣;③在操作中可开启装置上盖直接观察粒子运动和包衣情况;④粒子运动激烈,易磨损颗粒,不适合脆弱粒子的包衣;⑤干燥能力相对较低,包衣时间较长。

(3) 流化床包衣装置:常用的流化床包衣装置有三种形式:流化型、喷流型和流化转动型。

1) 流化型包衣装置:流化型是流化床包衣装置的基本型,其构造以及操作与流化制粒设备基本相同。其特点是:粒子的运动主要依靠气流运动,因此干燥能力强,包衣时间短;装置为密闭容器,包衣卫生安全可靠。但是由于粒子运动较缓慢,大颗粒运动较难,小颗粒包衣易产生粘连。此外包衣液的喷雾装置设在流化层的上部,喷雾位置较高,包衣效果较差。

2) 喷流型包衣装置:喷流型包衣装置的喷雾装置设在底部,并配有圆筒,可形成高强度的喷雾区。其特点是:喷雾区域的粒子浓度低,速度大,不易粘连,适合小粒子的包衣;可制成均匀、圆滑的包衣膜。缺点是容积效率低,大型机的放大制备有困难。

3) 流化转动型包衣装置:流化转动型包衣装置的底部设有转动盘,包衣液由底部以切线方向喷入。其特点是:粒子运动激烈,不易粘连;干燥能力强,包衣时间短,适合比表面积大的小颗粒的包衣。缺点是设备结构复杂,价格高;粒子运动过于激烈易磨损脆弱粒子。

2. 压制包衣设备　压制包衣法也称为干法包衣,是用包衣材料将片芯包裹后在压片机直接压制成型。该法适合于湿热敏感药物的包衣,也适于长效多层片的制备或配伍禁忌药物的包衣。一般采用两台压片机联合起来实施压制包衣,两台压片机以特制的传动器连接配套使用。为克服传统包衣机成本较高及片芯传递系统易造成无芯、双芯、移位等缺点,现在又进一步研制出一步干法压片机,从而简化了制备步骤,提高了包衣片的质量,节省了制备时间,具有良好的应用前景。使用本方法进行包衣的优点在于:可以避免水分、高温对药物的不良影响,生产流程短、自动化程度高、劳动条件好,但对压片机械的精度要求较高,目前国内尚未广泛使用。近年来,干法包衣工艺发展较为迅猛,除了压制包衣外,静电干粉包衣、增塑剂干法包衣、增塑剂静电干粉包衣、热熔包衣等技术也被研究应用于药学领域。

（四）包衣质量要求与影响因素

1. 包衣质量要求　包衣片主要由片芯（素片）与包衣层组成，其质量要求如下：

（1）片芯：除符合一般片剂质量要求外，片芯应为片面呈弧形且棱角小的双凸片，以便包衣严密。此外还要求片芯的硬度较大、脆性较小，保证滚动时不破碎。包衣前应筛去碎片及片粉。

（2）包衣层：要求衣层均匀牢固，不与片芯药物发生作用；在有效期内应保持光亮美观，颜色一致；无裂片、脱壳现象；不影响药物的崩解、溶出和吸收。

2. 影响包衣的因素　包衣过程中要掌握锅温、喷量、粒子运动速度三者之间的关系，包衣操作常出现以下的问题：

（1）粘片：主要是由于喷量太快，破坏了溶剂蒸发平衡而使片剂相互粘连。可适当降低包衣液喷量，提高热风温度，加快锅的转速等。

（2）起皱：干燥不当或包衣液喷雾压力低会使喷出的液滴受热浓缩程度不均，从而造成衣膜出现波纹。应合理控制蒸发干燥速率，提高喷雾压力或更换衣料。

（3）起泡或架桥：架桥是指片上的刻字被衣膜掩盖，造成标志模糊。解决的办法是改进包衣液，放慢包衣喷速，降低干燥温度。

（4）出现色斑或喷霜：主要是由于配包衣液时搅拌不均匀、固体状物质细度不够、雾化效果差而引起的。可更改包衣液，配包衣液时应充分搅拌均匀，适当降低温度，缩短喷程，提高雾化效果。

（5）药片边缘磨损：若是由包衣液固含量选择不当、包衣机转速过快、喷量太小引起的，则应选择适当的包衣液固含量，适当调节转速及喷量的大小；若是因为片芯硬度太差所引起，则应改进片芯的配方及工艺。

（6）糖衣片粘锅：含糖量应恒定，一次用量不宜过多，锅温不宜过低。

六、生产中存在的问题及分析

1. 裂片　片剂发生裂开的现象叫做裂片，如果裂开的位置发生在药片的顶部（或底部），习惯上称为顶裂，在片中间发生，称为腰裂。

产生裂片的处方因素有：①物料中细粉太多，压缩时空气不能及时排出而结合力弱；②物料塑性差，结合力弱。

产生裂片的工艺因素有：①单冲压片机比旋转压片机易出现裂片（压力分布不均匀）；②快速压片比慢速压片更易裂片（塑性变形不充分）；③凸面片剂比平面片剂更易裂片（应力集中）；④一次压缩比二次压缩易出现裂片（塑性变形不充分）。

裂片的防止措施：①选用弹性小、塑性好的辅料；②选用适宜的制粒方法；③选用适宜的压片机和操作参数。

2. 松片　片剂硬度不够，稍加触动即散碎的现象称为松片。主要原因是黏性力差，压缩压力不足等。

3. 粘冲　片剂的表面被冲头粘去一薄层或一小部分，造成片面粗糙不平或有凹痕的现象，一般即为粘冲；若片剂的边缘粗糙或有缺痕，则可相应地称为粘壁。造成粘冲或粘壁的主要原因有：颗粒不够干燥或物料易于吸湿、润滑剂选用不当或用量不足以及冲头表面锈蚀或刻字粗糙不光等，应根据实际情况，确定原因并加以解决。

4. 片重差异超限　片重差异超限即片剂的质量超出药典规定的片重差异允许范围，产生原因及解决办法如下：

（1）颗粒流动性不好，流入模孔的颗粒量时多时少，引起片重差异过大，应重新制粒或加入较好的助流剂如微粉硅胶等，改善颗粒流动性。

（2）颗粒内的细粉太多或颗粒的大小相差悬殊，致使流入模孔内的物料时重时轻，应除去过多的细粉或重新制粒。

（3）加料斗内的颗粒时多时少，造成加料的质量波动，这也会引起片重差异超限，所以应保持加料斗内始终有 1/3 量以上的颗粒。

（4）冲头与模孔吻合性不好，例如下冲外周与模孔壁之间漏下较多药粉，致使下冲发生"涩冲"现象，必然造成物料填充不足，对此应更换冲头、模圈。

5. **崩解迟缓**　片剂超过了药典规定的崩解时限，即称崩解迟缓或崩解超限。水分渗入到片剂内部是片剂崩解的首要条件，而水分渗入的快慢与片剂内部的空隙状态和物料的润湿性有关。影响崩解的主要原因是：①压缩力过大，片剂内部空隙小，影响水分的渗入；②可溶性成分溶解，堵住毛细孔，影响水分渗入；③增塑性物料或黏合剂使片剂的结合力过强；④崩解剂的吸水膨胀能力差或对结合力的瓦解能力差。

6. **溶出超限**　片剂在规定的时间内未能溶解出规定药量时，药物溶出度不合格。影响药物溶出度的主要原因是：片剂不崩解，颗粒过硬，药物的溶解度差等。

7. **含量不均匀**　片重差异超限，皆可造成药物含量的不均匀。另外，药物的混合度差或可溶性成分在干燥时表面迁移等也会造成含量不均匀。

第六节　滴　丸　剂

一、概述

（一）滴丸剂的概念

滴丸剂系指固体或液体药物与适宜的基质加热熔融溶解、乳化或混悬于基质中，再滴入不相混溶、互不作用的冷凝介质中，由于表面张力的作用使液滴收缩成球状而制成的制剂，主要供口服用。

1977 年版《中国药典》首次收载了滴丸剂，2010 年版《中国药典》二部收载了 5 个滴丸剂品种。近年来，合成、半合成基质及固体分散技术的应用使滴丸剂有了迅速的发展，得到了广泛的应用，如复方丹参滴丸、度米芬滴丸等，其中复方丹参滴丸 2006 年获得美国 FDA 临床批件，2010 年完成 Ⅱ 期临床研究。

（二）滴丸剂的特点与质量要求

滴丸剂具有如下特点：①设备简单、操作方便、利于劳动保护，工艺周期短、生产率高；②工艺条件易于控制，质量稳定，剂量准确，受热时间短，易氧化及具挥发性的药物溶于基质后，可增加其稳定性；③基质容纳液态药物的量大，故可使液态药物固形化；④用固体分散技术制备的滴丸具有吸收迅速、生物利用度高的特点；⑤发展了耳、眼科用药的新剂型，五官科制剂多为液态或半固态剂型，作用时间不持久，作成滴丸剂可起到延效作用。

滴丸剂在生产与贮藏期间均应符合下列有关规定：①基质包括水溶性基质和非水溶性基质；②冷凝介质必须安全无害，且与主药不发生作用，常用的有液状石蜡、植物油、甲基硅油和水等；③滴丸在滴制成丸后，应除去滴丸表面的冷凝介质；④滴丸应大小均匀、色泽一致,无粘连现象;⑤根据药物的性质与使用、贮藏的要求,供口服给药的滴丸可包糖衣或薄膜衣;⑥除另有规定外,滴丸剂宜密封贮存,防止受潮、发霉、变质。

二、常用基质与冷凝介质

(一) 基质

滴丸剂中除药物以外的附加剂称为基质。基质分水溶性基质与非水溶性基质两大类:水溶性基质常用的有聚乙二醇类(聚乙二醇 6000、聚乙二醇 4000 等),硬脂酸钠、甘油明胶、泊洛沙姆、聚氧乙烯单硬脂酸酯(S-40)等;非水溶性基质常用的有硬脂酸、单硬脂酸甘油酯、氢化植物油、虫蜡、蜂蜡等。

(二) 冷凝液

用于冷却滴出的液滴,使之冷凝成丸的液体称为冷凝介质或冷凝液。滴丸的冷凝介质必须符合以下基本要求:①既不溶解主药与基质,也不与基质、药物发生作用,不影响疗效;②适宜的相对密度,即冷凝介质与液滴相对密度要相近,以利于液滴逐渐下沉或缓缓上升而充分凝固,丸形圆整;③适当的黏度,使液滴与冷凝介质间的黏附力小于液滴的内聚力而能收缩凝固成丸。水溶性基质的冷凝介质主要有液状石蜡、二甲基硅油、植物油等;非水溶性基质的冷凝介质可以选用水、一定浓度的乙醇等。

三、制备方法

(一) 工艺流程

滴制法是指将药物均匀分散在熔融的基质中,再滴入不相混溶的冷凝介质里,冷凝固化成丸的方法。如图 8-41 所示,具体工艺流程如下:将药物溶解或混悬在熔融的基质中,保持恒定的温度(80~100℃),经过滴头,匀速滴入冷凝介质中,在表面张力作用下,液滴成球状,冷却收缩凝固成丸,在重力作用下下沉或上浮,取出,除去冷凝介质,干燥,即得滴丸。

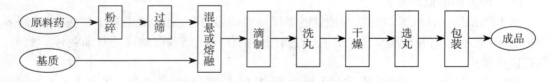

图 8-41　滴丸剂制备工艺流程图

(二) 设备

根据滴丸与冷凝介质相对密度差异,选用不同的滴制设备,如图 8-42 所示,甲用于滴丸密度小于冷凝液者,乙则相反。工业上可用有 20 个滴头的滴丸机,其生产能力类似 33 冲压片机。

(三) 注意事项

在制备过程中保证滴丸圆整成型、丸重差异合格的关键是:选择适宜基质,确定合适的滴管内外口径,控制适当的滴距与滴速,滴制过程中保持药液恒温,滴制液静液压恒定,及时冷凝等。

(四) 典型处方与工艺分析

例 1　灰黄霉素滴丸

【处方】灰黄霉素 1 份　PEG6000 9 份

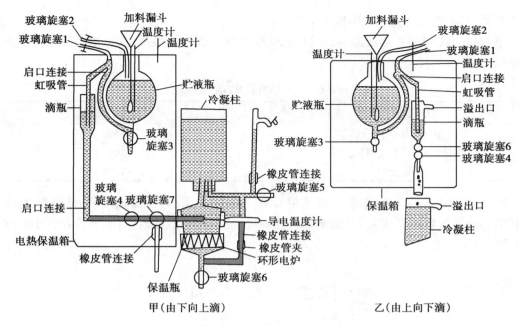

图 8-42 滴丸设备示意图

【制法】取 PEG6000 在油浴上加热至约 135℃，加入灰黄霉素细粉，不断搅拌使全部熔融，趁热过滤，置贮液瓶中，135℃下保温，用管口内、外径分别为 9.0mm、9.8mm 的滴管滴制，滴速 80 滴/分，滴入含 43% 煤油的液状石蜡(外层为冰水浴)冷却液中，冷凝成丸，以液状石蜡洗丸，至无煤油味，用毛边纸吸去黏附的液状石蜡，即得。

【注解】①灰黄霉素极微溶于水，对热稳定；mp 为 218~224℃；PEG6000 的 mp 为 60℃左右，以 1:9 比例混合，在 135℃时可以成为两者的固态溶液。因此，在 135℃下保温、滴制、骤冷，可形成简单的低共熔混合物，使 95% 灰黄霉素均为粒径 2 微米以下的微晶分散，因而有较高的生物利用度，其剂量仅为微粉的 1/2。②灰黄霉素溶解度差、口服吸收不佳，制成滴丸，可以提高其生物利用度，降低剂量，从而减弱其不良反应、提高疗效。

例 2 联苯双酯滴丸

【处方】联苯双酯 15g　PEG6000 120g　吐温 80 5g　液状石蜡 适量　共制成 10 000 粒

【制法】取处方量的 PEG6000 和吐温 80 加热至 85℃熔融；将联苯双酯过 120 目筛，加入到上述基质中，搅拌溶解至澄清，得到药液；将药液置滴丸装置中，调节活塞使滴速为 80 滴/分，滴头直径为 1.3mm，液状石蜡温度控制在 20~30℃；将药液恒速滴入液状石蜡中，滴完后，冷却，收集滴丸；用纸吸去滴丸表面的冷凝液，干燥即得。

【注解】该处方中加入吐温 80 和 PEG6000 的目的与难溶性药物联苯双酯形成固体分散体，从而增加药物溶出度，提高生物利用度；液状石蜡为冷凝液。

四、滴丸剂的质量评价

除另有规定的外，滴丸剂应进行重量差异与溶散时限检查。

1. **重量差异**　取供试品 20 丸，精密称定总重量，求得平均丸重后，再分别精密称定各丸的重量。每丸重量与平均丸重相比较，按表 8-5 中的规定，超出重量差异限度的滴丸不得多于 2 丸,并不得有 1 丸超出限度 1 倍。

单剂量包装的滴丸重量差异,可以取 20 个剂量单位进行检查,其重量差异限度应符合上述规定。

表 8-6 滴丸剂重量差异限度标准

平均丸重	重量差异限度
0.03g 及 0.03g 以下	±15%
0.03g 以上至 0.30g	±10%
0.30g 以上	±7.5%

2. 溶散时限 除另有规定外,照崩解时限检查法(中国药典二部附录 XA)检查,均应符合要求。溶散时限的要求是:普通滴丸应在 30 分钟内全部溶散,包衣滴丸应在 1 小时内全部溶散。

第七节 微 丸

一、概述

(一) 微丸的概念

微丸(Pellets),2010 年版《中国药典》二部称为小丸,是指将药物与适宜的辅料均匀混合,选用适宜的黏合剂或润湿剂并以适当的方法制成的球状或类球状固体制剂。微丸粒径一般为 0.5~3.5mm,含化学药物的微丸一般作为胶囊剂的内容物,但中药微丸剂在我国有悠久的应用历史,传统中药"六神丸"就是属于微丸剂型(丸剂内容见第十一章中药制剂)。

(二) 微丸的特点

微丸的特点有:①外形圆整,流动性好,易填装胶囊;②微丸可以进行包衣,提高稳定性,掩盖不良气味;③比表面积大,溶出快,生物利用度高;④不受胃排空因素影响,药物体内吸收均匀,个体差异小;⑤根据治疗需要,采用不同辅料可制备速释、缓释或控释微丸。

薄膜包衣的缓、控释微丸已成为迅速发展的一种新型制剂,也是目前缓、控释制剂研究、生产的热点之一,如胃漂浮型微丸、脉冲释药型微丸、自乳化微丸、结肠靶向微丸等,可使普通的微丸制剂获得特定的优良性质,达到理想的释药效果。已上市的缓控释微丸制剂很多,如中美史克公司生产的康泰克缓释胶囊、爱的发制药集团生产的盐酸地尔硫䓬缓释微丸胶囊、美国惠氏公司生产的盐酸文拉法辛缓释胶囊等。

二、分类

根据处方组成、制法以及释药机制不同,微丸一般分为以下两种类型:

1. 膜控型微丸 常通过微丸外包衣方式达到释药目的,其包衣材料一般包括成膜材料、增塑剂、致孔剂、着色剂、遮光剂以及溶剂或分散介质等。采用亲水聚合物如羟丙基甲基纤维素(HPMC)、低取代羟丙基纤维素(L-HPC)等为包衣材料的小丸,口服后在消化液中亲水聚合物吸水溶胀,形成凝胶屏障可延缓药物的释放。

2. 骨架型微丸 是由一些疏水性骨架物质如单硬脂酸甘油酯、乙基纤维素等或能吸水溶胀形成凝胶骨架的亲水性聚合物如微晶纤维素、羟丙基纤维素等骨架材料同其他一些辅料经适当方法制成的微丸。

三、微丸的制备

微丸的制备成型技术主要分为压缩式制丸、层积式制丸、旋转式制丸、球形结聚法制丸、液体介质中制丸等。目前我国主要应用的是前两种。

（一）制备方法

1. 压缩式制丸（compaction procedure）　系指用机械力将药物细粉或药物与辅料的混合细粉压制成一定大小微丸的过程。目前常用挤出-滚圆法（制备流程见图8-43），属于挤压式制丸。

挤出-滚圆法是目前制备微丸较广泛应用的方法，是用挤压机与滚圆机联合完成的，分为三个操作单元：①制软材：用黏合剂将药物细粉或药物与辅料的混合细粉制成具有一定可塑性的湿润软材；②挤压：将软材经螺旋推进或碾滚等挤压成直径相等的条状物；③滚圆：条状物在离心式球形化机械中打碎成颗粒并高速滚制，在高速滚制过程中将颗粒墩圆搓圆，在不断的滚制过程中将墩圆的颗粒修整成大小均一、球形度好的微丸；④干燥：把滚制好的微丸进行干燥处理。决定微丸质量的主要工艺因素有软材的质量、挤出速度、滚圆速度、滚圆时间等。

挤出-滚圆法具有制丸效率高、粒度分布窄、圆整度高、脆碎度小、密度大、丸剂表面光滑等优点，特别适合中药水提浸膏粉制丸。

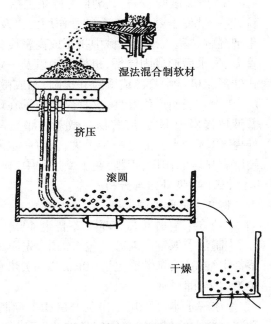

图 8-43　挤出-滚圆法制备流程

2. 层积式制丸（layering procedure）　系指药物以干燥粉末、溶液或混悬液的形式沉积在预制成型的丸芯表面的过程，分为液相层积法与粉末层积法，常用的是粉末层积法。

粉末层积法是经典丸剂制备方法——泛丸法的改进和提高，用黏合剂将药物干燥粉末或药物与赋形剂的混合干燥粉末在滚动的条件下制成母核，再在母核不断滚动的情况下边喷浆液边将混合干燥粉末加入，粉末被浆液黏到母核上，直至得到大小适宜的微丸。按所用设备，分为包衣造粒机制丸和流化床喷涂制丸。

3. 旋转式制丸（agitation procedure）　系将丸核母核置于旋转的转子上，利用离心力与摩擦力形成丸核母核的粒子流，再将药物与辅料的混合物及包衣液分别喷入其上，直至滚制成圆整性较好的微丸。其主要形成机制是成核、聚结和层结过程。主要方法是离心造粒法。

（二）常用设备

1. 包衣锅　如普通包衣锅及改进型包衣锅（如包衣造粒机）。普通包衣锅组件有各种形状与大小的包衣锅、供气排气系统、喷雾系统、饲料系统及动力系统。改进型包衣锅改善了空气流动状况和混合效果，充分的采用了自动化组件及电子系统，成品的重现性好，劳动强度低。典型设备主要有气流变换系统、空气调节系统、产品自动排出系统、数据微处理系统、喷雾系统及自动清理系统等。采用这种方法制备微丸必须先起模然后再成丸。

2. 流化造丸设备　制备时常用的设备是流化床。粉末层积法是将物料置于流化室内，一定温度的空气由底部经筛网进入流化室，使药物、辅料在流化室内悬浮混合，然后喷入雾化黏合剂，粉末开始聚结成均一的球粒，当颗粒大小达到规定要求时，停止喷雾，形成的颗粒直接在流化室内干燥。液相层积法与粉末层积法不同处在于该法喷入雾化黏合剂中含有药物。此设备所得微丸大小均匀，过程简单，生产周期短，流化床设有粉末回收装置，原辅料不受损失，包衣液的有机溶剂也可回收，有利于操作环境的改善和生产成本的降低，产品质量易控制，易于自动化生产。

3. 挤出滚圆设备　挤压式制丸包括三个单元操作：首先是用黏合液把干粉制成湿颗粒，这一过程主要是依靠毛细管作用力以及液桥作用。粒子的硬度取决于黏合液浓度，随之是把湿颗粒移入挤压机械中挤压成高密度的条状物。这些条状物的黏合力主要来源于毛细管力、失水后形成固体桥、机械连锁以及一定程度的分子间作用力。这些条状物最后在离心式球形化机械中打碎成颗粒并搓圆，制成微丸。在球形化过程期间，微丸内部水分被压至外层，在微丸表面产生黏性，这种黏性粒子在球形化设备的旋转滚动作用下，形成圆形微丸，随着液体慢慢地挥发，溶解物在微丸内部及表面析出结晶，形成固体桥，表面结晶就形成微丸外壳，以减少水分的进一步丢失，保留一定的水分在微丸内，被包裹的水分虽少，但对微丸的硬度有显著的作用，否则，在干燥过程中，缺乏机械强度的多孔微丸可能会松散。

（三）典型处方与分析

例1　萘普生微丸

【处方】空白丸芯 400g　萘普生 400g　微晶纤维素 100g　3%PVP 溶液适量

【制法】取空白丸芯于包衣锅中，先用 3%PVP 溶液喷湿空白丸芯表面，然后间断地加入萘普生细粉（预先微粉化至 10μm 以下），烘干，重复操作直到制成含一定药量的微丸。取出，60℃烘干，即得微丸。

【注解】本品采用空白丸心层积上样制丸，其中 3%PVP 溶液为黏合剂。操作过程中注意调整适宜的包衣锅热空气条件外，还必须注意黏合剂与粉料重复交替添加的时间和用量。该法具有较高的微丸收率和上药率，含量均匀度良好，微丸黏结的发生率均较低，且药物损失少。

例2　法莫替丁微丸

【处方】法莫替丁 650g　微晶纤维素 350g　水适量

【制法】将药粉与微晶纤维素过筛混匀，加水 1:1 制成软材，经挤出机筛板（孔径 0.9mm，挤出转速 300r/min）挤成细条状，置 ZDR-6B 型滚圆机内，调节转速（1000r/min）及滚圆时间（4 分钟），使颗粒完全滚圆，取出微丸于 50℃干燥 3~4 小时，筛取 18~24 目的微丸即得。

【注解】本品采用挤出滚圆法制丸。影响挤出滚圆法制备微丸的主要因素有软材的塑性、挤出速度与滚圆速度等，其中软材的塑性取决于粉料的性质及其与润湿剂或黏合剂的用量比，工艺研究时应注意优化考察上述工艺参数。

四、微丸的质量评价

1. 水分　取供试品照 2010 年版《中国药典》（一部）水分测定法项下测定。除另有规定外，微丸按其所属丸剂类型的规定判定。

2. 重量差异　按丸服用的丸剂照第一法检查，按重量服用的丸剂照第二法检查。检查方法参见 2010 年版《中国药典》（一部）丸剂项下有关规定测定。

3. 装量差异 按一次(或一日)服用剂量分装的丸剂应按 2010 年版《中国药典》(一部)附录丸剂项下有关规定测定。

4. 溶散时限 除另有规定外,取丸剂 6 丸,按 2010 年版《中国药典》(一部)丸剂项下有关规定进行。要求小蜜丸、水蜜丸和水丸应在 1 小时内全部溶散;浓缩丸和糊丸应在 2 小时内全部溶散;微丸的溶散时限按所属丸剂类型的规定判定。

5. 卫生学检查 按卫生部《药品卫生检验方法》检查,符合规定。

第八节 膜 剂

一、概述

(一)膜剂的概念与特点

膜剂(films)系指药物与适宜的成膜材料经加工制成的膜状制剂,主要供口服或黏膜用。膜剂的给药途径较多,可供口服、口含、舌下给药,或用于眼结膜囊内或阴道内,也有报道用于皮肤。根据膜剂的结构类型分类,有单层膜、多层膜(复合)与夹心膜等。膜剂的形状、大小和厚度等视用药部位的特点和含药量而定,一般膜剂的厚度为 0.05~0.2mm,面积则差异较大。

膜剂是在 20 世纪 60 年代开始研究并应用的一种新型制剂。70 年代国内对膜剂的研究应用已有较大发展,并投入生产,但目前应用还不是非常广泛。2010 年版《中国药典》二部收载了 1 个膜剂品种,即壬苯醇醚膜,每张膜含药 50mg,规格有 5cm×5cm、7cm×5cm、10cm×5cm 三种,阴道内给药,用于短效避孕。目前市场上销售的膜剂除了阴道用膜剂外,以口腔黏膜用膜剂为主,使用方法如下图 8-44 所示。

沿切割线撕下一段铝箔片　　撕开铝箔片,取出药膜　　将药膜的任意一面粘贴于患处

图 8-44 口腔溃疡用膜剂的使用方法

膜剂的特点有:①工艺简单,生产中没有粉末飞扬;②成膜材料较其他剂型用量小,膜剂体积小,质量轻,应用、携带及运输方便;③起效快;④稳定性好;⑤采用不同的成膜材料可制成不同释药速度的膜剂,既可制备速释膜剂又可制备缓控释膜剂。缺点是载药量小,一般不会超过 60mg,因此只适合于小剂量的药物,膜剂的重量差异不易控制,收率不高。

(二)膜剂的质量要求

膜剂在生产和贮藏期间应符合下列有关规定:①成膜材料及其辅料应无毒、无刺激性、性质稳定、与药物不起作用。②药物如为水溶性,应与成膜材料制成具有一定黏度的溶液,如为不溶性药物,应粉碎成极细粉,并与成膜材料等混合均匀。③膜剂外观应完整光洁,厚度一致,色泽均匀,无明显气泡。多剂量的膜剂,分格压痕应均匀清晰,并能按压痕撕开。④膜剂所用包装材料应无毒性、易于防止污染、方便使用,并不能与药物或成膜材料发生理化作用。⑤除另有规定的外,膜剂应密封贮存,防止受潮、发霉、变质。

二、成膜材料

成膜材料的性能与质量不仅对膜剂的成形工艺有影响,而且对膜剂的质量及药效产生重要影响。理想的成膜材料应具有下列条件:①生理惰性,无毒、无刺激;②性能稳定,不降低主药药效,不干扰含量测定,无不适臭味;③成膜、脱膜性能好,成膜后有足够的强度和柔韧性;④用于口服、腔道、眼用膜剂的成膜材料应具有良好的水溶性,能逐渐降解或排泄;外用膜剂应能迅速、完全释放药物;⑤来源丰富、价格便宜。

常用的成膜材料有:

(一)天然的高分子化合物

天然的高分子材料有明胶、阿拉伯胶、琼脂、支链淀粉等。此类成膜材料多数水溶性好,有一定黏性,但单独应用的成膜性能较差,故常与其他成膜材料合用。

(二)合成的高分子化合物

合成高分子材料是膜剂的常用材料,常用的有聚乙烯醇、丙烯酸树脂类、纤维素类。高分子材料的聚合度不同,则成膜性能不同,使用时需要选择合适的型号。

聚乙烯醇(polyvinyl alcohol,PVA)是由聚乙酸乙烯在甲醇、乙醇或乙酸甲酯等溶剂中经醇解而成的结晶性高分子材料,为白色至奶油色的颗粒。根据其聚合度和醇解度不同,有不同的规格和性质。国内采用的 PVA 有 05-88 和 17-88 等规格,平均聚合度分别为 500~600 和 1700~1800,分别以"05"和"17"表示。两者醇解度均为 88%±2%,以"88"表示。两种成膜材料均能溶于水,PVA05-88 聚合度小,水溶性大,柔韧性差;PVA17-88 聚合度大,水溶性小,柔韧性好。两者以适当比例(如 1:3)混合使用则能制得很好的膜剂。PVA 是最常用的成膜材料。PVA 对眼黏膜和皮肤无毒、无刺激,口服后在消化道中很少吸收,80% 的 PVA 在48 小时内随粪便排出。

乙烯 - 醋酸乙烯共聚物(EVA)是乙烯和醋酸乙烯在过氧化物或偶氮异丁腈引发下共聚而成的水不溶性高分子聚合物,通常为透明至半透明、略带弹性的颗粒状物质。EVA 的性能与其分子量及醋酸乙烯含量有很大关系。随着分子量增加,共聚物的玻璃化温度和机械强度均增加。在分子量相同时,则醋酸乙烯比例越大,材料溶解性、柔韧性和透明度越大。EVA 化学性质稳定,无毒,无刺激性,对人体组织有良好的相容性,不溶于水,能溶于二氯甲烷、氯仿等有机溶剂,以 EVA 制备的长效眼用膜剂,在兔眼内实验未见刺激性与不良反应。

三、膜剂的制备工艺

(一)膜剂的一般组成

除了成膜材料外,膜剂中通常还会根据应用需要加入其他辅料,例如增塑剂、矫味剂、填充剂等。具体组成如下:

主药　　0~70%(W/W)

成膜材料(PVA 等)　30%~100%

增塑剂(甘油、山梨醇等)　0~20%

表面活性剂(聚山梨酯 80、十二烷基硫酸钠、豆磷脂等)　1%~2%

填充剂($CaCO_3$、SiO_2、淀粉等)　0~20%

着色剂（色素、TiO$_2$等） 0~2%（W/W）

脱膜剂（液状石蜡等） 适量

（二）制备方法

1. 匀浆流延成膜法　将成膜材料(如 PVA)溶解于水,过滤,将主药加入,充分搅拌溶解。不溶于水的主药可以预先制成微晶或粉碎成细粉,用搅拌或研磨等方法均匀分散于浆液中,脱去气泡。小量制备时倾于平板玻璃上涂成宽厚一致的涂层,大量生产可用涂膜机涂膜。干燥后根据主药含量计算单剂量膜的面积,分割,包装。

2. 热塑制膜法　将药物细粉和成膜材料(如 EVA)混合均匀,热压成膜;或将热融的成膜材料,如聚乳酸、聚乙醇酸等在熔融状态下加入药物细粉,使溶解或均匀混合,在冷却过程中成膜。

3. 复合制膜法　以不溶性的热塑性成膜材料(如 EVA)为外膜,分别制成具有凹穴的底外膜带和上外膜带,另用水溶性的成膜材料(如 PVA 或海藻酸钠)用匀浆流延成膜法制成含药的内膜带,剪切后置于底外膜带的凹穴中。也可用易挥发性溶剂制成含药匀浆,以间隙定量注入的方法注入底外膜带的凹穴中,经吹风干燥后,盖上外膜带,热封即成。此法一般用于缓释膜的制备,如眼用毛果芸香碱膜剂(缓释一周)在国外即用此法制成。

涂布是制备膜剂的关键工艺,常用的设备为涂布机。

（三）典型处方与工艺分析

例：复方替硝唑口腔膜剂

【处方】替硝唑 0.2g　氧氟沙星 0.5g　聚乙烯醇（PVA17-88)3.0g　羧甲基纤维素钠 1.5g　甘油 2.5g　糖精钠 0.05g　蒸馏水加至 100g　制成 1000cm^2

【制法】先将聚乙烯醇、羧甲基纤维素钠分别浸泡过夜,溶解。将替硝唑溶于 15ml 热蒸馏水中,氧氟沙星加适量稀醋酸溶解后加入,加糖精钠、蒸馏水补至足量。放置,待气泡除尽后,涂膜,干燥分格,每格含替硝唑 0.5mg,氧氟沙星 1mg。

【注解】聚乙烯醇(17-88)与羧甲基纤维素钠作为成膜材料,甘油是增塑剂,糖精钠是甜味剂,水是溶剂,在涂布后干燥除去。替硝唑具有抗厌氧菌的作用,与氧氟沙星配伍制成的膜剂主要用于牙周病的治疗。

四、膜剂的质量评价

除另有规定外,膜剂应进行重量差异与微生物限度检查。

1. 重量差异　取供试品 20 片,精密称定总重量,求得平均重量后,再分别精密称定各片的重量。每片重量与平均重量相比较,按表 8-7 中的规定,超出重量差异限度的不得多于 2 片,并不得有 1 片超出限度 1 倍。

表 8-7　膜剂重量差异限度标准

平均丸重	重量差异限度
0.02g 及 0.02g 以下	±15%
0.02g 以上至 0.20g	±10%
0.20g 以上	±7.5%

2. 微生物限度　除另有规定的外,照微生物限度检查法(中国药典二部附录XIJ)检查,应符合规定。

第九节　栓　　剂

一、概述

(一) 栓剂的概念与种类

栓剂 (suppository) 系指药物与适宜基质制成的具有一定形状供腔道给药的固体外用制剂。栓剂应有适宜的硬度和韧性,无刺激性,引入腔道后,在体温条件下应能熔融、软化或溶解,且易与分泌液混合,逐渐释放药物,产生局部作用或全身作用。

目前常用的栓剂有肛门栓、阴道栓、尿道栓等,其形状、大小因使用部位不同而各不同。肛门栓的形状有圆锥形、圆柱形、鱼雷形等;阴道栓的形状有球形、卵形、鸭嘴形等;尿道栓呈笔形,一端稍尖,少用。栓剂形状如图 8-45 所示。

栓剂为古老剂型之一,在公元前 1550 年的埃及《伊伯氏草本》中

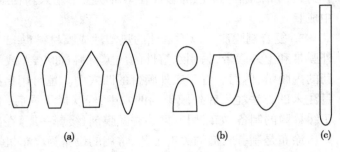

图 8-45　栓剂的外形示意图
(a) 肛门栓外形;(b) 阴道栓外形;(c) 尿道栓外形

就有记载。我国使用栓剂也有悠久的历史,汉代已有类似栓剂的早期记载。近年来栓剂生产的品种和数量显著增加,美国 FDA 已经批准上市的栓剂品种有 1600 余种,《中国药典》2010 年版 (二部) 已收载栓剂 19 种。

随着药剂学、生物药剂学的发展以及大量试验和临床研究的报道,栓剂的应用已由早期的局部治疗转变为全身治疗,栓剂的种类也显著增加,除常用的普通栓剂外,还包括中空栓剂、双层栓剂、微囊栓剂、渗透泵栓剂、泡腾栓剂、原位凝胶栓剂等。中空栓剂是 1984 年由日本学者研发的一种制剂,其外层为纯基质制成的壳,空心可填充固态液态和混悬态等各种状态的药物,在药物中添加适当赋形剂或制成固体分散体,以及调整基质的组成与配比,可达到速释或缓释的作用;双层栓剂一般分为两种,一种是内外层含不同药物,进入体内后药物可先后释放,另一种是分上下两层,下半部用水溶性基质,使用时可达到速释目的,上半部用脂溶性基质,起缓释作用;原位凝胶栓剂又称液体栓剂,其在室温下为液体,进入直肠后在体温下转变为半黏稠凝胶态,可牢固附着于直肠黏膜,不会从肛门漏出,也不会进入直肠深部,顺应性好,生物利用度高,用泊洛沙姆 407、PEG400 和海藻酸钠混合基质制备的尼美舒利液体栓剂,对家兔直肠黏膜无刺激,体内生物利用度比普通固体栓剂高33.92%。

(二) 栓剂的作用特点

1. 局部栓剂　局部作用的栓剂药物通常不需要吸收,将栓剂置入直肠或乙状结肠内,药物与直肠或结肠黏膜密切接触,并在病灶维持较高的药物浓度,可以起到滑润、收敛、抗菌消炎、杀虫、止痒、局麻等作用,例如用于通便的甘油栓和用于治疗阴道炎的蛇黄栓均为局部作用的栓剂。

2. 全身栓剂　栓剂作用于全身的主要是肛门栓,通过与直肠黏膜接触发挥镇痛、镇静、

兴奋、扩张支气管和血管、抗菌等作用,如吗啡栓、苯巴比妥钠栓等。

与口服药物比较,用于全身治疗的栓剂有许多优点,药物不受胃肠 pH 和酶的影响和破坏,避免药物对胃的刺激性;避免口服药物的肝脏首过效应;作用时间一般比口服片剂长;适宜口服给药困难或不能口服给药的患者。

二、栓剂的基质及附加剂

(一)理想基质的要求

栓剂基质不仅赋予药物成型,且可影响药物局部作用和全身作用。优良基质应符合以下要求:①在室温下应有适当的硬度,塞入腔道时不致变形或碎裂,在体温下易软化、融化或溶解,熔点与凝固点的差距小;②性质稳定,与药物混合后不起作用,不妨碍主药的作用与含量测定,贮藏中不发生理化性质的变化,影响其生物利用度,不易生霉变质等;③对黏膜无刺激性和无毒性,无致敏性,释放速率良好;④适用于热熔法及冷压法制备栓剂,易于脱模;⑤油脂性基质还应要求酸价在 0.2 以下,皂化价约 200~245,碘价低于 7。基质主要分油脂性基质和水溶性基质两大类。

(二)油脂性基质

1. 可可豆脂(cocoa butter) 是从植物可可树种仁中得到的一种固体脂肪,主要组分为硬脂酸、棕榈酸、油酸、亚油酸和月桂酸等的甘油酯。常温下为白色或淡黄色、脆性蜡状固体,无刺激性,可塑性好,相对密度为 0.990~0.998,熔点 30~35℃,10~20℃时易碎成粉末,是较适宜的栓剂基质,但由于其同质多晶型及含油酸具有不稳定性,已渐渐被半合成或合成油脂性基质取代。

2. 半合成或全合成脂肪酸甘油酯 系由天然植物油经水解、分馏所得 C12~C18 游离脂肪酸,部分氢化后再与甘油酯化而成。这类基质具有适宜的熔点,不易酸败,为目前取代天然油脂的较理想的栓剂基质。

(1)椰油酯:系由椰油加硬脂酸再与甘油酯化而成。本品为白色块状物,具有油脂臭,不溶于水,熔点 35.7~37.9℃,凝固点 30.6~32.6℃,抗热能力较强,刺激性小。

(2)棕榈酸酯:系由棕榈油酸加硬脂酸与甘油酯化而成,对直肠黏膜和阴道黏膜均无不良影响,抗热能力强,酸价和碘值低,为较好的半合成脂肪酸酯。

(3)混合脂肪酸甘油酯:混合脂肪酸甘油酯为月桂酸与硬脂酸的甘油酯混合物,为白色或类白色蜡状固体,具有油脂臭味;在三氯甲烷、乙醚或苯中易溶,在石油醚中溶解,在水或乙醇中几乎不溶。规格有:34 型(熔点 33~35℃,皂化值 225~235),36 型(35~37℃,皂化值 220~230),38 型(37~39℃,皂化值 215~230)与 40 型(39~41℃,皂化值 215~230)。以 38 型应用较多。

(三)水溶性基质

1. 甘油明胶(gelatin glycerin) 系用明胶、甘油与水制成,有弹性,不易折断,但塞入腔道后可缓慢溶于分泌液中,延长药物的疗效。其溶出速率可随水、明胶、甘油三者的比例改变而改变,甘油与水的含量越高,越易溶解。甘油能防止栓剂干燥,通常用水∶明胶∶甘油 =10∶20∶70 的配比。以本品为基质的栓剂贮存时应注意在干燥环境中的失水性。本品也易滋长霉菌等微生物,故需加抑菌剂。明胶是胶原的水解物,凡与蛋白质能产生配伍变化的药物,如鞣酸、重金属盐等均不能用甘油明胶作基质。

2. 聚乙二醇(polyethylene glycols,PEG) 为乙二醇的高分子聚合物总称,为结晶性载体,易溶于水,为难溶性药物的常用载体。PEG1000、4000、6000 三种的熔点分别为 38~40℃、40~48℃、55~63℃。通常将两种或两种以上的不同分子量的聚乙二醇加热熔融,混匀,制得所要求的栓剂基质。本品不需冷藏,贮存方便,但吸湿性较强,对黏膜产生刺激性,加入约 20% 的水润湿或在栓剂表面涂鲸蜡醇、硬脂醇薄膜使用可减轻刺激。PEG 基质不宜与银盐、奎宁、乙酰水杨酸、苯佐卡因、氯碘喹啉、磺胺类等药物配伍。

3. 泊洛沙姆(poloxamer)　本品为乙烯氧化物和丙烯氧化物的嵌段聚合物(聚醚)。为一种表面活性剂,易溶于水,能与许多药物形成空隙固溶体。本品的型号有多种,随聚合度增大,物态从液体,半固体至蜡状固体,易溶于水,多用于制备液体栓剂,是目前研究最为深入的制备温敏原位凝胶的高分子材料。较常用的型号有泊洛沙姆 188(商品名普朗尼克 68),熔点为 52℃,具有表面活性作用,能促进药物的吸收;泊洛沙姆 407(商品名普郎尼克 F127),熔点 52~57℃,是目前液体栓剂基质中应用最为广泛的高分子材料。

(四) 附加剂

1. 表面活性剂　在基质中加入适量的表面活性剂,往往能增加药物的亲水性,尤其对覆盖在直肠黏膜壁上的连续的水性黏液层有胶溶、洗涤作用,并造成孔隙的表面,从而增加药物的穿透性。

2. 抗氧剂　当主药易被氧化时,应采用抗氧剂,如叔丁基羟基茴香醚(BHA)、叔丁基对甲酚(BHT)、没食子酸酯类等。

3. 防腐剂　当栓剂中含有植物浸膏或水性溶液时,可使用防腐剂及抑菌剂,如对羟基苯甲酸酯类。使用防腐剂时应验证其溶解度、有效剂量、配伍禁忌以及直肠对其耐受性。

4. 硬化剂　若制得的栓剂在贮存或使用时过软,可以加入硬化剂,如白蜡、鲸蜡醇、硬脂酸、巴西棕榈蜡等调节,但其效果十分有限。因为它们的结晶体系和构成栓剂基质的三酸甘油酯大不相同,所得混合物明显缺乏内聚性,因而其表面异常。

5. 增稠剂　当药物与基质混合时,因机械搅拌情况不良,或因生理上需要时,栓剂制品中可酌加增稠剂,常用作增稠剂的物质有:氢化蓖麻油、单硬脂酸甘油酯、硬脂酸铝等。

6. 吸收促进剂　通过与阴道或直肠接触而起全身治疗作用的栓剂,可利用非离子型表面活性剂、脂肪酸、脂肪醇和脂肪酸酯类、尿素、水杨酸钠、苯甲酸钠、羟甲基纤维素钠、环糊精类衍生物等作为药物的吸收促进剂,以增加药物的吸收。

三、栓剂的处方设计

(一) 全身作用栓剂

1. 直肠解剖生理和吸收途径　直肠位于消化道末端,从骨盆向下直至肛门。人的直肠长 12~20cm,最大直径为 5~6cm。直肠液体量为 2~3ml,pH 为 7.3 左右,无缓冲能力。药物经直肠吸收主要有三个途径:一条是通过直肠上静脉,经门静脉而入肝脏,在肝脏代谢后再转运至全身,当栓剂距肛门口 6cm 处给药时,大部分药物经直肠上静脉进入门静脉 - 肝脏系统;另一条是通过直肠中、下静脉和肛管静脉进入下腔静脉,绕过肝脏而直接进入血液循环,避免了肝脏的首过作用。因此,药物的直肠吸收与给药部位有关,栓剂引入直肠的深度愈小,栓剂中药物不经肝脏的量愈多,一般为总量的 50%~70%。第三条是经直肠淋巴系统吸收。但因淋巴流量很低,故经其吸收的药量实际上很少。三条途径均不经过胃和小肠,避免了酸、碱、消化酶对药物的影响和破坏作用,减轻药物对消化道的刺激,因而大大提高药物的生物利用度。

2. 影响药物吸收的因素　影响直肠给药后药物吸收的因素较为复杂，主要包括生理因素、药物性质以及基质和添加剂的影响。

（1）生理因素：直肠黏膜的特性和直肠液的 pH 以及直肠中的静脉分布差异会引起药物生物利用度的差异。为避免肝脏的首过效应，一般应将栓剂塞在距肛门口约 2cm 处。直肠中的粪便影响药物的吸收，空直肠比充有粪便的直肠药物吸收多，应注意在排便后用药。

（2）药物的性质：脂溶性和分配系数是药物吸收的决定因素。非解离型的脂溶性好的药物能够迅速从直肠吸收，解离型的非脂溶性药物不易吸收。pK_a 大于 4.3 的弱酸性药物或 pK_a 小于 8.5 的弱碱性药物，一般吸收较快。若药物为 pK_a 小于 3.0 的酸性药物或 pK_a 大于 10.0 的碱性药物，吸收速度十分缓慢，这说明直肠黏膜对分子型药物可以选择性地透过，而离子型药物难以穿透。

药物的溶解度对直肠吸收有较大影响。不同溶解度的药物选择适宜类型的基质，可获得理想的吸收效果。水溶性药物混悬在油脂性基质中，或脂溶性较大的药物分散在水溶性基质中，由于药物与基质之间的亲和力弱，有利于药物的释放，且能够降低药物在基质中的残留量，可以获得较完全的释放与吸收。水溶性较差的药物呈混悬状态分散在栓剂基质中时，药物粒径大小能够影响吸收。如阿司匹林栓剂，采用比表面积为 $320cm^2/g$ 的细粉与比表面积为 $12.5cm^2/g$ 的粗粒分别制成栓剂，经健康志愿者使用后，细粉 12 小时水杨酸的累积排泄量为粗粒的 15 倍。

（3）基质与附加剂：栓剂的基质类型对药物的生物利用度有很大影响。一般来说，栓剂中药物吸收的限速过程是基质中的药物释放到体液的速度，而不是药物在体液中溶解的速度。为加速药物的释放和吸收，全身作用的栓剂一般应选择水溶性基质，如药物是水溶性的则选择脂溶性基质。

药物的直肠吸收与栓剂在直肠中的保留时间有关。为延长栓剂的直肠保留时间，可采用生物黏附性给药系统，增加滞留时间，提高生物利用度。如在昂丹司琼液体栓剂的基质中加入黏附材料羟丙甲纤维素后，药物体外释放比普通栓剂明显减慢，呈现缓释特征。

抗生素或蛋白质类大分子药物，直肠给药不易达到有效血药浓度，因而可适当加入吸收促进剂以解决此类问题。直肠吸收促进剂的主要作用机制与经皮吸收促进剂相似，但黏膜没有角质层这一屏障的干扰，促吸收机制主要是增加细胞膜通透性或旁细胞途径吸收。

表面活性剂是最常用的一类吸收促进剂，基质中加入适量表面活性剂可促进药物的释放与吸收。一般认为 $HLB>11$ 的表面活性剂能较好地促进药物从基质向水性介质中扩散。

β- 环糊精类衍生物可以通过与药物形成包合物促进直肠吸收并增加药物稳定性、减少药物造成的刺激等，将克霉唑与 β- 环糊精按 1：0.25 的比例制成包合物后加入到泊洛沙姆 188 与聚乙二醇基质中制得的栓剂，体外释放度比普通栓剂高约 50%，体内生物利用度提高约一倍。

吸收促进剂对药物的吸收有时也呈现抑制作用。一般在油脂性基质中加入少量表面活性剂时能促进药物的释放与吸收。加入量多时，表面活性剂自发形成胶束，可能会阻碍药物从基质中释放，且易造成膜损害或膜破裂，所以应权衡利用表面活性剂。

3. 全身作用栓剂的处方设计　全身作用的栓剂的处方设计应充分考虑基质、促进剂、药物分散程度等因素，宜选用能加速药物释放与吸收的基质。根据前面所述基质对药物释放和吸收的影响，宜选择与药物溶解行为相反的基质。这样药物溶出速度快，体内峰值高，达峰时间短。如果药物是水溶性的，应选择油溶性基质；如果药物是脂溶性的，应选择水溶性基质;如果药物是高度脂溶性的,可能还要加表面活性剂来提高溶解度。

(二)局部作用栓剂

与全身作用的药物基质相反,用于局部作用的药物基质熔化速率及药物的释放速率均应较缓慢,也不需要促进药物的吸收。局部作用通常在 0.5 小时内开始,最少要持续约 4 小时。但若在 6 小时内基质不液化,不仅病人感觉不适,而且很可能在药物没有充分利用之前就被病人排出体外。

局部作用的栓剂只在腔道局部起作用,应选用熔化、液化慢、释药慢、药物不被吸收的基质。水溶性基质制成的局部作用栓剂因腔道中的液体量有限,使其溶解速度受限,释放药物缓慢,较油脂性基质更有利于发挥局部疗效。如甘油明胶常用作局部杀虫、抗菌的阴道栓的基质。

四、栓剂的制备

(一)置换价

置换价(displacement value, DV)系指药物的重量与同体积栓剂基质的重量之比。药物在栓剂基质中占有一定的体积,不同的栓剂处方,用同一模具所制得栓剂体积是相同的,但其重量则随基质与药物的密度不同而有区别。根据置换价可以对药物置换基质的重量进行计算。置换价的计算见下式,设纯基质的平均重量为 G,含药栓的平均栓重为 M,含药栓每个栓的平均含药量为 W,那么 $M-W$ 即为含药栓中基质的重量,而 $G-(M-W)$ 即为纯基质栓剂与含药栓剂中基质重量只差,亦即为与药物同体积的基质的重量。

$$DV = \frac{W}{G - (M - W)} \tag{8-12}$$

根据下式计算出制备含药栓需要的基质(base)重量 B:

$$B = (G - W/DV) \cdot n \tag{8-13}$$

式中, n 表示拟制备的栓剂枚数。

药物的置换价可以从文献中查到或经实验测定。现代制备栓剂的大生产设备不以栓模固定装量,而通常采用装量可调的 PVC 或 PE 泡罩实现成栓与包装一体化;高精度计量泵可根据栓剂中药物含量来控制物料的填充量,装量检测模块通过光电开关对液位的表面进行实时跟踪监测,由此来判断其计量是否准确。这种全自动栓剂生产设备操作方便,无须知道或测定置换价。因此置换价的概念在实际生产中已经很少提及。

(二)栓剂的制备

栓剂的制备主要分为冷压法(cold compression method)和热熔法(fusion method)两种,需按基质种类和制备数量灵活选择。

药物与基质的混合方法主要分为三种:①油溶性药物可直接加入于油脂性基质使之溶解,但加入的量较大时会使基质的熔点降低或使栓剂过软,此时可加入适量的蜂蜡、石蜡等调节熔距;②对于水溶性药物,可加少量的水制成浓溶液,用适量羊毛脂吸收后再与其他基质混合均匀;③如果药物不溶于任何基质,可先把药物制成细粉,再与基质混合均匀。

1. 冷压法　冷压法系用制栓机制备栓剂。先将药物与基质粉末置于冷容器内,混合均匀,然后装入制栓机的圆筒内,经模型挤压成一定形状的栓剂。冷压法避免了加热对主药或基质稳定性的影响,不溶性药物也不会在基质中沉降,但生产效率不高,成品中往往夹带空气而不易控制栓重。目前制备栓剂多已不采用冷压法。

2. 热熔法　热熔法制备栓剂是基于固体分散体的原理,将药物高度分散于药物基质中,药物以分子、胶态、微晶或无定形粉末等状态存在,能大幅度减小难溶性药物的粒度,增大其溶出面积。将基质粉末置于水浴中加热熔融,温度不宜过高,加入药物溶解或均匀分散于基质中,然后倒入冷却并涂有润滑剂的栓模中至稍溢出模口为宜,冷却,待完全凝固后,削去溢出部分,开模取栓,晾干,包装。

热熔法是广泛应用于制备栓剂的方法,实验室中采用模具浇注(图 8-46),大量生产中则多采用自动化模制机组(图 8-47),主要由制带机、灌注机、冷冻机、封口机组成,能在同一设备中自动完成栓剂的制壳、灌注、冷却成形、封口等全部工序,产量为 18 000~30 000 粒/小时。其中制壳材料为塑料和铝箔,制壳材料不仅是包装材料,又是栓剂的模具,如图 8-48 所示,此种包装不仅方便了生产,减轻劳动强度,而且不需用冷藏保存。特别是在热带地区,虽然在高温下栓剂能够熔化,但冷却后还可以保持原来模子的形状,因此,贮藏不需冷藏。此外,灌注机组一般同时具有智能检测模块,可以实现自动纠偏、瘪泡检测、装量检测、剔除废品等功能,大大减少了人力,使产品质量得到保证。

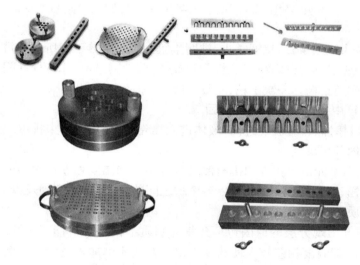

图 8-46　用热熔法制备栓剂的模具

图 8-47　HY-U 全自动模制机组

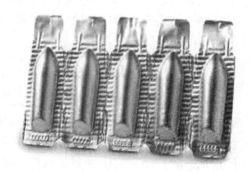

图 8-48　用自动化模制机制备的栓剂样品

（三）处方举例

例 1　双氯芬酸钠栓

【处方】双氯芬酸钠 50g　泊洛沙姆 1045g　卡波姆 5g　共制 1000 枚

【制法】取泊洛沙姆置 60℃水浴上加热熔化，加入卡波姆和双氯芬酸钠，通过胶体磨研磨搅匀，注入栓模中冷却，刮平，取出，包装，即得。

【作用与用法】本品为消炎镇痛类药。用于类风湿关节炎，手术后疼痛及各种原因所致的发热。用时将栓剂取出，以少量温水湿润后，轻轻塞入肛门 2cm 处，一天一粒。

例 2　消糜栓

【处方】人参茎叶皂苷 25g　紫草 500g　黄柏 500g　苦参 500g　枯矾 400g　冰片 200g　儿茶 500g　共制 1000 枚

【制法】以上七味，儿茶、枯矾粉碎成细粉，冰片研细；黄柏、苦参、紫草加水煎煮三次，第一次 2 小时，第二次、第三次各 1 小时，合并煎液，滤过，滤液浓缩至相对密度为 1.10（80℃）的清膏，加乙醇使醇含量为 75%，静置 24 小时，滤过，回收乙醇，浓缩至相对密度为 1.36（80℃）的稠膏，干燥，粉碎成细粉，与上述细粉及人参茎叶皂苷粉混匀；另取与氧乙烯单硬脂酸酯及甘油 22g，混合加热熔化，温度保持在 40℃±2℃，加入上述细粉，混匀，注入栓剂模，冷却，即得。

【作用与用法】清热解毒，燥湿杀虫，祛腐生肌。用于湿热下注所致的带下病，症见带下量多、色黄、质稠、腥臭、阴部瘙痒；滴虫性阴道炎、霉菌性阴道炎、非特异性阴道炎、宫颈糜烂见上述症候者。阴道给药。一次 1 粒，一日 1 次。

（四）栓剂生产中易出现的问题及原因

1. 气泡　灌封时储料罐温度过高，液体进入栓壳中，壳内气体未排尽就进到冷冻机中，导致栓剂顶部或内部出现气泡。

2. 裂纹或表面不光滑　主要原因有灌装温度与冷却温度相差过大，基质硬度过高或冷却时收缩过多。解决办法包括缩小灌装与冷却之间的温差，选择两种及以上的栓剂基质或结晶速度慢的基质等。

3. 分层　栓剂出现分层的原因包括药物与基质不相溶，物料混合时没有搅拌均匀，加热融化的温度与冷却温度相差较大使药物析出。在基质中加入适量表面活性剂，降低灌装温度是解决此类问题的常用方法。

4. 融变时限不合格　基质熔点、栓剂硬度、药物的性质对融变时限有较大影响。油溶性基质在贮藏中熔点可能升高，基质由非稳定晶型向稳定晶型转变，导致融变时间延长，可采用复合基质，使初始熔点降低；水溶性基质中水分含量一般不超过 10%，否则栓剂硬度过低；另外，还应充分考虑基质的分子量和引湿性（如不同型号 PEG），药物是否微粉化，药物在基质中的溶解度等因素。

五、栓剂的质量评价

《中国药典》2010 年版第二部规定，栓剂的一般质量要求有：药物与基质应混合均匀，栓剂外形应完整光滑；塞入腔道后应无刺激性，应能融化、软化或溶化，并与分泌液混合，逐步释放出药物，产生局部或全身作用；并应有适宜的硬度，以免在包装、贮藏或用时变形。并应作重量差异和融变时限等多项检查。除另有规定外，栓剂应进行以下相应检查。

1. 重量差异　检查法：取栓剂 10 粒，精确称定总重量，求得平均粒重后，再分别精确称定各粒的重量。每粒重量与平均粒重相比较,超出重量差异限度的栓剂不得多于1粒,并不得超出限度1倍,栓剂平均粒重在1.0g及1.0g以下的差异限度为±10%,1.0g以上至3.0g为±7.5%,3.0g以上为±5%。

2. 融变时限　检查方法:取栓剂3粒,在室温放置1小时后,分别放入用于测定时限的装置中,按法测定。除另有规定外,脂肪性基质的栓剂3粒应在30分钟内全部融化、软化或触压时无硬心;水溶性基质的栓剂3粒均应在60分钟内全部溶解。如3粒中有1粒不符合规定,应另取3粒复试,均应符合规定。

3. 溶出度实验和吸收试验

(1) 溶出度实验:目前还没有标准的检测方法,可采用药典转篮法,或将待测栓剂放入透析袋或微孔滤膜中,浸入溶出设备中,于37℃每隔一定时间取样测定,每次取样后补充适量介质,使总体积不变,根据测定结果计算累积溶出百分率。

(2) 吸收试验:一般采用家兔进行试验,开始时剂量不超过口服剂量,以后再两倍或三倍地增加剂量。给药后,按一定的时间间隔抽取血液或收集尿液,测定药物浓度,描绘出血药浓度-时间曲线,计算出体内药物动力学参数,求出生物利用度。

4. 稳定性与刺激性试验

(1) 稳定性试验:将栓剂在室温(25℃±3℃)和4℃下贮存,定期检查外观变化和软化点范围、主药的含量及药物的体外释放。

(2) 刺激性试验:将基质粉末、溶液或栓剂,施于家兔的眼结膜上或塞入动物的直肠、阴道,观察有无异常反应。在动物试验基础上,进行临床试验,观察人体肛门或阴道用药部位有无灼痛、刺激以及不适感等反应。

(张　娜)

思 考 题

1. 简述固体制剂的制备工艺过程,并通过Noye-Whitney方程简述影响药物溶出速度的因素。
2. 散剂的定义、分类、特点及其质量要求?
3. 混合的机制和影响混合的因素有哪些? 气流式粉碎机有什么特点?
4. 简述颗粒剂的定义、分类及质量要求。
5. 干燥的方法有哪些? 空气性质及物料含水性质对干燥有怎样的影响?
6. 简述湿法制粒的操作过程及高速搅拌制粒和流化制粒机制。
7. 胶囊剂有哪些特点,有哪些药物不适合制备成软、硬胶囊剂?
8. 硬、软胶囊剂在处方组成及制备方面有哪些区别?
9. 空胶囊的质量要求有哪些,生产和制备的环境条件如何?
10. 硬胶囊剂与软胶囊剂在制备、贮存过程中易出现哪些质量问题,如何解决?
11. 简述片剂的制备方法、工艺流程、设备及优缺点。
12. 片剂制备过程中经常出现哪些问题? 如何进行防止措施?
13. 片剂常用的辅料分为哪些类型? 试举例说明。
14. 糖衣包衣的工艺包括哪些流程,各个流程的制备条件是怎样控制的?
15. 使用薄膜包衣法进行包衣常用的材料有哪些,如何加以筛选?
16. 包衣有怎样的质量要求,在生产过程中如何解决包衣过程中较常出现的问题?

17. 简述滴丸剂的基本定义、制备方法、工艺流程、设备及优缺点。

18. 简述微丸的基本定义、制备方法、工艺流程、设备及优缺点。

19. 简述膜剂的基本定义、制备方法、工艺流程、设备及优缺点。

20. 全身作用栓剂的特点是什么？

21. 栓剂基质分为哪几类？每类试举几例。

22. 影响栓剂吸收的因素有哪些？

23. 栓剂的常用附加剂包括哪几类，对栓剂的制备有什么影响？

参 考 文 献

1. Ku, M.S.. Performance qualification of a new hypromellose capsule: Part Ⅱ. Disintegration and dissolution comparison between two types of hypromellose capsules. International journal of pharmaceutics. 2011, 416(1): 16-24

2. Li, T.. Effects of alga polysaccharide capsule shells on in-vivo bioavailability and disintegration. Chinese Journal of Oceanology and Limnology. 2012, 30(1): 22-28

3. Zhang, N.. Developing gelatin-starch blends for use as capsule materials. Carbohydrate Polymers. 2013, 92(1): 455-461

4. Zhang, L.. Developing hydroxypropyl methylcellulose/hydroxypropyl starch blends for use as capsule materials. Carbohydrate Polymers. 2013

5. Gullapalli, R.P. Soft gelatin capsules(softgels). Journal of pharmaceutical sciences. 2010, 99(10): 4107-4148

6. Sharma, P, K. Pathak. Inulin-Based Tablet in Capsule Device for Variable Multipulse Delivery of Aceclofenac: Optimization and In Vivo Roentgenography. AAPS PharmSciTech. 2013, 14(2): 1-12

7. Ilic I, Kása Jr P, Dreu R, et al. The compressibility and compactibility of different types of lactose. Drug Dev Ind Pharm. 2009, 35(10): 1271-1280

8. Vehovec T, Gartner A, Planinšek O, et al. Influence of different types of commercially available microcrystalline cellulose on degradation of perindopril erbumine and enalapril maleate in binary mixtures/Vpliv različnih tipov komercialno dostopne mikrokristalne celuloze na razpad erbuminijevega perindoprilata in enalaprilijevega maleata v binarnih zmeseh. Acta Pharmaceutica. 2012, 62(4): 515-528

9. 黄琳凤，胡强，余伟民，崔景斌. 盐酸二甲双胍混合材料骨架缓释片的研制. 中国医药工业杂志. 2012, 43(008): 673-677

10. 国家药典委员会. 中华人民共和国药典 2010 年版. 北京：中国医药科技出版社, 2010

11. 崔福德. 药剂学. 第 7 版. 北京：人民卫生出版社, 2011

12. 胡容峰. 工业药剂学. 北京：中国中医药出版社, 2010

13. Hideo Shiohira, Makiko Fujii, Naoya Koizumi, et al. Novel chronotherapeutic rectal aminophylline delivery system for therapy of asthma. Int J Pharm. 2009, 379(1): 119-124

14. Yuan Y, Cui Y, Zhang L, et al. Thermosensitive and mucoadhesive in situ gel based on poloxamer as new carrier for rectal administration of nimesulide. Int J Pharm.. 2012, 430(1-2): 114-119

15. Eunmi Ban, Chong-Kook Kim. Design and evaluation of ondansetron liquid suppository for the treatment of emesis. Arch Pharm Res. 2013, 36(5): 586-592

16. Prabagar Balakrishnan, Chung Kil Song, Hyun-Jong Cho, et al. DInclusion Complex Effect on the Bioavailability of Clotrimazole from Poloxamer-based Solid Suppository. Arch Pharm Res. 2012, 35(7): 1169-1175

17. D. Ghorab, H. Refai, R. Tag. Preparation and evaluation of fenoterol hydrobromide suppositories. Drug Discov Ther. 2011, 5(6): 311-318

第九章 雾化制剂

> **本章要点**
> 1. 掌握吸入制剂和非吸入气、粉、喷雾剂概念、特点、类型及药物递送的原理和方法。
> 2. 熟悉常用吸入制剂的辅料及影响经口吸入给药疗效的因素。
> 3. 熟悉典型气雾剂、粉雾剂、喷雾剂制剂的处方和制备工艺及体外评价方法。
> 4. 了解经口吸入制剂的最新进展。

第一节 概　述

本章节以吸入制剂为主,介绍雾化制剂相关的理论知识以及检测评价方法。气雾剂(aerosols)、吸入粉雾剂(dry powder inhalation)和喷雾剂(sprays or nebulizer)最常用于呼吸道给药,同时在外用和局部给药也有一定应用。近几年,该类剂型的研究越来越活跃,一是研究的产品越来越多,已不局限于治疗呼吸道疾病的药物,多肽和蛋白类药物的呼吸道释药系统研究也逐渐增多,已上市的产品有加压素和降钙素鼻腔喷雾剂,而研究最热门的胰岛素干粉吸入剂于2006年在美国和欧洲批准上市,但是由于市场及不确定的肺部风险,该产品在上市一年多后即宣布了撤市。尽管如此,吸入给药仍是当今国际制药界最热门的研究领域之一。此外,一些疫苗及其他生物制品的喷雾给药系统也在研究中。二是新技术的应用越来越多,如新给药装置的应用使吸入给药更为方便,病人更易接受。三是涉及的理论技术较多,如粉体工程学、表面化学、流体力学、空气动力学及微粉化工艺、增溶和混悬技术等。四是由于氟利昂的禁用而引起的替代品的研究,使得该类制剂开发的难度增加。

一、气雾剂、粉雾剂和喷雾剂的概念

气雾剂、粉雾剂和喷雾剂系指药物以特殊装置给药,经呼吸道深部、腔道、黏膜或皮肤等发挥全身或局部作用的制剂。该类制剂按用药途径可分为吸入、非吸入和外用,应对皮肤、呼吸道与腔道黏膜和纤毛无刺激性、无毒性。吸入气雾剂、吸入粉雾剂和雾化吸入溶液可以单剂量或多剂量给药。

二、吸入制剂和非吸入制剂的区别

吸入制剂仅指通过特定的装置将药物以粉状或雾状形式经口腔传输至呼吸道和(或)肺部以发挥局部或全身作用的制剂。与普通口服制剂相比,吸入药物可直接到达吸收部位,吸收快,可避免肝脏首过效应、生物利用度高;而与注射制剂相比,也具有携带和使用方便而提

高患者依从性等优点,同时可减轻或避免部分药物不良反应。因而在近年越来越为药物研发者所关注。

吸入制剂在制剂处方、容器、包装系统、制剂工艺、质量研究、稳定性研究等方面均有其特殊关注点,可对吸入制剂的质量可控性以及安全有效性产生至关重要的影响,因此质量控制研究部分是吸入制剂的临床前乃至临床研究的重点之一。

第二节　吸 入 制 剂

吸入制剂系指一种或几种活性药物,溶解或分散于合适介质中,以蒸气或气溶胶形式递送至肺部发挥局部或全身作用的液体(吸入气雾剂和雾化吸入溶液)或固体制剂(吸入粉雾剂)。根据制剂类型,处方中可能含有抛射剂、共溶剂、稀释剂、防腐剂、助溶剂和稳定剂等,所用辅料应尽可能减少对呼吸道黏膜或纤毛的功能的影响。

吸入制剂是一种特殊的制剂,药物通过给药装置直接进入肺部,作为哮喘急性发作的必用药和急救药,世界各国均极为重视该剂型药典附录规定和品种标准规定。吸入制剂的安全性和有效性同样重要,质量低劣的制剂在无效的同时可直接导致患者的死亡,因此美国FDA将其与注射剂共同列为高风险的制剂。

一、吸入气雾剂

(一) 概述

1. 定义　气雾剂(aerosol)系指含药溶液、乳状液或混悬液与适宜的抛射剂共同装封于具有特制阀门系统的耐压容器中,使用时借助抛射剂的压力将内容物呈雾状喷出,用于肺部吸入或直接喷至腔道黏膜、皮肤给药和空间消毒的制剂。其中吸入气雾剂主要是指通过肺部吸入给药的气雾剂。气雾剂一般由药物、耐压容器、定量阀门系统和喷射装置组成。

2. 气雾剂分类

(1) 按分散系统分类:气雾剂可分为溶液型、混悬型和乳剂型气雾剂。

溶液型气雾剂:药物(固体或液体)溶解在抛射剂中,形成均匀溶液,喷出后抛射剂挥发,药物以固体或液体微粒状态达到作用部位。

混悬型气雾剂:药物(固体)以微粒状态分散在抛射剂中,形成混悬液,喷出后抛射剂挥发,药物以固体微粒状态达到作用部位。

乳剂型气雾剂:药物溶液和抛射剂按一定比例混合形成 O/W 型或 W/O 型乳剂。O/W 型乳剂以泡沫状态喷出,因此又称为泡沫气雾剂。W/O 型乳剂,喷出时形成液流。

(2) 按给药途径分类:气雾剂可分为吸入气雾剂、非吸入气雾剂及外用气雾剂。

吸入气雾剂:系指使用时将内容物呈雾状喷出并吸入肺部的气雾剂,可发挥局部或全身治疗作用。

非吸入气雾剂:系指使用时直接喷到腔道黏膜(口腔、鼻腔、阴道等)的气雾剂。阴道黏膜用气雾剂,常用 O/W 型泡沫气雾剂,主要用于治疗微生物、寄生虫等引起的阴道炎,也可用于节制生育;鼻黏膜用气雾剂主要适用于鼻部疾病的局部用药和多肽类药物的系统给药。

(3) 按处方组成分类:气雾剂可分为二相气雾剂和三相气雾剂。

二相气雾剂:一般指溶液型气雾剂,由气 - 液两相组成。气相是由抛射剂所产生的蒸气;液相为药物与抛射剂所形成的均相溶液。

三相气雾剂:一般指混悬型和乳剂型气雾剂,由气-液-固,气-液-液三相组成。在气-液-固中,气相是抛射剂所产生的蒸气,液相主要是抛射剂,固相是不溶性主药;在气-液-液中两种不溶性液体形成两相;即 O/W 型或 W/O 型。

(4) 按给药定量与否分类:气雾剂还可分为定量气雾剂(metered dose inhalers,MDIs)和非定量气雾剂。定量气雾剂可通过使用定量阀门准确控制药物剂量;而非定量气雾剂阀门则使用连续阀。

3. 特点

(1) 气雾剂的优点:①简洁、便携、耐用、方便、不显眼、多剂量;②比雾化器容易准备,治疗时间短;③良好的剂量均一性;④气溶胶形成与病人的吸入行为无关;⑤所有 MDIs 的操作和吸入方法相似;⑥批量生产价廉;⑦高压下的内容物可防止病原体侵入。

(2) 气雾剂的缺点:①许多患者无法正确使用,从而造成肺部剂量较低和(或)不均一;②通常不是呼吸触动,即使吸入技术良好,肺部沉积量通常较低;③阀门系统对药物剂量有所限制,无法递送大剂量药物;④大多数现有的 MDIs 没有剂量计数器。

4. 发展趋势 2012 年的统计数据显示,我国需要应用 MDIs 治疗哮喘和慢性阻塞性肺病的患者保守估计约 5000 万人,其中哮喘患者数目每年都在递增。因吸入疗法还未在中国普遍接受,中小城市、尤其是广大农村地区的大多数患者尚未能用上 MDIs。目前,我国国产 MDIs 约 2000 万罐,进口约为 850 万罐,其中 80% 以上 MDIs 的活性成分是 β-受体激动剂,超过 500 万患者在日常生活中依赖于 MDIs。

第一个用于治疗哮喘等肺部疾病的 MDIs 是由美国 3M 公司于 1956 年推出的 Riker's MedihalerEpi™,1996 年 3M 又研制成功了第一个 HFA-MDIs。目前临床上 MDIs 的使用量在逐年增加,MDI 的新品种正在不断涌现,以满足临床日益增长的需要。如布地奈德混悬型气雾剂、沙丁胺醇气雾剂、异丙托溴铵气雾剂的 HFA-MDIs 的替代产品均已上市。

（二）制备工艺

气雾剂根据主药在制剂中的物理状态可分为溶液型和混悬型(含乳剂型)两种,由主药、抛射剂、潜溶剂和表面活性剂组成;如果处方或装置许可,处方中可不含有表面活性剂或潜溶剂。溶液型气雾剂要求主药溶解度达到用药剂量要求,该类气雾剂处方具有良好的物理稳定性,但化学稳定性可能会降低,喷雾微粒大小主要决定于处方蒸气压和驱动器的喷孔大小;当主药溶解度达不到用药剂量要求时,常选择制备成混悬型气雾剂,其处方化学稳定性优于溶液型气雾剂,但处方物理稳定性较低,因奥斯特瓦尔德熟化(Ostwald ripening)引起的药物小微晶溶解大微晶生长,体系中微粒易聚集。微粒大小取决于主药固体颗粒大小及其在处方中的浓度。

图 9-1 是典型的 MDIs 结构图。MDIs 产品由溶解或混悬于抛射剂中的具有治疗活性的成分、抛射剂复合物或抛射剂与溶剂的混合物、和(或)密闭高压气雾剂容器中的其他辅料所组成。一个 MDIs 产品可进行高达数百次的定量

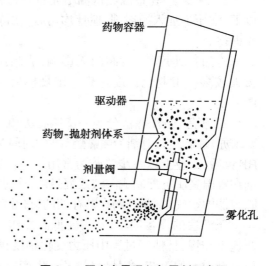

图 9-1 压力定量吸入气雾剂示意图

药物容器

驱动器

药物-抛射剂体系

剂量阀

雾化孔

给药,每揿的喷射体积为 25~100μl 之间,可从微克到毫克级。尽管 MDIs 与其他药物品种有很多相似之处,但它在处方筛选、容器和包装系统的选择、生产制造过程及最终的质量控制和稳定性研究方面均与常规制剂有很大不同。在研发过程中需要考虑到这些区别,否则将会影响到产品在整个使用过程中保持稳定的剂量和药效。

1. 吸入气雾剂制备过程 气雾剂的制备过程可分为:容器阀门系统的处理与装配,药物的配制、分装和充填抛射剂三部分,最后经质量检查合格后成为气雾剂产品。抛射剂的填充有冷灌法和压力灌装法,压力灌装法又分为一步法和二步法,在工业化生产中主要采用冷灌法(图 9-2)和一步压力灌装法(图 9-3)。气雾剂的生产环境、用具和整个操作过程,应避免微生物的污染。溶液型气雾剂应制成澄清溶液;混悬型气雾剂应将药物微粉化,并严格控制水分的带入。

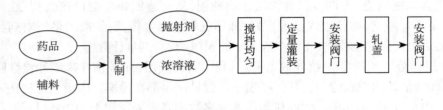

图 9-2 MDI 冷灌法配制流程图

(1) 药物的配制:按处方组成及所要求的气雾剂类型进行配制。溶液型气雾剂应制成澄清药液;混悬型气雾剂应将药物微粉化并保持干燥状态;乳剂型气雾剂应制成稳定的乳剂。将上述配制好的合格药物分散系统,定量分装在已准备好的容器内,安装阀门,轧紧封帽。

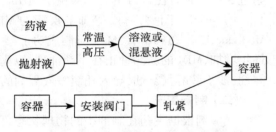

图 9-3 MDI 压力灌装一步法配制流程图

(2) 药液的分装

1) 冷灌法:在室温或低温下先将药物和除抛射剂以外的辅料配制成浓配液,再在 -55℃以下,常压下加入抛射剂,搅拌均匀后,在持续循环的情况下定量灌装入罐中,安装阀门后轧盖即得。

冷灌法速度快,对阀门无影响,成品压力较稳定。但需制冷设备和低温操作,抛射剂损失较多。工业化程度达到一定规模后,冷灌法的成本可低于压力灌装法。工艺流程见图 9-2。

2) 压灌法:压灌法分为一步压灌法和二步压灌法。后者采用的设备较为简单,对药液的要求亦较高,在抛射剂为氟氯烃(CFC)时较为常用。当 CFC 替换为氢氟烷烃(hydrofluoroalkane,HFA)后,工业上以一步法较为常用。一步法系先将阀门安装在罐上,轧紧,再将药液和抛射剂在常温高压下配制成溶液或混悬液,通过阀门压入密闭容器中。采用该法灌装药液前需驱除容器中空气,避免药物在贮存期的氧化降解。一步灌装法的流程见图 9-3。

压灌法的设备简单,不需要低温操作,抛射剂损耗较少,目前我国多用此法生产。但生产速度较慢,且使用过程中压力变化幅度较大。目前,我国气雾剂的生产主要采用高速旋转压装抛射剂的工艺,产品质量稳定,生产效率大为提高。

2. 气雾剂制备的关键点及注意事项

(1) 主药的性质:配制气雾剂,尤其是混悬型气雾剂时应注意主药的溶解度、微晶颗粒大小及形状、密度、多晶型等药物的固态物性。

(2) 药物的微粉化:制备混悬型气雾剂时,必须事先对药物进行微粉化处理,要求药物的粒径在 $7\mu m$ 以下,并提供 d_{10}、d_{50}、d_{90} 的粒度分布数据,同时注意微粉化工艺对药物的影响,如:主药高温降解、多晶型转化、粉末特性等。

(3) 物理稳定性和蒸气压:处方筛选中混悬型 MDI 需着重研究药物的聚集;通过复配抛射剂,或加入短链醇(如乙醇)等潜溶剂的方法以获得适宜蒸气压;结合质量和临床研究结果,分析剂量损失的原因。

(4) 表面活性剂:表面活性剂有助于混悬和润滑阀门,保证剂量的准确。但在葛兰素公司(GSK)上市的沙丁胺醇气雾剂中,采用了 GSK 的特有专利技术,制剂中不含有表面活性剂和潜溶剂,但使用了特殊的阀门,并对压力罐内壁进行了特殊的涂层以避免药物的吸附。

(5) 水分和环境湿度的控制:HFA 抛射剂具亲水性,易将水分带入成品中。而处方中的水分含量较高可能对气雾剂性能(例如化学稳定性、物理稳定性、可吸入性)有潜在影响。产品中水分的来源主要有:①原料和辅料中带入;②生产环境引入;③容器和生产用具带入。所以在处方筛选过程中,应严格控制原料药和辅料的水分,也要避免生产环境以及生产用具、容器中水分的带进,以最大限度地避免水分带来的影响。

(6) 此外,在配制过程中要注意主药及附加剂成分的添加顺序、主药含量的稳定性、停产间歇时间的优化、车间的温度和湿度。

(三) 气雾剂的组成及生产设备

1. 气雾剂的组成 气雾剂由抛射剂、药物与其他辅料、耐压容器和阀门系统组成。

(1) 抛射剂:抛射剂一般可分为氯氟烷烃、氢氟烷烃、碳氢化合物及压缩气体四大类。抛射剂(propellants)是喷射药物的动力,有时兼有药物的溶剂作用。抛射剂多为液化气体。在常压下沸点低于室温。因此,需装入耐压容器内,有阀门系统控制。在阀门开启时,借抛射剂的压力将容器内药液以雾状喷出达到用药部位。抛射剂的喷射能力大小直接受其种类和用量影响,同时也要根据气雾剂用药的要求加以合理的选择。对抛射剂的要求是:①在常温下的蒸气压力大于大气压;②无毒、无致敏反应和刺激性;③惰性,不与药物发生反应;④不易燃、不易爆;⑤无色、无臭、无味;⑥价廉易得。但一个抛射剂不可能同时满足以上各个要求,应根据用药目的适当的选择。

1) 氯氟烷烃类(又名氟利昂):由于氟氯烷烃对大气臭氧层的破坏,国际卫生组织已经要求停用。CFDA 规定,从 2007 年 7 月 1 日起,药品生产企业在生产外用气雾剂时将停止使用氯氟烷烃类物质作为药用辅料;从 2010 年 1 月 1 日起,生产式气雾剂停止使用氟氯烷烃类物质作为药用辅料。《保护臭氧层维也纳公约》规定,氯氟烷烃类物质应在 2010 年前淘汰。由于氢氟烷烃(HFA)和氟利昂在理化性质方面差别十分显著,传统的氟利昂制剂技术不能简单的移植给 HFA 剂型。应根据药物和辅料在 HFA 中的溶解度,设计定量吸入气雾剂。

2) 氢氟烷烃:是目前最有应用前景一类氯氟烷烃的替代品,主要为 HFA 134a(四氟乙烷)和 HFA 227(七氟丙烷)。1995 年欧盟批准了这两种 HFA 替代 CFC 用于药用气雾剂的开发,1996 年,FDA 也批准了 HFA 134a 应用于吸入制剂。目前全球大部分市售的吸入气雾剂的抛射剂均为氢氟烷烃。

3) 碳氢化合物:主要品种有丙烷、正丁烷和异丁烷。此类抛射剂虽然稳定,毒性不大,密度低,沸点较低,但易燃、易爆,不宜单独应用,常与氟氯烷烃类抛射剂合用。

4) 压缩气体:主要有二氧化碳、氮气、一氧化氮等。其化学性质稳定,不与药物发生反应,不燃烧。但液化后的沸点均较上述二类低得多,常温时蒸气压过高,对容器耐压性能的要求高(需小钢球包装)。若在常温下充入它们非液化压缩气体,则压力容易迅速降低,达不到持久喷射效果。

(2) 药物与其他辅料

1) 药物:液体、固体药物均可制备气雾剂,目前应用较多的药物有呼吸系统用药、心血管系统用药、解痉药及烧伤药等,近年来多肽类药物的气雾剂给药系统研究越来越多。

2) 其他辅料:药物通常在 HFA 抛射剂中不能达到治疗剂量所需的溶解度,为制备质量稳定的溶液型、混悬型或乳剂型气雾剂应加入附加剂,如潜溶剂、润湿剂、乳化剂、稳定剂,必要时还需添加矫味剂、防腐剂等。

(3) 耐压容器:气雾剂的容器必须不与药物和抛射剂作用,耐压(有一定的耐压安全系数)、轻便、廉价等。耐压容器有金属容器和玻璃容器。玻璃容器化学性质稳定,但耐压和耐撞击性差。因此,在玻璃容器外裹一层塑料防护层,以弥补这种缺点。金属容器包括铝、不锈钢等容器,耐压性强,但对某些不稳定的药液,需内涂聚乙烯或环氧树脂等。

(4) 阀门系统:气雾剂阀门系统,是控制药物和抛射剂从容器喷出的主要部件,其中设有供吸入的定量阀门,或供腔道或皮肤等外用的特殊阀门系统。阀门系统坚固、耐用和结构稳定与否,直接影响制剂的质量。阀门材料必须对内容物惰性,阀门组件应精密加工。

2. 生产设备　药用定量气雾剂的生产设备较为复杂,要求较高,尤其是用于灌装 HFA 的生产设备国内生产的较少,主要由瑞士 Pamasol、美国 KP-Aerofill、意大利 Coster 生产,均为全自动生产线,集洗罐、整理、轧盖、灌装于一体,工业化程度较高,日产可高达 5 万罐。生产线的经典配制如图 9-4 所示。

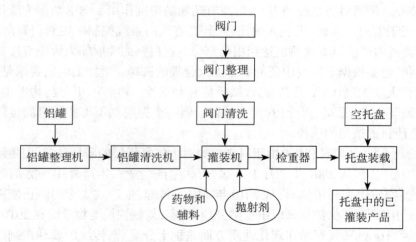

图 9-4　MDI 工业化生产流水线

(四) 典型处方与工艺分析

气雾剂的处方组成,除选择适宜的抛射剂外,主要根据药物的理化性质选择适宜的附加剂(如潜溶剂、表面活性剂),配制成一定类型的气雾剂,以满足临床用药的要求。

1995 年欧盟批准了 HFA 134a 和 HFA 227 替代 CFC 用于药用气雾剂的开发。1996 年,

FDA 也批准了 HFA 134a 在吸入制剂的应用。首个 HFA 沙丁胺醇(Albuterol)气雾剂来自 3M 公司(商品名:Proventil),与市场上原来使用的沙丁胺醇 CFC-MDI(商品名:Ventolin)相比,二者气体动力学半径相当,但 HFA Proventil 具有更好的剂量均一性、更小的氟利昂效应以及所有标定剂量喷射后更快的剂量消退。二者处方差异见表 9-1。

表 9-1　不同抛射剂的沙丁胺醇气雾剂的处方及灌装体系比较

产品	Ventolin CFC	Proventil HFA
定量阀	Bespak 公司 63μl 阀(高聚体)	3M 公司 25μl 阀(不锈钢或不同的合成橡胶)
每揿药物量	沙丁胺醇 100mg	硫酸沙丁胺醇 120.5mg
抛射剂	CFC 12∶11=72∶28(重量比)	HFA 134a*
助溶剂	无	乙醇 *
每剂表面活性剂	约 10mg 油酸	油酸 *
生产	高速压力灌装	必须冷冻灌装
触动器	喷嘴直径为 0.4mm 的标准 CFC 喷槽	调节至 APSD 与 Ventolin CFC 的相当

必须注意,在抛射剂替代中,当剂量大于其在 CFC-MDI 中的用量时可能导致安全性问题,需进行相关药理毒理评价。如另一个最常用的哮喘治疗药丙酸倍氯米松(beclomethasone dipropionate,BDP)HFA 气雾剂(商品名:QVAR),仍由 3M 公司第一个研发成功,与 BDP 的 CFC-MDI 相比,具有更高的肺部有效沉积,小粒子的特性使 QVAR 用更低的药量就可以治疗哮喘。

(五) 气雾剂的质量评价

气雾剂的质量评价,首先对气雾剂的内在质量进行检测评定以确定其是否符合规定要求,如《中国药典》2010 年版附录规定,二相气雾剂应为澄清、均匀的溶液;三相气雾剂药物粒度大小应控制在 10μm 以下,其中大多数应为 5μm 左右。然后,对气雾剂的包装容器和喷射情况,在半成品时进行检查,具体检查方法参见《中国药典》2010 年版附录。

气雾剂的质量评价包括:剂量均一性、每揿喷量、微细粒子分布、最低装量、泄漏率、每揿主药含量、每瓶总揿次等。其中,剂量均一性、微细粒子分布是气雾剂研究中最重要的评价指标。

1. 剂量均一性　采用规定的取样装置收集产品说明中的临床最小推荐剂量测定,分别测定标示揿次前(初始 3 个剂量)、中($n/2+1$ 吸起 4 个剂量,n 为标示总揿次)、后(最后 3 个剂量),共 10 个剂量。符合下述条件之一者,可判为符合规定:①10 个测定结果中,若 9 个在平均值的 75%~125% 之间;②10 个测定结果中,若 2~3 个结果超出 75%~125%,但均在 65%~135% 之间。

2. 微细粒子分布　气雾剂的粒度分布分为静态粒径分布和空气动力学粒径分布(aerodynamic particle size distribution,APSD)。静态粒径分布主要采用显微镜检测,较多地在配制中间体时用该法进行质控检验,吸入气雾剂要求药物粒径大小应控制在 10μm 以下,其中大多数应为 5μm 以下。对于吸入制剂而言,更为重要的是 APSD 的测定。粒子的空气动力学粒径决定粒子所能到达的呼吸道部位,各国药典所规定的吸入制剂空气动力学粒径的测定方法都是基于粒子惯性的碰撞器法。中国药典收载的是双层液体碰撞器,而目前国际上较为常用的测定微细粒子分布的仪器为安德森级联撞击器和新一代撞击器。现具体介绍如下:

（1）双级液体冲击器（twin-stage liquid impinger，TI）：对于雾滴（粒）的空气动力学直径的控制，《中国药典》（2005年版）采用模拟双层液体碰撞器（twin-stage liquid impinger，TI）的仪器（图9-5）。其中，圆底烧瓶D及垂直管C处为第一级（stage Ⅰ），相当于主支气管；三角烧瓶G及弯管E，垂直管H处为第二级（stage Ⅱ），相当于肺细支气管以下部位，即有效部位。使从吸入器释放出来的雾滴（粒）通过此仪器，然后测定仪器中第二级的药物沉积率，来控制雾滴（粒）大小分布。

TI是1987年由Hallworth等提出的，曾被美国药典、英国药典和欧洲药典等多国药典收载，《中国药典》在（2000年版）将其收录进药典附录。其主要原理是将雾滴（粒）通过模拟人体呼吸道的仪器，根据检测雾滴（粒）在仪器不同部位的分布情况，基于雾滴（粒）的大小和惯性来确定雾滴（粒）的空气动力学粒径。一般认为，在流速为60L/min时，可以到达该装置第二级的药物雾滴（粒）的中位径（D_{50}）为6.4μm。

（2）多级碰撞器：多级碰撞器是将吸入制剂中的药物吸入雾粒分为多个空气动力学等级，并为欧洲药典和美国药典收载。通过检定药物在各撞击盘中的沉积量，可获得药物的空气动力学粒径分布。在测得微细粒子剂量（fine particle dosage，FPD）的同时，可得到质量中值空气动力学直径（mass median aerodynamic diameter，MMAD）和几何标准偏差（geometric standard deviation，GSD）。

多级碰撞器中，应用最广泛的是为英国药典收载的安德森级联撞击器（Andersen cascade impacter，ACI），见图9-6。由于药物所沉积的表面不同，圆盘碰撞器和液体碰撞器所测得的粒径分布存在一定的差异。采用金属圆盘作为接收器的一大缺点是容易引起粒子飞散。在圆盘表面涂布甘油、硅油等可避免粒子飞散。ACI的另一缺点是操作复杂，且层级间垂直分布，不易拆卸，较难实现自动化分析。ACI各级圆盘的尺寸、号码，及各级所对应的粒子大小见表9-2。

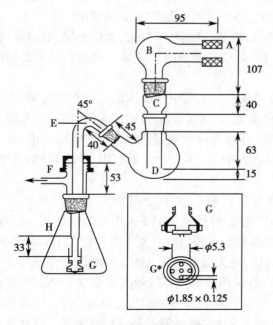

图9-5　双层液体碰撞器示意图

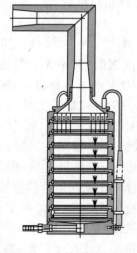

图9-6　安德森圆盘撞击器（ACI）示意图

表 9-2　ACI 的主要尺寸规格及各级对应的微粒粒径

名称	号码	尺寸 (mm)	粒径 (μm)
Stage 0	96	2.55±0.025	9.0~10.0
Stage 1	96	1.89±0.025	5.8~9.0
Stage 2	400	0.914±0.0127	4.7~5.8
Stage 3	400	0.711±0.0127	3.3~4.7
Stage 4	400	0.533±0.0127	2.1~3.3
Stage 5	400	0.343±0.0127	1.1~2.1
Stage 6	400	0.254±0.0127	0.65~1.1
Stage 7	201	0.254±0.0127	0.43~0.65

（3）新一代撞击器：新一代撞击器（next generation impactor，NGI）由七个层级和一个微孔收集器（micro-orifice collector，MOC）构成，已被 USP、EP 和 BP 收载，见图 9-7。气雾流以锯齿形式通过碰撞器。在 30~100L/min 流速范围内，D_{50} 在 0.24~11.7μm 之间，有不少于五个级别的 D_{50} 落在 0.5~6.5μm 之间。测定时各层级之间干扰较少。粒径分布曲线形状较好，无拖尾现象。

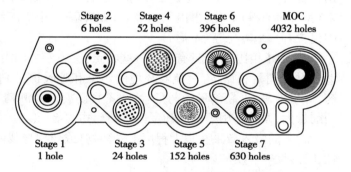

图 9-7　新一代碰撞器内部结构示意图

Kamiya A 等对比了 NGI 和 ACI 中粒子沉积的情况，结果表明，NGI 中粒子在各层级之间的沉积小于 ACI。由于 NGI 各级为水平分布，可以凭借托盘将各级碰撞杯一同取出，在进行分析测定时无相互干扰，因此有利于实现自动化分析。

3. 喷射速度和喷出总量检查　对于外用气雾剂，即用于皮肤和黏膜及空间消毒用气雾剂检查此项。

喷射速率：取供试品 4 瓶，依法操作，重复操作 3 次。计算每瓶平均喷射速率（g/s），均应符合各品种项下的规定。喷出总量：取供试品 4 瓶，依法操作，每瓶喷出量均不得少于其标示量的 85%。

4. 每瓶总揿次与每揿主药含量检查　每瓶总揿次的检查，取样 4 瓶，分别依法操作，每瓶揿次均不得少于其标示揿次。每揿主药检查，取样 1 瓶，依法操作，平均含量应为每揿喷出主药含量标示量的 80%~120%。

5. 喷雾的药物或雾滴粒径的测定　取样 1 瓶，依法操作，检查 25 个视野，多数药物粒子应在 5μm 左右，大于 10μm 的粒子不得超过 10 粒。

6. 微生物及无菌检查　对于吸入气雾剂，均需进行微生物限度检查或无菌检查，结果需符合相关管理规定。

二、粉雾剂

（一）概述

粉雾剂按用途可分为吸入粉雾剂（dry powder inhalation，DPI）、非吸入粉雾剂和外用粉雾剂。吸入粉雾剂系指微粉化药物或与载体以胶囊、泡囊或多剂量贮库形式,采用特制的干粉吸入装置,由患者主动吸入雾化药物至肺部的制剂。非吸入粉雾剂系指药物或与载体以胶囊或泡囊形式,采用特制的干粉给药装置,将雾化药物喷至腔道黏膜的制剂。外用粉雾剂系指药物或与适宜的附加剂灌装于特制的干粉给药器具中,使用时借助外力将药物喷至皮肤或黏膜的制剂。本章主要介绍经肺部吸入的粉雾剂,即 DPI。

根据药物与辅料的组成,DPI 的处方一般可分为:①仅含微粉化药物的粉雾剂;②一定比例的药物和载体均匀混合体;③药物、适当的润滑剂、助流剂以及抗静电剂和载体的均匀混合体。

处方需要保持药物及其载体粒子之间聚集与分散力的平衡,药物和载体粒子间黏附与释放之间的平衡。药物载体表面越光滑,粒子越圆整,粉雾的流动性和分散性就越好。此外还应注意湿度的控制。DPI 因给药形式不同,可分为胶囊型、泡囊型和贮库型三种,近年依据其是否可主动产生雾化粒子而将其分成主动和被动两种类型。主动型 DPI 装置可先将粉末(API 和辅料)雾化,再由病人吸入,如辉瑞公司曾上市的胰岛素吸入粉雾剂,其给药装置中包含有一个雾化腔(spacer)。

与 MDI 相比,DPI 具有如下一些特点:①患者主动吸入药粉,不存在给药协同配合困难;②无抛射剂氟利昂,可避免对环境的污染和呼吸道的刺激;③药物可以胶囊或泡囊形式给药,计量准确,无超剂量给药危险;④不含防腐剂及酒精等溶媒,对病变黏膜无刺激性;⑤给药剂量大,尤其是用于多肽和蛋白质类药物的给药。

粉末的吸入效果在很大程度上受药物(或药物与载体)粒子的粒径大小、外观形态、荷电性、吸湿性等性质的影响。

吸入粉末常采用空气动力学直径(aerodynamic diameter, d_a)来表示。一般认为供肺部给药合适的 d_a 为 $1\sim5\mu m$,细小的粒子易于向肺泡分布,d_a 小于 $2\mu m$ 的粒子易于包埋在肺泡中。由于许多颗粒的形态不规则,主要采用动态形态因子和静态形态因子等对其形态不规则度进行分析,如下式:

$$d_a = d_e \left(\frac{\rho_p}{\rho_o} \cdot X \right)^{1/2} \tag{9-1}$$

式中,d_e 为球形等效粒径(diameter of an equivalent sphere);ρ_p 为颗粒聚集密度,$\rho_o = 1g/cm^3$;X 为动态形态因子(球形时为 1)。

理论上,粒径足够小的微粉化药物可以进入肺部,而较大的载体粒子则沉积于上呼吸道。实际上,药物和载体的分离并不完全,某些药物微粒会不可避免地附着在载体表面,也沉积于上呼吸道。

粉雾剂质量研究项目部分与气雾剂相似,可以参照气雾剂相关章节进行研究。但由于粉雾剂与气雾剂在制剂特性、辅料组成、包装容器等方面存在差异,研究项目的选择还需考虑结合制剂特点进行。如制剂内容物的特性研究包括粉体性状、每吸主药含量(贮库型)、每瓶总吸次(贮库型)、含量均匀度(胶囊型和泡囊型)、排空率、水分等。

(二)粉雾剂的制备

药物经微粉化后,具有较高的表面自由能,粉粒容易发生聚集,粉末的电性和吸湿性也对分散性造成影响。因此为了得到流动性和分散性较好的粉末,使吸入制剂的剂量更加准确,常将药物附着在乳糖、木糖醇等载体上。载体物质的加入可以提高机械填充时剂量的准确度,当药物剂量较小时,载体还可以充当稀释剂。有时也可加入少量的润滑剂如硬脂酸镁和胶体二氧化硅等,增加粉末的流动性,有利于粉末的"雾化"。大多数 DPI 均含有载体,与一般的制剂不同,粉雾剂的载体及其在制备过程中均有一定的特殊性。

1. 粉雾剂制法

(1) 主药的微粉化处理:常用的微粉化工艺有研磨法(球磨机、能流磨)、喷雾干燥法、超临界制备以及结晶法。要求与混悬型气雾剂相同。

在获得微粉化产物后,由于药物的微粉化粉末之间、粉末与辅料以及与容器系统之间复杂的相互作用可能直接关系到产品的质量甚至安全性和有效性,故需对微粉化处理后药物的粉体学特性进行研究测定。粉体学参数一般包括:①粉体的粒径以及分布测定;②充填粉体临界相对湿度的测定。药物在进行微粉化处理后,由于比表面积的增大,吸湿性可能明显发生变化,而水分又是粉雾剂严格控制的检查项目,所以应该测定微粉化药物的临界相对湿度(critical relative humidity,CRH)。此外,如有试验条件,还应进行堆密度和孔隙率、粉体流动性、荷电性、比表面积的测定。

(2) 载体:粉雾剂常用的载体为乳糖,乳糖作为口服级药用辅料已收载于多国药典,但作为粉雾剂的载体,除符合药典标准外,还应该针对粉雾剂的剂型特点做出进一步的要求。例如,表面光滑的乳糖可能在气道中较易与药物分离;不同形态的乳糖和无定形态的乳糖,对微粉的吸附力可能不同,就可能导致粉雾剂在质量和疗效上的差异;所以作为粉雾剂的载体的乳糖除需要满足药典的要求外,还需要对乳糖的粉体学特点如形态、粒度、堆密度、流动性等进行研究。

甘露醇、氨基酸和磷脂等也可以作为粉雾剂的载体。对于采用其他载体的粉雾剂,在处方筛选前需要明确这种载体是否可用于吸入给药途径,同时还应该关注所选用的载体的安全性。

粉雾剂除了加入一定量的载体外,有时为了改善粉末的粉体学特性、改善载体的表面性质以及抗静电性能,以便得到流动性更好、粒度分布更均匀的粉末,常在处方中加入一定量的润滑剂、助流剂以及抗静电剂等。但上述辅料需通过试验或文献确认其可用于吸入给药途径。对于国内外均未见在吸入制剂使用的辅料,需要提供相应的安全性数据。

(3) 载体和辅料的粉碎:改善粉末流动性最常用的方法就是加入一些粒径较大的颗粒作为载体或辅料。不同粒度的载体对微粉化药物的吸附力不同,太细的载体或辅料与微粉化的药物吸附力过强,并且可能进入肺部,导致安全性隐患,所以载体和辅料的粉碎粒度需要进行筛选,以满足粉末流动性和给药剂量均匀性的要求。

(4) 药物与载体的比例:对于在处方中加入载体的粉雾剂,需要在处方工艺筛选中考察药物与载体的不同比例对有效部位沉积量的影响。

(5) 药物与载体的混合方式:不同的混合方式对粉雾剂有效部位沉积率有影响。所以在处方工艺筛选中应注意混合方式和混合时间对产品质量的影响。

(6) 水分和环境湿度的控制:水分对粉雾剂的质量具有较大的影响,水分含量较高直接导致粉体的流动性降低,粒度增大,影响产品的质量。所以在处方筛选过程中,应保证原料药的水分保持一定,对微粉化的药物及辅料的水分进行检查。同时在混合和灌装过程中,应控制生产环境的相对湿度,使环境湿度低于药物和辅料的临界相对湿度。对于易吸湿的成分,应采用一定的措施保持其干燥。

2. 主要生产设备 DPI 生产中主要的生产设备包括:微粉化处理设备、常规制粒混合设备、粉末灌装设备、装配及包装设备。其中,与其他剂型相比,粉末灌装设备、尤其是应用于泡囊或贮库型的灌装机较为特殊。大多数上市的新型 DPI,均由德国 HH 公司(Harro

Hofliger)为其特别设计和制造灌装设备,如 Pfizer 的 Exubera、GSK 的 Advair。因灌装技术不同,可分为直接称重法和容积法两种。这两种方法均可采用连续式或间歇式灌装。直接称重法剂量最精确,但速度慢,故不适用于工业化生产,而容积法速度较快,常用于工业化大生产中,并可添加辅助设备在灌装过程中对剂量加以在线监控。

3. 典型处方与工艺分析　Glaxo Smith Kline 生产的泡囊型复方粉雾剂,商品名为 Advair Diskus,FDA 于 2000 年 8 月 24 日批准上市,内含活性成分昔美酸沙美特罗(salmeterol xinafoate, Long-acting β_2 Agonist)和氟替卡松丙酸酯(fluticasone proprionate,steroidal anti-inflammatory),处方组成为每粒泡囊含 100/250/500μg 氟替卡松丙酸酯、72.5μg 昔美酸沙美特罗(相当于 50μg 沙美特罗)和 12.5mg 乳糖。每只装置内含 60 剂药物,有计数显示。

三、粉雾剂的质量评价

粉雾剂部分研究项目与气雾剂相似,可以参照气雾剂相关章节进行研究。但由于粉雾剂与气雾剂在制剂特性、辅料组成、包装容器等方面存在差异,研究项目的选择还需考虑结合制剂特点进行。粉雾剂内容物的特性研究包括粉体性状、鉴别、检查和含量测定等,质量研究的特殊项目包括:

1. 每吸主药含量(贮库型)　由于每吸主药含量是处方因素的综合体现,也是容器和剂量系统质量的体现,因而该项是粉雾剂重要的过程控制和终点控制项目之一。通过对批间和批内每吸主药含量的测定,可以有效地控制产品的质量,保证临床给药的一致性,确保临床疗效。每吸主药含量的测定方法可以参考现行版中国药典或其他文献方法。

2. 每瓶总吸次(贮库型)　为保证每瓶粉雾剂的给药次数不低于规定的次数,需要进行每瓶总吸次的测定。每瓶总吸次与每吸主药含量一样,也是粉雾剂重要的检查和控制项目,相应检查方法可参考现行版中国药典的有关内容。每瓶总吸次均应不少于每瓶标示总吸次。

3. 含量均匀度(胶囊型和泡囊型)　对于单剂量给药的胶囊型和泡囊型粉雾剂,为了保证每一剂量给药的准确性,应进行含量均匀性检查,相应检查方法可参考现行版中国药典的有关内容。

4. 剂量均一性(贮库型)　通过检测在多个揿次点的释药量,以确认粉雾剂从开始使用到整个排空过程中不同给药揿次之间的释药剂量一致性(图 9-8)。

5. 微细粒子分数　采用吸入剂空气动力学评价中的装置测定,计算微细粒子剂量,应符合规定。

6. 微生物限度。

7. 排空率　对于单剂量给药的胶囊型和泡囊型粉雾剂,为了保证每一剂量给药

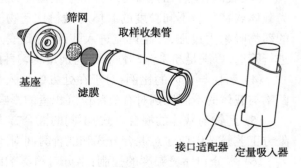

图 9-8　剂量均一性检测示意图

的准确性,应进行排空率检查,相应检查方法可参考现行版中国药典的有关内容。

8. 水分　水分对粉雾剂的粒径分布、雾化程度、含量均匀度、结晶度、稳定性及微生物污染等方面均有显著影响,因此应对粉雾剂的水分进行严格控制,相应检查方法可参考现行版中国药典的有关内容。

9. 其他　关于粉末的粒度及粒度分布、微生物限度等参见气雾剂有关内容。

四、雾化溶液

(一)概述

用于肺部给药的喷雾剂仅指采用雾化吸入进行给药的制剂,制剂内容物以无菌溶液的形式存在,其质量要求和配制与注射液相同,使用时经雾化装置(nebulizer)将液体药物变成细小的雾粒,然后通过面具或吸入器供患者吸入,故称之为雾化吸入溶液(inhalation solution)。该剂型较多地在医院和家庭中使用,广泛用于儿童和老年患者,以及不适用其他吸入制剂的患者。可用于治疗哮喘、慢性阻塞性肺疾病等。该制剂能提高患者舒适度,较好地控制病情,提高患者的自信心。同时一些吸入剂量较高的药物,无法制成压力定量吸入气雾剂(pMDI)给药,其中大多数也无法采用干粉吸入剂给药,此时可选择将其制备成雾化吸入溶液。雾化器已成功应用于 β_2 受体拮抗剂、糖皮质激素、抗过敏药、抗胆碱药、抗生素、黏液溶解药和其他治疗性药物的肺部给药。

(二)雾化器

雾化器的设计在于更好地控制雾化程度,是雾化粒子的粒径更多地分布于理想粒径范围。

根据不同的工作原理,雾化器可被大致分为三种类型:①喷射雾化器,大多数雾化器为此类型,利用压缩气体来雾化药物溶液或混悬液;②超声雾化器,利用超声波晶片把电能转化为超声波能量,超声波能量在常温下能把水溶性药物雾化成 $1\sim5\mu m$ 的微小雾粒,以水为介质,利用超声定向压强将水溶性药液喷成雾状;③振动筛雾化器,利用超声对带有锥形微孔筛网的液体进行振动,使液体被挤出,从而产生大量雾滴。

和其他类型吸入装置一样,雾化器也有优缺点。优点:①患者可以潮式呼吸,顺应性好,可以用于任何年龄的患者或任何严重程度的疾病;②可以递送几乎任何药物和任何剂量;③可以按需递送混合药物;④无需抛射剂;⑤通常为固定辅料的水性配方。缺点:①大多是体积较大,需要外部电源,非"便携式吸入器",相对容易污染;②只能递送一个剂量;③比pMDI 或 DPI 治疗时间长;④完整的雾化器系统昂贵,不易装配和治疗准备。因此,近年来,雾化装置正朝着设计简单、携带方便、药物雾化效果提高,雾滴颗粒显著减小的方向发展,如Omron 电动携带型喷雾器、Aeroneb 微动泵喷雾器、OnQ™ 气溶胶及气雾发生器和 AERx 雾化溶液给药系统等。

1. 喷射雾化器 喷射雾化器利用压缩气体来雾化药物溶液或混悬液,达到喷射雾滴直径小于 $10\mu m$ 的雾化效果,其基本工作原理为贝努利(Bernoulli)原理。喷射雾化器一般可分为三种类型:定速释放型、呼吸增强型和呼吸驱动型。已上市的雾化吸入剂产品大多采用喷射雾化器。喷射雾化器的不足在于残留体积较大,即液体即使全部雾化直至不再有气溶胶喷出,但由于部分液体与内壁黏附也无法将雾化器中所有的药物全部递送出来。为达到良好的治疗效果,通常药液的体积不应小于 2ml,有些药物需要的体积量更大。然而,药液体积过大时,将延长雾化时间,造成患者治疗的顺应性降低。此外,喷射雾化器需采用压缩机产生的压缩空气,因而临床应用较为不便,而压缩机类型也与雾化效果密切相关,为此有些国家的监管部门要求某些药物的产品标签上需同时表明雾化器与压缩机的类型。

(1)定速释放雾化器:早先大多数雾化器都是定速释放型的,压缩空气不断送到文氏管中,这意味着在吸气和呼气期间恒速地产生气溶胶。由于吸气过程不到呼吸周期的一半,呼气产生的气溶胶从雾化器中排出,无法利用。经改良后,采用收集袋暂存呼出气体,如威尔德（WestMed）公司生产的 Circulaire，将呼气时产生的气溶胶可暂存在储液罐或收集袋中。

（2）呼吸增强雾化器：如飞利浦伟康公司生产的 Ventstream，在定速释放雾化器的基础上增加一个单向阀，只在吸气时打开，使空气进入这个装置，产生气溶胶并输出。在呼气时，单向阀关闭，产生的气溶胶从呼气阀排出。

（3）呼吸驱动雾化器：例如特鲁德尔（Trudell）公司生产的 AeroEclipse 新型雾化器，仅在患者吸气时才产生气溶胶。当患者停止吸气或呼气时，驱动／挡板部件远离喷雾嘴，停止产生气溶胶。直到患者吸气时，驱动／挡板部件接近喷雾嘴，液体在贝努利原理下进入饲料管，才会产生气溶胶。

2. 超声雾化器　超声雾化器通过高频交变电场（一般为 1~3MHz）中的压电换能器进行工作，将电信号转换成周期性的机械振动，并通过偶合液传递到药物溶液，引起药液分子振动，最终导致液体界面破裂并产生气溶胶雾滴。相较喷射雾化器，超声雾化器的优点有：①更安静、体积更小；②释放量更大，从而缩短了雾化时间。超声雾化器的缺点有：①药液温度趋于上升，可能会导致蛋白质变性和热敏感化合物的破坏；②成本较高；③难以使黏性溶液和含有微粉化药物的混悬液形成气溶胶，悬浮微粒倾向于残留雾化杯中。由于这些局限性，超雾化器不如喷射雾化器普及。

3. 振动筛雾化器　由于喷射和超声雾化器都有技术上的局限性，即残留体积占雾化器装量的很大一部分，且治疗使用时间过长；喷射和超声雾化器通常比较大且不方便。这些局限性推动了振动筛原理的新型雾化器的开发。

很早之前，人们就知道用带有锥形小孔的薄膜在液体表面进行超声振动，会产生大量的雾滴。在振动筛雾化器中，无数喷嘴组合在一起形成网状物或薄膜，产生的气溶胶可达到在治疗上足够其作用的浓度。虽然振动筛雾化器也利用超声产生气溶胶，但其操作原理与传统超声雾化器完全不同。

与喷射和超声雾化器不同，筛状网产生的初始雾滴大小适合药物吸入，因而不需要挡板来消除较大雾滴。一些装置，如百瑞公司的 eFlow®，还可根据需要定制，递送脂质体和供儿童使用，并且雾化体积范围可扩大至 0.5~5ml，最大给药量可达 1000mg。

振动筛雾化器无需挡板、残留量低、雾化时间短并且便于携带。由于药液仅需雾化一次，因而更为节能，有些可用常见的电池驱动。与喷射雾化器相比，振动筛雾化器的这些优势却因技术的复杂性和更高的价位而削弱。同时筛孔须仔细清洗，以防止堵塞。喷射和超声雾化器相比，有实验比较后发现振动筛雾化器可减少药物浪费，使得气溶胶的递送更加方便。此外，欧姆龙公司的 MicroAir™ 体积小、重量轻（包括两节 AA 电池才只有 140g）、静音且便携，这驳斥了雾化器笨重和使用不便的传统形象。基于上述优点和新装置，振动筛雾化器的前景光明，该类型的其他装置也可能被开发。

4. 特殊用途的雾化器　雾化器的装量可大可小。大容量喷射雾化器能多达几百毫升的液体，连续雾化数小时，这种雾化器可用于抗病毒药利巴韦林的吸入给药。与之相反，有雾化器整合到了导管顶端，这些导管可以插入到导管插管内；能将相对较大的雾滴直接递送到肺部。大雾滴携带相对较多的药物，但如果按传统方法递送，这些大雾滴将在上呼吸道沉积。但需注意，这类装置并不适合非卧床患者日常使用。

还有雾化器（如 RespirgardII™）在雾化器和口接器之间放置一个单向阀，作为附加挡板过滤掉直径大于 4μm 的雾滴。

发展中国家大规模接种疫苗时可采用雾化器吸入方式，这就要求患者使用一次性接口，例如将雾化器通过螺纹管连接一个简单的一次性面罩使用。

（三）雾化溶液的配方

雾化溶液的配方中包括溶于注射用水的药物，也可含有低浓度的添加剂。如添加氯化钠调节渗透压，硫酸或氢氧化钠调节 pH。因多剂量瓶含有抗菌剂（如苯扎氯铵）和抗氧化剂（如 EDTA），而苯扎氯铵会引起支气管收缩，故现今通常采用塑料或玻璃安瓿包装单剂量药物。

此外，许多吸入肾上腺皮质激素（包括布地奈德和丙酸倍氯米松）水溶性较低，可制成微粉混悬液通过喷射雾化器给药。但需注意，雾化混悬液一般都含有表面活性剂。且微粉化混悬液不能通过振动筛雾化器给药，除非筛网孔径足够大，当利用超声雾化器时，到达患者的剂量要小于喷射雾化器，而且变异更大。但可制成亚微米粒子的混悬液来解决此问题。至于难溶性药物，可通过提高其溶解度来解决，例如加入共溶剂如乙醇和丙二醇，或加入环糊精。

（四）雾化吸入溶液的有效性测定

为了更加严谨有效的评价不同雾化器所产生的供吸入的溶液的有效性，2000 年，为了用最严谨的方法比较不同的雾化器，欧洲标准化委员会公布了雾化器的测试方法，其中吸入量用呼吸模拟器产生的正弦空气流（500ml，15 次／分）测定。此外，建议采用低流速级联撞击器测量粒径分布，在流速为 2L/min 的条件下测定雾化器的样品输出。在雾化溶液中添加氟化钠作为示踪剂，清洗撞击器各层板，定量测定清洗液中的药物量。另外，新型雾化器粒径分布常采用快速光学方法测定，如激光衍射法。

第三节　黏膜及外用制剂

一、黏膜及外用气雾剂

（一）概述

按给药途径分类，气雾剂可分为吸入气雾剂、非吸入气雾剂及外用气雾剂。吸入气雾剂在前面的章节中已详细讨论。本节着重讨论非吸入气雾剂及外用气雾剂。

非吸入气雾剂系指使用时直接喷到腔道黏膜（口腔、鼻腔、阴道等）的气雾剂。阴道黏膜用气雾剂，常用 O/W 型泡沫气雾剂，主要用于治疗微生物、寄生虫等引起的阴道炎，也可用于节制生育；鼻黏膜用气雾剂主要适用于鼻部疾病的局部用药和多肽类药物的系统给药。外用气雾剂系指用于皮肤和空间消毒的气雾剂。皮肤用气雾剂主要起保护创面、清洁消毒、局部麻醉及止血等作用；空间消毒用气雾剂主要用于杀虫、驱蚊及室内空气消毒。

非吸入气雾剂和外用气雾剂除了给药途径与吸入气雾剂不同外，其余特点与吸入气雾剂类似。近几年来，随着日益增长的临床需求，该领域的研究越来越活跃，产品也越来越多，包括局部治疗药、抗生素药、抗病毒药、抗肿瘤药、蛋白质多肽药等。如曲安奈德鼻用氢氟烷气雾剂用于治疗常年性过敏性鼻炎，且本品是美国首个批准含氢氟烷抛射剂而不是含氯氟烷抛射剂（CFCs）的鼻用皮质激素类气雾剂。目前，中药外用气雾剂的研究也是热点之一。此外，一些疫苗及其他生物制品的黏膜及外用气雾剂也在研究中。

（二）制备工艺

与吸入气雾剂相比，处方组成类似，均由抛射剂、药物与其他辅料、耐压容器和阀门系统组成。抛射剂的种类、用量、耐压容器、阀门与吸入气雾剂均相似,其差别主要在于使用的驱动器不同。黏膜及外用气雾剂的制备工艺可参照吸入气雾剂。

(三)质量评价

非吸入气雾剂和外用气雾剂的质量评定可以参照吸入气雾剂,但是与吸入气雾剂不同,因为它们不是通过肺部吸入给药,故其不需要进行微细粒子分布评价。除另有规定外,其余各项的评价指标可以参照吸入气雾剂。

二、喷雾剂

(一)概述

喷雾剂(sprays)系指含药溶液、乳状液或混悬液填充于特制的装置中,使用时借助手动泵的压力(无需添加抛射剂)或其他方法将内容物呈雾状物释出,直接喷至腔道黏膜、皮肤及空间消毒的制剂。外用喷雾剂的雾滴(粒)粒径较大,一般大于 $10\mu m$。多用于舌下、鼻腔给药。按给药量定量与否,喷雾剂可分为定量喷雾剂和非定量喷雾剂;按使用方法可分为单剂量和多剂量喷雾剂;按处方组成分为溶液型、乳液型和混悬型喷雾剂。

喷雾剂的处方一般由药物、溶剂、助溶剂、表面活性剂及防腐剂组成。

对喷雾剂的一般质量要求如下:①溶液型喷雾剂的药液要澄明;乳液型喷雾剂分散相在分散介质中应分散均匀;混悬型喷雾剂应将药物细粉和附加剂充分混匀,制成稳定的混悬剂;②配制喷雾剂时,可按药物的性质添加适宜的附加剂,如溶剂、助溶剂、抗氧剂、防腐剂等,但应关注其对安全性的影响;③烧伤、创伤用喷雾剂应采用无菌操作或灭菌;④喷雾剂应置于阴凉处贮存,防止吸潮等。

(二)喷雾剂的装置

喷雾剂的给药装置通常由两部分构成,一部分是起喷射药物作用的喷雾装置,另一部分为承装药物溶液的容器。

常用的喷雾剂是利用机械泵进行喷雾给药的。手动泵主要由泵杆、支持体、密封垫、固定杯、弹簧、活塞、泵体、弹簧冒、活动垫或舌状垫及浸入管等基本元件组成。该装置具有以下优点:①使用方便;②无需预压,仅需很小的触动力即可达到喷雾所需压力;③适用范围广等。手动泵产生的压力取决于手揿压力或与之平衡的泵体内弹簧的压力,远远小于气雾剂中抛射剂所产生的压力。在一定压力下,雾滴的大小与液体所受压力、喷雾孔径、液体黏度等有关。手动泵采用的材料多为聚丙烯、聚乙烯、不锈钢弹簧及钢珠。

喷雾剂常用的容器有塑料瓶和玻璃瓶两种,前者一般由不透明的白色塑料制成,质轻、强度较高、便于携带;后者一般由不透明的棕色玻璃制成,强度差些。对于不稳定的药物溶液,还可以封装在一种特制的安瓿中,在使用前打开安瓿,装上一种安瓿泵,即可进行喷雾给药。

装置中各组成部件均应采用无毒、无刺激性、性质稳定、与药物不起作用的材料制造。喷雾剂无需抛射剂作动力,无大气污染,生产处方与工艺简单,产品成本较低,可作为非吸入用气雾剂的替代形式,具有很好的应用前景。

(三)喷雾剂的处方举例

丙酸氟替卡松鼻喷雾剂

【处方】丙酸氟替卡松 $50\mu g$ 葡萄糖 微晶纤维素 羧甲基纤维素钠 苯乙醇 苯扎氯铵(0.02%w/w) 吐温 80(0.25%w/w) 稀盐酸 纯水

【制法】精确称取 50μg 微细丙酸氟替卡松与所有辅料,溶于适量的注射用水,充分混匀形成悬浮液。加注射用水至所需配制量,用稀盐酸调节 pH(5.8~6.8)。灌装、充氮气。加泵阀。

(四) 喷雾剂的质量评价

喷雾剂在生产贮藏期间应符合《中国药典》2010 年版二部附录ⅠL 中有关规定。检查内容与气雾剂类似,应检查每瓶总喷次、每喷喷量、每喷主药含量、装量和装量差异、微生物限度。

喷雾剂可发挥局部作用,也可发挥全身作用。例如口腔喷雾剂能将药物输送到口腔黏膜或口咽等部位发挥局部作用,药物亦可经该部位黏膜吸收而发挥全身作用。加拿大 Generex 生物技术公司开发的胰岛素口腔喷雾剂(Oral-Lyn)已在多个国家上市。因此,随着黏膜黏附技术、吸收促进技术、矫味技术及口腔给药动物模型的发展和完善,口腔喷雾剂将会在需要发挥速效、提高患者顺应性、黏膜免疫及提高某些药物的生物利用度等方面具有广阔的应用前景。

三、泡沫剂

泡沫剂(foam)最早于 20 世纪 50 年代初由 Boe 和 Spitzer 发明,以表面活性剂为乳化剂,将乳化剂溶于水性介质中作为抛射剂。到 20 世纪 60 年代,泡沫气雾剂技术取得了重大突破,其中包括 1960 年"快速坍塌泡沫"工艺的开发和 1966 年泡沫气雾剂形成理论的提出。泡沫气雾剂因使用方便、涂布均匀而广泛应用于各类化妆品、药品、工业和家庭用品领域,如个人护理用品中的剃须泡沫和发用摩丝、聚氨酯泡沫、家用产品中的地毯泡沫和浴室泡沫清洗剂、食品气雾剂中的气雾奶油以及医用气雾剂中的阴道杀精剂、阴道消毒剂、肛肠泡沫气雾剂等。本章主要介绍药用泡沫剂。

(一) 定义

药用泡沫剂是含有一种或多种活性成分通过启动阀门喷出含药液体和(或)固体物质的细分散体,内容物以泡沫形态喷出。从药剂学角度讲,泡沫剂属于气雾剂,即乳剂型气雾剂。药物溶于水中或其他水性溶液中,与抛射剂互不混溶另成一相,液化抛射剂为分散相,形成油/水型乳剂,部分气化抛射剂为一相,在喷射时形成泡沫。

(二) 特点

泡沫释药系统为饱和溶液,可达到最大浓度梯度和最大热动力学活性,适用于局部给药。泡沫剂使用方便,密度小,与软膏、乳膏或洗剂不同,将药物分布于皮肤上可忽略机械穿切力。这对治疗皮肤严重炎症显示了突出的优点。譬如,对晒伤病例要将制剂有效地涂布于皮肤上可能引起疼痛或炎症加重。而含氢化可的松的泡沫剂在欧洲已成功地用于治疗中度至严重晒伤,就是基于泡沫剂的"最小接触"和释药方便。而且,当用于诸如头皮等多毛区时此种制剂泡沫破裂快,易通过毛干进入角质层。使用的方便性类似于洗剂和用于头皮的溶液剂,可增加患者用药的顺应性。

同时泡沫剂能够深度给药,其喷出物不流动,泡沫稳定、持续时间长,大大延长了药物在病灶部位的作用时间,且在腔道内分散均匀,涂布面广,药物能有效地渗入黏膜皱襞,因此常被用于治疗炎症性肠病。阴道内给药的泡沫剂是世界上公认的最佳剂型。

(三) 处方组成

泡沫剂处方主要由药物、吸收促进剂、疏水性溶媒、表面活性剂、泡沫赋形剂(foam adjuvants)、凝胶剂、防腐剂和抛射剂等组成。

1. **药物**　可选用下述药物来制备外用泡沫释药系统:抗菌药(如四环素、半合成青霉素、喹诺酮、氟喹诺酮、大环内酯抗生素和甲硝唑等)、抗真菌药(如咪康唑、酮康唑和特比萘芬等)、抗病毒药(如阿昔洛韦)、皮质激素类药(如戊酸倍他米松和丙酸氯倍他索等)、局麻药(如利多卡因和普莫卡因等)、除虱药(如除虫菊酯)、驱虫药(如二乙甲酰胺)、抗癌药(如氟尿嘧啶)、光动力学治疗药(如甲基 6- 氨基 -γ- 酮戊酸)、生发药(如米诺地尔)、皮肤消毒药(如氯己定、聚维酮碘和六氯酚等)和护肤药等。

2. **疏水性溶媒**　疏水性溶媒在室温呈液体状,可选用矿物油、植物油等。用量通常为5%~50%,因处方而异。

3. **表面活性剂**　表面活性剂用于改变处方中油和水的表面性质,有助于形成乳剂。可选用阳离子型、阴离子型、等电点和两性表面活性剂或它们的混合物。

4. **泡沫赋形剂**　泡沫赋形剂可选用 15 碳及其以上的脂肪醇,如十六醇和十八烷醇或其混合物。另一类泡沫赋形剂可选用 16 碳及其以上的脂肪酸,如十六烷酸、十八烷酸、二十烷酸、二十二烷酸和二十八烷酸等。选用至少含一个双键的脂肪醇或脂肪酸为佳。泡沫赋形剂可包括脂肪醇、脂肪酸和羟基脂肪酸及其衍生物的混合物,用量占基质载体的0.4%~2.5%。

5. **凝胶剂**　凝胶剂可选用天然聚合物(如海藻酸纳、黄原酸胶、卵白蛋白、淀粉和改性淀粉等),半合成聚合物(如羟乙基纤维素、甲基纤维素、羧甲基纤维素、羟丙基纤维素、羟丙基甲基纤维素、聚乙烯吡咯烷酮、聚乙烯醇和卡波泊等),用量为制剂总量的 0.1%~5.0%。

（四）处方与制备方法实例

【处方】双氯芬酸钠(药物)1%　吐温 80(表面混悬剂)1%　矿物油(疏水性溶媒)6%　卖泽(MYRJ 49p,表面活性剂)3%　十四烷酸异丙酯(疏水性溶媒)6%　椰油酰胺丙基甜菜碱(表面活性剂) 0.5%　十八烷醇(泡沫赋形剂)1%　乙二醇单乙基醚(Transeutol P,疗效增剂)20%　黄原酸胶(凝胶剂)0.3%　硬脂酸甘油酯(辅助乳化剂)0.5%　羟丙基甲基纤维素(凝胶剂)0.3%　丁烷 / 丙烷(抛射剂)8%　苯氧基乙醇 + 尼泊金(甲、乙、丙、丁)酯(防腐剂)0.3%　水 100%

【制备】①水相:在搅拌下将凝胶剂和表面活性剂溶于水中,溶液加热至 50~70℃,边搅拌边将药物和水溶性辅料加入水中;②疏水性相:将疏水性溶媒加热至相同的温度,边搅拌边加入油溶性辅料,混匀;③边搅拌边将热疏水性相缓缓倒入热水相中,然后以匀化器匀化。让混合物冷至室温;④将上述混合物灌入气雾剂容器内,压入适量(约处方总重的 10%)抛射剂。

【注解】但抛射剂技术对生产而言相对复杂和费用大,因而增加了泡沫剂的生产成本,目前临床使用的泡沫剂产品并不多。有关药用泡沫剂的文献报道及评价指标较少,现有的实验仪器和设备尚不能保证该类制剂性能评价的客观性和准确性,使药用泡沫气雾剂的研究与应用受到一定限制。

四、中药外用气雾剂

（一）概述

中药外用气雾剂是专供局部外用的,不可吸入。局部外用气雾剂,具有使用方便,剂量准确,奏效快;减少了局部涂药的疼痛(如烧伤和敏感皮肤病患者)与感染;药物直达病灶分布均匀,吸收完全等特点。如用于伤科的好得快气雾剂等。

由于外用氟利昂气雾剂已于2007年7月起被禁用,因此应优先发展外用中药气雾剂,以解燃眉之急。目前,通过关节肌肉、皮肤黏膜、腔道等给药的中药气雾剂,都有一些潜力品种等待开发。将名优效良的中药改为气雾剂是中药气雾剂研发的一个有效途径,云南白药就是一个成功的例子。另外,速效救心丸主治冠心病、心绞痛、心肌梗死,改成气雾剂起效迅速、疗效显著。

(二) 分类

1. 止血、止痛用气雾剂 中药气雾剂常用于跌伤、运动扭伤等引起的局部疼痛,国内常用的是云南白药、好得快、复方麝香、沈阳红药等,这些产品除了有冷镇痛外,还有活血化瘀和止痛的作用。这类气雾剂的主要成分有麝香、冰片、三七、独活、地黄(生地)、樟脑、红花、薄荷脑、血竭等中草药成分。

2. 烧伤用气雾剂 烧伤气雾剂能在烧伤表面形成均匀的药膜,起到缓解疼痛、消炎抗菌的作用,而且在整个用药过程中不需要借助任何工具和敷料。由五倍子、刘寄奴、诃子、苦参、桉叶等中药提取液配制而成的,具有消炎、杀菌、收敛、止痛等作用的气雾剂。

3. 其他

(1) 肛肠疾病用气雾剂:美国和澳大利亚早就采用气雾剂治疗肛肠疾病,因为使用便捷、药物直接与病灶接触、疗效明显而受到广大病人和医生的欢迎。还可以采用一种以活血化瘀、理气止痛、消炎止痒中药为主的气雾剂,如广通消泡沫气雾剂、痔痛宁气雾剂等。

(2) 妇科阴道用气雾剂:如贵州老来福药业有限公司出品的"净悄悄",该乳白色泡沫状液体由鱼腥草、莪术油、冰片等精制而成,具有清热解毒、抗菌消炎、止痒等功效,对阴道炎、宫颈糜烂、外阴瘙痒等症有促进康复保健作用,是理想的阴道深层护理产品。如妇得康泡沫剂、保妇康泡沫剂。

(3) 皮肤疾病用气雾剂:对于湿疹可以采用湿疡气雾剂。

(4) 咽炎、鼻炎:维吾尔族药苍辛气雾剂,具有疏风散寒、通窍作用,治疗过敏性鼻炎、急慢性鼻炎。治疗咽喉炎则有金蓝气雾剂、咽速康气雾剂、七味清咽气雾剂。近年来,中草药外伤敷涂剂因含有植物天然成分而备受广大患者的欢迎。但作为水剂直接敷涂,会使涂面疼痛,且因水剂流动性大,而不易在伤面停留,造成药效差。如果采用水包油或油包水型的水溶性气雾剂,此时内容物以喷雾的形态喷出,在伤面上形成一层凝胶薄膜,既减少了流动性,又增加了药效时间。同时因为抛射剂释放气化是一个吸热过程,所以还具有一定的制冷和安抚作用。

(三) 中药外用气雾剂质量评价

中药外用气雾剂多为非定量气雾剂。非定量气雾剂应作喷射速率和喷出总量检查。还应检查鉴别、乙醇量、含量测定、泄漏速率检查。烧伤、创伤、溃疡用气雾剂应做无菌检查。

(金　方)

思 考 题

1. 试述雾化制剂分类和特点,并重点比较各类吸入制剂的优缺点。

2. 试比较吸入气雾剂的制备方法,并阐述各个方法的优缺点。

3. 设计溶液型、混悬型和乳剂型气雾剂处方时应考虑哪些问题?

4. 试述吸入粉雾剂的分类及其评价指标。

5. 试述非吸入气雾剂和外用气雾剂常见的种类,并举一例,介绍其给药途径和制备过程中的注意事项。

参 考 文 献

1. 崔福德.药剂学.第 7 版.北京:人民卫生出版社,2011

2. Dhand R. Future directions in aerosol therapy.Respir Care Clin N Am,2001,7(2):319-335

3. Forte R,Dibble C. The role of international environmental agreements in metered-dose inhaler technology changes. J Allergy Clin Immunol,1999,104(6):S 217-220

4. Michael Hindle,Peter R. Byron,Nicholas C. Miller Cascade impaction methods for dry powder inhalers using the high flowrate Marple-Miller Impactor International Journal of Pharmaceutics 134(1996):137-146

5. CLARKEMJ,TOBYNMJ,STANIFORTHJ N. The formulation of powder inhalation systems containing a high mass of nedocromoil sodiumtrihydrate〔J〕.J.Pharm Sci,2001,90(2):213-223

6. 侯曙光,魏农农,金方.氟利昂替代后吸入气雾剂(MDIs)的研究要求和进展 II..中国医药工业杂志,2009,40(8):622-626

7. 王兆东,邓家华,周建平,等.呼吸道药物递送—雾化吸入剂的研究进展.世界临床药物,2011,32(5):316-326

8. 陈美婉,陈昕,潘昕,等.药用泡沫气雾剂的研究和应用概况.上海医药,2009,33(12):549-552

9. 厉明蓉,梁凤凯.气雾剂——生产技术与应用配方.北京,化学工业出版社,2003

10. 国家药典委员会.《中国药典》2010 年版一部.北京,中国医药科技出版社,2010

11. 陈美婉,陈昕,潘昕,等.药用泡沫气雾剂的研究和应用概况.药学进展,2009,33(12):549-552

12. 丁立,洪醒华.中药气雾剂产品的现状与前景.中国中西医结合杂志,2007,27(10):957-958

第十章 半固体制剂

本章要点

1. 掌握软膏剂与乳膏剂的概念、特点、制备方法与质量评价；重点关注二者的常用基质种类与性质。
2. 熟悉眼膏剂与凝胶剂的概念、特点、常用基质、制备方法与质量要求；关注半固体制剂重要设备。
3. 了解膏药、糊剂及涂膜剂基质的种类；各类外用膏剂的包装贮存。

第一节 概　　述

一、半固体制剂的概念

半固体制剂是采用适宜的基质与药物制成，在轻度的外力作用或体温下易于流动和变形，便于挤出均匀涂布的一类专供外用的制剂，常用于皮肤、创面、眼部及腔道黏膜，可以作为外用药基质、皮肤润滑剂、创面保护剂或作闭塞性敷料。

皮肤可分为表皮、真皮、皮肤附属器（毛发、汗腺和皮脂腺）与皮下脂肪层。最外层是角质层，由紧密排列的、死亡的角质化细胞层层相叠组成，为蛋白质、类脂和水结合成的有序结构，具有不透过性，使大多数物质不能透过，是限速屏障（rate-limiting），限制化学物质向内和向外的移动。多数半固体制剂主要用于局部治疗，在表皮、黏膜或透过表皮角质层在真皮或皮下组织起到局部镇痛、消炎、止痒、麻醉、改善循环等作用，如吲哚美锌乳膏。有的半固体制剂也可透过皮肤或黏膜起全身治疗作用，如硝酸异山梨酯。半固体制剂作用于皮下或吸收入血时应考虑角质层透过性。有关透皮吸收内容详见相关章节。

二、半固体制剂的种类

半固体制剂包括治疗或防护用的软膏剂（含油膏）、乳膏剂、凝胶剂、眼膏剂、糊剂和其他具有类似黏稠性与给药方式的制剂，如涂膜剂。《中国药典》（2010 年版二部）收载半固体制剂品种有 66 种，其中乳膏剂 38 种、眼膏剂 11 种、软膏剂 11 种、凝胶剂 6 种。

软膏剂与硬膏剂均属于外用膏剂，是我国传统制剂。硬膏剂是系将药物溶解或混合于黏性基质中，摊涂于裱背材料上制成的供贴敷使用的近似固体的外用剂型，药物可透过皮肤起局部或全身治疗作用。按基质组成可分为以下两类：

（1）中药膏药：以高级脂肪酸铅盐（红丹或宫粉）为基质，如黑膏药、白膏药等。

（2）贴膏剂：指以适宜的基质和基材制成的供皮肤贴敷的一类片状外用制剂。又包括：

①橡胶硬膏：以橡胶为主要基质；②巴布膏剂：以亲水性高分子材料为基质；③贴剂：以高分子材料为基质制成的薄片状贴膏剂，主要经皮给药系统（TDS），见相关章节。

近年来以脂质体、传递体、纳米乳为载体的半固体制剂的研制也得到了广泛的关注，它们与皮肤相容性好，能促进药物透过角质层，并在皮肤局部累积形成持续释放。新基质和新型皮肤渗透促进剂的出现，以及半固体制剂生产工艺和包装的机械化与自动化水平不断提高，促进了半固体制剂发展，将半固体制剂的研究、应用和生产推向了更高的水平，在医疗、保健、劳动保护等方面发挥着更大的作用。

第二节 软 膏 剂

一、概述

（一）定义、分类与特点

软膏剂（ointments）系指药物与油脂性或水溶性基质混合制成的具有适当稠度的均匀的半固体外用制剂。软膏剂按分散系统可分为溶液型与混悬型两类。其中溶液型软膏剂为药物溶解（或共熔）于基质或基质组分中制成；混悬型软膏剂为药物均匀分散于基质中制成。软膏剂按基质类型又分为油脂软膏（亦称油膏）与水溶性软膏。

软膏剂具有热敏性和触变性，遇热或施加外力时黏度降低，易于涂布，使软膏剂能在长时间内紧贴、黏附或铺展在用药部位；含药软膏可以起局部治疗作用，也可以经皮吸收起全身治疗作用。不含药软膏剂有保护或滋润皮肤等作用。

（二）质量要求

良好的软膏剂应：①外观良好，均匀、细腻，涂于皮肤上无粗糙感；②有适宜的黏稠度且不易受季节变化影响，应易于软化、涂布而不融化；③性质稳定，有效期内无酸败、异臭、变色、变硬等变质现象；④必要时可加入防腐剂、抗氧剂、增稠剂、保湿剂及透皮促进剂，保证其有良好的稳定性、吸水性与的药物的释放性、穿透性；⑤无刺激性、过敏性；无配伍禁忌；用于烧伤、创面与眼用软膏剂应无菌。

二、常用基质

软膏剂的基质是形成软膏的重要部分，是主药的载体与赋形剂，它对软膏剂的质量、适用范围以及药物的释放、穿透、吸收与疗效均都有重要的影响。软膏剂的基质包括油脂性基质与水溶性基质。油脂性基质常用的有凡士林、石蜡、液状石蜡、硅油、蜂蜡、硬脂酸、羊毛脂等；水溶性基质主要有聚乙二醇。

理想的软膏基质应符合下列要求：①具有适宜的稠度，黏着性和涂展性；②能溶解药物或与药物均匀混合；③不影响药物的释放和吸收，不与药物或附加剂相互作用，不影响药物含量测定，久贮稳定；④对皮肤无刺激性与过敏性，能吸收分泌液，不妨碍皮肤的正常功能与伤口愈合；⑤容易洗除，不污染衣服。一般需根据药物的性质与治疗目的，选择多种基质混合使用，以满足软膏基质的各项要求。

（一）油脂性基质

油脂性基质包括油脂类、类脂类及烃类等。其优点是：①润滑、无刺激性，能形成封闭性油膜促进皮肤水合作用，有较好的保护和软化作用；②能与多数药物配伍，有利于水不稳定药物的稳定性,不易长菌。其缺点是:①吸水性较差,不易与分泌液混合;②释药性较差,不利于药物的释放、穿透;③油腻性大,不易用水洗除,有时妨碍皮肤的正常功能。为克服其疏水性常加入表面活性剂或作为乳剂型基质的油相。

1. 油脂类　系指从动、植物中得到的高级脂肪酸甘油酯及其混合物。易受温度、光线、氧气、水分等影响,引起分解、氧化和酸败,化学性质不如烃类稳定,可加抗氧剂和防腐剂改善。

动物油为传统中药软膏剂基质,豚脂(熔距 36~42℃)、羊脂(熔距 45~50℃)与牛脂(熔距 47~54℃),含有少量胆固醇,可吸收 15% 水分及适量甘油和乙醇,但易酸败,现很少应用。

植物油含有不饱和双键结构,常温下多为液体,易氧化,常与熔点较高的蜡类(如蜂蜡)熔合制成稠度适宜的基质,并加入抗氧剂。常用植物油有麻油、花生油、菜子油等。如单软膏以花生油 670g 与蜂蜡 330g 加热熔合制成。

氢化植物油是植物油在催化剂作用下,其双键上与氢加成制成的饱和或部分饱和的脂肪酸甘油酯。完全氢化的植物油呈蜡状固体,不易酸败,熔点较高。不完全氢化的植物油呈半固体状,较植物油稳定,但仍能被氧化而酸败。

2. 烃类　系指石油分馏得到的多种饱和烃的混合物。化学性质稳定,脂溶性强,能与多数油脂类与类脂类基质混合,适用于保护性软膏。

(1) 凡士林(vaselin):为液体与固体烃类形成的半固体混合物,熔距 38~60℃,凝固点 38~60℃。分黄、白两种,白凡士林是由黄凡士林漂白而得。其化学性质稳定,可与多数药物配伍,适用于遇水不稳定的药物,如抗生素等。本品油腻性大,吸水能力差,仅能吸收其重量 5% 的水,且形成油膜有覆盖作用,不利于水性渗出液的排出与蒸发,故不适用于有多量渗出液的患处,不能渗透皮肤,也不能较快释放药物。通常加入适量羊毛脂、胆固醇或鲸蜡等改善其吸水性,或加入表面活性剂增加其吸水性和释药性。

例:软膏

【处方】黄蜂蜡 50g　黄凡士林 950g

【制法】取黄蜂蜡在水浴中加热熔化,然后加入黄凡士林混合均匀,再搅拌冷却直至凝结即得。单软膏也可用白蜂蜡和白凡士林依上述处方和制法制得。

(2) 石蜡(paraffin)、液状石蜡(1iquid paraffin)与地蜡(ceresin):石蜡为固体饱和烃类混合物,呈白色半透明固体块,熔距 50~65℃,能与蜂蜡、大多数油脂(除蓖麻油外)等熔合而不易单独析出。液状石蜡为液体饱和烃混合物,有轻质与重质两种,能与多数的脂肪油或挥发油混合,也可用于研磨分散药粉,以便于与其他基质混匀。地蜡由地蜡矿或石油馏分脱蜡的残留蜡膏精制而成,熔距 61~78℃。三者均用于调节软膏的稠度,也常用于乳剂基质油相。

3. 类脂类　系指高级脂肪酸与高级脂肪醇化合而成的酯类,物理性质与脂肪类似,但化学性质更稳定,具一定的表面活性作用而有一定的吸水性能,常与油脂类基质合用。

(1) 羊毛脂(wool fat,lanolin):一般是指无水羊毛脂(wool fat anhydrous)。是羊毛上的淡棕黄色黏稠的脂肪性物质的混合物,主要成分是胆固醇类的棕榈酸酯及游离的胆固醇类。熔距 36~42℃。具有良好的吸水性,为改善黏稠度以方便取用,常用含水分 30% 的羊毛脂,称为含水羊毛脂,羊毛脂可吸收二倍的水而形成 W/O 型乳剂型基质。羊毛脂与皮脂的组成接近,故有利于药物的渗透,常与凡士林合用,以改善凡士林的吸水性与渗透性。

(2) 羊毛醇(wool a1cohols):羊毛脂经皂化分离得到的胆固醇(约 28%)与三萜醇的混合物,进一步分离可得纯胆固醇。具有良好的吸水性,可用于制备 W/O 型乳剂型基质。

（3）蜂蜡（beeswax）与鲸蜡（spermaceti）：蜂蜡为黄色或白色块状物，熔距为 62~67℃，主要成分为棕榈酸蜂蜡醇酯；鲸蜡为白色块状物，熔距为 42~50℃，主要成分为棕榈酸鲸蜡醇酯。两者均含有少量游离高级脂肪醇而具有一定的表面活性作用，属弱 W/O 型乳化剂，在 O/W 型乳剂型基质中起稳定作用。两者均不易酸败，常用于软膏剂或乳膏剂中以调节稠度或增加稳定性。

（4）虫白蜡（cera chinensis）：为介壳虫科昆虫白蜡虫分泌的蜡精制而成，呈白色或类白色块状，质硬而稍脆，熔点 81~85℃，用于调节软膏的熔点，亦可作为 W/O 型乳膏基质的组成。

4. 硅酮类（silicones）　为一系列不同分子量的聚二甲基硅氧烷的总称，简称硅油。通式为 $CH_3[Si(CH_3)_2 \cdot O]_n \cdot Si(CH_3)_3$，常用二甲聚硅（dimethicone）与甲苯聚硅。均为无色或淡黄色油状液体，无臭，无味，黏度随分子量增大而增加，在应用温度范围内（−40~150℃）黏度变化极小，润滑易于涂布，无刺激性与过敏性，对药物的释放与透皮性较凡士林、羊毛脂快。疏水性强，与羊毛脂、硬脂酸、鲸蜡醇、单硬脂酸甘油酯、聚山梨酯、脂肪酸山梨坦均能混合，故常用于乳膏，用量可达 10%~30%，也常与油脂性基质合用制成防护性软膏，用于防止水性物质及酸、碱液等的刺激或腐蚀。本品对眼有刺激性，不宜用作眼膏基质。

（二）水溶性基质

水溶性基质易涂展，无油腻性，能吸收水性物质与组织渗出液，释放药物较快，易洗除；可用于糜烂创面或腔道黏膜，可制成防油保护性软膏。

目前常用的水溶性基质主要是聚乙二醇类（polyethylene glycol，PEG），为乙二醇的高分子聚合物，药剂中常用平均分子量在 300~6000 者。PEG-700 以下是液体，PEG-1000、1500 及 1540 是半固体，PEG-2000 以上是固体。不同平均分子量的聚乙二醇以适当比例相混合，可制成稠度适宜的基质。PEG 类化学性质稳定，可与多数药物配伍，耐高温，不易霉败。易溶于水，能与乙醇、丙酮、氯仿混溶。可吸收分泌液。其缺点是对炎症组织与黏膜有一定刺激性，润滑作用较差，长期使用可致皮肤脱水干燥。与山梨酯、季铵盐与某些酚类药物有配伍变化。

软膏剂常用配比有 PEG-3350：PEG-400＝4：6；PEG-4000：PEG-400＝1：1。若药物为水溶液（6%~25%），则可用 30~50g 硬脂酸取代同重 PEG-3350 或 -4000，以调节稠度。

三、软膏剂的处方设计

软膏剂处方主要由药物、基质与附加剂组成。处方设计的目标是使药物能溶解、均匀混合于基质中，并保持稳定，应用时并能顺利从基质中释放，到达治疗部位发挥疗效。

（一）药物性质与分散状态

软膏中药物首先必须从基质中释放出来，在表皮发挥局部治疗作用，或进一步穿透皮肤角质层至真皮或皮下组织发挥作用，有的需吸收入血产生全身治疗作用。药物的溶解度、热力学性、与基质的亲和力等是影响基质中药物释放的主要因素，药物的脂溶性及分子量等则主要影响药物角质层透过性。一般认为，药物的油水分配系数 $1gP \geqslant 5$，分子量 <500，容易透过角质层，而 $1gP \geqslant 3$ 时药物则具有较好的皮肤贮留性。$1gP$ 在 1~5 之间的药物较易吸收入血。

药物在软膏基质中的分散状态有分子、离子分散或微粒分散。脂溶性药物的分子型易于透过皮肤角质层，而离子型药物或混悬微粒不易透过角质层。采用新型微粒载药传递系统如脂质体、微球、脂质纳米粒及磷脂复合物等，将药物被包封于微粒中，由于载体与皮肤脂质的亲和性,可促进药物透过角质层进入真皮内,具有较好的皮肤贮留性,减少体内吸收,有长效作用,能增加药物稳定性,减少皮肤刺激性。

（二）基质性质

通常基质的黏度、与药物的亲和性会影响药物释放速度。对脂溶性药物,从软膏基质的释放顺序为:水溶性类 > 类脂类 > 油脂类 > 烃类。水溶性基质如聚乙二醇对药物释放虽快,但却很难透膜吸收。

1. 基质类型的选择原则 基质类型选择应依据软膏剂治疗需要与皮肤的生理病理状况而定。由于油溶性基质释药性较差,而水溶性基质不利于药物穿透角质层,因此这两类基质的软膏剂多数作用于皮肤与黏膜表面或表皮破损的创面。①只起皮肤表面保护与润滑作用的软膏,可选择具有较好保湿作用及润滑性的基质,如油脂性基质;②对皮脂溢出性皮炎、痤疮及有多量渗出液的皮肤疾患,不宜用油脂性基质,以免阻塞毛囊而加重病变,应选择水溶性基质或 O/W 型乳剂基质。

2. 基质 pH 基质的 pH 影响酸性和碱性药物的吸收,离子型药物一般不易透过角质层,非解离型药物有较高的膜渗透性。表皮内为弱酸性环境(pH 为 4.2~5.6),而真皮内的 pH 为 7.4 左右,故可根据药物的 pK_a 值来调节基质的 pH,使其离子型和非离子型的比例发生改变,提高药物的渗透性。

3. 基质与药物的亲和力 若基质与药物的亲和力大,药物的皮肤 / 基质分配系数小,药物难以从基质向皮肤转移,不利于吸收。

4. 基质组成 软膏剂中除含有不同类型基质,如油脂性基质、水溶性基质外,常需要加入一些附加剂,如保湿剂、防腐剂、增稠剂、抗氧剂、表面活性剂等。

水溶性基质容易霉变,水分易蒸发变硬。常需加入防腐剂、保湿剂等。常用的防腐剂有:羟苯酯类、苯甲酸、山梨酸、苯氧乙醇、三氯叔丁醇、醋酸苯汞、苯酚、甲酚、苯扎氯铵、芳香油等。常用的保湿剂有甘油、丙二醇等。有的药物在水中易氧化,则需加入水溶性抗氧剂如,如抗坏血酸、异抗坏血酸和亚硫酸盐以用金属螯合剂、辅助抗氧剂如枸橼酸、酒石酸等油溶性基质,特别是植物油脂,性质不稳定、易氧化酸败,应加入油溶性抗氧剂,如丁羟基茴香醚(BHA)、二丁基羟基甲苯(BHT)、没食子酸丙酯(PG)及生育酚等。油溶性基质的稠度可用不同熔点的多种基质调至适宜程度,如过稀加入熔点较高的石蜡、蜂蜡等,若过硬或黏稠则加入液状石蜡、凡士林调节。油溶性基质的吸水性差,若需要加入含水药物或药物水溶液时,首先需测定基质的水值。如凡士林的水值小,加入适量羊毛脂、胆固醇或一些高级脂肪醇类就能增加其吸水性。

在软膏中加入表面活性剂,可增加药物的溶解度、润湿性,帮助药物的分散与穿透,增加基质的吸水性与可洗性。如凡士林中加入胆甾醇可改善药物的吸收。

（三）皮肤生理特性

皮肤角质层是人体的生物学屏障,防止异物侵入体内。药物透过皮肤的途径主要有细胞间渗透、细胞内渗透以及皮肤附属器吸收,其中透过类脂质的细胞间渗透为主要途径。对需发挥局部治疗作用的药物,应根据其适应证不同,使其达到不同的深度而起效,并避免其经皮肤吸收入体内产生不良反应;而对需吸收入体循环产生全身治疗作用的药物,则需考虑其皮肤透过性。

角质层细胞有一定的吸水能力即皮肤的水合作用。基质对皮肤的水合作用大,可使角质层肿胀、疏松,有利于药物的扩散。角质层含水量由正常的 5%~15% 增至 50% 时,药物的渗透性可增加 4~5 倍。不同类型基质的水合作用不同,油脂性强的基质封闭性强,有利于水合作用。水合能力的顺序为:烃类 > 类脂类 >W/O 型 >O/W 型,水溶性基质一般无水合作用。

需在真皮层或皮下作用的药物,为有助于药物透过角质层,可加入透皮促进剂如氮酮、癸基甲基亚砜、有机溶剂(如乙醇、丙二醇)、脂肪酸(如油酸、亚油酸)或挥发性物质(如薄荷醇、柠檬烯、樟脑)等。也采用两种或以上低浓度的透皮促渗剂以产生协同作用,降低或避免局部的副作用。

应注意基质或附加剂可能引起皮肤过敏或产生副作用,包括刺激性、红斑、脱皮及鱼鳞等。如羊毛脂可能有过敏反应,十二烷基硫酸钠对有皮炎的皮肤有刺激性。

四、软膏剂的制备

软膏剂的制备,按照其类型、制备量及设备条件不同,采用的方法也不同。常采用研和法或熔合法。制备软膏的基本要求:必须使药物在基质中分布均匀,细腻,以保证药物剂量与药效,这与软膏剂的制备方法与加入药物的方法关系密切。

油脂性基质使用前应先加热熔融趁热滤过,除去杂质,再于 150℃灭菌 1 小时并除去水分。

(一)工艺流程图

软膏剂的生产工艺流程见图 10-1。

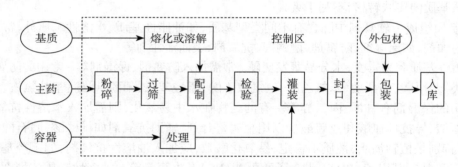

图 10-1　软膏剂生产工艺流程图

(二)制备方法

1. **研和法**　基质为油脂性的半固体时,可直接采用研和法(水溶性基质不宜用),乳膏剂在乳化制成基质后药物加入也可此法。一般在常温下将药物与基质以等量递加法混合均匀。此法适用于不溶性药物的混悬型软膏剂小量制备。用软膏刀在陶瓷或玻璃的软膏板上调制,也可在乳钵中研制。大量生产可用电动研钵。

2. **熔合法**　当基质熔点不同,常温下不能混合均匀;或大量制备油脂性基质时;或主药可溶于基质或药材需用植物油加热浸提时,常用熔合法。适用于含固体成分的基质,制备时先加温熔化高熔点基质,再加入低熔基质熔合制成均匀基质,然后分次加入药物,不断搅拌至冷凝。药物若不溶于基质,必须先研成细粉加入熔化或软化的基质中,搅拌至冷凝,以防止药粉下沉。大量制备可用电动搅拌机混合,通过齿轮泵循环数次混匀。若不够细腻,需要通过研磨机进一步研匀,使无颗粒感,常用三滚筒软膏机,使软膏受到滚辗与研磨,使软膏细腻均匀。

三滚筒软膏研磨机主要构造如图 10-2 所示,是由三个平行的滚筒和传动装置组成。滚筒间的距离可调节,在第一、第二滚筒上装有加料斗,转动较慢的滚筒 1 上的软膏能依次传到速度较快的滚筒 2 与速度更快的滚筒 3 上,经刮板器转入接收器中。第三滚筒还可沿轴线方向往返移动,使软膏受到滚辗与研磨,更细腻均匀。

图 10-2　滚筒旋转方向示意图

软膏剂(油脂性基质)大量生产的设备流程见图 10-3。操作时将通蒸汽的蛇形管(或电炉丝加热)放入加热罐中,将油脂性基质熔化后滤过,抽入夹层锅中,通蒸汽加热 150℃ 灭菌 1 小时后,通过布袋滤入接受桶中,再抽入贮油槽。配制前先将油通过有金属滤网的接头,滤入置于磅秤上的桶中,称重后再通过另一滤网接头,滤入混合锅中。开动搅拌器,加入药料混合,再由锅底输出,通过齿轮泵又回入混合锅中。如此循环 30 分钟~1 小时,将软膏通过出料管(顶端夹层保温),输入灌装机的夹层加料漏斗进行灌装。

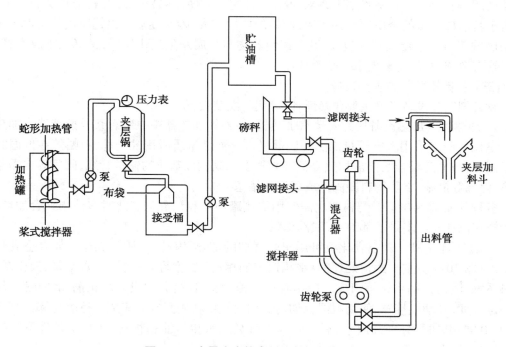

图 10-3　大量生产软膏剂设备流程示意图

(三) 药物加入的一般方法

1. 不溶于基质或基质组分的药物　必须将药物粉碎为细粉,过六号筛(眼膏剂药粉应过 9 号筛)。配制时取药粉先与少量基质或适量液体组分,如液状石蜡、植物油、甘油等研匀成糊状,再与其余基质混匀;或将药物细粉在不断搅拌下加到熔融的基质中,不停搅拌至冷凝。

2. 可溶于基质或基质组分中的药物　药物先溶解。脂溶性药物一般用油相或少量有机溶剂溶解,再与其余油脂性基质混合成为油脂性溶液型软膏。水溶性药物先溶于少量水或水相,再与水溶性基质混合制成水溶性溶液型软膏;或以羊毛脂吸收后制成油脂性软膏。

3. 具有特殊性质的药物　如半固体黏稠性药物(如鱼石脂、煤焦油),可直接与基质混合,必要时先与少量羊毛脂或聚山梨酯类混合,再与凡士林等油性基质混合。共熔性组分(如樟脑、薄荷脑)并存时,可先研磨至共熔,再与冷至40℃左右的基质混匀。

4. 中药浸出物(如煎剂,流浸膏) 液体浸出物先浓缩至稠膏状再加入基质中。固体浸膏可加少量水或稀醇等研成糊状,再与基质混合。

5. 挥发性、易升华的药物、遇热易结块的树脂类药物 应使基质降温至40℃左右,再与药物混合均匀。

(四)灌封与包装

制得的软膏可用手工或机器进行灌装。大量生产多用软膏自动灌装、轧尾、装盒联动机进行包装。生产中多采用密封性好的锡制、铝制或塑料制软膏管、金属盒包装,医院制剂多采用塑料盒或广口瓶等包装。

软膏剂的容器应不与药物或基质发生理化作用。若药物易与金属软管发生化学反应,可在管内涂一薄层蜂蜡与凡士林(6∶4)的熔合物或环氧酚醛树脂隔离。锡管可以保持软膏经常密闭,使不受空气、光线、温度等影响,而且使用方便,不易污染,有利于软膏的稳定性。但由于其消耗大量的金属原料锡和铅,而铅的毒性较大,因此逐渐被铝管所代替。近年来大量采用软塑料管进行软膏剂包装,既可避免药物与金属发生理化作用,又降低了成本,但软塑料管有渗透性、软膏易失水变硬等缺点。

(五)制备软膏剂的主要设备

软膏剂制备设备类型主要包括搅拌、乳化与灌装设备。

1. 加热罐 加热设备用蛇管蒸汽加热器,在蛇管加热器中央装有桨式搅拌器。加热后的低黏稠基质多采用真空管自加热罐底部吸出。油性基质所用凡士林、石蜡等在低温时处于半固态,与主药混合之前需加热降低其黏稠度。黏稠性基质的输送管线,阀门等也需考虑伴热、保温等措施,以防物料凝固造成管道的堵塞。

多种基质辅料在正式配料前也需使用加热罐加热和预混匀。此时多使用夹套加热器、内装框式搅拌器。多是顶部加料,底部出料。

2. 真空乳化机 真空乳化机可用于软膏剂的加热、溶解、均质与乳化。如真空乳化搅拌机组(图10-4)。主要由预处理锅(水相锅与油相锅)、真空乳化搅拌锅、真空泵、液压系统、倒料系统、电器控制系统等组成。操作时将水相、油相物料分别投入水相锅和油相锅,加热到一定程度,开动搅拌器,使物料混合均匀。加料及出料用真空泵完成。待乳化锅内真空度达到 -0.05MPa 时,分别开启水相与油相阀门,吸进水相与油相物料,在真空条件下搅拌乳化,可避免气泡产生。

乳化锅内采用同轴三重型搅拌装置。外面框式搅拌器与中间的浆式搅拌器为同一慢速电机传动(转速 0~70r/min)。框式搅拌器的外围有刮板,能刮去容器内壁附着的物料,不留死角;浆式搅拌器经过固定叶片与回转叶片的剪断、压缩、折叠等作用进行搅拌、混合;均质搅拌器(转速 0~3200r/min)由高转速的独立叶轮与定子组成,产生高速剪切作用,对高黏度物料进行均质混合。叶轮高速旋转过程中,将物料从叶轮的上下方吸入,然后从叶轮和定子的缝隙中抛出。物料在被吸入与抛出的过程中经过强烈的挤压、剪切、混合、喷射与高频振荡等一系列复杂的物理反应,从而将物料充分乳化。

3. 软膏全自动灌装封尾机 软管自动灌装机包括有输管、灌注、封底等三个主要功能。如图10-5所示全自动软管灌装封尾机,用于各类铝管灌封膏霜类、乳液类、油剂等。控制部分采用 PLC 控制系统,传动部分全封闭,用柱塞泵灌膏,设有螺杆微调机构,因而可精确称量膏体。由全自动操作系统完成供管、洗管、识标、灌装、热溶、折叠封尾、压齿纹、打码、修整、

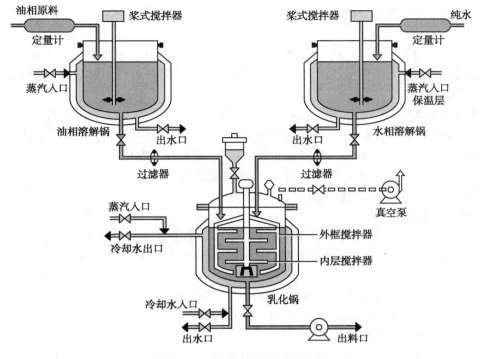

图 10-4a 真空乳化搅拌机示意图

图 10-4b 真空乳化搅拌机　　　　图 10-5 全自动软管灌装封尾机

出管等工序。由气动方式完成供管、洗管,动作准确可靠。

4. 全自动铝管制管机　制铝管全自动设备由 11 个部件组成,其工艺步骤包括冲管(将铝片冲制成管状)、修蚀(截割、刻螺纹口等)、退火(400℃ 10 分钟使铝管变软)、内涂(以 501 环氧树脂喷涂于铝管内表面)、干燥(250℃ 10 分钟)、底涂(以印刷油上底色)、干燥(150℃ 5 分钟)、印字、干燥(150℃ 5 分钟)、盖帽、尾涂(涂黏合剂)。从冲管到尾涂全部动作在自动控制下完成。每小时产量约 6000 支管,冲管模具常用模具为 13.5mm、16mm 与 19mm,装量分别为 5g、10g 和 15g。

（六）典型处方与工艺分析

例：尿素软膏

【处方】尿素 100g　蜂蜡 40g　甘油 200g　无水羊毛脂 100g　凡士林加至 1000g

【制法】取蜂蜡、无水羊毛脂及凡士林，在水浴中加热熔化，过滤。另取尿素溶于甘油，两者混合，即得。

【注解】①本品用于治疗鱼鳞癣、皲裂性湿疹等。尿素是一种无毒、无刺激性、不致敏的物质。能增加角质层的水合作用，使皮肤柔软，并有抗菌、止痒作用，可治牛皮癣与早期蕈样肉芽肿的瘙痒。30%~40% 尿素是强烈的角质溶解剂，对角化过度性掌跖皲裂有效。②尿素应用油性基质比水包油乳膏基质效果好，特别对深度裂口的病人。且乳膏基质中含水影响尿素稳定性，尿素水溶液在加热时易破坏而放出氨。

（七）生产工艺要点

1. 一般软膏剂的配制操作室要求在 D 级洁净区，用于深部组织创伤的软膏剂制备的暴露工序操作室洁净度要求不低于 C 级；室内相对室外呈正压，温度 18~26℃、相对湿度 45%~65%。

2. 油相熔化后才能开启搅拌，搅拌完成后要真空保温贮存。

3. 一般情况下油相、水相应用 100 目筛过滤后混合。

（八）生产中存在的问题与分析

1. 主药含量不均匀　软膏剂基质处方较复杂，在投料时需要考虑主药性质，根据主药在基质中的溶解性能，或选将主药与油相或水相混合，或先将主药混合于已配制好的少量基质混匀，再等量递增至大量的基质中，以保证主药含量均匀性。

2. 主药受热稳定差　软膏剂常需加热配制，有的药物在高温下易分解，特别是含水基质的软膏剂，配制时需要根据主药理化性质控制油、水相加热温度，以防止温度过高引起药物分解。

固态油性基质需先熔化再降温才能加入药物，需较长时间与热能。制备中需注意：①以搅拌加速基质熔化。在基质部分熔化后即开始不断搅拌；②控制基质的熔化温度。通常基质在 50~55℃熔化或大部分熔化即停止加热，避免温度过高需重新降温的麻烦。

3. 不溶性药物粒度过大　不溶性的固体物料，应先粉碎成细粉，过 100~120 目筛，再与基质混合，以避免成品中药物粒度过大。

4. 产品装量差异大　可能原因与解决办法有：①物料搅拌不均匀，应将物料搅拌均匀后再加入料斗；②有明显气泡，可用抽真空等方法排出气泡；③料筒中物料高度变化大，因软膏剂会随着贮料罐内料液的减少而流速减慢，造成装量差异。应注意保持料斗中物料高度一致，并不能少于容积的 1/4。

5. 软膏管封合不牢　可能原因与解决办法有：①封合时间过短，应适当延长加热时间；②加热温度过低，应适当调高加热温度；③气压过低，应将气压调到规定值；④加热带与封合带高度不一致，应调整加热带与封合带高度。

6. 软膏管封合尾部外观不美观　可能原因与解决办法有：①加热部位夹合过紧，可调整加热头夹合间隙；②封合温度过高，应适当降低加热温度，延长加热时间；③加热封合切尾工位高度不一致，应调整工位高度。

7. 聚乙烯软膏盒质量　应采用刚度、强度较大，不易变形的高密度聚乙烯软膏盒。低密度聚乙烯空盒运输和储藏中易挤压变形，导致容积发生改变，影响分剂量准确度。

8. 真空搅拌乳化机常见故障分析与解决办法　①乳化锅内物料沸腾：与真空度过高有关，应降低真空度；②乳化头卡死：可能是物料过稠。应关闭电源，检修乳化头，重新处理物料；③真空度不能达到要求：可能是机械密封老化或阀门未关严，应检查机械，重新关严或更换失效部件。

在软膏剂生产制备中，新工艺，新材料的运用是很重要的，如采用超声波技术、纳米技术改善生产过程。采用环糊精包合技术改善药物的稳定性与透过性，控制药物的释放速度。并能减轻对皮肤的刺激，矫正药物不良气味。

五、软膏剂的质量评价

（一）质量检查

按《中国药典》2010 年版 药典二部附录 I F，除另有规定外，软膏剂、乳膏剂、糊剂的质量检查项目有：

1. 粒度　除另有规定外，取药材细粉的软膏剂适量供试品，置于载玻片上，涂成薄层，覆以盖玻片，共涂 3 片，照粒度测定法（显微镜法）测定，均不得检出大于 180μm 的粒子。

2. 装量　照最低装量检查法（附录ⅫC）检查，标示装量以重量计者用重量法测定。

3. 无菌与微生物限度检查　按《中国药典》规定检查。

（二）质量评价

1. 外观　软膏剂的外观性状应质地均匀细腻，易涂布，色泽均匀一致、稠度适宜，无刺激性，无酸败等。

2. 药物含量测定　应采用适宜的溶剂将基质中药物溶解提取，再进行含量测定。测定方法必须考虑和排除基质对提取物含量测定的干扰和影响，测定方法的回收率要符合要求。对成分尚不明确的软膏，应严格控制工艺过程，以专属性鉴别试验控制质量。

3. 基质物理性能

（1）热敏性（熔点与熔程）：可评价基质是否能够遇热熔化而流动，而在体温以下温度保持半固体状态。基质熔程以接近凡士林的熔程（38~60℃）为宜。

（2）稠度（插度）和流变性：软膏基质多属非牛顿流体，通常用插度计测定稠度以控制其流变性，以确保软膏剂在皮肤上具有较好的涂展性和附着性。插度计如图 10-6 所示。以 5 秒钟内金属锥体（重 150g）自由插入的深度评定供试品的稠度。以 0.1mm 的深度为 1 单位，称为 1 插入度。样品稠度大则插入度小，反之则大。一般软膏常温下插入度在 100~300 之间，乳膏为 200~300 之间。

（3）水值：水值系指在规定温度下（20℃）100g 基质能容纳的最大水量（g），表示软膏基质的吸水能力。测定方法是在一定量基质中逐渐加入少量水，研磨至不能吸收水而又无水滴渗出即为终点。

（4）酸碱度：某些基质在精制过程中

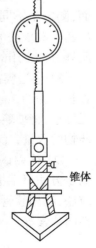

锥体

图 10-6　插度计

需用酸、碱处理。若因酸碱度不适而引起刺激时，应在基质精制过程中进行 pH 调整，并检查 pH 以免产生刺激。基质 pH 以接近皮肤 pH 为好，同时兼顾药物的稳定性。

4. 稳定性　软膏剂稳定性检查项目有性状(酸败、异臭、变色分层、涂展性)、鉴别、含量测定、粒度、卫生学检查及皮肤刺激性试验，在贮藏期内应符合有关规定。

软膏剂的加速试验方法：将软膏装入密闭容器中填满，分别置恒温箱(39℃±1℃)、室温(25℃±1℃)及冰箱(0℃±1℃)中 1~3 个月，检查上述项目，应符合有关规定，可用于筛选基质处方。

5. 刺激性　软膏剂涂于皮肤或黏膜时，不得引起疼痛、红肿产生斑疹等不良反应。测定方法：

(1) 皮肤测定法：采用家兔剃去其背上的毛约 2.5cm^2，24 小时后待剃毛产生的刺激消失后，取软膏 0.5g 均匀涂布于剃毛部位。24 小时后观察有无发红、水疱、发疹等现象。同时用空白基质作对照。

(2) 黏膜测定法：在家兔眼黏膜上涂敷 0.25g 软膏，观察有无黏膜充血、流泪、羞明及骚动不安等现象。

(3) 人体皮肤试验：采用贴敷法，将软膏贴敷在手臂及大腿内侧等柔软的皮肤上，24 小时后观察敷用部位皮肤的反应。

6. 药物释放、穿透与吸收　根据软膏剂适应证不同，需要药物达到皮肤的不同深度起效，例如治疗光化性角化病仅需药物进入表皮细胞，而痤疮治疗需要药物进入真皮中部的皮脂腺部位。可通过试验了解药物在皮肤内部的渗透及潴留情况，分为体外试验法与体内实验法，体外试验法有离体皮肤法、凝胶扩散法、半透膜扩散法和微生物法等，其中以离体皮肤法较接近应用的实际情况。

(1) 体外试验法

1) 凝胶扩散法：以含有指示剂的琼脂凝胶为扩散介质，放于 10ml 试管内，在上端 1cm 空隙处装入样品，使其与凝胶表面密切接触，测定不同时间呈色区高度(即扩散距离 H)。以 H^2-t 作图，拟合一直线，直线的斜率即为扩散系数 J。J 越大，释药越快，可比较不同软膏基质的释药能力。

2) 离体皮肤法：在将人或动物的皮肤固定于扩散池中，含药物软膏置于皮肤的角质层面，测定由不同时间从供给池穿透皮肤进入接受池中药物的累积量 Q，以 Q-t 拟合直线，求出药物对皮肤的渗透率 P，可分析药物的释药性质与皮肤透过性，选择透皮促进剂及筛选基质处方。常用的扩散池有直立式和卧式两种(图 10-7)。

3) 半透膜扩散法：以玻璃纸等半透膜为扩散屏障。取软膏(如水杨酸软膏)装于内径及管长均为约 2cm 的玻璃短管内，管的一端用玻璃纸扎紧，使管内软膏紧贴于玻璃纸上，并应无气泡，将玻璃纸端放入装有 100ml 37℃的水中，每间隔一定时间取出一定量溶液测定其中药物的含量，计算药物的释放量，绘制出释放量对时间的曲线图。

(2) 体内试验法：将软膏涂于人体或动物的皮肤上，经一定时间进行测定药物透入量。测定方法可根据药物性质采用：①含量分析法：测定体液与组织器官中药物含量；②生理反应法：利用软膏的药理作用为测定指标；③放射性示踪原子法：测定组织与体液中药物放射性同位素等。

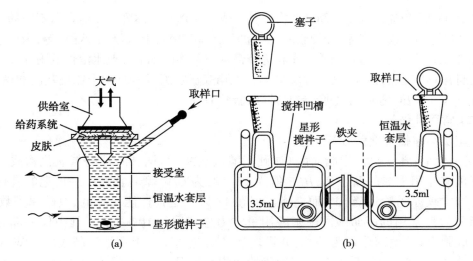

图 10-7　扩散池示意图
(a)直立式扩散池；(b)卧式扩散池

第三节　乳膏剂

一、概述

(一)定义、分类与特点

乳膏剂系指药物溶解或分散于乳剂型基质中形成的均匀的半固体外用制剂,根据乳剂型基质类型可分为水包油型乳膏剂与油包水型乳膏剂。乳膏剂在以往的分类中,归属为软膏剂的第三类即乳剂型软膏,由于乳剂型基质产品数量逐渐远远多于脂溶性基质与水溶性基质产品,为更明确产品基质特性,《中国药典》2005 年版二部以后将乳膏剂与软膏剂并列分类。

乳膏剂由于乳化剂的表面活性作用,对油、水均有一定亲和力,不影响皮肤表面分泌物的分泌和水分蒸发,对皮肤的正常功能影响较小。乳膏剂尤其是 O/W 型乳膏剂中药物的释放穿透较快,能吸收创面渗出液,较油脂性基质易涂布、清洗,对皮肤有保护作用。不适用于在水中不稳定的药物。O/W 型基质能与大量水混合,含水量较高,色白如雪,习称雪花膏,无油腻性,易洗除。但在贮存过程中可能霉变,也易干燥而使软膏变硬。常需加入防腐剂和甘油、丙二醇或山梨醇等保湿剂。当 O/W 型乳膏用于分泌物较多的病变部位时,如湿疹,可与分泌物一同重新透入皮肤而使炎症恶化(反向吸收),故忌用于分泌物较多的糜烂、溃疡、水疱及化脓性创面。W/O 型基质内相的水能吸收部分水分,水分从皮肤表面蒸发时有缓和冷却的作用,习称冷霜,因外相为油,不易洗除,不能与水混合,在软膏中用得较少。

(二)质量要求

乳膏剂应具有与软膏剂相同的质量要求,还应不得有油水分离及胀气现象。

二、常用基质

(一)乳膏基质的类型

乳膏基质是由水相、油相借乳化剂的作用在一定温度下乳化而成的半固体基质,可分为水包油型(O/W)和油包水型(W/O)两类。其形成的原理与液体乳剂相似。所不同的是常用的油相多数为固体或半固体,如硬脂酸、蜂蜡、石蜡、高级醇(十六醇、十八醇)等,为调节稠度加入液状石蜡、凡士林、植物油等。水相为蒸馏水或药物的水溶液及水溶性的附加剂。常用的乳化剂有 O/W 型的钠皂、三乙醇胺皂类、脂肪醇硫酸(酯)钠类(如十二烷基硫酸钠)和聚山梨酯类;W/O 型的钙皂、羊毛脂、单甘油酯、脂肪醇等。

(二)常用乳化剂

1. 皂类　包括一价皂与多价皂。

(1) 一价皂:乳膏中常用脂肪酸(如硬脂酸或油酸)与钠、钾、铵的氢氧化物或三乙醇胺等有机碱作用生成的新生皂,*HLB* 值为 15~18,为 O/W 型乳化剂。一价皂的乳化能力随脂肪酸中碳原子数 12 到 18 而递增。但在 18 以上这种性能又降低,故碳原子数为 18 的硬脂酸为最常用的脂肪酸。硬脂酸用量常为总基质的 10%~25%,其中仅一部分与碱反应生成肥皂,其余部分作为油相,并可增加基质的稠度。用硬脂酸制成的 O/W 型乳剂基质光滑美观,水分蒸发后留有一层硬脂酸薄膜而具保护作用,但单用硬脂酸为油相制成的乳剂基质润滑作用小,故常加入适量的油脂性基质如凡士林、液状石蜡等调节其稠度和涂展性。

碱性物质的选择,对新生皂乳剂型基质的影响较大。以钠皂为乳化剂制成的乳剂型基质较硬。以钾皂(软肥皂)为乳化剂制成的成品较软,有机铵皂为乳剂型基质较为细腻、光亮美观,其 pH 为 8,*HLB* 值为 12,碱性较弱,适于药用制剂。因此后者常与前二者合用或单用作乳化剂。新生皂形成的基质的缺点是易被酸、碱、钙、镁离子或电解质类药物等破坏,忌与含这些物质的药物配方。制成的软膏在 pH5~6 以下时不稳定。基质处方举例:

【处方】硬脂酸 120g　单硬脂酸甘油酯 35g　液状石蜡 60g　凡士林 10g　羊毛脂 50g　三乙醇胺 4g　尼泊金乙酯 1g　蒸馏水加至 1000g

【制法】取硬脂酸、单硬脂酸甘油酯、液状石蜡、凡士林、羊毛脂置容器内,水浴加热至熔化,继续加热至 70~80℃;另取三乙醇胺、尼泊金乙酯及蒸馏水,加热至 70~80℃,缓缓倒入硬脂酸等油相中,边加边搅拌,至乳化完全,放冷即得。

【注解】本品为 W/O 型乳剂基质,三乙醇胺与部分硬脂酸形成新生铵皂为乳化剂。部分硬脂酸、液状石蜡和凡士林为油相,后二者可调节基质稠度,增加润滑性。单硬脂酸甘油酯可增加油相的吸水能力,在 O/W 型乳剂基质中作为稳定剂并有增稠作用。羊毛脂可增加油相的吸水性和药物的穿透性。0.1% 羟苯乙酯作防腐剂。

(2) 多价皂:由二、三价金属如钙、镁、锌、铝的氧化物与脂肪酸作用形成的多价皂。由于此类多价皂在水中溶解度小,*HLB* 值低于 6,为 W/O 型乳化剂。新生多价皂较易形成,且油相的比例大,黏滞度较水相高,形成的乳剂型基质(W/O 型)较一价皂为乳化剂形成基质稳定。基质举例:

【处方】硬脂酸 12.5g　单硬脂酸甘油酯 17.0g　蜂蜡 5.0g　地蜡 75g　液状石蜡 410.0g　白凡士林 67.0g　双硬脂酸铝 10.0g　氢氧化钙 1.0g　尼泊金乙酯 1.0g　蒸馏水加至 1000g

【制法】取单硬脂酸甘油酯、蜂蜡、地蜡在水浴上加热熔化,再加入液状石蜡、白凡士林、双硬脂酸铝,加热至 85℃。另取氢氧化钙、尼泊金乙酯溶于蒸馏水中,加热至 85℃,逐渐加入油相中,边加边搅拌,直至冷凝。

【注解】本品为 O/W 型乳剂基质,处方中双硬脂酸铝(铝皂)、氢氧化钙与部分硬脂酸作用形成的钙皂均为 W/O 型乳化剂。水相中氢氧化钙为过饱和态,应取上清液加至油相中。

2. 脂肪醇硫酸(酯)钠类 常用十二烷基硫酸(酯)钠(月桂醇硫酸钠 sodium auryl sulfate)，为 O/W 型阴离子型乳化剂，常用量 0.5%~2%。常与 W/O 型辅助乳化剂如高级脂肪酸及多元醇酯类合用调节适合的 *HLB* 值。达到油相所需范围。其水溶液呈中性，对皮肤刺激性小，pH4~8 之间较稳定，与阳离子型表面活性剂可形成沉淀而失效。基质举例：

【处方】硬脂醇 220g　白凡士林 250g　十二烷基硫酸钠 15g　丙二醇 120g　羟苯乙酯 1g　羟苯丙酯 0.15g　蒸馏水加至 1000g

【制法】取硬脂醇、白凡士林在水浴中熔化，加热至 70~80℃，将十二烷基硫酸钠、丙二醇、羟苯乙酯、羟苯丙酯、蒸馏水，加热至 70~80℃，将水相加至同温度的油相中，搅拌至冷凝。

【注解】本品为 W/O 型乳剂基质，处方中十二烷基硫酸钠为主要乳化剂。硬脂醇、白凡士林为油相，硬脂醇为 W/O 辅助乳化剂起调节 *HLB* 值及稳定作用，并可增加基质稠度，白凡士林可防止基质水分蒸发并形成油膜，有利于角质层水合作用并有润滑作用。丙二醇为保湿剂，并有助于防腐剂羟苯酯类的溶解。

3. 高级脂肪酸及多元醇酯类

(1) 十六醇及十八醇：十六醇即鲸蜡醇(cetylalcohol)，熔点 45~50℃，十八醇即硬脂醇(stearylalcohol)，熔点 56~60℃，均不溶于水，作为乳膏基质油相，但有一定的吸水能力，为 W/O 辅助乳化剂，并增加乳剂的稳定性和稠度。用十六醇和十八醇取代部分硬脂酸形成新生皂类乳剂基质较细腻光亮。类似的 W/O 型乳化剂还有蜂蜡、胆甾醇等。

基质举例：

【处方】蜂蜡 30g　硬脂醇 30g　胆甾醇 30g　白凡士林加至 1000g

【制法】将以上四种基质在水浴上加热熔化混匀，搅拌至冷凝。本品为吸水性软膏"亲水凡士林"，加等量水后仍稠度适中，并成为 W/O 型软膏。可吸收分泌液。用作遇水不稳定的药物软膏基质。

(2) 硬脂酸甘油酯(glyceryl monostearate)：为单、双硬脂酸甘油酯的混合物，以前者为主。本品不溶于水，溶于热乙醇及液状石蜡、植物油等油相中。因分子中甘油基上有羟基存在，有一定的亲水性，是较弱的 W/O 型乳化剂。与 O/W 型乳化剂合用时，可使乳剂型基质稳定，产品细腻润滑，用量为 15% 左右。

(3) 脂肪酸山梨坦类(商品名为 spans 类，司盘类)：为常用的 W/O 型非离子型表面活性剂，*HLB* 值在 4.3~8.6 之间。中性，刺激性小，对热、酸、电解质稳定，为调节 *HLB* 值，常与其他 O/W 型乳化剂如聚山梨酯类合用。

基质举例：

【处方】白凡士林 400g　硬脂醇 180g　倍半油酸山梨坦(Span-83)5g　尼泊金乙酯 1g　尼泊金丙酯 1g　蒸馏水加至 1000g

【制法】取白凡士林、硬脂醇、倍半油酸山梨坦及尼泊金丙酯置蒸发皿中，在水浴上加热至 75℃熔化，保温备用。另取尼泊金乙酯置烧杯中，加入适量蒸馏水(与其他各药共制基质 1000g)，加热至 80℃，待尼泊金乙酯溶解后，趁热加至上述油相中，不断搅拌至冷凝。

【注解】本品为 W/O 型乳剂基质，倍半油酸山梨坦为 O/W 型乳化剂，硬脂醇也能起较弱的乳化作用。本品透皮性良好，涂展性亦佳，可吸收少量分泌液。

(4) 聚山梨酯(polysobate)类：商品名为 tweens 类、吐温类，系为 O/W 型非离子型表面活性剂，对黏膜和皮肤刺激性小，并能与电解质配伍。能单独作为乳化剂，但为调节的制品适宜的 *HLB* 值并使其稳定，常与其他乳化剂(如司盘类、月桂醇硫酸钠)或增稠剂合用。聚山梨酯类能与某些防腐剂如羟苯酯类、苯甲酸等类络合而抑制其效能,可适当增加防腐剂用量予以克服。吐温类不宜与酚类、羧酸类药物合用。

基质举例:

【处方】硬脂酸 60g　凡士林 60g　硬脂醇 60g　液状石蜡 90g　聚山梨酯 -80 44g　硬脂山梨坦 -60 16g　甘油 100g　山梨酸 2g　蒸馏水加至 1000g

【制法】取硬脂酸、白凡士林、硬脂醇、液状石蜡、硬脂山梨坦 -60(即司盘 -60)置容器中水浴上加热熔融,另将聚山梨酯 -80、甘油、山梨酸、水溶解混匀,两相加热至 80℃左右,将油相加入水相中,边加边搅拌,直至冷凝。

【注解】本品为 O/W 型乳剂型基质。方中聚山梨酯 -80 为主要乳化剂,硬脂山梨坦 -60 为 W/O 型乳化剂,以调节适宜的 HLB 值而形成稳定的乳剂。硬脂醇为增稠剂与弱乳化剂,并使制得的基质细腻光亮,用单硬脂酸甘油酯代替可取得同样的效果。甘油为保湿剂,山梨酸为防腐剂。

4. 聚氧乙烯醚的衍生物类

(1) 平平加 O(peregol O):为脂肪醇聚氧乙烯醚类,分子式为 R—O—(CH$_2$—CH$_2$O)$_n$H,为非离子型 O/W 型乳化剂。本品 HLB 值为 16.5,在冷水中溶解度比热水中大,溶液 pH6~7,对皮肤无刺激性,有良好的乳化、分散性能。本品性质稳定,耐热、酸、碱、硬水与金属盐。其用量一般为油相重量的 5%~10%(一般搅拌)或 2%~5%(高速搅拌)。与羟基或羧基化合物可形成络合物,使形成的乳剂破坏,故不宜与苯酚、水杨酸等配伍。

基质举例:

【处方】平平加 O 25g　十六醇 100g　白凡士林 100g　液状石蜡 100g　甘油 50g　尼泊金乙酯 1g　蒸馏水加至 1000g

【制法】将油相十六醇、液状石蜡和凡士林与水相平平加 O、甘油、尼泊金乙酯分别加热至 80℃熔融或溶解,将油相加入水相中,边加边搅拌至冷凝即得。

(2) 柔软剂 SG:为硬脂酸聚氧乙烯酯,属非离子型 O/W 型乳化剂,可溶于水,因 HLB 值为 10,pH 近中性,渗透性较大,常与平平加 O 等量混合应用。

(3) 乳化剂 OP:为烷基酚聚氧乙烯醚类,O/W 型乳化剂,HLB 值为 14.5。可溶于水,用量一般为油相总量的 5%~10%。本品耐酸、碱、还原剂及氧化剂,对盐类亦甚稳定,但水溶液中如有大量金属离子时,将降低其表面活性。本品与酚羟基类化合物如苯酚、间苯二酚、麝香草酚、水杨酸等可形成络合物,不宜配伍使用。

基质举例:

【处方】单硬脂酸甘油酯 40g　石蜡 40g　液状石蜡 200g　白凡士林 20g　乳化剂 OP 2g　司盘 -80 1g　氯甲酚 0.4g　蒸馏水 100g

【制法】将油相(单硬脂酸甘油酯、石蜡、液状石蜡、白凡士林以及司盘 -80)与水相(乳化剂 OP、氯甲酚及蒸馏水)分别加热至 80℃。将油、水两相逐渐混合。搅拌至冷凝,即得。

【注解】为 O/W 型乳剂基质。主要乳化剂是乳化剂 OP,加入司盘以调整基质的 HLB 值。

其他属聚氧乙烯醚类的乳化剂有西土马哥(cetomacrogol)与乳百灵,两者均为脂肪醇聚氧乙烯醚,类似于平平加 O 乳化剂。

三、乳膏剂的处方设计

乳膏剂处方设计与软膏剂一样,需首先了解和熟悉药物的理化性质、各种基质的性质和选择原则、用药部位的皮肤特性及需要治疗的疾病。再根据用药目的,设计合理而有效的基质与制备工艺。

1. **药物性质**　对药物性质的基本要求同软膏剂。由于乳膏含有水相,特别注意遇水不稳定的药物不宜制成乳膏,这类药物若需制成有较好透过性的乳膏,可选择含有 W/O 型乳化剂如高级脂肪酸及多元醇酯类、吸水性较好的油脂性软膏,在使用时与水性分泌物形成 W/O 型乳剂。

不同性质药物制备乳膏剂,在选择乳化剂时需注意可能的配伍变化。如酸性、碱性、电解质类或含钙、镁离子类药物可能与阴离子型表面活性剂有配伍变化。酚类、羧酸类药物如间苯二酚、麝香草酚、水杨酸会与含聚氧乙烯基的乳化剂如聚山梨酯类、乳化剂 OP 等形成络合物。

2. **基质性质**　一般脂溶性药物从乳膏与软膏基质中的释放顺序为:O/W 型 >W/O 型 >类脂类 > 烃类。

(1) 乳膏基质类型的选择原则:①乳膏基质可用于亚急性、慢性、无渗出的皮肤疾病和皮肤瘙痒症。而对急性而有多量渗出液的皮肤疾患,不宜选用 O/W 型乳状基质,因为它能使吸收的分泌物重新透入皮肤,产生反向吸收,使症状恶化。②对皮肤炎症、真菌感染等皮肤病,药物的作用部位是角质层以下的活性表皮;而对关节疼痛、心绞痛等疾病,药物作用部位需到达皮下组织或吸收入血,均宜用穿透性强的乳剂型基质。

(2) 基质组成:乳剂型基质的关键组分为乳化剂,应根据油相乳化的需要选择适宜的 *HLB* 值,见表 10-1。可将几种乳化剂混合使用以达到油相所需的 *HLB* 值。乳剂型基质的稳定性还与乳化剂的浓度及油水比例等多种因素有关。可采用正交设计或均匀设计等优化处方,通过实验确定最后处方。

表 10-1　各种油相乳化所需 *HLB* 值

油相原料	W/O 型	O/W 型	油相原料	W/O 型	O/W 型
液状石蜡(轻质)	4	10	硬脂酸、油酸	7~11	17
液状石蜡(重质)	4	10.5	硅油	—	10.5
凡士林 12~14	4	10.5	棉籽油	—	7.5
氢化石蜡 14	—	12~14	蓖麻油、牛油	—	7~9
癸醇、十二醇、十三醇	—	14	羊毛脂(无水)	8	12
十六醇	—	15	鲸蜡	—	13
十八醇	—	16	蜂蜡	5	10~16
月桂酸、亚油酸	—	16	巴西棕榈蜡	—	12

乳膏剂中因含有水分,均需加入防腐剂、保湿剂及其他有助于乳膏剂稳定的附加剂等。乳膏基质中常用的保湿剂有甘油、丙二醇、山梨酸等,用量为 5%~20%,可减少水分的蒸发,防止皮肤上的油膜发硬和乳剂的转化。常用的防腐剂有尼泊金酯类、氯甲酚、三氯叔丁醇。在应用防腐剂时除注意与药物配伍禁忌(如尼泊金与吐温、司盘类)外,还应注意防腐剂在油、水两相中的分配值。如尼泊金酯类往往分配入油相中而水相中浓度不足,故需增加其用量。用氯甲酚(0.2%)与氯己定(0.01%)混合防腐剂较理想,前者分配入油相,而后者留在水相内。乳膏基质中还可加入各种香精如兰花香精等,用量一般为 0.6%~1%。

四、乳膏剂的制备

(一)生产工艺流程图

乳膏剂工艺流程见图10-8。

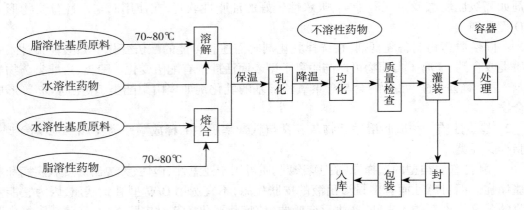

图 10-8 乳膏剂工艺流程简图

(二)制备方法

乳膏剂均采用乳化法制备。将处方中的油脂性和油溶性组分一起加热至 70~80℃为油相,另将水溶性组分溶于水后一起加热至与油相同样温度为水相,然后两相混合,搅拌至乳化完全并冷凝。最后加入水、油均不溶解的组分,搅匀即得。油、水两相的混合方法有三种:①两相同时混合,适用于连续的或大批量的操作,需要一定的设备如输送泵、连续混合装置等;②分散相加到连续相中,适用于含小体积分散相的乳剂系统;③连续相加到分散相中,适用于多数乳剂系统大生产,在混合过程中因连续相量少,形成反相乳剂,随着连续相的逐渐增加,引起乳剂的转型,能产生更为细小的分散相粒子。大量生产时由于油相温度不易控制均匀冷却,或二相混合时搅拌不匀而使形成的基质不够细腻,因此在温度降至 30℃时再通过胶体磨等使其更加细腻均匀。也可使用旋转型热交换器的连续式乳膏机。

生产设备、生产中存在的问题与分析见第二节软膏剂相应内容。

(三)典型处方与工艺分析

硝酸咪康唑(达克宁)乳膏

【处方】硝酸咪康唑(达克宁)2g 凡士林 5g 单硬脂酸甘油酯 1.5g 硬脂醇 10g 液状石蜡 10g 硬脂酸聚烃氧(40)酯 2g 聚山梨酯 80 1.5g 甘油 15g 羟苯乙酯 0.05g 蒸馏水至 100g

【制法】将油相(单硬脂酸甘油酯、硬脂醇、液状石蜡)和水相(硬脂酸聚烃氧(40)酯、聚山梨酯 80、甘油、羟苯乙酯、水)分别在水浴加热至约 60℃,采用高剪切乳化机进行混合,待形成乳液后,将硝酸咪康唑与液状石蜡研匀后,加入乳液中继续乳化混合,冷却、搅拌至膏体形成。

【注解】①硝酸咪康唑系一种广谱、高效咪唑类抗真菌药物。该药为脂溶性药物,在水和常用有机溶媒中的溶解度均较小,故采用甘油或液状石蜡分散研匀。该药具有较强的酸性,不宜采用阴离子型表面活性剂。乳化温度控制在 60℃,过高会引起硝酸咪康唑降解,导致成品含量下降。②处方中油相单硬脂酸甘油酯为辅助乳化剂、稳定剂及增稠剂,液状石蜡用于调节乳膏的稠度,硬脂醇既是油相又起辅助乳化剂及稳定作用。水相成分中聚山梨酯80 与硬脂酸聚烃氧(40)酯为 O/W 型乳化剂,羟苯乙酯为防腐剂,甘油为保湿剂并有助于羟苯乙酯的溶解。

五、乳膏剂的质量评价

乳膏剂的质量检查与评价项目基本与软膏剂相同。其不同于软膏剂的项目有:

(1) 乳膏剂基质的 pH:要求 W/O 型 pH 不大于 8.5,O/W 型 pH 不大于 8.3。

(2) 乳膏剂稳定性评价:乳膏剂易受温度影响导致油水分离,需做耐热、耐寒试验。试验方法:将装好的乳膏分别恒温放置于 55℃ 6 小时与 –15℃ 24 小时,观察有无油水分离现象。也可采用离心法测定,将乳膏 10g 置于离心管中,以 2500r/min 离心 30 分钟,不应有分层现象。

第四节 凝 胶 剂

一、概述

(一) 定义、分类与特点

凝胶剂系指药物与能形成凝胶的辅料制成的溶液、混悬型或乳状液型的稠厚液体或半固体制剂。凝胶剂主要用于局部皮肤及鼻腔、眼、肛门与阴道黏膜给药,也可经口给药,在胃、小肠、结肠等部位释药,调节处方中辅料的种类、型号、用量等可控制释药方式和速率。水凝胶在皮下埋植制剂中也有应用。

凝胶剂根据分散系统可分为单相凝胶与两相凝胶,单相凝胶又可分为水性凝胶与油性凝胶。凝胶剂根据形态不同还可分为:①乳胶剂,即乳状液型凝胶剂;②胶浆剂,为高分子基质如西黄蓍胶制成的凝胶剂;③混悬型凝胶剂,系小分子无机药物(如氢氧化铝)的胶体粒子以网状结构分散于液体中形成,属两相凝胶,可有触变性,静止时形成半固体而搅拌或振摇时成为液体。

随着制剂新技术与凝胶材料的发展,一些复合型新型凝胶被研究并应用于经皮给药凝胶剂,不仅提高了药物稳定性,增加缓释性和靶向性,而且具有更强的皮肤渗透能力。如:①脂质体凝胶:脂质体具有良好的细胞相容性和皮肤滞留作用,以脂质体与卡波姆等凝胶基质混合制备的脂质体凝胶,为目前经皮给药凝胶剂研究较多的新剂型之一。②纳米乳凝胶:纳米乳是粒径小于 0.1μm 的乳剂,纳米乳凝胶是将纳米乳与凝胶基质混合制成的凝胶系统。与普通水凝胶和普通纳米乳相比,更便于给药,能显著增强药物的经皮渗透能力。③包合物凝胶:将制成的药物包合物与水凝胶基质混合制备包合物凝胶,与普通凝胶相比,包合物凝胶增加了药物稳定性与溶解度,提高了疗效。

水性凝胶基质一般由水、甘油或丙二醇与亲水高分子物如纤维素衍生物、卡波姆和海藻酸盐等构成;油性凝胶基质由液状石蜡与聚乙烯、脂肪油与胶体硅或铝皂、锌皂构成。临床上应用较多的是水性凝胶,水性凝胶剂的优点是无油腻感,易涂展,易洗除,不妨碍皮肤正常功能,能吸收组织渗出液,可增强药物吸收与疗效,制备简单,质量稳定,附着力强,不污染衣物。由于其黏度小,有利于药物尤其是水溶性药物的释放,有的水凝胶剂具有环境敏感性,能响应环境温度、pH 等而发生形态变化,有利于给药及药物在给药部位的滞留与释放。缺点是润滑作用较差,易失水和霉变,需添加保湿剂和防腐剂,且用量较大。

国外对凝胶剂的研究较早,《美国药典》XXⅢ 版(1995)收载有氢氧化铝凝胶剂、磷酸克林霉素凝胶剂等 35 种凝胶剂药品。中药水溶性成分较多,适合水凝胶基质,也正在展开深入的研究。近年来随着制剂新技术的发展,出现了多种复合性凝胶剂,如微乳凝胶剂、脂质体凝胶剂、凝胶贴剂等。

(二)质量要求

凝胶剂应符合:①混悬型凝胶剂中胶粒应分散均匀,不应下沉结块;②凝胶剂应均匀、细腻,在常温时保持胶状,不干涸或液化;③根据需要可加入保湿剂、防腐剂、抗氧剂、乳化剂、增稠剂和透皮促进剂;④一般应检查 pH;⑤凝胶剂基质不应与药物发生理化作用;⑥除另有规定外,凝胶剂应避光,密闭贮存,并应防冻。

二、水性凝胶材料

凝胶是指溶液中的高分子聚合物或小分子胶体粒子在一定条件下互相交联构成的三维空间网状结构的特殊分散体系。水性凝胶(hydrogels)是指高分子聚合物或共聚物吸收大量水分溶胀交联而形成的半固体。凝胶材料为电中性或离子性高分子材料,按来源分为天然与合成两大类,天然水性凝胶材料包括多糖类(淀粉、纤维素、海藻酸、透明质酸、果胶、壳聚糖等)和多肽类(胶原、聚 L- 赖氨酸、聚 L- 谷胺酸等)。合成(半合成)的凝胶材料包括纤维素衍生物、聚乙烯醇、丙烯酸及其衍生物类(聚丙烯酸、聚甲基丙烯酸、聚丙烯酰胺、聚 N- 聚代丙烯酰胺等)。

由于水凝胶材料含有大量—OH、—CONH、—COOH 等亲水基团,能吸收大量水分或体液并膨胀,比其他生物材料表现出持久的柔软性和更好的组织相容性。一些水凝胶可通过改变凝胶结构响应外界微小变化或刺激,发生可逆性体积变化、冻胶 - 溶胶转变等物理结构和化学性质变化甚至突变,这类环境敏感水凝胶,也叫智能水凝胶(intelligent or smart hydrogels)或原位凝胶(in situ-forming gels)。

1. 卡波姆(carbomer,Cb)　又称卡波沫,系丙烯酸与丙烯基蔗糖交联的高分子聚合物,商品名为卡波普(carbopol),按分子量不同有 Cb930、Cb934、Cb940 等规格。新型卡波姆(如 974、980)具有更高的生物黏滞性、膨胀率、保湿性、延展性及更长的药物缓释时间。国内将卡波姆分为高黏度、中黏度与低黏度三个规格。本品为白色松散粉末,吸湿性强,可溶于水、乙醇和甘油。能在水中分散,黏性较低,由于其分子结构中含 52%~68% 的酸基团,因此具有一定的酸性,1% 水分散体的 pH 为 2.5~3.0。当加入适量碱性溶液中和后,在很低的浓度下即迅速溶解成高黏度溶液或溶胀形成高黏度半透明凝胶,在 pH6~11 有最大的黏度和稠度。中和使用的碱及卡波姆的浓度不同,溶液的黏度变化也有所不同。一般中和 1g 卡波姆约消耗 1.35g 三乙醇胺或 400mg 氢氧化钠。本品具有良好的乳化性、增稠性、助悬性和成膜性,制成的基质易涂展、无油腻性,有生物黏附性,对皮肤和黏膜无刺激性、不污染衣物,能吸收组织渗出液,有利于分泌物的排除。且使药物呈零级或近似零级释放,提高药物的使用效率。盐类电解质使卡波普凝胶黏性下降,碱土金属离子及阳离子聚合物等可与之结合成不溶性盐,应避免配伍使用。卡波姆在医药行业中可作为增稠剂、助悬剂、凝胶基质生物黏附材料、控缓释制剂的骨架材料等。卡波姆基质处方举例:

【处方】卡波姆 940 10g　乙醇 50g　甘油 50g　聚山梨酯 -80 2g　羟苯乙酯 1g　氢氧

化钠 4g　蒸馏水加至 1000g

【制法】取卡波姆、甘油、聚山梨酯 -80 与适量蒸馏水混合,使卡波姆充分分散均匀;另取氢氧化钠溶于 100ml 蒸馏水后逐渐加入卡波姆液搅匀,将羟苯乙酯溶于乙醇后逐渐加入搅匀,即得。

2. 纤维素衍生物　纤维素衍生物在水中可溶胀或溶解形成胶性物(胶浆),根据不同规格取用一定量,调节适宜的稠度可形成凝胶基质。常用的品种有甲基纤维素(MC)、羧甲基纤维素钠(CMC-Na)与羟丙甲基纤维素(HPMC),两者常用浓度为 2%~6%,1% 溶液的 pH 均为 6~8。MC 与 HPMC 能溶于冷水,不溶于热水及有机溶剂,pH2~12 时均稳定。CMC-Na 在任何温度下均溶于水,但 pH 低于 5 或高于 10 时黏度显著下降,与阳离子药物、强酸及重金属离子能生成不溶物。本类基质有较强黏附性,涂布于皮肤易失水干燥有不适感,需加保湿剂甘油,用量 10%~15%,并需加入防腐剂,常用尼泊金乙酯 0.2%~0.5%。

纤维素衍生物基质处方举例:

【处方】CMC-Na 60g　甘油 150g　三氯叔丁醇 1g　蒸馏水加至 1000g

【制法】取甘油与 CMC-Na 研匀,加入热蒸馏水中,放置数小时后,加三氯叔丁醇水溶液,加水至 1000ml 搅匀,即得。

3. 环境敏感性凝胶材料　环境敏感性水凝胶的特性是当外部环境发生变化达到某一临界区域时,会发生不连续的突跃式变化,即体积相转变,可对物理刺激(温度、电场、光、压力、声音、磁场)、化学刺激(pH、离子)以及生化刺激(特定分子识别成分)等外界刺激产生响应,是近年来凝胶剂研究的热点。①pH 敏感水凝胶(pH-sensitive hydrogels):是指其体积随外界环境 pH 变化的高分子水凝胶。这类凝胶大分子具有可解离成离子的基团(如羧基、磺酸基或氨基),其平衡溶胀度取决于分子链中电离基团的种类和数目,包括合成材料如聚丙烯酸类与天然材料及半合成材料,如海藻酸、甲基壳聚糖和改性纤维素等。②温度敏感水凝胶(temperatur-sensitive hydrogels):其分子链中含有亲水性酰胺基团和疏水性基团如甲基、乙基、异丙基等,存在临界相转变温度(T_c),可分两种类型:一种是在温度低于某个温度时呈收缩状态,当温度升高超过此温度时处于溶胀状态,称为热胀性温敏凝胶;另一种反之,即在温度高于某个温度时呈收缩状态,被称为热缩性温敏凝胶,特别适用于腔道黏膜给药,可在室温里以液相的形式滴入,在体温下发生溶胶 - 冻胶相转变成为凝胶相,如 Pluronic407 和 Tetronics,已被 FDA 和 EPA 批准用于药物,广泛应用于在体温下的控释给药系统,可延长药物作用时间,持续地释放药物,提高患者的顺应性。

4. 其他　如天然高分子材料凝胶基质甘油明胶(以 1%~3% 明胶、10%~30% 甘油与水加热制成)、甘油淀粉(以 10% 淀粉与 70% 甘油与水加热制成)、海藻酸钠(2%~10%,可加钙盐增加稠度)、果胶(0.3%~5%)等。果胶为一种亲水性乳化剂、凝胶剂和增稠剂,可单独或与其他凝胶材料、赋形剂合用配制软膏、膜剂、栓剂、微囊等药物制剂。果胶分为高酯与低酯两类,在可溶性固体物(如糖)、酸性或二价离子存在下形成凝胶。以果胶为基质的软膏具有涂展性好,药物易被吸收,不污染衣物,与药物不发生反应等特点。

三、凝胶剂的制备

1. 制备　水凝胶剂一般先按基质配制方法配成水凝胶基质,药物溶于水者先溶于部分水或甘油中,必要时加热,加入基质中,再加足量水搅匀即得。药物不溶于水者,可先用少量水或甘油研细,分散,再与基质混匀即得。

2. 典型处方与工艺

例 1　吲哚美辛软膏

【处方】吲哚美辛 10.0g　交联型聚丙烯酸钠（SDB-L-400)10.0g　PEG- 4000 80.0g　甘油 100.0g　苯扎溴铵 10.0g　蒸馏水加至 1000g

【制法】称取 PEG-4000 与甘油置烧杯中微热至完全溶解，加入吲哚美辛混匀，得①；取 SDB-L-400 加入 800ml 水（60℃）于研钵中研匀，得②；将①与②混匀，加水至 1000g 即得。

【注解】SDB-L-400 是一种高吸水性树脂材料，粒径在 38~200μm 的 SDB-L-400 在 90 秒内吸水量为自重的 300~200 倍，膨胀成凝胶状半固体。具有保湿、增稠、皮肤浸润等作用，用量为 14%，PEG-4000 为透皮吸收促进剂，可提高经皮渗透作用 2.5 倍。甘油为保湿剂，苯扎溴铵为防腐剂。

本品有消炎止痛作用，用于风湿性关节炎、类风湿关节炎。

例 2　林可霉素利多卡因凝胶（绿药膏）

【处方】林可霉素 5g　利多卡因 4g　丙二醇 100g　羟苯乙酯 1g　卡波姆 5g　三乙醇胺 6.75g　蒸馏水加至 1000g

【制法】将卡波姆与 500ml 蒸馏水混合溶胀成半透明溶液，边搅拌边滴加处方量的三乙醇胺，再将羟苯乙酯溶于丙二醇后逐渐加入搅匀，并用适量的水溶解林可霉素、利多卡因后，加入上述凝胶基质中，加蒸馏水至全量，搅拌均匀即得。

四、凝胶剂的质量评价

与软膏剂类似，凝胶剂常以外观评定、离心稳定性、耐热耐寒、热循环、光加速和留样观察等试验的综合加权评分作为考察指标进行评价与基质优选。

第五节　眼　膏　剂

一、概述

（一）定义、分类与特点

眼膏剂（eye ointments）系指药物与适宜基质混合制成的无菌溶液型或混悬型膏状眼用半固体制剂，一般为油脂性基质。同属于眼用半固体制剂的还有眼用凝胶剂与眼用乳膏剂。

眼用制剂的发展最初是溶液或混悬液的滴眼剂、软膏、膜剂，随着药用辅料的开发与利用及新技术应用于眼部给药的研究，出现了新的给药系统包括智能型凝胶给药系统、胶体给药传递系统（包括水包油型微乳、脂质体、纳米粒）、微粒给药、植入剂等。

眼膏剂较一般滴眼剂的疗效持久且能减轻对眼球的摩擦，应用广泛，由于其黏度大，药物在眼角膜滞留时间长，如果眼膏基质不影响药物的释放，则药物在眼部的吸收及生物利用度比滴眼剂高。但由于眼膏油性基质的作用，使眼部有异物感，释药较慢，透明度较差，影响视力。而采水性凝胶作为眼膏基质，不影响药物的释放，药物的生物利用度较高且患者适应性好。

（二）质量要求

眼膏剂、眼用凝胶剂与眼用乳膏剂质量要求：除应符合其相应剂型（即软膏剂、凝胶剂与乳膏剂）通则项下有关规定外，还应均匀、细腻、对眼部无刺激性，易涂布于眼部，便于药物的分散与吸收。眼用半固体基质应滤过并灭菌，不溶性药物应制成极细粉。除另有规定外，每个容器的装量应不超过 5g。含量均匀度应符合要求。

二、常用基质

眼膏剂常用的基质一般为油脂性,由凡士林 8 份、液状石蜡 1 份、羊毛脂各 1 份混合而成。羊毛脂具有较强的吸水性和黏附性,使眼膏与药液及泪液易混合,并易附着在眼黏膜上,在眼部作用时间持久,促进药物向眼膜渗透。液状石蜡的量可根据气温适当增减。应根据需要眼膏剂中可加防腐剂等附加剂。剂量较小且性质不稳定的药物宜用此类基质制成眼膏剂。

眼用凝胶剂与眼用乳膏剂的基质类型同相应凝胶剂与乳膏剂,需注意选择对眼黏膜无刺激性的基质组分。

三、眼膏剂的制备与举例

眼膏剂为灭菌制剂,应在无菌条件下制备,一般在无菌操作室或无菌操作台中进行。所用基质、药物、配制器械及包装容器等应严格灭菌,避免细菌污染。

眼膏基质加热熔合后用细布保温滤过,于 150℃干热灭菌 1~2 小时,备用。配制眼膏所用的器具以 70% 乙醇擦洗,或洗净后再以 150℃干热灭菌 1 小时。软膏管应先刷洗净,用70% 乙醇或 1%~2% 苯酚浸泡,用时以灭菌蒸馏水冲洗,干燥即可。也可用紫外线照射灭菌。

眼膏剂制备工艺流程与一般软膏剂基本相同,对药物的处理应注意如下:

1. 在水、液状石蜡或其他溶媒中溶解并稳定的药物,可先将药物溶于最少量溶剂中,再逐渐加入其余基质混匀。

2. 不溶性药物应先粉碎成极细粉,用少量液状石蜡或眼膏基质研成糊状,再分次加入基质研匀。

例 1　凝胶型氧氟沙星眼膏

【处方】氧氟沙星 0.3g　卡波姆 0.6g　氯化钠 0.5g　硼酸 1.0g　氢化硬化蓖麻油 1.0g羟苯乙酯 0.025g　丙二醇 1.0g　透明质酸钠 0.05g　蒸馏水加至 100g

【制法】在酸性条件下(pH5.0~6.5)与适量注射用水混合,研磨成极细粉;分别与氯化钠、氢化硬化蓖麻油、丙二醇、羟苯乙酯一起搅拌均匀,加水加热(60~80℃)使全部溶解,将卡波姆溶胀成水溶液,加适量硼酸制成透明凝胶,加入到上述左旋氧氟沙星水溶液中,搅拌均匀,降温。加入透明质酸钠,搅拌成透明膏体即得。

例 2　替硝唑眼膏

【处方】替硝唑 15g　液状石蜡适量

眼膏基质(白凡士林:液状石蜡:无水羊毛脂 = 8:1:1)加至 1000g

【制法】取替硝唑极细粉加 20~25ml 灭菌液状石蜡研成细腻糊状;分次等量递增加入眼膏基质至全量,边加边研匀,即得。

四、眼膏剂的质量评价

《中国药典》2010 年版对眼膏剂质量检查项目规定有:

1. 粒度　除另有规定外,混悬型眼用制剂照下述方法检查,粒度应符合规定。

混悬型眼用半固体制剂检查法:取供试品 10 个,将内容物全部挤于合适的容器中,搅拌均匀,取适量(相当于主药 10μg)置于载玻片上,涂成薄层,薄层面积相当于盖玻片面积,共涂 3 片,照粒度和粒度分布测定法(附录ⅨE 第一法)检查,每个涂片中大于 50μm 的粒子不得过 2 个,且不得检出大于 90μm 的粒子。

2. 金属性异物 除另有规定外,眼用半固体制剂照下述方法检查,金属性异物应符合规定。

检查法:取供试品 10 个,分别将全部内容物置于底部平整光滑、无可见异物和气泡、直径为 6cm 的平底培养皿中,加盖,除另有规定外,在 85℃保温 2 小时,使供试品摊布均匀,室温放冷至凝固后,倒置于适宜的显微镜台上,用聚光灯从上方以 45°的入射光照射皿底,放大 30 倍,检视不小于 50μm 且具有光泽的金属性异物数。10 个中每个内含金属性异物超过 8 粒者,不得过 1 个,且其总数不得过 50 粒;如不符合上述规定,应另取 20 个复试;初试、复试结果合并计算,30 个中每个内含金属性异物超过 8 粒者,不得过 3 个,且其总数不得过 150 粒。

3. 装量 眼用半固体,照最低装量检查法(附录ⅩF)检查,应符合规定。

4. 无菌 照无菌检查法(附录ⅪH)检查,应符合规定。

(马云淑)

思 考 题

1. 简述软膏剂、乳膏剂、眼膏剂与凝胶剂的定义。
2. 简述软膏剂与乳膏剂的制备方法与工艺流程。
3. 简述软膏剂生产中存在的问题与分析。
4. 软膏剂与乳膏剂的质量评价有哪些方面与项目?
5. 简述软膏剂、乳膏剂、眼膏剂与凝胶剂的剂型与应用特点。
6. 简述软膏剂、乳膏剂、眼膏剂与凝胶剂基质的类型、各类特性、适用与重要品种。O/W 型和 W/O 型基质的区别?常用的乳化剂有哪些类型?
7. 试分析复方地塞米松霜处方;并简述制备工艺与要点:地塞米松 0.25g,硬脂酸 100g,对羟基苯甲酸乙酯 1g,白凡士林 50g,三乙醇胺 2g,甘油 50g,蒸馏水加至 1000g。

参 考 文 献

1. 顾学裘 . 药物制剂注解 . 北京:人民卫生出版社,1983,1046-1047
2. 张汝华,屠锡德 . 工业药剂学 . 北京:中国医药科技出版社,1998,372
3. 黄波,钱修新 . 硝酸咪康唑乳膏处方筛选及工艺 . 药学与临床研究,2012,20(4):374-376
4. 时军,黄嗣航,王小燕,等 . Z-综合评分法优化丹皮酚阳离子脂质体凝胶剂制备工艺 . 中国实验方剂学杂志,2012,18(3):32-35
5. 张保献,张卫华,聂其霞 . 药用凝胶的应用概况 . 中国中医药信息杂志,2004,11(11):1028-1032
6. 王敏,薛晓东 . 卡波姆凝胶剂的临床应用研究进展 . 医学综述,2013,19(6):1078-1080
7. 刘继东,高峨,马风明,等 . 氧氟沙星眼膏 . 中国专利:CN1437947A,2003-08-27
8. 李炜,杨洁,揭静,等 . 一种硝基咪唑类眼膏及其制备方法 . 中国专利:CN102727425A,2012-10-17
9. 钟大根,刘宗华,左琴华,等 . 智能水凝胶在药物控释系统的应用及研究进展 . 材料导报 A:综述篇 . 2012,26(6):83-88
10. 于思源 . 中药软膏剂现存问题及解决方案的研究 . 环球中医药,2008,1(5):45-47

第十一章 中 药 制 剂

> **本章要点**
>
> 1. 掌握中药制剂的概念、特点,浸提过程及影响浸提的因素,常用的浸提方法,常用的浸出制剂及其主要特点,常用的中药成方制剂品种,中药丸剂的概念、分类与制备。
> 2. 熟悉常用的分离精制方法,常用的浓缩与干燥方法,浸出制剂的制备工艺,中药丸剂常用辅料与制备设备。
> 3. 了解中药成分分类,中药制剂剂型改革,常用的中药前处理设备。
> 4. 本章的难点在于中药与化药制剂的比较,重点关注同一剂型(例如片剂)化药与中药的不同特点与质量要求。

第一节 概 述

一、中药与中药制剂的概念

中药(Chinese Medicine)是在中医药理论的指导下用于预防、治疗疾病及保健的药物,包括植物药、矿物药和动物药,具有独特的理论体系和应用形式。

中药制剂是按照相应的处方,将中药材加工制成具有一定规格、可直接用于临床的药品。中药制剂一般以中药饮片为原料,中药饮片是中药材经过按中医药理论和中药炮制方法,加工炮制后的、可直接用于中医临床的中药。

中药制剂在长期的医疗实践中逐步形成了自己特色,主要传统剂型有膏药、丹药、丸剂、散剂、酒剂、露剂、汤剂、胶剂、茶剂、锭剂、煎膏剂等剂型,随着现代制剂技术与中医药的结合,片剂、注射剂、胶囊剂、气雾剂等现代剂型也被广泛应用于中药。

天然药物(natural drug)是指动物、植物和矿物等自然界中存在的有药理活性的天然产物,天然药物的加工与应用并不是基于中医药理论,而是基于现代医药理论体系,这是天然药物与中药的最主要区别。

二、中药制剂的特点

中药制剂中往往含有多种活性成分,与单一活性化合物相比,不仅疗效较好,而且在某些情况下能呈现单体化合物所不能起到的治疗效果,体现在将这些活性成分分离纯化,往往纯度越高而活性越低,这也说明存在中药多成分体系的综合作用。

中药的这一特点给中药制剂带来的优势是疗效往往为复方成分多靶点协同起效的结

果,在治疗某些疾病方面具有独特的优势,且作用缓和持久,毒性较低。例如莨菪浸膏中的东莨菪内酯可以提高莨菪碱对肠黏膜组织的亲和性,促进其吸收,同时尚能延长莨菪碱在肠管的停留时间,因而采用浸膏与莨菪碱单体比较,前者对肠管平滑肌的解痉作用更加缓和持久,毒性更低。

中药的多成分特性也给中药制剂带来了很多问题。第一,中药在制成制剂以前,往往需要很长的前处理过程以富集中药药效成分、减少剂量、改变物料性质,从而为制剂工艺提供高效、安全、稳定的半成品。第二,由于成分多,剂量较大,因此限制了辅料选择和现代制剂工艺应用的空间,造成制剂技术相对滞后。第三,中药制剂的药效物质基础不完全明确,这就给制剂过程和制剂成品的质量控制带来了很大的困难,难以对产品的质量做出科学、全面的评价。

中药成分复杂,含有多种活性成分,单纯测定几种有效成分的含量并不能从整体上控制中药制剂的质量。为了制定正确而合理的中药新制剂质量标准,要制定总有效成分、多个特征有效成分的含量测定方法,同时可应用指纹图谱等技术从整体上控制质量。制定中药新制剂的质量标准,应与制备工艺平行进行,同时应注意测定方法的选择要能够克服其他成分的干扰。

辅料是制剂成型的物质基础,没有辅料就没有制剂。与西药相比,传统中药制剂中辅料的选择具有独特之处,遵循"药辅合一"的思想,十分注重"辅料与药效相结合",处方中药物可能既是主药又起到辅料的作用,例如粉性强的中药葛根在固体制剂中常可兼做稀释剂,又如蜂蜜常在丸剂中作为黏合剂同时也具有镇咳、润燥、解毒等功效。

三、中药剂型改革

受历史条件的限制,中药制剂无论在剂型选择方面,还是在制备技术和质量控制等方面尚存在不少问题。随着临床需求的不断提高和相关技术的快速发展,中药传统剂型亟须进一步改进。在中医药理论的指导下,经过长期临床用药实践,形成了大量的有效中药方剂,在治疗中发挥出独特的药效,这就是中药剂型改革的物质基础。

中药剂型改革是在传统中药剂型的基础上,以中医药理论为指导,运用现代药剂学的技术、方法和手段,制成更加安全、有效、稳定、可控和患者更易于接受的有效中药现代剂型,如片剂、胶囊剂、注射剂、颗粒剂等。中药剂型改革必须坚持以下原则:①坚持中医药理论的指导。中药剂型改革必须遵循中医药理论体系,突出中医药的特点,避免单纯套用化药的模式。②减毒增效。改革后的中药新剂型,必须比原有剂型在疗效上有所提高,或者毒性相对下降,否则剂型改革就失去了意义。

第二节　中药制剂前处理

中药材及其饮片是制备中药制剂的原料,其入药形式主要有四种:中药全粉、中药粗提物、中药有效部位及中药有效成分,除了中药全粉以外,其他三种形式都需要前处理以后才能入药,尤其是现代中药制剂。

一、中药的成分

为制成现代适宜的剂型,减少服用剂量,大多数中药材需要进行浸提,而药材浸提过程中所浸出的药材成分种类(性质)与中药制剂的疗效具有密切关系。药材成分概括说来可以分为四类,即有效成分、辅助成分、无效成分和组织成分。

1. 有效成分　有效成分(active ingredient)是起主要药效作用的化学成分,如某些生物碱、苷、挥发油、有机酸等。中药一般含有多种有效成分,例如人参的生物活性成分——人参皂苷有30余种,还含有糖类成分、多肽类成分、挥发油等。中药复方的有效成分复杂,若提取每味药的单一有效成分评价中药复方的药理作用,显然是不合适的,因此,中药复方提取时常以有效部位如总黄酮、总生物碱、总苷等作为质量标准。

2. 辅助成分　辅助成分系指能增强或缓和有效成分的药效,促进有效成分的浸出、增强制剂稳定性的化学物质,但本身无特殊功效。

3. 无效成分　无效成分是指无生物活性、无药物功效的化学物质,有的甚至会影响浸出效果、制剂的稳定性以及药物的功效等。例如蛋白质、脂肪、淀粉、树脂等。

4. 组织物质　组织物质是指组织中正常存在的构成药材细胞或其他不溶性的物质。

二、浸提

浸提(extraction)系指应用适宜的溶剂与方法将中药材中有效成分或有效部位浸出的操作。浸提的目的是尽可能多地浸出中药材中的有效成分及辅助成分,最大限度地避免无效成分和组织物质的浸出,以利于简化后期的分离精制工艺。浸提过程实质上就是溶质由药材固相转移到溶剂液相中的传质过程。

(一) 浸提过程

1. 浸润与渗透　药材中加入溶剂后首先润湿药材表面,由于液体静压和毛细管作用,溶剂能够进一步渗透进入药材内部。浸提溶剂能否润湿药材,并渗透进入药材内部,是浸出有效成分的前提条件。药材能否被润湿主要取决于浸提溶剂与药材的性质,大多数中药材含糖、蛋白质等极性基团,很容易被水和不同浓度乙醇等极性溶剂浸润和渗透。如果采用非极性溶剂例如氯仿、石油醚等来浸提脂溶性有效成分时,药材要先进行干燥。

2. 解吸与溶解　药材中各成分间之间存在亲和力,浸提溶剂渗透进入药材首先需要克服化学成分之间的吸附力,这一过程称为解除吸附即解吸。在解吸之后,药材成分不断分散进入溶剂中,完成溶解。化学成分能否被溶剂溶解,取决于化学成分和溶剂的极性,即"相似相溶"原理,如水和低浓度乙醇等极性溶剂能溶解极性大的生物碱盐、黄酮苷、皂苷等成分。此外,加热或在溶剂中加入适量的酸、碱、甘油及表面活性剂等辅助剂,也可增加有效成分的解吸与溶解,例如用酸水或酸性乙醇来提取生物碱。

3. 扩散　进入药材组织细胞内的溶剂溶解大量化学成分后,细胞内药物浓度升高,使细胞内外出现浓度差和渗透压差。因此,细胞外侧纯溶剂或稀溶液向药材内渗透,药材内高浓度溶液中的溶质不断地向周围低浓度方向扩散,直至内外浓度相等,达到动态平衡。扩散速率遵循 Fick's 第一扩散定律:

$$\mathrm{d}s = -DF\frac{\mathrm{d}c}{\mathrm{d}x}\mathrm{d}t \tag{11-1}$$

式中,$\mathrm{d}t$ 为扩散时间;$\mathrm{d}s$ 为在 $\mathrm{d}t$ 时间内物质的扩散量;F 为扩散面积,取决于药材的粒度与表面状态;$\mathrm{d}c/\mathrm{d}x$ 为浓度梯度,即浓度差与扩散距离的比值;D 为扩散系数;负号代表的是药物扩散方向与浓度梯度方向相反。

扩散系数 D 可由下式求出:

$$D = \frac{RT}{N} \cdot \frac{1}{6\pi\eta r} \tag{11-2}$$

式中，R 为摩尔气体常数；T 为绝对温度；N 为阿伏伽德罗常数；r 为扩散物质(溶质)分子半径；η 为液体黏度。

由以上公式可知，扩散速率(ds/dt)与扩散面积(F)、浓度梯度(dc/dx)、温度(T)成正比；与扩散物质(溶质)分子半径(r)、液体黏度(η)成反比，其中最为重要的是保持最大的浓度梯度(dc/dx)。

(二)影响浸提的因素

1. **溶剂** 溶剂的性质与用量对浸提效率有很大的影响。应该根据有效成分的性质选择合适的溶剂。例如水被广泛用于药材中生物碱、苷类、多糖、氨基酸、微量元素、酶等有效成分的提取。乙醇与水混溶后可以调节极性，如 90% 乙醇可浸提挥发油、叶绿素、树脂等；70%~90% 乙醇可浸提香豆素、内酯等；50%~70% 乙醇可浸提生物碱、苷类等；一些极性较大的成分如蒽醌苷类等易采用 50% 左右或以下的乙醇浸提。脂溶性成分可以采用非极性溶剂浸提。溶剂用量大，利于有效成分扩散、置换，但用量过大，则给后续的浓缩等工艺带来困难。

2. **药材粒度** 药材粒度愈细，溶剂愈易进入药材内部且扩散的距离变短，有利于药材成分的浸出，对浸出愈有利。但在实际生产中，药材粒度也不宜过细，这是因为：过细的粉末吸附能力增强，造成溶剂的浪费和有效成分的损失；粉碎过细，导致大量组织细胞破裂，浸出的高分子杂质增多，造成后续操作工艺复杂；另外，粉末过细还会给浸提操作带来困难。

3. **药材成分** 由扩散定律可知，单位时间内物质的扩散速率与分子半径成正比，可见小分子物质较易浸出。小分子成分主要在最初部分的浸提液中，随着浸提的进行，大分子成分(主要是杂质)浸出逐渐增多。因此，浸提次数不宜过多。

4. **浸提温度** 适当提高浸提温度，可加速成分的解吸、溶解并促进扩散，有利于提高浸提效果，但温度过高，热敏性成分易分解破坏，且无效成分的浸出增多。

5. **浸提时间** 浸提过程的完成需要一定的时间，以有效成分扩散达到平衡作为浸提过程完成的终止标志。浸提时间过短，不利于有效成分的浸出；而长时间浸提又会导致杂质的浸出增加。

6. **浓度梯度** 浓度梯度即药材组织内外的浓度差，是扩散的主要动力。通过更换新鲜溶剂，不断搅拌或浸出液强制循环流动，或采用流动溶剂渗漉提取等方法均可增大浓度梯度，提高浸提效果。

7. **溶剂 pH** 适当调节浸提溶剂的 pH 可以改善浸提效果。如用酸性溶剂浸提生物碱，用碱性溶剂浸提酸性皂苷等。

8. **浸提压力** 浸提时加压可加速溶剂对质地坚硬的药材的浸润与渗透过程，同时加压也会使部分药材细胞壁破裂，有利于缩短浸提时间。

9. **浸提方法** 不同浸提方法，提取效率不同。

(三)常用浸提方法与设备

1. **煎煮法(decoction)** 系指以水为溶剂，通过加热煎煮来浸提药材中有效成分的方法。适用于能溶于水，且对湿、热较稳定的有效成分的浸提。所获得的提取液除直接用于汤剂以外，也可作为中间体制备合剂、颗粒剂、注射剂等剂型。

煎煮法属于间歇式操作，即将中药饮片或粗粉置适宜煎器中，加水使浸没药材，浸泡适宜时间(30~60分钟)后,加热至沸,保持微沸状态一定时间,分离煎出液,药渣依法煎煮数次,通常以煎煮2~3次较为适宜,合并煎出液。

多能提取罐(图11-1)是目前中药厂应用最广的提取设备,可进行常温常压、加压高温或减压低温提取。其提取罐容积为0.5~6m³,自动化程度高,药渣可借机械力或压力自动排出,设备带夹套可通蒸汽加热或冷水冷却,可用于水提、醇提、提取挥发油、回收药渣中溶剂等。

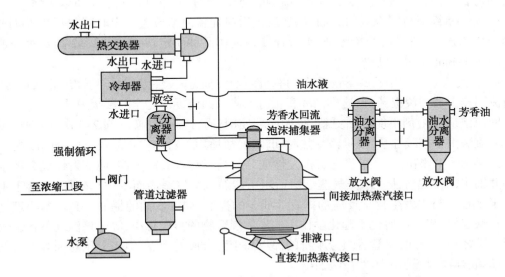

图 11-1 多能提取罐示意图

2. 浸渍法(maceration) 浸渍法是将药材用适当的溶剂在一定温度条件下浸泡而浸出有效成分的一种方法。通常采用不同浓度的乙醇或白酒作溶剂,密闭浸渍。由于溶剂用量大,且处于静止状态,因此浸出的效率不高,可用重浸渍,加强搅拌,促进溶剂循环等措施以提高浸出效果。浸渍法适用于黏性药材、无组织结构的药材、新鲜及易于膨胀的药材、价格低廉的芳香性药材的浸提。不适用于贵重药材、毒性药材及制备高浓度的制剂。

根据浸提的温度和浸渍次数可以分为冷浸渍法(室温)、热浸渍法(40~60℃)和重浸渍法。重浸渍法是将全部浸提溶剂分为几份,先用一份溶剂浸渍后,药渣再用另一份浸渍,如此重复2~3次,将各份浸渍液合并即得。此法可减少因药渣吸附浸出液所致有效成分的损失。

浸渍法所用的主要设备为圆柱形不锈钢罐、搪瓷罐及陶瓷罐等,其下部设有出液口,为防止堵塞出口,应装多孔假底,铺垫滤网及滤布。药渣用螺旋压榨机压榨或水压机分离浸出液,大量生产多采用水压机。

3. 渗漉法(percolation) 渗漉法是将药材装入渗漉筒内,在药粉上添加浸提溶剂使其渗过药粉,在流动过程中浸出有效成分的一种方法(图11-2)。渗漉法属于动态浸提,有良好的浓度梯度,有效成分浸出较为完全。适用于贵重药材、毒性药材及高浓度制剂;也可用于有效成分含量较低药材的提取。但对新鲜药材、易

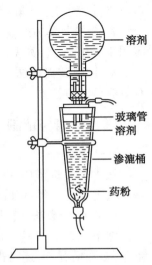

图 11-2 渗漉装置示意图

膨胀的药材、无组织结构的药材不适用。渗漉法一般时间较长,不宜采用水作溶剂,通常用不同浓度的乙醇或者白酒。

根据操作方法的不同,可分为单渗漉法、重渗漉法、加压渗漉法、逆流渗漉法。以单渗漉法为例,先将药材粉碎到适宜粒度,用浸提溶剂将其润湿,以避免填装后因膨胀造成的渗漉器堵塞;然后根据药材的性质选择适宜形状的渗漉筒,底部应有过滤装置,将已润湿的药材分层均匀装入,松紧一致;从渗漉筒上部添加溶剂,同时打开下部渗漉液出口以排除空气,加入的溶剂应始终保持浸没药粉表面;添加溶剂后应加盖浸渍放置一定时间(24~48 小时),使溶剂充分渗透扩散;最后开始渗漉,渗漉速度视具体品种而定,一般为每 1kg 药材每分钟流出渗漉液 1~3ml,收集渗漉液。

4. 回流法 系指用乙醇等易挥发的有机溶剂浸提,挥发性溶剂受热、馏出后又被冷凝,重新流回浸出器中浸提药材,这样循环直至有效成分回流提取完全的浸提方法。

回流法所用溶剂不能不断更新,只能循环使用,通常需要更换溶剂 2~3 次,溶剂用量较大。回流法由于连续加热,浸提液受热时间较长,故适用于对热稳定的药材成分的浸提。

5. 水蒸气蒸馏法 系指将含有挥发性成分的药材与水共同蒸馏,使挥发性成分随水蒸气一并馏出的浸提方法。水蒸气蒸馏法适用于能随水蒸气蒸馏而不被热破坏,不溶于水或难溶于水且不与水发生化学反应的挥发性成分的提取,如挥发油的提取。其基本原理是根据道尔顿定律,相互不溶也不起化学作用的液体混合物的蒸气总压,等于该温度下各组分饱和蒸气压之和。因此,尽管各组分本身的沸点高于混合液的沸点,但当分压总和等于大气压时,液体混合物即开始沸腾并被蒸馏出来。

6. 超临界流体提取法(supercritical fluid extraction,SPE) 系指利用超临界流体的强溶解性质提取药材有效成分的方法。超临界流体系指处于临界温度(Tc)与临界压力(Pc)以上的流体。当流体的温度和压力处于其 Tc 与 Pc 以上时,此时流体处于临界状态,最常用的超临界流体是 CO_2。超临界流体性质介于气体与液体之间,既有与气体接近的黏度和高扩散系数,又具有接近液体的密度和良好的溶解能力。这种溶解能力对系统压力与温度变化十分敏感,可以通过调节温度和压力来有选择性地溶解目标成分,而达到分离纯化的目的。该法适于提取亲脂性、小分子物质,并且萃取温度低,能够避免热敏性成分的破坏。若用于提取极性较大、分子量较大的成分则需加入夹带剂或升高压力。

7. 微波提取法 系利用微波能的强烈热效应提取药材中有效成分的方法。目前已被应用于黄酮类、生物碱类、皂苷类等活性成分的提取。

8. 超声波提取法 系指利用超声波通过提高溶剂分子的运动速度及渗透能力来提取有效成分的方法。

三、分离与精制

(一) 分离

从中药浸提液中用适当方法分开固体沉淀物的过程称为分离。目前,中药浸提液的分离方法主要有三类:沉降分离法、离心分离法、过滤分离法。

1. 沉降分离法 沉降分离法是利用固体物与液体介质密度相差较大,固体物靠自身重量自然下沉,经过静置分层,吸取上清液,即可使固液分离的一种方法。此种方法分离不够完全,多数情况下,还需进一步离心或滤过分离,但这种方法基本已除去大部分杂质,利于进一步分离,工业生产中常用之。

2. 离心分离法　离心分离法系指利用离心机的高速旋转产生的离心力,将浸提液中固体与液体或两种不相混溶的液体分离的方法。离心分离法是利用离心力来完成分离的,离心力是重力的 2000~3000 倍,因此,应用离心分离法可以将粒径很小的微粒及不相混溶的两种液体混合物分开,这是沉降分离法所不能达到的。

3. 过滤分离法　过滤分离法是指将浸提液通过多孔介质(滤材)时固体粒子被截留,液体经介质孔道流出,从而实现固液分离的方法。

过滤机制有两种,一种是表面过滤,即大于滤孔的微粒全部截留在滤过介质的表面;二是深层过滤,即滤过介质所截留的微粒直径小于滤孔平均直径大小,被截留在滤器的深层。另外,在操作的过程中,微粒沉积在滤过介质的孔隙上而形成所谓的"架桥现象",形成具有间隙的致密滤层,滤液留下,大于间隙的微粒被截留而达到滤过作用。

影响过滤速度的一般因素为:①滤渣层两侧的压力差越大,则滤速愈快;②滤材或滤饼复溶毛细管半径越大,滤速越快,对可压缩性滤渣,常在浸提液加入助滤剂中以减少滤饼的阻力;③在过滤的初期,过滤速度与滤器的面积成正比;④滤速与毛细管长度成反比,故沉积的滤渣层越厚则滤速越慢;⑤滤速与浸提液黏度成反比,黏性越大,滤速越慢,因此常采用趁热过滤。

(二) 精制

精制是指采用适当方法和设备除去中药浸提液中杂质的操作。常用的精制方法有水提醇沉法、醇提水沉法、大孔树脂吸附法等,其中以水提醇沉法的应用尤为广泛。

1. 水提醇沉法　水提醇沉法是先以水为溶剂提取药材有效成分,浓缩到每毫升相当于原药材 1~2g,再用不同浓度的乙醇沉淀除去提取液中杂质的方法。该方法的基本原理是:部分中药的有效成分既溶于乙醇又溶于水的性质,而杂质溶于水不溶于一定浓度的乙醇,因而能够在加入适量乙醇后析出沉淀而分离除去,达到精制的目的。通常认为,当浸提液中乙醇含量达到 50%~60% 时,可除去淀粉等杂质,当乙醇含量达到 75% 以上时,可沉淀除去除蛋白质、多糖等,但鞣质和水溶性色素不能完全去除。

在加入乙醇时,浸提液的温度一般为室温或室温以下,以防止乙醇挥发,加入时应"慢加快搅",醇沉后应盖严容器以防乙醇挥发,静置冷藏适当时间,分离除去沉淀后,回收乙醇,最终可制得澄清的液体。

2. 醇提水沉法　醇提水沉法是指先以适当浓度的乙醇提取药材成分,再加适量的水进行沉淀,以除去水不溶性杂质的方法。其原理与水提醇沉法基本相同。应用此法提取中药材可减少水溶性杂质的浸出,加水沉淀又可去除树脂、油脂、色素等醇溶性杂质。

3. 大孔树脂吸附法　大孔树脂吸附法是指利用大孔树脂具有的网状结构和极高的比表面积,从中药浸提液中选择性地吸附有效成分而达到精制的方法。大孔树脂本身不含交换基团,其吸附药液中的有效成分是因其本身具有的吸附性,通过改变吸附条件可以选择性地吸附有效成分、去除杂质。影响大孔树脂分离与纯化的因素主要有如结构、型号、粒径范围、平均孔径、孔隙率、比表面积等。

4. 酸碱法　是利用单体成分在不同的酸碱度下解离程度不同因而溶解度不同,在溶液中加入适量的酸或碱,调节 pH 至一定范围,使单体成分溶解或析出,以达到分离目的的方法。如生物碱一般不溶于水,加酸后解离极性增强能够溶解,碱化后又重新转变为非解离的分子型,极性减小而析出沉淀。

5. 盐析法　是指在浸提液中加入大量的无机盐,形成高浓度的盐溶液是某些大分子物质溶解度降低析出,达到精制目的的方法,主要用于蛋白质类成分的精制。

6. 澄清剂法 是在中药浸提液中加入一定量的澄清剂(如壳聚糖),以吸附方式除去溶液中的微粒,以及淀粉、鞣质、胶质、蛋白质、多糖等无效成分。

7. 透析法 是利用小分子物质可通过半透膜,而大分子物质不能通过的特性,因分子量不同而进行分离的精制方法,可用于去除中药提取液的鞣质、蛋白质、树脂等高分子杂质和植物多糖的纯化。

四、浓缩与干燥

(一)浓缩

浓缩(concentration)是采用适当的方法除去浸提液中的大部分溶剂,以提高药液浓度的过程。中药浸提液经过浓缩后能够显著减小体积、提高有效成分浓度或得到固体原料,便于制剂的制备。蒸发是中药浸提液浓缩的重要手段,还可以采用反渗透、超滤等其他方法。

1. 蒸发浓缩 蒸发时液体必须吸收热能,蒸发浓缩就是不断地加热以促使溶剂汽化而除去从而达到浓缩的目的。

蒸发浓缩是在沸腾状态下进行的,沸腾蒸发的效率常以蒸发器生产强度,即单位时间、单位传热面积上所蒸发的溶剂量来表示。

$$U = \frac{W}{A} = \frac{K\Delta t}{r} \tag{11-3}$$

式中,U 为蒸发器的生产强度[kg/(m²·h)];W 为溶剂蒸发量(kg/h);A 为蒸发器传热面积(m²);K 为蒸发器传热总系数[kJ/(m²·h·℃)];r 为二次蒸汽的汽化潜能(KJ/ kg);Δt 为加热蒸汽的温度与溶液沸点之差(℃)。由公式(11-3)可知,蒸发器的生产强度与传热温度差以及传热系数成正比,而与二次蒸汽的汽化潜能成反比。

2. 浓缩方法与设备 中药提取是为了提取有效成分,因此,应根据有效成分的性质和蒸发浓缩的要求选择合适的蒸发浓缩方法与设备。

(1) 常压蒸发:是指料液在一个大气压下的蒸发浓缩,也称为常压浓缩。这种方法用时较长,易导致热敏性成分破坏,主要适用于对热较稳定的成分且溶剂无燃烧性及无毒害时的浓缩。常用的设备为敞口夹层不锈钢蒸发锅,浓缩过程中应不断搅拌,以避免在液面结膜。

(2) 减压蒸发:是指在密闭容器中减压降低压力,使料液的沸点降低而进行蒸发的方法,也称为减压浓缩,适用于含热敏性药液成分的浓缩。本法使传热温度差增大,提高了蒸发效率。但由于溶剂的不断蒸发,药液黏度增大,传热系数增大,也同时增加了耗能。常用的减压浓缩设备有减压蒸馏器和真空浓缩罐。减压蒸馏器是在减压及较低温度下使浓缩药液的设备,同时还可回收乙醇等有机溶剂。水提液的浓缩多采用真空浓缩罐,操作过程中将加热产生的水蒸气用抽气泵直接抽入冷水中以保持真空。

(3) 薄膜蒸发:系指用一定的加热方式,使药液在蒸发时形成薄膜,增加了汽化表面积进行蒸发的方法。其特点是药液受热时间短,蒸发速度快;不受液体静压和过热影响,有效成分不易被破坏;可在常压和减压下进行连续操作;能将溶剂回收重复利用。薄膜蒸发有两种形式,一种是将液膜快速流过加热面进行蒸发,另一种是将药液剧烈沸腾,产生大量泡沫,以泡沫的内外表面为蒸发面进行蒸发。薄膜蒸发常用设备有升膜式蒸发器、降膜式蒸发器、刮板式蒸发器等。

(4) 多效蒸发:多效蒸发是指将两个或多个减压蒸发器并联形成的浓缩方法,如图11-3。

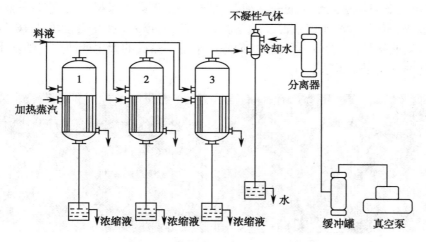

图 11-3 减压三效蒸发装置示意图

操作时,药液进入减压蒸发器后,给第一个减压蒸发器提供加热蒸汽,药液被加热沸腾后,所产生的蒸汽通入第二个减压蒸发器作为加热蒸汽,依此类推组成多效蒸发器。多效蒸发由于二次蒸汽的反复利用,能够充分利用热能,提高蒸发效率,降低了耗能。

(二) 干燥

干燥(drying)系指利用热能除去湿物料中所含水分或其他溶剂,获得干燥物品的操作。干燥与蒸发实质上都是通过热能,使溶剂汽化,达到除去溶剂的目的,只是二者的程度不同:药液经蒸发后仍为液体,只是浓度与稠度增加;而干燥则最终制得固态的提取物。中药提取物(包括有效成分、有效部位或粗提物)在干燥后稳定性提高利于贮存,同时也有利于进一步制成相应的制剂。

应用于中药提取物制备的干燥方法主要有:

1. 常压干燥 系指在常压下进行的静态干燥方法,一般要求温度逐渐升高,以便于物料内部水分逐渐扩散至表面蒸发。例如烘干法,系指在常压下利用干热的干燥气流使湿物料水分汽化而进行干燥的方法,常用的设备有烘房和烘箱等,但干燥物容易结块,需要粉碎。为了提高效率,可以采用滚筒式干燥,即将湿物料成薄膜状涂布在金属转鼓上,利用热传导方法蒸发水分,使物料得到干燥的方法,此法蒸发面及受热面都有显著增大,可缩短干燥时间,且干燥品呈薄片状,较易粉碎,适用于中药浸膏的干燥以及采用涂膜法制备膜剂。

2. 减压干燥 系指在密闭的容器中,在减压条件下进行加热干燥的一种方法。其特点是干燥温度低,速度快,减少物料成分被破坏的可能性;由于在密闭状态下,减少了物料与空气的接触,还能避免物料被污染或氧化变质;干燥成品呈松脆海绵状,易于粉碎。但生产能力小,劳动强度大。该法适用于高温下易氧化或热敏性物料的干燥。

3. 沸腾干燥 又称流化床干燥,系指利用热空气流将湿颗粒由下向上吹起,使之悬浮,呈"沸腾状"即流化状态,热空气从湿颗粒间通过,带走水汽而达到干燥的一种动态干燥方法。沸腾干燥的特点是:蒸发面积大,热利用率高,干燥速度快,成品产量高。适合于颗粒性物料的干燥,如片剂、颗粒剂制备过程中湿颗粒的干燥和水丸的干燥,可用于大规模生产,但热能消耗大,设备清扫较麻烦。

4. 喷雾干燥 系将湿物料经雾化器雾化为细小液滴,在一定流速的热气流中进行热交换,水分被迅速蒸发而达到干燥的一种动态干燥方法。喷雾干燥特点是:物料受热表面积大,水分蒸发极快,瞬间干燥,干燥制品质地松脆,水分容易渗入,溶解性能好(如图11-4)。喷雾干燥的缺点是能耗较高,设备不易清洗,最好用于单一品种的大生产使用。喷雾干燥是制备中药干浸膏的常用干燥方法。

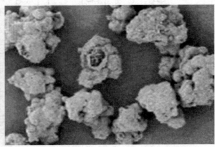

图11-4 常压干燥颗粒(左)与喷雾干燥颗粒(右)的电镜照片

5. 冷冻干燥 系指将被干燥的液态物料浓缩到一定浓度以后冷冻成固体,在低温、减压的条件下,将水分直接升华除去的干燥方法。其特点是物料在高真空及低温条件下干燥,适用于受热易分解物料的干燥。干燥品外观优良,多孔疏松,易于溶解,且含水量低,一般为1%~3%,有利于长期贮存。冷冻干燥的缺点是设备投资大,耗能高,导致生产成本高。

第三节 浸 出 制 剂

一、概述

(一)浸出制剂的概念

浸出制剂系指采用适宜的溶剂和方法,提取药材中的有效成分而制成的可供内服或外用的一类制剂。大部分浸出制剂可以直接用于临床,例如汤剂、合剂、酒剂等,也有一部分浸出制剂,如浸膏剂、流浸膏剂,可用作原料制备其他制剂,如片剂、注射剂、颗粒剂等。浸出制剂中,糖浆剂参见"液体制剂"章节下内容。

(二)浸出制剂的特点

1. 体现方药多种浸出成分的综合药效 与单体成分相比,浸出制剂呈现所含方药的多种浸出成分的综合药效,并且符合中医药的用药理论。如阿片酊有镇痛和止泻功效,而从阿片粉中提取出的单一成分吗啡,只有镇痛作用,而无止泻功效。

2. 与原方药相比,服用量减少 药材经过浸提后,除去了大部分无效成分和组织物质,提高了制剂中有效成分的浓度,与原方药相比,服用剂量减少,患者服用更加方便。

3. 可作为其他制剂的制备原料 浸提液可直接制备制剂,如汤剂、合剂、酒剂等,也可继续浓缩成流浸膏、浸膏甚至干粉等作为原料,进一步制备其他制剂。

(三)浸出制剂的分类

1. 水浸出制剂 系指以水为溶剂浸出有效成分制得的制剂,如汤剂、合剂等。

2. 含糖浸出制剂 系指在水浸出制剂的基础上,进一步浓缩后加入适量蔗糖或蜂蜜制成的制剂,如煎膏剂、糖浆剂等。

3. 醇浸出制剂　系指以不同浓度的乙醇或酒为溶剂浸出有效成分制得的制剂,如酒剂、酊剂、流浸膏剂等。

二、汤剂

汤剂(decoction)系指将饮片或粗粉加水煎煮,去渣取汁而得到的中药液体制剂,亦称"汤液"。汤剂主要供内服,也可供洗浴、熏蒸、含漱用。

(一)汤剂的特点

早在商代,伊尹首创汤剂,是中医临床应用最为广泛的剂型之一。汤剂的优点有:组方灵活,能根据病情需要随症加减药物,符合中医药临床治疗的需要;制备工艺要求低;奏效较快。汤剂主要缺点有:需要临用前制备,味苦,服用体积大,携带不便,某些脂溶性和难溶性成分煎出不完全等。

(二)汤剂的制备

采用煎煮法制备,参见第二节相关介绍。

汤剂的质量受多种因素的影响,除了药材来源、加工炮制、处方调配等因素外,制备中还应注意煎煮条件的控制及某些特殊中药的处理等因素的影响。

1. 煎器的选择　传统多用砂锅,因其传热均匀、缓和、价格低廉,且能避免在煎煮过程中与药物发生化学反应。不锈钢材料耐腐蚀,大量制备时可采用不锈钢容器。目前医院煎药多采用电热或蒸汽加热自动煎药机。

2. 溶剂的选择　水为制备汤剂的首选溶剂,煎煮用水最好采用经过净化的饮用水。用水量一般以超过药材表面2~5cm为宜。加水后先浸泡一段时间,再开始煎煮。

3. 煎煮火候　煎药火候一般采用先武后文,先用大火猛煎,沸后改用小火,保持微沸状态一定时间,即"武火煮沸,文火保沸"。

4. 煎煮次数　药材煎煮一般以2~3次为宜。煎煮一次药材有效成分不易充分浸出;煎煮次数太多,不仅费时、耗料,而且使煎出液中杂质增多。

5. 煎煮时间　煎煮时间与药材成分的性质、质地,投料量的多少,以及煎煮工艺与设备等有关,通常在煮沸后再煎煮20~30分钟。解表类、清热类、芳香类药材不宜久煎,煮沸后再煎煮15~20分钟;滋补药宜文火久煎,武火煮沸后改用文火慢煎40~60分钟。汤剂煎煮后应趁热滤过,尽量减少药渣中煎出液的残留量。

6. 特殊中药的处理　处方中有的药材需要进行特别处理,主要包括先煎、后下、包煎、烊化、另煎、冲服、榨汁等。

(三)举例

麻杏石甘汤

【处方】麻黄 6g　杏仁 9g　石膏(先煎)18g　炙甘草 5g

【制法】先将石膏置煎器内,加水 250ml,煎 40 分钟,加入其余 3 味药物,煎 30 分钟,滤取药液。再加水 200ml,煎 20 分钟,滤取药液。合并两次煎出液,即得。

【注解】本品主治热邪壅肺所致的身热无汗或有汗,咳逆气急等症。采用煎煮法制备,因处方中含有石膏,其质地坚硬,有效成分不易煎出,故采用先煎的处理方法。

三、合剂

合剂(mixture)系指饮片用水或其他溶剂,采用适宜的方法提取制成的口服液体制剂。

单剂量灌装者也称为"口服液"(oral liquid)。

（一）合剂的特点

合剂是在汤剂的基础上发展起来的，既保留了汤剂吸收快、作用迅速的特点，又可成批生产而省去了汤剂需临时配方和煎煮的麻烦；经过浓缩，服用体积较小，便于携带和服用；多加入适量防腐剂，并经灭菌处理，密封包装，质量相对稳定。但中药合剂组方固定，不能随症加减，故不能完全代替汤剂。

合剂根据需要可加入适宜的附加剂。如加入防腐剂，山梨酸和苯甲酸的用量不得超过0.3%（其钾盐、钠盐的用量分别按酸计），羟苯酯类的用量不得超过0.05%，必要时也可加入适量的乙醇。合剂如加蔗糖，除另有规定的外，含蔗糖量应不高于20%（g/ml）。

（二）合剂的制备

工艺流程如图 11-5 所示。合剂浓缩程度一般以日服用量在 30~60ml 为宜，所用的辅料主要是矫味剂与防腐剂，配液应在清洁避菌的环境中进行，配制好的药液要尽快滤过、分装，封口后立即灭菌，在严格避菌环境中配制的合剂可不进行灭菌。

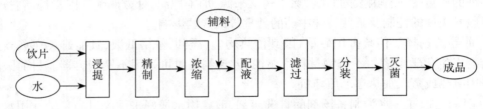

图 11-5　合剂（口服液）制备工艺流程图

（三）举例

小青龙合剂

【处方】麻黄 125g　桂枝 125g　白芍 125g　干姜 125g　细辛 62g　甘草（蜜炙）125g　法半夏 188g　五味子 125g

【制法】细辛、桂枝用水蒸气蒸馏法提取挥发油，蒸馏后的药液另器收集；药渣与白芍、麻黄、五味子、甘草，加水煎煮至味尽，合并煎液，滤过，滤液和蒸馏后的药液合并浓缩至约1000ml；法半夏、干姜按照渗漉法，用 70% 乙醇作溶剂，浸渍 24 小时后进行渗漉，渗漉液浓缩后，与上述药液合并，静置，滤过，滤液浓缩至 1000ml，加入适量防腐剂（苯甲酸钠）与细辛、桂枝挥发油，搅均，即得。

【注解】本品为棕黑色的液体；气微香，味甜、微辛。用于风寒水饮，恶寒发热，无汗，喘咳痰稀。细辛、桂枝中含挥发性成分，若与方中其他药材同煎，挥发性成分受热易挥发损失，故先提取出细辛、桂枝中的挥发油，药渣再与其他药材合煎；法半夏、干姜采用渗漉法浸提，提取效率高，节省提取溶剂，同时可避免挥发性成分的损失。

四、煎膏剂

煎膏剂（concentrated decoction）系指饮片用水煎煮，取煎煮液浓缩，加炼蜜或糖（或转化糖）制成的半流体制剂。

（一）煎膏剂的特点

煎膏剂的效用以滋补为主，同时兼有缓和的治疗作用，故又称膏滋。煎膏剂具有药物浓度高，体积小，便于服用等优点，多用于慢性疾病的治疗。由于在制备过程中需加热处理，故含热敏性成分及挥发性成分的中药不宜制成煎膏剂。

（二）煎膏剂的制备

工艺流程如图 11-6 所示。

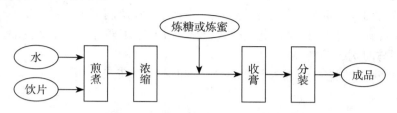

图 11-6 煎膏剂制备工艺流程图

药材煎煮、浓缩至规定的相对密度，一般在 1.21~1.25（80℃），即得清膏。

由于蔗糖和蜂蜜使用前均需要炼制。炼糖的目的在于去除水分、净化杂质和杀死微生物，蔗糖经炼制，还能控制适宜的转化率，以防止煎膏剂产生"返砂"（即贮存过程中有糖的结晶析出）现象。炼糖的方法：取蔗糖加入糖量一半的水及 0.1% 的酒石酸，加热溶解保持微沸状态，至"滴水成珠、脆不粘牙、色泽金黄"为度，蔗糖转化率达到 40%~50%。炼蜜的内容参见中药丸剂一节。

收膏：取清膏，加入规定量的炼糖或炼蜜（一般不超过清膏量的 3 倍），继续加热，不断搅拌，掠去液面上的浮沫，熬炼至规定的稠度即可。收膏的稠度视品种而定，相对密度一般控制在 1.40 左右。少量制备时也可凭经验判断，如用细棒趁热挑起，"夏天挂旗，冬天挂丝"；或将膏液滴于食指上和拇指共捻，能拉出 2cm 左右的白丝等。

（三）举例

养阴清肺膏

【处方】地黄 100g　麦冬 60g　玄参 80g　川贝母 40g　白芍 40g　牡丹皮 40g　薄荷 25g　甘草 20g

【制法】以上 8 味，川贝母按渗漉法，以 70% 乙醇作溶剂，浸渍 18 小时后，以每分钟 1~3ml 的速度缓缓渗漉，收集渗漉液，回收乙醇；牡丹皮与薄荷分别用水蒸气蒸馏，收集蒸馏液，分取挥发性成分，另器保存；药渣与地黄等其余 5 味药材加水煎煮两次，每次 2 小时，合并煎液，静置，滤过，滤液与川贝提取液合并，浓缩至适量，加炼蜜 500g，混匀，滤过，滤液浓缩至相对密度，放冷，加入牡丹皮与薄荷的挥发性成分，混匀，即得。

【注解】本品为棕褐色稠厚的半流体；气香，味甜，有清凉感。用于阴虚肺燥，咽喉干痛，干咳少痰，或痰中带血。本品相对密度应不低于 1.37。川贝母为贵重药材，采用渗漉法浸提能提高提取效率。牡丹皮和薄荷采用水蒸气蒸馏法提取挥发性成分，避免了煎煮过程中挥发性成分的散失。

五、酒剂与酊剂

（一）概述

1. 酒剂（medicinal liquor）　又名药酒，系指饮片用蒸馏酒提取制成的澄清液体制剂。酒剂多供内服，也可外用。因酒辛甘大热，能行血通络，散寒，故祛风活血、止痛散瘀等方剂常制成酒剂。

2. 酊剂（tincture）　中药酊剂系指将饮片用规定浓度的乙醇提取或溶解而制得的澄清

液体制剂,亦可用流浸膏稀释制成。除另有规定外,含有毒剧药的酊剂,每 100ml 应相当于原药材 10g;有效成分明确者,应根据其半成品有效成分的含量加以调整,使符合相应品种项下的规定;其他酊剂,每 100ml 相当于原药材 20g。酊剂多供外用,也可口服。

酒剂与酊剂均以一定浓度的乙醇为溶剂,属于含醇浸出制剂,制备简单,易于保存,但乙醇本身对人体具有一定作用,故儿童、孕妇以及高血压、心脏病等患者不宜内服。

(二) 酒剂与酊剂的制备

酒剂与中药酊剂制备工艺流程图如图 11-7 和图 11-8 所示。

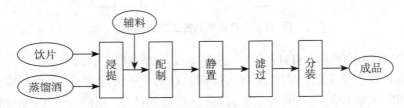

图 11-7 酒剂制备工艺流程图

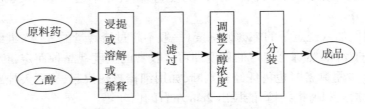

图 11-8 中药酊剂制备工艺流程图

制备酒剂与酊剂均可用浸渍法、渗漉法或其他适宜方法浸提药材,酒剂也可以采用回流法浸提。

(三) 举例

例 1 舒筋活络酒

【处方】木瓜 45g 玉竹 240g 川牛膝 90g 川芎 60g 独活 30g 防风 60g 蚕沙 60g 甘草 30g 桑寄生 75g 续断 30g 当归 45g 红花 45g 羌活 30g 白术 90g 红曲 180g

【制法】以上十五味,除红曲外,其余木瓜等十四味粉碎成粗粉,然后加入红曲;另取红糖 555g,溶解于白酒 11100g 中,用红糖酒作溶剂,浸渍 48 小时后,以每分钟 1~3ml 速度缓缓渗漉,收集渗漉液,静置,滤过,即得。

【注解】本品为棕红色的澄清液体;气芳香,味微甜,略苦。用于风湿阻络、血脉瘀阻兼有阴虚所致的痹病,症见关节疼痛、屈伸不利、四肢麻木。本品采用渗漉法浸提药材,加入糖配制后的药酒,通常需长时间静置后再滤过,以提高酒剂的澄明度。

例 2 颠茄酊

【处方】颠茄草(粗粉)1000g 85% 乙醇适量

【制法】取颠茄草粗粉,用 85% 乙醇作溶剂按渗漉法操作,浸渍 48 小时后,以每分钟 1~3ml 的速度缓缓渗漉,收集初漉液约 3000ml,另器保存。继续渗漉,续漉液作下次渗漉的溶剂用。将初漉液在 60℃减压回收乙醇,放冷至室温,分离除去叶绿素,滤过,滤液在 60~70℃蒸发至稠膏状,取出约 3g,测定生物碱含量后,加 85% 乙醇适量,并用水稀释,使含生物碱和乙醇量均符合规定,静置至澄清,滤过,即得。

【注解】本品为抗胆碱药,能解除平滑肌痉挛,抑制腺体分泌。用于胃及十二指肠溃疡病,胃肠道、肾、胆绞痛等。采用渗漉法制备,并且采用了重渗漉法,即将渗漉液重复用作新药粉的溶剂,进行多次渗漉以提高浸提液浓度的方法。

六、流浸膏剂与浸膏剂

（一）概述

流浸膏剂（fluid extract）或浸膏剂（extract）系指饮片用适宜的溶剂提取有效成分,蒸去部分或全部溶剂,调整至规定浓度而制成的制剂。蒸去部分溶剂得到液体制剂为流浸膏剂;蒸去大部分或全部溶剂得到半固体或固体制剂为浸膏剂。除另有规定外,流浸膏剂每 1ml 相当于原饮片 1g;浸膏剂每 1g 相当于原饮片 2~5g。

流浸膏剂与浸膏剂大多作为配制其他制剂的原料。流浸膏剂一般多用于配制酊剂、合剂、糖浆剂等的中间体,大多以不同浓度的乙醇为溶剂,少数以水为溶剂要注意防腐问题,其成品中需加20%~25%的乙醇作防腐剂。浸膏剂一般多用于配制颗粒剂、片剂、胶囊剂、散剂、丸剂等的中间体,按其干燥程度又分为粉末状的干浸膏与半固体状的稠浸膏,干浸膏含水量约为5%,稠浸膏含水量约为15%~20%。浸膏剂不含或含极少量溶剂,性质较稳定,可久贮。

（二）流浸膏剂与浸膏剂的制备

除另有规定的外,流浸膏剂用渗漉法制备,也可用浸膏剂稀释制成;浸膏剂用煎煮法或渗漉法制备,全部煎煮液或渗漉液应低温浓缩至稠膏状,加稀释剂或继续浓缩至规定的量。某些干浸膏具有较强的吸湿性,在制备、贮存与应用过程中要注意防潮问题。

第四节 中药丸剂

中药丸剂属于中药成方制剂,与其他成方制剂不同,丸剂主要在中药领域应用,并且品种较多,因此单独成节。

一、概述

（一）丸剂的含义与发展历史

丸剂（pills）系指饮片细粉或提取物加适宜的黏合剂或其他辅料制成的球形或类球形制剂,分为蜜丸、水蜜丸、水丸、糊丸、蜡丸、浓缩丸等类型,主要供内服。

丸剂是应用最为广泛的中药传统剂型之一,最早记载于西汉时期的《五十二病方》。现代滴丸、微丸等新型丸剂技术的发展(参见固体制剂一章的相关介绍),以及先进制丸设备的应用都为丸剂的发展提供了新的动力。目前,丸剂仍然是中药最常用的剂型之一,2010年版《中国药典》一部收载丸剂品种 323 个,占制剂总数的 30.4%,其中蜜丸、水丸和浓缩丸三个剂型最为常用。

（二）丸剂的特点

1. 作用迟缓 传统丸剂作用迟缓,多用于慢性病的治疗。与汤剂、散剂等比较,传统的水丸、蜜丸、糊丸、蜡丸内服后在胃肠道中溶散缓慢,起效迟缓,但作用持久,故多用于慢性病的治疗或作为滋补药的剂型。正如金元时期著名医学家李东垣所说,"丸者缓也,不能速去病,舒缓而治之也"。某些现代新型丸剂,例如滴丸,具有奏效迅速的特点,例如苏冰滴丸、速效救心丸等。

2. 可缓和某些药物的毒副作用 有些毒性、刺激性药物,可通过选用赋形剂,如制成糊丸、蜡丸,以延缓其吸收,减弱毒性和不良反应。

3. 可减缓某些药物成分的挥散 有些芳香性药物或有特殊不良气味的药物,可通过制丸工艺,使其在丸心层,减缓其挥散或掩盖不良气味。

4. 服用剂量大 传统丸剂多以原粉入药,服用剂量大,小儿服用困难,微生物易超标。

（三）丸剂的分类

1. 根据赋形剂分类 丸剂可分为水丸、蜜丸、水蜜丸、浓缩丸、糊丸、蜡丸等。

2. 根据制法分类 丸剂可分为泛制丸、塑制丸等。

（四）丸剂的质量要求

丸剂在生产与贮藏期间应符合下列有关规定。

1. 除另有规定的外,供制丸剂用的药粉应为细粉或最细粉。

2. 蜜丸所用蜂蜜需经炼制后使用。按炼蜜程度分为嫩蜜、中蜜和老蜜,制备蜜丸时可根据品种、气候等具体情况选用。除另有规定外,用塑制法制备蜜丸时,炼蜜应趁热加入药粉中,混合均匀;处方中有树脂类、胶类及含挥发性成分的药味时,炼蜜应在60℃左右加入;用泛制法制备水蜜丸时,炼蜜应用沸水稀释后使用。

3. 浓缩丸所用提取物应按制法规定,采用一定的方法提取浓缩制成。

4. 除另有规定外,水丸、水蜜丸、浓缩水蜜丸和浓缩水丸均应在80℃以下干燥;含挥发性成分或淀粉较多的丸剂(包括糊丸)应在60℃以下干燥;不宜加热干燥的应采用其他适宜的方法干燥。

5. 制备蜡丸所用蜂蜡应符合药典该饮片项下的规定。制备时,将蜂蜡加热熔化,待冷却至60℃左右按比例加入药粉,混合均匀,趁热按塑制法制丸,并注意保温。

6. 凡需包衣和打光的丸剂,应使用各品种制法项下规定的包衣材料进行包衣和打光。

7. 丸剂外观应圆整均匀、色泽一致。蜜丸应细腻滋润,软硬适中。蜡丸表面应光滑无裂纹,丸内不得有蜡点和颗粒。

8. 除另有规定的外,丸剂应密封贮存。蜡丸应密封并置阴凉干燥处贮存。

二、蜜丸

（一）概述

蜜丸系指饮片细粉以蜂蜜为黏合剂制成的丸剂。其中每丸重量在0.5g(含0.5g)以上的称为大蜜丸,每丸重量在0.5g以下的称小蜜丸。

蜂蜜性味甘平,归肺、脾、大肠经,具有补中、润燥、止痛、解毒的功效。蜂蜜既能益气补中,又可缓急止痛;既能滋润补虚,又能止咳润肠;还能起解毒、缓和药性、矫味矫臭等作用,是蜜丸剂的主要赋形剂。优质的蜂蜜可以使蜜丸柔软、光滑、滋润,且贮存期间不变质。蜂蜜在蜜丸中的应用体现了中药制剂"药辅合一"的思想。

蜜丸在临床上多用于镇咳祛痰药、补中益气药等。

（二）塑制法制备

蜜丸主要采用塑制法制备。除用于蜜丸以外,也可以用于水蜜丸、水丸、浓缩丸、糊丸、蜡丸等的制备(图11-9)。

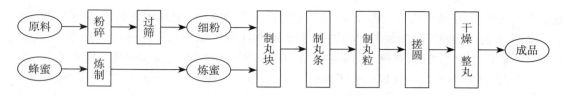

图 11-9 塑制法制备蜜丸的制备工艺流程图

1. 炼蜜 蜂蜜的炼制是指将蜂蜜加水稀释溶化,滤过,加热熬炼至一定程度的操作。通过炼蜜可以除去杂质、降低水分含量、杀死微生物、破坏酶、增强黏性。按炼蜜程度分为嫩蜜、中蜜和老蜜三种规格,其黏性逐步升高,适用于不同性质的饮片细粉制丸。在其他条件相同的情况下,一般冬季多用稍嫩蜜,夏季用稍老蜜。

2. 物料的准备 根据处方中药物性质,依法炮制,粉碎,过筛,得细粉或最细粉,备用。

3. 制丸块 制丸块又称和药、合坨。这是塑制法的关键工序,丸块的软硬程度及黏稠度,直接影响丸粒成型和在贮存中是否变形。将混合均匀的饮片细粉加入适量的适宜规格的蜂蜜,用混合机充分混匀,制成软硬适宜,具有一定可塑性的丸块。

4. 制丸条、分粒与搓圆 大生产中多采用光电自控制丸机、中药自动制丸机等机械完成。

中药自动制丸机,可制备蜜丸、水蜜丸、浓缩丸、水丸。如图 11-10 所示,其主要部件由加料斗、推进器、出条嘴、导轮及一对刀具组成。药料在加料斗内经推进器的挤压作用通过出条嘴制成丸条,丸条经导轮被直接递至刀具切、搓,制成丸粒,其制丸速度可通过旋转调节钮调节。

5. 干燥 蜜丸一般成丸后应立即分装,以保证丸药的滋润状态,为防止蜜丸霉变和控制含水量,也可适当干燥,常采用微波干燥、远红外辐射干燥,可达到干燥和灭菌的双重效果。

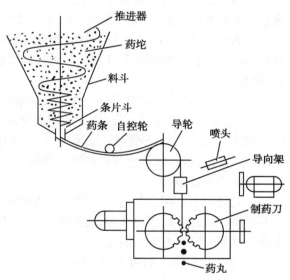

图 11-10 中药自动制丸机工作原理示意图

三、水丸

(一) 概述

系指饮片细粉以水(或根据制法用黄酒、醋、稀药汁、糖液等)为黏合剂制成的丸剂。

水丸是在汤剂的基础上发展而成的,始由处方中一部分药物的煎汁与另一部分药物的细粉以滴水成丸的方法制成煎服丸剂,而后逐渐演变,以各种水性液体为黏合剂,用泛制法将方中全部或部分药物细粉制成小丸。泛制法是水丸传统制备方法,现代工业化生产中主要采用塑制法(又称机制法)。

水丸具有以下特点:水丸以水或水性液体为赋形剂,服用后较易溶散,起效比蜜丸、糊丸、蜡丸快;一般不含固体赋形剂,实际含药量高;泛制法操作时,可根据药物性质、气味等分层泛入,掩盖不良气味,防止芳香成分的挥发,提高药物的稳定性;丸粒小,表面致密光滑,易于吞服,利于贮藏;水丸使用的赋形种类繁多,根据中医辨证施治的要求,酌情选用,以利发挥药效;水丸的制备设备简单,但操作费时,对成品的主药含量、溶散时限较难控制,也常引起微生物的污染。

水丸的规格,丸粒大小是根据临床需要而定的,故大小不一。历史上多次以实物作参照,如芥子大、梧桐子、赤小豆大等。现代统一用重量为标准,如上清丸每 10 丸重 1g,麝香保心丸每丸重 22.5mg。

(二)赋形剂

常用的有水、黄酒、醋、稀药汁等。除了润湿饮片细粉,诱导黏性以外,黄酒、醋、稀药汁等赋形剂还具有协同或改变药物性能的作用。

1. 水   为水丸最常用的赋形剂,其本身无黏性,但可诱导中药某些成分,如黏液质、胶质、糖、淀粉产生黏性。

2. 酒   酒性大热,味甘、辛,借"酒力"发挥引药上行、祛风散寒、活血通络、除腥除臭等作用。由于酒能溶解中药的树脂、油脂,而增加中药细粉的黏性,但其诱导中药黏性的能力较水小,因此,应用时应根据饮片质地和成分酌情选用。另外,酒本身还具有防腐能力,使药物在泛丸过程中不易霉败。酒易挥发,也利于成品的干燥。

3. 醋   常用米醋,含乙酸为 3%~5%。醋性温,味酸苦,具有引药入肝、理气止痛、行水消肿、解毒杀虫、矫味矫嗅等作用。另外,醋可使生物碱等成分变成盐后增加溶解度,利于吸收,提高药效。

4. 药汁   如果处方中含有一些不易制粉的饮片,可根据其性质制成药汁,既可以利于制丸,又可以减少用量,保存药性。如处方中富含纤维的饮片、质地坚硬的饮片、黏性大难以制粉的饮片可以煎汁,树脂类、浸膏类、可溶性盐类、以及液体药物(如乳汁、牛胆汁)可加水溶化后泛丸。另外,新鲜药材可捣碎压榨取汁,用以泛丸。

(三)泛制法制备

水丸的制备常用泛制法。系指在转动的容器或机械中,交替加入药粉与适宜的赋形剂,润湿起模、不断翻滚、黏结成粒、逐渐增大并压实的一种制丸方法。除用于水丸外,还可用于水蜜丸、糊丸、浓缩丸等的制备。

1. 工艺流程图   如图 11-11 所示。

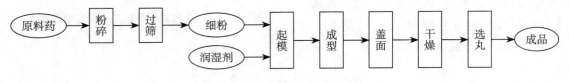

图 11-11   泛制法工艺流程图

2. 制法

(1)原料的准备:除另有规定外,通常将饮片粉碎成细粉或最细粉,备用。起模或盖面工序一般用过七号筛的细粉,或根据处方规定选用方中特定药材饮片的细粉;成型工序可用过五号或六号筛的药粉。需要制汁的药材按规定制备。

(2)起模:系利用水性液体的润湿作用诱导药粉产生黏性而使药粉之间相互黏着成细小的颗粒,并经泛制,层层增大而成丸模的操作。起模是泛制法制备丸剂的关键操作,也是泛丸成型的基础,因为模子的圆整度直接影响着成品的圆整度(外观),模子的粒径和数目影响成型过程中筛选的次数、丸粒规格及药物含量均匀度。

(3)成型：系指将已经筛选均匀的丸模，反复加水润湿、撒粉、黏附滚圆，使丸模逐渐加大至接近成品规格的操作。如有必要，可根据中药性质不同，采用分层泛入的方法，将易挥发、有刺激性气味、性质不稳定的药物泛入内层，可提高稳定性，掩盖不良气味。在成型过程中，应控制丸粒的粒度和圆整度。每次加水、加粉量要适宜，撒布要均匀。

(4)盖面：是指将已经接近成品规格并筛选均匀的丸粒，用饮片细粉或清水继续在泛丸锅内滚动，使达到成品粒径标准的操作。通过盖面使丸粒表面致密、光洁、色泽一致。

(5)干燥：水泛制丸含水量大，易发霉，应及时干燥。2010年版《中国药典》规定水丸的含水量不得超过9.0%。常用烘房、烘箱干燥，干燥温度一般应在80℃以下，含挥发性成分的水丸，应控制在50~60℃。

(6)选丸：为保证丸粒圆整、大小均匀、剂量准确，丸粒干燥后，可用手摇筛、振动筛、滚筒筛、检丸器等筛分设备筛选分离出不合格丸粒。

水丸的工业化生产也可以采用塑制法，通过原料的准备、制软材、制丸、干燥、选丸、盖面等操作制备。

四、其他丸剂

(一)水蜜丸

系指饮片细粉以蜂蜜和水为黏合剂制成的丸剂。具有丸粒小，光滑圆整，易于吞服的特点。将炼蜜用沸水稀释后作黏合剂，同蜜丸相比，节省蜂蜜，降低成本，易于贮存。

药粉的性质与水蜜的比例用量关系密切，蜜水浓度与药粉的性质相对适应，才能制备出合格的水蜜丸。一般药材细粉黏性适中，每100g细粉，用炼蜜40g左右；但含糖分、黏液质、胶质类较多的饮片细粉，则需用低浓度的蜜水为黏合剂，即100g药粉加10~15g炼蜜；如含纤维质和矿物质较多的药粉，则每100g药粉须用50g左右炼蜜；将炼蜜加水，搅匀，煮沸，滤过即可作为黏合剂。炼蜜加水的比例一般为1∶2.5~1∶3.0。

(二)糊丸

系指饮片细粉以米粉、米糊或面糊等为黏合剂制成的丸剂。糊丸干燥后丸粒坚硬，口服后溶散迟缓，可以延长药效，同时也能减少药物对胃肠道的刺激性，适宜于含有毒性或刺激性较强的药物制丸。

以米、糯米、小麦等的细粉加水加热或蒸熟制成糊。其中糯米粉的黏合力最强，面粉糊则使用较为广泛。由于所用的糊粉和制糊的方法不同，制成的糊，其黏合力和临床治疗作用也不同，故糊丸也有一定的灵活性，能适应各种处方的特性，充分发挥药物的治疗作用。制糊法又分为冲糊法、煮糊法、蒸糊法三种，其中以冲糊法应用较多。

糊丸可以采用泛制法或塑制法制备，采用泛制法制备的糊丸溶散较快。

(三)蜡丸

系指饮片细粉以蜂蜡为黏合剂制成的丸剂。蜂蜡为黄色、淡黄棕色或黄色固体，内含脂肪酸、游离脂肪醇等成分，不溶于水，还含有芳香性有色物质蜂蜡素以及各种杂质，用前应精制除去杂质。蜡丸在体内外均不溶散，药物通过溶蚀等方式缓慢释放，因此可以延长药效，并能防止药物中毒及对胃肠道的刺激性。

蜡丸一般采用塑制法，按处方规定数量的纯净蜂蜡，加热熔化，稍冷至60℃左右，待蜡液边沿开始凝固、表面有结膜时，倾入混合好的药粉，及时搅拌，直至混合均匀，趁热制丸。

（四）浓缩丸

系指饮片或部分饮片提取浓缩后，与适宜的辅料或其余饮片细粉，以水、蜂蜜或蜂蜜和水为黏合剂制成的丸剂。根据所用黏合剂的不同，分为浓缩水丸、浓缩蜜丸和浓缩水蜜丸。目前生产的浓缩丸以浓缩水丸为主。

浓缩丸又称药膏丸、浸膏丸。早在晋代葛洪所著的《肘后方》中就有记载。浓缩丸是目前丸剂中较好的一种剂型，其特点是药物全部或部分经过提取浓缩，体积缩小，便于服用和吸收，发挥药效好；同时利于贮存，不易霉变。如六味地黄丸，2010 年版《中国药典》规定，水蜜丸一次口服 6g，小蜜丸一次口服 9g，一日 2 次；而制成浓缩丸后，一次 8 丸（重 1.44g，相当于饮片 3g），一日 3 次，服用量显著降低。但是，浓缩丸的中药在浸提过程中，特别是在浓缩过程中由于受热时间较长，有些成分可能会受到影响，使药效降低。

浓缩丸的制备方法有泛制法、塑制法和压制法，目前常用的是塑制法。

五、丸剂的质量评价

1. 性状　丸剂外观应圆整、色泽一致。大蜜丸和小蜜丸应细腻滋润，软硬适中。蜡丸表面应光滑无裂纹。丸内不得有蜡点和颗粒。

2. 水分　取供试品照 2010 年版《中国药典》一部（附录Ⅸ H）水分测定法测定。除另有规定外，蜜丸、浓缩蜜丸中所含水分不得过 15.0%；水蜜丸、浓缩水蜜丸不得过 12.0%；水丸、糊丸和浓缩水丸不得过 9.0%。蜡丸不检查水分。

3. 重量差异　除另有规定的外，丸剂按照下述方法检查，应符合规定。

检查法：以 10 丸为 1 份（丸重 1.5g 及 1.5g 以上的以 1 丸为 1 份），取供试品 10 份，分别称定重量，再与每份标示重量（每丸标示量 × 称取丸数）项比较（无标示重量的丸剂，与平均重量表），按照表 11-1 的规定，超出重量差异的不得多于 2 份，且不得有 1 份超出限度 1 倍。

表 11-1　丸剂重量差异限度标准

平均丸重	重量差异限度	平均丸重	重量差异限度
0.05g 及 0.05g 以下	±12%	1.5g 以上至 3g	±8%
0.05g 以上至 0.1g	±11%	3g 以上至 6g	±7%
0.1g 以上至 0.3g	±10%	6g 以上至 9g	±6%
0.3g 以上至 1.5g	±9%	9g 以上	±5%

包糖衣的丸剂应检查丸芯的重量差异并应符合规定，其他包衣丸剂应在包衣后检查重量差异并应符合规定，凡进行装量差异检查的单剂量包装丸剂，不再进行重量差异检查。

4. 装量差异　单剂量分装的丸剂，装量差异限度应符合规定。其检查法是，取供试品 10 袋（瓶），分别称定每袋（瓶）内容物的重量，每袋（瓶）装量与标示装量相比较，按表 11-2 的规定，超出装量差异限度的不得多于 2 袋（瓶），并不得有 1 袋（瓶）超出装量差异限度 1 倍。

表 11-2　丸剂装量差异限度标准

平均丸重	重量差异限度	平均丸重	重量差异限度
0.5g 及 0.5g 以下	±12%	3g 以上至 6g	±6%
0.5g 以上至 1g	±11%	6g 以上至 9g	±5%
1g 以上至 2g	±10%	9g 以上	±4%
2g 以上至 3g	±8%		

5. 装量 多剂量分装的丸剂,照 2010 年版《中国药典》一部最低装量检查法(附录ⅫC)检查,应符合规定。以丸数标示的多剂量包装丸剂,不检查装量。

6. 溶散时限 除另有规定外,取供试品 6 丸,选择适当孔径筛网的吊篮(丸剂直径在2.5mm 以下的用孔径约 0.42mm 的筛网;在 2.5~3.5mm 之间的用孔径约 1.0mm 的筛网;在3.5mm 以上的用孔径约 2.0mm 的筛网),照 2010 年版《中国药典》一部崩解时限检查法(附录ⅫA)片剂项下的方法加挡板进行检查。除另有规定的外,小蜜丸、水蜜丸和水丸应在 1小时内全部溶散;浓缩丸和糊丸应在 2 小时内全部溶散。操作过程中如供试品黏附挡板妨碍检查时,应另取供试品 6 丸,以不加挡板进行检查。

上述检查应在规定时间内全部通过筛网。如有细小颗粒状物未通过筛网,但已软化无硬芯者可作合格论。蜡丸照 2010 年版《中国药典》一部(附录ⅫA)片剂项下的肠溶衣片检查法检查,应符合规定。除另有规定的外,大蜜丸及研碎、嚼碎或用开水、黄酒等分散后服用的丸剂不检查溶散时限。

7. 微生物限度 照 2010 年版《中国药典》一部微生物限度检查法(附录ⅩⅢC)检查,应符合规定。

第五节 其他中药成方制剂

一、中药片剂

中药片剂系指提取物、提取物加饮片细粉或饮片细粉与适宜辅料混匀压制或用其他适宜方法制成的圆片状或异形片状的制剂。中药片剂的研究和生产是从 20 世纪 50 年代开始,主要从汤剂、丸剂等基础上经过剂型改革而制成。随着中药现代化研究及工业药剂学的发展,中药片剂不论在品种上还是在数量上都在不断增加,并且逐步摸索出一套适合中药特点的工艺条件,如含挥发油片剂的制备工艺、中药片剂的包衣工艺等。与化学药品一样,片剂目前已经成为中药的主要剂型之一。

中药片剂以口服普通片为主,另有含片、咀嚼片、泡腾片、阴道片、阴道泡腾片和肠溶片等品种。

(一)中药片剂的种类

中药片剂按照原料处理的方法可以分为四种类型:

1. 全浸膏片 系指将处方中全部药材用适宜的溶剂和方法制备浸膏,加入适宜辅料制成的片剂。

2. 半浸膏片 系指将部分药材细粉与稠浸膏混合,加入适宜辅料制成的片剂。稠浸膏也可以发挥黏合剂的作用。此类片剂在中药片剂中应用最多。

3. 全粉片 系指将处方中全部药材粉碎成细粉,加适宜辅料制成的片剂。适用于药味少、剂量小、含贵重细料药的片剂。

4. 提纯片 处方中药材经过提取,得到有效成分(单体或有效部位)细粉,加适宜辅料制成的片剂。

(二)中药片剂的制备

中药片剂大部分用制粒压片法制备。

制颗粒的方法主要有:①药材全粉末制粒,将处方中全部药材细粉混匀,加辅料制粒的方法;②浸膏与药材细粉混合制粒,这种制粒方法有利于缩小片剂体积,浸膏可全部或部分地代替黏合剂;③干浸膏制粒,将处方中全部药材制成浸膏(细料除外),干燥得干浸膏,再制颗粒、压片(浸膏片);④含挥发油药材的制粒,一般将提取挥发油加入干燥的颗粒中;⑤提纯物制颗粒,药材提取有效成分后,干燥,再粉碎成细粉,单独或与其他辅料一起制颗粒、压片。

中药片剂,尤其是浸膏片,在制备过程及压成片剂后,易吸潮、黏结。解决方法有:①在干浸膏中加入适量辅料,如磷酸氢钙、氢氧化铝凝胶粉等,或加入原药总量 10%~20% 的中药细粉;②采用水提醇沉法除去部分水溶性杂质;③采用 5%~15% 的玉米朊乙醇液或聚乙烯醇溶液喷雾或混匀于浸膏颗粒中,干燥后压片;④片剂包衣,可减少吸湿,提高稳定性;⑤改进包装材料,或在包装容器中放置干燥剂。

(三) 质量评价

除另有规定的外,片剂应进行以下相应检查。

1. **重量差异**　取供试品片剂 20 片,精密称定总重量,求得平均片重后,再分别精密称定每片的重量,每片重量与标示片重相比较(无标示片重的片剂,与平均片重比较),按规定(标示片重或平均片重 0.3g 以下重量差异限度为 ±7.5%,0.3g 及以上重量差异限度为 ±5%)。超出重量差异限度的不得多于 2 片,并不得有 1 片超出限度 1 倍。糖衣片的片芯应检查重量差异并符合规定,包糖衣后不再检查重量差异。除另有规定外,其他包衣片应在包衣后检查重量差异并符合规定。

2. **崩解时限**　除另有规定的外,照崩解时限检查法(《中国药典》2010 年版一部附录 ⅫA)检查,应符合规定。以水为介质,药材原粉片应在 30 分钟内全部崩解,浸膏(半浸膏)片、糖衣片应在 1 小时内全部崩解。凡含有药材浸膏、树脂、油脂或大量糊化淀粉的片剂,如有小部分颗粒状物未通过筛网,但已软化无硬心者,可作符合规定论。

3. **发泡量**　阴道泡腾片应符合规定。

4. **微生物限度**　照微生物限度检查法(《中国药典》2010 年版一部附录 ⅩⅢC)检查,应符合规定。

(四) 举例

益心酮片

【处方】山楂叶总黄酮提取物 32g　淀粉 32g　糊精 25g　蔗糖 5g　滑石粉 5g　硬脂酸镁 1g

【制法】①山楂叶总黄酮提取物的制备:取山楂叶,粉碎成粗粉,以乙醇为溶剂,进行渗漉,收集渗漉液,减压回收乙醇至一定浓度,加等量水稀释后,加入石油醚去除色素,分出水层,用乙酸乙酯振摇提取,提取液减压回收乙酸乙酯并浓缩干燥,得总黄酮;②取总黄酮提取物、淀粉、糊精、蔗糖,混匀制成颗粒。60℃ 以下干燥,加入滑石粉 5g,硬脂酸镁 1g,混匀,压制成 1000 片,包糖衣,即得。

【注解】本品用于气结血瘀,胸闷憋气,心悸健忘,眩晕耳鸣;冠心病,心绞痛,高脂血症,脑动脉供血不足属上述证候者。淀粉、糊精、蔗糖常在片剂中混合使用作为填充剂,糊精、糖粉兼有黏合剂作用,硬脂酸镁和滑石粉作为润滑剂。包糖衣可以提高稳定性,并改善口感。

二、中药胶囊剂

中药胶囊剂系指饮片用适宜方法加工后,加入适宜辅料填充于空心胶囊或密封于软质囊材中的制剂。《中国药典》2010 年版收载的中药成方制剂中胶囊剂共有 144 种,其中硬胶囊剂 138 种,软胶囊剂 6 种。

(一) 中药胶囊剂的分类

中药胶囊剂可分为硬胶囊、软胶囊(胶丸)和肠溶胶囊等,主要供口服用。

1. 硬胶囊　系指中药提取物、提取物加饮片细粉,或饮片细粉或与适宜辅料填充于空胶囊中制成的固体制剂,主要用于口服。中药材量小的可粉碎成粉末或制成颗粒填充于空胶囊中制成,药材量大的可经过提取或提取纯化后用适当方法制成颗粒填充于空胶囊中制成;中药材的液体成分如挥发油等可用适当的吸收剂吸收后填充于空胶囊中制成;含有浸膏的胶囊剂在生产或贮存过程中应注意防止吸湿使胶囊变形、内容物结块,应采取密封包装。

2. 软胶囊　系指填充中药液体药物、提取物或与适宜辅料混匀后用滴制法或压制法密封于软质囊材中的胶囊剂,又称胶丸剂。中药软胶囊剂的胶囊材料、质量要求和制备方法与一般软胶囊剂相同。中药软胶囊剂填充的药物多为中药材挥发油、油性提取物、能溶解或混悬于油的其他中药成分。

3. 肠溶胶囊　系指不溶于胃液,但能在肠液中崩解或释放的胶囊剂。体外一般用人工胃液(取稀盐酸 16.4ml,加水约 800ml 与胃蛋白酶 10g,摇匀后,加水稀释成 1000ml)模拟胃液,人工肠液(即 pH 6.8 磷酸盐缓冲液,含胰酶:取磷酸二氢钾 6.8g,加水 500ml 使溶解,用 0.1mol/L 氢氧化钠溶液调节 pH 至 6.8,另取胰酶 10g,加水适量使溶解,将两液混合后,加水稀释成 1000ml)模拟肠液。

(二) 质量评价

除另有规定的外,胶囊剂应进行以下相应检查。

1. 水分　硬胶囊应做水分检查。取供试品内容物,照水分测定法(《中国药典》2010 年版一部附录ⅨH)测定,不得过 9.0%。硬胶囊内容物为半固体或液体者不检查水分。

2. 装量差异　除另有规定外,取供试品 10 粒,分别精密称定重量,倾出内容物(不得损失囊壳),硬胶囊囊壳用小刷或其他适宜用具拭净,软胶囊或内容物为半固体或液体的硬胶囊囊壳用乙醚等易挥发性溶剂洗净,置通风处使溶剂挥尽,再分别精密称定囊壳重量,求出每粒内容物的装量。每粒的装量与标示装量相比较(无标示装量的胶囊剂,与平均装量比较),装量差异限度应在标示装量(或平均装量)的 ±10% 以内,超出装量差异限度的不得多于 2 粒,并不得有 1 粒超出限度 1 倍。

3. 崩解时限　除另有规定的外,照崩解时限检查法(《中国药典》2010 年版一部附录ⅪA)检查,应符合规定。以水为介质,硬胶囊应在 30 分钟内全部崩解,软胶囊应在 1 小时内全部崩解,软胶囊可改在人工胃液中进行检查。肠溶胶囊先在盐酸溶液(9→1000ml)中检查 2 小时,每粒的囊壳均不得有裂缝或崩解现象;继将吊篮取出,用少量水洗涤后,在人工肠液中进行检查,1 小时内应全部崩解。如有部分颗粒状物不能通过筛网,但已软化无硬心者,可作符合规定论。

4. 微生物限度　照微生物限度检查法(《中国药典》2010 年版一部附录ⅩⅢC)检查,应符合规定。

三、中药注射剂

中药注射剂系指饮片经提取、纯化后制成的供注入体内的溶液、乳状液及临用前配制成溶液的粉末或浓缩液的无菌制剂。中药注射剂分为注射液、注射用无菌粉末和注射用浓溶液。

中药注射剂最早出现在 20 世纪 30 年代,第一个品种是柴胡注射液,用于治疗感冒,到 70 年代文献发表的中药注射剂已达百种以上,成为急症治疗的一个重要剂型。《中国药典》 2010 年版一部收载了 5 种中药注射剂,分别为止喘灵注射液、灯盏细辛注射液、注射用双黄 连、注射用灯盏花素和清开灵注射液。近年来,中药注射剂的安全性问题越来越得到重视。

(一) 中药注射剂原料的准备

与化药注射剂的制备相比,中药注射剂的区别主要在于原料的准备不同,其他制备方法 并无本质区别。

1. 中药饮片的预处理 中药注射剂大部分以植物性药材饮片,少数以动物和矿物性药 材饮片为原料。所用饮片,必须首先确定品种和来源,经过鉴定符合要求后,再进行预处理, 包括挑选、洗涤、切制、干燥等操作,必要时还需要进行粉碎或灭菌。

2. 注射用原液的制备 制备中药注射剂一般有两种情况,一类是饮片所含有效成分已 明确,可提取相应的成分,再用适当方法制成注射剂;另一类是有效成分尚不明确(单方或复 方),为了保持原有药效,缩小剂量,通常采用提取、分离、精制的办法,最大限度地除去其中 的杂质,保留有效成分,制成可供配制注射剂成品用的原液或相应的干燥品,再制成注射剂。 中药注射剂大多数属于后者,需要制备原液。

原液的制备常用的有水提醇沉法(水醇法)、醇沉水提法(醇水法),参见本章第二节精制 项下介绍。对于挥发性成分或挥发油,还可以应用蒸馏法。将饮片粗粉或薄片放入蒸馏器 中,加蒸馏水适量,充分浸泡后,加热蒸馏,经冷凝收集馏出液。必要时可将收集到的蒸馏液 再蒸馏一次,以提高蒸馏液纯度和浓度,但蒸馏次数不宜过多,以避免挥发油中某些成分被 氧化或分解,必要时可采用减压蒸馏法。蒸馏法制备的原液,一般不含或少含电解质,渗透 压偏低,如直接配制注射剂,需要调节渗透压。若饮片中还含有非挥发性有效成分,可用蒸 馏法和水醇法结合的双提法制备。

3. 除去原液中的鞣质 鞣质(tannin)是多元酚的衍生物,广泛存在于植物中,既溶解于 水又溶解于乙醇,一般提取精制方法制成的中药注射剂原液,都很难将鞣质除尽。鞣质如果 存在于中药注射剂中,一方面可能经过灭菌工艺后,发生反应,生成沉淀,影响澄明度;另一 方面注射后能与蛋白质结合成不溶性的鞣酸蛋白,如肌内注射后,机体的局部组织会形成硬 块,导致刺激疼痛。因此,原液中的鞣质必须要除去。

碱性醇沉法:利用鞣质可以与碱成盐在高浓度乙醇液中难溶的原理,在中药提取液中加 入乙醇使含醇量达到 80% 以上,经冷藏、静置、分离沉淀后,用氢氧化钠溶液调节 pH 至 8.0, 使鞣质生成钠盐不溶于乙醇而析出,过滤除去。

明胶沉淀法:利用蛋白质(明胶是一种蛋白质)与鞣质在水溶液中可以形成不溶性鞣酸 蛋白沉淀的性质,除去鞣质。一般在中药水提取液中加入适量 2%~5% 的明胶溶液,边加边 搅拌,直至溶液中不再产生沉淀为止,静置过滤,滤液适当浓缩后,加乙醇使含醇量达到 75% 以上,以沉淀除去溶液中存在的过量明胶。

聚酰胺吸附法:利用酰胺键对酚类化合物有较强的吸附作用而除去鞣质。一般将中药 水提液浓缩,然后加入适量乙醇醇沉除去蛋白质、多糖,再将此溶液上聚酰胺柱除去鞣质。

(二) 中药注射剂的质量评价

中药注射剂的质量控制主要包括以下检查项目:

1. 杂质或异物检查 包括可见异物、不溶性颗粒、有关物质、pH 的检查。配制注射剂 前的半成品,除另有规定的外,还应进行重金属和砷盐检查。

2. 安全性检查　包括异常毒性、过敏反应、溶血与凝聚、热原或细菌内毒素、无菌、渗透压摩尔浓度的检查。

3. 所含成分的检测　可采用理化方法测定含量，也可采用生物检测法测定。含量测定包括总固体含量测定、有效成分或有效部位含量测定或指标性成分含量测定。能够实现对中药多组分、多指标分析的中药指纹图谱技术目前也被广泛应用于中药注射剂的质量检查。

四、中药贴膏剂

贴膏剂系指提取物、饮片或和化学药物与适宜的基质和基材制成的供皮肤贴敷，可产生局部或全身性作用的一类片状外用制剂。包括橡胶膏剂、凝胶膏剂（原巴布膏剂）和贴剂等。

（一）橡胶膏剂

橡胶膏剂系指提取物或和化学药物与橡胶等基质混匀后，涂布于背衬材料上制成的贴膏剂。常用制备方法有溶剂法和热压法。常用溶剂有汽油、正己烷，常用基质有橡胶、松香、凡士林、羊毛脂及氧化锌等。氧化锌作为填充剂，具有缓和的收敛作用，并能增加膏料与裱褙材料间的黏着性。橡胶膏剂包括不含药者（如橡皮膏及胶布）和含药者（如伤湿止痛膏）两类，前者可用于保护伤口、防止皮肤皲裂，后者常用于治疗风湿疼痛、跌打损伤等。

（二）凝胶膏剂

凝胶膏剂原称巴布膏剂（即巴布剂），系指提取物、饮片和（或）化学药物与适宜的亲水性基质混匀后，涂布于背衬材料上制成贴膏剂。

凝胶膏剂是在继承了传统中药膏药的基础上采用现代新材料、新技术制成的新剂型。该产品既保留了传统中药膏药的优点与特性，又克服了传统膏药透皮性差、污染衣物、使用不方便、不适于活动关节等缺点。在生产工艺方面，橡皮膏剂主要靠汽油来溶解制备胶浆，生产时必须做好防火防爆措施，不仅安全性差，生产成本也高，而凝胶膏剂是采用水溶性高分子材料制成，如阿拉伯胶、海藻酸钠、西黄蓍胶、明胶、羟丙基甲基纤维素、聚维酮、羧甲基纤维素钠、聚乙烯醇、聚丙烯酸钠等，不仅大大提高了生产的安全性，而且使用时也更方便舒适。

与橡胶膏剂相比，凝胶膏剂具有以下特点：与皮肤生物相容性好；载药量大，尤其适合于中药浸膏；释药性能好；使用方便，不污染衣物，可反复粘贴仍能保持黏性；采用透皮吸收控释技术，使血药浓度平稳，药效维持时间长。

（三）贴剂

贴剂系指提取物或和化学药物与适宜的高分子材料制成的一种薄片状贴膏剂。主要由背衬层、药物贮库层、黏胶层以及防粘层组成。常用的基质有乙烯 - 醋酸乙烯共聚物、硅橡胶和聚乙二醇等。

（陈　军）

思 考 题

1. 简述浸提过程及影响因素。
2. 中药制剂与化药制剂有什么不同？
3. 中药制剂常用的前处理方法有哪些？

4. 中药丸剂是如何分类的？并请简述常用的制备方法及工艺流程。

5. 常用的中药浸出制剂有哪些品种？各有什么特点？

参 考 文 献

1. 国家药典委员会 . 中华人民共和国药典 2010 年版 . 北京 : 中国医药科技出版社 , 2010

2. 杨明 . 中药药剂学 . 第 9 版 . 北京 : 中国中医药出版社 , 2012

3. 崔福德 . 药剂学 . 第 7 版 . 北京 : 人民卫生出版社 , 2011

4. 胡容峰 . 工业药剂学 . 北京 : 中国中医药出版社 , 2010

第十二章　生物技术药物制剂

> **本章要点**
> 1. 掌握生物技术药物的定义和特点。
> 2. 熟悉蛋白质药物的结构特点、理化性质及其不稳定性。
> 3. 掌握蛋白质类药物注射剂的处方与工艺。
> 4. 了解生物技术药物新型给药系统的特点。

第一节　概　　述

一、定义

生物技术药物（biotechnology drugs）系指应用基因工程、细胞工程、蛋白质工程等生物技术，以微生物、细胞、动物或人源组织和液体等为原料制得的，用于人类疾病的预防、治疗和诊断的药物；而以微生物、细胞、动物或人源组织和液体等为原料，应用传统技术或现代生物技术制成的药品，称为生物制品（biological products）。生物技术药物作为现代生物技术生产的标志性产品，是一类医药领域极具发展潜力的高科技药物。近十年，生物技术药物发展迅猛，其新药上市率位于新药研究品种的前列，占据巨大的市场份额。目前全球已有 100 多个生物技术药物上市销售，截至 2011 年 6 月，全球共批准了 1714 项基因治疗临床试验方案，其中进入 II、III 期临床试验的共 300 余项，主要类型包括疫苗、单克隆抗体（包括嵌合抗体、鼠源抗体和人源化抗体）、细胞因子、激素、抗血栓因子、基因药物、寡核苷酸药物等。这些生物技术药物在肿瘤、心血管疾病、传染病、哮喘、糖尿病、遗传病、心脑血管病、类风湿性关节炎等严重影响人类健康的危重疾病的治疗中，发挥着举足轻重的作用。

我国生物技术药物的发展较晚，在临床上应用的生物技术药物仅有 20 多个品种，包括促红细胞生成素、表皮生长因子、胰岛素、生长激素、干扰素 -α1b、干扰素 -α1a、干扰素 -α2b、乙肝疫苗、重组链激酶、粒细胞 - 巨噬细胞集落刺激因子、碱性成纤维细胞生长因子等，但也取得了突破性进展，已批准上市了第一个基因治疗产品——重组人 p53 腺病毒注射液（今又生）和免疫隔离化细胞治疗产品——APA-BCC 镇痛微囊制剂。此外，2010 年版《中国药典》收载的生物技术药物品种新增数约为 30%，包括预防类药物 13 个、治疗类药物 15 个、体外诊断类药物 8 个，涉及乳膏剂、凝胶剂、滴眼液、栓剂、喷雾剂、软膏剂等不同剂型。这体现出生物技术药物在我国医药领域的作用日益增强，生物制药产业在我国制药工业中的地位日益提高。但生物技术药物也存在一些安全问题，如先灵葆雅公司开发的注射用英夫利西单抗（remicade），可能导致病人患某种罕见的淋巴瘤的风险增加。

二、特点

与小分子药物相比,生物技术药物具有以下特点:

1. 相对分子质量大,跨膜转运困难;化学结构复杂,且生物活性取决于其空间结构和氨基酸序列。

2. 药理活性更高,剂量小,如干扰素的剂量为 $10\sim30\mu g$,而表皮生长因子的剂量在纳克水平。

3. 生物半衰期短,体内清除率高,常需频繁给药。

4. 性质不稳定,口服给药易受胃肠道环境(如 pH、菌群和酶系统等)的影响,生物利用度偏低。

因此,生物技术药物制剂在剂型设计和工艺设计时应充分考虑该类药物的特点和理化特性(如分子大小、稳定性、生物活性等),而改善体内吸收和提高稳定性是其研究的重点和难点。随着药物新剂型和新技术的发展与完善,一些新的剂型如微球、脂质体、纳米粒等在控制药物释放、提高药物稳定性、促进药物的有效吸收等方面显示出独特的优势;同时,鼻腔黏膜、肺黏膜、直肠黏膜等黏膜给药系统和透皮给药系统也已展现出良好的应用前景,已有一些产品上市,如辉瑞(Pfizer Ine)公司等开发上市的重组胰岛素的干粉吸入剂 Exubera,使用非常方便,用药后胰岛素可经肺毛细血管直接进入血液,副作用较小,能快速缓解症状。尽管如此,但由于其生物利用度偏低,给药剂量大,存在一定的安全隐患,最终还是撤出了市场。不管怎样,新型递药系统和给药途径仍是蛋白质多肽类药物研究与开发的重点研究方向。

第二节 生物技术药物的理化特性与稳定性

生物技术药物主要包括蛋白质、多肽、疫苗、单克隆抗体、细胞因子以及基因药物,其中研究最多的蛋白质多肽类药物。蛋白质和多肽均是由多种氨基酸通过肽键相连而成的高分子物质,一般多肽的分子量小于 5kD,而蛋白质的分子量为 5~1000kD。蛋白质独特的生物学功能与蛋白质分子的特异结构密切相关,而与小分子药物不同,蛋白质药物的结构相当复杂,因此在处方设计与工艺优化时必须充分了解其结构和理化特性。

一、蛋白质药物的结构与性质

(一)蛋白质药物的结构

一般将蛋白质分子的结构主要分为一级结构和空间结构(包括二级结构、三级结构和四级结构)。蛋白质的构象又称三维结构、空间结构、立体结构或高级结构,是指蛋白质分子中各原子在三维空间中的排列。蛋白质分子在其天然状态或活性形式下,都具有独特而稳定的构象,这是蛋白质分子结构上最显著的特征。

一级结构是指蛋白质分子中氨基酸残基的种类和排列顺序,是蛋白质空间结构的基础。蛋白质一级结构的化学键有肽键和二硫键,其中肽键为主要化学键,由一分子氨基酸的 α- 羧基与另一分子氨基酸的 α- 氨基缩合脱水而成。这些化学键的键能大,所以一级结构的稳定性也较强。

二级结构是蛋白质分子中的肽链借助于氢键作用沿一个方向排列形成的具有周期性结

构的构象,主要包括 α- 螺旋、β- 折叠、β- 转角和无规卷曲等。相邻的二级结构单元组合在一起,通过彼此之间的相互作用形成的规则的二级结构聚合体称为超二级结构,其是蛋白质分子构象中二级结构与三级结构之间的一个层次,基本形式有 αα、βαβ 和 βββ 等。

三级结构是蛋白质分子中肽链借助各氨基酸残基的 R 侧链间相互作用产生的各种次级键而形成的特定构象,涉及所有原子在空间的排列。

四级结构是由两个或两个以上的亚基之间通过疏水作用等次级键结合而成的有序排列的特定构象。维持蛋白质四级结构的主要化学键是疏水键,它是由亚基间氨基酸残基的疏水基团相互作用而形成的,此外,氢键、范德华力、离子键及二硫键也参与四级结构的形成。

蛋白质的一级结构决定了其二级、三级结构,一级结构相似的蛋白质,其基本构象和功能也相似。氢键、疏水键、离子键、配位键和范德华力等次级键是维持蛋白质构象的主要化学键,这些次级键由蛋白质分子的主链和侧链上的极性、非极性和离子基团等相互作用而成。蛋白质构象的改变是由单键的旋转产生的,因此仅涉及次级键的变化。蛋白质的空间构象决定了其功能的多样性,也是其生物活性的基础,一旦空间构象被破坏,其活性也将丧失。

(二)蛋白质药物的理化性质

蛋白质的相对分子量较大,在水中形成亲水胶体粒子(1~100nm),可以通过透析法或超速离心法来分离提纯蛋白质。蛋白质分子的氨基酸侧链上有很多解离基团,如赖氨酸的 ε- 氨基,谷氨酸和天门冬氨酸的 γ 和 β- 羧基、精氨酸的胍基和组氨酸的咪唑基等,因此,在一定 pH 条件下发生解离而荷电,所带电荷取决于蛋白质的等电点和体系的 pH,蛋白质溶液的 pH 大于等电点,则带负电荷,反之则带正电荷。此外,蛋白质药物还可与茚三酮、硫酸铜、酚试剂、乙醛酸试剂、浓硝酸等发生呈色反应。

二、蛋白质药物的稳定性

(一)化学稳定性

蛋白质的化学稳定性涉及共价键连接的氨基酸序列的稳定性,很多因素导致原有化学键的断裂或新化学键的形成,导致蛋白质药物丧失生物活性。一些组成蛋白质的氨基酸残基不稳定,容易发生化学反应,如天冬酰胺、丝氨酸、苏氨酸、精氨酸等,其常见的化学降解途径见表 12-1。

表 12-1　易降解氨基酸残基的化学降解途径

氨基酸残基	化学降解途径
天冬酰胺(Asn)和谷氨酰胺(Gln)	脱酰胺作用、外消旋、异构化
天冬氨酸(Asp)	水解、外消旋、异构化
甲硫氨酸(Met)、半胱氨酸(Cys)	氧化
组氨酸(His)、色氨酸(Trp)和酪氨酸(Tyr)	β- 消除
丝氨酸(Ser)、苏氨酸(Thr)、半胱氨酸(Cys)	外消旋
半胱氨酸(Cys)	二硫键交换

1. 水解(hydroysis)　在蛋白质水解酶、酸催化或碱催化的作用下,蛋白质的肽链发生断裂生成分子片段,如在稀酸中天冬氨酸的肽键极易水解,而碱性条件对半胱氨酸、丝氨酸、苏

氨酸、精氨酸等均有破坏作用。此外,蛋白质分子中的天冬酰胺和谷氨酰胺的侧链含有酰胺键,在酸性条件下发生脱酰胺作用(deamidation),分别水解生成天冬氨酸和谷氨酸。

2. 氧化(oxidation) 蛋白质中具有强负电性基团侧链的组氨酸、甲硫氨酸、半胱氨酸、色氨酸和酪氨酸是主要的氧化部位,其氧化速度与体系的 pH 有关。

3. 二硫键断裂与交换 含有二硫键结构的蛋白质在还原剂的作用下可导致二硫键断裂,导致蛋白质药物失去活性;而与巯基化物(如巯基乙醇)共孵育,也可使蛋白质的二硫键重排而获得活性。

4. 外消旋(racemization) 外消旋作用是将蛋白质等 L- 氨基酸残基转化为 D- 氨基酸残基,从而导致分子构象的变化,该作用可产生非代谢型的 D 型氨基酸。

5. β- 消除(β-elimination) 在碱性条件下,半胱氨酸、丝氨酸、苏氨酸等容易发生 β- 消除反应,该过程受温度、pH 等因素的影响。

(二)物理稳定性

蛋白质的物理稳定性是指蛋白质三维结构(即二级、三级和四级空间结构)的改变,包括变性、表面吸附、凝聚与沉淀等。

1. 变性 蛋白质的变性是其空间结构的改变或破坏,导致其理化性质改变(如溶解度降低)和生物学活性丧失。引起蛋白质变性的因素很多,包括强酸、强碱、重金属盐、温度、紫外线、超声波,甚至搅拌震荡等。

2. 表面吸附 由于蛋白质的疏水性和静电性,其常吸附于管道、容器、输液泵、过滤装置等表面,往往对蛋白质有较强的破坏作用。

3. 凝聚与沉淀 凝聚是蛋白质分子结合的微观过程,形成二聚体或低聚体等。而沉淀是蛋白质分子凝胶从溶液中析出的现象。一些中性盐(如硫酸铵、硫酸钠、氯化钠)、重金属离子(如铅、铜、汞等)、有机溶剂(如乙醇、甲醇、丙酮等)等因素均可导致蛋白质沉淀。

影响蛋白质药物稳定性的因素很多,包括温度、pH、有机溶剂、变性剂、盐类、表面活性剂等,一定程度上提高了蛋白质药物制剂研究的难度,在处方设计和制备工艺设计中均要特别关注其稳定性。

(三)蛋白质药物稳定性的分析方法

蛋白质药物的结构复杂,在稳定性研究中涉及其一级结构、空间结构、含量和活性等评价,例如:圆二色谱、傅立叶变换红外光谱、拉曼光谱、X 射线衍射等方法均可用于检测蛋白质空间结构的变化;酶联免疫法(ELISA)法可测定特定蛋白的浓度;也可通过差示扫描热分析、动态和静态光散射、电泳等方法间接评价蛋白质的稳定性。

第三节 生物技术药物制剂的处方和制备工艺

一、生物技术药物的处方设计

目前,上市的生物技术药物大多为蛋白质多肽类大分子药物,涉及的剂型包括注射剂、滴眼液、栓剂、片剂、胶囊剂、软膏剂、喷雾剂、凝胶剂、散剂(口服)、颗粒剂等,其中最常见的剂型为注射剂。鉴于蛋白质多肽类药物的独特的理化性质,该类药物制剂的研究通常需要关注其物理和化学稳定性问题。一些研究通过基因工程手段替换蛋白质或多肽结构中引起其不稳定的残基或引入能增加其稳定性的残基,从而提高蛋白质多肽类药物的稳定性;或者通过 PEG 化修饰,提高蛋白质多肽类药物的热稳定性、降低其抗原性、延长其生物半衰期。而在药剂学领域,除了常规制剂所需的基本组分外,比较常见的方法是在处方中加入一种或多种稳定剂,来抑制或延缓蛋白质多肽类药物的降解或变性。常用的稳定剂包括以下几种类型:

1. **缓冲溶液** 体系的 pH 是影响蛋白质稳定性的重要因素之一,因此通常采用适宜的缓冲系统,保证体系维持在其稳定的 pH 范围内,以提高蛋白质多肽类药物的稳定性。常用的缓冲体系包括枸橼酸钠 - 枸橼酸缓冲剂和磷酸盐缓冲剂等,但在冻干制剂中应尽量避免使用磷酸钠缓冲盐,因为磷酸氢二钠容易形成结晶,可能导致冷冻过程中体系 pH 的不均匀。由于体系的 pH 也会影响药物的溶解性,因此,在选择缓冲系统时还应关注其对药物溶解性的影响。

2. **糖和多元醇** 该类稳定剂的作用与其使用浓度有关,常用的糖类包括蔗糖、葡萄糖、海藻糖和麦芽糖,尤其在冷冻干燥制品中应用最为广泛,既作为赋形剂也作为稳定剂使用;而常用的多元醇有甘油、甘露醇、山梨醇、PEG 和肌醇等,其中 PEG 类通常作为蛋白质的低温保护剂和沉淀结晶剂,其作用与蛋白质的空间结构和溶液的性质有关。

3. **盐类** 有些无机离子(如 Na^+、SO_4^{2-} 等)在低浓度时可通过静电作用提高蛋白质高级结构的稳定性,但同时使蛋白质的溶解度下降(即盐析);但重金属盐类(如 Pb^{2+}、Cu^{2+}、Hg^{2+}、Ag^+ 等)则易导致蛋白质变性。

4. **氨基酸类** 一些氨基酸(如甘氨酸、精氨酸、天冬氨酸和谷氨胺酰等)在特定条件下可抑制蛋白质的聚集或改善蛋白质的溶解度,从而提高其稳定性。

5. **大分子化合物** 一些大分子如人血清蛋白(human serum albumin,HAS)可以通过形成阻碍蛋白质相互作用的空间位阻或竞争性作用,发挥蛋白质的稳定作用。

此外,有些表面活性剂如聚山梨酯类可防止蛋白质聚集,但含长链脂肪酸的表面活性剂或离子型的表面活性剂(如十二烷基硫酸钠等)可引起蛋白质的解离或变性,不宜使用。

二、生物技术药物的制备技术及工艺流程

(一)注射剂的制备工艺

生物技术药物注射剂的制备工艺与一般注射剂基本相同,主要包括配液、过滤(灭菌)、灌装、封口等过程,其工艺过程控制均可参考注射剂的生产工艺要点。

预灌封注射剂是目前疫苗等生物技术药物注射剂中越来越广泛应用的一种新型的注射剂剂型,其系将注射药物直接灌装在玻璃注射器中,且玻璃注射器上安装有注射针头,使用时直接注射,从而使之兼具药液包装容器和注射器两种功能。其突出优势在于:①用药剂量准确:预灌封注射器可以最大限度地减少使用过程中的药液残留,用药剂量更加准确;②预灌封注射剂可直接使用,使用更方便,可适用于危急病人;同时也可避免常规注射过程中造成的潜在的二次污染;③节约生产工序,降低成本,生产效率更高。预灌封注射器有带注射针和不带注射针两类,前者为针头嵌入式(结构示意图见图 12-1),由玻璃针管、针头护帽、活塞和推杆组成,应用时去除包装后可直接进行注射;后者则需配备冲洗针,一般作为手术冲洗用。预灌封注射剂的生产工艺流程如图 12-2 所示。

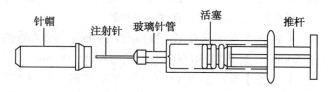

图 12-1 预灌封注射器(带注射针)结构示意图

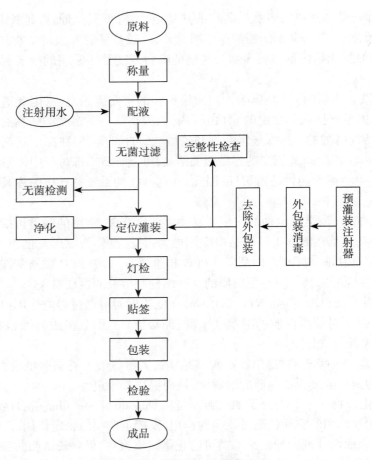

图 12-2　预灌封注射剂的生产工艺流程

例 1　甘精胰岛素注射液

【处方】甘精胰岛素 363.78mg　PEG200 5000mg　PEG2000 5000mg　锌 3mg　间二甲酚 270mg　枸橼酸适量　注射用水100ml

【制备】称取处方量甘精胰岛素加入到 25ml 注射用水中,用枸橼酸溶液调节 pH 至 4.2,使其完全溶解,再分别加入 PEG200 和 PEG2000,搅拌混合均匀,低温(2℃)下搅拌 15 小时,得溶液 I。另将处方量的锌和间甲酚溶解在75ml 注射用水中,调节 pH 至 4.5,冷至室温得溶液 II。在搅拌状态下将溶液 I 加入到溶液 II 中,搅拌均匀,调节药液 pH 至 3.8~4.2,药液经 0.22μm 滤膜除菌过滤,分装于 3ml 注射小瓶中,轧盖、灯检即得。

【注解】在处方中,PEG200、PEG2000 和锌均作为稳定剂,以提高甘精胰岛素在溶液中的稳定性;枸橼酸是 pH 调节剂,调节体系的 pH 在药物稳定的 pH 范围内;此外,间二甲酚是防腐剂,要特别注意的是在注射剂中防腐剂的浓度需要控制,通常苯酚类的浓度应不超过 0.5%。

例 2　重组人生长激素注射液

【处方】重组人生长激素原液 670mg　柠檬酸钠 5mmol　泊洛沙姆 188 3000mg　甘氨酸 500mg　甘露醇 30 000mg　注射用水 1000ml

【制备】准确称量处方量的柠檬酸钠、泊洛沙姆 188、甘氨酸、甘露醇于容器中,加入注射用水 500ml,溶解混匀后,得稳定剂溶液备用;取处方量重组人生长激素原液,缓慢加入稳定剂溶液中,调节 pH 至 5.5,用注射用水定容至 1000ml,混匀后,药液用 0.22μm 滤膜除菌过滤后,分装至预灌封注射器中。

【注解】泊洛沙姆 188 在处方中作为保护剂,已被批准用于注射剂中,不会引起溶血反应;柠檬酸盐用于调节注射液的 pH;甘氨酸的作用为稳定剂;甘露醇是渗透压调节剂,以维持注射液的渗透压与血浆的渗透压相等。

（二）冻干制剂的制备工艺

为保证蛋白质多肽类药物的贮存中的长期稳定性,往往需要采用冷冻干燥、喷雾干燥等方法制成固态制剂,其中冷冻干燥技术最为常用,其工艺流程与见图 12-3。

应该注意的是,冷冻干燥的过程破坏了蛋白质分子周围的水化层,导致其复溶困难或不溶,因此在处方中需添加适宜的渗透保护剂,如蔗糖、甘露醇、甘油等,且应控制相对

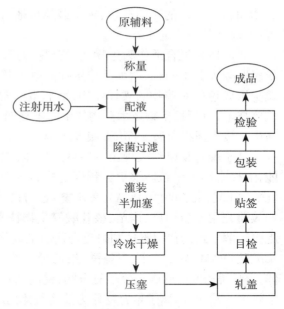

图 12-3 生物技术药物冻干制剂的生产工艺流程图

高的含水量,以最大限度地保持蛋白质的生物活性。此外,由于蛋白质药物对 pH、温度等微环境极为敏感,因此,在冻结过程中,应控制冷冻速度,尽量减少对蛋白质药物空间结构的影响。

例 3 重组人白介素 -2 冻干粉针剂

【处方】重组人白介素 -2 原液 1×10^4 万 IU　甘露醇 40g　人血白蛋白 4g　Tween80 1g
0.2mol/L 磷酸盐缓冲液 25ml　注射用水加至 1000ml

【制备】将甘露醇、人血白蛋白、Tween80 和磷酸盐缓冲液按处方配制成稀释液备用,然后与重组人白介素 -2 原液混匀,除菌过滤后分装成 1ml/ 瓶,然后冷冻干燥即得。

【注解】处方中磷酸盐缓冲液为 pH 调节剂;人血白蛋白为稳定剂,以减少药物在容器、设备表面等吸附引起的损失;甘露醇为冻干保护剂;Tween80 可防止蛋白质凝聚与变性,同时也可避免蛋白质的表面吸附作用。

（三）注射剂的质量评价

生物技术药物注射剂的质量应符合 2010 年版《中国药典》“制剂通则”项下的要求,需要进行装量、装量差异、渗透压摩尔浓度、可见异物、不溶性微粒、无菌等检查。同时,根据生物技术药物的特点,进行一些较特殊的理化分析与检测,例如:蛋白质含量、抗体效价分析等。

此外,由于生物技术药物对温度较敏感,因此一般不能用高温加速实验的方法来预测药物在室温下的有效期。

第四节　生物技术药物新型递药系统

一、纳米载体递药系统

纳米载体在生物技术药物中应用的优势主要体现在:克服体内的生理障碍,实现有效的体内药物转运;纳米载体容易进行表面修饰,改变其表面特质和生物学性质,实现生物技术

药物向特定部位的靶向输送;纳米载体可通过 EPR 效应实现被动肿瘤靶向转运;降低药物毒性,提高药物稳定性等。

脂质体是最合适作为生物技术药物给药的纳米载体之一,其可直接包裹水溶性的蛋白质多肽类大分子药物,增加其稳定性和改善其体内分布行为,在口服给药系统中,脂质体可减少胃肠道酶对药物的破坏作用,增加蛋白质多肽类药物口服吸收;借助于 PEG 化修饰脂质体技术,可延长生物技术药物的生物半衰期,提高其生物利用度,或利用靶向配体修饰,提高生物技术药物向病灶部位的靶向转运。

基于聚合物材料表现出一些良好性能,如生物相容性、生物降解性、易于表面改性和功能化,聚合物纳米粒能够更大程度地控制药物的药动学行为。可生物降解的聚合物材料聚乳酸(PLA)、聚乙醇酸(PGA)、聚乳酸 - 乙醇酸共聚物(PLGA)、聚甲基丙烯酸甲酯(PMMA)等均被研究用于蛋白质、疫苗、核苷酸等生物技术药物的转运。但其也存在一定的局限,如细胞内降解导致的代谢毒性和缺乏合适的工业化生产方法等。一些阳离子的树枝状聚合物如聚酰胺(PAMAM)、聚 -L- 谷氨酸、聚乙烯亚胺、聚丙烯亚胺等是比较有前途的非病毒基因载体,可压缩 DNA,形成大分子复合物,提高药物的稳定性,促进内涵体逃逸,显著增加基因转染效率。然而,阳离子聚合物作为药物载体的应用,需要关注其生物相容性和安全性问题。

碳纳米管是基因药物传输的一种最有前途方法,利用其独特的中空结构和纳米管径,运载生物技术药物分子进入细胞,且无毒性。蛋白质或多肽药物可通过共价键或非共价键连接到碳纳米管表面或端口上,形成水溶性的复合物,例如多肽与碳纳米管主要以范德华力结合,而共轭作用和疏水作用也发挥了重要作用;DNA 分子碱基中含有很多芳香环,可与碳纳米管通过共轭作用结合,也可通过 DNA 残基与碳纳米管端口的羧基共价连接。碳纳米管与明胶制成复合水凝胶系统是比较安全的蛋白质和多肽类药物转运系统。

二、长效微球注射剂

由于蛋白质多肽类药物的半衰期短,临床上通常需频繁注射给药,导致病人用药顺应性差,因此蛋白质多肽类药物缓释长效注射剂成为该类药物的重点研究方向。在蛋白质多肽类药物长效注射剂开发中,微球是最常用、也是最成功的生物技术药物载体,较早经 FDA 批准上市的蛋白质类药物微球制剂是醋酸曲普瑞林(triptorelin)控释微球注射剂(达菲林)和醋酸亮丙瑞林(leuprorelin)控释微球(抑那通),采用的骨架材料是生物可降解材料——聚丙交酯 - 乙交酯(PLGA),用于治疗前列腺癌。注射用微球的平均粒径为 20μm 左右,每支含药 3.75mg,供肌内注射,可控制释放达一个月之久。2009 年,我国也首次批准了注射用醋酸亮丙瑞林缓释微球制剂。目前,很多蛋白质多肽类药物包括红细胞生成素、干扰素、生长激素、白细胞介素、胰岛素等的长效微球注射剂产品正处于研究之中。在诸多微球的制备工艺中,复乳法 - 液中干燥法是较常用的制备蛋白质多肽类等生物技术药物微球制剂的方法,该法工艺稳定、设备简单,但微球的突释效应较大。

近些年,结合注射用原位凝胶技术,制备了微球 - 原位凝胶复合给药体系,该体系可结合原位凝胶延长用药部位滞留时间和微球控释的双重作用,同时解决了微球生产工艺中存在的一些问题,如药物的包裹效率有限、工艺操作时间过长、有机溶媒残余量大以及成本较高等。此外,将药物与可生物降解的聚合物材料制成注射液,给药后随着溶剂的扩散,聚合物固化而形成微球。这种方法制备工艺简单、控释效果好,且使用更方便。Atrix Lab 公司获批上市的亮丙瑞林缓释注射液(Eligard)就是采用这种技术制备的,其经小口径针头皮下注射后在体内形成微球,再缓慢释放亮丙瑞林,用于晚期前列腺癌的姑息治疗。同时,结合脉冲式释药系统的原理,制备脉冲式控释微球给药系统,可更好地控制药物的节律性释放,尤其在疫苗全程免疫方面具有独特优势,可减少疫苗免疫接种的次数。如破伤风类毒素脉冲式控释微球,一次注射,在既定时间内分三次脉冲释放,达到全程免疫目的。

三、无针头注射剂

无针头注射剂是一种新型的气动力注射给药系统,包括无针头粉末注射剂和无针头药液注射剂,能够帮助病人克服恐针症,使用更方便,且可实现直接粉末给药,适用范围广,尤其对生物技术药物尤为适用,可提高药物稳定性和吸收。目前,降钙素、胰岛素的无针粉末注射剂已在临床上获得成功,同时,塞罗诺(Serono)公司开发的无针头生长激素注射系统(酷可立,cool.click)也已上市销售。英国韦斯顿医学公司和生物喷射公司研制的无针头喷射器已广泛应用在一些生物技术药物中,包括流感疫苗乙型肝炎疫苗、促红细胞生成素、降钙素、生长激素等。

四、结肠定位释药系统

由于蛋白质药物易受胃肠道酶系统、复杂的 pH 环境等因素影响而降解,因此蛋白质多肽类药物的口服给药一直以来都是该类药物研究的重点和难点。结肠部位的酶系较少,蛋白酶的活性较低,pH 条件较温和,且结肠蠕动缓慢,药物在结肠的停留时间较长,因此结肠成为蛋白质多肽药物口服吸收较理想的部位。结肠定位释药系统(OCDDS)的设计是利用胃肠道的 pH 差异、转运时间差异、生理条件差异(如特异性的酶系统)以及物理调控作用(如超声波、电磁等)原理设计而成的,常用的材料包括丙烯酸树脂类、邻苯二甲酸 - 羟丙甲纤维素、壳聚糖、葡聚糖、环糊精、果胶、瓜耳胶、偶氮类聚合物等。

五、肺部给药系统

肺部吸收表面积大(超过体表面积 25 倍)、毛细血管网丰富,而且肺泡上皮细胞层薄,扩散距离短(1~2μm)、速度快;肺部的生物代谢酶分布集中,生物活性低从而减少对药物的水解,药物易通过肺泡表面被快速吸收,生物利用度较高;肺部给药还可以避免肝脏首过效应,是非常有前景的蛋白质多肽类药物非注射给药途径之一。比较成功的案例是 2006 年美国 FDA 批准的吸入型重组胰岛素制剂(Exubera),利用专门的吸入器——AERx 系统产生胰岛素微细气雾,并经口腔吸入输送至肺部深部,使胰岛素在肺部沉积。临床研究数据显示 Exubera 的耐受性良好,吸收速度快,可以不低于静脉注射胰岛素的降血糖作用。另外,亮丙瑞林、生长激素等多肽类药物也有较高的肺部吸收效率。但是在实际应用中,由于这种吸入装置体形偏大且笨重,病人携带并不方便,同时,仍需联合使用长效胰岛素制剂和定期进行肺功能检测等,导致其在临床治疗中的优势并无预期明显。此外,还涉及吸入粒子大小安全性以及辅料如吸收促进剂的安全性等问题,因此,胰岛素吸入剂型的开发还有更大的空间,例如尝试更有效的药物粒度和粉体学性质的控制方法或技术。

六、鼻腔给药系统

鼻腔黏膜中毛细淋巴管和淋巴管分布丰富,鼻腔上皮与血管壁紧密连接,细胞间隙较大,穿透性较高,而蛋白酶分布比胃肠道少,能够避免肝脏首过效应,有利于药物吸收并进入血液循环。目前已有一些蛋白质和多肽类药物鼻腔给药系统上市,例如:布舍瑞林、去氨加压素（DDAVP）、降钙素、催产素等。

影响蛋白质类药物鼻腔黏膜吸收的因素很多，包括药物的性质（如分子量、脂溶性等）、鼻腔黏膜表面的代谢酶、纤毛的清除等。应用吸收促进剂通常是提高蛋白质多肽类药物鼻腔吸收的重要手段，其作用机制包括改变鼻腔黏液的流变学性质，开放细胞间的紧密连接，提高黏膜通透性；抑制作用部位蛋白水解酶的活性，提高蛋白质多肽药物的稳定性；降低鼻腔纤毛的运动频率等。有些药物如胰岛素、降钙素等蛋白质类药物在不加吸收促进剂时，生物利用度很低（<1%），加入适宜的吸收促进剂（如胆酸盐、十二烷基硫酸钠等）后，吸收效果可提高数倍甚至数十倍。此外，采用微球、脂质体、纳米粒等新型微粒给药系统作为蛋白质多肽类药物的载体，再经鼻腔黏膜给药，往往可以获得较好的吸收效果。

此外，口腔黏膜、直肠黏膜、眼部黏膜均可作为蛋白质多肽类药物的给药途径，可避免肝脏首过作用和胃肠道的首过效应，增加药物的吸收。

（姚 静 周建平）

思 考 题

1. 简述生物技术药物和生物制品的概念。
2. 简述生物技术药物的特点，以及蛋白质与多肽药物的区别。
3. 生物技术药物制剂的设计中应重点考虑哪些问题？如何解决？
4. 简述蛋白质药物存在的稳定性问题，以及对蛋白质药物制剂设计与制备的影响。
5. 简述蛋白质药物注射剂的常用稳定剂类型，并举例。
6. 简述预灌封注射剂的特点和工艺流程。

参 考 文 献

1. 崔福德. 药剂学. 第7版. 北京：人民卫生出版社，2012
2. Dubin CH. Special delivery：pharmaceutical companies aim to target their drugs with nano precision. Mech. Eng. Nanotechnol.，2004，126（Suppl.）：10-12
3. Rawat M，Singh D，Saraf S，et al. Nanocarriers：Promising Vehicle for Bioactive Drugs. Biol. Pharm. Bull. 2006，29（9）：1790-1798
4. Li H，Wang DQ，Liu BL，et al. Synthesis of a Novel Gelatin-Carbon Nanotubes Hybrid Hydrogel. Colloids and Surfaces B：Biointerfaces，2004，33（2）：85-88
5. Bolton DL，Song K，Wilson RL，et al. Comparison of systemic and mucosal vaccination：impact on intravenous and rectal SIV challenge. Mucosal Immunology，2012，5：41-52
6. Kim JH，Heller DA，Jin H，et al. The rational design of nitric oxide selectivity in single-walled carbon nanotube near infrared fluorescence sensors for biological detection. Nature Chem.，2009，1（6）：473-481
7. Nochi T，Yuki Y，Takahashi H，et al. Nanogel antigenic protein-delivery system for adjuvant-free intranasal vaccines. Nature Materials，2010，9：572-578
8. 赵志全，姜斌. 一种甘精胰岛素注射液及其制备方法，201110009384.X
9. 宋礼华，王荣海，倪晓燕，等. 一种可直接使用的重组人生长激素注射液，201110267989.9
10. 杨果诗，周正，徐惊平，等. 一种室温保存重组白介素-2冻干制剂及其制备方法，200710036779.2

第三篇　新型制剂与制备技术

第十三章　快速释放制剂

本章要点

1. 掌握快速释放制剂、分散片、口腔崩解片、滴丸剂的基本定义、特点、常用辅料、质量评价方法及制备工艺。
2. 掌握快速释放制剂制备过程中的药物速释化预处理技术和掩味技术的种类,以及各自的特点和制备方法等。
3. 熟悉不同类型快速释放制剂生产过程中易出现的问题及解决方法等。
4. 了解快速释放制剂的发展历程、存在问题及未来发展趋势。

第一节　概　　述

一、快速释放制剂的定义与特点

(一)快速释放制剂的定义

快速释放制剂(immediate release preparations)系指一大类给药后能够快速崩解或者快速溶解,药物快速释放并吸收的制剂,与普通制剂相比,具有起效快、生物利用度高、毒副作用低、服用方便等特点。

本章介绍的主要是口服给药的快速释放制剂,也可供其他给药途径参考。

(二)快速释放制剂的特点

1. 速崩、速溶、吸收速度、起效快　根据 Noyes-Whitney 方程,药物溶出速度随药物分散度的增大而提高,快速释放制剂在口腔或胃肠道中遇水可迅速崩解或溶解,药物释放表面积迅速增大,从而提高药物溶出速度,使药物能够被快速吸收并起效。例如分散片在 15~25℃的水中 3 分钟内即可全部崩解,并且可通过二号筛(24 目,内径 850μm±29μm);扎来普隆口腔崩解片 30 秒崩解,15 分钟即可起效。

2. 生物利用度高　对于生物药剂学分类系统(biopharmaceutics classification system,

BCS)中Ⅱ型难溶性药物(低溶解性、高通透性),溶出速度是影响生物利用度的主要因素。制备成快速释放制剂后,药物溶出速度快,药物吸收充分,生物利用度高。例如头孢克肟分散片(奥瑞拉®)的平均生物利用度高达87%,与普通胶囊剂相比提高约23%。

对于易被胃酸破坏或存在肝脏首过效应的药物,制备成口腔快速释放制剂,药物在口腔中溶出后,可经口腔黏膜吸收,迅速入血,经上腔静脉直接进入右心室,随血液循环分布至全身,从而可提高具有肝脏首过效应、胃肠环境下不稳定的药物的生物利用度。例如盐酸司来吉兰口腔崩解片(Zelapar ODT®)1.25mg/d临床疗效等同于司来吉兰10mg/d,可实现药物胃前吸收,将首过效应降至最低限度。其他类似产品还有硝酸甘油舌下片、利培酮口腔崩解片、硝苯地平舌下片、西地那非舌下片和硝酸异山梨酯舌下片等。

3. 胃肠道局部刺激性小　快速释放制剂可在进入胃肠道之前或者到达胃肠道后迅速崩解或者溶解,药物可广泛分布在胃肠道中,避免局部药物浓度过高而引起的刺激性。同时,由于药物可迅速被吸收,胃肠道内滞留时间短,可有效降低胃肠道刺激性。例如阿司匹林分散片、琥乙红霉素、布洛芬口腔崩解片等,与相应普通制剂相比,可显著降低胃肠道反应。

4. 服用方便、患者顺应性好　快速释放制剂可直接吞服,也可置水中分散后服用,还可不需服用水直接吞咽服用,服用方便,病人顺应性好。特别是口腔快速释放制剂在口腔中数秒至数十秒之内迅速溶解或崩解,特别适合于婴幼儿,老年患者,以及咽喉疾病、心血管疾病、帕金森症等器质性精神障碍引起的吞咽困难和长期卧床患者,并可方便无水环境下用药。此外,由于药物吸收快,起效迅速,可为高血压、呕吐、疼痛、癫痫等急症发作疾病的治疗提供新途径。

5. 缺点　在制备过程中,需先将原料药微粉化处理、或需使用固体分散、β-环糊精包合和湿法研磨等技术进行预处理,生产工序多;对崩解剂要求高,成本较高;含大量崩解剂,吸湿性强,对包装材料的防潮效果和储存条件要求高。

二、快速释放制剂的发展概况

对于传统的口服固体制剂,如片剂、胶囊剂等,崩解速度慢,生物利用度低,起效慢,部分患者吞咽困难,导致该类制剂的应用受到一定程度的限制。据统计,约有30%的病人吞咽较为困难,或者某些特殊疾病如对高血压、呕吐、心脏病、疼痛、癫痫等,需要起效快的药物进行急救,因此对口服方便、可快速释药并起效的制剂有很大的需求。而口服快速释放制剂在这种背景下应运而生,由于其起效快、生物利用度高、服用方便等优势,受到越来越多的关注。

快速释放制剂最早出现于1908年,发展初期主要集中在提高崩解速度,这一时期发展相对缓慢。直至20世纪60年代,固体分散技术的应用,有效解决了难溶性药物生物利用度低的问题,使基于固体分散技术的快速释放制剂得到了快速发展,随后用于提高药物生物利用度的其他预处理技术也相继出现,如自乳化释药技术、包合技术和湿法共研磨技术等。70年代,英国R.P.Scherer公司发明了一种采用冷冻干燥技术制备的口服冻干制剂,即口腔崩解片,该制剂在口腔中迅速溶化释放药物,服用方便。随后为了克服冷冻干燥技术成本高的缺点,应用新型辅料、使用传统的压片工艺(如湿法制粒压片法和直接压片法)制备快速释放制剂成为近几年的研究重点。另外由于快速释放制剂对药物溶出速度和口感的特殊要求,速释化药物预处理技术和掩味技术的研究也受到越来越多的关注。

第二节　药物预处理技术

一、速释化药物预处理技术

影响生物利用度的决定性因素包括药物的溶解度和膜通透性,而在现有活性化合物中,约有 40% 的药物水中溶解度差,导致其口服生物利用度低,因此提高难溶性药物生物利用度成为口服制剂开发中的巨大挑战。对于 BCS 分类中 II 类药物(低溶解性、高通透性),通过增加溶解度提高溶出速度是改善生物利用度的有效方法,即在制备制剂时预先将原料药进行速释化预处理,提高药物溶出速度。提高溶出速度的常用方法有成盐、溶剂/表面活性剂增溶、降低粒径、制备包合物等。其中降低粒径是一种可应用于绝大多数药物的非特异性预处理方法,将药物进行微粉化处理,降低粒径,增加表面积,提高溶出速度。但是若将药物单独进行微粉化处理也存在一定的弊端,如随着药物粉末粒径的减小,比表面积增大,片剂崩解后粒子会重新聚集,导致药物溶出变慢;另外直接微粉化并不能改善药物的饱和溶解度,在改善生物利用度方面作用不显著。因此仍需进一步降低粒径或者通过其他方法提高药物的溶出度和生物利用度。目前,工业化应用较成熟的速释化药物预处理技术包括固体分散技术、纳米混悬液技术、包合技术和自乳化释药技术等。另外,对于易挥发、稳定差的药物和有不良气味、刺激性的药物,也可用固体分散体技术或者包合技术进行预处理,以提高药物稳定性、掩盖药物不良气味和刺激性、使液态药物固态化。

(一)固体分散技术

1. 概述　固体分散体(solid dispersion),又称固体分散物,是一种药物以分子、胶态、无定形或微晶状态,分散在另一种载体材料(水溶性材料或难溶性材料、肠溶性载体材料)中形成高度分散体系。经后续加工工艺可制备成多种剂型,包括片剂、膜剂、微丸、颗粒剂、滴丸剂等。

应用于快速释放制剂的制备时,则选择水溶性材料,以提高溶出速度,其速释原理可归纳为以下三方面:①药物多以分子状态或无定形存在,溶解时无需克服晶格能,溶出速率较晶型更快;②药物高度分散在水溶性材料中,粒径减小,释放表面积增加,溶出速度快;③载体材料可增加药物的润湿性,防止药物聚集,并可抑制药物晶核的形成和生长,促进药物溶出。例如将水飞蓟宾与 PEG6000/泊洛沙姆/十二烷基硫酸钠(5∶5∶1,w/w/w)制成固体分散体,粉碎后与其他辅料直接压片,所得分散片 30 分钟的溶出量可达到 90% 以上,而普通片 30 分钟溶出度仅有 24%。

目前基于固体分散技术的已上市产品有伊曲康唑(Sporanox®)、依曲韦林(Intelence®)、他克莫司(Prograf®)、瑞舒伐他汀钙(Crestor®)、灰黄霉素(Gris-PEG®)、大麻隆(Cesamet®)和布洛芬(Solufen®)。国内上市产品有联苯双酯滴丸和复方炔诺孕酮滴丸等。

2. 载体材料　由于快速释放制剂要求药物快速释放,因此制备固体分散体时常选用亲水性材料,常用的水溶性载体材料包括聚乙二醇类(PEG4000 和 PEG6000 等)、聚维酮类(PVP-K30 和 PVP-VA64 等)、表面活性剂(如泊洛沙姆 188)、有机酸类(枸橼酸、酒石酸等)、糖类(如乳糖、蔗糖等)、醇类(如甘露醇、山梨醇、木糖醇)等。

3. 制备方法

(1)熔融法:熔融法是将药物与载体材料混匀,加热至熔融,剧烈搅拌下混匀,迅速降温冷却固化,制备固体分散体的方法。该方法中的热熔挤出技术由于易于工业化成为近年来的研究热点。热熔挤出(hot-melt extrusion,HME)技术,又称熔融挤出技术,是将药物与载体材料(快速释放制剂选用亲水性材料)置于逐段控温的机筒中,机筒内设置螺杆元件,螺杆元件由加料口到机头出料口顺次执行不同的单元操作,物料在螺杆的推进下前移,在一定的区域内熔融或软化,依次通过剪切元件的切割分散作用和混合元件的分流、配置和混合作用,实现药物和载体材料的均匀混合,最后以一定的速度和形状从机头出料口(图 13-1)。

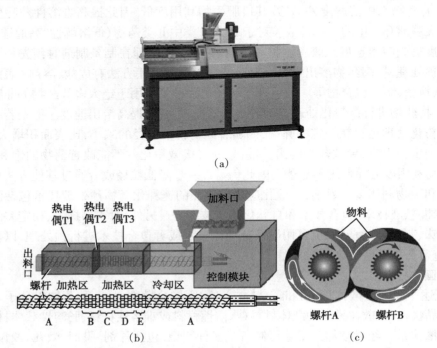

图 13-1 生产型双螺杆热熔挤出机外观、结构示意图和工作原理图
(a)生产型双螺杆热熔挤出机外观;(b)结构示意图;(c)工作原理示意图
(图 b 中 A,输送元件;B,快速输送区;C,低速输送区;D,混合区;E,熔体输送区)

热熔挤出技术作为一种成熟的工业化技术,本身具有很多优点:①混合无死角,分散效果好,药物损失少;②不使用有机溶剂,安全无污染;③集多种单元操作于一体,节省空间,降低成本;④连续化加工,高效率生产;⑤通过编程处理计算机可实现自动化控制,工艺重现性高。但是由于该过程中需高温条件下进行,不适于热敏感性药物。

(2) 溶剂法:溶剂法是将药物和载体共溶于适当的溶剂中,经蒸发或冷冻干燥或喷雾干燥除去有机溶剂,即得固体分散体。其中以喷雾干燥法生产效率高,可连续生产(图 13-2),更适合于工业化生产。但是该法使用有机溶剂,成本高,存在有机溶剂残留和环境污染的安全隐患;并且有些溶剂难以除尽,易引起药物重结晶。

(3) 溶剂熔融法:将药物用少量适宜的溶剂溶解,再加入熔融的载体材料中混合均匀,蒸发除去有机溶剂,冷却固化得到固体分散体。本法与熔融法相比,可减少药物的受热时间,有效减少药物降解,并且该法适用于液态药物和小剂量药物。

(4) 研磨法:将药物与微晶纤维素、乳糖、PVP、PEG 等载体材料,混合后进行强力持久的研磨,借助机械力使药物与载体材料相结合,或降低药物粒径,形成固体分散体。

(5) 超临界流体技术:将药物与载体材料溶解于超临界流体中,通过调节操作压力和温

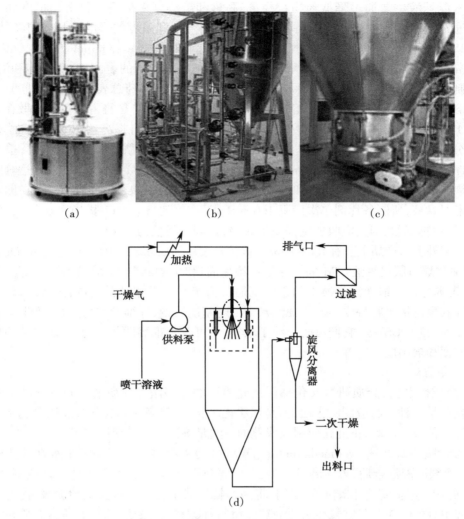

图 13-2　喷雾干燥设备及过程示意图

(a)小试设备；(b)中试设备；(c)生产设备；(d)喷雾干燥过程示意图

度改变溶质的溶解度，实现气相或液相共沉淀，得到粒径分布均匀的超微颗粒。常用的超临界流体有 CO_2、乙烯、水等。

对于超临界流体中的溶解度较低的药物，可使用反溶剂法，即将药物和载体材料溶解到有机溶剂中，再经喷嘴与超临界流体混匀，药物和载体材料沉淀析出。

超临界流体技术具有操作温度低、制备工艺简单、制备固体分散体、无溶剂残留等优点，但是需要特殊设备，生产成本高。

（二）纳米混悬液技术

1. 概述　纳米混悬液(solid dispersion)，又称纳米结晶，是指纯固体药物颗粒分散在含有稳定剂(表面活性剂或聚合物稳定剂)的液体分散介质中的一种亚微粒胶体分散体系，其中液体分散介质可以是水、水溶液或非水溶液；药物可以结晶态存在，也可以部分或全部以无定形状态存在。纳米混悬液可以液体形式直接给药，也可以后续加工工艺如喷雾干燥、制粒、喷丸后压片等，进一步制备成其他口服固体制剂如片剂、微丸、胶囊剂等。

纳米混悬液主要通过降低药物粒径,提高饱和溶解度来提高药物溶出速度和生物利用度。通常饱和溶解度是药物的特征性常数,仅受溶剂和温度的影响,但是当粒径降低到 $1\sim2\mu m$ 以下时,饱和溶解度随着粒径的减小而增加。根据 Noyes-Whitney 方程: $dC/dt=KSC_s$,其中 dC/dt 是溶出速率,K 是药物扩散速率常数,S 是药物粒子的表面积,C_s 是饱和溶解度。将药物制备成纳米混悬液后,药物颗粒粒径降低到纳米级,释药总表面积增加,同时还可增加饱和溶解度,从而有效提高药物溶出速率。例如,Rapamune® 是将雷帕霉素分散在含有泊洛沙姆 188 的水溶液中进行研磨,所制备片剂的生物利用度可提高约 27%;TriCor® 是将非诺贝特分散在含有 6% 羟丙基甲基纤维素和 0.075% 多库酯钠的水溶液中研磨,单次口服 145mg TriCor® 片剂与单次口服 200mg 非诺贝特胶囊(力平之®)生物等效,并且达峰时间由 8 小时提前为 6 小时,且吸收速度和程度不受食物影响;Triglide® 是将药物分散在卵磷脂中形成纳米混悬液,所制备片剂单次口服 160mg TriCor® 片剂与单次口服 200mg 非诺贝特胶囊(力平之®)生物等效,但是吸收速度提高了 32%,达峰时间仅为 3 小时。

目前国外上市产品主要有 Rapamune®(雷帕霉素片剂),Emend®(阿瑞匹坦胶囊),Megace®ES(醋酸甲地孕酮口服混悬液),TriCor®(非诺贝特片剂)和 Triglide®(非诺贝特片剂)等。

2. 载体材料　纳米混悬液中的稳定剂通常为亲水性载体材料,包括泊洛沙姆、聚山梨醇酯、磷脂、聚乙烯吡咯烷酮、聚乙二醇类、十二烷基硫酸钠、纤维素类衍生物、维生素 E 聚乙二醇琥珀酸酯(TPGS)等,它们可防止粒子聚集,并可改善难溶性药物的润湿性,从而提高药物的分散度和溶出度。

3. 制备方法

(1) 介质研磨法:介质研磨又包括干法介质研磨和湿法介质研磨。利用球磨机制备超微药物颗粒是一种广泛应用的方法,但是该法耗时长、产热高、损失多,其应用受到了一定限制。另外一种应用广泛,工业化应用较成熟的方法是湿法介质共研磨技术。

湿法介质共研磨法(wet media milling,WMM)是将药物与含有一定亲水性载体材料的水/有机溶剂溶液混合后,置研磨设备中,在研磨介质(瓷球、玻璃球、氧化锆珠或钢球)的作用下,经剪切、碰撞、摩擦和离心等作用,将药物粒径减小至微米级甚至纳米级,均匀分散在载体溶液中(图 13-3)。药物粒径主要受载体材料种类和浓度、研磨时间、研磨介质粒径和数量、研磨频率等因素影响。湿法介质共研磨法制备过程简单、温度可控、可在低温下操作、易于工业化生产,适用于水和有机溶剂均不溶的药物。目前应用该法的上市产品已有 4 个,Rapamune®、Emend®、Megace®ES、TriCor® 和 Invega sustenna®。

例:非诺贝特片

【处方】非诺贝特 14.50g、HPMC 2.90g、多库酯钠 0.29g、蔗糖 14.50g、十二烷基硫酸钠 1.02g、乳糖一水化合物 13.20g、硅化 MCC 8.60g、PVPP 7.55g、硬脂酸镁 0.09g、欧巴代(Opadry®)OY-28920 2.51g,共制成 100 片。

【制法】称取处方量 HPMC 和 0.036g 多库酯钠于 23.2g 水中,溶解,加入处方量非诺贝特,至介质研磨机中研磨(转速 3000r/min,研磨介质尺寸为 500μm),得到非诺贝特纳米研磨液。称取 0.254g 多库酯钠、处方量蔗糖和十二烷基硫酸钠与上述纳米研磨液混合均匀并溶解,经流化床喷至乳糖一水化合物上,得到载药颗粒,将所得载药颗粒与处方量硅化 MCC、PVPP 和硬脂酸镁混合均匀,直接压片,然后使用包衣锅包薄膜衣(欧巴代 OY-28920),每片含 145mg 非诺贝特。

【注解】采用 HPMC 和多库酯钠作为亲水性载体材料,对非诺贝特进行湿法介质共研

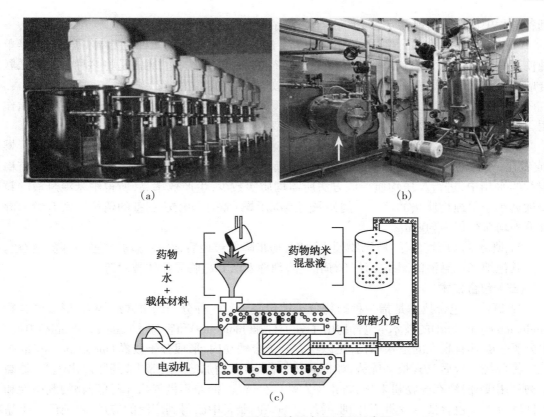

图 13-3　湿法介质共研磨设备和过程示意图

(a)小试设备(毫克级别,箭头所示);(b)生产设备(50~100kg 箭头所示);(c)湿法介质共研磨过程示意图

磨,可使药物粒径降低至 169nm,使用喷雾干燥技术使纳米研磨液体固体化;向纳米研磨液中加入支撑剂蔗糖和表面活性剂十二烷基硫酸钠和多库酯钠,则可以防止喷雾干燥过程中粒子间聚结,提高粒子的再分散性;硅化 MCC 与 PVPP 联用可保证较好的崩解效果;因此最后使用防潮型包衣材料欧巴代 OY-28920 包薄膜衣,防止贮存过程中水分渗入粒子聚结。

(2)均质法

1)微射流技术:是将含有药物的混悬液通过微射流均质机的密闭腔体,利用高压气体使液体之间、液体和腔体之间相互碰撞,降低药物颗粒的粒径。

2)高压均质技术:是将药物和稳定剂分散在水或非水介质中,迅速通过均质阀体和阀座之间的狭缝,导致液体动态压力升高,静态压力减小,当静态压力低于液体的蒸汽压时,狭缝内液体沸腾,形成大量气泡,当气泡离开狭缝时迅速破裂,产生巨大的冲击波即空穴效应,药物颗粒在剪切、碰撞和空穴作用下,破碎成纳米粒子。例如 FDA 批准的 Triglide® 是采用高压均质技术进行前处理。

采用均质法制备纳米混悬液,生产效率高、周期短、重现性好、工艺成熟、易于工业化放大。

(3)沉淀法:沉淀法是将药物溶解在与水相互溶的有机溶剂中,将所得含药溶液注入药物的非溶剂(如水)中,形成过饱和体系,药物沉淀析出,通过控制温度、搅拌速度和时间等工艺参数或者调节稳定剂种类及浓度等处方参数,可得到不同粒径大小的纳米混悬液。采用沉淀法制备纳米混悬液,制备过程简单,但是很难精确控制药物微粒的粒径大小;另外由于制备过程中使用了有机溶剂,很难完全除去,存在一定的安全隐患。

(4) 联用技术:介质研磨法、均质法和沉淀法是纳米混悬液的三种主要制备方法,但是单独使用一种方法很难有效降低药物微粒的粒径,达到预期要求。通常是将多种制备方法联合应用,以有效降低药物粒径,提高体系的分散均一性和稳定性。

1) 微沉淀 - 高压均质法:是通过沉淀法得到药物的粗混悬液,随后迅速经高压均质作用,以降低粒径,得到纳米级的无定形或结晶型纳米混悬液。

2) 喷雾干燥 / 冷冻干燥 - 高压均质法:是将药物溶于有机溶剂,经喷雾干燥或冷冻干燥(或者在药物合成时,使用喷雾干燥或冷冻干燥代替重结晶),得到药物粉末,再分散到含有稳定剂的水相中,进行高压均质。该方法所需均质次数少,生产效率高,所得纳米混悬液的粒径远远小于单纯均质法的粒径。例如采用冷冻干燥 - 高压均质法制备的两性霉素 B 纳米混悬液平均粒径仅为 50nm。

3) 研磨 - 高压均质法:将药物预先研磨,初步降低粒径后,经高压均质进一步降低粒径。其他纳米混悬液的制备方法还有乳化溶剂挥发法和超临界流体技术等。

(三) 包合技术

1. 概述　包合技术是指一种药物分子被包嵌于另一种分子的空穴结构内,形成包合物(inclusion compound)的技术。包合物由主分子(host molecule)和客分子(guest molecule)组成,主分子一般具有较大的空穴结构,足以将客分子容纳在内,形成分子胶囊(molecule capsule)。

将药物包合后具有很多优势,如提高药物稳定性、增加溶解度、调节药物溶出速率、提高生物利用度、使液态药物粉末化、防止挥发性成分挥发、掩盖不良气味、降低药物的刺激性和不良反应等。包合技术在舌下片、咀嚼片等剂型的制备中已得到广泛的应用,目前已上市品种见表 13-1。

表 13-1　基于包合技术的已上市产品

药物 / 环糊精	商品名	剂型	生产厂家 / 国家
前列腺素 E_2/β-CD	Prostarmon E	舌下片	Ono,日本
利马前列素 /α-CD	Opalmon	片剂	Ono,日本
吡罗昔康 /β-CD	Brexin,Flogene Cicladon	片剂	Chiesi,意大利
西替利嗪 /β-CD	Cetrizin	咀嚼片	Losan Pharma,德国
硝酸甘油 /β-CD	Nitropen	舌下片	Nihon Kayaku,日本
头孢替安酯 /α-CD	Pansporin T	片剂	Takeda,日本
头孢菌素 / β-CD	Meiact	片剂	Meiji Seika,日本
噻洛芬酸 /β-CD	Surgamyl	片剂	Roussel-Maestrelli,意大利
苯海拉明,Chlortheophyllin/β-CD	Stada-Travel	咀嚼片	Stada,德国
氯氮䓬 /β-CD	Transillium	片剂	Gador,阿根廷
尼美舒利 /β-CD	Nimedex	片剂	Novartis,欧洲
烟酸 /β-CD	Nicorette	舌下片	Pharmacia,瑞典
奥美拉唑 /β-CD	Omebeta	片剂	Betafarm,德国
美洛昔康 /β-CD	Mobitil	片剂	Medical Union Pharmaceuticals,埃及

2. 载体材料　制备包合物常用的包合材料有环糊精、胆酸、淀粉、纤维素、蛋白质、核酸等。目前应用最广泛的包合材料为环糊精(cyclodextrin,CD)。

环糊精是淀粉在嗜碱性芽孢杆菌产生的环糊精葡萄糖基转移酶的作用下形成的环状低聚糖化合物,是由6~12个D-吡喃葡萄糖通过1,4-糖苷键首尾相连而成,呈锥状圆环结构。制剂中应用较多的为α、β、γ-环糊精,分别由6、7、8个D-吡喃葡萄糖分子组成,呈上宽下窄、两端开口的环状中空筒状结构(图13-4),空腔内部为疏水性区域,开口端由于羟基的存在呈亲水性。疏水性药物可与内部疏水空穴区域通过范德华力、疏水作用力和空间匹配效应等嵌入空穴内;极性药物则可以结合于开口端的亲水区域(图13-5)。

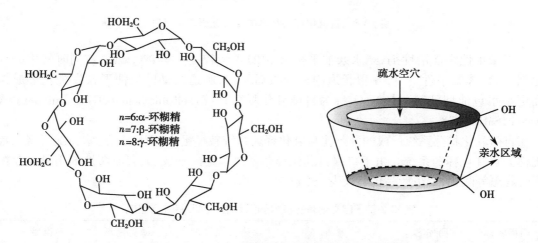

图 13-4　环糊精分子结构示意图

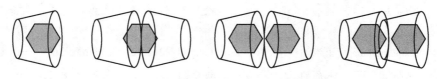

图 13-5　环糊精与药物的四种作用形式示意图

3. 制备方法

(1) 饱和水溶液法:饱和水溶液法又称重结晶法或共沉淀法,是将药物或者其有机溶剂溶液加入到饱和环糊精溶液中,搅拌或超声一定时间后,冷却、结晶、过滤、干燥即得。对于水中溶液度大的包合物,可加入少量有机溶剂,促使包合物沉淀析出;或通过冷冻干燥法/喷雾干燥法进行干燥。

(2) 研磨法:是将环糊精分散在少量水中,研磨至分散均匀,再加入药物或其有机溶剂溶液,充分研磨至糊状,用适宜的有机溶剂冲洗除去游离药物,干燥即得。

(四) 自乳化释药技术

1. 定义　自乳化释药系统(self-emulsifying drug delivery system,SEDDS)是由药物、油相、表面活性剂和助表面活性剂组成的口服固体(如软胶囊、硬胶囊、片剂等)或液体制剂,其基本特征是在体温条件下,可在胃肠道内遇体液后,在胃肠道蠕动的促使下自发乳化形成粒径在100~500nm 左右的水包油型乳剂(图13-6)。

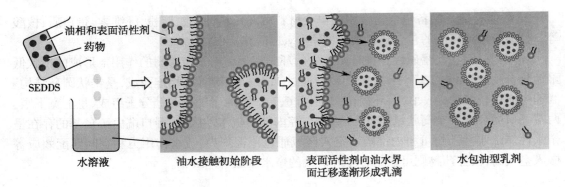

油相和表面活性剂
药物
SEDDS
水溶液
油水接触初始阶段
表面活性剂向油水界面迁移逐渐形成乳滴
水包油型乳剂

图 13-6　自乳化释药技术的自乳化原理示意图

当亲水性表面活性剂（亲水亲油平衡值 >12）含量较高（≥40%，w/w），或同时使用助乳化剂时，在体温条件下，可在胃肠道内遇体液后，在胃肠道蠕动的促使下自发乳化形成粒径更小水包油型乳剂（<100nm），称为自微乳化释药系统（self-microemulsifying drug delivery system，SMEDDS）。

自微乳化释药系统形成的乳剂比自乳化释药系统粒径更小、更稳定，通常情况下将二者统称为自乳化释药系统。由于口服自乳化释药系统理论尚不成熟、表面活性剂用量高存在安全隐患等问题，上市产品仍然较少（表 13-2）。

表 13-2 基于自乳化释药技术的已上市产品及其处方组成

药物名称	商品名	油相	表面活性剂	助乳化剂	其他
环孢霉素 A	Neoral	玉米油	聚氧乙烯(40)氢化	甘油、醇	α- 生育酚(抗氧化剂)
利托那韦	Norvir	油酸	聚氧乙烯(35)蓖麻油	乙醇	二叔丁基对甲酚(抗氧化剂)
环孢素	Sandimmune	玉米油	Labrafil M2125CS	山梨醇、乙醇	—
硝苯地平	Adalat	薄荷油	糖精钠	甘油、聚乙二醇 400	
维 A 酸	Vesanoid	大豆油、氢化大豆油、部分氢化大豆油	黄蜂蜡	—	
布洛芬	Nueofen	中链甘油三酯	卵磷脂、液态山梨醇	乙醇、聚乙二醇 400/600	

2. 特点

（1）生物利用度高：SEDDS 口服后，在体温条件下，与胃肠液接触后可自发形成乳剂，粒径 <500nm，药物被包裹于乳滴中，可以增加难溶性药物的溶解度和溶出度、增加与胃肠道接触面积、提高胃肠道上皮细胞对药物的通透性、抑制肠细胞色素 P450 对药物的催化作用及 P- 糖蛋白对药物的外排作用、可通过淋巴管吸收克服首过效应，从而提高生物利用度。例如卡维地洛制备成 SEDDS 后，生物利用度是普通制剂的 3~4 倍。

（2）提高药物稳定性：在胃肠道中，药物被包裹于乳滴中，抑制药物水解和酶解，提高稳定性，同时可避免药物与胃肠道黏膜的直接接触，避免局部药物浓度过大引起的胃肠道刺激。

(3) 个体差异小:SEDDS 在胃肠道中形成的乳滴粒径小,可迅速分布于整个胃肠道,受胃肠道环境和食物的影响较小,个体间差异小。

(4) 制备工艺简单,无需特殊生产设备,易于工业化生产,可以以液体形式服用也可以分装于软胶囊或硬胶囊中,剂量准确,服用方便。

(5) 缺点:处方中含有大量表面活性剂(30%~60%,w/w),存在一定的刺激性和安全隐患;相对于药物释放速度,SEDDS 体内药物溶出更多地取决于脂质消化,用传统的体外溶出方法测定药物释放体内外相关性差,缺少合适的体外评价模型。

3. 适用药物　SEDDS 适合于脂溶性、水溶性差、吸收差的药物,也可用作疏水性蛋白、多肽类大分子药物的载体。对于油水均难溶的药物,尤其是在任何脂质组成中都不能溶解的药物不适合制备成 SEDDS。通常选择水溶性小,在油相或油/表面活性剂系统中性质稳定的药物。

4. 辅料

(1) 油相:SEDDS 中油相的比例一般为 30%~70%,主要起溶解药物、促进微乳形成、促进药物在胃肠道的吸收等作用。因此所选油相要求能以较少的用量溶解处方量药物,具有一定的乳化能力,并且安全、稳定。在一定范围内,油相比例越小,所形成乳剂或微乳越稳定,但同时会降低载药量。常用的油相包括植物油如玉米油、花生油、橄榄油、大豆油、芝麻油、氢化大豆油等,不饱和中/长链甘油三酯如长链脂肪酸甘油三酯、中链脂肪酸甘油三酯(MCT)等,以脂肪酸酯类如油酸乙酯、油酸丁酯、肉豆蔻酸异丙脂、Miglyol 812、三甘油辛酸/葵酸酯等。已上市产品所用油脂以天然植物油为主,例如环孢霉素 A 软胶囊以橄榄油为油相,丙戊酸软胶囊以玉米油为油相。

近年来一些经结构修饰或水解处理的植物油由于药物溶解度大、自乳化效率高,在 SEDDS 中得到越来越多的应用。此外一些半合成的中链脂肪酸甘油三酯,同时具有表面活性剂的两亲性,也逐渐成为更具潜力的油相。

(2) 表面活性剂:表面活性剂在 SEDDS 体系中起乳化剂的作用,可以降低 SEDDS 体系的界面张力形成界面膜,促使其在胃肠道中形成稳定的乳剂,一般占体系的 30%~60%。制备 SEDDS 中最常用的表面活性剂多为亲水性非离子型表面活性剂,*HLB* 值高(11~15),药物溶出快。常用的表面活性剂有聚山梨酯类、TPGS、聚乙二醇甘油酯类(如 Labrasol、Labrafil)、聚山梨糖醇单油酸酯(Span 类)、磺化琥珀酸二辛酯钠(商品名 Aerosol OT)、聚氧乙烯蓖麻油及其衍生物、磷脂、聚乙二醇辛基苯基醚(OP)类、皂苷类等。例如已上市的安普那韦软胶囊以 TPGS 为表面活性剂,环孢霉素软胶囊以 Span80 和 Tween80 为表面活性剂。上述表面活性剂在处方中用量越大,形成乳剂粒径越小并越稳定,但是浓度过高时会引起胃肠道刺激性反应,还可导致在胃肠道中发生转相影响药物吸收。因此,应兼顾安全性和制剂质量两方面因素,设计处方,表面活性剂用量应在允许范围内,防止产生毒性、刺激性和溶血反应。

(3) 助乳化剂/潜溶剂:SEDDS 大多需要加入助乳化剂,调节 *HLB* 值,进一步降低界面张力,与乳化剂形成复合界面膜,增加界面膜的柔顺性和稳定性,促进乳剂形成并提高稳定性,还可增加某些药物的溶解度。常用的助乳化剂有中、短链醇如乙醇、丙二醇、甘油、聚乙二醇类、二甘醇单乙醚(Transcutol)等,也可用有机氨、烷基素酸、单双烷基酸甘油酯以及聚氧乙烯脂肪酸酯等。其中乙醇、聚乙二醇和甘油应用最为广泛,例如氯法齐明、安普那韦和环孢霉素 A 软胶囊均以聚乙二醇为助乳化剂,另有上市环孢霉素 A 软胶囊以乙醇为助溶剂。

需要注意的是,通常 SEDDS 最终会装入软胶囊或硬胶囊,若处方中含有乙醇等挥发性助乳化剂,则这些挥发性物质容易透过囊壳挥发,降低药物溶解度,导致难溶性药物沉淀。但是若不添加乙醇,又可能会降低某些药物的溶解度,因此需作综合考虑。

5. 制备方法 自乳化释药技术所用辅料多为液体,因此早期上市的口服 SEDDS 产品多为液态,可采用传统的胶囊剂制备方法,分装入软胶囊或硬胶囊中,制备方法简单,易于工业化。通常是将药物溶解在由油相、表面活性剂或者助乳化剂组成的油相中,混匀,搅拌至溶解澄清后,分装入软胶囊或硬胶囊,即得。

近年来为了提高液态 SEDDS 贮存过程中的稳定性,可通过固化技术制备固态 SEDDS(片剂、微丸等),如喷雾干燥法、挤出滚圆法、搅拌吸附法、模具灌注法、溶剂蒸发法、高速剪切混合湿法、冷冻干燥法等。

例:利托那韦软胶囊(Norvir®)

【处方】利托那韦100g 无水乙醇120g 油酸 709.75g 聚氧乙烯蓖麻油 35(Cremophor EL®)60g 二叔丁基对甲酚(BHT)0.25g 蒸馏水 10g 共制成 1000 粒

【制法】称取 118g 无水乙醇,充氮气,待用;称取 0.25g BHT 通氮气下条件下用 2g 无水乙醇溶解得到澄清溶液,待用;将混合罐加热到 28℃(不超过 30℃),在搅拌下依次加入 704.75g 油酸和 100g 利托那韦,依次加入上述 BHT 的乙醇溶液和 118g 乙醇,混合至少 10 分钟;然后加入 10g 水至溶液澄清(不少于 30 分钟);另加入 5g 油酸以溶液容器壁上残留的药物,再继续混合 30 分钟,然后加入 60g 聚氧乙烯蓖麻油 35,混合均匀,置 2~8℃保存,分装入软胶囊,干燥,在 2~8℃储存。

【注解】处方中利托那韦为主药,无水乙醇为助乳化剂,油酸为油相,聚氧乙烯蓖麻油 35 为表面活性剂起乳化剂的作用,BHT 为抗氧化剂。由于处方中所用油相油酸用量大,浓度为 70.9%(w/w),结构中含有不饱和双键,易于氧化,因此在整个制备过程中需要在氮气保护下进行,还需加入抗氧剂 BHT。由于处方中含有 12% 的乙醇,因此临床上应用时,切勿与双硫仑和甲硝唑等药物同时服用,以免引起双硫仑样反应。

二、药物掩味技术

由于快速释放制剂崩解速度快,尤其是口腔快速释放制剂和水中分散再服用的制剂,在口腔中即可迅速崩解释放出药物,会产生苦涩或者刺激性味道,尤其是苦味较大的药物。此时,单纯加入矫味剂很难达到理想的效果,因此通常需采用适宜的掩味技术进行掩味。

(1)包合物技术:通过制备包合物可避免药物直接与口腔接触,达到掩味的目的。例如将法莫替丁分散在含有羧甲基 -β- 环糊精和 PVP K30 的溶液中,制备包合物,经冷冻干燥后制备口腔崩解片,体内口感评价表明可明显改善药物的苦味。制备溴吡斯的明 β- 环糊精包合物分散片过程中,当药物与 β-CD 比例为 1:3(w/w)进行包合,同时联合使用矫味剂和泡腾剂,可以完全掩盖药物的苦味。

(2)固体分散技术:制备固体分散体后通过载体材料的包被作用,掩盖药物的不良气味和刺激性。例如将阿奇霉素与聚丙烯酸树脂以 1:1 的比例采用热熔挤出法制备固体分散体,可明显掩盖药物的苦味。常用的载体材料还包括明胶、PVP-VA64、单氨甘氨酸盐水合物等。

(3)离子交换树脂复合物技术:在一定 pH 条件下,通过离子键使药物分子吸附于离子交换树脂中,形成离子交换树脂复合物。在唾液环境中(pH6.2~7.2),药物不释放,在胃液酸性条件下,通过氢离子的交换作用使药物在树脂中释放出来,从而改善药物口感,同时不影响药物在胃中的吸收。

(4) 微囊化技术:是指以天然或合成高分子材料为囊膜,将药物包裹于囊壳中形成微型胶囊,从而有效掩盖药物的不良气味或苦味。常用高分子材料有明胶、纤维素、丙烯酸聚合物、Eudragit 等。例如,Alamo 制药公司推出的氯氮平口腔崩解片(Fazaclo®)系以明胶为囊膜预先制备载药小颗粒进行掩味。

(5) 微球技术:是将药物分散在高分子材料中经喷雾干燥、流化床制粒或者乳化溶剂挥发等方法形成球状小颗粒的方法。如将法莫西丁均匀分散在含有 Eudragit EPO、十二烷基硫酸钠、硬脂酸、聚乙二醇 400、二氧化硅的溶液中,经高压均质得到混悬液,采用喷雾干燥法制备载药微球,与其他辅料混匀后制备法莫西丁口腔崩解片,可明显改善药物口味。

另外,将药物制备成微米级的微球或微囊后,还可改善在口腔崩解后的沙砾感,同时增加药物的溶出度。

第三节　快速释放制剂剂型

药物经速释化或掩味技术预处理后,可经流化床制粒、喷雾干燥制粒、湿法制粒或直接压片或灌装胶囊等常规制剂工艺,制备成普通片剂、微丸、胶囊剂、舌下片、咀嚼片、泡腾片、分散片、口腔崩解片、滴丸剂等剂型。

本节重点介绍分散片、口腔崩解片、滴丸剂三种剂型。

一、分散片

(一) 定义

《中国药典》2010 年版二部附录 I A 制剂通则片剂部分对分散片的表述如下:分散片(dispersible tablets)系指在水中能迅速崩解并均匀分散的片剂。分散片中的药物应是难溶性的。分散片可加水分散后口服,也可含于口中吮服或吞服。早在 1980 年国外即有分散片产品上市,并收载于英国药典 1980 年版。目前,国内上市的分散片品种多达 225 个,其中中成药分散片品种 55 个。

(二) 质量要求

根据《中国药典》2010 年版二部附录 I A 制剂通则的规定,分散片的质量要求主要有以下几点:①原料药与辅料应混合均匀;②严格控制压片前物料或颗粒的水分,防止贮存期间变质;③外观应完整光洁,色泽均匀,有适宜的硬度和耐磨性;④含量、重量差异、含量均匀度、微生物限度应符合要求;⑤溶出度和分散均匀性应符合规定。

(三) 处方设计

1. 药物的选择　分散片一般适用于生物利用度低或者需要快速起效的难溶性药物,例如解热镇痛药阿司匹林、布洛芬,胃酸抑制剂法莫替丁,抗生素类药物阿奇霉素、罗红霉素等。不适于安全窗窄和水溶性的药物。

2. 常用辅料　分散片的辅料主要包括崩解剂、填充剂、黏合剂、润滑剂,还可加入一些着色剂、矫味剂等辅料以改善口味和外观。分散片的辅料同普通片剂较为相似,但是由于分散片要求在遇水后在尽可能短的时间(3 分钟)内全部崩解成小颗粒,并可通过二号筛,因此在辅料选择和用量上与普通片剂仍有很大的区别。通常分散片中含有大量的优良崩解剂和亲水性的黏合剂及润滑剂。

（1）崩解剂：分散片所采用的优质崩解剂吸水溶胀度一般大于 5ml/g，不宜选用溶胀度小的淀粉、黏土类如皂土、胶体硅酸铝镁等。应用最为广泛的崩解剂包括羧甲基淀粉钠（CMS-Na）、低取代羟丙基纤维素（L-HPC）、交联聚维酮（PVPP）和交联羧甲基纤维素钠（CMC-Na）等。以上 4 种崩解剂单独使用时，以 PVPP 和 CMS-Na 最为常用，并且每一种崩解剂的用量都要超过其在普通片剂中的用量。CMS-Na 溶胀度高达 14.8ml/g，还能改善粉末或颗粒的成型性和流动性，可增加分散片的硬度而不影响崩解性，其用量一般为 2%~8%。例如，宗永斌等向阿奇霉素分散片中加入 6.25% 的 CMS-Na 时，分散片可在 90 秒内完全分散。但是几种崩解剂联合使用时，崩解性能明显优于单独使用的效果。丘志刚进行尼美舒利分散片研究时发现，当处方中加入 6.14%CMS-Na 和 5.11% L-HPC 时，崩解效果最理想。

另外，微晶纤维素（MCC）也是最为常用的一种辅料，分散片中含有 20% 的 MCC 时，崩解效果较好。但是 MCC 本身溶胀性较差，吸水溶胀度仅为 3.4ml/g，因此很少单独使用，常与吸水溶胀度强的其他崩解剂联合应用。例如，加入 20% 的 MCC 和 2% 的 CMS-Na 即可使辛伐他汀分散片在 10 秒内崩解。

（2）填充剂：为了在增加片重的同时，促进分散片的崩解，通常加入具有亲水溶胀性的填充剂，如 MCC、乳糖、甘露醇等，或者加入大量崩解剂，充当填充剂。MCC 由于其流动性好、可压性强、又具有一定的崩解性能和黏合作用，是分散片中较为常用的填充剂。近年来，一种新型多功能辅料——可压性淀粉，也越来越广泛的应用到分散片的制备中。

（3）黏合剂：分散片常使用水溶性黏合剂，在增加可压性的同时，促进崩解。常用的水溶性黏合剂包括聚乙烯吡咯烷酮（PVP）、聚乙二醇（PEG）类、水溶性纤维素衍生物如羟丙基甲基纤维素（HPMC）、羟丙纤维素（HPC）、羧甲基纤维素钠（CMC-Na）等。

其中 PVP -K30（平均分子量 3.8×10^4）最为常用，尤其适用于疏水性药物，以其水溶液作黏合剂，可以改善药物的润湿性从而促进药物溶出。如使用 12% 的 PVP-K30 作为黏合剂制备米诺环素分散片，在 90 秒内即可完全崩解。

（4）润滑剂：分散片中常用的润滑剂包括微粉硅胶、滑石粉、硬脂酸镁、聚乙二醇类（PEG4000 和 PEG6000）与月桂醇硫酸钠/镁等。微粉硅胶是分散片中广泛使用的助流剂，一般微粉硅胶用量在 1% 以上时，可以促进片剂的崩解，改善药物的溶出速度。滑石粉具有一定的亲水性，但不溶于水，用量过大则会阻止水分渗入片剂内部，延缓崩解，所以用量最多不要超过 5%，常用量为 0.1%~3%。硬脂酸镁也为水不溶性润滑剂，用量过大时，会延缓片剂的崩解和溶出，因此常与微粉硅胶、滑石粉等合用。

（5）其他：除上述常用辅料外，分散片中还可加入表面活性剂促进片剂的崩解和药物溶出，如十二烷基硫酸钠（SDS）、聚山梨酯类等。此外，分散片通常存在口感差的问题，可加入一些矫味剂或掩味剂如糖精钠、阿斯帕坦、明胶等辅料改善口味，也可通过药物掩味技术来掩味。

（四）制备工艺

1. 制备工艺　分散片可由普通片剂的制备工艺制备而成，包括湿法制粒压片法、干法制粒压片法、粉末直接压片法、冷冻干燥法等。国外制剂工业中常使用粉末直接压片法进行生产，技术比较成熟。但是由于分散片的特殊质量要求，且药物均为难溶性药物，因此与普通片剂相比，在药物处理、辅料加入方式和制备方法等方面仍有一定的区别。

2. 注意事项

（1）崩解剂加入方式：在制粒压片工艺中，崩解剂的加入方式对分散片的崩解性和分散性影响较大，主要有外加法、内加法和内外加法三种方式，通常内外加法分散性和崩解效果比较理想。外加法是指在制粒之后压片之前加入崩解剂。内加法是指在制粒之前加入崩解剂。两种方法联合使用，即内外加法，可使片剂在外加崩解剂的作用下崩解为粗颗粒，然后在内加崩解剂的作用下，使粗颗粒进一步崩解成小颗粒，获得理想的崩解速度和分散性。

（2）颗粒大小：药物溶出速度与分散片崩解后形成颗粒的粒径大小直接相关，粒径越小，药物溶出越快。一般要求采用湿法制粒所得的湿颗粒在 1mm（18 目）以下、干颗粒在 0.6mm（30 目）以下，甚至在 0.305mm（约 50 目）以下。若采用流化床一步制粒法或者喷雾干燥制粒法，所得颗粒流动性和可压性均较好，可使所压制分散片质量大大提高。

（3）硬度大小：通常片剂硬度越大崩解时间越长，而分散片需要在尽可能短的时间里崩解并溶出，因此硬度要比普通片小，以保证分散片有足够的孔隙率而快速崩解，但又要能维持外观、改善光洁度等，这就要求分散片要具有适当的硬度。因此在处方设计时，要兼顾崩解时间和硬度两方面指标，考察压片压力和各辅料配比。孙旭群在齐墩果酸分散片的制备中发现，当硬度为 $8kg/mm^2$ 时，分散均匀时间延长至 230 秒，不符合要求；但是硬度为 $3kg/mm^2$ 时，脆碎度不符合要求。因此，最终将硬度控制在 $4\sim6kg/mm^2$ 范围内。

（五）实例与分析

例：尼莫地平分散片

【处方】尼莫地平（微粉化）20g　预胶化淀粉 52g　微晶纤维素 103.2g　羧甲基淀粉钠 10g　十二烷基硫酸钠 2g　交联羧甲基纤维素钠 10g　滑石粉 2g　硬脂酸镁 0.8g　30% 乙醇适量　共制成 1000 片

【制法】称取处方量尼莫地平、预胶化淀粉、微晶纤维素、十二烷基硫酸钠和羧甲基淀粉钠以等量递加的方式混合混合均匀，加入 30% 乙醇作为黏合剂制软材。制备 24 目颗粒，干燥。过 24 目筛整粒，加入处方量交联羧甲基纤维素钠、滑石粉和硬脂酸镁，混合均匀，压片即可。

【注解】尼莫地平分散片是由湿法制粒压片法制备。其中微晶纤维素和预胶化淀粉为填充剂，二者均具有一定的吸湿性及成型性，当用纯水溶液作为黏合剂时，制得的颗粒较硬，崩解时间长达 10 分钟，而选用 30% 乙醇作为黏合剂，所制备的颗粒硬度适中，可满足崩解要求；羧甲基淀粉钠和交联羧甲基纤维素钠作为崩解剂联合使用，其中羧甲基淀粉钠采用内加法，交联羧甲基纤维素钠采用外加法，可促进片剂的崩解；由于尼莫地平疏水性很强，制得的片剂不易被水润湿，影响片剂的崩解及药物的溶出，因此处方中加入适量的十二烷基硫酸钠，一方面可以快速润湿片面，加速其崩解，另一方面有增溶作用，可加速药物的溶出；选择滑石粉作为助流剂，硬脂酸镁作为润滑剂，由于硬脂酸镁用量过大会影响水分渗入，最终加入量为 0.2%。所得分散片在 22~30 秒内全部崩解并通过二号筛，30 分钟溶出度为 93.6%，均符合规定。

（六）质量评价

根据《中国药典》2010 年版二部附录ⅠA 制剂通则片剂部分规定，分散片除了进行片剂相应项下检查外，还需进行溶出度和分散均匀性检查。

1. 分散均匀性　《中国药典》2010 年版规定，取供试品 6 片，置 250ml 烧杯中，加 15~25℃的水 100ml，振摇 3 分钟，应全部崩解并通过二号筛。

2. 溶出度 由于分散片中药物均为难溶性药物,《中国药典》2010 年版规定分散片应进行溶出度检查并符合溶出度检查法的有关规定。

二、口腔崩解片

(一) 定义

口腔崩解片(orally disintegrating tablets,ODT)是指服用时不需用水或只需用少量水,无需咀嚼,将片剂置于舌面,即可迅速溶解或崩解,借助吞咽动作入胃起效的新型片剂(图 13-7)。药物可在可经口腔黏膜或食管黏膜吸收,也可经胃肠道吸收。口服崩解片可方便部分患者用药,如吞咽困难者(尤其是老人、儿童),或特殊不能得到水的环境下的病人用药。该剂型与普通片剂相比,可提供一种新的服用方法。目前,国外已开发的口腔速崩片的品种较多,如氯氮平、盐酸雷莫司琼、拉莫三嗪、盐酸甲氧氯普胺、昂丹司琼、盐酸曲马多等口腔崩解片。国内已批准上市的品种多达 30 个。

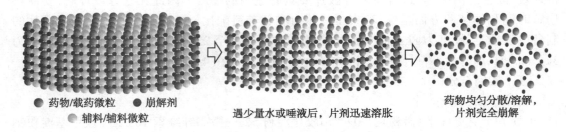

● 药物/载药微粒 ● 崩解剂
● 辅料/辅料微粒

遇少量水或唾液后,片剂迅速溶胀

药物均匀分散/溶解,片剂完全崩解

图 13-7 口腔崩解片结构及崩解过程示意图

(二) 口腔崩解片的质量要求

2002 年 5 月国家食品药品监督管理局药品审评中心经确定口腔崩解片至少应符合以下几点技术要求:

1. 应在口腔内迅速崩解、口感良好、容易吞咽,对口腔黏膜无刺激性。
2. 建立合适的崩解时限测定方法和限度,并制定入标准。
3. 对难溶性药物,应建立合适的溶出度测定方法和限度。
4. 口感较好,应尽量遮盖药物的苦涩。
5. 包装材料上应充分考虑片剂的硬度、脆碎性和引湿性,选择合适的包装材料。

(三) 处方设计

1. 药物的选择 应根据临床需求、治疗目的和药物理化性质综合考虑,确定所选择药物是否适宜被开发成口腔崩解片。以下几种情况适合于制备成口腔崩解片:①可经口腔黏膜吸收的急救药品或须迅速起效的药品,如硝酸甘油、硝苯地平、硫酸沙丁胺醇等;②吞咽困难的患者用药,如止吐药昂丹司琼、盐酸雷莫司琼、格拉司琼等;③患者不主动或不配合情况下用药,如抗抑郁药苯甲酸利扎曲普坦、佐米曲普坦等;④需增大接触面积或降低胃肠道刺激的药物,如对乙酰氨基酚、布洛芬等;⑤幼儿、老人、卧床体位难变动和缺水条件下患者用药。

2. 常用辅料 口腔崩解片是由药物、填充剂、崩解剂、矫味剂等配伍组成。口腔崩解片与普通片剂相区别最主要的指标为崩解度和溶出度。FDA 对口腔崩解片崩解时限的要求一般在 30 秒。国内一般要求口崩片应在 1 分钟内完全崩解,并通过 710μm 的筛网。因此口腔崩解片中含有大量的优良崩解剂和水溶性辅料。

3. 填充剂　为防止服用口腔崩解片时的沙砾感,通常建议采用水溶性好的填充剂,包括乳糖、甘露醇、山梨醇、赤藓醇、蔗糖、明胶、黄原胶等水溶性辅料。

4. 崩解剂　口腔崩解片中往往含有大量的优良崩解剂,常用的崩解剂有 MCC、CMS-Na、PVPP、L-HPC、CMC-Na 和处理琼脂(TAG)等。

目前 MCC 是口腔崩解片中应用最为广泛的崩解剂,常与其他溶胀性强的辅料如 L-HPC 和 PVPP 联合使用,获得良好的崩解性。联合崩解剂的常用量为 20%~50%,MCC/L-HPC 或者 MCC/PVPP 的比例在 4~9 之间时,所得片剂可快速崩解。例如以 MCC：L-HPC：PVPP(9：1：0.25,w/w/w)为崩解剂制备氢氯噻嗪口腔崩解片,崩解时限仅为 15 秒。以 MCC：PVPP(4：1,w/w)为崩解剂制备富马酸福莫特罗口腔崩解片时,体外崩解时间为 21.5 秒,体内崩解时间为 24.3 秒。

5. 矫味剂　在口腔崩解片的质量评价中,口感是一项重要指标,由于大多数药物都具有不良味道,需在处方中加入矫味剂掩盖药物的味道或者刺激性。常用矫味剂包括增香剂、甜味剂、酸味剂、蔽味剂等。

(1) 增香剂:包括香草醛、香兰素、香精、柠檬油酪酸、乳酸丁酯及其他芳香型脂类、醇类等。

(2) 甜味剂:天然蔗糖、单糖浆、山梨醇、甘露醇、赤藓醇、糖精钠、阿斯帕坦和甜蜜素等。

(3) 酸味剂:主要为有机酸类包括枸橼酸、酒石酸、苹果酸、维生素 C 等,其原理是与碳酸氢钠合用,遇水后可产生大量二氧化碳,从而麻痹味蕾而起到矫味作用。

(4) 蔽味剂:包括明胶、黄原胶、瓜尔胶、阿拉伯树胶等各种树胶高分子材料,以上材料具有缓和黏稠的作用,能够钝化味蕾从而达到矫味作用。

(四) 制备工艺

口腔崩解片的制备工艺主要包括冷冻干燥法、喷雾干燥法、固态溶液技术、冷冻干燥法、模制法(压制法和热模法)、直接压片法和湿法制粒压片法等。目前国外常用的制备方法为冷冻干燥法、直接压片法和模制法(表 13-3);国内常用的制备工艺为湿法制粒压片法和粉末直接压片法。

表 13-3　国外口腔崩解片制备专利技术及代表性产品

制备工艺	优点	缺点	专利技术	开发公司	代表性产品
冷冻干燥法	工艺成熟、临床效果理想、崩解速度快(2~10秒)	成本高、吸湿性强、强度低易碎	Zydis®	英国 R. P. Scherer 公司	氯雷他定 ODT
			Quicksolv®	比利时杨森制药公司	西沙必利 ODT、利培酮 ODT
			Lyoc®	美国 Farmalyoc 公司	间苯三酚水合物 ODT
直接压片法	生产效率高、易于工业化、强度较大、崩解速度快(5~45秒)	对辅料流动性和可压性要求高	Flashtab®	法国 Ethypharm 公司	布洛芬 ODT
			Orasolv®	美国 Cima 公司	对乙酰氨基酚 ODT、佐米曲坦 ODT
			Durasolv®	美国 Cima 公司	硫酸莨菪碱 ODT、佐米曲坦 ODT
			Ziplets®	意大利 Eurand 公司	布洛芬 ODT

续表

制备工艺	优点	缺点	专利技术	开发公司	代表性产品
湿法制粒压片法	生产成本低、强度大、载药量大	崩解速度较长(5~45秒)	Wowtab-dry®	日本山之内制药公司	法莫替丁 ODT
模制法	强度较大、崩解速度快(3~5秒)	成本高、强度低易碎、吸湿性强	Wowtab-wet®	日本山之内制药公司	盐酸洛哌丁胺 ODT
微球掩味技术	载药量高、硬度大、口感好	工序较多	Advatab®	意大利 Eurand 公司	西替利嗪 ODT、扑热息痛 ODT
"棉花糖"技术	崩解速度快	需特殊生产设备、工序复杂、成本高	Flashdose®	美国 Fuisz 公司	盐酸曲马多 ODT
喷雾干燥法	崩解速度快<20秒	生产成本高	Oraquick®	美国凯维制药	硫酸莨菪碱 ODT

1. 冷冻干燥法　冷冻干燥法是将药物和辅料制成混悬液定量分装于一定模具中,迅速冷冻成固体,在真空条件下,从冻结状态不经液态而直接升华除去水分,制得高孔隙率固体制剂的方法。目前基于冷冻干燥法制备口腔崩解片的专利技术主要有 Zydis®、Quicksolv® 和 Lyoc®,其中 Zydis® 技术应用较为广泛。1993 年第一个上市的口腔崩解片产品——氯雷他定口腔崩解片(Claritin Rapitabs®)就是采用 Zydis® 制备而成。迄今为止,采用冷冻干燥法制备的上市产品已有 20 多个,如昂丹司琼、奥氮平、法莫替丁和司来吉兰等。

经典的冷冻干燥法可分为四步:①混合:将药物和辅料配制成溶液或混悬液;②分装和冷冻:将药液精确分装到预成型的泡罩包装中,低温冷冻;③冻干:将冷冻片剂置冷冻干燥机中进行冻干,除去水分;④密封:将包含口腔崩解片的泡罩包装通过热封工艺进行封口包装。工艺流程见图 13-8。泡罩包装一般选择能够耐冷冻的 PVC、PVC-PVDC、PVC-PE-PVDC 等材料,并对湿热有较好的隔离效果。

采用冷冻干燥法制备的口腔崩解片,结构疏松,孔隙率高,呈多孔性网状结构(图 13-8),少量唾液即可使其迅速崩解(2~10 秒)。但是该技术也存在一定的缺点:①药物选择性高,更适合于化学稳定和水不溶性并且具有较小粒径的药物,水溶性药物可形成膜或者低共熔混合物,导致冷冻不充分或者熔解,影响终产品质量;②适合小剂量药物(<60mg);③吸湿性差;④强度低,易碎,较难保持片剂的完整性;⑤生产成本高。

2. 模制法　模制法可分为压制法、热模法和真空干燥模制法。压制法是将药物及辅料粉末用乙醇水溶液润湿后,置一定模盘中压制成片,然后直接通风干燥除去溶剂。热模法是将药物溶液或混悬液分装到预成型的泡罩包装中后,直接加温通风干燥,例如日本山之内公司发明的 Wowtab-wet® 技术。真空干燥模制法是将药物和辅料的混合浆状/糊状溶液或者混悬液,分装到泡罩包装中,冷冻,然后将温度控制在崩塌温度和平衡冷冻温度之间进行真空干燥。

采用模制法所得片剂孔隙率要比冷冻干燥产品要小,密度大,强度高,不易破碎。应用 Wowtab-wet® 技术已上市的产品有日本佐藤制药公司的复方感冒口腔速崩片、小儿复方感冒口腔速崩片和盐酸洛哌丁胺口腔速崩片等,口内 3~5 秒内崩解。

3. 直接压片法　直接压片法由于其可避免水分、加热影响药物稳定性、生产及质控工

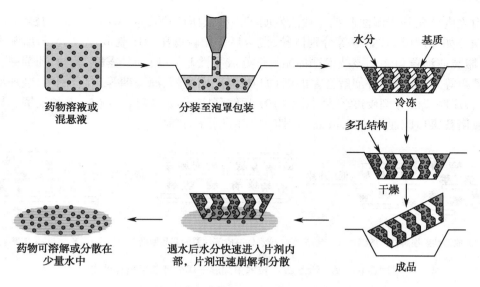

图 13-8　冷冻干燥法工艺流程图

序简单、生产效率高、成本低等优点,在国内外得到广泛的应用。目前基于直接压片法制备口腔崩解片的专利技术主要有 Orasolv®、Durasolv®、Flashtab® 和 Ziplets® 技术等。

最早将直接压片法用于制备口腔崩解片的技术是 Cima 公司的 Orasolv® 专利技术(图 13-9)。所制备片剂可在 5~45 秒内崩解,主要是借助少量的泡腾剂快速崩解,并改善口感。

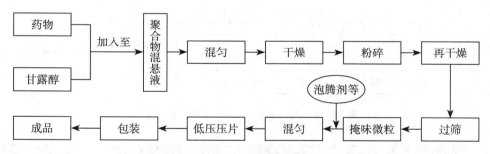

图 13-9　Orasolv® 专利技术工艺流程图

Durasolv® 技术是由 Cima 公司开发的第二代 ODT 制备技术,该技术多选用颗粒状非直压性填充剂——糖类和多糖类,如右旋糖酐、甘露醇、山梨醇、乳糖和蔗糖等,能够提供更大的表面积,崩解速度快;并且在处方中避免了崩解剂的使用,选用溶胀性能好的辅料,如卡波姆、阿拉伯胶、黄原胶、羟乙基纤维素和 HPMC 等;压片压力较大,所制备 ODT 硬度较大,瓶装和泡罩包装均可使用。但是该法适合于剂量小的药物,且崩解时间较长。

Flashtab® 技术是由法国 Ethypharm 公司开发的专利技术,结合了快速溶解和掩味技术,是将药物晶体直接包衣,与由崩解剂组成的微粒混合,经传统压片设备直接压片,制备 ODT 的技术。

4. 湿法制粒压片法　湿法制粒压片法一般选择易溶于水的甘露醇、乳糖等作填充剂,另选择优良的崩解剂,采用湿法制粒,干燥后与其他辅料混匀后低压压片的工艺。所制备口腔崩解片具有一定的硬度,不易破碎,易于包装和运输。由于该方法对生产条件要求低,生产成本低,易于工业化,是国内口腔崩解片制备的主要方法。

　　山之内公司基于湿法制粒压片法发明了一种低压压片技术（Wowtab-dry® 技术），即将药物和糖类如赤藓醇、甘露醇等分别制粒，混合后采用较低压力压制成片，经表面加湿干燥处理后，瓶装或泡罩包装。该技术选择崩解性好成型性差的糖（如甘露醇、乳糖、葡萄糖、蔗糖、赤藻糖醇等）与成型性好崩解性差的糖（如麦芽糖、山梨醇、海藻糖等）混合制粒，经加湿干燥处理后，压制成的片剂硬度较大（图 13-10），运输稳定，不易破碎，口内 5~45 秒崩解。如已上市的氯诺昔康口腔速崩片（Lorcam®）、别嘌醇口腔崩解片等。

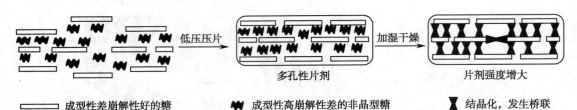

图 13-10　Wowtab-dry® 技术中加湿干燥处理前后糖类的变化

　　5. "棉花糖" 技术　该类技术的典型代表是 Flashdose® 技术（图 13-11），它是将糖类辅料升温，再经纺织得到棉花糖状纤维丝结构（图 13-12），将其与掩味载药微球、助流剂、矫味剂等混合均匀，压片。已上市产品有唑吡坦口腔崩解片。但是该法制备工艺繁琐，需特殊生产设备。

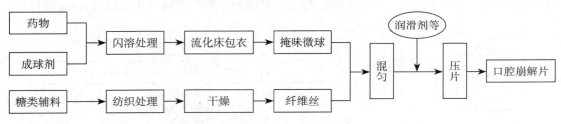

图 13-11　Flashdose® 专利技术工艺流程图

图 13-12　不同口腔崩解片内部结构扫面电镜图
（a）Zydis®；（b）Orasolv®；（c）Durasolv®；（d）Flashdose®

　　6. 喷雾干燥法　喷雾干燥法是将处方中带有静电荷的聚合物，和带有相同电荷的增溶剂、膨胀剂分散在乙醇等溶媒中，经喷雾干燥法制备多孔性颗粒，然后加入药物和其他辅料，混匀，直接压片。所制备片剂孔隙率大，水分可迅速进入内部，由于颗粒之间同性电荷相斥，片剂迅速崩解。

　　7. 升华法　升华法是将药物、辅料与挥发性辅料（如碳酸氢铵、苯甲酸等）混匀后压片，经升华作用除去挥发性辅料，制备多孔性 ODT 的方法。

（五）实例

例：拉莫三嗪口腔崩解片

【处方】拉莫三嗪 70g　蔗糖素 4g　PVPP 90g　樱桃香精 10g　乙基纤维素 40g　聚乙烯 27g　甘露醇 759g

【制法】①药物颗粒的制备：称取 103.7g 甘露醇和 5.5g PVPP 至球磨机中研磨，然后与 48.8g 拉莫三嗪混合，均匀分散在含有 1.25%（w/w）羟丙基纤维素的水溶液中，流化床制粒，得药物颗粒；②载药掩味微球的制备：称取 78.3g 药物颗粒与 13.8g 乙基纤维素和 9.2g 聚乙烯混合均匀，置于凝聚罐的加料斗内，罐中加入适量环己烷，初始转速设为 40r/min，在通氮气保护作用下，将上述物料倾入凝聚罐，然后程序升温至 81℃，转速维持在 68r/min，待冷却至室温后，将反应液抽滤，环己烷清洗，经流化床干燥，即得载药掩味微球；③快速分散颗粒的制备：将甘露醇和 PVPP 以 95/5（w/w）的比例混合均匀，以水为黏合剂，采用搅拌制粒法，制粒，干燥，即得；④压片：称取 4g 蔗糖素与 50g PVPP 共研磨，混合均匀；称取 10g 樱桃香精与 64.19g 快速分散颗粒（64.19%，w/w）混合均匀，再加入 29.41g 载药掩味微球（29.41%，w/w），混合均匀；将上述两种混合物料混合后压片，即得拉莫三嗪口腔崩解片。

【注解】处方中拉莫三嗪为主药，蔗糖素为甜味剂，樱桃香精为芳香剂，乙基纤维素为掩味高分子材料，聚乙烯为致孔剂，PVPP 为崩解剂（9%，w/w），甘露醇为填充剂（75.9%，w/w）。为改善口腔崩解剂的口感，采用凝聚法，以环己烷为溶剂，用乙基纤维素和聚乙烯进行包衣，制备掩味载药微球，掩盖药物的不良气味，其中乙基纤维素水不溶，用量过大时，会延缓药物释放，在处方中加入水溶性材料聚乙烯作为致孔剂，二者以 3：2 的比例混合共同作为掩味材料，可保证药物快速释放。以甘露醇为填充剂，水溶性好，可避免在口腔崩解后的沙砾感。崩解剂 PVPP 采用内外加法，可使口腔崩解片在口腔中与唾液后迅速崩解成小颗粒，快速释放药物。

（六）质量评价

2003 年 9 月国家食品药品监督管理局药品审评中心确定口腔崩解片的质量控制应着重关注以下几个方面：

1. 崩解时限　崩解时间在 1 分钟以内，介质首选用水，用量应小于 2ml，温度为 37℃，采用静态方法，崩解后残渣的粒度小于分散片 710μm 的限度。此外建议同时设计几个方法来比较，也要同时做志愿者人体适应性实验，结合口腔具体生理环境，通过全面的试验，进一步确定体外崩解方法的可行性。

2. 溶出度　对于难溶性的药物，还应进行溶出度检查。

3. 脆碎度检查　由于本类制剂的特性，故建议区别于常规片剂，对脆碎度不作要求。

4. 重量差异　按《中国药典》2010 年版规定进行测定，应符合一般片剂规定的要求。凡规定检查含量均匀度的分散片，一般不再进行重量差异检查。

5. 其他应符合药典附录片剂项下的一般要求。

（七）生产中存在的问题

1. 采用直接压片法重量差异控制难　直接压片法对物料的流动性要求较高，常加入微粉硅胶改善流动性，但是用量过多，在口腔中易出现白色残留，有沙砾感。可将微粉硅胶用量控制在 5%~8%（w/w），改为乙醇制粒，过 20 目筛，外加崩解剂和润滑剂的总量应不超过全部物料重量的 30%，减小重量差异，能比较稳定的连续生产。

2. 吸湿性强，易吸潮　由于口腔崩解片孔隙率高、极易吸潮，有少量水气即可使片剂表面出现麻面、软化等问题,因此需严格控制生产过程中的湿度和终产品包装材料的防潮性能。一般在生产过程中,将相对湿度控制在 50% 左右,终产品采用双铝包装,严格防潮。

3. 药物口感问题　多数药物具有不良气味、苦味或刺激性,应结合适宜的掩味技术,再制备口腔崩解片。

三、滴丸剂

见第八章固体制剂中第六节。

(唐　星)

思 考 题

1. 简述快速释放制剂的定义、特点及分类。
2. 制备快速释放制剂时,药物速释化预处理技术和掩味技术有哪些?
3. 简述各速释化预处理技术的定义、特点、常用辅料及制备方法。
4. 简述分散片、口腔崩解片及滴丸剂的定义、质量要求和主要制备工艺。
5. 分散片、口腔崩解片与普通片剂在处方设计、制备工艺上有何不同?

参 考 文 献

1. 岑菁,袁志翔,徐超群,等. 水飞蓟宾分散片的制备及体外溶出度研究. 华西药学杂志,2013,28(2):121-123

2. R. H. Müller,B. Böhm. Nanosuspensions. In:R. H. Müller,S. Benita and B. Böhm. Emulsions and nanosuspensions for the formulation of poorly soluble drugs. Stuttgart:Medpharm,1998:149-174

3. A. S. Nagi. Rapamycin formulations for oral administration,1999,US 5989591

4. T. Ryde,E. Gustow,S. B. Ruddy,et al. Nanoparticulate fibrate formulations,2007,US 7276249

5. J. P. Moeschwitzer,A. Lemke. Method for the gentle production of ultrafine particle suspensions,2005,DE 102005017777.8

6. B. Singh,L. Khurana,S. Bandyopadhyay,et al. Development of optimized self-nano-emulsifying drug delivery systems(SNEDDS)of carvedilol with enhanced bioavailability potential. Drug delivery,2011,18(8):599-612

7. D. J. Hauss,S. E. Fogal,J. V. Ficorilli,et al. Lipid-based delivery systems for improving the bioavailability and lymphatic transport of a poorly water-soluble LTB4 inhibitor. Journal of pharmaceutical sciences,1998,87(2):164-169

8. E. S. Swenson,W. B. Milisen,W. Curatolo. Intestinal permeability enhancement:efficacy,acute local toxicity,and reversibility. Pharmaceutical research,1994,11(8):1132-1142

9. T. Amemiya,S. Mizuno,H. Yuasa,et al. Development of emulsion type new vehicle for soft gelatin capsule. I. Selection of surfactants for development of new vehicle and its physicochemical properties. Chemical & pharmaceutical bulletin,1998,46(2):309-313

10. A. Laman,G. Soumojeet. Pharmaceutical formulations,2008,US 7432294

11. F. M. Mady,A. E. Abou-Taleb,K. A. Khaled,et al. Evaluation of carboxymethyl-beta-cyclodextrin with acid

function：improvement of chemical stability，oral bioavailability and bitter taste of famotidine. International journal of pharmaceutics，2010，397（1-2）：1-8

12. 雷同康．分散片的处方和工艺．中国医药工业杂志，1999，30（2）：87-90

13. 王玉玲．分散片中的崩解剂．食品与药品，2005，7（3）：51-52

14. 刘丽娟，邹立家．一种优良的片剂崩解剂—二羧甲基淀粉钠．山东医药工业杂志，1999，18（3）：20-21

15. 宗永斌，万元松，金春，等．阿奇霉素分散片崩解剂优选研究．医药导报，2012，31（1）：72-74

16. 丘志刚．尼美舒利分散片制备的处方工艺优选．中国药业，2012，21（3）：27-29

17. 丘振文，李庆国，郑莹．辛伐他汀分散片的制备．中国中医药现代远程教育，2013，11（2）：154-156

18. 陈小平，李广学，张宜仲．米诺环素分散片的研制及质量考察．中国药业，2012，21（19）：45-46

19. 孙旭群，吴正红，李燕．齐墩果酸分散片的制备研究．安徽医药，2010，14（9）：1013-1015

20. 郭新红，刘晓艳，王云东，等．氢氯噻嗪口腔速崩片的制备工艺研究．制剂技术，2009，18（3）：33-34

21. 陈怡，王增寿．富马酸福莫特罗口腔崩解片的制备及质量评价．中国医院药学杂志，2013，33（8）：622-624

22. G. M. Venkatesh，N. H. Vyas，M. Gosselin，et al. Orally disintegrating tablet compositions of lamoterigine，2011，US 7919115

23. 潘卫三．工业药剂学．第 2 版．北京：中国医药科技出版社，2010

第十四章 缓释控释制剂

> **本章要点**
> 1. 掌握缓释与控释制剂的定义,分类和特点;骨架型、膜控型和渗透泵型制剂的释药原理、制备工艺和影响因素;缓释与控释制剂体外释药评价方法。
> 2. 熟悉缓释与控释制剂设计的基本依据和流程;体内外相关性的建立。
> 3. 了解口服定时和定位释药系统的分类和释药原理;长效注射制剂的发展和工业化前景。

第一节 概　　述

一、缓释与控释制剂的概念

缓释与控释制剂通过调节药物的释放、吸收或改变释药部位,可更好地实现特定的临床治疗目的,受到广泛重视。对于该类制剂,各国药典都有不同的命名和定义,美国药典将缓释和控释制剂归入调节释放制剂(modified-release preparations)。《中国药典》2010 年版二部中将其详细的分为缓释、控释与迟释制剂,并对口服缓释、控释与迟释制剂做了如下定义。

缓释制剂:系指口服后在规定释放介质中,按要求缓慢地非恒速释放药物,其与相应的普通制剂比较,给药频率比普通制剂至少减少一半,或给药频率比普通制剂有所减少,且能显著增加患者的顺应性或疗效的制剂。

控释制剂:系指口服后在规定释放介质中,按要求缓慢地恒速或接近恒速释放药物,其与相应的普通制剂比较,给药频率比普通制剂至少减少一半,或给药频率比普通制剂有所减少,且能显著增加患者的顺应性或疗效的制剂。

迟释制剂:系指在给药后不立即释放药物的制剂,包括肠溶制剂、结肠定位制剂和脉冲制剂等。

缓释与控释制剂除了口服制剂,还包括眼用、鼻腔、耳道、阴道、肛门、口腔或牙用、透皮或皮下、肌内注射及皮下植入,使药物缓慢释放吸收,避免"首过效应"的制剂。目前口服制剂依然是缓释与控释制剂的主导剂型,工业生产上的设备和制剂工艺相对成熟,因此将在本章中重点介绍,图 14-1 是本章将要介绍的口服缓释与控释制剂的主要类型。

除此之外,本章还将简要介绍长效注射制剂,该类制剂避免了胃肠道转运时间的限制,可以提供更长效的缓释性能,已受到工业界越来越多的关注。

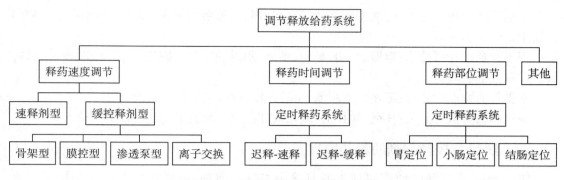

图 14-1　口服调节释药系统示意图

二、缓释与控释制剂的特点

（一）优点

1. 可以延长给药间隔时间,减少服药频率,提高患者顺应性。为了达到有效的治疗浓度,普通剂型一般需要多次给药,频繁者一日用药可达 4 次或以上,制成缓释或控释制剂可以减少用药频次,提高患者的顺应性。口服缓释或控释制剂可以制成一日一次的剂型,注射型缓释或控释制剂一次给药可达一个月至半年或更长时间的缓释效果。

2. 维持平稳的血药浓度,减少对胃肠道的刺激,减少毒副作用。

3. 增强疗效,减少用药总剂量,以最小剂量达到最大药效。

另外,从市场的角度,缓释与控释制剂可通过先进的药物释放技术延长专利药物的市场生命力,增加患者的选择范围,从而增加企业效益。例如,高血压治疗药物盐酸地尔硫䓬(diltiazem hydrochloride) 几代剂型更替:1988 年,速释片 Cardizem® 上市,年收益接近 2.6 亿美元;三年后,一日服药两次的缓释胶囊 Cardizem® SR 上市,取得了接近 4.0 亿美元的年收益;随后,一日服药一次的缓释胶囊 Cardizem® CD 于 1996 年上市,年销售接近 9.0 亿美元。活性药物专利期期满的几年里,另一种新的时辰治疗缓释制剂 Cardizem® LA 在 2003 年上市。

（二）不足

1. 适用范围　并非所有药物都适合制成缓释控释制剂。例如一些剂量很大、半衰期很短或很长、在小肠下端不能有效吸收、溶解度很差等类型的药物在制备口服缓控释制剂时都会遇到较大限制,而不适合制成缓释控释制剂。

2. 剂量调整　缓释控释制剂在临床应用中对剂量调节的灵活性有所降低,遇到某些特殊情况时(如副作用),往往不能立即停止治疗。

3. 给药方案调整　缓释控释制剂往往是基于健康人群的平均动力学参数而设计,当药物在疾病状态的体内动力学特性有所改变时,不能灵活调节给药方案。

4. 安全性　缓释控释制剂在使用中存在某些安全性问题,特别是单一单元的膜控型缓控释制剂,控释衣膜的质量问题可能导致体内药物泄漏而带来一定的危害。

5. 生产方面　与常规制剂相比,缓释控释制剂的成本较高,工艺技术较复杂,价格较昂贵。

三、缓释与控释制剂的类型

缓释与控释制剂根据不同的系统可分为不同的类型。

根据释药原理可分为：骨架型制剂、膜控型制剂、渗透泵型制剂、离子交换树脂型制剂和多技术复合型制剂。

根据给药途径可分为：口服、眼用、鼻腔、耳道、阴道、肛门、口腔或牙用、透皮、皮下、肌内注射以及皮下植入等。

根据释药特点可分为：定速释放制剂、定时释放制剂、定位释放制剂。

根据制剂类型可分为：片剂、颗粒剂、微丸剂、混悬剂、胶囊剂、膜剂、栓剂和植入剂等。

四、缓释与控释制剂的释药原理

缓释与控释制剂的释药原理主要有溶出、扩散、溶蚀、渗透压以及离子交换等。表14-1中简单归纳了缓释与控释制剂常见的释药原理、相关公式以及基于该原理的制剂设计策略。

表14-1　缓控释制剂的释药原理和方法

分类		原理	公式	释药影响因素和缓释策略
溶出原理		药物的释放受溶出速度限制，溶出速度慢的药物显示出缓释的性质	Noyes-Whitney 公式： $\dfrac{\mathrm{d}c}{\mathrm{d}t}=\dfrac{SD}{Vh}\cdot(C_s-C)$ S- 制剂表面积 D- 药物扩散系数 V- 溶出介质体积 h- 扩散层厚度 C_s- 药物饱和浓度	1. 制成溶解度小的盐或酯； 2. 与高分子化合物生成难溶性盐； 3. 控制粒子大小； 4. 将药物包藏于溶蚀性骨架中； 5. 将药物包藏于亲水性胶体物质中
扩散原理	透膜扩散（零级释放）	水不溶性膜材包衣，药物通过材料大分子链之间的自由空间扩散	Fick's 第一定律： $\dfrac{\mathrm{d}M}{\mathrm{d}t}=\dfrac{ADK\Delta C}{L}$ A- 系统表面积 D- 扩散系数 K- 膜/囊心间药物分配系数 L- 包衣层厚度 ΔC- 膜内外浓度差	1. 包衣； 2. 制成微囊； 　制成不溶性骨架片剂（水溶性药物）； 3. 增加黏度以减少扩散速度（注射液等液体制剂）； 4. 制成植入剂（水不溶性药物）； 　制成乳剂（注射剂：水溶性药物制成 W/O 乳剂）
	膜孔扩散（接近零级）	包衣膜含有水溶性聚合物，溶于体液后成孔，药物通过膜孔扩散，受孔结构和药物在孔壁的分配影响	$\dfrac{\mathrm{d}M}{\mathrm{d}t}=\dfrac{AD\Delta C}{L}$ A- 面积 D- 扩散系数 L- 扩散路径长度	
	骨架材料扩散（非零级释放）	水不溶性骨架型缓控释制剂中药物通过骨架的孔道扩散释放	Higuchi 方程 $Q=K_h t^{1/2}$ Q- 药物释放量 K_h- 常数	

续表

分类		原理	公式	释药影响因素和缓释策略
溶蚀、扩散与溶出结合模式	溶胀型骨架	药物从溶胀的骨架中扩散释放	$M_s=Kt^n$ $n=1$,非 Fichian 扩散 $n=0.5$,Fichian 扩散	释药影响因素:聚合物溶胀速率、药物溶解度和骨架中可溶部分的大小
	生物溶蚀型骨架	骨架溶蚀使药物扩散的路径长度改变,形成移动界面扩散系统		影响因素多,释药动力学很难控制
渗透压原理 (零级释放)		渗透压为释药动力。片芯中药物保持饱和浓度时,释药速率恒定;片芯中药物低于饱和浓度,释药速率逐渐降低	$\dfrac{\mathrm{d}M}{\mathrm{d}t}=\dfrac{KA\Delta\pi}{L}\cdot C_s$ A- 膜面积 K- 膜渗透系数 L- 膜厚度 $\Delta\pi$- 渗透压差	片芯组成、包衣膜的通透性、包衣膜的厚度、释药小孔的大小是制备渗透泵片剂的主要关键因素
离子交换原理		药物结合于树脂聚合物链重复单元上的成盐基团,与消化道中的离子交换,游离药物从树脂中扩散		扩散面积、扩散路径长度、树脂的刚性、释药环境中离子种类、强度和温度都是影响释药的因素

第二节　缓释与控释制剂的设计

　　质量源于设计(quality by design,QbD)是 FDA、国际协调会议(ICH)以及国际制药工业界共同推行的理念。QbD 将系统的科学方法用于产品和工艺流程的设计与研发,并通过理解和控制处方及生产工艺中的可变因素来确保产品的质量。在 QbD 的规范下,应该以满足患者的需要为前提设计产品,以达到产品的关键质量要求为目标设计工艺流程,并且充分掌握原材料和工艺参数对产品质量的影响,研究和控制引发工艺流程变化的根源,不断监控和改进工艺流程以保证持续稳定的产品质量。目前,QbD 原则已被纳入 FDA 仿制药的评审以及 ICH Q8(药品研发)、Q9(质量风险管理)以及 Q10(药品质量管理系统)指南。因此,缓释与控释制剂的设计也应以 QbD 原则为导向。

　　对于一个特定药物,制剂设计的目标取决于临床适应证的需求,而能否实现预期的治疗效果则取决于药物理化性质、剂型特性、生物制药学性质、药动学和药效学性质等多个重要因素,因此,设计新型释药系统的首要任务是将临床需求与药物特性相结合,以药效学 - 药动学关系,药物体内外相关性等指导和调整制剂的设计。具体的讲,合理的制剂设计应包括以下几步:确定临床需求,以药效 - 药动学关系指导缓控释制剂的设计;通过药物特性及生物药学性质的实验研究和风险分析进行可行性评估;选择合适的缓控释制剂技术和体内外评价方法,对具有不同体内外释药速率的处方进行设计和评价,以确定具有预期体内行为的处方或处方调整修改的方向,并通过研究体内外相关性帮助产品研发或后续阶段的处方调整或变更。

一、缓控释剂型设计的临床依据

　　研究缓释与控释制剂的目的是通过剂型设计实现药物最优的药效、安全性以及患者顺应性,临床需求是新型释药技术研究的依据。欧盟药品评价机构 EMEA 指出,缓释与控释制剂的研发应以药理学/毒理学反应以及药物/代谢物全身浓度的关系为基础。然而,目前部分缓控释制剂的研发只是通过工艺来改善药动学参数,更注重减少给药次数和保持血药浓度平稳,而未能与药效学紧密联系,建立符合实际的药动学-药效学关系(PK-PD),因此出现了一些根据新的释药技术去寻找合适的主体药物的研究状况。而一些建立在假定或过于简化的 PK-PD 线性相关基础上的研究也常常由于缺少可行性或未能得到预期效果而提前终结。

(一) 药效学 - 药动学模型对缓控释剂型设计的影响

虽然药物制剂的药动学(PK)结果比较容易测定和定量,但由于药物在体内受到多种受体、酶、转运蛋白等生物大分子的影响和多种药理学、生理学机制的控制,PK-PD 关系非常复杂。目前,有多种以药物反应机制为基础的模型用于模拟 PK-PD 相关性。如:S 形 E_{max} 模型(Sigmoid E_{max} Model)、生物相分布模型(Biophase Distribution Model)、间接效应模型(Indirect Response Model)、受体慢结合模型(Slow Receptor-Binding Model)、信号转导模型(Signal Transduction Models)以及耐受模型(Tolerance Models)等。

例如 S 形 E_{max} 模型:

$$E = E_0 + \frac{E_{max}C^\gamma}{EC_{50}^\gamma + C^\gamma} \tag{14-1}$$

式中,E 为效应;E_0 为给药前的基础效应;E_{max} 为最大效应;C 为血药浓度;EC_{50} 为能引起 50% 最大效应的血药浓度;γ 为形状系数,反映 E-C 曲线的形状。

当 $\gamma < 1$ 时,E-C 曲线较平坦,表明血药浓度的变化对药效的影响非常小。$\gamma > 1$ 时(大量基于正常动物和人体的血药浓度与药理作用的研究数据表明,γ 在大多数情况下大于 1),曲线逐渐呈现 S 形并且随着 γ 的增大,S 形弯度增大,曲线中部 EC_{50} 处的斜率也逐渐增大,表明血药浓度的变化对药效的影响变得越来越显著。当 $\gamma > 5$ 时(如维库溴铵和泮库溴铵的神经阻断效应),E-C 曲线弯度更大,此时血药浓度的微小变化就足以引起药效从 E_0 至 E_{max} 的急剧变化,此时的 EC_{50} 即为临界浓度,在 EC_{50} 附近,药效呈现出从无效到全效的急剧改变,当血药浓度小于 EC_{50} 时,药效迅速下降至不可测,而大于 EC_{50} 时,药效又迅速增大到全效。

由以上 PK-PD 模型研究的信息可以指导制剂的设计。对于 γ 较小的药物,由于药效对血药浓度变化不敏感,即使血药浓度有很大的变化,也不会影响药效,提示研发缓控释制剂缺少药效学的依据,往往不适合制成缓控释制剂;相反,对于 γ 很大的药物($\gamma > 5$),例如左旋多巴用于帕金森病人的疗效在临界浓度附近呈现无效到全效的急剧改变,因此,制剂要能保持体内血药浓度始终处于临界浓度以上,此时药效基本上与血药浓度波动无关。

(二) 临床研究对缓控释制剂设计的影响

上市制剂的临床研究对新释药技术的开发具有更直接的影响。例如,临床通过对硝苯地平释药速率的对比研究发现,快速给药会造成心率加快,而减慢给药速度则可以在平缓降压的同时消除心率加快的副作用。可见,硝苯地平增效减毒的关键因素是血药浓度的增加速度而非绝对浓度,这为硝苯地平零级释药剂型的研究提供了依据。Ritalin® 是中枢兴奋药盐酸哌甲酯的缓释制剂,其恒定的血药浓度诱导了耐药性的产生,据此,通过特殊的释药模式使体内血药浓度产生波动的脉冲式释药和双相释药剂型更适合该类药物。

二、缓控释剂型设计的可行性评价

根据临床需求和PK-PD模型研究,可以初步拟定可能的释药方式,之后需要对其进行可行性评价。可行性评价主要用来检验设计的释药方式在生产过程,临床给药,体内行为方面的可行性,是产品研发成功与否的关键。可行性评价主要基于处方前研究,影响制剂可行性的因素主要有:药物的理化性质、药理学性质、药动学性质和生理学性质等。下面选择对缓控释制剂设计影响较大的因素进行简要分析。

(一)理化性质

1. 溶解度 药物在胃肠道的转运时间内没有完全溶解或在吸收部位的溶解度有限,会影响其吸收与生物利用度。所以溶解度太低(<0.01 mg/ml)的药物要考虑采取相应措施来增加溶出度和生物利用度,如微粉化、制备固体分散体和包合物等。难溶性药物由于溶出速率慢,本身具有一定的缓释效果,但可能导致吸收不完全,所以制备缓释制剂时,最好不要选择膜扩散控制为机制的释放系统,骨架型释药系统较为合适。另外,由于结肠部位水分含量少,膜通透率较低,故难溶性和剂量较大的药物不宜制备成结肠释药的剂型。

2. 解离常数 药物的解离常数反映了药物在不同pH环境下的解离程度。当环境pH与药物pK_a值比较接近时,较小的pH变化就会引起药物解离程度的较大变化,从而显著影响溶解度,所以了解药物的pK_a和吸收环境之间的关系很重要,根据药物的pK_a值就可以估算出在一定pH条件下分子型药物和离子型药物的比例,从而对缓控释制剂处方设计提供重要参考依据。

3. 分配系数 药物进入体内后需转运通过各种生物膜以到达靶区。分配系数高的药物脂溶性大,易于进入生物膜,但会与生物膜产生强结合力而不能继续转运,吩噻嗪就是此类代表性药物之一;而油水分配系数过低,则不能穿透生物膜,导致生物利用度低。分配效应也同样适用于扩散通过聚合物膜的情况,因此制剂设计时也可以依据药物的分配特性选择扩散膜。

4. 药物稳定性 设计缓控释制剂时,必须考虑药物在各种物理化学环境中的稳定性。例如,在胃中不稳定的药物,可延缓释药时间,制成肠内释药制剂;易受结肠内菌群代谢的药物则不适合制成给药后7~8小时吸收的缓释制剂;而对一些在胃肠道中稳定性均较差的药物,按常规方法制成口服缓控释制剂会大大降低其生物利用度,此时可考虑通过处方和制剂工艺的调整如加入抗酸辅料、酶抑制剂或微囊化等来增强其稳定性,或者选择其他给药途径。

5. 药物的蛋白结合 许多药物能和血浆蛋白形成结合物,这种结合可影响药物的作用时间,药物血浆蛋白结合物类似药物贮库,因此高血浆蛋白结合率的药物能产生长效作用。但有些药物如季铵盐类能和胃肠道的黏蛋白结合,如果这种结合能作为药物贮库,则有利于长效和吸收;如果这种结合不能作为药物贮库,且继续向胃肠道下部转移,则可影响药物的吸收。

(二)药动学性质

药物制剂口服后在体内的动态过程受诸多因素影响,了解这些因素是评价制剂设计可行性的重要因素。制备缓控释制剂通常是由于药物的半衰期短,但是将半衰期过短的药物制成缓控释制剂,为了维持缓释作用,单位药量必须很大,从而使剂型增大。因此,半衰期太短($t_{1/2}$<1小时)的药物制备缓控释剂型较为困难;半衰期长的药物,一般也不采用缓释剂型,

因其本身药效已经较为持久,制成缓控释制剂反而增加了体内蓄积的风险。半衰期为 2~8 小时的药物适合制成口服缓控释制剂。但将个别 $t_{1/2}$ 长的药物制成缓控释制剂,仍能延长作用时间和减少某些不良反应,仔细设计给药剂量和服药间隔可以避免蓄积。

(三) 生物药剂学性质

药物的每一项生物药剂学参数对缓控释制剂的设计都是至关重要的,如果没有对药物多剂量给药后吸收、分布、代谢和消除特性的全面了解,设计缓控释制剂几乎是不可能的。口服后吸收不完全、吸收无规律或药效剧烈的药物较难制成理想的缓控释制剂。

1. 吸收速度　缓控释制剂通过控制制剂的释药行为来控制药物的吸收,剂型所设计的释药速度必须慢于吸收速度。因此本身吸收速率常数低的药物,不太适宜制成缓释制剂。

2. 吸收部位　胃肠道不同部位的表面积、膜通透性、分泌物、酶以及水量等不同,因此药物在胃肠不同部位的吸收通常都有显著差异。如果剂型通过吸收部位时,药物释放不完全,就会有一部分药物不被吸收。因此,确定特定药物在胃肠道的吸收部位或吸收窗对于缓控释制剂的设计非常重要。如果药物是通过主动转运吸收,或者吸收局限于胃肠道的某一特定部位,则制成缓释制剂将不利于药物的吸收,通常制成定位释药制剂,通过延长在该部位或前段部位的滞留时间,来延长药物吸收时间。一般而言,在胃肠道整段或较长部分都能吸收的药物较适合制备缓控释剂型。

3. 代谢　在吸收前有代谢作用的药物制成缓释剂型,生物利用度都会降低。因为大多数肠壁酶系统对药物的代谢作用具有饱和性,即当药物浓度超过代谢饱和浓度时,药物的代谢量就和药物浓度无关,而和药物作用时间有关,与快速释放相比,缓慢释放会导致更多药物转化为代谢物。制剂中加入药物代谢相应的代谢酶抑制剂,可以增加药物的吸收。

三、缓释与控释制剂的设计

对于具有可行性的释药方式,选择合适的释放技术、进行合理的剂型设计是药物实现预期的体内外行为和药效的关键。药物的剂型设计不仅需要处方前研究的详尽数据作为基础,还需要对现有的释药机制、辅料、制剂技术、设备、各剂型的释药行为、释药影响因素等有较全面的认识。特定剂型最适宜的体内外评价方法的建立也是剂型设计成功的重要因素。除此之外,以工业生产为导向的剂型设计,还应该考虑工艺、设备、设施、生产能力、稳健性、成本、容量以及环境等因素。

下面几节将选择目前工业上最常见或最具发展前景的缓释与控释制剂,就其释药原理、辅料选择、处方组成、制备工艺、影响因素以及体内外评价方法等方面进行重点介绍,为缓控释制剂的研发提供参考。

第三节　口服缓释与控释制剂

一、骨架型缓释控释制剂

(一) 概述

1. 骨架型缓释控释制剂的概念　骨架型缓释控释制剂是指药物(以晶体、无定形、分子分散体等形式)与控速材料及其他惰性成分均匀混合,通过特定工艺制成的固体制剂。制剂在水或体液中能维持或转变成整体的骨架结构,起到药物储库的作用,药物通过扩散或骨架溶蚀释放。骨架型缓释控释制剂可以单独作为制剂使用,也可以构成其他制剂的一部分。最常见的骨架缓释控释剂型为片剂,尤其以亲水凝胶骨架片最为普遍,其他还包括颗粒状制剂(如微球、微丸)、模铸骨架型缓释控释制剂(如特殊部位使用的栓剂、棒状植入剂等)、蜡质的滴丸剂等。

2. 骨架型缓释控释制剂的特点　骨架型缓释控释制剂由于载药量范围较宽且适用于各种性质的药物,在口服缓控释系统中的应用最广。除了口服缓控释制剂的一般特点之外,骨架型缓控释制剂还具有以下优点:

(1)制备成本低且易于扩大生产:骨架型缓控释制剂剂型较为单一,多数为片剂,可用常规的设备和工艺制备,研发成本和生产成本较低,适合工业化生产。

(2)减少胃肠道刺激性和不良反应:骨架型缓控释制剂释药缓慢平稳,药物与胃肠黏膜接触的浓度小,减少了药物对胃肠道的刺激性,防止或减轻恶心、呕吐等不良反应。

(3)释药速率易调:骨架型缓释控释制剂调节释药的方式较多,通过改变骨架制剂的组成,可以方便的获得理想的释药速率。

(4)体内较为安全:骨架型缓释控释制剂是均匀体系,不会因处方组成或工艺的微小改变而对药物的释放性能产生重大影响,特别是水凝胶骨架片,发生崩解的可能性极小,服用安全。

(二)骨架型缓控释制剂的释药过程和骨架材料

骨架型缓控释制剂根据控速骨架材料的特点,可分为亲水凝胶骨架制剂,不溶性骨架制剂以及溶蚀性骨架制剂。

1. 亲水凝胶骨架制剂　亲水凝胶骨架制剂是指遇水或消化液后发生骨架膨胀,形成凝胶屏障,通过药物在凝胶层中的扩散和凝胶层的溶蚀来控制药物释放的制剂。药物扩散的动力来自于骨架中药物的浓度梯度,表现为先快后慢的模式。先快后慢的释药模式在临床上有一定的益处,口服后表面药物大量释放,可使血药浓度迅速达到治疗浓度,而后的缓慢释放用于维持治疗浓度。

主要的骨架材料有以下几类:天然类(海藻酸钠、琼脂等);纤维素衍生物(甲基纤维素、羟乙基纤维素、羟丙甲纤维素、羧甲基纤维素钠等);非纤维素多糖(壳聚糖、半乳酸甘露聚糖等);乙烯聚合物和丙烯酸树脂(聚乙烯醇等)。目前工业上最常用的为羟丙甲纤维素(HPMC),海藻酸钠、壳聚糖、卡波姆、聚维酮、丙烯酸树脂、羟丙基纤维素等也有应用。

亲水凝胶缓释片是目前应用最广的骨架型缓控释制剂,将举例详细介绍。

2. 不溶性骨架制剂　不溶性骨架制剂是以不溶于水或水溶性极小的高分子聚合物为骨架材料制成。口服后,胃肠液渗入骨架孔隙后,药物溶解并通过骨架中错综复杂的极细孔道缓慢扩散释放,骨架在整个释药过程中不崩解,最终随消化残渣排出体外。不溶性骨架制剂中药物的释放主要分为三步:消化液渗入骨架孔内;药物溶解;药物自骨架孔道扩散释出。孔道扩散为释药限速步骤,受胃肠内生理环境影响较小,释放符合 Higuchi 方程。难溶性药物从骨架中释放太慢,而大剂量药物会造成释放不完全,所以这两类药物都不适合制成不溶性骨架制剂。

常用的不溶性骨架材料有:乙基纤维素(EC)、聚乙烯(PE)、聚丙烯、聚硅氧烷、乙烯-醋酸乙烯共聚物、聚甲基丙烯酸甲酯、交联聚乙烯吡咯烷酮等。

3. 溶蚀性骨架制剂　溶蚀性骨架制剂又称蜡质类骨架制剂,由不溶解、可溶蚀的惰性蜡质、脂肪酸及其酯类等物质为骨架材料制成,如蜂蜡、巴西棕榈蜡、硬脂醇、硬脂酸、氢化植物油、聚乙二醇等。这些骨架材料具有疏水特性,遇水不能迅速发生凝胶化,但可被胃肠液溶蚀,并逐渐分散为小颗粒,通过孔道扩散与溶蚀控制药物的释放。溶蚀性骨架制剂中较小的溶蚀性分散颗粒易于在胃肠黏膜上滞留从而延长胃肠转运时间,持久释药,受胃排空和食物影响较小。

溶蚀性骨架制剂由于骨架材料的疏水特性还会造成释药速率过缓或释药不完全等现象,为了使人体可立即获得具有治疗作用的首剂量,而后恒速释药以维持治疗血药浓度,常在处方中添加致孔剂。口服后,致孔剂遇体液溶出或溶蚀,在骨架内产生孔道,使药物易于释出。常用的致孔剂包括表面活性剂、亲水性液体载体(如甘油)、电解质(如氯化钠)、糖类(如蔗糖)、聚乙二醇、微晶纤维素、亲水性纤维素衍生物(如 HPMC)以及成泡剂(如碳酸盐)等。

(三)骨架型缓释控释制剂的制备

骨架型缓释控释制剂根据不同的给药途径和释药需求,常制成不同的形状和规格,可以根据所用材料的性质和制剂形状,采用多种制备方法。由于各种工艺和方法在本书相关章节都有所论述,故本部分仅根据骨架型缓释控释制剂的剂型和骨架材料的特点,对工艺做简单介绍。

1. 缓控释骨架片的制备技术 缓控释骨架片可采用传统的片剂生产工艺和设备,生产成本低,工艺简单,易于放大生产。但由于骨架片所用的骨架材料不同于普通片中所采用的材料,在生产上有其独特之处。

(1)湿法制粒压片:缓控释骨架片湿法制粒压片的操作流程与普通片剂基本相同。但由于各种骨架材料的特点,缓控释骨架片在润湿剂的选择和制粒方法上有别于普通制剂,如表14-2所示。药物从不溶性骨架中释出较慢,不容易释放完全,因此先制备药物的固体分散体,再制粒压片可以有效地维持药物的无定形状态,增加药物溶出。

表14-2 缓控释骨架片润湿剂的选择和制粒方法

骨架类型	润湿剂	制粒方法
亲水凝胶骨架	水醇溶液;有机溶媒	使用混合设备将各种成分干粉混匀后添加水、有机溶媒(不加黏合剂)或一定比例的水-醇混合液制粒
不溶性骨架	有机溶媒(丙酮、乙醇、异丙醇和二氯甲烷等)	溶剂法:药物溶于骨架材料溶液,蒸发溶媒得固体分散体,粉碎制粒 熔融法:将药物按比例加入熔融的骨架材料中混匀,冷却脆化后粉碎,过筛得不同粒度的颗粒
溶蚀性骨架	乙醇	熔融法1:将药物与辅料加入熔融的蜡质中,物料铺开冷凝、固化、粉碎,过筛形成颗粒 熔融法2:将药物和蜡质材料置混合器内,高速旋转使摩擦发热,当温度达到蜡质熔点时形成含药骨架颗粒 水分散法:采用溶剂蒸发技术,将药物与辅料的水溶液或分散体加入熔融的蜡质相中,蒸发除去溶剂,干燥混合制成团块再制粒

(2)干法制粒压片:药物对水、热不稳定,有吸湿性时,或者采用直接压片法流动性较差时,多采用干法制粒压片。将药物与聚合物及其他辅料混合后,先制成薄片,再经过粉碎制成一定粒度颗粒,整理后加入助流剂压片。

(3)粉末直接压片:将药物与聚合物及其他辅料混合后直接压片也可用于制备缓控释骨架片。粉末直接压片省去了制粒、干燥等工序,工艺过程简单,适用于对湿热不稳定的药物。

但本法对物料有较高的要求,如药物粉末需有合适的粒度、结晶形态和可压性,辅料应有适当的黏结性、流动性和可压性。部分亲水凝胶骨架片可用此法制备。

2. 颗粒状骨架型缓释控释制剂的制备技术

(1) 缓控释颗粒(微囊)压制片:缓控释颗粒压制片在胃中崩解后类似于胶囊剂,同时具有缓释胶囊和片剂的优点,主要有两种制备方法:将不同释放速度的颗粒混合压片,通过调节各种释药速率微丸的用量来灵活调节整个制剂的释放特性;或者以阻滞剂为囊材将药物微囊化,再将微囊压制成片,此法适用于处方中药物含量高的情况。

(2) 骨架型小丸:骨架型小丸的制备较包衣小丸简单,根据处方性质,可采用滚动成丸法、挤出滚圆法、离心 - 流化造丸法等,具体可参考有关章节。

3. 模铸骨架型缓释控释制剂的制备技术 对于一些特殊形状特殊应用部位的骨架型缓释控释制剂,如棒状或细粒状长效植入剂和宫内给药系统等,难以采用通用的骨架制备方法,常采用预先制成一定形状的模具,将加热熔融或溶剂溶解的骨架材料与药物混合,药物熔融或溶解或混悬在骨架材料的溶液中,经冷凝或除去溶剂,形成骨架,从模具中取出,经灭菌后可制成植入剂。如小棒状的地塞米松植入剂制备时,将加热熔融的乳酸 - 羟乙酸共聚物与药物混合后,灌入硅胶管中,冷却使凝固,切割成一定长度,将棒状植入剂从硅胶中取出,经灭菌后,包装使用。

除上述骨架型缓释控释制剂外,尚有一些特殊的骨架型缓释控释制剂,其制备方法亦具有特殊性。在此不再一一赘述。

(四)亲水凝胶骨架片

亲水凝胶骨架片具有药物释放完全、制备工艺简单、辅料成本低廉、开发周期短、易工业化生产等优点,已成为骨架型缓释控释制剂的主要类型。

1. 亲水凝胶骨架片的释药机制 亲水凝胶型骨架片遇水首先在片剂表面形成水凝胶层,使表面药物溶出;凝胶层继续水化,骨架膨胀,凝胶层增厚,延缓了药物释放,这时水溶性药物可通过水凝胶层扩散释出;随着时间的延长,片剂外层骨架逐渐水化并溶蚀,内部再形成凝胶,再溶解,直至片芯渗透至骨架完全溶蚀,最后药物完全释放。由此可见,药物的释放涉及两种竞争机制:Fickian 扩散释放和骨架溶蚀释放。由于影响药物释放的因素不断变化(包括扩散路径的长度、黏度、制剂的形状等),哪一种释药方式对药物释放起主要作用由特定药物的性质和骨架组成决定。

在众多模型中,Peppas 经验式被广泛用于描述亲水型骨架制剂中药物的释放行为:

$$Q=kt^n \tag{14-2}$$

式中,Q 为 t 时间释药量;k 为速率常数;n 为扩散指数。n 值可以表征药物的释药机制:当 $n=0.5$ 时,药物释放遵循 Fickian 扩散定律,药物的释放以扩散为主,由浓度梯度推动;当 $n=1$ 时,药物释放以溶蚀为主,与骨架材料内压力和相转变相关;当 $1>n>0.5$ 时,药物以非 Fickian 扩散释放,过程由扩散和溶蚀共同影响。

Spaghetti 模型则将聚合物的溶蚀视为聚合物的扩散,因此活性药物的释放涉及两个竞争的扩散过程:药物扩散通过凝胶层以及聚合物扩散通过与凝胶层相邻扩散层。提出聚合物溶解度,用聚合物的固有性质:聚合物松弛度 $C_{p,dis}$ 表示。两种竞争扩散对药物释放度的贡献,可以通过药物溶解度 C_s 和 $C_{p,dis}$ 的比值表示:如果 $C_s/C_{p,dis} \gg 1$,则 $Q=kt^{0.5}$,药物释放以扩散为主;如果 $C_s/C_{p,dis} \ll 1$,则 $Q=kt^1$,聚合物溶蚀控制药物释放。

因此,对于难溶性药物,当 C_s 远小于 $C_{p,dis}$,药物很容易实现零级释放;对于易溶性药物,要实现零级释放,需通过调整骨架材料,提高 $C_{p,dis}$ 值以降低 $C_s/C_{p,dis}$ 比值。

2. 影响亲水凝胶骨架片释药的因素　亲水凝胶骨架片的药物释放过程受很多因素的影响,其中主要的控释参数是骨架材料的选择与用量,附加剂的选择,制剂工艺的控制等。下面通过实例进行分析。

例:阿昔莫司亲水凝胶骨架片

阿昔莫司半衰期约为 2 小时,1 天需给药 2~3 次。由于降血脂药为长期用药或终身用药,1 日 1 次的给药频率较为适宜。因此采用羟丙基甲基纤维素(HPMC)为骨架材料制备了阿昔莫司亲水凝胶骨架型缓释片。

【处方】HPMC　乙醇溶液 30%~50%　乳糖/淀粉/微晶纤维素 10%~30%　硬脂酸镁 0.5%

【制法】原辅料分别过 80 目筛,按处方量取阿昔莫司与辅料,充分混合,以乙醇溶液为润湿剂制软材,20 目筛制粒 60℃烘干 2 小时,18 目筛整粒,加 0.5% 硬脂酸镁,混匀,压片。

【注解】

(1) 骨架材料的影响

1) HPMC 用量:固定主药含量,每片中含 HPMC(K15M)分别为片重的 30%、40%、50%,分别压片,测定释放度,并比较释放速率。结果表明,随着 HPMC 用量的增加,其骨架片的释放速率降低。这是由于骨架片中骨架材料 HPMC 的用量增加,增加了片剂表面的亲水能力,水化速率加快,迅速膨胀形成凝胶层,且随凝胶层增厚凝胶强度增大,药物扩散速率减慢。HPMC 用量过小时不足以形成凝胶骨架,达不到缓释效果。

2) HPMC 黏度:选择粒径相同,黏度依次增大的 3 种 HPMC(K4M、K15M、K100M)与药物及其他辅料以相同比例压制成片,测定释放度并比较释放速率。结果表明,随着 HPMC 黏度的增加,骨架片的释药速率降低,说明药物释放与 HPMC 的黏度相关。这是因为药物的释放主要以扩散为主,高黏度的 HPMC 形成的凝胶层的分子链较长,骨架溶蚀较长,黏度大,对药物的控释作用更强,从而使药物的释放速度减慢。

另外,骨架材料的粒度对释药也有一定影响。尤其是当 HPMC 在骨架中含量较小时,影响较显著。较细的 HPMC 颗粒因表面积大、水化速度快,易在片剂表面形成凝胶层,减慢释药速率。因此,粒度小的聚合物更适宜制备骨架片。

(2) 附加剂的影响:填充剂含量较大时对释药速率会产生一定影响。一般来说,亲水凝胶骨架片中加入水溶性填充剂的释药速率要快于难溶性填充剂。

选择填充剂时还应充分考虑生产的需要。有研究表明,以乳糖为填充剂时,易于调节溶出速率满足设计要求,但是中试放大过程中,由于药物溶出速度的敏感性较高,常常导致中试产品难以重现小试处方的药物溶出曲线;微晶纤维素作为填充剂时,药物溶出速度变化范围较小,可能导致设计处方不能满足溶出要求,需要选择其他缓释材料,但是微晶纤维素的优点在于,处方的容错性较高,中试处方与小试处方有较好的重现性,可以降低中试和产业化生产过程的风险。

(3) 制备工艺的影响

1) 制粒方法:将同一处方分别采用干法直接压片和湿法制粒压片,测定释放度并比较释放速率。结果表明干法直接压片与湿法制粒对骨架片的释放速率无影响。因为虽然湿法制粒加入了黏合剂(乙醇溶液),但它对凝胶层的厚度和扩散孔道的形成没有影响,所以对释放也没有影响。一般而言,不同的制备工艺对骨架片的释放影响不大,但是需根据药物的性质选用合适的方法。

2）压片压力：将同一处方的颗粒分别以不同压力压片，得 3 种不同的片剂，测定释放度并比较释放速率。结果表明，压力对骨架片的释放速率无显著影响。因为虽然压力的改变可影响骨架片的密度，使未水化骨架片的孔道和孔隙率发生变化，但对于 HPMC 骨架片，影响释放的主要因素是凝胶层的形成速度和凝胶层性质，当压力达到一定值后，释放行为将与压力无关。

骨架片的尺寸：将同一处方的颗粒分别选择 9mm、10mm 和 11mm 三种冲模，以相同压力压片，得三种不同表面积的片剂，测定释放度并比较释放速率。结果表明，随着片剂直径的增加，释放速率加快。因为随着直径的增加片剂的表面积增大，与介质接触面积也相应增大，片剂的水化速度相应加快，因而药物释放速度也加快。所以，在研究亲水凝胶骨架片时，冲头的选择也应充分考虑。

（五）骨架型缓控释制剂基于现存问题的研究进展

骨架型缓控释制剂是目前口服缓释控释制剂的主要类型，为了改善由于制剂表面积以及扩散路径改变引起的非零级释药，或者为了克服溶解度、pH 依赖等固有局限，或者为了制备具有独特释药曲线的骨架制剂，研究者们对骨架制剂进行了各种不同的修饰和改造。包括控释包衣骨架制剂、多层骨架片、采用多种高分子材料和功能型赋形剂等。

1. 非零级释放向零级释放调整 对于治疗窗较窄的药物，恒速释药是制剂减毒增效的有效手段，而扩散型的骨架制剂，随着扩散前沿在骨架内部移动，活性药物释放路径逐渐延长，释药表面积逐渐减小，最终导致释药速率随时间延长而降低，无法实现零级释药。对此，研究人员提出了多种方法，许多报道的新剂型制剂能够有效的改变固有的非线性释药行为。例如，利用不均匀载药方式可以随时间延长而增加扩散动力，从而补偿释药速率的降低；采用特定几何形状载药系统（圆锥体、两面凹形、圆环形、带有孔的半球形、中间带芯的杯状体等）可以随时间增加而增加释药表面积，以此方法来补偿释药速率的降低；将骨架进行包衣；开发多层骨架给药系统，通过控制溶胀与表面积以实现零级药物释放，如 Geminex$^®$给药系统，将疏水型骨架系统压制成带有亲水 / 疏水隔离层的多层片，可以延迟片剂表层药物的释放，从而补偿释药速率的降低；利用不同高分子材料的协同作用，如 TIMERx$^®$ 骨架给药系统。

2. 非 pH 依赖型药物释放 由于胃肠道的 pH 环境受位置及摄取的食物的影响变化复杂，因此非 pH 依赖型药物释放更有利于体内药物的恒速释放。可以通过以下几个手段实现：①加入 pH 缓冲剂：在制剂处方里加 pH 缓冲剂可以在剂型内提供局部稳定的 pH，但是，许多缓冲剂是可溶性的小分子，能够比活性药物更快的从骨架中释放出去而失去其原有的功能。这种方法的有效性在很大程度上取决于缓冲剂的缓冲能力、用量、溶解度和分子量大小。②离子型高分子聚合物的联合使用：在骨架系统中加入诸如海藻酸盐、含有甲基丙烯酸或邻苯二甲酸官能团的阴离子型高分子材料等，能更有效的维持骨架内稳定的 pH 环境。例如，将海藻酸盐与 HPMC 以及肠溶性高分子材料联合使用，可以制备碱性的可溶性药物盐酸维拉帕米非 pH 依赖型零级释药制剂。③加入高浓度电解质：在亲水骨架材料中加入高浓度电解质可以制备具有自我修正能力的制剂。该制剂吸水形成强度较大的凝胶，表现出对 pH 和搅拌速度不敏感的特点。这是因为高浓度盐有助于维持局部 pH 稳定，并且能产生盐析区域，进而减慢骨架的溶蚀和减小释药对环境的敏感性。

3. 增加溶解度 难溶性药物常常表现出固有的缓释行为，但是，通过制剂来控制药物在胃肠道滞留时间的持续释放更能确保释药的恒定性和药物的释放完全。因此,有时需要在骨架中增加药物的溶解度以实现上述目的。常用的方法有:①利用固体分散体保持药物的无定形态。例如,一种含有低取代-羟丙基纤维素(L-HPC)制备的尼伐地平固体分散体的溶蚀型疏水骨架制剂在溶解过程中实现了过饱和而无任何晶体析出。这种现象可能由于无定形态提高了药物的溶解度,同时固体分散体中的 HPC 又起到了抑晶的作用。②形成可溶性络合物。例如,在 HPMC 骨架中使用环糊精制备环糊精药物包合物能够增加难溶性药物的释放和非 pH 依赖性,并且由于骨架具有缓慢溶蚀的特性,可发生在体络合作用,故不需要预先制备络合物。

二、膜控型缓释与控释制剂

(一) 概述

膜控型缓释与控释制剂是指通过包衣膜来控制和调节制剂中药物的释放速率和释放行为的制剂。包衣的对象通常是片剂、小片以及微丸。最常见的膜控型缓控释制剂为微孔膜包衣片、膜控释肠溶片、膜控释小片以及膜控释微丸。膜控型制剂可以单独作为制剂使用,也可以是构成其他制剂的一部分。

1. 膜控型缓释与控释制剂的释药机制 膜控型缓控释制剂中,药物主要通过控释膜扩散释放,以 Fick's 第一定律为依据,药物从储库一个平面稳态释放的速率计算公式如下:

$$\frac{\mathrm{d}M}{\mathrm{d}t} = \frac{ADK\Delta C}{L} \tag{14-3}$$

式中,M 为 t 时刻药物总释放量;A 为药物扩散膜的有效面积;D 为扩散系数;K 为分配系数;L 为扩散路径长度(膜厚);ΔC 为膜两侧的浓度梯度。

膜控型缓控释制剂中,药物从膜中的扩散分为两种情况:

(1) 通过无孔膜的扩散:即药物通过聚合物材料的扩散。这种扩散用公式表示时,K 为膜与片芯间药物的分配系数,D 为药物在膜中的扩散系数。因高分子膜为水不溶性,药物在膜中的溶解度是影响药物释放的主要因素,也是膜扩散过程的动力,这种与分配系数有关的控释为分配扩散控释。

(2) 通过有孔膜的扩散:这种扩散用公式表示时,K 为药物在膜孔内外释放介质的分配系数,D 为药物在释放介质中的扩散系数。控释膜中含有适量的水溶性致孔剂,当包衣片置于水中,膜中的水溶性物质溶入水中,于是形成了许多小孔,水分子和药物可以经小孔自由通过。调节致孔剂的用量可控制微孔的大小和数量,从而控制释药速率。

2. 影响膜控型缓释与控释制剂释药速率的因素 由上述的释药速率公式可以看出药物溶解度、包衣膜的性质、厚度、孔道等都能影响膜控型缓释与控释制剂的释药速率。

(1) 药物:膜控型缓控释制剂以膜两侧浓度差作为释药的扩散推动力,因此,具备适宜的溶出度以保持膜两侧的浓度差是制剂成功的关键。难溶性药物由于溶解度较小,不能提供足够的药物释放推动力,会导致药物释放缓慢且不完全。一般认为,常温下溶解度大于6g/100ml 的药物比较适合制备该类制剂。

对于溶解度与 pH 相关的药物,释药往往会受到体内 pH 环境的影响,可以在制剂内添加适当的缓冲剂以维持制剂内 pH 的恒定。

(2) 控释膜:膜控型缓释控释制剂主要通过包衣膜来实现其特定的缓释与控释作用。
膜材料:包衣膜一般选用高分子聚合物,聚合物结构上的分子链越长,功能基团越大,聚合物交联度越大，密度越高，都能使药物的扩散系数 D 变小，从而减慢药物的释放。

膜面积：制剂的外形、尺寸会通过改变膜面积而影响释药速率。相同包衣量情况下，颗粒越大，药物溶出越缓慢。

膜厚度：包衣膜厚度增加会使透过性孔道有效孔径变小，有效通道曲折变长，使释药速率减慢，这与机制分析的 L 与扩散速率成反比相一致。膜厚的低限以内芯药物形成饱和溶液后不会改变膜的外形为宜。实际应用中，测定膜厚较难，一般是假设膜为均匀膜，采用称量膜重来控制膜的厚度。

膜孔：致孔剂的用量影响到包衣膜微孔的数量和孔径，用量增加则孔的面积相应增加而加快药物的释放。制备肠溶性膜控制剂时，致孔剂必须选用肠溶性的致孔剂。

综上可知，包衣膜是膜控型缓释控释制剂实现特定的缓释与控释作用的关键。因此，膜控型缓释控释制剂的研究重点是包衣膜的材料、处方、成膜过程和影响因素。

（二）包衣膜的成膜材料及处方组成

包衣膜主要由成膜材料、增塑剂构成，根据需要还可以加入致孔剂、抗黏剂、着色剂等其他成分。

1. 包衣成膜材料　选择合适的膜材料是控制包衣膜质量和释药特性的关键之一。根据成膜材料的溶解特性，可以分为不溶性成膜材料、胃溶性成膜材料和肠溶性成膜材料。不溶性成膜材料在水中呈惰性，不溶解，部分材料可溶胀，所制得的膜呈现一定刚性结构，体积形状不易变化，因此最适宜制成以扩散和渗透为释药机制的膜控型缓控释制剂，且体外释药易获得稳定的零级效果。而胃溶性成膜材料和肠溶性成膜材料可在特定的 pH 范围保持惰性，不释放药物，适用于制备各种定位释药制剂。不同成膜材料的组合使用，可以调节衣膜的机械性能，方便的获得各种理想的释药速率。

包衣成膜材料需要在适当的介质中溶解或分散后才能在制剂表面形成连续、均一、有一定渗透性能和机械强度的衣膜。理想的溶解/分散介质应对成膜材料有较好的溶解/分散性，同时具有必要的挥发性，选择时还应综合工艺过程、生产效率、环境污染及经济效益等方面的因素。常用的溶解/分散介质有有机溶剂和水两类。由于缓控释制剂的成膜材料大多难溶于水，醇、酮、酯、氯化烃等有机溶剂最先被用做包衣材料的溶解介质。但由于有机溶液包衣存在易燃、易爆、毒性较大、污染环境以及回收困难等明显的缺点，目前已逐渐被以水为分散介质的包衣方法所取代。水分散体包衣液除了安全、环保、成本低外，最大的优点是固体含量高、黏度低、易操作、成膜快、包衣时间短。

由于水分散体运输不便及水中存放不稳定，还可喷雾干燥制成粉末或颗粒，使用前加水重新分散。目前应用于膜控型缓释与控释制剂的水分散体包衣材料主要包括：①乙基纤维素（EC）水分散体：主要产品有 Aquacoat（FMC 公司）和 Sureleaseo（Colorcon 公司）。Aquacoat 和 Sureleaseo 制备方法不同，配方方面 EC 固含量均为 25% 左右，都含少量稳定剂等其他辅料，主要区别为 Sureleaseo 在水分散体制备过程中已加入增塑剂，而 Aquacoat 则需在包衣前另行加入。②聚丙烯酸树脂水分散体：聚丙烯酸树脂为一大类，由于化学结构和活性基团的不同，可分为胃溶型、肠溶型和不溶型。主要产品有 Eudragit L100（国产肠溶 Ⅱ 号）、Eudragit S100（国产肠溶 Ⅲ 号）、Eudragit RL100、Eudragit RS 100、Eudragit L 30D 等。③醋酸纤维素（CA）胶乳。④硅酮弹性体：这类包衣材料无需增塑剂，可加入二氧化硅溶胶作为填充剂，PEG 作为致孔剂。⑤纤维素酯类，这类主要用于肠溶包衣，包括醋酸纤维素酞酸酯（CAP）、羟丙甲基纤维素琥珀酸酯（HPMCAS）以及羧甲基乙基纤维素（CMEC）等。

2. 增塑剂 成膜材料单独应用往往成膜困难而且形成的薄膜衣机械性能较差,较脆易断裂,故常在包衣处方中添加增塑剂以提高包衣材料的成膜能力,增强衣膜的柔韧性和强度,改善衣膜对底物的黏附状态,甚至可以调节包衣膜的释药速率。增塑剂可分为水溶性和水不溶性两种,目前最常用的分别为枸橼酸三乙酯(TEC)和癸二酸二丁酯(DBS)。

3. 致孔剂 不溶性成膜材料单独制成的包衣膜通常对水分或药物的通透性很低,药物无法从片芯或丸芯中溶解扩散出来,因此通常加入水溶性物质作为致孔剂,以满足释药的要求,如 PEG、PVP、糊精、蔗糖等。此外,不溶性固体添加进包衣液中,也可起到致孔剂的作用;还可以将部分药物加在包衣液中作致孔剂,同时这部分药物又起到速释的作用。

4. 其他辅料 除了上述组分之外,在实际生产中还常常加入其他的辅料以实现特定的目的或解决制备中的问题。

抗黏剂:在包衣液处方中加入少量(一般为包衣液体积的 1%~3%)水不溶性物质,如滑石粉、硬脂酸镁、二氧化硅等可有效防止包衣过程中粘连、结块等问题,降低工艺难度,缩短操作时间。

着色剂和遮盖剂:色淀、二氧化钛和氧化铁等的加入,除了可以增加美观度,还可缩短干燥和操作时间。

表面活性剂:能降低聚合物溶液与水相间界面张力,贮存中可有效防止胶粒聚集和结块。

(三)包衣过程

1. 包衣设备与工艺 膜控型缓释与控释制剂的包衣可以采用薄膜包衣常用的方法进行。具体内容可以参照普通制剂包衣的相关章节。

片剂可采用包衣锅滚转包衣法、空气悬浮流化床包衣法和压制包衣法等。根据膜控型缓释与控释制剂的需要,可用不同浓度的同种包衣材料的溶液或不同包衣材料的溶液分别包两层或多层厚度适宜的膜,以控制制剂的释药性能,有时还需要在衣膜外包一层含药的速释层。

微丸或颗粒等多单元制剂多用空气悬浮流化床包衣法,也可用埋管锅包衣法。为了延长制剂的释药时间或者控制平稳的释药曲线,常将微丸或颗粒分成多批,分别包不同厚度的衣膜,或留出一批不包衣作为速释部分。然后把不同释药速率的微丸或颗粒按需要的比例压片或者装入胶囊。此法工艺简单,设备不复杂,药物释放具有综合作用,所以得到广泛的应用。

2. 包衣后热处理 用水分散体包衣法制备缓释与控释制剂时,需要较有机溶液包衣过程多一步热处理。因为包衣后聚合物粒子软化不彻底,衣膜融合不完全,用热处理过程可以促进包衣膜的完全愈合,提高衣膜的致密性和完整性。常规的方法是将包衣产品贮存在烘箱中或包衣后即在高于包衣操作温度的流化床中进一步流化。热处理温度一般比最低成膜温度(MFT)高 5℃,但不能超过衣层软化温度,防止衣层的黏性导致严重的结块现象。一些在制备过程中就已经加入了增塑剂的水分散体溶液如 Surelease,包衣后也可以不经过热处理。

(四)缓控释包衣膜的形成与影响因素

1. 包衣膜形成的机制 采用不同的包衣方法时,聚合物从有机溶剂和从水分散体中成膜的机制不同(图 14-2)。

用聚合物的有机溶液包衣时,开始随着有机溶剂的挥发,聚合物溶液浓度增加,高分子链由伸展逐渐卷曲,相互紧密相接。增塑剂插入高分子聚合物分子链间,削弱链间的相互作用力,增加链的柔性。随着残余溶剂的进一步蒸发,稠厚的聚合物溶液逐渐变成三维空间的网状结构,最终形成均匀的膜。

水分散体包衣成膜过程包括三个步骤:水分的蒸发;乳胶粒子的聚结;相邻粒子中聚合物链间的扩散。水分蒸发时,聚合物胶粒浓集,沉积在底物上,胶粒因运动而相互靠近,并紧密地聚集起来,此时得到的是一个聚合物质点的不连续

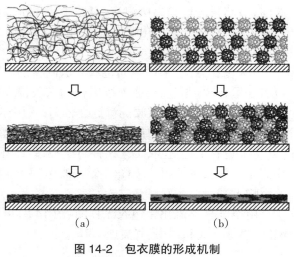

图 14-2 包衣膜的形成机制
(a)有机溶液;(b)水分散体

膜,质点之间的空隙中还有一些液体。随后,环绕在胶粒外的水膜缩小,从而产生高的毛细管力和表面张力,驱使胶粒更紧密地聚集在一起,变形而合并,当胶粒间的界面消失,则聚结形成连续而均匀的膜。

2. 影响包衣膜成型的因素 包衣膜应具有一定的渗透性和机械强度、光滑、均匀、不易剥落。影响包衣膜成型的因素主要有以下方面。

(1)包衣膜材料:作为包衣材料的聚合物的理化性质对包衣膜形成的影响较大,所以首先要根据制剂要求选择适宜的聚合物。聚合物从有机溶剂中和从水分散体中成膜的机制不同,故而形成的包衣膜性质有很大差异。而同一聚合物用不同性质、种类的有机溶剂分散,形成的包衣膜在性能上也有差异,因为不同溶剂在同一温度下有不同的蒸发速率,而溶剂 - 聚合物的相互作用控制了聚合物的膨胀速度和链松弛延伸程度,都会影响膜的质量和其渗透性。不同浓度的聚合物溶液对成膜也有影响,不同的浓度具有不同的黏度,黏度低时,溶剂携带聚合物分子容易渗入底物表面,增强黏着力,衣膜不易脱落。

(2)添加剂

增塑剂:绝大多数成膜材料需要添加增塑剂,增塑剂的种类和用量都能大大影响衣膜的形成。首先需要根据增塑剂在包衣材料中的相溶性、稳定性及其增塑效果等指标来选择合适的增塑剂。其次要根据衣膜的成型情况来选择增塑剂的用量,若增塑剂用量太小,对水分散体包衣液来说,不能克服乳胶粒子间形变阻力,不能形成连续完整的衣膜,而对聚合物的有机溶液来说,形成的衣膜机械性能不佳,易于脆碎,不利于下一步制剂或者包装运输和储存;若增塑剂用量过大,形成的衣膜则过软,包衣过程中制剂流动性差、易粘连,给操作带来难度,易得到不完整的衣膜。与有机溶液包衣相比,水分散体中增塑剂与聚合物分子链的接触面积小,不能充分发挥增塑效果,需加入较高量的增塑剂。一般增塑剂的用量在15%~30%(相当于聚合物干重)。

处方中其他成分,如致孔剂、抗黏剂、着色剂等对衣膜的力学性质和释药性能也有影响。如对于水分散体包衣,电解质可改变水溶性包衣液中小颗粒表面的电位,产生絮凝,破坏包衣性能,所以致孔剂应尽量选择非电解质。

(3)药芯性质:包衣时,芯料的性质与包衣质量和批间重现性有密切关系。水分散体包

衣前,对芯料进行隔离层包衣,有助于避免水溶性药物随水分蒸发而迁移入衣膜,并能提高芯料表面平整性,减小孔隙率,保证衣膜连续性,还能改善芯料表面疏水性,以利于包衣液的铺展。

(4) 包衣方法:采用不同包衣方法制备的衣膜,其微观结构与释药性能也有所不同。锅包衣法可在片剂表面形成连续紧密的衣膜;而流化床包衣法形成的衣膜则多为多孔分层结构,外表呈颗粒状,故衣膜的渗透性较高;采用连续性和间歇性两种包衣方法制得的衣膜,其有效厚度与分布不同。包衣方法需要根据包衣液的黏度和干燥速率来选择。

(5) 包衣工艺:包衣工艺条件对缓控释衣膜的形成和性质也会产生明显的影响。空气悬浮流化床包衣法是制备缓释包衣制剂最常用的方法,现以此为例,分析包衣过程对衣膜成型的影响。

由空气悬浮流化床包衣流程图(图 14-3)可以看出,影响包衣膜性质的工艺因素有操作温度、喷雾方式和速率、气流速率等。

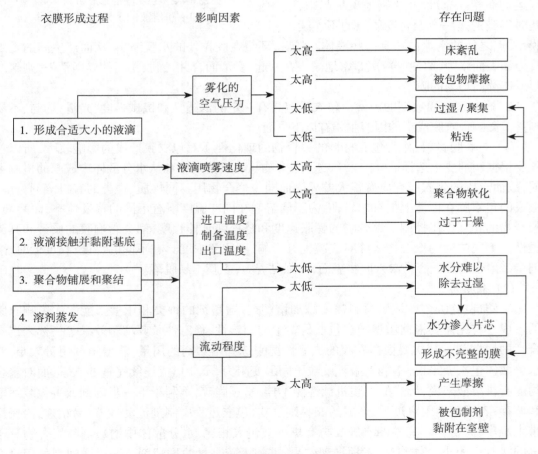

图 14-3　空气悬浮流化床包衣流程图

1) 操作温度:温度对膜结构的影响与成膜材料、溶剂、增塑剂种类以及药物理化性质有关。一般来说,有机溶剂包衣的操作温度低于水分散包衣法。有机溶剂沸点较低,温度过高使干燥迅速,往往会使衣膜产生气泡,造成膜表面粗糙。而对于水分散体包衣液来说,温度有加快水分蒸发和软化胶粒使之聚合的双重作用:温度过低,水分散液中的水蒸发较慢导致水溶性药物向衣膜迁移,降低了膜的表面张力,不利于形成完整的包衣膜;水分散液中的乳胶也只有在较高温度下才能发生形变、相互凝聚成膜。通常,操作温度应高于聚合物的玻璃化转化温度,但操作温度过高,使水分蒸发加速,过早的干燥阻止了形变所需的毛细管压的产生,也会产生不连续的膜而使衣膜脱落,此外还易造成衣膜过度软化粘连。实际操作中,需根据实际的成膜温度选择不同的包衣操作温度。

2)喷雾方式和速率:流化床的喷雾方式有顶喷、底喷和侧喷等,如图 14-4 所示。喷雾方式的不同直接影响制剂与包衣液的接触方式,从而造成衣膜的结构差异影响释药性能。顶喷由于喷雾方向与气流方向相反,包衣液在未与制剂接触前就有一定程度的蒸发,所形成的膜往往均匀性没有底喷好,释药较快。底喷由于喷枪与物料之间距离短,有助于减少包衣液到达物料表面前的溶剂蒸发和喷雾干燥现象,有利于包衣液保持良好成膜性;另外,物料的运动方向与喷液方向相同,物料接触到包衣液的概率相似,有利于包衣均匀性。

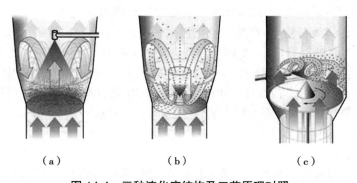

图 14-4　三种流化床结构及工艺原理对照
(a)顶喷式流化床;(b)底喷式流化床;(c)侧喷式流化床

包衣液的喷雾速率也会影响衣膜的质量,速率过快会造成制剂表面过湿而产生聚集和粘连,从而影响衣膜的均匀性。喷雾速率受喷枪种类、液体压力、喷嘴大小、包衣液黏度等条件影响。包衣厚度一致的情况下,喷嘴口径小,喷出的雾滴细,包衣材料相互重叠、交联更为紧密,药物释放则慢。此外,包衣液的水分与底物的过量接触也会产生各种质量问题,如药物的化学稳定性、开裂和霉变等。过高的喷雾压力除产生喷雾速率过快的类似问题以外,还可能增加包衣材料的损耗、衣膜的裂痕和磨损。

3)气流速率:流化床气流的大小控制了包衣制剂在腔体内的流化状态,适当提高气流速率将增加包衣液与底物接触的机会,降低物料损耗,降低底物的粘连,有利于形成完整的包衣膜和提高成品率。但过高的流动程度将使得制剂间产生摩擦,影响膜的质量。

除此之外,其他影响包衣效果的因素还有很多,应根据具体情况进行调整。

(五)膜控型缓释与控释制剂的分类和实例分析

膜控型缓释与控释制剂的膜控单元可以是片剂、小片、微丸、微球等,根据单个给药剂型内所含膜控单元的数目,膜控型缓释与控释制剂可分为单一单元制剂和多单元制剂。其中首选为多单元制剂,如含有微丸、微球和小片的片剂和胶囊剂。与单一单元片剂不同,多单元制剂含有多个独立的膜控单元,可以减小或消除少数单剂量剂型包衣缺陷造成的影响。多单元制剂的另一个重要特征是可以通过混合具有不同释药特点的剂型单元获得特定的药物释放。多单元制剂也适用于改变药品规格,而无需新的处方。这在新药临床研究阶段非常实用,因为该阶段常根据临床研究结果调整药品剂量。

本部分将以具有代表性的微丸压片为例介绍该类制剂研制的一般方法和因素考察。

例：泮托拉唑钠肠溶微丸片

泮托拉唑钠对胃肠道有刺激性，将其先制成载药微丸，再与合适的辅料混合后压制成片，既保留了微丸的特性——在胃肠道分布均匀，降低因局部浓度过高所造成的刺激及其他不良反应、避免因个别单元破坏而造成整体失效的状况，又兼具片剂特性，如可分割、服用方便等。

1. 制备工艺

（1）载药微丸制备：采用空白蔗糖丸芯的流化床上药法，称取处方量的泮托拉唑钠，以1.5%HPMC 水溶液为成膜剂，并加入适量氢氧化钠调 pH 至 11.0 后与滑石粉混合均匀；控制流化床温度 34~36℃，压力 0.08~0.1MPa，风量 20Hz，流速 0.5~1ml/min。所得药丸置于 40℃烘箱过夜。

（2）隔离层包衣：采用适量 1.5%HPMC 水溶液进行隔离层包衣。

（3）肠溶包衣：将滑石粉、柠檬酸三乙酯加入适量水中匀化，搅拌下加入至 Eudragit L30D-55 和 Eudragit NE30D 的混合液中，配制聚合物含量为 8% 的肠溶包衣液。流化床底喷包衣，床温 35℃，喷气压力 0.1MPa，鼓风频率 20~22 Hz，包衣增重 55%，于 40℃烘箱中放置过夜。

（4）压片：将肠溶微丸与 MCC、PVPP、PEG 6000 混合均匀，以 5% 低取代羟丙纤维素（L-HPC）为崩解剂，0.1% 滑石粉为润滑剂，在 15kN 下压制成片重约 500mg 的异形片。

2. 体外释放的影响因素考察

（1）包衣过程

1）隔离层：因药物为弱碱性且对光、热等均敏感，而肠溶性包衣材料 Eudragit L30D 为酸性聚合物，为防止药物与衣膜材料发生反应及水分散体中水分对微丸的影响，需在含药层及肠溶层中添加隔离层。结果表明，对载药微丸直接包衣，微丸颜色发生变化，药物释放度偏大，加入隔离层，制备的微丸符合要求。

2）衣膜组成：Eudragit L30D-55 是肠溶包衣材料，在 pH>5.5 介质中溶解，Eudragit NE30D 为非 pH 依赖性包衣材料，延展性较大。将 Eudragit L30D-55/NE30D 以一定比例混合后可调整衣膜韧性，Eudragit L30D-55/NE30D 比例改变影响药物在肠液中的释放。

3）衣膜厚度：考察 30%、40%、50%、55% 和 60% 的包衣增重对体外释放的影响，结果表明，随着包衣增重的增加，药物在酸性介质中的释放减少；包衣增重增大至 60%，药物在肠液中释放减慢。

4）增塑剂：以 TEC 为增塑剂，当增塑剂用量>10% 时，肠溶微丸即能达到理想释药效果。将含不同增塑剂量的肠溶微丸与辅料混合压片后，只有增塑剂用量大于 20%，肠溶片体外释放才能达到理想效果。这可能是在压片过程中微丸受力发生形变，较少量的增塑剂不足以使衣膜具有足够的延展性及韧性。但增塑剂含量不宜过大，当增塑剂含量>20% 时，包衣液黏度增大，包衣效果下降。

（2）压片

1）微丸与辅料配比：肠溶微丸与固定组成的压片辅料以不同比例混匀，直接压片后考察体外释放度。当微丸比例≤50% 时，微丸压片前后释药行为相近；当微丸比例>50% 时，压成片剂后在模拟胃液中的释放量比压片前增大，且随着微丸比例的增大，释放度增大。原因可能是当微丸比例较小时能被辅料有效隔开，缓解了压力对衣膜的直接破坏，故释药行为基本不变；当肠溶微丸比例增加，辅料不足以填充微丸间的空隙，致使压片过程中微丸相互接触,衣膜融合和微丸形变的概率增大,最终导致衣膜破裂。

2）肠溶微丸尺寸:采用不同粒径的蔗糖丸芯制得粒径分别为0.3~0.45mm和0.45~0.6mm的肠溶微丸,与辅料按1:1(w/w)混合压片。体外释放度结果表面,肠溶微丸粒径较大时,压片后部分微丸衣膜发生破裂,胃液中释放度增大;粒径较小时能保持衣膜完整,微丸压片前后的释放特性基本不变。

三、渗透泵型缓释控释制剂

渗透泵型缓释控释制剂是以渗透压为药物的释放动力,具有零级释放动力学特征的制剂,一般由药物、半透膜、渗透压活性物质(即渗透压促进剂)和推进剂(即促渗透聚合物)等组成。制剂服用后,体内水分通过半透膜进入制剂,溶解药物与渗透压活性物质,利用制剂内外渗透压差将药物以恒定的速度泵出。与其他缓释控释制剂相比,渗透泵型缓释控释制剂能实现恒速释药,从而使血药浓度稳定在治疗浓度范围之内,最大限度地避免或减小血药浓度波动,降低毒副作用,提高药物治疗效果;制剂释药过程基本不受胃肠道 pH、酶、胃肠蠕动等机体生理条件以及食物的影响;同时药物的释放速率可以预测和设计,具有较好的体内外相关性。基于以上诸多优点,渗透泵型缓释控释制剂被认为是缓释与控释技术中最有前景的药物传递技术之一。

（一）渗透泵型缓释控释制剂的发展

渗透泵制剂的研究始于 20 世纪 50 年代,发展于 70 年代。1974 年,Theeuwes 在 Higuchi-Theeuwes 型渗透泵基础上,提出了初级单室型渗透泵(elementary osmotic pump,EOP),使渗透泵制剂简化成为普通包衣片的简单形式,从而开启了渗透泵制剂的工业化和临床应用之路,美国 Alza 公司将该类制剂命名为 OROS® 系统。渗透泵发展至今,已有多个上市产品,如硝苯地平控释片、沙丁胺醇渗透泵片,伪麻黄碱渗透泵片,盐酸维拉帕米渗透泵片等。国内研发并生产的渗透泵片有硝苯地平控释片(欣然)、格列吡嗪控释片(智唐)等。表 14-3 列出了部分上市的渗透泵制剂。

表 14-3　渗透泵给药系统上市产品

商品名	主成分	生产商
Acutrim	苯丙醇胺	Alza
Alpress LP	哌唑嗪	Alza
Cardura XL	甲磺酸多沙唑嗪	Alza
Concenta	苯哌啶乙酸甲酯	Alza
Covera-HS（Coer-24）	维拉帕米	Alza
Ditrophan XL	奥昔布宁	Alza
DynaCire CR	伊拉地平	Alza
Efidac 24 Pseudoephedrine	伪麻黄碱	Alza
Efidac 24 Chlorpheniramine	氯苯那敏	Alza
Efidac 24 Pseudoephedrine/ Brompheniramine	伪麻黄碱 / 溴苯吡胺	Alza
Glucotrol XL	格列吡嗪	Alza
Procardia XL	硝苯地平	Alza
Teczem	依那普利、地尔硫䓬	Alza（授权 Merck）

续表

商品名	主成分	生产商
Tiamate	地尔硫䓬	Alza（授权 Merck）
Volmax	沙丁胺醇	Alza
Fortamet	盐酸二甲双胍	Andrx Pharmaceuticals
Tegretol XR Invega	卡马西平	Advanced Drug Delivery Technologies
Invega	帕潘立酮	Johnson & Johnson
Lopresor OROS	酒石酸美托洛尔	Alza（授权 Novartis）
Cognex CR	他克林	Alzet
Jurnista	氢化吗啡酮	Alzet
Allegra-D 24-Hour	盐酸非索非那定、盐酸伪麻黄碱	Osmotica Pharmaceutical 和 Aai Pharma
Viadur	乙酸亮丙瑞林	Durect

（二）渗透泵型缓释控释制剂的结构类型

渗透泵型缓释控释制剂经过多年的发展,已经开发出多种类型,如图 14-5 所示。

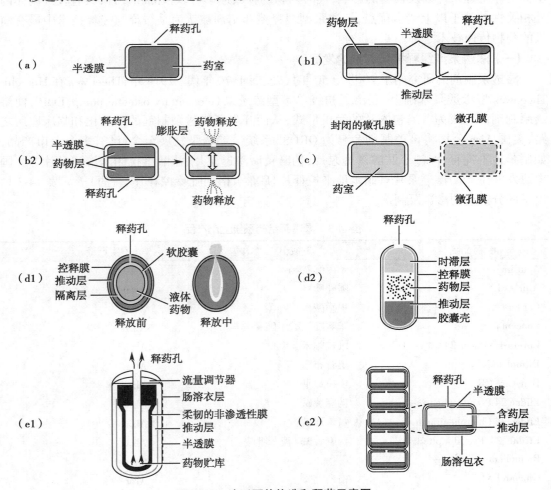

图 14-5　渗透泵片构造和释药示意图

（a）初级渗透泵;（b1）推拉型渗透泵;（b2）三层渗透泵;（c）微孔膜渗透泵;（d1）软胶囊液体渗透泵;（d2）时滞型液体渗透泵;（e1）直肠型渗透泵;（e2）结肠定位渗透泵

1. 初级渗透泵（elementary osmotic pump，EOP）　也称单室渗透泵，是渗透泵的第一代产品，如图 14-5a 所示，片芯中包含水溶性药物和渗透压活性物质，高分子半透膜包裹在片芯表面，衣膜上开小孔用于释药。当制剂遇到水或者体液，水分通过半透膜进入片芯，形成相对于外界高渗的药物饱和溶液或者混悬液，在膜内外渗透压差作用下，通过膜上小孔释药。该系统适合于溶解度比较适中的药物（0.05~0.3kg/L），若溶解度太小则会使药物释放太慢，溶解度太大则恒速释药后的减速释药时间变长。

初级渗透泵的片芯中含有盐或糖类渗透压活性物质，往往会通过释药小孔吸湿，故打孔后常在最外层包薄膜衣防潮。初级渗透泵在零级释放之前常常有 30~60 分钟的时滞。

初级渗透泵制剂仅适用于中等溶解度的药物，对于难溶性或极易溶的药物，仅凭药物本身通透性很难达到理想的释放速率，因此一系列含有推动层的渗透泵制剂逐渐发展起来。

2. 含推动层的渗透泵

（1）推拉型渗透泵（push-pull osmotic pump，PPOP）：主要由包含药物层和推动层的双层片芯以及控制释放的半渗透膜组成（图 14-5b1），片芯上层是由药物和辅料组成的药室，下层为促渗透聚合物和渗透压活性物质组成的动力室，药室通过一个释药小孔与外界相联。给药后，水分由半透膜渗入片芯，在含药层，难溶性药物与辅料迅速水化形成具有一定黏度的混悬液，确保不溶性药物颗粒不沉淀析出；在推动层，促渗透聚合物吸水膨胀，可以推动药物层中的混悬液从释药孔中释出。推拉型渗透泵是最常见也是目前应用最广的渗透泵，目前已上市的渗透泵型缓释控释制剂主要采用这种技术制成，如：硝苯地平控释片（Procardia XL）、格列吡嗪控释片（Glucotrol XL）等。

（2）三层渗透泵：推拉型渗透泵制剂的片芯由药物层与推动层组成，释药孔位于药物层，打孔时药物层的准确识别对工业生产提出了更高的要求。为解决这个问题，1984 年，Cortese 等提出了三层渗透泵的设想，如图 14-5b2 所示，该渗透泵的片芯由中间的推动层和紧贴在推动层两侧的两个相同的药物层构成，片芯外包裹一层半透膜，在片芯两侧的衣膜上各有一个释药孔。当水分进入推动层，促渗透聚合物膨胀，推动药物从两个药室释放出来。两侧同时打孔避免了药物层的识别问题，还能避免通过一个释药小孔释药产生的局部药物浓度过大的现象，减小胃肠道反应。

3. 微孔膜渗透泵（micro-porous membrane osmotic pump）　或称孔隙控制渗透泵（controlled porosity osmotic pump），是由药物、渗透压活性物质及辅料压制片芯，外层包控释膜而制成（如图 14-5c）。包衣膜中含有增塑剂和水溶性致孔剂，遇水后致孔剂溶解，在原位形成微孔，使原来的半透膜变为药物分子也能透过的微孔膜，药物溶液通过微孔释放。

微孔膜渗透泵的释药符合渗透压动力原理，与前文提到的膜控型缓释控释制剂有显著区别。首先，微孔膜渗透泵微孔总面积之和与激光打孔面积相当，不足以产生显著的扩散；其次，微孔膜渗透泵的膜材为半透膜，水以膜为转运路径，药物以渗透压为释放动力，以微孔为释放路径。

由于自身具有许多微孔，微孔膜渗透泵制剂不必进行激光打孔，从而简化了制备工艺。然而，由于包衣膜中大量孔隙的出现，扩散作用随之增加，导致释放曲线的改变，对孔隙进行调控和加入一些调节渗透性和溶解度的辅料（如丁基磺酸钠-β-环糊精），有助于保持释药曲线的恒定。

4. 液体渗透泵（liquid-oral osmotic pump）　是 Alza 公司专门为液体缓释控释给药系统设计的剂型，主要包括软胶囊液体渗透泵、硬胶囊液体渗透泵和时滞型液体渗透泵三类。

软胶囊液体渗透泵(如图 14-5d1),是在含药软胶囊外依次包隔离层、推动层和控释膜层,在这三层膜上打一释药小孔。释药时,水分透过控释膜层,使推动层膨胀,系统内静压升高,促使药液冲破释药孔处的水化凝胶层释出。隔离层的作用主要是分隔软胶囊壳与推动层,由聚丙烯酸、羟丙甲纤维素等惰性高分子材料组成;推动层由促渗透聚合物、渗透压活性物质和成膜剂组成,在包衣液中占总固含量的 16%~20%;控释层主要以乙酸纤维素为材料,控制药物的释放速率。

硬胶囊液体渗透泵是将药液(溶液、混悬液或自乳化液)、隔离层和推动层装入硬胶囊内,胶囊外用控释膜包衣,包衣完成后在胶囊含药液的一端打一释药小孔,调节释药孔的深度以保持胶囊壳的完整性。与水接触后,水分透过控释膜,硬胶囊壳溶解,推动层吸水膨胀,挤压隔离层,推动药液经小孔释放。

时滞型液体渗透泵(如图 14-5d2)与硬胶囊液体渗透泵相似,区别在于胶囊内多了一层不含药的时滞层,释药小孔在时滞层一侧。与水性介质接触后,推动层吸水膨胀,时滞层首先释出,能延缓药物的释放。

5. 定位渗透泵制剂

(1) 胃内滞留型渗透泵:胃内滞留型渗透泵能延长药物在胃内滞留时间(>4 小时),从而增加药物吸收,提高临床疗效,且对直接作用于胃黏膜的药物如抗幽门螺杆菌药、抗溃疡药有特殊的意义。胃内滞留型渗透泵的片芯为含药的渗透泵片,外层由胃漂浮材料和药物组成,外层的药物与片芯的药物可以根据需要相同或不同。胃漂浮材料由发泡剂、凝胶剂、膨胀剂等组成。凝胶剂应不影响药物释放,但能形成松散的凝胶骨架,从而阻滞发泡剂与胃酸反应产生的二氧化碳逸出,促使片剂体积变大、密度变小,达到漂浮效果。

(2) 直肠定位渗透泵:直肠型渗透泵给药系统兼有控制药物释放和避免首过效应的优点。以 AIza 公司开发的 Osmet 渗透泵(如图 14-5e1 所示)为例,在水性介质中,水分透过半透膜进入推动层,推进剂膨胀挤压柔韧的非渗透性膜,促使内室中药物恒速流出。目前主要用于药代和药效学研究,未有产品上市。

(3) 结肠定位渗透泵:Alza 公司开发的 OROS-CT 系统(如图 14-5e2),是用来作为一天一次或两天一次的结肠给药系统,由密封于明胶胶囊中的 1 个或 5~6 个直径 4mm 的渗透泵单元组成,渗透泵单元为肠溶包衣的推拉型渗透泵。服用后,明胶胶囊遇水即溶解释放出渗透泵单元,肠溶包衣的单个渗透泵在胃中不吸收水分,进入小肠后,随着包衣层溶解,水分逐渐进入半透膜,使推动层膨胀,推动药物层释药。制剂设计成进入小肠 3~4 小时后(即转运至结肠部位)开始释药,释药时间可根据治疗需要设计成 4~24 小时。

(三) 渗透泵型缓释控释制剂的释药机制

渗透泵型缓释控释制剂是以渗透压为驱动力控制药物释放的系统。水分透过半透膜溶解片芯中的药物和渗透压活性物质后,膜内渗透压可达 4053~5066kPa,而体液渗透压只有 760kPa,膜内外形成巨大的渗透压差,药物溶液从释药小孔持续泵出。膜内药物溶液维持饱和浓度时,释药速率恒定,当药物溶液逐渐低于饱和浓度,释药速率也逐渐下降至零。释药速率可用下式表示:

$$\frac{dM}{dt} = \frac{dv}{dt} \cdot C \tag{14-4}$$

式中,dv/dt 为水通过渗透膜向片芯渗透的速率,即片内体积增加的速率;C 为片内溶解的药物浓度。

对于单室渗透泵而言,水由半透膜进入片芯的速率一般均遵循以下公式:

$$\frac{\mathrm{d}v}{\mathrm{d}t} = \frac{KA}{L}(\Delta\pi - \Delta p) \tag{14-5}$$

式中,K 为膜对水的渗透系数,取决于膜的性质;A 和 L 分别为半透膜的面积和厚度;$\Delta\pi$、ΔP 分别代表膜内外渗透压差和流体静压差。由于体内的渗透压与渗透泵内部的渗透压相比很小,可以忽略不计,故 $\Delta\pi$ 可用膜内饱和溶液的渗透压 π_s 表示;而当释药孔径大小适宜时,ΔP 很小,$\pi_s \gg \Delta P$,故 $\pi_s - \Delta P$ 可用 π_s 代替;同时恒速释药时的片内药物溶液浓度 C 为饱和浓度 C_s;故式(14-4)可简化为:

$$\frac{\mathrm{d}M}{\mathrm{d}t} = \frac{KA}{L} \cdot \pi_s \cdot C_s \tag{14-6}$$

式中,K、A、L 取决于半透膜的性质,而 π_s、C_s 由渗透泵内药物溶液浓度决定,故只要释药过程中包衣半透膜外形、厚度和性质保持不变,渗透压活性物质足以维持恒定的高内外渗透压差,药物溶液保持饱和浓度,渗透泵就可以实现恒定的零级释药。而当渗透泵内药物溶解完全,膜内药物浓度逐渐降低,释药速率则无法保持零级,随浓度的降低而减小直至为零。

（四）渗透泵型缓释控释制剂释药影响因素

由释药机制分析可知,影响渗透泵制剂中药物释放的因素有溶解度、渗透压以及包衣膜特性等。因此制剂开发和生产工艺研究可以从考察和调整药物的溶解度、半透膜的材质特性、半透膜厚度、片内渗透压、释药小孔等几个方面入手。

1. 药物的溶解度　药物溶解度是影响药物释放的一个重要的因素,渗透泵型制剂适用于溶解度适中的药物(50~300mg/ml)。对于溶解度过大或过小的药物,除了选择合适的渗透泵类型,还必须通过在药物处方中加入一定的辅料或改变药物的存在形式等方法来调节药物的溶解度。

溶解度过大的药物制成渗透泵制剂,药物溶出过快会导致难以控制其零级释放,可以通过以下手段来调节:①利用同离子效应,如高溶解度药物盐酸地尔硫䓬在氯化钠存在时,溶解度可由590mg/ml降至155mg/ml;②加入亲水性聚合物(如羟丙基甲基纤维素和羧甲基纤维素钠等)作为释药阻滞剂,其遇水后形成的凝胶能限制和延缓药物分子与水接触,并延长片芯内水分的扩散路径,从而延长系统的恒速释药时间。

对于溶解度过低的药物,常用的方法包括:①加入丁基磺酸钠-β-环糊精。β-环糊精包合物能够增加药物的溶解度,其中,丁基磺酸钠-β-环糊精[（SBE)$_{7m}$-β-CD]有7个负电荷和7个钠离子,具有很大的渗透压,故既能显著增加药物溶解度,又是一种有效的渗透压活性物质;②利用树脂化途径:将离子交换树脂通过离子交换反应与药物生成药物树脂复合物,口服后胃肠道中的 Na^+、H^+、K^+ 及 Cl^- 可将药物置换出来,发挥疗效;③加入酸碱助溶剂:溶解度对 pH 敏感的药物,可加入一些酸碱性物质,促进药物的溶解;④药物制成盐类:难溶性药物制成盐后,药物的溶解度增加,较适合制备渗透泵片;⑤晶型控制:选择合适的晶型或者加入晶癖改性剂(crystal habit modifiers)等,例如通过晶癖改性剂(羟甲基纤维素及羟乙基纤维素混合物)可以阻止卡马西平的无水物转变为溶解度更小的二水合物,故制备卡马西平渗透泵制剂时加入改性剂,可以保持零级释放。该产品已由诺华公司开发上市,商品名为 Tegretol® XR。

2. 包衣半透膜　包衣半透膜是渗透泵制剂重要的组成部分,直接影响渗透泵的释药速率。半透膜对水的渗透系数 K 是反映半透膜性质的重要参数。不同材料的包衣膜对水有不同的渗透性,渗透性越大,K值越大,水透膜速率越快,系统释药也越快。渗透泵型缓释控释制剂常用的半透膜材料为醋酸纤维素。醋酸纤维素的乙酰化率决定了其对水的渗透性,随着乙酰化率的增加,亲水性减小,可以通过调整不同乙酰化率醋酸纤维素的比例进而控制包衣膜的渗透性。

在包衣膜中加入增塑剂可以调整包衣膜的柔韧性、通透性及抗张强度,使包衣膜能够耐受膜内高渗透压,保证用药安全。常用的增塑剂有邻苯二甲酸酯、甘油酯、琥珀酸酯,聚乙二醇(PEG)等。在包衣膜中加入少量 PEG 可以作为增塑剂,而大量的 PEG 则会在膜上形成多个孔道,起到致孔剂的作用,从而加速药物释放。常用的致孔剂有各种分子量的 PEG、羟丙甲纤维素、聚乙烯醇、尿素等。

采用特殊的包衣方法可以在片芯表面形成醋酸纤维不对称膜。不对称膜(asymmetric membrane,AM)是一层具有极薄而坚硬致密的表皮层和较厚的多孔底层的薄膜,不崩解且具有较高的水通透性。其优势在于,药物在较低浓度和渗透压时也能够释放,所以应用于难溶性药物渗透泵制剂的制备可以促进其释放。

3. 渗透压 渗透泵型缓释控释制剂是以渗透压为释药动力的制剂,因此渗透压的大小及是否恒定是释药的关键影响因素。渗透泵型制剂药室内的渗透压需较膜外渗透压大 6~7 倍,才能保证恒定的释药,仅依靠片芯内药物往往不能达到足够大的渗透压,所以需要加入具有调节渗透压作用的物质。渗透压调节物质包括小分子的渗透压活性物质和大分子的促渗透聚合物。

渗透压活性物质能调节药室内渗透压,维持药物释放,其用量多少关系到体系零级释药时间的长短。常用的渗透压活性物质及其饱和水溶液渗透压见表 14-4。

表14-4 常用的渗透压活性物质及其饱和水溶液渗透压(37℃)

渗透压活性物质	渗透压 /kPa	渗透压活性物质	渗透压 /kPa
乳糖 + 果糖	50 662.5	氯化钾	24 824.6
葡萄糖 + 果糖	45 596.3	甘露醇 + 蔗糖	17 225.3
蔗糖 + 果糖	43 569.8	蔗糖	15 198.8
甘露醇 + 果糖	42 049.9	甘露醇 + 乳糖	13 172.3
氯化钠	36 071.7	葡萄糖	8308.7
山梨醇	34 957.1	硫酸钾	3951.7
果糖	25 970.4	甘露醇	3850.4

促渗透聚合物又称推进剂,具有吸水膨胀的性质,膨胀后体积可增长 2~50 倍,产生的推动力可以与片芯内的渗透压一起将药物层推出释药小孔。常用的推进剂包括聚氧乙烯(M_r:10万~700万)、聚乙烯吡咯烷酮(M_r:1万~36万)、聚羟基甲基丙烯酸烷基酯(M_r:0.3万~500万)、卡波普羧酸聚合物(M_r:45万~400万)、聚丙烯酸(M_r:8万~20万)等。

4. 半透膜的厚度 从公式(14-6)可以看出,渗透泵型缓释控释制剂的释药速率与包衣膜的厚度成反比。包衣膜厚度应适中,膜过薄则黏度不够,一旦破裂,药物迅速倾泻而出,有可能引起药物过量的危险;膜过厚则难以将释药速率调整到产生持续有效血药浓度的释药水平。

5. 释药孔 渗透泵制剂的表面有一个或多个释药孔,释药孔的孔径会对释药速率产生影响。孔径过大,释药易受环境影响,释药速度过快,也可能造成溶质的逸出和释药的失控;孔径过小,释药速度过慢,可能造成孔两侧的流体静压差增大从而造成包衣变形,阻滞水分子向半透膜内渗透。可以根据半透膜的性质、厚度、药物分子大小以及释放介质的黏度等具体情况确定适宜的释药孔径。

释药孔可通过以下几种方式形成:激光打孔,机械打孔,致孔剂等。

激光打孔准确、可控,是渗透泵制剂工业生产过程最常用的打孔方式,一般的激光打孔流程如图14-6所示。激光打孔技术曾经一度制约了我国渗透泵制剂产业化的发展,近年来,国内一些单位开展了相关研究,拥有了一些专利技术,开发了一些用于实验室和工业生产的设备。图14-7为国内研制的具有自动识别功能的激光打孔设备,可以实现整个生产过程的智能控制,用于渗透泵制剂的工业化生产。但是设备的核心部件如激光器和部分芯片还依赖进口,缺乏核心技术。

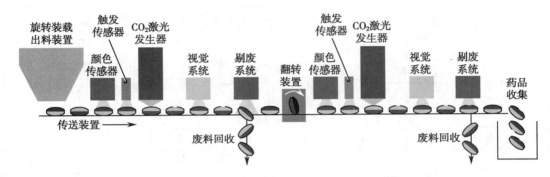

图 14-6　激光打孔流程

图 14-7　国产高速控释药物激光打孔机

图 14-8　带针冲头

机械打孔一般采用改进的带针冲头(如图14-8),在包衣前的片芯上形成凹痕,包衣后直接形成释药小孔。该方法避免了激光打孔,可以简化生产工艺,但是如果把旋转式压片机的上冲改成带针上冲,用于大规模生产,可能会出现模具发热变形,甚至断裂现象,因此难以满足规模生产的需要。

(五) 制剂工艺举例

硝苯地平是短效钙离子通道阻断剂,通过制成渗透泵型制剂可改善药物吸收,使血浆药物浓度缓慢增加,从而在降低血压的过程中避免继发性的心率加快。然而,硝苯地平在乙醇中略溶,在水中几乎不溶,不适合制成单室型渗透泵,主要采用推拉型渗透泵技术,全球有多家制药公司推出了相关产品。以硝苯地平渗透泵片为例,对其处方、工艺和释药等进行介绍。

【处方】

(1) 药库层:硝苯地平 30mg　聚环氧乙烷(PEO)106mg　KCl 3mg　HPMC 7.5mg　硬脂酸镁 3mg

(2) 推动层:聚环氧乙烷 51mg　NaCl 22mg　硬脂酸镁 1.5mg

(3) 包衣液:醋酸纤维素 95g　PEG 4000 5g　二氯甲烷 1960ml　甲醇 820ml

【制法】硝苯地平渗透泵片的工艺流程如图 14-9 所示。

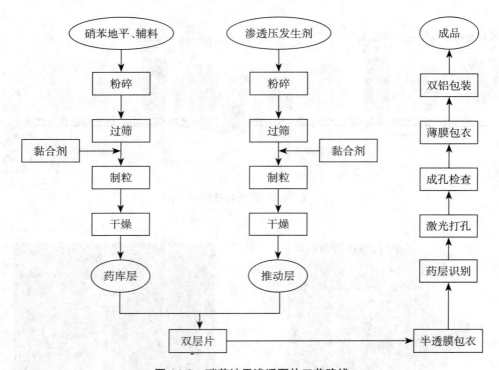

图 14-9　硝苯地平渗透泵片工艺路线

药库层:硝苯地平、PEO、KCL 和 HPMC 分别过 40 目筛,混合 15 到 20 分钟,以乙醇和异丙醇为润湿剂制软材,过 16 目筛制粒,室温干燥 24 小时,加硬脂酸镁混合 20 到 30 分钟。

推动层:PEO 和 NaCl 分别过 40 目筛,混合 10 到 15 分钟,用甲醇和异丙醇制软材,过 16 目筛制粒,22.5 度干燥 24 小时,加硬脂酸镁混合 20 到 30 分钟。

以药库层和助推层制备双层片,包衣,打孔制得硝苯地平渗透泵片。上市硝苯地平渗透泵片 Adalat® 如图 14-10a 所示。

释药:硝苯地平渗透泵片给药时,水分透过包衣层进入片芯,高渗性物质 PEO 吸水后产生高渗透压,从而挤压药物的混悬液由释药小孔接近零级释放。体外释放曲线如图 14-10b 所示,前 2 小时内释放慢,但 24 小时内体外释放接近零级,释药 95% 以上。

图 14-10 Adalat® 硝苯地平渗透泵片
(a)及其体外释放曲线(b)

第四节 口服定时和定位释药系统

随着人们对药物特性及临床药理学理解的不断深入,更多的研究着眼于结合疾病特点、临床需求和各种释药技术,实现特定的释药模式。最主要的可分为口服定时释药系统和口服定位释药系统。

一、口服定时释药系统

时辰病理学和时辰药理学的研究表明,心血管疾病、哮喘、胃酸分泌、关节炎、偏头痛等疾病都有昼夜节律性。传统的普通制剂和缓控释制剂已不能达到临床对这些节律性变化疾病的治疗要求。另外,一些与受体相互作用的药物如果长期刺激易使受体敏感性降低,产生耐药性,也需要通过脉冲式的给药,改善治疗效果。

为了提高疗效、降低毒副作用和减少药源性疾病,必须根据疾病发作的时间规律及药物特性来设计不同的给药时间和剂量方案,定时定量释药。口服定时释药系统或称择时释药系统(oral chronopharmacologic drug delivery system)是指根据人体的生物节律变化特点,按照生理和治疗的需要而定时定量释药的一种新型给药系统。该类制剂服药后一段时间内不释药,之后在预定时间内迅速或缓慢释药,属于中国药典中定义的迟释制剂的范畴。根据药物的释放方式,可分为迟释 - 速释型释药系统、迟释 - 缓释型释药系统(图 14-11)。

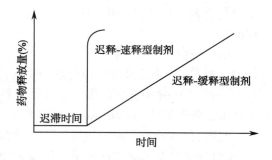

图 14-11 口服定时释药系统释药曲线

(一)迟释 - 速释型释药系统

迟释 - 速释制剂服用后不立即释药,到达治疗时机时爆破式完全释药,因而通常也称之为定时爆释系统(time-controlled explosion system)或脉冲释药系统(pulsatile drug delivery system)。可以通过包衣技术和柱塞定释胶囊实现特定时滞后的速释。

1. 包衣脉冲释药系统 包衣脉冲释药系统利用外层包衣控制水进入衣膜的时间,并以内部崩解物质膨胀而胀破衣膜的时间来控制药物的释放时间。外层包衣的厚度和组成决定了时滞的长短,而膨胀性材料的种类和比例则控制了片芯的崩解速度。

外层包衣材料可分为半渗透型、溶蚀型和膨胀型,包衣方法主要有压制包衣和薄膜包衣。压制包衣常常用于片剂的包衣,而薄膜包衣除了片剂还可用于制备多单元释药系统,如微丸、微球等。具体包衣方法和材料可参考包衣相关章节。

崩解材料可以选择常用的崩解剂如 L-HPC、HPMC、羧甲基淀粉钠(CMS-Na)等;此外,片芯中加入适当泡腾剂,吸水后产生的 CO_2 气体也有理想的膨胀作用;还可以在片芯中加入渗透剂,利用其产生的渗透压胀破外层包衣。

包衣脉冲释药系统主要的制剂有包衣片,包衣微丸,包衣小片,含包衣微丸或小片的片剂或胶囊等。还可以通过在一个制剂中含药层和包衣层的交次叠加或者通过在一个制剂(胶囊或片)内按比例混合不同时滞的微丸或小片来实现多次脉冲释药。

(1) 压制包衣片

例: 单硝酸异山梨酯定时脉冲释放片

片芯制备:将处方量(表 14-5)的主药与崩解剂、填充剂等混合后,以淀粉浆为黏合剂制软材,过 30 目筛制粒,烘干,过 28 目筛,整粒,加 0.3% 的硬脂酸镁,混匀,压制得片芯。

表 14-5　不同时滞单硝酸异山梨酯定时脉冲释放片处方

处方	时滞 /h	片芯 /mg			包衣 /mg		
		主药	CMS-Na	MCC	PEG	HCO	调节剂 C
1	3	20	20	60	82	98	20
2	4	20	20	60	68	114	20
3	5	20	20	60	58	142	20

压制包衣:将 PEG6000、氢化蓖麻油(HCO)、调节剂 C 按处方比例混合,水浴加热,机械搅拌混匀,熔融后置室温冷却固化,于研钵中粉碎,过 40 目筛得外层包衣颗粒备用。将下层包衣颗粒置于冲模中轻压后,将片芯放在颗粒中央,加入上层包衣颗粒,调整压力,压片即得。

因素考察:

崩解:片芯的迅速释放和良好的膨胀性是形成脉冲释药的关键因素之一。考察了羧甲基淀粉钠(CMS-Na)、交联羧甲基纤维素钠(CCMC-Na)、交联聚乙烯吡咯烷酮(PVPP),选择了吸水膨胀性最优的 CMS-Na 为崩解剂。

时滞:包衣处方的水渗透性(亲疏水物质比)是影响时滞的主要因素;包衣处方组成不变时,也可通过改变包衣层的用量来调节脉冲片的释药时间。另外,蜡性包衣辅料在受压过程中,颗粒间不仅发生嵌合作用,而且发生熔变,颗粒间的密合以及熔变程度受压力和硬度影响,最终也将影响包衣层的时控效果。

(2) 薄膜包衣双脉冲缓释微丸

例: 酒石酸唑吡坦双脉冲控释微丸

载药丸芯:按处方取主药、崩解剂、MCC 过 80 目筛,混匀,加水制软材,挤出滚圆制微丸。微丸于 60℃ 干燥后筛取 22~24 目为载药丸芯。

隔离层:羟丙甲纤维素(HPMC)- 乳糖(1:3)混合,稀释成 5% 包衣液,取载药丸芯于流化床中侧喷包衣,包衣增重 6%,50℃干燥后筛取 20~22 目微丸备用。

内控释层:将乙基纤维素水分散体稀释至 15% 作为包衣液,采用流化床底喷包衣,包衣增重为 22%,50℃干燥,固化 24 小时,筛选 18~20 目微丸(即为单脉冲微丸)。

外含药层:HPMC-乳糖(1:2)混合,稀释成 5% 水溶液,按比例加入主药,溶解为含药包衣液。取单脉冲微丸,流化床侧喷包衣,50℃干燥,筛选 14~16 目微丸。

外控释层:HPMC-乳糖(1:1)混合,稀释成 5% 包衣液,流化床底喷包衣增重 2%,50℃干燥后筛选 14~16 目,即得双脉冲微丸(图 14-12)。

筛选得最佳崩解剂为羧甲基纤维素钠(CCMC-Na),优化用量为 50%。第一脉冲于给药后即开始释药,持续时间约 30 分钟,第二脉冲于给药 150 分钟后释放 45 分钟。崩解剂的用量,隔离层的包衣增重,内控释层衣膜的增重程度,外含药层的加载,外控释层包衣增重等都对微丸的溶出产生影响。

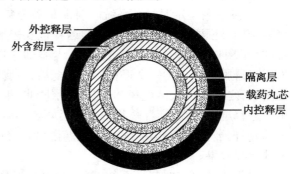

图 14-12 薄膜包衣双脉冲缓释微丸示意图

2. 柱塞型脉冲释药系统 柱塞型定时释药胶囊由以下几部分组成:水不溶性胶囊壳体、药物贮库、定时柱塞、水溶性胶囊帽。其中,定时柱塞有膨胀型、溶蚀型和酶降解型。当定时脉冲胶囊与水性液体接触时,水溶性胶囊帽溶解,柱塞遇水即膨胀,脱离胶囊体,或溶蚀,或在酶作用下降解,使贮库中药物快速释出。时滞由柱塞脱离的时间决定。各种定时柱塞的结构及释药过程见图 14-13。

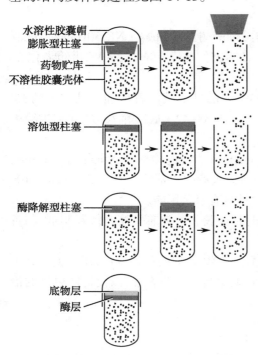

图 14-13 膨胀型、溶蚀型、酶可降解型定时柱塞胶囊

膨胀型柱塞由亲水凝胶组成,用柔性半透膜包衣;溶蚀型柱塞可用 L-HPMC、PVP、PEO 等压制,也可将聚乙烯甘油酯熔融浇铸而成;酶可降解型柱塞由底物和酶组成,二者可以混合制成单层塞,也可以分开压制成双层塞。

Pulsincap™ 是 Scherer 公司开发的以亲水凝胶为定时塞的柱塞型口服脉冲释药系统。利用凝胶遇水膨胀,从而脱离胶囊体使胶囊内药物释放,可通过控制柱塞的长度控制释药时滞。此技术被用于结肠定位给药的研究时,可采用肠溶性材料制备胶囊帽,从而使胶囊帽在进入小肠部位后才开始溶解,之后才将亲水凝胶定时塞暴露于水性环境,控制定时塞的时滞,即可控制胶囊内药物于结肠部位释放,这是定位释放技术与定时释放技术的结合。

(二)迟释-缓释型释药系统

心血管疾病具有明显的时辰依赖性。临床研究发现,从凌晨开始,特别是起床前后至上午 9 时左右甚至更长的时间段内,高血压、心肌梗死等疾病的发作频率较高。迟释 - 速释系统虽然具有择时效果,但是释药时间很短,无法满足部分需要特定时间段平稳缓慢释药的治疗要求,因此迟释 - 缓释型制剂成为口服定时释药系统的又一研究方向。该系统不仅具有一定的时滞,而且在释药时间到来后可以维持一个适当的平稳释药过程。迟释 - 缓控释型释药系统中迟释部分可以参考迟释 - 速释型制剂,而片芯则可以采用缓释控释制剂技术。

1. 渗透泵型定时释药系统 时滞是渗透泵型制剂的一个特点,在自身时滞不能满足迟释要求时,还可以通过一定厚度的迟释包衣来实现。Covera-HS 是 G. D. Searle 公司开发上市的盐酸维拉帕米迟释型渗透泵片。与普通渗透泵片的区别在于,Covera-HS 在活性药芯和外层半透膜之间多了一个迟释层。服药后,胃肠道的水通过外层半透膜进入片剂,迟释层缓慢溶解,之后水进入活性药芯,使推动层膨胀,推动药物层通过外膜上的激光小孔恒速释药。由于迟释层的存在,活性药物于服药后 4~5 小时开始以零级释放。患者睡前服药,凌晨睡眠中药物开始释放,服药后 11 小时血药浓度达峰,于患者睡醒体内儿茶酚胺水平增高时获得最佳治疗效果。

对于渗透泵定时释药系统,释药时滞由迟释层包衣材料的种类及配比、外层半透膜、推进剂用量等决定。合适的迟释包衣材料、推进剂、包衣厚度及释药孔径大小都是制备该类剂型的关键因素。

2. 包衣型迟释 - 缓释释药系统 包衣型迟释 - 缓释释药系统结合了迟释型包衣层和缓释控释制剂的释药机制。缓释药芯可以选择骨架型和膜控型,其制备方法参照相关章节内容,可选择片剂,小片,微丸等;迟释包衣可采用薄膜包衣或者压制包衣。

例:酒石酸美托洛尔延迟起释缓释微丸

载药丸芯:将酒石酸美托洛尔与 MCC 按处方混匀,加水制软材,挤出滚圆制得微丸,筛取 700~830μm 微丸备用。

内层包衣:滑石粉加入水中匀化,与处方量的丙烯酸树脂 Eudragit NE 30D 混合,配制成含 10% 聚合物的包衣液。取载药丸芯于流化床,22~25℃底喷包衣,置 40℃烘箱老化 24 小时。

外层包衣:称取处方量的 Eudragit L 100,以 95% 的乙醇溶液溶解后加入处方量的 EC 和柠檬酸三乙酯,配制成含 6% 聚合物的包衣液。流化床 38~42℃底喷包衣,置 40℃烘箱中处理 6 小时,即得。

制得的延迟起释缓释微丸的时滞为 4 小时,4、6、10、14 小时的累积释放量分别为 <10%、20%~35%、50%~70%、>75%。内外层包衣增重、外层包衣液中乙基纤维素与 Eudragit L 100 的比例均对延迟起释缓释微丸的释药时滞和释药速率具有显著影响。

3. 柱塞型迟释 - 缓释胶囊 可以将柱塞型定时释药胶囊的片芯替换为缓释制剂,制备柱塞型迟释 - 缓释胶囊。

口服定时释药系统的开发不仅要考虑疾病的昼夜节律,制剂的巧妙设计,还应关注其生物利用度指标,并结合药效学、药动学和毒性的时辰规律制定给药方案,以便提供更好的治疗手段。

二、口服定位释药系统

口服定位释药系统(oral site-specific drug delivery system)是指口服后能将药物选择性的输送到胃肠道的某一特定部位,以速释或缓释释放药物的制剂。该释药系统根据制剂的物理化学性质、在胃肠道中的转运机制以及胃肠道构造、局部 pH、酶等生理学特性,实现药物的定位释放,具有以下优点:①避免药物在胃肠生理环境下失活;②改善个体差异、胃肠运动造成的药物吸收不完全现象;③治疗胃肠道的局部疾病时可提高疗效,减少剂量,降低全身性副作用。根据药物在胃肠道的具体释药部位,口服定位释药系统可分为:胃定位释药系统、小肠定位释药系统和结肠定位释药系统。

(一)胃定位释药系统

胃定位释药系统适用于在酸性环境中溶解的药物、在胃中及小肠上部吸收率高的药物和治疗胃、十二指肠溃疡等疾病的药物,也可称为胃滞留给药系统。如维生素 B_2,主要在十二指肠吸收,吸收窗窄且易饱和,已释放的药物很快通过十二指肠,吸收量较小。制成胃滞留片,在胃中释放的维生素 B_2 能缓慢持久地到达吸收部位并被吸收,从而提高了生物利用度。但胃内不稳定或刺激性太大的药物不宜设计成胃内滞留型制剂。

实现胃滞留的主要途径包括:①胃内漂浮滞留;②胃壁黏附滞留;③体积膨胀滞留(如可溶胀或可展开的制剂)。

(1)胃内漂浮型释药系统:根据流体动力学平衡原理(HBS)设计,口服后可维持自身密度小于胃内容物密度,从而在胃中呈漂浮状态。主要材料为亲水凝胶,为了增加漂浮力,可加入助漂剂、发泡剂等辅料。在释放介质中溶解性好的主药可制成单层片,溶解性不好的主药可制成双层片(上层漂浮层,下层释药层),从而解决漂浮和释放的一致性问题。

(2)胃内黏附型释药系统:药物借助高分子材料结合于胃黏膜或上皮细胞表面,从而延长药物在靶部位的停留时间和释放时间,促进药物的吸收,提高药物的生物利用度。可采用的生物黏附材料主要有:天然黏附材料(果胶、海藻酸盐、羧甲基淀粉等);半合成黏附材料(CMC-Na、HEC、HPMC 等)以及合成生物黏附材料(卡波普等)。

(3)胃内膨胀型释药系统:制剂口服入胃后体积迅速膨胀至大于幽门而不能迅速排出,从而达到在胃内滞留的目的,也被称为塞子型系统(plug type system)。该类制剂还应具有以下性能:不阻挡幽门排空其他食物,同时具有足够的强度来承受胃部强有力的蠕动。可选用的膨胀材料主要包括交联 PVP、交联 CMC、羧甲基淀粉钠等。

胃部生理环境复杂,胃定位制剂服用后常常不能实现剂型设计的目标。如胃内漂浮制剂,胃内容物黏稠则较难漂浮,横卧时胃呈横位,浮起的制剂又可能先行排出;胃壁黏附制剂的黏附力易受到胃内酸性环境、食物成分、胃壁表皮脱落以及胃蠕动的影响;胃内膨胀型制剂强度不够则难以承受胃部强有力的蠕动,强度太大则可能阻挡幽门排空其他食物。

针对于此类问题,新剂型的开发围绕以下几种思路:改变制剂类型,由单一单元片剂改为含有微丸,微球的多单元制剂;选用新型辅料;两种或两种以上的滞留方式联用以达到最好的胃滞留效果,如漂浮型与黏附型相结合,漂浮型与膨胀型相结合,等等。

例:克拉霉素漂浮 - 生物黏附片

将 HPMC K4M、HPMC K15M、卡波姆 974P 与乳糖等混合后,采用粉末直接压片法制备克拉霉素漂浮 - 生物黏附片。

HPMC K15M 与卡波姆 974P 有较强的黏附作用,黏附力取决于聚合物的黏度与浓度,碳酸氢钠与柠檬酸作为片剂的发泡剂使片剂具有漂浮性,所制片剂可显著延长药物在胃内的滞留时间而有效去除幽门螺杆菌。

制备工艺:以粉末直接压片或干法制粒压片为宜,因为亲水凝胶如制成溶液作为黏合剂进行湿法制粒,将不利于片剂的水化漂浮;压片压力大小应得当,既需要片剂有适宜的硬度,又要使压成的片剂内部保持有适当的空隙,减小密度,同时增加水化速度。

(二)口服小肠定位释药系统

小肠定位释药系统是指在胃的生理环境中不释药,进入小肠后,能按预设的时间和位置迅速或缓慢释药的制剂。小肠是药物吸收的主要部位,在小肠中释药可以防止药物对胃黏膜的刺激作用,增加药物的稳定性,防止失活,使药物在吸收部位的浓度达到最佳状态。

口服小肠定位释药系统包括 pH 敏感型和时滞型两种。pH 敏感型小肠定位释药系统主要是指肠溶包衣制剂,利用包衣材料在酸性条件下不溶,在肠道高 pH 条件下快速溶解的特性,实现小肠定位释药。肠溶包衣和定时释药在前文中都已详细介绍,此处不再赘述。常见的小肠定位释药制剂包括肠溶包衣片及胶囊、含有多种肠溶包衣微粒的胶囊或将肠溶包衣微丸压成崩解片。

人体小肠不同区段的生理状况各不相同,药物在不同区段的吸收情况往往有较大的差异,在设计制剂时要考察药物在小肠的最佳吸收部位,选择合理处方和制剂工艺从而提高其生物利用度。

(三)口服结肠定位释药系统

口服结肠定位释药系统(oral colon specific drug delivery system,OCDDS)是指口服后在胃、十二指肠、空肠和回肠前端不释放药物,将其运送到回盲部后释放,从而发挥局部和全身治疗作用的一种给药系统。结肠部位由于 pH 条件温和、代谢酶少,在此部位释药可减少胃肠道消化酶对药物的破坏作用,提高在结肠部位吸收药物的生物利用度,改善对结肠局部病变的治疗,尤其适用于蛋白和多肽等胃肠道上段易降解的药物的口服给药。

根据结肠独特的释药环境(pH、转运时间、压力以及微生物),OCDDS 可以设计成相应的释药模式,常见的有:时控型 OCDDS、pH 敏感型 OCDDS、生物降解型 OCDDS 以及压力控制型 OCDDS。

1. 时控型 OCDDS   药物口服经胃、小肠到达结肠所需时间约 5~14 小时,采用口服定时释药系统,控制制剂在口服后 5~14 小时开始释药,可以实现结肠定位释药的目的。口服定时释药制剂的设计和制备可以参看前文。由于胃排空速率受食物和个体差异影响较大,故单纯利用时间控制设计的结肠定位释药系统具有一定的局限性。

2. pH 敏感型 OCDDS   通常消化道中胃的 pH 为 0.9~1.5,小肠为 6.0~6.8,结肠为6.5~7.5。利用在高 pH 环境下才溶解的聚合物如聚丙烯酸树脂包衣,可使药物在较低 pH 环境的胃、小肠部位不释放,从而实现结肠定位给药。但是,小肠和结肠之间的 pH 差别很小,受病变、细菌或个体差异的影响,可能无法区分,会造成药物在小肠过早释药,或者在结肠释药不完全等问题。

3. 生物降解型 OCDDS   生物降解型 OCDDS 采用某些只能在结肠部位特有的微生物产生的酶作用下降解的聚合物作为药物的载体或包衣,从而实现结肠定位释药。结肠内菌群产生的酶主要有糖苷酶、偶氮还原酶、多糖酶等,可选用的高分子材料主要有果胶、瓜尔胶、偶氮类聚合物和环糊精等多糖类和偶氮类化合物。生物降解型 OCDDS 的专属性较前两类强。

除了使用特异降解型高分子材料作为包衣和载体材料之外,还可以采用前体药物技术。前体药物口服后,由于胃、小肠缺乏相应的酶,到达结肠后经过酶降解才释放出活性药物,因此保证了药物在结肠内的释放和吸收。前体药物主要有苷的前体药物、偶氮前体药物等。例如已用于临床的偶氮降解型 5- 氨基水杨酸前体药物奥沙拉秦、巴柳氮等,在结肠内偶氮还原酶作用下,偶氮键断开,释放出 5- 氨基水杨酸,发挥治疗作用。

4. 压力控制型 OCDDS 压力控制型 OCDDS 以结肠内的压力作为药物的释药机制。制备压力控释胶囊时,先将药物溶解或悬浮在水溶性或脂溶性的基质中(如聚乙二醇、半合成脂肪酸等),然后注入进合适的胶囊,最后用乙基纤维素作为胶囊的外包衣,乙基纤维素的厚度决定着胶囊的耐受压力程度。制剂口服后,在正常体温下基质液化,胶囊变成由乙基纤维素包裹的圆球,因胃和小肠中含水量高、流动性大,圆球不受腔肠压力影响,而当圆球进入结肠后,伴随着结肠对水的重吸收,肠腔内容物黏度增大,腔内压力升高,圆球耐受不了肠内压而崩解释药。

压力控制型 OCDDS 主要依赖于人体结肠内的压力,在正常的昼夜节律下,人体结肠内压力受各种生理条件因素影响变化很大,导致药物释放个体差异较大。

5. 复合型 OCDDS 以上四种释药类型是根据结肠独特的释药环境设计的,但是这类环境的个体差异和变化性使部分依靠单纯机制设计的释药系统难以实现可靠的结肠定位释药。为突破该类局限,在实际的制剂设计时,常结合两种或两种以上释药机制。

如 pH 敏感 - 时控型 OCDDS,由于药物在小肠中的转运时间相对稳定(3~4 小时),为避免胃中转运时间的影响,可以采用 pH 敏感的肠溶包衣,使制剂到达小肠才开始溶蚀,并且通过包衣增重的改变,来控制包衣溶蚀时间为 3~4 小时,从而实现将药物转运至结肠部位释药。

6. 体外诱导型 OCDDS 体外诱导型 OCDDS 也称为脉冲式 OCDDS,是将药物、示踪物、对电磁或超声波敏感的材料及相应的高分子材料制成微球等类型,使其在胃肠道稳定。口服后通过体外监控,待其到达结肠后,再在体外用电磁或超声波诱导,使其释放药物。该类系统具有更专一的靶向定位性,对于特定部位的给药具有更好的效果,特别适用于结肠癌的治疗,减少化疗药物对胃肠及全身的毒副作用。但该系统在特殊材料的选择上要求较高,限制了其应用范围。

第五节 口服缓释控释制剂体内外评价

一、体外释药行为评价

根据《中国药典》2010 年版二部附录 X D 释放度测定法,释放度是指药物从缓释制剂、控释制剂、肠溶制剂及透皮制剂等在规定条件下释放的速率和程度。体外释放度试验是在模拟体内消化道条件下(如温度、介质、pH、搅拌速度等),对制剂进行药物释放度试验,最后制订出合理的体外药物释放度,以监测产品的生产过程并对产品进行质量控制。

制剂的释放行为受自身因素和外界因素的影响。自身因素包括药物自身的特点(晶型、粒径、溶剂化物)、辅料特点(种类、用量、质量)、制剂生产过程(原辅料混合过程、制粒干燥过程、压片过程)等;外界因素系指释放度测定条件。释放条件的选择合适与否,密切关系到最终确定的质量标准能否切实控制产品质量。由于体外释放度试验操作的具体内容在《中国药典》2010 年版二部附录 X C、附录 X D 以及附录 X IX D 中均有详细介绍,故本书主要侧重于方法的建立、评价以及影响因素的考察。

(一) 体外释放度测定方法的建立

释放度测定方法确定的总体原则是：首先释放条件应该具有一定区分能力，能够区分由于生产中关键参数改变（如控制释放行为的关键辅料的用量改变等）而可能影响到的生物利用度的不同，但又不能过于敏感，以致于微小的变化均被视为不同。其次，所建立的方法应该比较稳定，能够准确客观地反映产品的释放情况。研究过程中，结合考虑各种外界条件对释放行为的影响，通常需对释放装置、介质、转速进行详细的考察。

1. 装置的选择　对于装置的选择，需考虑具体的剂型及可能的释药机制，通常建议选择药典中收载的仪器装置。

《美国药典》34 版（USP34）共收录了 7 种装置用于溶出度 / 释放度的测定：装置 1（篮法），装置 2（桨法），装置 3（往复筒法 Reciprocating Cylinder），装置 4（流通池法，Flow-Through Cell），装置 5（桨碟法，Paddle over Disk），装置 6（筒法，Cylinder），装置 7（往复架法，Reciprocating Holder）。装置 1 和 2 最适合口服固体制剂释放度的测定；装置 3 和 4 适合软胶囊、丸剂、栓剂、难溶性药物释放度的测定；装置 5 和 6 用于透皮给药系统释放度的测定；装置 7 对不崩解的缓控释制剂和透皮制剂均适用。

《中国药典》2010 年版（ChP2010）二部附录 X C 溶出度测定法为：第一法（篮法）、第二法（桨法）、第三法（小杯法）。小杯法类似于一种小型的桨法，溶出杯的体积只有 250ml。附录 X D 释放度测定法各法并非按照装置分类，而是根据适用剂型区分，第一法用于缓释制剂或控释制剂，第二法用于肠溶制剂，第三法用于透皮制剂。各法仪器装置参照溶出度测定法，只有第三法是在桨法的基础上增加了网碟，组成桨碟装置。

篮法和桨法操作简单方便，是中美两部药典以及英国和欧洲药典首选的方法，非常适用于口服缓释控释制剂体外释放试验。但是，它们也有一定的缺点：①不能自动改变介质 pH；②溶出介质体积有限，对难溶性药物难达到漏槽条件；③桨法中供试品会上浮，USP 和 ChP 都收录了一种沉降篮结构的沉降装置来解决此类问题；④调整转速对区分不同品种的固体制剂影响不大。为了改善上述不足，可以采用 USP 介绍的往复筒法（装置 3）和流通池法（装置 4）。此外，还可以通过桨法改良、药物溶出 / 吸收仿生系统（drugdissolution/absorption simulating system，DDASS）以及流通池滴流法（flow-through cell drop method，FTCD）等。DDASS 开放式溶出系统，主要包括模拟胃、肠环境的溶出系统和装有 Coca-2 细胞或肠管的渗透系统两部分；FTCD 是新型的提高口服缓释控释制剂体内外相关性的装置。

2. 释放介质　释放介质的选择依赖于药物的理化性质（溶解性、稳定性、油水分配系数等）、生物学性质（吸收部位等）及口服后可能遇到的生理环境。

缓释与控释制剂在体内一般是以药物的释放为限速步骤的，所以在体外释放度试验时，应保证药物所在释放介质中的浓度远小于其饱和浓度，即应满足漏槽条件，USP<1088> 指出，当所选的溶出介质能够溶解 3 倍或以上投药量时，即可满足漏槽条件。设计实验时可以通过选择合适的释放介质体积和调整药物在释放介质中的溶解度来满足漏槽条件。溶出介质的体积通常选用 250、500、750、900、1000ml。

释放介质的调整方面，通常情况下，水性介质（水、0.1mol/L 的盐酸溶液和不同 pH 的缓冲盐溶液）为首选的溶出介质。对于可离子化的药物，调节释放介质的酸碱度是达到漏槽条件的首选，常用的 pH 范围为 1（胃）~7.5（小肠）。表 14-6 列出了体外释放实验中常见的几种介质。

表14-6　常用的溶出介质

pH	溶出介质	备注
—	纯水或蒸馏水	
1~3	HCl	0.1~0.001mol/L
1.2	模拟胃液	有酶或无酶
4.1~5.5	醋酸盐缓冲液	50nmol/L
5.8~8.0	磷酸盐缓冲液	50nmol/L 钠盐或钾盐
6.8	模拟肠液	有或无胰酶

对于难溶性药物而言,当缓冲液中的溶解度依然不能满足漏槽条件,可以添加表面活性剂来达到增溶的目的。事实上,在肠液和胆汁中也存在用于溶解食物中难溶成分的胆酸盐以及卵磷脂等表面活性剂,所以合适的表面活性的使用也能反映体内的试剂情况。表14-7列出了体外释放实验中常见的表面活性剂。

表14-7　溶出度实验常用的表面活性剂

表面活性剂	常用名	种类
十二烷基硫酸钠	SDS,SLS	阳离子型
溴化十六烷基三甲基铵	CTAB	阳离子型
吐温	吐温 -20、吐温 -80、聚氧乙烯月桂酸酯、聚氧乙烯油酸酯	非离子型
十二烷基二甲基氧化胺	LDAO	非离子型

ChP2010 中释放度测定法的第一法采用全程单一的释放介质来测定一般缓释控释制剂的体外释放;对于肠溶制剂,则在第二法中采用了酸中释放和缓冲盐中释放这样分段的方式来模拟制剂在体内经历的不同部位 pH 的变化。具体步骤可以参照药典所述。

此外,释放介质的脱气也是释放度试验不容忽视的问题,介质中的气体会在制剂或微粒表面聚结形成气泡,从而在药物与介质之间形成屏障,影响释放速率,增大结果差异性。ChP2010 在溶出度测定法的注意事项中特意强调了脱气,并介绍了基本的方法。

关于缓释与控释制剂体外释放试验的其他方面比如温度、搅拌、取样等在 ChP2010 二部附录中均有较详细的论述,本书不再赘述。

缓释与控释制剂通过多种机制来达到控制药物释放的目的,不同释放机制的制剂释放时对释放条件各变量的响应不同,因此,建立体外释放度试验时,了解制剂的释药机制和相关动力学模型,可以更好地指导释放度条件的选择,从而建立与体内吸收行为相匹配的体外释药考察方法。

(二)体外释放度测定方法的验证

释放条件合理性考察:虽然缓释制剂质量标准中通常采用一种条件测定释放度,但在制剂的处方筛选及质量研究过程中,应当考察不同处方在不同释放条件下释放行为的差异,评判所选定的条件是否可有效区分不同产品的质量,同时为确定质量标准中采用的释放度测定条件提供依据。如能结合体内研究结果做进一步判定,则更具有说服力。

释放条件的耐受性验证:需要验证释放条件的微小改变,是否会影响产品的释放行为。通常是根据实际操作中可能存在的误差,考察释放介质的体积(±1%)、释放介质的 pH(±0.05)、温度(±0.5℃)以及转速(±5r/min)的微小变化对释放行为是否产生影响。如结果显示以上条件的微小变化对产品释放行为有较明显的影响,则说明所用条件的耐受性较差,不适宜于实际操作,应重新修订。

释药量检测方法的方法学验证:具体要求可以参见方法学验证的相关指导原则。除此之外还应考虑以下与释放以及检测过程均相关的方面:主药在释放介质中的稳定性;最佳取样量,以保证测定简便,尽量减小误差;滤器的性质,考证有效成分在滤器上是否有吸附。

(三) 体外释放度曲线的统计学比较

作为制剂性能的评价指标,体外释放度曲线的定量比较可用于确保制剂的一致性。通过对比不同批次、规模、处方、工艺、场地以及生产厂家的制剂在相同或不同释放条件下的释放度曲线,可以判断处方、工艺因素以及释放条件对药物体外释放行为的影响,也可以判断不同厂家之间相同制剂释药行为的差别。定量比较方法分为模型依赖法和非模型依赖法两类。模型依赖法是将释放度数据进行模型拟合后,利用模型的参数来判断曲线的相似性。而非模型依赖法则直接比较释放度曲线。在非模型依赖法中,最常用的是相似因子法(f_2)。相似因子f_2是两条曲线的平均方差的对数转化,公式为:

$$f_2 = 50 \times \lg \left\{ \left[1 + \frac{1}{n} \sum_{i=1}^{n} (R_i - T_i)^2 \right]^{-0.5} \times 100 \right\} \tag{14-7}$$

式中,n为曲线上的时间点个数;R_i和T_i分别为参比制剂和试验制剂在第i点的平均释放量。由于f_2的结果是对试验制剂和参比制剂释放度曲线平均值的比较,而不考虑制剂内的变异性,因此,有研究对f_2因子进行了校正,提出了目前比较常用的无偏相似因子f_2^*的概念。

$$f_2^* = 50 \times \lg \left\{ 1 + \frac{1}{n} \left[\sum_{i=1}^{n} (R_i - T_i)^2 - \sum_{t=1}^{n} \frac{s_{R_i}^2 + s_{T_i}^2}{m} \right]^{-0.5} \times 100 \right\} \tag{14-8}$$

式中,$s_{R_i}^2$和$s_{T_i}^2$分别代表参比和受试制剂第i点的累积释放度的方差;m为样本数。

当两条曲线完全相同时,f_2(或f_2^*)值为100;两条曲线相差10%时,f_2(或f_2^*)值为50。当f_2(或f_2^*)值大于50时,表明两释放度曲线相似。

二、体内过程评价

缓释与控释制剂在体外释药行为研究的基础上还需要用动物或人体进一步验证制剂在体内的控制释放性能,并将体内数据与体外数据进行相关性研究,以评价体外试验方法的可靠性,同时通过体内试验进行制剂的体内动力学研究,求算各种动力学参数,给临床用药提供依据。

体内评价包括临床前药代动力学试验以及人体生物利用度和生物等效性试验。相关试验方法与普通制剂的体内过程评价方法类似,可参照药典以及普通制剂章节相关内容。

三、体内外相关性

ChP 2010 中关于体内 - 体外相关性(IVIVC)给出如下定义:指的是由制剂产生的生物学性质或由生物学性质衍生的参数(如 $T_{\max}$、$C_{\max}$ 或 AUC),与同一制剂的物理化学性质(如体外释放行为)之间,建立了合理的定量关系。

速释口服固体制剂由于药物在体内的表观吸收通常是多个变量的函数且难以在体外进行单独研究或模拟,故其 IVIVC 的不确定性较高。与速释制剂相比,IVIVC 更适用于以药物的释放为吸收过程限速步骤的缓释控释制剂。缓释控释制剂通常会使病人在较长一段时间内保持一定的血药浓度水平,为了确保药物的体内性能的一致性,与体内关联的体外试验方法具有很高的价值,因此,在缓释控释制剂开发过程中考察建立 IVIVC 的可能性很有必要。

(一) 体内外相关性的分类

ChP 2010 将 IVIVC 归纳为三类,对应了 FDA 关于 IVIVC 的 A、B、C 的分级。

A 级相关:体外释放曲线与体内吸收曲线(即由血药浓度数据去卷积而得到的曲线)上对应的各个时间点应分别相关,这种相关简称点对点相关,表明两条曲线可以重合。A 级相关反映了体外释放与体内吸收之间点对点的关系,可以通过药物的体外试验数据预测其体内响应的整个过程,因此从药品审评角度,A 级相关用途最大,也是 ChP 指导原则中采用的方法。

B 级相关:应用统计矩分析原理建立体外释放的平均时间与体内平均滞留时间之间的相关。由于能产生相似的平均滞留时间可有很多不同的体内曲线,因此体内平均滞留时间不能代表体内完整的血药浓度 - 时间曲线。

C 级相关:将一个释放时间点($T_{50\%}$、$T_{90\%}$ 等)与一个药代动力学参数(如 AUC、C_{max} 或 T_{max})之间单点相关,只说明部分相关。C 级相关虽然没有给出整个过程的血药浓度 - 时间曲线,但这种方法可用于制剂的开发,或用于特定时间点的溶出标准的制定。

另外,还有人提出多重 C 级相关,即把一个或几个重要的药物动力学参数与释放曲线的几个时间点上的药物释放量联系起来。其相关性的建立至少需要涵盖来自释放曲线的早期、中期和末期的三个溶出时间点。因为每个时间点都需要用相同的参数来证明其相关性,因而可以估算体外释放的任意变化对体内性能的影响。如果可以建立多重 C 级相关,则通常也可以建立 A 级相关。

(二) 体内外相关性的建立与验证

建立和评价 IVIVC 模型的主要目标就是建立释放度检查方法来替代人体生物等效性研究。由于目前没有一种体外方法能够完全模拟动态复杂的体内过程,所以不是所有的药物都适合建立 IVIVC。一般认为,建立 IVIVC 需要具备以下条件:药物的释放过程是整个吸收过程的限速步骤;药物在胃肠道内或胃肠道壁不发生或只发生少量降解或代谢;在不同生理状态下,胃肠道对药物的吸收没有显著变化;体外试验具有区分性和预测性。同时,还应该注意到,个体差异较大或者受疾病状况影响较大的药物难以建立 IVIVC。

1. A 级体内外相关性模型的建立　IVIVC 模型的建立需要具有不同释药速率(快、中、慢)的制剂的体外数据以及具有区分性的体外试验方法。与体外数据相关的体内响应可以是血药浓度(一步法)或者体内吸收的药物量(两步法),后者可以通过反卷积分法从血药浓度 - 时间曲线中计算得到。

一步法将血药浓度作为体内响应变量,许多药动学参数(如 T_{max}、C_{max} 和 AUC)可以直接从血药浓度 - 时间曲线中获取,故体外释放曲线和体内血药浓度曲线之间的相关有很清楚的临床意义。假设药物在体内外的释放速率相等或相近,以体外释放数据的函数为输入速率,以静脉注射或速释制剂的单位剂量血药浓度数据作为参考,通过卷积分法来预测体内血药浓度。通过统计比较血药浓度的预测值和实测值,可以对 IVIVC 进行评价和验证。该法关注的是对测定量的预测能力,而不是对体内吸收量的间接估算,因此,对评估药物体外释放对其体内行为的影响更为容易。

两步法将药物吸收量作为体内响应变量,可以直接比较体外和体内参数,更为简单直观。首先选择合适的反卷积分法，从血药浓度 - 时间曲线中计算出每一个剂型的体内吸收曲线，再将计算得到的体内吸收百分数与体外释放百分数相关。反卷积分法分为数值反卷积分法和基于药动房室模型的反卷积分法，Wagner-Nelson 方程和 Loo-Riegelman 方程是计算口服给药后体内表观吸收的两种药动模型。关于反卷积分法的具体方法，可参照相关专业资料。两步法是建立 IVIVC 模型最常用的方法，ChP 2010 二部附录 XIX D 指导原则中就采用了基于药动房室模型反卷积分法的两步法。将同批试样体外释放曲线和体内吸收曲线上对应的各个时间点的释放百分率和吸收百分率利用线性最小二乘法回归，得直线回归方程。如直线的相关系数大于临界相关系数（$P<0.001$），可确定体内外相关。

2. 体内外相关性的验证　为了确保 A 级 IVIVC 模型的可用性和可靠性，一般需要使用至少两种以上具有不同释药速率的制剂对模型进行验证。

模型的验证分为组内验证和组外验证，组内验证是指根据建立的 IVIVC 模型，将先前用于建立模型的释放度数据输入，可以准确（预测误差 <20%）得到体内参数（如 C_{max} 和 AUC）。组外验证是将不同于建模的其他制剂（不同释药速率的制剂、生产过程略微变化的制剂或者用于其他研究的不同生产批次的制剂）的体外释放度数据输入到所建模型中，判断是否能准确预测出体内药动学参数。如果 IVIVC 的建立使用了两种或两种以上不同释药速率的制剂，并且是治疗指数较宽的药物，则仅组内验证就够了；对于治疗指数较窄的药物来说，即使组内验证结果通过，仍需进行组外验证。

（三）体内外相关性的应用

建立 IVIVC 最关键的环节在于确定一个可用于评价药物体内行为的体外试验方法。因此，一个通过了验证的 IVIVC 的主要用途体现在两方面，首先是建立有意义的释放度质量标准来保证产品质量；其次是在临床研究期间或批准后，为药品生产过程发生变更（如处方、工艺等方面的变更）时申请豁免生物等效性研究提供依据。

1. 建立释放度质量标准　体外释放度标准的建立是为了保证各药品批次之间的一致性，区分合格和不合格的产品。一般来说，每个时间点的体外释放量的确定应建立在用于临床生物利用度研究试验批次的释放度的基础上。如果没有建立 IVIVC 模型，在释放度的限度设定方面，根据《口服缓控释制剂药学研究技术指导原则》，每个释放时间点标准的范围必须位于生物利用度研究批次的平均曲线的 ±10% 以内。在建立了 IVIVC 情况下，可以依据 C_{max} 和 AUC 的差异不超过 20% 这个范围来选择血药浓度曲线，并对其进行反卷积分，得到体内吸收曲线，再通过 IVIVC 模型获得每个时间点的体外释放度，最大值和最小值即为该时间点释放度的上下限。

2. 体内生物利用度研究的豁免支持　对与缓释与控释制剂，一个基于验证过的 IVIVC 的体外释放度试验，可以用来在药品生产过程发生变更（如处方、工艺等方面的变更）时获得对体内生物利用度试验的豁免。基于 IVIVC 授予生物豁免的要求是：预测的 C_{max} 和 AUC 值与参照产品相应值之间的差异不能超过 20%；释放度要达到标准的要求。根据 FDA 的两篇指导原则，在生物等效性豁免问题上，建立 IVIVC 的药品获得豁免的机会明显多于没有建立 IVIVC 的药品。例如，如果没有建立 IVIVC 的药品发生变更，需在注册资料中递交在自拟标准 / 药典规定的介质和其他 3 种介质中变更前后药品的释放曲线相似的证据，这是一条极为严格和苛刻的要求，而对于建立了 IVIVC 的药品，多数情况下无需进行释放曲线相似性比较就能够获得豁免。建立 IVIVC 后所获得的生物等效性豁免方面的优势还有很多，可以参考相关指导原则。

近年来,口服固体制剂的体内外相关性研究引起了企业、监管机构和学术界的广泛关注,在 IVIVC 基础上利用体外试验评估或预测固体药物(特别是缓释控释制剂)体内性能的可行性和成功率大大提高。利用已建立的 IVIVC,体外释放度数据不仅可作为质量控制和替代体内研究的有力工具,还可用于指导有体内意义的释放度质量标准的建立。因此,将IVIVC 研究作为缓释与控释制剂开发的一个基本环节越来越重要。

第六节 长效注射制剂

随着口服缓释与控释技术的发展,各种释药机制和技术研究进一步成熟,药物在胃肠道内的释药行为已经可以根据临床治疗的需求实现各种部位、时间和速度的控制释放。但是,由于胃肠道固有的吸收机制、环境和排空时间等因素的影响,药物在胃肠道内的释放和吸收始终无法避免首过效应和缓释时间的限制。长效注射制剂避开了胃肠道的复杂环境和吸收机制,从而可以消除首过效应的影响,同时能实现更长的缓释时间,已成为缓释与控释制剂的一个重要组成部分,在蛋白多肽及其他生物技术药物蓬勃发展的大环境下拥有更广阔的前景。

一、长效注射制剂的概念与特点

长效注射制剂是指通过皮下、静脉、肌肉或其他软组织注射给药后,在局部或全身起缓释作用的制剂。一般情况下,在胃肠道内稳定性差、口服生物利用度低或需长期使用的药物,适合制成长效注射制剂。长效注射制剂具有以下优点:

1. 制剂可直接注入预期的释药部位,降低系统毒性,增加治疗效果。对于局部作用的药物可减少或消除全身用药带来的毒副作用。

2. 缓释时间不受胃肠道生理条件影响,可维持长达数月乃至几年的释药。对于需长期使用的药物,可减少给药次数,提高患者的顺应性,降低治疗费用。

3. 药物免受胃肠道 pH 条件、酶和菌群代谢等影响,也可避免首过效应,保持药物的药理活性,提高其生物利用度。

4. 可控制药物持续恒速释放几周甚至数月,提供更平稳的血药浓度,降低常规制剂反复多次给药造成的血药浓度峰谷波动,提高药物的安全性。

作为一类避开胃肠道吸收途径,直接注入体内的制剂,长效注射制剂在具备独有的诸多优点的同时,也有其自身或者技术限制带来的一些缺点,在进行制剂开发和剂型设计时,应加以考虑:

1. 长效注射制剂剂量较高,药物长时间滞留体内可能导致毒副作用的增加,意外突释效应更会严重影响临床用药的安全性。

2. 长效注射制剂一旦使用无法撤回,特殊情况下的用药灵活性较差。

3. 一些药物容易形成聚集体或絮凝造成针头堵塞影响注射给药,注射部位存留药物的延迟弥散对疗效可能产生影响。

4. 注射剂型载体需要更严格和全面的体内毒性评价,理想的聚合物载体材料品种较少且价格昂贵。

5. 长效注射制剂制备时一般需使用二氯甲烷、丙酮、氯仿等有机溶剂,产品中容易残留有机溶剂,影响其安全性;生产条件和灭菌要求苛刻,制备工艺普遍复杂,实现工业化大生产难度较大。

二、长效注射释药技术

长效注射制剂最初以油溶液及混悬剂为主,随着药物制剂技术的发展和可生物降解材料研究的不断深入,前体药物、微球、微囊、注射植入剂以及凝胶等长效注射制剂相继问世,在生物相容性、可降解性以及生物利用度等方面均表现出明显的优势。

(一)基于溶媒缓释技术的长效注射制剂

基于溶媒缓释技术的长效注射制剂主要是指最先发展起来的油性溶液或者混悬剂。肌注给药后油性制剂会在局部形成储库,药物分子先从储库中分配进入体内水性间隙,随后被吸收进入血液循环发挥疗效。药物在油溶液和组织液中的分配系数是影响释药速率的主要因素,此外,注射部位、注射体积及注射后制剂的分散程度等因素也会影响释药速率。长效油性注射制剂用药次数少,制备方便,成本较低,不少制剂至今仍应用于临床。但是油性溶液注射后会产生局部疼痛,且油性载药介质更易造成微生物污染,制剂长期稳定性欠佳。

(二)基于药物修饰缓释技术的长效注射制剂

药物修饰缓释技术是通过制备难溶性盐、前体药物以及药物 PEG 化等化学修饰手段,通过控制药物在体内的溶出、水解、酶解等过程,实现药物的缓慢长效释放。

1. 前体药物技术 前体药物(prodrug)是一类本身没有生物活性或活性很低,经过生物体内转化后才具有药理作用的化合物。酯类前体药物是前体药物可注射缓控释制剂中最常见的类型,特别适合中枢神经系统药物的衍生化。酯类前体药物进入体内后在酯酶催化下水解出原药,通过控制前药的水解速率来控制活性母体化合物的释放,从而延长活性药物作用时间;此外,低溶解度的前体药物在给药部位缓慢释放,也可以延长活性药物作用时间。非典型性抗精神病药物帕潘立酮棕榈酸酯长效注射剂(Invega Sustanna®)是帕潘立酮与棕榈酸形成的酯类前体药物的纳米混悬剂。帕潘立酮棕榈酸酯的半衰期为 23 小时,同时该前体药物疏水性强,在水中不溶,故而缓释效果明显,与口服帕潘立酮相比,Invega Sustanna® 给药频率从每天 1 次降低到每月 1 次。

由于前体药物技术的衍生化材料大部分具有较强的脂溶性且衍生化后药物的靶向性较差,在提高生物利用度的同时也增加了药物在吸收部位或其他脂质富集部位的毒副作用,因此,研究具有适当的脂溶性及更优越的生物可降解性的载体材料,是前体药物技术所面临的一项重要任务。

2. 难溶盐技术 成盐技术一般用来提高不溶性化合物的溶解度,难溶盐技术与之相反,是将水溶性药物转化成难溶性的盐来控制药物的释放,延长药物作用时间。目前,难溶盐技术中研究最多的是双羟萘酸盐。药物形成双羟萘酸盐可明显降低溶解度和溶出速度,延长药物在体内的作用时间。长效奥氮平注射液(Zyprexa Relprev)是奥氮平双羟萘酸盐一水合物的干粉,奥氮平半衰期为 21~54 小时,但由于制成的双羟萘酸盐完全不溶于水,使给药频率就从每天 1 次降低到每 2 周或 4 周给药 1 次。该技术仅适用于可成盐的药物且成盐种类较少,成盐后药物的释放速率并不可控,缺少用药的灵活性,对于一些自身或降解产物毒性较大的药物不适用。

3. PEG 化技术 聚乙二醇化(PEGylation)又称 PEG 修饰,是 20 世纪 70 年代后期发展起来的一项重要技术。该技术解决了多肽和蛋白质类药物在体内半衰期太短,患者需频繁注射给药的问题。PEG 是一种亲水不带电荷的线性大分子,当它与蛋白类药物的非必需基团共价结合后,可作为一种屏障挡住蛋白质分子表面的抗原决定簇,避免抗体的产生,或者阻止抗原与抗体的结合而抑制免疫反应的发生。蛋白类药物经 PEG 修饰后,相对分子质量增加,肾小球的滤过减少,减少了药物排泄,增加其抵抗蛋白酶水解的稳定性,降低免疫原性,这些均有利于延长蛋白类药物在体内的半衰期;通过 PEG 修饰还能有效地增加注射部位的药物吸收,从而减少药物残留,提高药物的安全性和有效性;除此之外,PEG 修饰还可以增加药物分子的靶向性,避免巨噬细胞等的吞噬,最大程度地保证药物的活性。但该技术仅适用于修饰大分子靶向药物,在小分子药物的应用方面受到限制。PEG 化药物给药频率可延长至数周注射一次,具有长效缓释作用,目前已上市的部分 PEG 化药物如表 14-8 中所示。

表 14-8　部分已上市的 PEG 化长效注射制剂

母体化合物	商品名	给药频率	长效制剂给药频率	治疗作用
PEG 化干扰素 α2b	PEGlntron	1 天 1 次	1 周 1 次	慢性丙型肝炎、乙型肝炎
PEG 化干扰素 α2a	PEGasys	1 周 3 次	1 周 1 次	慢性丙型肝炎、乙型肝炎
PEG 化腺苷脱氨酶	PEGADA	1 天 1 次	1 周 1~2 次	严重的儿童免疫缺陷症
PEG 化单克隆抗体	Leukine	1 天 1 次	1 周 2 次	慢性结肠炎
PEG 化天冬氨酸酶	Oncaspar	1 周 2 次	2 周 2 次	急性淋巴母细胞白血病
PEG 化菲格司汀	Neulastin	1 天 1 次	2 周 1 次	白细胞数量减少症
PEG 化培维索孟	Somavert	1 天 1 次	2 周 1 次	肢端肥大症
PEG 化促红细胞生成素 β	Mircera	1 周 3 次	4 周 1 次	贫血症
PEG 化抗 VEGF 抗体	Macugen	1 周 9~14 次	6 周 1 次	年龄相关性黄斑变性

(三) 基于载体缓释技术的长效注射制剂

1. 微球(microspheres)　是指药物溶解或分散在高分子聚合物中,形成的骨架型球形或类球形实体,通常粒径为 1~250μm。当微球注射入皮下或肌内后,随着骨架材料的水解溶蚀,药物缓慢释放(数周至数月),在体内长时间地发挥疗效,从而减少给药次数,降低药物的毒副作用。目前,长效注射微球最常用的载体主要为可生物降解的聚乳酸、羟基乙酸聚合物(PLGA、PLA 等),聚合物在体内可降解为乳酸、羟乙酸,后者经三羧酸循环转化为水和二氧化碳。聚合物在体内的降解速度可通过改变聚合单体的比例及聚合条件进行调节。

注射用利培酮微球(risperidal consta)是第一个长效非典型性抗精神病药,该制剂采用 Medisorb 技术,将药物包裹于 PLGA 微球,制成混悬剂,给药频率从每日 1~2 次降低至每 2 周给药 1 次。艾塞那肽长效注射剂(bydureon)是 2012 年 FDA 批准上市的 2 型糖尿病长效制剂,该长效注射制剂将药物的给药频率由每日注射 2 次延长到每周注射 1 次,显著改善了患者的顺应性。部分已上市的长效注射微球制剂见表 14-9。

表 14-9 FDA 批准上市的长效注射微球

批准时间	商品名	活性成分	缓释周期	适应证	开发公司	载体
1989 1996	Zoladex	醋酸戈舍瑞林	1 个月 3 个月	前列腺癌	AstraZeneca	PLGA 植入
1989 1996 1997	Lupron depot	醋酸亮丙瑞林	1 个月 3 个月 4 个月	前列腺癌,子宫内膜异位	TAP	PLGA 微球
1998	Sandostatin LAR	醋酸奥曲肽		肢端肥大	Novartis	PLGA 微球
1999	Nutropin depot	生长激素	1 个月	儿童发育缺陷	Genetech /Alkermes	PLGA 微球
2000 2001 2010	Trelstar depot	双羟萘酸曲普瑞林	1 个月 3 个月 6 个月	晚期前列腺癌	Debiopharm S. A.	PLGA 微球
2001	Arestin	米诺环素		慢性牙周病	OraPharm	PLGA 微球
2003	Plenaxis	阿巴瑞克	1 个月	前列腺癌	Praecis	PLGA 微球
2003	Risperdal Consta	利培酮	2 周	精神分裂症	Johnson/Alkermes	PLGA 微球
2006	Vivitrol	纳曲酮		酗酒	Alkermes/Cephalon	PLGA 微球
2007	Somatuline depot	醋酸兰瑞肽	1 个月	肢端肥大	IPSEN	PLGA 微球
2009	Ozurdex	地塞米松		玻璃体混浊	ALLERGAN INC	PLGA 植入
2012	Bydureon	艾塞那肽	1 周	2 型糖尿病	Lilly /Alkermes	PLGA 微球

2. 脂质体 脂质体长效注射制剂主要通过皮下或肌内注射给药,给药后脂质体滞留在注射部位或被注射部位的毛细血管所摄取,药物随着脂质体的逐步降解而释放。影响脂质体中药物释放的因素包括脂质种类、包封介质以及脂质体的粒径。脂质中酯基碳链越长,药物释放的越慢;包封介质的渗透压越高,药物释放越慢;脂质体粒径越大,其在注射部位的滞留时间越长。粒径对脂质体在注射部位的滞留时间还与给药途径有关,小粒子脂质体,皮下注射比肌内注射时的药物释放速度更快;而对于大粒子脂质体,无论是皮下注射还是肌内注射,脂质体均可长期滞留在注射部位。

DepoFoam 是一种多囊脂质体药物传递系统,是由非同心的脂质体囊泡紧密堆积而成的聚集体。DepoFoam 注入机体软组织后,最外层囊泡破裂释放部分药物,内部囊泡中的药物逐渐向外层囊泡扩散,逐渐释放,达到数天至数周的缓释效果。多囊脂质体的载药性能和长期稳定性欠佳,在贮存过程中可能出现沉降和聚集问题,使其发展受到一定的限制。

目前,DepoFoam 给药系统上市产品包括:阿糖胞苷脂质体注射剂(Depocyt)、硫酸吗啡脂质体注射剂(DepoDur)以及布比卡因脂质体注射剂(Exparel)。2011 年批准上市的 Exparel 是布比卡因脂质体注射用混悬液,用于控制术后手术部位的疼痛。与普通布比卡因注射剂相比,Exparel 的止痛时间由 7 小时增加到 72 小时。

3. 原位凝胶 原位凝胶属于在体成型给药体系的一种。是一类以溶液状态给药后在用药部位立即发生相转变,由液体固化形成半固体凝胶的制剂。原位凝胶根据固化机制的不同可分为物理胶凝系统和化学胶凝系统。其中,物理胶凝系统又可分为温度敏感型、离子敏感型、pH 敏感型以及聚合物沉淀型。在原位凝胶释药系统中,药物在扩散作用和凝胶自身降解作用的双重推动下,从凝胶中平稳地释放出来从而达到缓释效果。目前原位凝胶长效注射制剂的研究主要集中于聚合物沉淀型原位凝胶以及温敏型原位凝胶。

(1)聚合物沉淀型原位凝胶:聚合物沉淀型原位凝胶是最先开发和上市的注射用原位凝胶。该原位凝胶系统主要采用了基于相分离原理的 Atrigel™ 技术,将可生物降解聚合物(如PLGA 或 PLA)溶解于某些生物相容性好的两亲性有机溶媒,给药前在其中加入药物制成溶液或混悬剂,皮下或肌内注射后,制剂中的两亲性有机溶媒快速逸散至体液,溶于其中的聚合物因溶解度降低而发生沉淀,将药物包裹于其中形成可缓慢释药的储库。

采用该技术的上市产品主要有缓释 1 周的盐酸多西环素注射凝胶(Atridox)和缓释 1~6个月的醋酸亮丙瑞林注射凝胶(Eligard),分别用于治疗牙周炎和前列腺癌。制剂中所用的生物降解聚合物是目前最为成熟的 PLGA 或 PLA,有机溶媒均采用安全性良好的 N- 甲基 -2-吡咯烷酮(NMP)。Atridox 和 Eligard 的包装都采用了 A、B 两支预装灌封针,A 注射器内装有聚合物溶液,B 内装有主药粉末,使用前经"桥管"连接,将聚合物溶液和主药充分混匀后再进行注射。

此外还有 Alzamer Depot 技术,该技术使用了聚原酸酯类可生物降解聚合物,且所用的有机溶剂(如苯甲酸苄酯)在水中的溶解度较低,有效减少了溶解或混悬于其中的药物的首日突释量。

(2)温敏型原位凝胶:温敏型原位凝胶在环境温度到达临界温度时会发生溶胶到凝胶的可逆相转化。研究和应用最广的温敏型原位凝胶主要包括泊洛沙姆和聚(N- 异丙基丙烯酰胺),但这两种材料都不具备生物降解性,因而主要应用在眼用、鼻用等非注射给药体系中。由聚乙二醇(PEG)和 PLA 组成的 BAB 型(PEG-PLA-PEG)温敏型凝胶虽然具有良好的生物降解性,但该凝胶呈现"高温溶胶,低温凝胶"的正相温敏凝胶特性,不便于制剂的制备和贮存,也不适用于温度敏感型药物。目前温敏型原位凝胶长效注射制剂中最常用的凝胶是由MacroMed 公司开发的 ReGel。

ReGel 由低分子量的 ABA 型 PLGA-PEG-PLGA 三嵌段共聚物溶解在 pH 7.4 的磷酸盐缓冲液中制成,具有良好的生物降解性和生物相容性,适用于水溶性药物和小剂量的水难溶性药物,也是蛋白多肽类生物制剂药物的良好载体。可通过改变三嵌段聚合物的疏水 / 亲水组分含量、聚合物浓度、分子量和多分散性等来调节药物的释放,实现 1~6 周的长效释药。OncoGel 是将紫杉醇溶于 ReGel 中制得的长效注射剂,用于食管癌的治疗,可根据肿瘤体积的大小多次进行瘤内注射,缓释长达 6 周。ReGel 显著增加了紫杉醇在水中的溶解度(>2000倍)和化学稳定性。将淋巴因子白介素 2 溶于 ReGel 中可制得免疫调节制剂 Cytoryn,制剂注射于肿瘤内或肿瘤周围能在 3~4 天内缓慢释放,与传统的 IL-2 制剂相比,不但降低了使用剂量,避免了系统毒性和高血压等不良反应,而且大幅度增加了机体的淋巴细胞增生。

原位凝胶长效注射制剂可以实现特殊部位的给药,制备简单,有效降低药物的不良反应,延缓用药周期。但也存在许多亟待解决的问题:水溶性药物的突释作用明显;注射到机体后凝胶的形状差异导致药物的释放速率变化;温敏型原位凝胶聚合物降解的速度较快,不方便运输,需要冷冻贮藏。

三、长效注射微球的制备与评价

(一)长效注射微球的制备方法

微球的制备方法有相分离法、液中干燥法、喷雾干燥法、缩聚法、二步法等,适用于长效注射微球的主要有以下几种：

1. 液中干燥法（emulsion solvent evaporation method）　又称溶剂挥发法、溶剂固化法或溶剂提取法，是从乳液中除去分散相挥发性溶剂以制备微球的方法。其具体的制备过程是将含有聚合物和药物的有机溶剂相分散在另外一种与之互不相溶的液体中形成乳剂，再除去分散相中的挥发性溶剂，使骨架材料固化成微球。

其中乳状液的制备方法主要有 O/W 乳化法、O_1/O_2 乳化法、$W_1/O/W_2$ 复乳法等，乳化方法对微球性质影响较大，不同乳化方法适用于不同性质的药物。O/W 乳化溶剂挥发法是制备疏水性药物微球最常用的方法。聚合物溶解于有机溶媒中，药物可以溶解或以混悬状态存在于上述聚合物溶液中，然后与不相混溶的连续相乳化，形成 O/W 型乳剂，分散相中溶媒挥发，使聚合物固化形成载药微球。O_1/O_2 乳化法也称作无水系统，主要用于制备水溶性药物微球。将溶解聚合物的有机溶媒同与其不相混溶的油相乳化后，再经溶媒挥发即可制得微球。无水系统可以抑制水溶性药物向连续相扩散，提高药物的包封率。$W_1/O/W_2$ 复乳化溶剂挥发法是制备多肽蛋白质类水溶性药物微球最常用的方法。药物水溶液或混悬液以及增稠剂与水不互溶的聚合物有机溶剂乳化制成 W_1/O 初乳，后者再与含表面活性剂的水溶液乳化生成 $W_1/O/W_2$ 复乳，聚合物的有机溶媒从系统中移除后，即固化生成载药微球。

液中干燥法的制备过程需要使用表面活性剂或有机溶剂，可能导致产品溶剂残留，不利于维持蛋白质多肽类药物的活性；药物常常因为在不同液相之间的扩散而损失，导致包封率较低；另外，工艺条件较复杂，工业生产的可靠性和重复性较差。液中干燥法影响微球形成的有关因素如表 14-10 所示。

表 14-10　液中干燥法影响微球形成的有关因素

影响因素	需控制的参数
挥发性溶媒	溶媒用量；在连续相中的溶解度；沸点；与药物和聚合物作用的强度等
连续相	水相的组成和浓度
连续相中的乳化剂	乳化剂的类型和浓度
药物	药物在各相中的溶解度；剂量；与载体和挥发性溶媒作用的强度
载体骨架材料	载体用量；在各相中的溶解度；与药物和挥发性溶媒作用的强度；结晶度

例：醋酸亮丙瑞林长效注射微球

醋酸亮丙瑞林长效注射微球是利用液中干燥法开发上市的代表剂型。

醋酸亮丙瑞林（leuprorelin acetate，LE）用于激素依赖性肿瘤的治疗，该药口服给药无生物活性，直肠、鼻腔或阴道给药制剂的生物利用度分别为 <1%、1% 和 1%~5%。缓释 1 个月的醋酸亮丙瑞林长效注射微球以 PLA 和 PLGA 为骨架材料，于 1989 年在美国上市，随后缓释 3~6 个月的相继上市。

工艺流程：将药物水溶液、增稠剂溶液与聚合物有机溶剂乳化制成 W/O 初乳，再与 0.25%PVA 水溶液形成 W/O/W 复乳，缓慢搅拌 3 小时，聚合物的有机溶媒从系统中移除后，制得半固态微球，经 74μm 细筛除去大微粒，水洗，然后以 1000r/min 转速离心，除去上清液中的小微粒，再经多次水洗、离心后，用甘露醇溶液分散，经冷冻干燥即得亮丙瑞林微球。

该工艺在内水相中添加了增稠剂，可以增加初乳的稳定性，提高药物包封率。理想的增稠剂应能够将水相黏度提高到 5000cp 或更高，内水相加入明胶并冷却冻凝可以起到有效的增稠作用。

2. 喷雾干燥法　喷雾干燥法是将待干燥物质的溶液以雾化状态在热压缩空气流或氮气流中干燥以制备固体颗粒的方法。该方法简便快捷,可连续的批量生产,是很有潜力的微球工业化方向之一。帕金森病治疗药物 Parlodel LAR 是溴隐亭长效注射微球,采用喷雾干燥法制备,可在体内缓释 1 个月。二氯甲烷是喷雾干燥法制备 PLGA 微球最常用的溶剂之一,其他的替代溶剂也在不断开发中。

喷雾冷冻干燥法是在喷雾干燥法的基础上衍生出的制备方法。将药物的冻干粉和赋形剂加入到生物可降解聚合物的有机溶剂中混匀,通过喷嘴以雾状喷到液氮中使药物迅速冷冻固化,再将所得的冷冻颗粒冻干后去除有机溶剂即得。该方法在制备微球的过程中避免使用水,可有效增加水不稳定药物的稳定性,常用于多肽和蛋白类药物微球的制备。

超声喷雾 - 低温固化法是利用超声喷雾使含药的聚合物溶液分散成细小的液滴,这些液滴分散在低温的有机溶媒中,溶媒不断萃取出聚合物中的溶剂,液滴则固化形成微球。1998 年 Alkermes 公司和 Genetech 公司在实验室规模基础上开发了一套全封闭、符合 GMP 要求的中试规模的微球生产设备,用于临床试验样品的制备,将 rhGH 微球样品制备量从实验室规模的几克 / 批扩大到 500 克 / 批。2004 年 6 月,因生产成本高昂,Genetech 公司停止生产。

例:生长激素缓释微球制备工艺

【处方】重组人生长激素(rhGH)13.5mg　醋酸锌 1.2mg　碳酸锌 0.8mg　PLGA68.9mg

【制法】rhGH 与醋酸锌(摩尔比 1：6)形成的不溶性复合物经微粉化处理达 1~6μm 后,与碳酸锌一起加入到 PLGA 的二氯甲烷溶液中,超声喷雾至覆盖有液氮的固化乙醇和正己烷的萃取罐中,在 −80℃ 下,二氯甲烷逐渐被乙醇萃取,由此得到固化的微球。

在 rhGH /PLGA 混悬液中加入 1% 碳酸锌微粉(<5μm)。首先,Zn^{2+} 能与 rhGH 形成难溶性的络合物,降低 GH 的溶解度,减少突释作用。其次,与 Zn^{2+} 形成络合物后 GH 的疏水性增强,能够显著提高稳定性。另外,难溶性的弱碱盐 $ZnCO_3$ 作为抗酸剂,能够持续提供低浓度 Zn^{2+},有效抵御降解而产生的酸性环境,提高 rhGH 在释药过程中的稳定性。

3. 相分离法(phase separation)　是在药物与材料的混合溶液中,加入另一种物质或不良溶剂,或降低温度或用超临界流体提取等手段使材料的溶解度降低,产生新相(凝聚相)固化而形成微球的方法。

瑞士 Debiopharm 公司开发的 PLGA 药物控释平台(Debio PLGA)就是采用相分离法制备长效注射微球,适用于小分子量药物和肽类药物。利用 Debio PLGA 技术,诞生了第一个长效注射微球制剂醋酸曲普瑞林微球,所用的骨架材料 PLGA 由 25%L- 乳酸单体、25%D- 乳酸单体和 50% 羟乙酸共聚而成,临床上用于治疗前列腺癌和子宫内膜异位症等。

Exendin-4 微球采用了改进的相分离法,将 Exendin-4 和蔗糖等稳定剂溶于水中作为水相,PLGA(50：50)的二氯甲烷溶液作为油相,两者在超声振荡下制成 W/O 乳液,将硅油(350Cs)在控速条件下滴入搅拌着的 W/O 乳液中,由于二氯甲烷与硅油互溶,PLGA 很快沉淀出来形成初生态的载药微球。这时微球呈柔软态,在正己烷 / 乙醇溶液中低温(3℃)下搅拌 2 小时,进行固化处理,可以很好解决残留溶剂的问题。微球分离出来后经真空干燥即得。

4. 超微粒制备系统技术(Ultra-fine particles preparing system,UPPS)　1948 年,Parr 提出旋转圆碟技术的概念,将其用于快速均匀喷洒滞效杀虫剂。1964 年,由 Albert 首次将该技术用于制备单分散固态三氧化铁颗粒。旋转圆碟技术是将两种不同的液体(反应试剂和溶剂)分别经两根供液管道同时供应至圆碟中心,由泵控制液流速度,马达控制圆碟转动速度,在适当的液流速度和圆碟转动速度下,两种液体在碟上相遇并铺展成超薄膜,圆碟高速旋转,在数秒内完成热质交换和化学反应后形成均一微液滴。旋转圆碟技术可用于快速制备单分散粒径分布窄的微液滴及固体微粒。Senuma 等人采用自制旋转圆碟雾化器制备了以 PLA 为载体,氯仿为溶剂的生物可吸收载平滑肌细胞多孔微球,粒径大小在 160~320μm。

中山大学的药剂课题组在该技术基础上通过精密设计圆碟几何结构和主体腔内气流系统,自主研制了超微粒制备系统(Ultra-fine particles preparing system,UPPS),用于连续规模化制备药物微球。UPPS 构造及工作原理如图 14-14 所示,主要由转碟系统、绝热容器腔、气流控制系统和样品收集器等组成。其制备载药微球的工作原理为,将溶液供应到高速旋转的圆碟表面,在转碟离心力作用下将液体压缩和浓缩成薄液膜,液膜在转碟边沿受剪切力作用被雾化成微滴,微滴被抛射进入容器腔内的气流中,处于悬浮状态,精密控制气流运动方向和速度,使微滴随着气流运动,逐渐挥干溶剂固化成球。在该工艺中,碟面凹槽螺纹设计、圆碟转速、供液速度、溶剂挥发速度、溶液的性质等都将影响产物的性质。UPPS 系统可以克服喷雾干燥过程中高温导致的溶剂快速挥发,微滴固化过快,微粒形貌无规则的不足,在常温或低温条件下产生足够分散的雾化微滴,使之悬浮在气流中,逐渐固化,最终形成球形度较好的固体微球,利用该法可实现连续规模化生产。

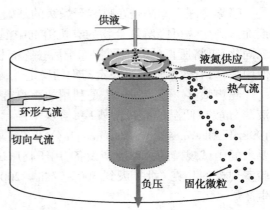

图 14-14　UPPS 工作原理示意图

(二)长效注射微球的质量评价

1. **粒径及其分布**　微球的粒径及其分布对微球体外和体内的释药模式、释药速率、含量均匀度乃至降解时限、通针性等指标都有很大的影响。为了制得一定粒径分布的微球,在制剂工艺中通常采用筛分法进行处理。干法筛分时,微球可能因被压过筛而导致破损,因此一般多采用湿法筛分,即将微球悬浮于水性介质中,在振荡下从筛上缓慢加料,取截留在两筛之间的微粒,此时微粒以自然状态过筛,其粒径的准确性要好于干法筛分。

2. **载药量、含量均匀度以及包封率**　微球的含量均匀度检查是一项需要特别注意的检测项,涉及微球标示量的确定、相对含量差值 A 的计算、标准偏差 S 的计算以及可接受标准限度的确定等,具体方法参照药典。含量均匀度不仅微球和辅料的混匀情况影响,还与微球粒径分布相关。粒径分布范围宽,容易出现均匀度问题;粒径分布范围越窄,含量均匀度越好。包封率方面,中国药典要求微球的包封率达到80%。

3. **体内外释放度**　体外释放主要考察在特定条件下微球中药物的释放速率,常用的测定方法有摇床法、透析法和流通池法等。释放介质的组成、pH、离子强度、渗透压、表面活性剂种类及浓度、介质温度等对释药速率都有较明显的影响。

4. **无菌检查**　长效注射微球微生物检查除需检查微球表面外,还必须对可能存在于微球内部的微生物进行检查。检查微球的内无菌,必须先用溶媒将聚合物骨架溶解使可能包埋在微球内的微生物释放出来,然后再进行过滤、培养等检查操作。例如,注射用利培酮微球的内无菌检查方法是分别向样品瓶中加入 5ml 二甲基亚砜,使微球溶解后,按直接接种法检查。

(吴传斌)

思 考 题

1. 简述缓释、控释制剂与普通制剂的区别以及优缺点。

2. 缓释与控释制剂设计的依据是什么? 设计时需考虑哪些因素?

3. 简述膜控型和骨架型缓释与控释制剂的释药原理和释药控制的主要影响因素。

4. 渗透泵片的控释原理是什么? 主要有哪几种类型? 每种类型的特点是什么?

5. 口服定时释药系统可以通过哪几种原理实现?

6. 结肠作为药物传递部位有哪些优点和不足? 结肠定位释药系统适用于哪些类型的药物?

7. 如何进行体内外相关性评价?

8. 长效注射制剂适用于哪些药物? 有哪些主要的制剂类型? 论述国内长效注射微球的发展现状和工业化前景。

参 考 文 献

1. 平其能 . 现代药剂学 . 北京:中国医药科技出版社,1998

2. 崔福德,龙晓英 . 药剂学 . 第 7 版 . 北京:人民卫生出版社,2011

3. 陆彬 . 药物新剂型与新技术 . 第 2 版 . 北京:人民卫生出版社,2005

4. 颜耀东 . 缓释控释制剂的设计与开发 . 北京:中国医药科技出版社,2006

5. 国家药典委员会 .《中国药典》2010 年版二部 . 北京:中国医药科技出版社,2010

6. The United States Pharmacopeial Convention. USP 34-NF 29,2011

7. 张继稳,顾景凯 . 缓控释制剂药物动力学 . 北京:科学出版社,2009

8. 潘卫三 . 工业药剂学 . 第 2 版 . 北京:中国医药科技出版社,2010

9. 王晓波 . 药物运释系统 . 北京:中国医药科技出版社,2007

10. 邱怡虹,陈义生,张光中 . 固体口服制剂的研发——药学理论与实践 . 北京:化学工业出版社,2013

11. Senior J,Radomsky M. 可注射缓释制剂 . 北京:化学工业出版社,2005

12. Pan X,Chen MW,Han K,et al. Novel compaction techniques with pellet-containing granules. Eur J Pharm Biopharm,2010,75(3):436-442

13. Wen XG,Peng XS,Fu H,et al. Preparation and in Vitro Evaluation of Silk Fibroin Microspheres Produced by a Novel Ultra-fine Particle Processing System. Int J Pharm,2011,416:195-201

14. Wong PSL. L-OROS™ technology advancing new therapies through ALZA's liquid drug formulation. Deliv Times,2005,11(11):1-4

15. Verma RK,Arora S,Garg S. Osmotic pumps in drug delivery. Crit Rev Ther Drug Carrier Syst,2004,21(6):477-520

16. Wilding IR,Davis SS,Bakhshaee M. Gastrointestinal transit and systemic absorption of captopril from a pulsed-release formulation. Pharm. Res,1992,9(5):654

17. McNeil ME，Rashid A，Stevens HNE. Drug Dispensing Device. US Patent 5342624

18. Ayer DA，Lam A，Magruder AJ，et al. Dosage form，process of making and using same. US Patent 6096339

19. Zawar L，Savaliya P，Bari S，et al. Formulation and evaluation of floating mucoadhesive tablet of clarithromycin. Int J Pharm & Bio Sci，2010，1：1-10

20. Dai PH，Guang JI，Su YC，et al. Controlled release of insulin from pH/temperature-sensitive injectable penta-block copolymer hydrogel. J Control Release，2009，137（1）：20 -24

21. 任瑾，周建平，姚静，等. 注射型缓控释制剂的研究进展. 药学进展. 2010，34（6）：264-271

22. 张芳，杨志强，王杏林. 长效注射剂释药技术研究进展. 中国新药杂志. 2013，22（5）：547-554

23. 李坤，刘晓君，陈庆华. 可生物降解长效注射给药系统的研究进展. 中国医药工业杂志. 2014，43（3）：214-221

24. Jivani RR，Patel CN，Jivani NP. Design and Development of a Self Correcting Monolithic Gastroretentive Tablet of Baclofen. Sci Pharm，2009，77：651-667

25. 孙学惠，郭涛，宋洪涛，等. 单硝酸异山梨酯定时脉冲释放片的制备及体外溶出度研究. 中国药学杂志. 2003，38（8）：604-608

26. 余超，邹梅娟，史一杰，等. 酒石酸美托洛尔延迟起释缓释微丸的制备. 沈阳药科大学学报. 2011，28（1）：14-15

27. 谢齐昂，胡富强，袁弘. 酒石酸唑吡坦双脉冲控释微丸的研制. 中国药学杂志. 2009，44（17）：1314-1320

28. Hoffman A，Goldberg A. The Relationship Between Receptor-Effector Unit Heterogeneity and the Shape of the Concentration-Effect Profile：Pharmacodynamic Implications. J Pharm Bio，1999，22（6）：449-468

29. Hoffman A. Pharmacodynamic aspects of sustained release preparations. Adv Drug Deliver Rev，1998，33：185-199

30. Mager DE，Wyska E，Jusko WJ. Diversity of Mechanism-based Pharmacodynamic Models. Drug Metab Dispos，2003，31：510-519

31. Srujan Kumar M，Ayesha Siddiqua S，Thanusha G，et al. Comprehensive Review on Pulsatile Drug Delivery System，Journal of Drug Discovery and Therapeutics，2013，1（4）：15-22

32. Tajane SR，Kholwal BB，Suryawanshi SS，et al. Current Trends in Pulsatile Drug Delivery Systems. International Journal Pharmaceutical Sciences and Research，2014，3（2）：358-366

33. Rajput M，Sharma R，Kumar S，et al. Pulsatile Drug Delivery System：A Review. International Journal of Research in Pharmaceutical and Biomedical Sciences，2014，3（1）：118-144

34. 许真玉，马玉楠. 化学药物口服缓释制剂释放度研究. 中国新药杂志. 2010，19（8）：654-657

35. 周晓丽，朱金屏. 渗透泵剂型的研究进展. 中国医药工业杂志. 2009，40（2）：52-58

36. 陈眉眉，王成润，金一. 泮托拉唑钠肠溶微丸型片剂的制备. 药学学报. 2011，46（1）：96 - 101

37. 刘艳，张志鹏，索绪斌，等. 缓控释制剂体外释放度的研究进展. 时珍国医国药. 2011，22（3）：701-703

38. 高杨，黄钦，马玉楠. 化学药物口服缓控释制剂体内外相关性研究. 中国新药杂志. 2010，19（10）：827-831

39. 杨燕，熊素彬，王超君. 不对称膜渗透泵的研究进展. 中国医药工业杂志. 2011，42（2）：139-145

40. 潘卫三，杨星钢，聂淑芳，等. 阿昔莫司缓释片的体外释放度及释放机制的初步研究. 中国新药杂志. 2005，14（4）：440-444

41. Stevens HNE，Wilson CG，Welling PG，et al. Evaluation of Pulsincap™ to provide regional delivery of dofetilide to the human GI tract. Int J of Pharm，2002，236：27-34

第十五章 黏膜给药制剂

本章要点

1. 掌握黏膜给药的定义、特点及质量要求;掌握口腔黏膜给药和鼻黏膜的给药的定义、特点及质量要求。
2. 熟悉黏膜给药的分类;熟悉口腔黏膜和鼻黏膜给药的分类。
3. 熟悉黏膜给药的吸收机制及影响吸收的因素;熟悉口腔黏膜给药和鼻黏膜给药的吸收机制及影响因素。
4. 了解口腔黏膜给药制剂和鼻黏膜给药制剂的处方设计。了解黏膜给药、口腔黏膜给药及鼻黏膜给药的发展趋势。

第一节 概 述

一、黏膜给药的定义与特点

黏膜给药(mucosal drug delivery)是指药物直接或使用合适的载体与生物黏膜表面直接接触,并经人体的黏膜部位,通过黏膜吸收起到局部治疗作用或全身治疗作用的给药方式。黏膜给药与传统的口服给药相似,给药方便,能随时停止;药物可以透过黏膜下毛细血管直接进入体循环,避免胃肠道酶和酸的降解作用及肝首过效应;黏膜上的酶活性低,药物不易被降解破坏。但由于黏膜部位固有的一些生理特性,致使黏膜给药也存在一些共性问题需要解决,一方面,对于某些性质的药物,各种黏膜均具有吸收屏障,药物的吸收利用率较低;另一方面,不同组织部位均具有影响药物与黏膜黏附的因素存在,使药物与黏膜的接触时间缩短,从而影响药物通过黏膜吸收。此外,还需考虑到制剂的黏膜刺激性和黏膜毒性,因而对黏膜给药的安全性评价提出了较高要求。

二、黏膜给药的分类

黏膜存在于人体的各腔道,如口腔、鼻腔、眼部、肺部、直肠、阴道及子宫等部位,根据给药部位的不同,黏膜给药制剂分为以下几类:

1. 口腔黏膜给药制剂 舌下片、口含片、口腔贴片、含漱剂、口腔凝胶剂等。
2. 鼻黏膜给药制剂 滴鼻剂、凝胶剂、微乳、微粒给药系统等。
3. 眼部黏膜给药制剂 滴眼剂、眼膏剂等。
4. 肺黏膜给药制剂 气雾剂、喷雾剂、粉雾剂等。
5. 直肠、阴道及子宫黏膜给药制剂 栓剂及灌肠剂等。

眼黏膜给药制剂、肺黏膜给药制剂、直肠、阴道及子宫黏膜给药制剂在眼用制剂、气雾剂及栓剂相关章节中讲述,本章主要讨论口腔黏膜给药制剂及鼻黏膜给药制剂。

三、黏膜给药的吸收机制及影响因素

生物膜是由磷脂、蛋白质及少量多糖组成的一种薄膜结构,药物从吸收部位到达靶器官、组织及体液必须通过生物膜的转运。生物膜是由脂质双分子层紧密排列,并镶嵌有膜蛋白的结构,药物可通过两种通道转运实现黏膜给药,一种是细胞转运通道,这是一种脂溶性的通道,脂溶性药物及一些经主动机制吸收的药物通过该通道转运吸收,是多数药物吸收的主要途径;另一种是细胞外转运通道,即水溶性空穴,小分子的水溶性药物可通过该通道转运吸收。

(一)口腔黏膜吸收机制

口腔黏膜由上皮层和黏膜固有层构成,中间有一基底膜相隔。上皮层由外到内依次为角质层、颗粒层、棘层和基底层,其中角质化的上皮构成口腔黏膜保护屏障。口腔黏膜总表面积约 200cm², 不同部位黏膜的面积、厚度和角质化情况均不相同,见表 15-1。颊黏膜和舌下黏膜上皮均未角质化,最有利于药物全身吸收;舌下黏膜和部分齿龈黏膜比较薄,血流丰富,如舌下片或含漱剂在相应部位可快速吸收;硬腭黏膜较厚且角质化,药物很难透过。

表 15-1 人口腔黏膜各部位解剖生理

部位	面积 /cm²	平均厚 /μm	角质化情况
颊黏膜	50.2	500~600	未角质化
舌下黏膜	26.5	100~200	未角质化
硬腭黏膜	20.1	250	角质化
齿龈黏膜		200	角质化

黏膜的部位、结构和面积影响物质的传递。目前常用的口腔给药途径可分为口颊给药、齿龈给药、舌下给药和上腭给药。口腔黏膜比皮肤黏膜的透过性高 4~4000 倍,不同部位口腔黏膜的药物透过性依次为:舌下 > 颊 > 硬腭。口腔黏膜表面湿润,伴有水化现象,对药物分子的透过有利。口腔中每日的唾液流量约 0.5~2L,唾液冲洗作用是影响口腔黏膜给药制剂吸收的最大因素。

(二)鼻腔黏膜吸收机制

人鼻腔黏膜总表面积约 150cm², 其上皮细胞上有许多微绒毛,可有效增加药物吸收面积,其下分布有大量毛细血管和丰富的淋巴网,可使药物迅速吸收进入血液循环。鼻腔上部的黏膜比鼻腔底部和各鼻窦内黏膜厚,血管密集,是药物吸收的主要区域。

然而鼻腔内也存在药物渗透屏障,鼻腔纤毛以平均 6mm/min 速率带动黏液层向咽部运动,可连续不断清除进入鼻腔的微小异物,药物也不例外,因此对药物的鼻黏膜吸收产生影响(图 15-1)。鼻腔黏液的 pH 为 5.5~6.5,是蛋白水

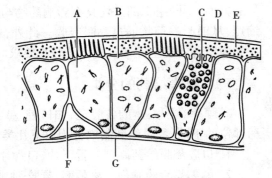

图 15-1 鼻黏膜上皮细胞图

A. 纤毛细胞;B. 无纤毛分泌细胞;C. 杯状细胞;D. 胶质黏液层;E. 溶胶层;F. 基底细胞;G. 基底膜

解酶的最适 pH,并具有多种水解酶,因此鼻黏膜的酶屏障也是一种"首过效应",肽类和蛋白质类药物可由于鼻黏膜中酶的作用而影响疗效。

四、影响药物黏膜吸收的因素及黏膜吸收促进剂

1. 生理因素　黏膜的生理结构及生理环境会影响药物的黏膜吸收的速度和程度。如口腔黏膜表面由二十多层充满角蛋白结晶的鳞状上皮细胞构成,细胞间通过纤维连接,形成了药物屏障。鼻腔纤毛清除作用是鼻腔给药的一大障碍,鼻腔纤毛以大约 1000 次/分的频率将覆盖在其上部的黏液层向鼻腔后部摆动,使包裹在黏液层中的药物转移至咽喉而被吞咽。用药部位生理环境的改变也会影响药物的吸收,如发生鼻炎、感冒时鼻黏液分泌、纤毛运动及黏膜通透性均会发生改变,从而影响药物的吸收。

2. 剂型因素　药物剂型不同会影响药物的释放速率,从而影响药物的黏膜吸收速率和生物利用度。如鼻黏膜给药常用剂型有溶液剂、混悬剂、凝胶剂、气雾剂、喷雾剂和吸入剂等。其中鼻腔气雾剂、喷雾剂和吸入剂在鼻腔黏膜中的弥散度和分布面积大,药物吸收快,生物利用度高,疗效优于其他剂型。药物通过黏膜的吸收与药物的脂溶性、分子量大小及离子化程度紧密相关。脂溶性药物及小分子量药物易吸收,而水溶性药物及大分子量药物不易吸收,分子型比解离型药物更易吸收,挥发性药物比普通药物更易吸收。

3. 黏膜吸收促进剂　许多大分子药物,如多肽和蛋白质类药物,生物活性高,但因分子量大结构复杂,往往难以通过黏膜层,且易被给药部位的蛋白水解酶降解。因此,寻找适宜的黏膜吸收促进剂,增加药物对黏膜的透过性,提高药物的生物利用度,是开发黏膜给药制剂的关键。

吸收剂可分为化学吸收剂和物理吸收剂。化学吸收促进剂是通过改变黏膜的结构来促进药物的吸收;物理吸收促进剂是通过有效地维持黏膜部位药物的浓度来增加药物的吸收。常用的吸收剂有:表面活性剂、螯合物,脂肪酸、脂肪醇、脂肪酸酯、环糊精衍生物、蛋白酶抑制剂等。其作用机制主要有以下几个方面:①在膜上与糖蛋白结合,引起磷脂膜紊乱,改变膜结构,增加膜的流动性,如阴离子表面活性剂、壳多糖及月桂氮草酮等;②降低黏膜黏度,促使膜上的亲水部分吸收更多水分,扩大细胞间通路,如某些表面活性剂;③加入酶抑制剂,减少蛋白水解酶对多肽类和蛋白质类药物的降解,如胆酸盐等。理想的黏膜吸收促进剂应具有以下特点:①无生理活性;②对黏膜刺激性小、无毒、无变态反应;③起效快、促进作用强、作用时间可预测;④仅单向降低黏膜屏障功能,内源性物质不通过黏膜扩散损失,黏膜功能可迅速恢复;⑤理化性质与药物及其他辅料无配伍禁忌;⑥若是液体且用量较大,应能作为药物的良好溶剂;⑦在黏膜上具有良好的铺展性、相容性,且无不适感觉。

五、黏膜给药的质量要求

黏膜给药制剂剂型很多,给药部位各不相同,各种不同的剂型不仅须满足该项剂型的各种质量要求,还须考虑黏膜给药的特点。一般要求,根据不同部位黏膜特点制备的各种药物制剂,应符合《中国药典》2010 年版制剂通则对各种剂型质量要求的有关规定。

由于黏膜给药制剂用于人体各腔道黏膜部位,要求各种黏膜用制剂必须对黏膜具有良好的相容性、无刺激性、稳定性;眼黏膜用制剂如眼膏剂要求药物必须极细,基质必须纯净,制成的眼膏应均匀、细腻、易涂布、无刺激性、无细菌污染等;眼、鼻黏膜滴剂药液 pH 应与生理 pH 接近;口腔黏膜用制剂应有良好的味觉;各种制剂在规定贮藏期内不得变质;固体制

剂的溶出度或释放度应符合要求并提供有关生物利用度资料。

六、发展趋势

随着现代制药技术的进步,黏膜给药制剂发展迅速,已成为一种重要的疾病治疗手段。目前已有愈来愈多的药物已实现了黏膜吸收,如治疗失眠的舌下片酒石酸吡唑坦(intermezzo)、治疗鼻塞的喷雾剂斯代米特(stimate)、抗心绞痛药硝酸甘油舌下片、黄体酮阴道缓释凝胶等。为了更好地使药物透过黏膜吸收,开发低毒有效的吸收促进剂和新型载药体系仍是未来需要研究的主要方向。

第二节　口腔黏膜给药制剂

一、口腔黏膜给药制剂的定义与特点

口腔黏膜给药制剂是指药物经口腔黏膜吸收直接进入体循环,避免胃肠道的酶代谢及酸降解和肝脏的首过作用,提高药物的生物利用度发挥局部或全身治疗和预防的一类制剂。口腔黏膜给药属于非胃肠道途径,与传统的口服给药制剂相比具有给药方便,生物利用度高等优点。1874 年首次报道用于治疗心绞痛的硝酸甘油口腔黏膜吸收后,口腔黏膜给药制剂得到了迅速发展。

口腔黏膜给药制剂的特点包括:

1. 药物既可局部作用,也可全身作用。

2. 经毛细血管直接进入体循环避免了胃肠道破坏和降解以及肝首过效应,提高药物疗效。

3. 延长作用时间,减少用药次数。如不可溶解背衬型口腔贴剂不受唾液的影响,释药时间可长达 10~15 小时。

4. 口腔黏膜对药物刺激耐受性好,修复功能强。

5. 用药方便,易于给药和终止给药,患者顺应性好,适合老人和吞咽困难患者用药。

二、口腔黏膜给药制剂的分类

1. 口腔贴片　是指粘帖于口腔,经黏膜吸收后起局部或全身作用的速释或缓释制剂。贴片为圆形和椭圆形;普通贴片直径一般在 5~8mm,柔性贴片直径可增大至 13mm;贴片厚度一般应在 1~4mm,贴膜厚度一般应在 1~2mm。药物与辅料如羧甲基纤维素钠、乙基纤维素等材料制得的黏附性强、适合口腔黏膜给药的片剂,能长时间黏附在口腔黏膜表面,延长药物在口腔黏膜或病灶处的滞留时间,以增强疗效。咪康唑颊贴缓释片中加入卡波姆 974 黏附力 $49.10g/cm^2$,黏附性能良好。

2. 舌下片　是指置于舌下能迅速溶化或使用时在唾液中徐徐溶解,药物经舌下黏膜吸收发挥全身作用的片剂。舌下片不应含有刺激唾液分泌的成分,以免药物溶于大量唾液中而被咽下,在口腔内不崩解,但可徐徐溶解;普通舌下片主要适用于急症治疗。如芬太尼舌下片可缓解癌症疼痛。

3. 溶液剂　增大液体制剂的黏度即可保护黏膜表面,也有可延长药物在口腔黏膜上的滞留时间。醋酸氯己定含漱剂治疗牙龈炎,加入聚乙烯醇增强了药物与患部的黏附力,增强了药物与患部的接触面积和时间,减少了用药次数,增强了药物的疗效,同时减弱了药物对患部的刺激。

4. 口腔凝胶剂　口腔黏附凝胶剂水性基质一般由水、甘油或丙二醇与纤维素衍生物、卡波姆等构成。复方苯佐卡因凝胶能持续数小时牢固黏附在患者口腔创面,药物薄膜由于屏蔽了外界的物理因素和化学因素对伤口损伤黏膜组织的刺激作用,从而具有快速治愈口腔病、减轻疼痛、改善进食状况的作用。

三、口腔黏膜给药制剂的质量要求

1. 使用方便,满足口腔黏膜对药物吸收的要求。
2. 药物及辅料对口腔黏膜无毒性和刺激性。
3. 黏附基质要求基质形态变化适宜,黏附力和黏附时间满足口腔黏膜给药的需要。
4. 口腔黏膜给药制剂微生物限度、含量及体外溶出度的测定等应符合《中国药典》2010年版一部附录检查有关规定。

四、处方设计及举例

(一)药物性质

药物在黏膜的吸收与药物的脂溶性分子量大小及离子化程度紧密相关。脂溶性非离子型药物易透过口腔黏膜吸收。一般认为舌下给药时,非离子型药物的油水分配系数在40~2000之间吸收较好,油水分配系数超过2000的药物,则脂溶性过高而不溶于唾液,油水分配系数低于40的药物则跨膜透过性差,不易被吸收,如硝酸甘油的油水分配系数为820,适宜制成舌下片。亲水性药物口腔黏膜吸收与药物分子量大小有关,小于100的可迅速透过口腔黏膜,但随分子量增大,透过性迅速下降,一些药物口腔的黏膜透过系数见表15-2。如果药物气味经矫臭、矫味后仍无大改变,使人难以接受则不宜舌下给药。处方设计时,不应有刺激唾液分泌的成分,以免使药物随唾液被吞下。

表15-2　一些药物的口腔黏膜透过系数

药物	动物及口腔黏膜种类	透过系数 P	药物	动物及口腔黏膜种类	透过系数 P
辛醇	兔颊黏膜	2.2×10^{-5}	促甲状腺释放素	兔颊黏膜	2.0×10^{-7}
苯甲酰胺	兔颊黏膜	1.5×10^{-5}	苯丙胺	犬颊黏膜	1.5×10^{-5}
黄体酮	兔颊黏膜	8.9×10^{-6}	雌二醇	犬颊黏膜	6.6×10^{-6}
甘氨酸	兔颊黏膜	8.3×10^{-7}	异丙肾上腺素	犬颊黏膜	6.0×10^{-8}

(二)辅料选择

口腔黏膜给药制剂通常由生物黏附材料、黏膜吸收促进剂、缓释材料、酶抑制剂及其他填充剂等组成。辅料的选择这些可能影响到制剂介质 pH、等渗度、对黏膜的刺激性以及药物的释放速率、吸收速率及消除速率,进而对药物的黏膜吸收产生很大影响。

1. 生物黏附材料　生物黏附材料的选择是制备口腔黏膜给药制剂的关键,理想的生物黏附材料应刺激性小,无吸收,性质稳定,有良好的生物相容性,能很好地黏附于口腔黏膜上,不受唾液分泌和口腔生理运动的影响,能保留较长时间。常用的生物黏附材料有天然、半合成及合成三大类,天然高分子材料有明胶、果胶、阿拉伯胶、海藻酸钠、壳聚糖等,半合成高分子材料有羧甲基纤维素钠、羟丙基甲基纤维素、羟乙基纤维素,合成高分子材料有聚(甲基)丙烯酸树脂、卡波姆、聚乙烯吡咯烷酮、聚乙二醇等。其中聚丙烯酸类是研究较多的生物黏附材料,如卡波姆;国外已有用卡波姆作为生物黏附材料的粘贴膜剂和片剂上市,主要用于治疗口腔溃疡。

影响制剂黏附性的主要因素是生物黏附材料的种类。研究表明,带有较多阴离子的聚合物,其生物黏附性能优于阳离子型或中性聚合物,而水不溶性聚合物性能优于水溶性聚合物。如有人比较了卡波姆934、羟丙基纤维素、壳聚糖、阿拉伯胶等聚合物的体外生物黏附性,结果显示卡波姆934的生物黏附力最强。生物黏附材料的黏附特性还与其相对分子质量有关,一般生物黏附材料的黏附力随着聚合物的相对分子质量的增加而增加。如PEG系列黏附性的顺序为PEG3000>PEG750>PEG80。此外,两种或两种以上材料混合使用,可提高制剂的生物黏附性,如卡波姆934分别与羟丙基甲基纤维素、羟丙基纤维素及其聚乙烯吡咯烷酮合用可提高口腔黏膜贴片的生物黏附力。

2. 黏膜吸收促进剂 黏膜吸收促进剂可以改善口腔黏膜通透性,常用的黏膜吸收促进剂有:①表面活性剂,如十二烷基硫酸钠、癸酸钠、大豆磷脂、聚山梨酯等;②非表面活性剂,如月桂氮酮;③胆酸盐,如脱盐胆酸盐、牛磺二氢岩藻霉素钠等;④脂肪酸及其酯,如油酸、癸酸、亚麻酸、月桂酸及其酯类;⑤亲水性小分子,如乙醇、丙二醇、二甲基亚砜、二甲基甲酰胺等;⑥萜烯类,如挥发油、薄荷醇等;⑦螯合剂,如EDTA,水杨酸盐等;⑧其他类,如环糊精衍生物、纤维素衍生物等。

其中胆酸盐对颊黏膜的刺激性小,不影响制剂的黏附力,且具有酶抑制作用,是一种安全有效的新型口腔黏膜渗透促进剂。胆酸盐是肝细胞分泌的胆酸与甘氨酸或牛磺酸结合形成的钠盐或钾盐,具有表面活性,是胆汁参与消化和吸收的主要成分。胆酸盐的促透效果与其浓度相关,当浓度低于临界胶团浓度(critical micell concentration,CMC)时,其局部浓度增加缓慢,促透作用无或极微弱;当浓度达到CMC时,由于界面饱和而使作用稳定;当浓度高于CMC时,胆酸盐形成胶束,对组织中的脂质有增溶作用。研究表明胆酸盐的促透作用是主要由于其提取了细胞间的脂质,但并没有打乱脂质的有序性;此外,胆盐还能抑制黏膜的肽酶的作用。

3. 缓控释材料 口腔黏膜给药制剂常用缓控释材料作为赋形剂,如羟丙基甲基纤维素与卡波姆974P共混材料可用于控释颊膜贴片的赋形剂。壳聚糖和海藻酸钠也是应用较为广泛的缓释材料,如壳聚糖和海藻酸钠混合直接压片制得硫氮草酮口腔颊膜贴片,可起到较好的缓释作用。

4. 酶抑制剂 为提高蛋白质类药物的口腔黏膜吸收,还可以考虑酶抑制剂,但因口腔黏膜蛋白质代谢酶活性较其他黏膜部位小,且多数酶位于胞浆内,对于以细胞间通道转运的蛋白质类药物来说,降解作用可能影响不大。

(三)制法与处方举例

例1 硝酸甘油舌下片

【处方】硝酸甘油3g 二氧化硅0.65g 单硬脂酸甘油酯1.65g 预胶化淀粉21g 单水乳糖318.2g 硬脂酸钙1.05g 共制1000片

【制法】将硝酸甘油与150.8g单水乳糖混匀,单硬脂酸甘油酯与83.7g单水乳糖混匀,再将二氧化硅与83.7g单水乳糖在另一容器中混匀。将稀释的硝酸甘油加入到单硬脂酸甘油酯/单水乳糖混合物中,搅拌10分钟,再向其中加入二氧化硅/单水乳糖混合物及预胶化淀粉,搅拌 5 分钟,然后加入硬脂酸钙,搅拌 5 分钟后,粉末直接压片。

【注解】硝酸甘油与单水乳糖混匀可使硝酸甘油得到稀释,其中单水乳糖为填充剂,预胶化淀粉为崩解剂,二氧化硅为助流剂。

例 2　甲基睾酮颊额片

【处方】甲基睾酮 10.0mg　乳糖 86.0mg　蔗糖 87.0mg　阿拉伯胶 10.0mg　滑石粉 6.0mg　硬脂酸镁 1.0mg　蒸馏水适量　共制 1000 片

【制法】按处方将前四种药物物理粉碎过 60 目筛,混匀,加适量的蒸馏水制成软材,过 12 目筛制粒 0℃干燥,18 目筛整粒,加入滑石粉和硬脂酸镁混匀,压片即得,每片重 200mg。

【注解】口腔用的片剂含大量的甘露醇和(或)蔗糖,以增加甜度,还含有黏合剂以减慢其崩解速度。要避免使用在口中有砂粒感的物质。这类片剂的崩解时间可以为 15~45 分钟,此时间的长短不仅与处方有关,而且与病人的自我控制有关。

第三节　鼻黏膜给药制剂

一、鼻黏膜给药制剂的定义与特点

鼻黏膜给药制剂是指经过鼻腔给药,药物借助于黏附性的高分子聚合物与鼻黏膜产生黏附作用,经鼻黏膜吸收而发挥局部或全身治疗作用的制剂。尤其适用于除注射外其他给药途径困难的药物,如口服难以吸收的极性药物、在胃肠道中不稳定的药物、肝脏首过作用强的药物和蛋白及多肽类药物等。目前常用的鼻黏膜给药制剂有:斯代米特、福莫特罗、瑞乐砂等。

鼻黏膜给药制剂的特点包括:

1. 与口服给药相比,鼻腔给药可避免药物在胃肠液中降解和肝脏首过效应,生物利用度高,小分子药物生物利用度接近静注,大分子多肽类药物生物利用度高于口服。

2. 作用迅速,鼻上皮细胞下有许多大而多孔的毛细血管和丰富的淋巴网,为药物向血液和组织渗透起着良好的作用,可以使药物迅速通过血管壁进入体内循环。

3. 药物可通过紧贴筛板下的上鼻甲(面积约 10cm^2)吸收进入脑脊液,从而进入中枢神经系统,具有脑靶向性。

4. 有些药物口服给药无效,必须静注或肌内注射,鼻内给药克服了这一弱点,用药方便,无痛苦,滴鼻治疗可自行掌握,无需他人协助,特别适应于长期治疗的患者。

5. 用药少、费用低廉,滴鼻总用药量仅为静脉输注量的 1/40~1/10,费用仅为静脉输注的 1/160~1/80。

6. 安全性好,明显优于静滴。

二、鼻黏膜给药制剂分类

鼻黏膜是亲水性大分子药物、蛋白质、多肽类药物的理想给药途径,除传统的滴鼻剂外,现已研制出包括微球、脂质体、纳米粒凝胶、微乳等在内的等多种鼻黏膜给药新剂型。

(一)滴鼻剂

滴鼻剂(nasal drop)系指供滴入鼻腔内使用的液体制剂,可用于鼻腔消毒、消炎、收缩血管和麻醉,亦可通过鼻腔给药起全身作用。常用溶液有水、丙二醇、液状石蜡等。药物的水溶液易与鼻黏液混合,并分散于黏膜表面,但作用时间短。药物的油溶液无刺激,作用持久,但不易与鼻黏液混合,穿透性差,用量多易进入气管而引起"类脂性肺炎",液状石蜡尤甚。

滴鼻剂多配成溶液剂,也可配成混悬剂或乳剂,还可将药物以粉末、颗粒、块状或片状等形式包装,另备溶液临用前配制成溶液剂或混悬剂使用。滴鼻剂应呈等渗或略高渗状态;不改变鼻黏液的正常黏度,不影响纤毛活动及分泌液的离子成分;pH 应为 5.5~7.5,且有一定的缓冲能力,因鼻腔发炎或过敏时呈碱性,pH 可高达 9,易使细菌增殖,并影响纤毛正常运动。另外,可加入表面活性剂可增加药物的穿透。

(二)凝胶剂

将药物制成凝胶剂,可以延长药物与鼻黏膜的接触时间,提高药物的生物利用度;利用热敏凝胶可通过人体体温的变化或体外局部施加热场来实现药物的可控释放。如酸化壳聚糖和聚乙二醇的混合物可用于制备一种新型热敏凝胶,经鼻腔给药后,可使胰岛素等亲水性大分子缓慢释放,并显著提高其在鼻腔内的吸收量。

(三)微乳

微乳经鼻黏膜给药可到达脑部,从而实现脑部靶向。将尼莫地平制成 O/W 型微乳经鼻腔给药,嗅球内尼莫地平含量是静脉注射的 3 倍;而且脑组织和脑脊液中药物的血药浓度 - 时间曲线下的面积(AUC)显著高于静脉注射,表明微乳作为药物载体经鼻腔给药可通过鼻脑通道使更多的药物到达脑部。

(四)微粒给药系统

微球的黏附性强,能延长药物与鼻黏膜接触时间,保护药物不受酶的代谢,从而提高药物的生物利用度。制备鼻用微球制剂时,通常采用生物相容性材料,如淀粉、白蛋白、透明质酸、右旋糖酐及明胶等。将褪黑素分别制成明胶微球和淀粉微球,经鼻黏膜给药可显著延长药物的滞留时间。且与滴鼻液相比,这两种微球具有明显的缓释作用。

纳米粒的粒径比微球小,更易穿过黏膜细胞,到达靶部位,经鼻黏膜给药后可实现脑部靶向。生物体对纳米制剂具有良好的耐受性,这一剂型对鼻腔给药具有重要价值。目前研究较多的鼻用纳米制剂的载体有聚乳酸(PLA)、乙交酯 - 丙交酯共聚物(PLGA)、聚乙二醇(PEG)、壳聚糖、聚氰基丙烯酸丁酯、聚丙烯酸醋等。

脂质体具有细胞亲和性,无毒性和免疫原性。将药物包封入脂质体后经鼻黏膜给药,不但可以显著降低药物对鼻纤毛的毒性,而且可避免药物被酶降解,又可使药物通过磷脂双分子层控制释放。将人工合成的后叶加压素制成脂质体后经鼻黏膜给药,可显著增加该药物的吸收,并可延长其在鼻腔的滞留时间。

三、鼻黏膜给药制剂的质量要求

1. 鼻用制剂通常含有调节黏度、控制 pH、增加药物溶解、提高制剂稳定性或能够赋形的辅料。

2. 鼻用溶液剂应澄清,不得有沉淀和异物。

3. 鼻用粉雾剂中药物及所用附加剂的粉末粒径大多应 30~150μm 之间。

4. 鼻用制剂应无刺激性,对鼻黏膜及其纤毛不应产生副作用。

5. 除另有规定外,鼻用制剂还应符合相应剂型通则项下有关规定。

6. 鼻用制剂的含量均匀度等应符合《中国药典》2010 年版一部附录相关规定。

7. 除另有规定外,鼻用制剂应密闭贮存。

8. 多剂量包装的鼻用制剂在启用后最多可使用 4 周。

四、鼻黏膜给药制剂处方设计

为提高药物鼻黏膜的吸收率,可采用加入吸收促进剂、生物黏附材料或酶抑制剂的方法。

(一)药物性质

小分子药物(小于 1000Da)可通过被动扩散和主动运输等途径被鼻黏膜吸收,在适当的促进剂的帮助下,分子量大于 6000Da 的多肽也能很好地被吸收。鼻黏膜给药可以避开胃肠道消化酶的破坏及肝脏首过效应的影响,吸收迅速,生物利用度高,顺应性好。所以鼻黏膜给药成为替代注射给药的最有前途的途径之一。

(二)辅料选择

1. 生物黏附材料　生物黏附材料主要通过吸水膨胀或表面润湿使之与鼻黏膜紧密接触,产生生物黏附作用,延长药物在鼻黏膜表面的滞留时间而增加药物吸收。通常认为,生物黏附促吸收的机制为通过修饰磷脂双分子层改变上皮细胞的渗透性;从膜中浸出蛋白或剥落黏膜外层;打开细胞间紧密连接或作为酶抑制剂。常用的生物黏附材料有:明胶、淀粉、血清白蛋白、甲壳素及其衍生物、玻璃酸、树脂类、纤维素衍生物、聚丙烯酸、生物黏附性淀粉、甲壳素、葡聚糖、β- 环糊精、聚左旋乳酸、卡波姆、黄原胶等。其中,壳聚糖因其荷正电,可通过静电与荷负电的鼻上皮组织结合而具有黏膜黏附性,促进亲水性药物通过旁细胞途径转运,并因其特有的生物相容性和可降解性被广泛用于促进药物的经鼻吸收。

2. 黏膜吸收促进剂　药物相对分子质量的大小与鼻黏膜吸收有着密切的关系,药物的相对分子质量越大越不易吸收。相对分子质量大于 6000 的大分子药物鼻黏膜吸收比较困难,可通过加入吸收促进剂来增加其对鼻黏膜的穿透作用,提高其生物利用度。目前常见的鼻黏膜吸收促进剂以表面活性剂居多,但较高浓度的表面活性剂会破坏生物膜。良好的鼻黏膜吸收促进剂应对鼻黏膜刺激性小,促进作用强,对鼻纤毛功能影响小,无毒副作用。常用的鼻黏膜吸收促进剂有:胆盐如牛磺胆酸盐、甘胆酸盐、脱氧牛磺胆酸盐、脱氧胆酸盐等以及牛磺二氢褐霉酸钠、聚氧乙烯月桂醇醚等。一些化合物的有效鼻吸收促进剂见表 15-3。

表 15-3　部分化合物的有效鼻吸收促进剂

化合物	鼻吸收促进剂
猩红热毒素	1% 牛黄胆酸钠盐
庆大霉素	1% 甘胆酸钠盐
肼苯哒嗪	0.5% 9- 十二烷基醚(BL-9),30mmol/L 甘胆酸盐
黄体酮,睾丸素	1% 多乙氧基醚 80
降钙素	甘胆酸钠盐,卡波姆
阿托品	十二烷基硫酸钠
胰岛素	1% 甘胆酸钠盐,1% 皂角苷,1% BL-9

3. 酶抑制剂　鼻黏膜上含有大量的肽酶和蛋白质酶,这些酶是一种"首过效应",肽类和蛋白质类药物可由于鼻黏膜中酶的作用而影响疗效,在研究中常加入酶抑制剂来减少药物的水解,促进药物的鼻黏膜吸收。

（三）制法与处方举例

复方利巴韦林滴鼻剂

【处方】利巴韦林 10g　甘油 100ml　盐酸麻黄碱 10g　苯扎溴铵 0.1g　氯化钠 5.5g　蒸馏水加至 1000ml

【制法】按处方称取利巴韦林、盐酸麻黄碱和氯化钠，并溶于适量蒸馏水中，滤过，加入甘油，再加入蒸馏水至近刻度，摇匀，加入苯扎溴铵，缓慢加蒸馏水至刻度，轻微振摇混匀，分装即得。

【注解】①利巴韦林滴鼻剂的浓度不宜超 15%，否则在贮存期易析出结晶，在室温条件下（20~30℃）对 10% 的样品进行 3 个月的观察，该制剂性质稳定，未见性状有任何改变，含量测定几无变化。临床上治疗上呼吸道感染疗效确切。②处方中加入甘油，可增加药液的黏度，延长药物在患处的停留时间，减少用药次数；加入苯扎溴铵、羟苯类防腐剂，起到防腐的作用。③本品为局部用药，部分药物可被黏膜吸收。吸收后在呼吸道分泌物中的浓度大多高于血药浓度，可透过血 - 脑脊液屏障和胎盘屏障。利巴韦林在肝内代谢，经肾脏排泄，亦可经乳汁排出。有文献报道采用利巴韦林滴鼻剂治疗感冒与静脉滴注具有同样的迅速控制和缓解病情作用，疗效确切。

（李范珠）

思 考 题

1. 何谓黏膜给药制剂？人体黏膜给药有哪些途径？
2. 试述口腔黏膜给药及鼻黏膜给药的吸收机制及影响因素。
3. 试述口腔黏膜给药与普通口服制剂相比，其优缺点在哪？
4. 试述鼻腔黏膜给药与普通口服制剂相比，其优缺点在哪？
5. 试用本章所学的知识，设计口腔与鼻黏膜给药制剂各 1 例。

参 考 文 献

1. 平其能. 现代药剂学. 北京：中国医药科技出版社，1998
2. 崔福德，龙晓英. 药剂学. 第 7 版. 北京：人民卫生出版社，2011
3. 陆彬. 药物新剂型与新技术. 第 2 版. 北京：人民卫生出版社，2005
4. 潘卫三. 工业药剂学. 第 2 版. 北京：中国医药科技出版社，2010
5. 国家药典委员会.《中国药典》2010 年版二部. 北京：中国医药科技出版社，2010

第十六章　透皮给药制剂

> **本章要点**
> 1. 掌握经皮给药制剂的分类、影响药物经皮吸收的因素及经皮给药制剂的质量评价方法。
> 2. 熟悉促进药物经皮吸收的常用方法及经皮给药制剂的基本工艺流程。
> 3. 了解经皮给药制剂的优缺点及处方设计思路。

第一节　概　　述

透皮给药是药物经过皮肤吸收的一种给药方法,将药物应用于皮肤上,穿过角质层,进入真皮和皮下脂肪以达到局部治疗作用,或由毛细血管和淋巴管吸收进入体循环,产生全身治疗作用的过程称经皮给药或透皮给药。透皮给药的制剂包括贴剂、软膏剂、硬膏剂,还可以是涂剂和气雾剂等。透皮治疗系统(transdermal therapeutic system,TTS)或称透皮给药系统(transdermal drug delivery system,TDDS)一般是指贴剂,而广义的透皮给药系统可以包括以上这些透皮给颊剂。

一、TDDS 的发展与特点

皮肤一般被认为是防御与排泄器官,能抵御外来物质侵入机体和防止体内水分与营养成分的丧失,因此,过去皮肤用药主要治疗皮肤局部疾病。随着药学工作者对药物通过皮肤吸收的研究,大量的研究阐明了皮肤的生理因素和药物性质对透皮吸收的影响,打破了药物不能通过皮肤吸收产生全身治疗作用的传统观念,开拓了药剂学中透皮给药的新领域。自1979 年第一个透皮给药制剂——东莨菪碱透皮给药贴剂经美国 FDA 批准上市,迄今为止已经有硝酸甘油、雌二醇、芬太尼、可乐定、左炔诺酮、烟碱、妥洛特罗等数十种透皮给药制剂。全球透皮制剂销售额从 1993 年的 16 亿美元到如今已经上升为过百亿美元。

与普通口服制剂相比,有以下优点:

1. 可避免肝脏的首过效应和药物在胃肠道的降解,药物的吸收不受胃肠道因素影响,减少用药的个体差异。

2. 可延长药物的作用时间,不必频繁给药,改善患者的顺应性,特别是对用药方案不熟悉或记忆不好的老年患者,显得特别重要。

3. 可维持恒定的血药浓度,避免口服给药等引起的血药浓度峰谷现象,降低毒副反应。

4. 使用方便,如发现不良反应,可随时中断给药,去除给药系统后,血药浓度下降,减少了口服或注射给药的危险性,适用于婴儿,老人和不宜口服的病人。

　　TDDS 作为一种全身用药的新剂型具有许多优点,但也有其局限性。皮肤为人体天然屏障,大部分药物均难以足够量的透过这道屏障,一般给药几小时才能起效,且多数药物不能达到有效治疗浓度,虽然可以通过扩大给药面积或多次给药来增加透过程度,但这种方法容易增加皮肤的刺激,患者顺应性差,所以皮肤透过率低的水溶性药物、剂量要求大的药物以及一些本身对皮肤有刺激和过敏的药物不宜设计成 TDDS。另外,运输保存不当或其他原因造成控释膜破裂或使药物溢出,会使药物释放速度剧增,从而导致严重后果。

二、TDDS 的分类

　　按照药物控释机制,基本上可以把经皮吸收制剂分为两大类:膜控型和骨架型。膜控型经皮给药制剂是指药物被控释膜或其他控释材料包裹成储库,由控释膜或控释材料的性质控制药物的释放速率。骨架型经皮给药制剂是药物溶解均匀分散在聚合物骨架中,由骨架的组成成分控制药物的释放。

　　第一种类型:膜控型 TDDS(membrane moderated type TDDS),由背衬层、药物储库、控释膜、黏胶层及防黏层组成,药物储库是充填封闭于背衬层与控释膜之间,控释膜是乙烯 - 醋酸乙烯共聚物(EVA)膜等均质膜依靠黏胶剂贴敷在皮肤上,如图 16-1 所示。液态药物填充密封的贮库制备简单,但是控释膜的存在可以使贮库的药物按零级释放至皮肤,因此控释膜的选择至关重要。改变膜的组分可以控制系统的药物的释放速率,如 EVA 膜中 VA 的含量不同渗透性不一样,储库中的材料亦可影响药物的释放。雌二醇透皮给药系统 Estraderm、硝酸甘油透皮给药系统 Transderm-Nitro 和芬太尼透皮给药系统 Durogesic 都是这类系统。

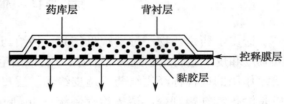

图 16-1　膜控型 TDDS 示意图

　　第二种类型:聚合物骨架型 TDDS(polymeric matrix TDDS),将药物均匀分散或溶解在疏水或亲水的聚合物骨架中形成药物贮库,利用药物在聚合物骨架中的扩散来控制药物释放,结构比较简单,没有控释膜,基本结构如图 16-2 所示,含有药物的凝胶贮库直接与皮肤接触,其四周有压敏胶。骨架中也可以加一些添加剂以改变皮肤的屏障性质从而影响药物的通透速度,添加剂对压敏胶并无影响,所以更有利于在处方设计时选用通透促进剂等辅料。

　　第三种类型:固态的层状结构(单层整体型或多层结构),又叫做黏胶分散型 TDDS(adhesive dispersion type TDDS),将药物分散或溶解在黏胶材料中形成药物贮库,由药物在黏胶材料中的扩散速度控制药物的释放。该类结构主要由背衬层、含药压敏胶和保护膜组成,如图 16-3 所示。此类贴剂结构简单、轻薄,应用方便,患者顺应性好。不足之处:①它

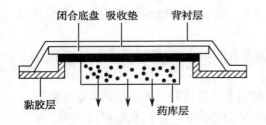

图 16-2　骨架型 TDDS 示意图

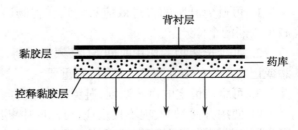

图 16-3　黏胶分散型 TDDS 示意图

的释放遵循一级动力学过程,为了克服这一缺点,在处方的设计上可以采取一些措施,如把药物做成过饱和状态;②因为压敏胶内加入了药物和其他一些添加剂,压敏胶的黏性、流动性和蠕变性会发生改变,普通市售的压敏胶可能不适用,要按照每一具体品种特制压敏胶。

三、适合透皮给药的药物

通常情况下透皮给药适合以下药物:药理作用强和剂量小的药物;药物半衰期短,需较长时间连续给药的药物,特别是慢性疾病的长期治疗;口服给药首过效应大或在胃肠道易失活,刺激性大的药物;普通药物剂型给药副作用大或疗效不可靠药物,对皮肤无刺激,无过敏性反应的药物。

四、质量要求

贴剂要求外观完整光洁,切口圆润光滑,无锋利的边缘,药物传递面积均一;压敏胶要具有足够强的黏附力和内聚强度,能牢牢贴于皮肤表面,除去时又不对皮肤造成损伤或引起制剂从背衬层剥离,对皮肤无刺激性,不引起过敏反应,能容纳一定量的药物和吸收促进剂,不影响其化学稳定性与黏附力,对不同温度与湿度也要稳定;药物含量准确,含量均匀度应符合规定,药物的体外释放速率能长时间恒定在规定值,微生物限度以及有机溶剂残留要符合规定。

第二节　经皮给药制剂的设计

一、皮肤的生理结构与吸收途径

(一)皮肤的基本生理结构

皮肤是一个组成复杂、多功能的器官,具有保护机体免受外界环境中有害物质侵入的功能,它是一个化学屏障及物理屏障,是温度调节的部位和末端的感觉器官,主要功能是对环境刺激的反应和适应(图 16-4)。

皮肤由表皮(epidermis)、真皮(dermis)和皮下组织(subcutaneous tissue)三部分组成,还有汗腺、皮脂腺、毛囊等附属器。表皮由内向外可分为五层,即基层(stratum germinativum)、棘层(stratum spinosum,pickle cell layer)、粒层(stratum granulosum,granular layer)、透明层(stratum lucidum)和角质层(stratum corneum),如图 16-4 所示,其中表皮中的角质层性质与其他各层有较大差异,它是由死亡的角质化细胞核纤维化蛋白组成,是药物经皮吸收的主要屏障,而表皮的其他四层统称为活性表皮。成人皮肤面积约 $1.5 \sim 2.0 m^2$,占全血 1/3 的血液在皮肤中流动,其厚度随部位不同而不同,一般在 0.5~4mm 之间。

经皮吸收过程除了经角质层由表皮至真皮的透过吸收以外,也可以通过皮肤的附属器官吸收。人体皮肤中存在很多毛孔和汗腺,大分子药物、离子型药物等主要通过毛孔、汗腺及皮脂腺等附属器官吸收。对中性药物来说,主要是在毛孔和汗腺之间的角质层通过被动扩散的方式吸收。总之,药物的经皮吸收除了受皮肤生理结构的因素影响之外,主要还受药物和基质的理化性质、药物分子大小、极性、与水的相互作用、脂溶性等的影响,且在吸收初期主要受附属器官的影响。

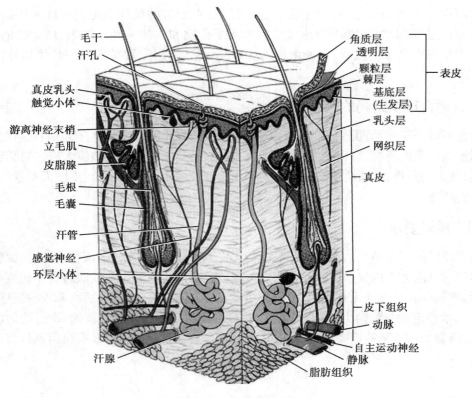

毛干
汗孔
真皮乳头
触觉小体
游离神经末梢
立毛肌
皮脂腺
毛根
毛囊
汗管
感觉神经
环层小体
汗腺

角质层
透明层
颗粒层
棘层
基底层(生发层)
乳头层
网织层
真皮
表皮

皮下组织
动脉
自主运动神经
静脉
脂肪组织

图 16-4　皮肤的结构

(二) 药物在皮肤内的转移

药物透过皮肤吸收进入体循环主要经过两种途径：表皮途径和附属器途径。

1. 透过角质层和表皮进入真皮，扩散进入毛细血管，转移至体循环，即表皮途径，这是药物经皮吸收的主要途径。角质层细胞间是类脂质分子形成的多脂质双分子层，药物的经皮吸收主要是通过皮肤表面的药物浓度与皮肤深层中的药物浓度差以被动扩散的方式进行转运。在这条途径中，药物可以穿过角质层细胞到达活性表皮，也可以通过角质层细胞间到达活性表皮。

2. 药物通过皮肤的另一条途径是通过皮肤附属器吸收，即通过毛囊、皮脂腺和汗腺。药物在吸收初期首先通过皮肤附属器官吸收，药物通过皮肤附属器的穿透速率要比表皮途径快。当药物通过角质层途径到达血液循环，药物的经皮吸收达稳态水平时，附属器官途径的作用可以被忽略。皮肤附属器只占皮肤总表面积 0.1% 左右，因此不是药物经皮吸收的主要途径，但对于离子型药物及水溶性大分子，由于在角质层中的透过速率很慢，难以通过富含类脂的角质层，因此对这些药物来说附属器官是主要的吸收途径。

二、影响药物经皮吸收的因素

(一) 生理因素

1. 皮肤的水化　皮肤含水量较正常状态多的现象称为水化。皮肤被水饱和后，组织软化、膨胀、褶皱消失，组织紧密性降低，通透性显著增加。角质层的含水量达 50% 以上时，药物的透过性可增加 5~10 倍，水合作用对水溶性药物吸收的促进作用较对脂溶性药物显著。

2. 皮肤条件 透皮给药研究通常选用正常、健康的皮肤作为模型,而由于年龄、疾病、损伤等各种情况都会引起皮肤屏障性质的变化。角质层受损时其屏障功能也相应受到破坏,致使吸收的途径敞开,对药物的吸收增加。皮肤疾病是改变皮肤条件的最常见的原因,皮肤发生炎症时血流加快,使表皮与深层组织间的药物浓度差距加大,促使药物更易透入;硬皮病、牛皮癣、老年角化病等使皮肤角质层致密,减少药物的透过性。另外,随着皮肤温度的升高,药物的透过性也升高,一般温度每升高 10℃,皮肤透过速度增加 1.4~3 倍。

3. 皮肤的结合作用与代谢作用 皮肤结合作用是指药物与皮肤蛋白质或脂质等的结合,而且是可逆性结合。结合作用可延长药物透过的时间,也可能在皮肤内形成药物贮库。药物与组织结合力愈强,时滞和贮库的维持时间也愈长。

皮肤器官有各种的药物代谢酶,药物透过角质层之后,必然接触到生物转化体系,因而在转化过程中,可能会失活、激活或与组织成分反应。但是皮肤内酶含量很低,血流量也仅为肝脏的 7%,而且 TDDS 的面积很小,所以酶代谢对多数药物的皮肤吸收不产生明显的首过效应。

4. 皮肤部位 生物个体不同部位的皮肤存在结构差异,角质层厚度不同,皮肤通透性的大致顺序为,阴囊 > 耳后 > 腋窝区 > 头皮 > 手臂 > 腿部 > 胸部。不同药物的渗透可能有部位选择性。硝酸甘油这类透过性很强的药物在人体许多部位的透过性差异并不大。角质层厚度的差异也与年龄、种属、性别等多种因素有关。

（二）药物性质

1. 药物的分子量大小 分子量大于 600 的物质较难通过角质层。药物的扩散系数与分子量的平方根或立方根成正比,分子量愈大,分子体积愈大,扩散系数愈小。

2. pH 与 pK_a 很多药物是有机弱酸或有机弱碱,它们以分子形式存在时有较大的透皮透过能力,而离子型药物一般不易透过角质层。表皮内的 pH 为 4.2~5.6,弱酸性环境,而真皮内的 pH 约为 7.4,故可根据药物的 pK_a 值来调节 TDDS 介质的 pH,使其离子型和分子型的比例发生改变,提高其透过性。选用与离子型药物所带电荷相反的物质作为介质或载体形成电中性离子对也利于药物在角质层的透过。

3. TDDS 中的药物浓度 药物在皮肤中的扩散是依赖于浓度梯度的被动扩散,其推动力是皮肤两侧的浓度梯度,TDDS 中的药量对维持该浓度梯度具有重要作用。但增加浓度的方法在低浓度范围内具有实际意义,而对于那些溶解度已经较高的药物或浓度较高的系统则意义不显著。

4. 熔点与热力学活度 熔点高的水溶性或亲水性的药物,在角质层的透过速率较低。通过透过膜的大部分药物的稳态透过量与膜两侧的浓度梯度成正比,且其浓度梯度与透过膜脂质层中药物的溶解度成正比。药物溶液在理想状态下,溶解度的对数值与熔点的倒数成正比。因此,熔点低的药物易透过皮肤。但脂溶性很强的药物,生长表皮和真皮的分配也可能会成为主要屏障。所以,用于经皮吸收的药物在水及油中的溶解度最好比较接近,而且无论在水相或是在油相均应有较大的溶解度。

另外,药物经皮吸收的速度依赖于药物热力学活度,而其活度在饱和状态下最大。因此,在饱和溶液中,药物透过皮肤速度的增大与基质中的药物浓度成正比。当达到饱和浓度以上时为定值,通过对药物进行修饰以增大药物活度的方法可以提高药物的经皮透过量。

（三）制剂因素

给药系统和制剂组成不同,药物的透皮速率也有很大的差别,因此在经皮吸收制剂的开发中应认真细致地研究制剂处方各成分对药物透皮速率的影响，合理设计经皮吸收制剂。液体或半固体制剂的透皮速率比固体制剂要快。微乳、脂质体、传递体和醇质体等新型给药系统具有较强的透皮能力。

三、促进药物的经皮吸收

（一）TDDS 中常用的经皮吸收促进剂

经皮吸收促进剂（penetration enhancers）是指那些能够渗透进入皮肤降低药物通过皮肤阻力的材料。理想的经皮促进剂理化性质应稳定，无药理活性，对皮肤应无刺激和过敏性。

目前，常用的经皮吸收促进剂可分为如下几类：①有机溶剂类：乙醇、丙二醇、醋酸乙酯、二甲亚砜、二甲基甲酰胺；②有机酸、脂肪醇：油酸、亚油酸、月桂醇；③月桂氮䓬酮及其同系物；④表面活性剂：阳离子型、阴离子型、非离子型、软磷脂；⑤角质保湿与软化剂：尿素、水杨酸、吡咯酮类；⑥萜烯类：薄荷醇、樟脑、柠檬烯、桉树脑。

1. 二甲基亚砜及其同系物　二甲基亚砜（DMSO，用量 40% 以上）是应用较早的一种经皮促进剂，其溶解范围广，能溶解许多水溶性、油溶性药物及一些难溶于水、甘油、乙醇等的药物。其促渗机制是由于具有强吸湿性，可大大提高角质层的水合作用。二甲基亚砜能促进甾体激素、灰黄霉素、水杨酸和一些镇痛药物的透皮吸收。高浓度的二甲基亚砜能产生较强的透皮促进作用，但可引起较严重的皮肤刺激性，会引起皮肤红斑和水肿，高浓度大面积使用能产生全身毒性反应，因此在有些国家已限制使用。

为了克服二甲基亚砜的一些缺点，甲基亚砜的同系物被试用，如癸基甲基亚砜（DCMS）具有较好的性能。它在低浓度即有经皮吸收促进作用，常用浓度是 1%~4%，刺激性、毒性和不良臭味都比二甲基亚砜小，且对极性药物的透皮促进效果大于非极性药物。

2. 醇类化合物　醇类化合物包括各种短链醇、脂肪酸及多元醇等。结构中 2~5 个碳原子的短链醇（如乙醇、丁醇等）能溶胀和提取角质层中的类脂，增加药物的溶解度，从而提高极性和非极性药物的经皮透过。但短链醇只对极性类脂有较强的作用，而对大量中性类脂作用较弱。

丙二醇（PG）、甘油及聚乙二醇等多元醇也常作为吸收促进剂使用，但单独应用的效果不佳，与其他进剂合用，则可增加药物及促进剂溶解度，发挥协同作用。

3. 氮酮类化合物　月桂氮䓬酮（Azone），无色澄明液体，不溶于水，与多数有机溶剂混溶，与药物水溶液混合振摇可形成乳浊液。本品的透皮促进作用很强，促渗机制是扩大角质层中细胞间空隙，提高通过细胞间隙的水溶性药物的通过量，促进溶解在低级醇中的脂溶性药物的透过。同时，Azone 透过角质层后还可以对原有的脂质结构进行重新排列，降低脂质的黏性，提高其流动性，从而促进药物透皮吸收。Azone 起效较慢，药物透过皮肤的时滞从 2 小时到 10 小时不等，但一旦发生作用，则能持续数日。与其他经皮促进剂合用效果更佳，如与丙二醇、油酸等都可以配伍使用。

4. 表面活性剂　表面活性剂广泛地应用于各类剂型中，也是经皮给药制剂中常见成分，用作增溶剂、乳化剂、稳定剂或润湿剂等。自身可渗入皮肤和皮肤成分相互作用，改变皮肤透过性质。非离子型表面活性剂主要增加角质层类脂流动性，刺激性最小，但是透过促渗效果也最差，这可能是和它们的临界胶团浓度（critical micell concentration，CMC）较低有关，药物容易被增溶进入胶团内部而使释放量减少。离子型表面活性剂的促渗作用虽然较强，但是对皮肤的刺激也较强,连续使用会引起红肿、干燥或粗糙化。

5. 萜烯类 萜烯类是一些挥发油,如薄荷油、桉叶油、松节油等的主要成分,作为传统外用制剂中皮肤刺激药早有应用,有较强的透过能力,能够刺激皮下毛细血管的血液循环。

(二)前体药物

前体药物(prodrug)技术就是将药物进行化学修饰,使得药物经皮渗透作用增强的一种技术,由于强亲脂性的药物易于透过皮肤角质层,却不利于从角质层向水性的活性皮肤组织分配,而强亲水性的药物却又不易透过皮肤角质层,因此将亲水性药物制成脂溶性大的前体药物来增加角质层中的溶解度;强亲脂性的药物引入亲水基团提高其溶解性。前体药物进入人体后,在体内的酶系统作用下转变为母体药物,恢复其具有生理活性的结构,发挥疗效。

(三)微粒载体

将药物制备成微粒系统,可以改变药物的物理特性,也能促进药物的经皮吸收。研究较多的有微乳、脂质体、传递体、醇质体、非离子型表面活性剂泡囊、固体脂质纳米粒等。

1. 微乳(microemulsion) 是由水相、油相、表面活性剂和助表面活性剂按适当比例自发形成的一种透明或半透明、低黏度、各向同性且热力学稳定的溶液体系。能增加药物溶解度提高通透浓度梯度,从而促进药物透皮速率;微乳可增加角质层脂质双分子层流动性,药物的透皮量由此增加;微乳能以完整结构经由毛囊通透皮肤,最后药物从微乳中析出后经皮吸收。

2. 脂质体(liposomes) 是由磷脂等类脂形成的双分子层的完全封闭结构的小囊,其结构有单层和多层的不同,粒径在 20~3500nm 之间,不同的制备方法可制成大小和形态不同的脂质体。它能较好的包裹亲水性或亲油性药物,作为难溶性药物的载体,对药物有增溶作用;脂质体中的类脂与皮肤角质层脂质有高度的相似性,能增加药物在皮肤局部的积累,从而起到持续的药物释放作用;脂质体可使角质层湿润,水合作用加强,且能增加皮肤脂质的流动性,从而促进药物的渗透。以脂质体作为药物载体可在皮肤形成药物贮库而明显减少药物在全身的吸收,所以脂质体制剂作为皮肤外用的具有发展前景的治疗系统。

3. 传递体(transfersomes) 是由常规脂质体经处方改进而来,即在脂质体的磷脂成分中不加或少加胆固醇,同时加入了膜软化剂,主要是表面活性剂如胆酸钠、去氧胆酸钠、吐温、司盘,使其类脂膜具有高度的变形能力,可以使小分子及大分子药物如多肽类或蛋白质成功地进入体循环。这是它与普通脂质体最大的区别,也成为柔性纳米脂质体,仅在形态上和普通脂质体有类似,在功能上则完全不同。它与经典的皮肤通透促进剂和普通脂质体相比较具有更多的优越性,尤其是为蛋白质、多肽类大分子亚欧文经皮传递提供了一个极佳的载体,使大分子药物经皮进行全身给药成为可能。

4. 醇质体(ethosomes) 由磷脂、乙醇及药物组成,是一种乙醇含量很高(20%~50%)的脂质体,具有双分子层结构,流动性较高,易于变现穿透皮肤屏障,它们能够穿透进入皮肤,增加药物传达至深层皮肤的量,甚至透过皮肤进入血液循环。它是一种被动的非侵入性传递系统载体,与其他传递系统相比,具有安全、有效、易于接受的优点,可用于制药、生物技术、化妆品、营养补充食品。

(四)离子导入技术

离子导入(iontophoresis)是在电场作用下,离子型药物通过皮肤的过程。离子导入系统有三个基本组成部分,即电源、药物贮库系统和回流贮库系统。当两个电极与皮肤接触,电源的电子流到达药物贮库系统转变成离子流,离子流通过皮肤在皮肤下面转向回流系统,回到皮肤进入回流系统,再转变成电子流。影响离子导入有效性的因素有很多,主要有电流、应用时间、药物的解离性质、药物浓度、介质 pH、渗透促进剂等的影响。一般来说,电流强度越大,药物透过量越多;电流应用时间越长,离子导入效果越好;药物分子质量越小、浓度越高、解离程度越高,离子导入量越大。

(五)超声波技术

超声波导入是指把药物加入导声胶(如水、乳剂、油膏等)中,药物分子在超声波作用下通过皮肤被机体吸收的过程。早在 1954 年,它就作为物理学的方法应用于药物的经皮吸收,是由 Fellinger 和 Schmid 把氢化可的松软膏用于关节炎治疗中,取得了良好的效果,目前主要是把超声技术作为一种补助治疗手段促进药物的吸收。超声波促进药物透皮的机制主要有热效应、空化作用、机械效应和辐射压力等。影响超声波促进药物吸收的因素主要有超声波的波长、输出功率以及药物的理化性质。一般用于促进药物透皮吸收的超声波长选择在 90~250kHz 范围内。

四、经皮吸收制剂的处方设计

经皮给药制剂的类型不同,其构造和组成略有不同,制剂中除了药物、溶剂和透皮吸收促进剂外,还需要控制药物释放速率的高分子材料(控释膜或骨架材料)及压敏胶、背衬材料和保护膜材料。经皮给药制剂的药物选定后,根据药物特性,选择合适的吸收促进剂及高分子材料来满足不同的要求。

(一)经皮吸收制剂的处方研究步骤

处方设计一般按以下步骤进行:

第一步:根据药物的理化性质和药动学性质进行可行性分析,从药物的分子量、分子机构、溶解性、油水分配系数、解离常数和化学稳定性估计药物经皮吸收能力;根据药物的剂量、生物半衰期、消除速度常数、分布容积、最小有效血药浓度、静脉滴注治疗的有效剂量和剂量 - 效应相互关系等分析经皮给药的可行性,确定需要开发的药物。

第二步:建立药物的质量分析方法,进行方法学研究。分析方法一般采用高效液相色谱法。

第三步:设计经皮给药系统,了解药物的经皮透过速率,测定体外药物的透过速率与时滞。如果药物的透过速率达不到临床治疗要求,应该用合适的吸收促进剂或前体药物。同时还要研究药物在皮肤内的代谢、结合或吸附能力,考察辅料及 pH 等条件对药物透过速率的影响。

第四步:根据体外释放试验和体外透皮试验结果,筛选给药系统的处方组成,包括药物贮库的组成、控释膜、骨架材料和压敏胶等。按选择的最优处方制备样品,进行药效学、皮肤刺激性、过敏性等试验。制定质量标准,对所制备的制剂中药物的含量与释放度进行加速稳定性试验。

第五步:进行经皮给药系统的药物动力学研究,并建立稳定、专一的血药浓度的分析方法,选择参比制剂,与之比较血药浓度 - 时间曲线下的面积(AUC),计算药物动力学参数。

第六步:在临床上研究经皮给药系统与药动学参数,考察皮肤部位、年龄、性别所引起的药动学差异及同一部位皮肤重复用药可能产生的药动学变化。制定完善的生产工艺和生产过程中的质量控制方法,整个生产过程要严格按照 GMP 的要求进行生产。

（二）经皮吸收制剂的常用材料

1. 控释膜材料 经皮给药制剂的控释膜分为均质膜与微孔膜。用作均质膜的高分子材料有乙烯 - 醋酸乙烯共聚物和聚硅氧烷等。

乙烯 - 醋酸乙烯共聚物（ethylene vilnylacetate copolymer,EVA）是乙烯和醋酸乙烯经共聚而得,本品无毒、无刺激性、柔软性好、与人体组织有良好的相容性,性质稳定,加工成型方便,机械性能好,为使用较多的控制膜材料,但对油脂及高温耐受性较差。共聚物中醋酸乙烯的含量与 EVA 的性能和药物的渗透系数有很大的关系,在相同分子量时,共聚物中醋酸乙烯含量增大,其溶解性、柔软性、弹性和透明性提高。

控释膜中的微孔膜常通过聚丙烯拉伸而得,也有用醋酸纤维膜的。另外,可用核孔膜,它是生物薄膜经高能荷电粒子照射得到的形状规则、大小分布均匀的微孔膜,微孔大小精确可调,但成本较高,也可用 α 粒子照射塑料膜后经特殊化学蚀刻而成。

2. 骨架材料 骨架型经皮给药制剂都是用高分子材料作为骨架负载药物,这些高分子材料应具有以下特性:形成骨架的高分子材料不应与药物作用;骨架对药物的扩散阻力不能太大,使药物有适当的释放速率;骨架稳定,能稳定地吸收药物;对皮肤无刺激性,最好能黏附于皮肤上;高温高湿条件下,保持其结构与形态的完整。大量的天然与合成的高分子材料都可以作为透皮吸收制剂的骨架材料。

聚乙烯醇（PVA）是由醋酸乙烯在甲醇中进行聚合反应生成聚醋酸乙烯,再在氢氧化钾的醇溶液中发生醇解反应而得。它的理化性质与醇解度和聚合度有关,一般认为醇解度为 88% 时其水溶性最好,在温水中能很快溶解,醇解度高的聚乙烯醇需加热至 60~70℃ 才能溶解。

醋酸纤维素是醋酸酐与纤维素反应生成的乙酰化纤维素,根据乙酰化程度,有一、二和三醋酸纤维素。经皮给药系统中用三醋酸纤维素作微孔骨架材料或微孔膜材料。本品为白色颗粒或细条,不溶于水、乙醇,能溶于丙酮、二氧六环和三氯甲烷等有机溶剂。对皮肤没有刺激性和过敏性,在生物环境的 pH 范围内稳定,可与各种药物配伍。三醋酸纤维素微孔骨架可吸留各种液体,适应性广,由于孔隙率高,能允许液体在短时间内扩散进入或离开骨架系统,药物的释放速率主要与骨架中的溶剂有关。

3. 压敏胶 压敏胶（pressure sensitive adhesive,PSA）是指那些在轻微压力下（如指压）即可实现粘贴同时又容易剥离的一类胶黏材料,起着保证释药面与皮肤紧密接触以及药库、控释等作用。因此,压敏胶是经皮给药制剂的关键材料之一,选择正确与否对产品非常重要,理想的 TDDS 压敏胶应该具有良好的生物相容性,对皮肤无毒、无刺激,不会引起过敏反应;具有够强的黏附力和内聚强度;化学性质稳定,对温度与湿度稳定;能适应皮肤表面柔软、收缩性强及多皱褶的特点;能容纳一定量的药物和吸收促进剂而不影响其化学稳定性与黏附力;在胶黏剂骨架型经皮给药制剂中,应能控制药物的释放速度。

经皮吸收制剂的粘贴层在使用过程中存在四种互相制约的作用力:①黏附力 A:胶黏剂与被黏物之间的结合力;②初黏力 T:快速黏性,在轻微压力下接触情况下产生的剥离抵抗力;③黏基力 K:胶黏剂、黏性层与基材之间的结合力;④内聚力 C:胶黏剂本身分子间的结合力。作为一种能符合使用要求的贴剂,这四种力之间的大小关系必须满足:

$$T<A<C<K$$

如果这四种力配合不协调,就可能出现问题,如不能牢固地粘贴在皮肤上,容易脱落,揭去制剂时出现胶层破坏，导致拉丝或黏胶剂残存在皮肤表面等现象。

经皮给药系统常用的压敏胶有聚异丁烯、聚丙烯酸酯和聚硅氧烷三类，这三类压敏胶与药物的配合性能亦不一样，如聚丙烯酸酯类压敏胶能容纳其重量 50% 的硝酸甘油，聚异丁烯类压敏胶能负载可产生治疗作用剂量的硝酸甘油，而聚硅氧烷类压敏胶能负载硝酸甘油的量小。

（1）聚异丁烯类（PIB）压敏胶：聚异丁烯是本身具有黏性的一类人工合成橡胶，无色透明，能在烃类溶剂中溶解，不溶于水和醇等极性溶剂，性质稳定，有很好的耐候性、耐臭氧性、耐化学药品性及耐水性。通常不同分子量的 PIB 混合使用，低分子量的 PIB 是一种黏性半流体，起到增黏以及改善柔软性、润湿性和韧性的作用，而高分子量的 PIB 具有较高的剥离强度和内聚力。

（2）丙烯酸类压敏胶：丙烯酸酯类压敏胶是以丙烯酸高级酯为主要成分与其他丙烯酸类单体共聚而制得，常用的单体有丙烯酸、醋酸乙烯以及丙烯酸酯等。改变聚合单体组成比例，可获得不同性能的压敏材料。丙烯酸类压敏胶具有优良的黏合性、耐老化性、耐光性和耐水性，长期存放对压敏性没有明显影响。

（3）聚硅氧烷类压敏胶：聚硅氧烷压敏胶是聚二甲基硅氧烷与硅树脂经缩聚反应而成，二者的比例影响压敏胶的性能。增加硅树脂比例，制得的压敏胶黏性较低，但易于干燥，增加聚二甲基硅氧烷的比例，使压敏胶的黏着力提高，而且比较柔软。

4. 背衬材料、防黏材料与药库材料

（1）背衬材料：背衬材料是用于支持药库或压敏胶等的薄膜，一般要求在厚度很小（0.1~0.3mm）时，即对药物、胶液、溶剂、湿气和光线等有较好的阻隔性能，并具有良好的柔软性和一定的强度。背衬材料还应具有良好的化学稳定性，不与药物发生作用，耐水，耐有机溶剂，药物在其中不扩散。常用的材料有铝箔、聚乙烯、聚丙烯和聚酯等，铝箔是最常用的一种背衬材料，常用它们的复合膜，厚度约 20~50m。背衬膜最好有一定的透气性，可在背衬膜上打微孔，有的在背衬膜内垫一层聚氨酯或聚乙烯等制备的发泡体，吸收水分。

（2）保护膜材料：这类材料主要是用于 TDDS 黏胶层的保护，一般用作防黏材料。为了防止压敏胶被转移到保护膜上，保护膜的表面自由能应低于压敏胶的表面自由能。常用的防黏材料有聚乙烯、聚苯乙烯、聚丙烯、聚碳酸酯、聚四氟烯等薄膜材料，一般用有机硅隔离剂处理，避免压敏胶黏附。有时也使用表面经石蜡或甲基硅油处理过的光滑厚纸。

（3）药库材料：可使用的贮库材料很多，可以用单一材料，也可用多种材料配制的软膏、凝胶或溶液，如卡波姆、HPMC、PVA 等，各种压敏胶和骨架材料也同时可以是药库材料。

第三节　经皮给药制剂的制备

经皮给药制剂根据其类型与组成有不同的制备方法，主要分为三种：涂膜复合工艺、充填热合工艺及骨架黏合工艺。涂膜复合工艺是将药物分散在高分子材料如压敏胶溶液中，涂布于背衬膜上，加热烘干使溶解高分子材料的有机溶剂蒸发，可以进行第二层或多层膜的涂布，最好覆盖上保护膜，亦可制成含药物的高分子材料膜，再与各层膜叠合或黏合。充填热合工艺是在定型机械中，在背衬膜与控释膜之间定量充填药物储库材料，热合封闭，覆盖上涂有胶黏层的保护膜。骨架黏合工艺是在骨架材料溶液中加入药物，浇铸冷却，切割成型，粘贴于背衬膜上，加保护膜而成。

一、制备工艺流程

（一）复合型经皮给药系统的制备工艺流程

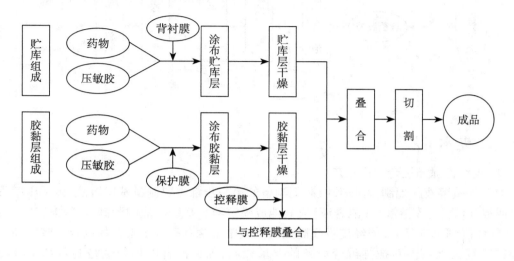

（二）充填封闭型经皮给药系统的制备工艺流程

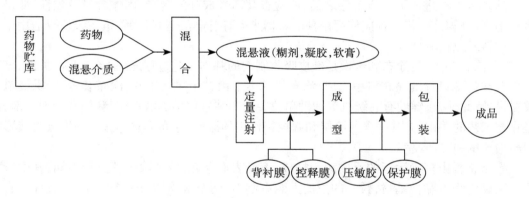

（三）聚合物骨架型经皮给药系统的制备工艺流程

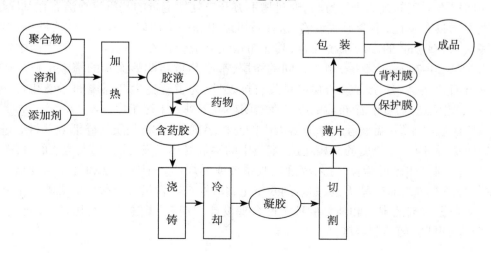

（四）黏胶剂骨架型经皮给药系统的制备工艺流程

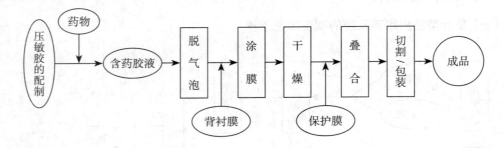

二、基本工艺

1. 连续性涂布层合生产工艺

（1）基质溶液的配制：经皮吸收制剂制备的第一步都需要制备基质溶液，包括压敏胶溶液（或混悬液）、药库溶液（或混悬液）或其他成膜溶液。基质溶液的配制方法和普通的液体或半固体制剂基本相同，但经皮吸收制剂的基质中常含有高分子聚合物以及一些增黏树脂等，黏度较大，因此，对搅拌混合设备的要求较高，保证混合的均匀性是制备基质溶液的关键。

基质溶液在进入下一步工序之前，应检查其活性成分的含量、固体含量及黏性，如果有多种不同基质溶液，每一种应使用单独的容器来贮存，同样，混料机、管道系统仅仅适用于单一原辅料或原料液。

（2）涂布和干燥：涂布和干燥是经皮吸收制剂的基本工艺过程，是制备工艺的关键，该工序主要在特殊设计的涂布机中完成，涂布机基本上由三个单元组成：涂布装置、干燥隧道和成层设备，此外，还辅助有卷绕机等辅助单位。涂布装置包括加液系统、转筒和刮刀三部分，是涂布工艺的关键，尤其是含药涂层和起控释作用的涂层，涂布装置的涂布精度会直接影响到药物含量和释药速率。

涂布装置由精确运行的反向滚筒构成，滚筒表面抛光，两个滚筒的直径不同，其中较大的主滚筒包绕着黏性基材，较小的滚筒上装有刮刀，两个滚筒形成一个贮槽，槽底部具有一个可精确调节到 0.01mm 的开口，槽内装基质溶液。主滚筒联轴与电机的传动同步，反向滚筒以同向但不同速的方式进行旋转，通过槽下方开口处把定量的基质溶液涂布在基底层上，基质液由于具有黏性，不会形成液滴，这样就可以得到一个均匀的薄层。在实践中，对于具有基底层为 $300g/m^2$ 的多层系统而言，其涂布量误差应保持在 $\pm5g/m^2$。一般生产中每个涂层的重量从 $20\sim200g/m^2$ 不等，制备不同的涂层，都必须重新调整涂布的槽液出口。在基质液中常含有机溶液，甚至有些药物本身具有挥发性，为了避免生产环境的污染和安全性问题，涂布工艺应适当封闭，涂布后的胶带在密闭环境下进入干燥工序。

基质层经涂布后，需要除去基质溶液中的有机溶剂，已涂布基质的硅纸或基材通过不同的干燥隧道，经历一定长度的干燥隧道，基质中的溶剂受热蒸发，同时吹入清洁的气体，加速干燥并对溶剂气体进行稀释，进入溶剂回收系统或燃烧器。干燥温度和气流速度是干燥工艺的关键控制参数，对产品质量，如溶剂残留量、黏性、药物含量等有很大的影响。干燥隧道的温度应根据溶剂的沸点和药物的稳定性合理设计，一般干燥隧道分成几段（如低 - 高 - 低温度区），以便能方便控制温度。

（3）收卷工艺：基材先在一对辊筒间放卷,经涂布和干燥隧道到达位于干燥隧道末端的卷绕架,然后被卷紧。因为基质是黏性的,所以必须特别小心收卷以避免对基质的损害。常用的收卷工艺主要有直接卷绕法和间接卷绕法两种方法。

直接卷绕法：将干燥后的膜材直接卷绕,操作简单,开卷后可直接进行叠合,但要求基材的两个表面具有不同剥离力的防黏性,以防止基材反面黏上胶黏性物质。

间接卷绕法：将干燥后的基材上覆盖防护性膜材再进行卷绕,这种方法成本高,但防黏效果更为可靠。

涂布前膜材和涂布干燥后的膜材均以卷筒形式展开、涂布和卷曲,所以各个部分的速度必须正确配合,才能保证整个过程的均匀性不收张力变化的影响。收卷后的卷筒如重量过大,保存时的重力可能将其破坏,故应切割成小圆筒保管。

（4）层合工艺：如果生产的固体层状给药系统是整体的,工艺就比较简单,如果是多层的结构,就必须有层合工艺。此时涂布工艺开始于接触皮肤的表层,一直涂布到背衬层上。表层覆盖一层防黏片,这层片在层合的开始时即被除去,此时第二层被层合到除去防黏层的第一层的表面,如此继续直至所需的多层。最后经两个滚筒反向挤压(其中一个滚筒包由橡皮,另一滚筒为表面抛光的钢质滚筒)叠合而成。层合工艺可在单次涂布机上分次完成,也可以在多层涂布复合机上一次完成。层合时,要使涂布机所有单元的转动速率同步,且控制好叠合压力,如挤压压力太大就易破坏,反之如压力太小,层与层不能充分黏合在一起,两种情况都应避免。

（5）切割与包装：将制备好的胶带按释药面积用特殊工艺的冲割机冲成规定大小的小片,再将单个小片密封在内包装袋中,最后用中盒包装。

2. 充填热合工艺　透皮贴剂中的药物或成分易挥发或处方组成为流体时,无法通过涂布工艺制得膜状基材,可采用充填热合工艺来制备。该工艺的基本过程：将背衬层和控释膜热合形成三边密封,一边开口的充填袋,填装时用抽空鸭嘴器打开,将半固体药物贮库组成物用定量注射泵填充入内,再用电热片封口形成牢固的密闭性软袋,涂布上压敏胶,覆盖上防黏层,即得。这种袋必须有一定牢固性,以免内容物外泄,但又需具有足够的柔软性,并可避免外界环境的影响而变质。

三、经皮给药系统实例

（一）硝酸甘油贴剂 - 贮库结构

1. 开发目的　硝酸甘油是一种有效的心绞痛治疗与预防剂,常用口服给药首过效应达60%,而且由于半衰期小,作用时间短,需频繁给药,限制了它治疗心绞痛的口服应用。

2. 剂型设计要点　硝酸甘油分子量为227,是无色油状液体,稍溶于水(1∶800),易溶于乙醇,略有挥发性,所以必须要加以密闭以防挥散,所以市售产品多为袋装,硝酸甘油透过皮肤能力的个体差异较大,年龄、性别、皮肤状态等都有显著影响,所以必须要采取装置控释膜的设计。这样可以把皮肤对硝酸甘油个体差异所引起的药物吸收量的差异降到最小程度,控释膜保持药物释放速度低于药物经皮吸收最大的通透速度,因而可以防止药物倾泻而出。

3. 制备工艺

（1）处方：单剂量面积：5、10、20、30cm²;含药量：2.5mg/cm²;规定释放时间：2.5、5、10、15mg/d。

处方：硝酸甘油,乳糖,胶态二氧化硅,医用硅油。

分别将硝酸甘油和乳糖混匀,胶态二氧化硅与硅油混合均匀,然后将二者混匀,按单剂量分装于含有聚乙烯-醋酸乙烯(EVA)控释膜的一边开口、三边热封的袋中,密封。硝酸甘油载药量的 92% 存在贮库层,8% 在硅酮压敏胶层。

(2) 制备工艺:透皮贴剂中的药物或成分易挥发或处方组成为流体时,一般要制成单剂量的液态填装密封袋,这种袋必须有一定牢固性,以免内容物外泄,避免外界环境的影响而使挥发性成分损失。

国内外市售的硝酸甘油产品所用的材料种类繁多,①背衬层:肉色的铝塑复合膜、铝箔及聚乙烯复合膜、聚氯乙烯膜等;②贮库材料:硝酸甘油的医用硅油混悬液并含有乳糖、胶态二氧化硅等;③控释膜:聚乙烯醋酸乙烯膜;④胶黏剂:在美国多用丙烯酸树脂压敏胶,而在欧洲其他国家多用硅酮压敏胶;⑤防黏层:硅化铝箔、硅化氟碳聚酯薄膜。

硝酸甘油经皮给药系统是应用最多的经皮给药系统,不同的厂家有不同结构的产品上市,最早的商品有 Transdermal-Nitro、Nitro-Dur 和 Nitrodisc。

(二) 芬太尼的透皮吸收制剂

1. 开发目的　芬太尼作为吗啡的代替物,是合成的麻醉性镇痛药,芬太尼的镇痛强度为吗啡的 80 倍,催眠作用小,几乎没有组胺的释放作用,没有内分泌功能与代谢的亢进作用,也没有心脏抑制作用,血液循环动态较稳定,制成透皮给药制剂可以用于治疗包括癌性疼痛在内的慢性疼痛。常用于静脉滴注剂量为 1.5g/(kg·h),血药浓度是 1~2ng/ml,手术后最低的止痛有效浓度为 0.69ng/ml。

2. 剂型设计要点

(1) 分子量:分子量小的物质具有较高扩散性,皮肤通透系数也较大;经过角质层的药物扩散速度与分子量的立方根成比例。通常认为透过皮肤的药物分子量界限为 500,但是分子量在 750 以下时,分子量的影响较小。芬太尼的分子量为 336.46,较小。

(2) 亲油性:芬太尼的扩散系数为 2.4×10^{-11}(cm^2/sec),$logK_{异辛醇/水}$ 为 2.96(pH7.4)、3.34(pH8.0)、3.79(pH10)。芬太尼的 0.01% 水溶液和饱和溶液(25)的 pH 分别为 9.0 和 9.1,所以其脂溶性高时,通透系数减小,可残留在皮肤中缓慢释放。

(3) 熔点:药物通过膜的透过性与膜两侧的浓度差成比例,而此浓度差与药物在膜的脂质层中的溶解度成比例。药物熔点越低,透过性越好。芬太尼熔点为 85~87℃。

3. 制备工艺

(1) 贮库的配方:

芬太尼 2.5mg/$10cm^2$

乙醇 30%

羟乙基纤维素 2%

背衬层:聚酯薄膜、聚乙烯薄膜或铝箔

控释膜:乙烯醋酸乙烯共聚物

胶黏剂:医用硅橡胶胶黏剂(含低剂量芬太尼)

覆盖层:硅纸

(2) 工艺过程:本品为由贮库、支持层、控释膜、胶黏层及覆盖层组成的袋型装置,制备工艺如下:

1) 贮库的制备:将 14.7mg 芬太尼溶于 30% 乙醇水混合溶剂中,加入 2% 羟乙基纤维素制成 1g 凝胶,作为贮库,释放时每贴释放的乙醇不到 0.2ml。

2）灌装、密封：用袋封成型机械将控释膜与支持层热合，用定量注射泵灌装，热合密封。

3）涂布胶黏剂：控释膜上涂布一层硅酮胶黏剂。

4）覆盖上支持层、切割包装。

第四节 经皮给药制剂的质量评价

经皮给药制剂的评价分为体外和体内评价两部分。体外评价包括含量测定、体外释放度检查、体外经皮透过性的测定及黏着性能的检查等。《中国药典》2010年版规定贴剂应进行含量均匀度、释放度和微生物限度检查。体内评价主要是指生物利用度测定和体内外相关性研究。

一、体外评价

（一）体外释放度测定方法

在经皮给药制剂中，药物首先从装置释放至皮肤表面，才能经皮吸收人体发挥作用，因此药物的疗效与药物的释放速度以及经皮给药制剂的通透速度都有密切关系。一般地，药物的释放速率应小于经皮渗透速率，这样可通过给药系统的设计来控制药物释放，从而控制药物的吸收速率，减少个体内和个体间的差异，如果皮肤是药物经皮吸收的限速屏障，经皮给药制剂中的药物释放仅仅起到控制产品质量的一种间接作用。

《中国药典》2010年版规定透皮贴剂的释放度采用附录ⅩD第三法来测定，其所用的搅拌桨、溶出杯按溶出度测定法（附录ⅩC第二法），所不同的是固定制剂的支架部分用网碟装置（图16-5），此结构又称夹层贴剂支架法，该装置避免了溶出杯底部死体积的存在。具体测

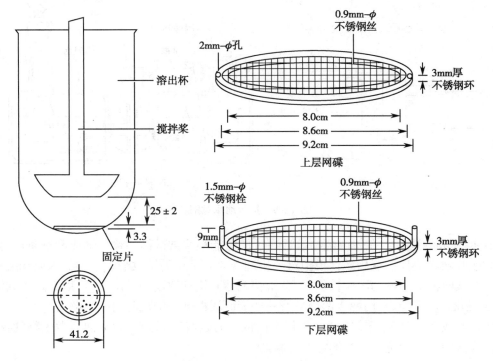

图 16-5 释放度测定的桨法装置

定方法为:将释放介质加入溶出杯中,预温至32℃±0.5℃;将透皮贴剂固定于两层碟片之间,释放面朝上,再将网碟置于烧杯下部,并使贴剂与桨底旋转面平行,两者相距25mm±2mm,开始搅拌并定时取样。取样位置在介质页面与桨叶上端之间正中,离杯壁不得少于1cm。取样后应补充相同体积的温度为32℃±0.5℃的空白释放介质。取样方法及判断标准,同释放度测定第一法。

(二)体外经皮渗透速率

药物经皮渗透速率是经皮吸收制剂的重要质量指标,它是药物、经皮渗透促进剂和组成系统的高分子材料筛选的根据。经皮渗透研究的方法、实验装置与材料多种多样,药物经皮吸收是一个复杂的过程,影响的因素也很多,如皮肤、实验装置、实验条件和实验操作等因素都会影响实验结果,因此掌握正确的研究方法,选择合适的装置与材料,才能保证研究结果的意义。

1. 实验装置 体外经皮渗透速率测定通常在扩散池中进行,模拟药物在体透皮过程,用来测定药物的释药性质或经皮透过性质、选择促进剂、筛选处方等。透皮扩散池应能保证整个透过或扩散过程具有稳定的浓度梯度和温度,尽量减少溶剂扩散层的影响等。扩散池由供给室(donor cell)和接收室(receptor cell)组成,在两室之间可夹持皮肤样品、经皮吸收制剂或其他膜材料,在扩散室一般装入药物及其载体,接收室填装接收介质。常用的扩散池有直立式和卧式两种(图16-6)。扩散池的接收室应有很好的搅拌装置避免在皮肤表面有一个扩散边界层,同时也是保证漏槽条件的重要因素之一,常用的扩散池一般采用电磁搅拌。

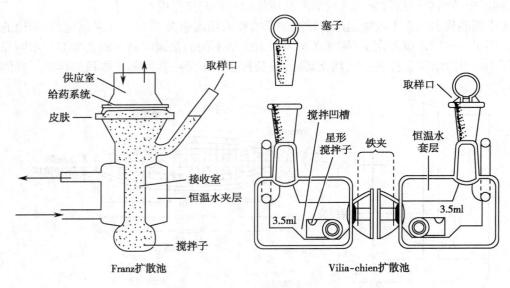

图 16-6 扩散池示意图

2. 接收液的选择 在体内药物渗透通过皮肤能很快被微循环移去形成漏槽条件,体外实验时接收液亦应提供漏槽条件模拟这一生理现象。常用的接收液是生理盐水或磷酸盐缓冲液。在接收液对药物的溶解性能很小,很快就达到饱和浓度的情况下,可以选用不同浓度PEG400和乙醇、甲醇、异丙醇水溶液以及一些表面活性剂等增加药物的溶解度。

体外经皮渗透实验经常需要一天以上时间,而接收液多为水,为了抑制微生物的生长,可在接收液中加入少量不影响测定的防腐剂。

3. 皮肤的选择和处理 人体皮肤是经皮给药研究中最理想的皮肤样品,最好是取自临床上经皮吸收制剂应用部位的皮肤,不同部位的皮肤药物通透性有很大差别。但人体皮肤不易得到,因此常用动物皮肤代替,大多数动物皮肤的角质层厚度小于人体皮肤,毛孔密度高,药物透过较人皮肤容易。一般认为,以家兔、小鼠、裸鼠皮肤的透过性较大,其角质层厚度大约为人皮肤的 1/8~1/2,其次为大鼠、豚鼠、猪、狗、猴等。

人体皮肤和无毛小鼠无需脱毛处理,其他一些长毛动物的皮肤,使用前需脱毛或剃毛,但必须注意不能损伤角质层,经去毛的动物皮肤应立即用生理盐水淋洗,置 4℃生理盐水中保存备用。经皮渗透研究用的皮肤最好新鲜取用,如要留存,可真空密闭包装后置 −20℃保存,临用前取出,但也要注意保存条件对皮肤渗透性的影响。

(三)粘贴能力

贴剂是敷贴于皮肤表面的制剂,其与皮肤的黏附力的大小直接影响制剂药品的安全性和有效性,因此黏附性能是一个重要的质量指标,通常贴剂的压敏胶与皮肤作用的黏附力可用三个指标来衡量,即初黏力、持黏力和剥离强度。

1. 初黏力　又称快黏力,表示压敏胶与皮肤轻轻地快速接触时表现出对皮肤的黏结能力,即通常所谓的手感黏性。目前测定初黏力的方法有很多,如拇指试验、滚球试验、90°玻璃试验等,《中国药典》2010 年版采用斜坡滚球停止法测定贴剂的初黏力(附录Ⅹ J),将一不锈钢球滚过平放在倾斜板上的黏性面,根据供试品的黏性面能够黏住的最大球号钢球,评价其初黏性的大小。图 16-7 为初黏力测定装置示意图。

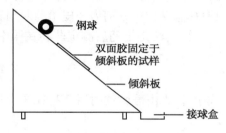

图 16-7　初黏力测定装置

2. 持黏力　表示压敏胶内聚力的大小,即压敏胶抵抗持久性剪切外力所引起蠕变破坏的能力。测定方法是将供试品黏性面粘贴于经砂纸打磨过的不锈钢试验板表面,垂直固定于试验架上,沿供试品的长度方向悬挂一规定质量的砝码,记录供试品滑移至脱落的时间或在一定时间内下移的距离,应符合规定。

3. 剥离强度　表示压敏胶黏结力的大小,《中国药典》2010 年版采用 180°剥离强度试验法,将供试品背面用双面胶固定在试验板上,黏性面与洁净的聚酯薄膜黏结,用压辊在供试品来回滚压以确保黏结处无气泡存在,室温放置 20~40 分钟,将聚酯薄膜自由端对折180°,把薄膜自由端和试验板分别上、下夹持于试验机上,应使剥离面与试验机线保持一致。试验机以(300±10)mm/min 速度连续剥离,自动记录仪绘出剥离曲线。按下式计算 180°剥离强度 σ(kN/m):

$$\sigma = S/(L \cdot B) \cdot C \tag{16-1}$$

式中,S 为曲线中取值范围内的面积,mm²;L 为曲线中取值范围内的长度,mm;B 为供试品实际的宽度,mm;C 为记录纸单位高度的负荷,kN/m。

(四)微生物限度

除有规定外,照微生物限度检查法(2010 年版《中国药典》二部附录ⅩⅠ J)检查,细菌数每 10cm² 不得超过 100 个,霉菌和酵母菌数每 10cm² 不得超过 100 个,金黄色葡萄球菌、铜绿假单胞菌每 10cm² 不得检出。

二、生物利用度的测定

药物经皮给药后欲使集体吸收产生治疗作用,则需要知道药物被集体吸收的量,体外经皮渗透试验虽能提供有用的资料,但与体内吸收还有很大差异,因此经皮给药系统开发中需要进行体内研究。值得注意的是,经皮吸收制剂在规定用药时间内仅有部分药物从系统释放并吸收,剩余的药物随制剂在使用后被丢弃,所以经皮吸收制剂的生物利用度远低于口服或其他制剂。因此在质量评价中,只要能维持稳定有效的血药浓度和延长作用时间,可以合理降低对经皮吸收制剂生物利用度的要求。

经皮吸收制剂的生物利用度 F 测定有血药法,尿药法和血药加尿药法。常用方法是对受试者的生物样品,如血样或尿样进行分析。由于经皮吸收制剂中都是药效强、剂量小的药物,经皮给药后的血药浓度通常很低,因此除了采用气相色谱、高效液相色谱、色谱 - 质谱联用直接测定外,有时用 ^{14}C 或 ^3H 标记的化合物来测定。

$$生物利用度 = \frac{AUC_{TDDS}/D_{TDDS}}{AUC_{iv}/D_{iv}} \qquad (16\text{-}2)$$

式中,AUC_{TDDS} 和 AUC_{iv} 分别为经皮给药制剂和静脉注射给药后血药浓度 - 时间曲线下的面积;D_{TDDS} 和 D_{iv} 分别为经皮给药制剂和静脉注射给药的剂量。

尿药法是给药后测定药物在尿中排泄的累积量 Ae_{TDDS} 计算生物利用度。

$$经皮吸收量 = \frac{Ae_{TDDS}}{f_e} \qquad (16\text{-}3)$$

式中,f_e 为由静脉注射后药物在尿中排泄的累积量,即:

$$f_e = \frac{Ae_{iv}}{D_{iv}} \qquad (16\text{-}4)$$

因此,

$$F = \frac{Ae_{TDDS}}{D_{TDDS}} \cdot \frac{D_{iv}}{Ae_{iv}} \qquad (16\text{-}5)$$

血药法加尿药法根据下式计算药物的生物利用度:

$$经皮吸收量 = CL_{NR} \cdot AUC_{TDDS} + Ae_{TDDS} \qquad (16\text{-}6)$$

$$F = \frac{CL_{NR} \cdot AUC_{TDDS} + Ae_{TDDS}}{D_{TDDS}} \qquad (16\text{-}7)$$

式中,CL_{NR} 为药物的非肾清除率,它是药物的总体清除率减去肾清除率 CL_R,由静脉给药后测得的数据按下列公式计算求得。

$$CL_R = \frac{Ae_{iv}}{AUC_{iv}} \qquad (16\text{-}8)$$

$$CL_{NR} = CL - CL_R \qquad (16\text{-}9)$$

(范新华)

思 考 题

1. 与其他传统剂型相比经皮给药制剂有哪些优缺点?
2. 详述经皮给药制剂的类型及各自的特点。
3. 影响药物经皮吸收的因素有哪些?

4. 详述促进药物经皮吸收的常用方法。

5. 常用的控释膜材料、骨架材料以及压敏胶材料有哪些？

6. 哪些药物较适合经皮给药？如何根据药物性质设计合理的处方工艺？

7. 经皮给药制剂的质量评价方法有哪些？

参 考 文 献

1. 陆彬. 药物新剂型与新技术. 北京:人民卫生出版社,2002:353

2. 潘卫三. 工业药剂学. 北京:中国医药科技出版社,2010:442

3. 崔福德. 药剂学. 北京:人民卫生出版社,2004:425

4. 郑俊民. 经皮给药新剂型. 北京:人民卫生出版社,2006

5. 张立超,胡晋红. 微乳透皮给药系统的研究进展. 国外医学(药学分册),2004,31(1):44-47

6. 张苏,高永良. 透皮吸收促进剂的研究进展. 科学技术与工程,2004,4(8):733-735

7. 黄胜炎. 被动透皮释药技术新进展. 上海医药,2007,28(10):449-452

8. 高申,钟延强. 现代药物新机型新技术. 北京:人民卫生出版社,2002:271-277

9. 孙亦群,周莉玲,陈孝根. 经皮给药系统的研究进展. 安徽中医学院学报,2001,20(3):62-64

10. Barry B W. Model of action of penetration enhancers in human skin. J Control Release. 1987,6:85-97

11. Williams A C. Barry B W. Penetration enhancers. Advanced Drug Delivery Reviews. 2004,56:603-618

12. Fang jiayou,Hwang Tsonglong,Leu Yannlii. Effect of enhancers and retarders on percutaneous absorption of flurbiprofen from hydrogels. International Journal of Pharmaceutics. 2003,250:313-325

13. Gwak H S,Chun I K. Effect of vehicles and penetration enhancers on the in vitro percutaneous absorption of tenoxicam through hairless mouse skin. International Journal of Pharmaceutics. 2002,236:57-64

14. Touitou E,Godin B,Karl Y,Bujanover S,Becker Y. Oleic acid,a skin penetration enhancer,affects Langerhans cells and corneocytes. Journal of Controlled Release. 2002,80:1-7

第十七章　靶向给药制剂

本章要点

1. 掌握靶向制剂的分类（被动靶向制剂、主动靶向制剂和物理化学靶向制剂），脂质体的概念、组成与结构，微球的概念及制备方法。
2. 熟悉微球的制备，脂质体的主动载药法特点，亚微乳剂的靶向特性，纳米粒的制备技术。
3. 了解主动靶向固体脂质纳米粒的制备方法，脂质体的质量评价（载药量、包封率、粒径及粒度分布、稳定性等），微球中药物的释放及体内转运特性。

第一节　概　　述

一、靶向制剂的定义

靶向制剂的概念起始于德国科学家 Paul Ehrlich 在 1906 年提出的"魔弹"（magic bullet）的理论。他发现有些化合物能够特异性地对细菌染色（如革兰染色法），便提出可以利用这些化合物作为靶向分子，将毒素特异性地导入细菌并杀死细菌。靶向制剂又称靶向给药系统（targeted drug delivery system，TDDS），指通过适当的载体使药物选择性地浓集于需要发挥作用的靶组织、靶器官、靶细胞或细胞内的某靶点的给药系统。

目前，临床上广泛使用的药物大多是没有靶向性的，药物进入体内系统循环后迅速分布到全身各组织、器官，当用于治疗局部疾病时，如肝癌、肝炎、肺癌、肺结核等，只有少量药物随机到达靶部位。而要提高靶区的药物浓度必须提高全身循环系统的药物浓度，增大了药物对正常组织的毒副作用，特别是对于治疗指数小的细胞毒性药物如抗癌药，在杀灭癌细胞的同时也杀灭正常细胞，剂量的增加往往会造成严重后果，甚至是致命的。

靶向制剂利用人体生物学特性，如 pH 梯度（口服制剂的结肠靶向）、毛细血管直径差异、免疫防卫系统、特殊酶降解、受体反应、病变部位的特殊化学环境（如 pH）和一些物理手段（如磁场）完成药物在病变部位的定向富集，使得药物在体内的分布依赖于载体的理化性质，而较少依赖于药物的性质。随着分子生物学、细胞生物学和材料科学等方面的飞速发展，人们开始针对特定疾病的相关靶点设计和构建靶向制剂，使靶向制剂的研究得到了迅速的发展。自 20 世纪 70 年代末 80 年代初，人们开始比较全面地研究靶向制剂，包括它们的制备、性质、体内分布、靶向性评价以及药效与毒理。近二十年来，阿霉素脂质体等药物载体制剂、吉非替尼等分子靶向药物和曲妥珠单抗等抗体药物相继上市，从广义来说都属于能够较特异性地作用于肿瘤细胞的靶向制剂，把肿瘤的药物治疗带入了"分子靶向药物"时代。

在药物制剂领域,人们探索和实践着各种靶向的途径和方法,靶向途径不断拓宽,新型靶向给药载体的不断出现,包括脂质体、乳剂、微球、纳米粒、纳米囊、胶束、红细胞载体以及前体药物、单克隆抗体等上市靶向制剂已使患者受益明显。同时,所研究的药物也从小分子化学药物延伸到大分子药物,蛋白质、多肽、基因、疫苗等都成为靶向药物研究的热点。随着研究的逐步深入,人们越来越意识到靶向给药系统仍面临复杂的体内环境中的诸多挑战。在药物载体的设计上,目前人们已经开始设计更为复杂的自适应性给药系统或智能型给药系统。这些给药系统的特点是:通过对给药载体进行多重复合设计(包括使用智能型材料),使其能够随时间或体内环境的变化而发生自我调节,或者对外部刺激产生响应,从而顺利通过体内各种复杂屏障,实现更好的靶向效果。

二、靶向制剂的分类

从药物靶向到达的部位可以分为三级,一级指到达特定的靶组织或靶器官,二级指到达特定的细胞,三级指到达细胞内的某些特定的靶点。

从靶向的作用机制大体可分为以下三类:

(一)被动靶向制剂

被动靶向制剂(passive targeting systems)即自然靶向制剂,这种载药微粒进入体内即被巨噬细胞作为外界异物吞噬的自然倾向而产生的体内分布特征。这类制剂利用脂质、类脂质、蛋白质、生物降解型高分子物质等作为载体,将药物包裹或嵌入其中制成各种微粒给药系统,如脂质体、乳剂、纳米粒、微球等。注射给药后,载药微粒被单核-巨噬细胞系统的巨噬细胞(尤其是肝的 Kupffer 细胞)摄取,通过正常生理过程运送并富集于肝、脾、肺及淋巴等巨噬细胞丰富的器官。被动靶向的微粒经静脉注射后,在体内的分布首先取决于微粒的粒径大小。通常粒径在 $2.5 \sim 10 \mu m$ 时,大部分积集于巨噬细胞。小于 $7 \mu m$ 时一般被肝、脾中的巨噬细胞摄取,$200 \sim 400nm$ 的纳米粒集中于肝后迅速被肝清除,小于 $50nm$ 的纳米粒则缓慢积集于骨髓。大于 $7 \mu m$ 的微粒通常被肺的最小毛细血管床以机械滤过方式截留。单核-巨噬细胞系统对微粒的摄取主要由微粒吸附血液中的调理素和巨噬细胞上相关受体完成的,吸附调理素的微粒黏附在巨噬细胞表面,然后通过内在的生化作用(内吞、融合等)被巨噬细胞摄取。微粒的粒径及其表面性质决定了吸附哪种调理素成分及其吸附的程度,也就决定了吞噬的途径和机制。如果微粒表面修饰了 PEG 等亲水性的大分子,微粒就能在循环系统中滞留更长的时间,实现长循环(long circulation)或隐形(stealth)作用。同时由于肿瘤等组织中血管内皮细胞的间隙较大,使粒径在 100nm 以下的粒子容易渗出而滞留在肿瘤组织中,这一现象被称为 EPR(enhanced permeability and retention)效应(图 17-1)。除了粒子的粒径外,粒子表面荷电性对其分布也有影响,荷负电的粒子要比中性或正电的粒子从血中清除快。

(二)主动靶向制剂

主动靶向制剂(active targeting systems)是利用修饰的药物载体能与靶组织产生分子特异性相互作用,因此作为"导弹"将药物主动地定向地运送到靶组织并发挥药效的制剂。例如连接特定的配体可与靶细胞的受体结合,或连接单克隆抗体成为免疫微粒,能避免巨噬细胞的摄取,改变微粒在体内的自然分布而到达特定的靶部位;或利用对体内某些物质敏感的高分子物质修饰成前体药物,在特定靶区被激活发挥作用。

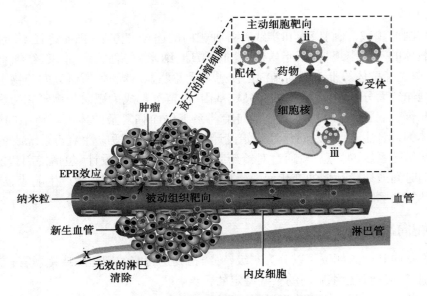

图 17-1　EPR 效应及配体介导的主动靶向

（三）物理化学靶向制剂

物理化学靶向制剂（physical and chemical targeting systems）又称为物理或化学条件响应性制剂，即通过设计特定的载体材料和结构，使其能够响应于某些物理或化学条件而释放药物，这些物理或化学条件可以是外加的，也可以是体内某些组织所特有的。如应用磁性材料与药物制成磁导向制剂，在足够强的体外磁场引导下定位于特定靶区。又如热敏感制剂在特定的局部热疗部位释放药物。体内感应型的载体，如 pH 敏感型载体、氧化还原作用敏感型载体等，都是通过感知体内特定组织中的微环境而控制药物释放。另外用栓塞制剂阻断靶区的血供和营养，起到栓塞和靶向化疗的双重作用，也可属于物理化学靶向。

近年来的研究表明，靶向制剂的作用机制倾向于多重"保险"。如有些主动靶向作用需要以被动靶向或物理化学靶向作用为前提，不同靶向机制可以协同起效，进一步提高药物在靶点部位的释放浓度，提高药效。

三、靶向制剂的特点

靶向制剂不仅要求药物选择性地到达特定部位的靶部位，还要求有达到一定浓度的药物滞留时间以便发挥药效，且载体应无遗留所产生的毒副作用。因此成功的靶向制剂应具备定位浓集、控制释药以及无毒可生物降解三个要素。与普通制剂相比，它具有高效、低毒的特点，可以提高药品的安全性、有效性、可靠性和病人用药的顺应性，日益受到国内外医药界的广泛重视。

四、靶向性评价

靶向制剂的评价应该根据靶向的目标来确定。根据测定的结果，可以计算以下三个参数来进行定量分析：

1. 相对摄取率 r_e

$$r_e = (AUC_i)_p / (AUC_i)_s \tag{17-1}$$

式中，AUC_i 为由浓度 - 时间曲线求得的第 i 个组织（细胞、细胞器）的药时曲线下面积；下标

p 和 s 分别表示靶向制剂和对照的普通溶液制剂。r_e 大于 1 表示药物制剂在该器官或组织有靶向性;r_e 愈大靶向效果愈好;r_e 等于或小于 1 表示无靶向性。

2. 靶向效率 t_e

$$t_e = (AUC)_靶 / (AUC)_{非靶} \tag{17-2}$$

式中,t_e 为药物制剂对靶器官的选择性。t_e 值大于 1 表示药物制剂对靶器官比某非靶器官有选择性;t_e 值愈大,选择性愈强;药物制剂的 t_e 值与药物溶液的 t_e 值相比,其比值大小可以反映药物制剂的靶向性增加的倍数。

3. 峰浓度比 C_e

$$C_e = (AUC_{max})_p / (AUC_{max})_s \tag{17-3}$$

式中,C_{max} 为峰浓度,每个组织或器官中的 C_e 值表明药物制剂改变药物分布的效果,C_e 值愈大,表明改变药物分布的效果愈明显。

以上三个参数可以准确反映药物在体内的靶向分布效率,但由于在靶组织、靶细胞或者靶细胞器中取样测定药物浓度具有创伤性,对于一些关键器官特别是在人体实验中不可能操作,所以近年来在靶向制剂研究中广泛采用活体影像学的方法,直接或间接标记药物或载体系统,三维成像后通过数据处理,也能得到类似的靶向性参数。

五、适用药物

1. 治疗指数小的抗癌药物 靶向制剂通过与肿瘤组织、肿瘤细胞的特定结构和靶点识别,特异性的作用来完成或放大药效作用,所以具有特异性的肿瘤杀伤效果,同时还可以避免药物作用于其他组织可能造成的毒副作用。

2. 分子靶向药物 对于某些新药通过 DNA 技术,不仅能阐明药物的作用方式,鉴别细胞表面多种受体的不同类型,而且能提供高效的药物。这些药物有必要以完整的形式、适当的浓度,有效、安全、方便地传递至靶区。目前具有靶向作用的药物有小分子化合物、单克隆抗体等。

靶向制剂还可以用来解决药物在其他剂型中可能遇到的以下问题:药物稳定性差或溶解度小;吸收不良或在生物环境中不稳定(如酶的代谢等);半衰期短或分布面广而缺乏特异性;治疗指数(中毒剂量和治疗剂量之比)小或存在各种生理解剖屏障或细胞屏障等。

第二节 被动靶向制剂

被动靶向制剂系利用载体使药物被生理过程自然运送至靶部位而实现靶向的制剂,主要是各种类型的微粒给药系统,包括脂质体、乳剂、微球和纳米粒等。

一、脂质体

脂质体(liposomes)最早是 1965 年被英国 Banghan 等作为研究生物膜的模型提出的。Banghan 等发现,当磷脂分散在水中时形成多层囊泡,而且每一层均为脂质双分子层,厚度约 5nm,各层之间被水相隔开。在囊泡内水相和双分子膜内可以包裹多种药物,类似于超微囊结构。这种将药物包封于类脂质双分子层薄膜中所制成的超微球形载体制剂,称为脂质体(liposomes),脂质体结构及自组装示意图见图 17-2。

20 世纪 70 年代初,脂质体作为药物的载体开始逐渐引起人们的重视,其后迅速发展,对脂质体的处方组成、粒径控制、稳定性、体内过程、安全性及药效学等方面进行了广泛深

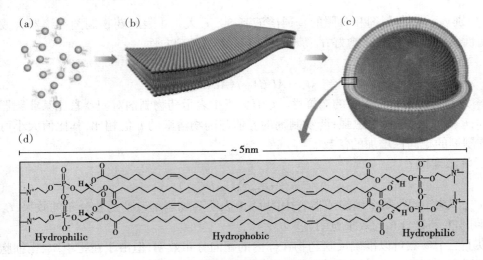

图 17-2 脂质体结构及自组装示意图

(a)磷脂分子;(b)脂质双分子层;(c)脂质体;(d)5nm 厚的脂质双分子层,其中磷脂分子的
疏水端相对,亲水端分别朝向内外水相

入的基础研究,并且随着化学、化工、药剂学等相关学科研究的长足发展,脂质体最终走向实用。1988 年第一个脂质体制剂,即硝酸益康唑脂质体凝胶剂"Pevaryl Lipogel"在瑞士由 CILAG 制药公司注册,现已在瑞士、意大利、比利时和挪威等国上市销售。第一个上市的脂质体注射型药物输送系统是两性霉素 B 制剂(Ambisome,美国 NeXstar 制药公司)于 1990 年底首先在爱尔兰得到批准上市销售,该制剂可以有效地降低两性霉素 B 引起的急性肾毒性。第一个抗癌药物脂质体——阿霉素脂质体(Doxil,美国 Sequus 制药公司)于 1995 年底在美国获得 FDA 批准,此脂质体的组成中含有亲水性聚合物聚乙二醇(polyethylene glycol,PEG)与二硬脂酸磷脂酰乙醇胺(distearoylphosphatidylenthanolamine,DSPE)的衍生物(PEG-DSPE),

其作用是在体内阻止血浆蛋白吸附于脂质体表面,阻止其调理化作用,从而避免单核巨噬细胞系统快速吞噬脂质体,延长血液循环时间,有利于增加脂质体达到病变部位的相对聚积量,这种脂质体称为长循环脂质体(long circulation liposomes),也称为隐形脂质体(stealth liposomes)。1996 年,抗癌药柔红霉素脂质体(DaunoXome,美国 NeXstar 制药公司)在美国上市。另外,上市的脂质体产品还有阿糖胞苷脂质体(DepoCyt)、制霉菌素脂质体(Nyotran)、甲肝疫苗脂质体(Epaxal)等,部分抗癌、抗感染、基因脂质体药物进入了临床试验阶段。

(一) 脂质体的组成、结构与特点

脂质体一般由磷脂和胆固醇构成(图 17-3)。磷脂为两性物质,其结构中含有磷酸基团和含氮的碱基(均亲水)及两个较长

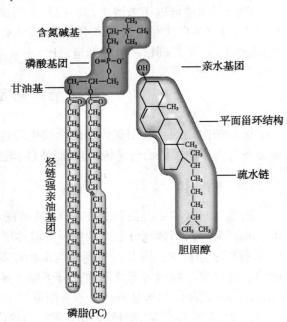

图 17-3 磷脂与胆固醇分子结构示意图

的烃链为疏水链。磷脂分子形成脂质体时,有两条疏水链指向内部,亲水基在膜的内外两个表面上,磷脂双层构成一个封闭小室,内部包含水溶液,小室中水溶液被磷脂双层包围而独立,磷脂双层形成囊泡又被水相介质分开。胆固醇属于两亲物质,其结构中亦具有疏水与亲水两种基团,但疏水性较亲水性强。

脂质体双分子层是由磷脂与胆固醇混合分子相互间隔定向排列组成(图17-4)。磷脂分子的极性端与胆固醇分子的极性基团相结合,故亲水基团上接有三个疏水链,其中两个是磷脂分子中两个烃基链,另一个是胆固醇结构中的疏水链。

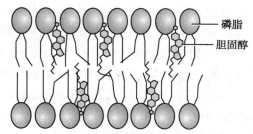

图17-4 磷脂双分子层中磷脂与胆固醇排列示意图

脂质体可以是单层的封闭双层结构,也可以是多层的封闭双层结构(图17-5)。在电镜下脂质体常见的是球形或类球形。单层脂质体(unilamellar vesicles)是由一层类脂质双分子层构成者,称为单室脂质体,它又分大单室脂质体(large unilamellar vesicles,LUVs,粒径在0.1~1μm之间)和小单室脂质体(single unilamellar vesicles,SUVs,粒径0.02~0.08μm)。多室脂质体(multilamellar vesicles,MLVs)由多层类脂质双分子层构成的称为多室脂质体(multilamellar vesicles,MLVs),一般由两层以上磷脂双分子层组成多层同心层(concentric lamellar),粒径在1~5μm之间。多囊脂质体(multivescular liposames,MVL)由许多非同心囊泡构成,每

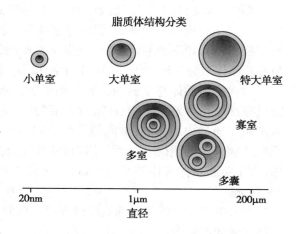

图17-5 脂质体结构分类示意图

个囊泡中包裹着被装载药物的水溶液。这些不连续的囊泡被连续的类脂双分子磷脂膜所分隔,具有更多的包封容积,在这些多囊脂质体中被包裹的药物水溶液的体积占95%。1983年Sinil K等首次用复乳法制备了多囊脂质体,粒径范围为5~50μm,比传统的单层脂质体和多层脂质体的粒径大。多囊脂质体适用于包裹水溶性物质,其载药量比传统的单层脂质体和多层脂质体要高得多,且具有缓释作用。

(二)脂质体的特点和作用机制及给药途径

1. 脂质体的特点 脂质体具有包封脂溶性或水溶性药物的特性,药物被包封后其主要特点有:

(1)靶向性和淋巴定向性:脂质体进入体内可被巨噬细胞作为异物吞噬,浓集在肝、脾、淋巴系统等单核-巨噬细胞丰富的组织器官中。

(2)缓释性:将药物包封成脂质体后,可减少药物的代谢和排泄而延长其在血液中的滞留时间,使药物在体内缓慢释放,从而延长药物的作用时间。

(3)细胞亲和性和组织相容性:因脂质体是类似生物膜结构的泡囊,具有细胞亲和性和组织相容性,对正常组织细胞无损害和抑制作用,并可长时间吸附于靶细胞周围,有利于药物向靶组织渗透。

(4) 降低药物的毒性：脂质体注射给药后，改变了药物的体内分布，主要在肝、脾、骨髓等单核 - 巨噬细胞较丰富的器官中浓集，而减少了心脏、肾脏和正常细胞中的药物量，因此将对心、肾有毒性的药物如两性霉素等包封成脂质体，可明显降低药物的毒性。

(5) 提高药物的稳定性：一些不稳定的药物被脂质体包封后受到脂质体双层膜的保护。有些口服易被胃酸破坏的药物，制成脂质体后可受到保护而提高体内稳定性和口服吸收的效果。

2. 脂质体与细胞的相互作用　脂质体的结构与细胞膜相似，在体内能显著增强细胞的摄取功能。脂质体与细胞的作用过程分为吸附、脂交换、内吞、融合四种基本类型。

吸附是脂质体作用的开始，普通物理吸附受粒子大小、密度和表面电荷等因素影响，也可通过脂质体特异性配体与细胞表面结合而吸附到细胞表面。吸附使细胞周围药物浓度增高，药物可慢慢地渗透到细胞内。

脂交换是脂质体的脂类与细胞膜上脂类发生交换，脂质体内包载药物在交换过程中进入细胞。磷脂与细胞脂交换可能是通过细胞表面特异性交换蛋白介导，因为某些磷脂如PC、PE 在用膜蛋白酶处理后，交换过程减慢。脂质交换过程发生在吸附之后，在细胞表面特异交换蛋白介导下，特异性地交换脂质的极性头部基团或非特异性地交换酰基链。交换发生在脂质体双分子层中外部的单分子层和细胞质膜外部的单分子层之间。

内吞是脂质体与细胞的主要作用机制。脂质体易被单核 - 巨噬细胞系统的细胞，特别是巨噬细胞作为外来异物吞噬，进入溶酶体，进而被溶酶体中的降解酶所降解，释放药物进入细胞。通过内吞，脂质体能特异性地将药物集中于要作用的细胞内，也可使不能通过浆膜的药物到达细胞内。内吞作用与脂质体的粒径有关。例如，多室脂质体可与各种细胞作用，大单室脂质体在体外只与 Kupffer 细胞作用，易发生内吞作用的大单室脂质体的大小是50~100nm。

融合指脂质体的膜与细胞膜构成成分相似，脂质体的膜插入细胞膜的脂质层中，而将内容物释放到细胞内。

3. 脂质体的给药途径　脂质体的给药途径主要包括：

(1) 静脉注射：是最主要的给药途径。静脉注射的脂质体优先被肝、脾等富含单核 - 巨噬细胞的组织脏器所摄取，并迅速被单核 - 巨噬细胞吞噬和降解，少数被肺、骨髓及肾摄取。

(2) 肌内和皮下注射：脂质体经肌内或皮下注射后，缓慢从注射部位消除，吸收进入淋巴管，最后进入血液循环。

(3) 口服给药：应用脂质体可延长药物的作用或包封胃肠道不吸收或不稳定的药物。

(4) 黏膜给药：包括眼部给药、肺部给药和鼻腔给药。

(5) 经皮给药：脂质体能使难渗透皮肤的药物透入皮肤，并可维持恒定的释放。

(三) 脂质体的理化性质

1. 相变温度　脂质体膜的物理性质与介质温度有密切关系。当升高温度时，脂质双分子层中酰基侧链从有序排列变为无序排列，这种变化引起脂膜的物理性质发生一系列变化，可由 "胶晶" 态变为 "液晶" 态。此时，膜的横切面增加，双分子层厚度减小，膜流动性增加。这种转变时的温度称为相变温度（phase transition temperature，T_c）。当磷脂发生相变时，可有液态、液晶态和胶晶态共存，出现相分离，使膜的流动性增加，易导致内容物的泄漏。脂膜的相变温度可借助差示扫描量热法（differential scanning calorimetry，DSC）、电子自旋共振光谱

(electron spinning resonance，ESR）等测定。

2. **膜的通透性**　脂质体膜是半通透性膜。不同离子、分子扩散跨膜的速率有极大的不同。对于在水和有机溶液中溶解度都非常好的分子，易于穿透磷脂膜。极性分子，如葡萄糖和高分子化合物通过膜非常慢，而电中性小分子，如水和尿素能很快跨膜。荷电离子的跨膜通透性有很大差别：质子和羟基离子穿过膜非常快，可能是由于水分子间氢键结合的原因；钠和钾离子跨膜则非常慢。在体系达到相变温度时，质子的通透性增加，并随温度的升高而进一步提高，钠离子和大部分物质在相变温度时通透性最大。

3. **荷电性**　含酸性脂质，如磷脂酸（PA）和磷脂酰丝氨酸（PS）的脂质体荷负电，含碱基（胺基）脂质，例如十八胺等脂质体荷正电，不含离子的脂质体显电中性。脂质体表面电性与其包封率、稳定性、靶器官分布及对靶细胞作用有关。脂质体表面电性的测定方法有荧光法、显微电泳法、激光粒度分析仪等。

（四）制备脂质体的材料

形成脂质体双分子层的膜材主要由磷脂与胆固醇构成。

1. **磷脂类**　根据来源，磷脂分为天然磷脂和合成磷脂，包括卵磷脂、脑磷脂、大豆磷脂以及其他合成磷脂，如合成二棕榈酰-DL-α磷脂酰胆碱、合成磷脂酰丝氨酸等。根据荷电分为中性磷脂、负电荷磷脂、正电荷磷脂。磷脂酰胆碱（phosphatidylcholine，PC）俗称为卵磷脂（lectithin），是最常见的中性磷脂，有天然和合成两种来源，可从蛋黄和大豆中提取。磷脂酰胆碱是细胞膜主要磷脂成分，它也是脂质体的主要组成部分。磷脂酰乙醇胺（phosphatidylethanolamine，PE）又称为脑磷脂（cephalin），也是一种常见的中性磷脂。在生物界所存在的磷脂中，磷酯酰乙醇胺的含量仅次于卵磷脂。负电荷磷脂又称为酸性磷脂，常用的负电荷脂质有磷脂酸（phosphatidicacid，PA）、磷脂酰甘油（phosphatidylglycerols，PG）、磷脂酰肌醇（phosphatidylinositol，PI）、磷脂酰丝氨酸（phosphatidylserine，PS）等。由酸性磷脂组成的膜能与阳离子发生非常强烈的结合，尤其是二价离子，如钙和镁。由于与阳离子的结合降低了其头部基团的静电荷，使双分子层排列紧密，从而升高了相变温度。在适当环境温度下，加入阳离子能引起相变。制备脂质体所用的正电荷脂质均为人工合成产品，目前常用的正电荷脂质有硬脂酰胺（stearamide）等，由于细胞膜带负电，正电荷脂质常用于制备基因转染脂质体。

由于磷脂来源不同，分子中 R_1 和 R_2 在链长度和饱和度上可能会存在较大的差异，天然的产物中 R_1 和 R_2 很少具有相同的化学结构，通常 R_2 具有更多的不饱和键（图 17-6）。如果 R_1 或 R_2 中有一个为氢原子，这种磷脂被称为单酰基-甘油磷脂或溶血磷脂（lyso-phospholipids）。溶血磷脂是磷脂的降解产物，由于最常用的磷脂类化合物为卵磷脂，因而溶血磷脂一般是指溶血卵磷脂，或称溶血磷脂酰胆碱（lyso-phosphatidylcholine，L-PC），此外，还有溶血磷脂酰乙醇胺等。溶血磷脂是磷脂 R_1 位或 R_2 位酯键水解或酶解产生的单链脂肪酰磷脂衍生物。按磷脂酯键断裂的方式不同，溶血磷脂可分为溶血磷脂2和溶血磷脂1。在磷脂类产品的制备和贮藏过程中磷脂也会发生部分分解，生成溶血磷脂。正常情况下，由于化学位阻的原因，磷脂类产品中溶血磷脂1和溶血磷脂2的比例大约为 1：9，即溶血磷脂2占绝大比例。溶血磷脂是一类具有较强表面活性的性质，能使红细胞及其他细胞膜破裂，引起溶血或细胞坏死。但在正常生理条件下，由于体内磷脂酶的存在位置和存在数量受到严格控制，因而机体并不会受到伤害。体内的溶血磷脂可通过磷脂酶B代谢脱去另一分子脂肪酸转变为甘油磷酸胆碱，使其失去溶解细胞膜的作用。关于磷脂类产品中溶血磷脂的限

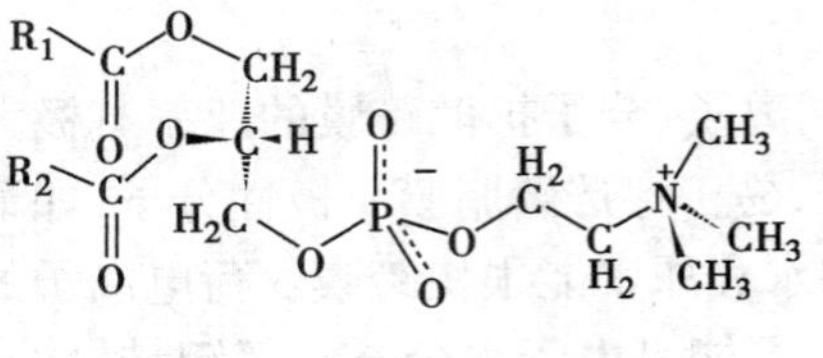

图 17-6　常见的磷脂基本结构

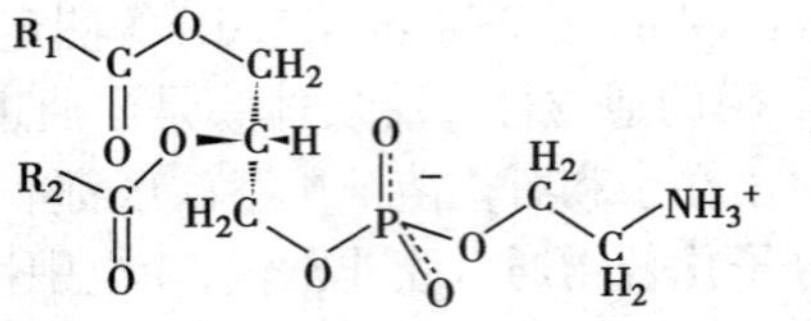

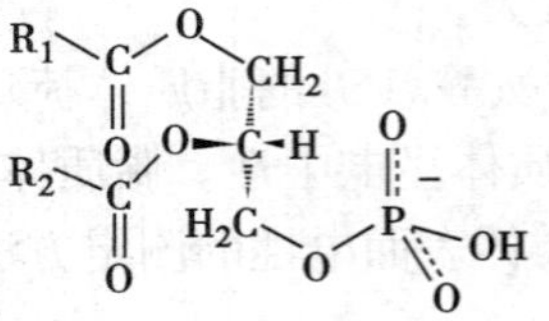

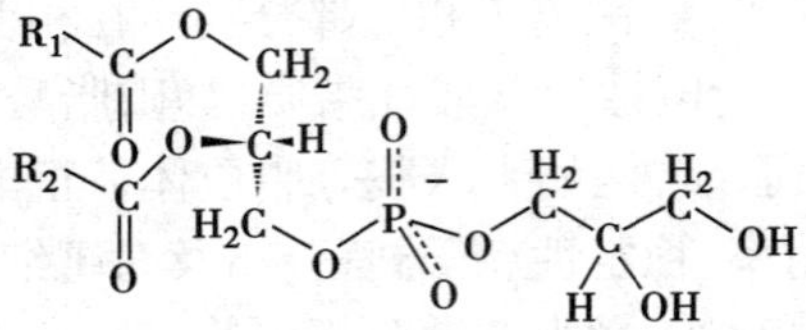

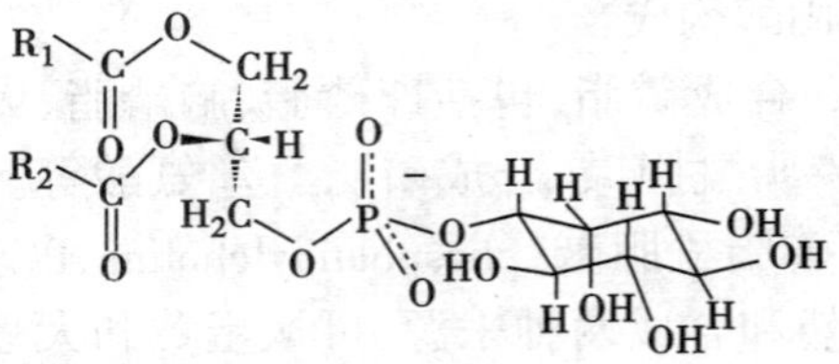

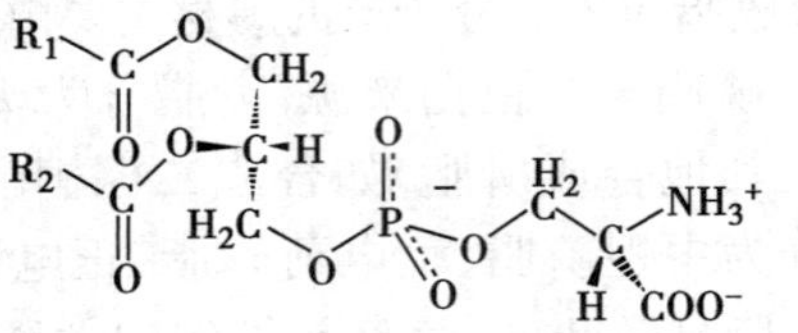

度控制,目前尚未有统一的标准。一般要求在卵磷脂原料中将溶血磷脂酰胆碱的量控制在
3.0% 或 3.5% 以下。有时,当卵磷脂纯度级别较低,其中的磷脂酰乙醇胺的含量较高时,还
需要对其中的溶血磷脂酰乙醇胺的量进行控制,限度一般在 0.5% 左右。对于磷脂类产品的
制剂,由于在溶液状态下卵磷脂可能会发生部分水解,在放置过程中溶血磷脂的量有可能增
加,因而制剂中也应严格控制溶血磷脂的量,以保证临床用药的安全性。

　　2. 胆固醇　胆固醇是一种中性脂质,作为两性分子,能镶嵌入膜,羟基基团朝向亲水
面,脂肪族的链朝向并平行于磷脂双分子层中心的烃链。当胆固醇在磷脂双分子层膜所
占的摩尔比约为 50% 时,胆固醇可以改变膜流动性。胆固醇具有调节膜流动性的作用,
故可称为脂质体"流动性缓冲剂"(fluidity buffer)。当低于相变温度时,胆固醇可使膜
减少有序排列,而增加流动性;高于相变温度时,可增加膜的有序排列而减少膜的流动性
(表 17-1)。

表 17-1　目前已上市的脂质体制剂

商品名	给药途径	药物	剂型	有效期	脂质组成(摩尔比)	适应证
Ambisome	静脉注射	两性霉素 B	脂质体冻干粉	36 个月	HSPC,HSPG,胆固醇,两性霉素 B (2:0.8:1:0.4)	真菌感染
Abelcet	静脉注射	两性霉素 B	脂质复合物混悬液	24 个月	DMPC,DMPG (7:3)	真菌感染
Amphotec	静脉注射	两性霉素 B	脂质复合物冻干粉	24 个月	胆固醇硫酸酯	真菌感染

续表

商品名	给药途径	药物	剂型	有效期	脂质组成（摩尔比）	适应证
Daunoxome	静脉注射	柔红霉素	脂质体乳状液	12个月	DSPC，胆固醇（2：1）	血管瘤
Doxil	静脉注射	阿霉素	PEG化脂质体混悬液	20个月	HSPC，胆固醇，PEG2000-DSPE（56：39：5）	卡波济肉瘤，卵巢癌/乳腺癌
Lipo-dox	静脉注射	阿霉素	PEG化脂质体混悬剂	36个月	DSPC，胆固醇，PEG2000-DSPE（56：39：5）	卡波济肉瘤，卵巢癌/乳腺癌
Myocet	静脉注射	阿霉素	脂质体冻干粉	18个月	EPC，胆固醇（55：45）	与环磷酰胺联合治疗转移性乳腺癌
Visudyne	静脉注射	维替泊芬	脂质体冻干粉	48个月	EPG，DMPC（3：5）	与年龄相关的分子退化，病理性近视，眼组织胞浆菌病
Depocyt	脊髓注射	阿糖胞苷	脂质体混悬液	18个月	胆固醇，三油酸甘油酯，DOPC，DPPG（11：1：7：1）	脊膜瘤、脊膜淋巴瘤
Depodur	硬膜外注射	硫酸吗啡	脂质体混悬液	24个月	胆固醇，三油酸甘油酯，DOPC，DPPG（11：1：7：1）	疼痛
Epaxal	肌内注射	灭活的甲肝病毒	脂质体混悬液	36个月	DOPC，DOPE（适宜配比）	甲肝
Inflexal V	肌内注射	灭活的流感病毒甲型、乙型	脂质体混悬液	12个月	DOPC，DOPE（适宜配比）	流感

缩写词：DOPE 二油酰基磷脂酰乙醇胺；DOPC 二油酰基磷脂酰胆碱；DPPG 二棕榈酰基磷脂酰甘油；HSPG 氢化大豆磷脂酰胆碱；DSPG 二硬脂酰基磷脂酰甘油；EPC 蛋磷脂；DSPC 二硬脂酰基磷脂酰胆碱；DMPC 二肉豆蔻酰磷脂酰胆碱；DMPG 二肉豆蔻酰磷脂酰甘油；EPG 蛋磷脂酰甘油；PEG2000-DSPE 聚乙二醇 2000- 二硬脂酰磷脂酰乙醇胺

（五）脂质体的制备方法

制备脂质体的方法，一般都包括 3~4 个基本步骤：①磷脂、胆固醇等脂质与所要包裹的脂溶性物质溶于有机溶剂形成脂质溶液，过滤去除少量不溶性成分或超滤降低致热原，然后在一定条件下去除溶解脂质的有机溶剂使脂质干燥形成脂质薄膜；②使脂质分散在含有需要包裹的水溶性物质的水溶液中形成脂质体；③纯化形成的脂质体；④对脂质体进行质量评价。根据脂质体的形成和载药过程的进行是否在同一步骤完成，载药方法可分为被动载药和主动载药。

1. 被动载药技术　药物是在脂质体的形成过程中载入，通常是将药物溶于有机相或缓冲液中。

（1）薄膜分散法：薄膜分散法最早由 Bamgham 报道，这是最早而至今仍常用的方法。系将磷脂等膜材溶于适量的氯仿或其他有机溶剂，然后在减压旋转下除去溶剂，使脂质在器壁形成薄膜，加入缓冲液中振摇水化，则可形成大多室脂质体，其粒径范围约 1~5μm。通过水化制备的脂质体（MLVs）太大而且粒径不均匀，可采用高压均质、微射流、超声波分散、高速剪切、挤压通过固定孔径的滤膜等，得到较小粒径且分布均匀的脂质体，也可将MLVs转变成LUVs或SUVs。

在以上制备过程中，根据药物的溶解性能，脂溶性药物可加入有机溶剂中，水溶性药物可溶于缓冲液中。该方法比较适合于脂溶性较强的药物。

（2）注入法：将磷脂与胆固醇等类脂质及脂溶性药物共溶于有机溶剂中（一般多采用乙醚），然后将此药液经注射器缓缓注入于搅拌下的50℃磷酸盐缓冲液（可含有水溶性药物）中，加完后，不断搅拌至乙醚除尽为止，即制得大多室脂质体，其粒径较大，不适于静脉注射。再将脂质体混悬液通过高压乳匀机两次，则所得的成品大多为单室脂质体。

（3）逆相蒸发法：逆相蒸发法系将磷脂等膜材溶于有机溶剂，如氯仿、乙醚等，加入待包封的药物水溶液（水溶液：有机溶剂=1∶3~1∶6）进行短时超声，直到形成稳定W/O型乳状液。然后减压蒸发除去有机溶剂，达到胶态后，滴加缓冲液，旋转帮助器壁上的凝胶脱落，在减压下继续蒸发，制得水性混悬液，通过凝胶色谱法或超速离心法，除去未包入的药物，即得大单层脂质体。本法可包裹较大体积的水相，适合于包封水溶性药物及大分子生物活性物质。

（4）冷冻干燥法：将磷脂与胆固醇分散于水中后，加入支持剂混合均匀、冻干后支持剂呈蜂巢状，再将干燥物分散到含药物的水性介质中，即得。该方法对遇热不稳定的药物尤为适宜。如维生素B_{12}脂质体：取卵磷脂2.5g分散于0.067mmol/L磷酸盐缓冲液（pH7）与0.9%氯化钠溶液（1∶1）混合液中，超声处理，然后与甘露醇混合，真空冷冻干燥，用含12.5mg维生素B_{12}的上述缓冲盐溶液分散，进一步超声处理，即得。

（5）喷雾干燥法：可将磷脂/胆固醇溶解于有机溶剂（如乙醇）中，喷雾干燥即得到二者混合的粉末，加入适量的缓冲盐水化，则可以得到脂质体。但是这种方法一般只适用于饱和磷脂，不适用于天然磷脂。

（6）复乳法：该方法与逆相蒸发法相比，多了一步二次乳化步骤，即将脂质膜材溶于有机溶剂中，药物溶于第1水相。有机相和第1水相混合乳化形成W/O型乳剂，再将此乳剂加入第2水相中，形成W/O/W型复乳，减压蒸发，除去有机溶剂，即得单室脂质体。如果在膜材再添加适量的三酰甘油，并严格控制复乳的成乳条件和除有机溶剂的条件，就会得到蜂窝状的多囊脂质体。该脂质体尤其适合作为水溶性药物的缓释载体，局部注射后，根据处方不同，缓释时间从数天到数周不等。

例：喷雾干燥法制备两性霉素B脂质体

【处方】注射用氢化大豆卵磷脂（HSPC）1598.4mg 二硬脂酰磷脂酰甘油钠（钠盐，DSPG）632.7mg 胆固醇393mg 两性霉素B 375.9mg 缓冲液（含9%乳糖、10mM琥珀酸钠pH5.5）适量

【制法】①称取处方量的DSPG于烧瓶中，加入4ml氯仿-甲醇混合溶剂中（1∶1，v/v），置于65℃水浴中，搅拌使溶解，滴加2.5mol/L HCl 300μl。取处方量的两性霉素B，首先混悬于4ml氯仿-甲醇混合溶剂中（1∶1，v/v），然后加入到上述酸化的DSPG溶液中，65℃水浴中加热数分钟，形成橙色的两性霉素B脂质复合物（pH1.5左右）。②称取处方量的HSPC和胆固醇，分别溶于4.5ml氯仿-甲醇混合溶剂中（1∶1，v/v），置于65℃水浴中，搅拌至澄清。将HSPC和胆固醇溶液混匀后，加入两性霉素B脂质复合物中，形成半透明的橙色溶液。滴加2.5mol/L NaOH 175μl，得到溶液的pH约为4.5，固含量为15%~20%。

③将上述脂质溶液进行喷雾干燥,进口温度为45℃,得到浅橙色的粉末。收集得到的粉末,–20℃下保干备用。④取1.5g喷雾干燥粉末,加入75ml缓冲液中,65℃水化40~60分钟。⑤高速剪切10分钟形成小单室脂质体,过0.22μm滤膜除菌,冻干,即得两性霉素B脂质体。

2. **主动载药技术**　如果先形成空白脂质体,再将药物载入脂质体中,称为主动载药技术。其基本原理是一些两亲性的弱酸、弱碱药物能够以电中性的形式跨越脂质双层,进入脂质体内水相后在缓冲溶液的作用下电离,不能再跨越脂质双层扩散到外水相。该法使得制备高包封率脂质体成为可能,从根本上改变了难以制备高包封率脂质体的局面。但是主动包封技术的应用与药物的结构密切相关,不能推广到任意结构的药物。

主动载药技术的基本过程包括三个步骤:首先制备空白脂质体,所采用的水相为特定的缓冲液,形成脂质体的内水相;然后外水相置换,采用透析或加入酸碱等方法形成膜内外特定的缓冲液梯度使药物载入;最后,将药物溶解于外水相,适当温度孵育,使在外水相中未解离药物通过脂膜载入内水相中。

根据缓冲物质的不同,主动载药技术分为pH梯度法,硫酸铵梯度法和醋酸钙梯度法。对于弱碱性药物可采用pH梯度法、硫酸铵梯度法,而对于弱酸性药物则可采用醋酸钙梯度法。

(1) pH梯度法:美国NeXstar制药公司研发的柔红霉素脂质体DaunoXome®于1996年得到FDA的批准。DaunoXome®采用pH梯度法将柔红霉素包封于二硬脂酰卵磷脂(DSPC)和胆固醇组成的普通单室脂质体内,增加了药物在实体瘤部位的蓄积,提高了治疗指数同时降低了对心脏的毒性(图17-7)。

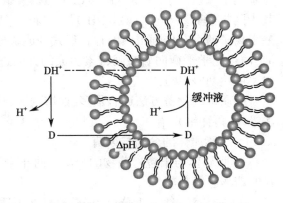

以柔红霉素为例说明pH梯度法的具体操作流程:①空白脂质体的制备:将DSPC-胆固醇(2∶1,molar ratio)混合溶液进行喷雾干燥,得到干燥粉末;使用含有125mmol/L乳糖和50mmol/L柠檬酸(pH2.0~2.5)的水溶液进行水化,所形成混悬液中脂质浓度为20mg/ml;65℃下经超声或均质处理,制备粒径在

图17-7　pH梯度主动载药原理示意图

40~60nm小单室空白脂质体混悬液;室温下5000g离心10分钟,0.2μm无菌微孔滤膜过滤;②孵育载药:将空白脂质体加热至65℃,加入一定量的柔红霉素浓溶液,以使混合液中柔红霉素的浓度为1.0mg/ml;在3分钟内加入125mmol/L氢氧化钠(相当于柠檬酸摩尔数的2.5倍),并强烈振摇确保快速混合均匀;65℃下继续孵化10分钟,在此阶段柔红霉素跨过脂质双层膜进入脂质体内部,并与柠檬酸形成盐;孵化后,混合物冷却至室温,5000g离心10分钟;③制剂调整:配制含9%乳糖和50nmol/L甘氨酸的脂质体分散液,并用其洗涤载药脂质体,利用凝胶渗透色谱法除去外水相中的柠檬酸根、钠离子以及游离的柔红霉素;通过切向过滤装置进行浓缩,使最终得到的制剂中柔红霉素的浓度为2mg/ml,即得柠檬酸柔红霉素脂质体注射液。

(2) 硫酸铵梯度法:硫酸铵梯度法包封脂质体是根据化学平衡移动原理而设计的,下面仍以阿霉素脂质体的制备为例,简述具体操作过程如下:①空白脂质体的制备:以120mmol/L

硫酸铵水溶液为介质,采用薄膜分散法制备空白脂质体(脂质体囊泡内部为硫酸铵);②随后在5%葡萄糖溶液中透析除去脂质体外部的硫酸铵,使脂质体膜内外形成硫酸根离子的梯度,即脂质体内部为高浓度的硫酸根,脂质体膜外为低浓度的硫酸根;③将盐酸阿霉素用少量的水溶解;④在60℃孵育条件下,将脂质体混悬液与阿霉素溶液混合并轻摇,孵育10~15分钟,即得阿霉素脂质体(图17-8)。

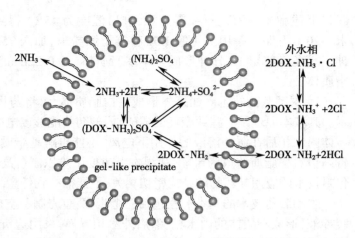

图 17-8　硫酸铵梯度主动载药原理示意图

空白脂质体包封阿霉素的前提是:①脂质体膜可透过分子型药物;②离子型化合物较少或几乎不透过脂膜;③硫酸阿霉素的溶度积 ≪ 盐酸阿霉素的溶度积。在空白脂质体内部包封的是硫酸铵溶液;经过透析后,在空白脂质体外部的硫酸铵已经被除去,当盐酸阿霉素溶液与之混合后,在空白脂质体膜外阿霉素的存在形式是盐酸阿霉素($DOX-NH_2 \cdot HCl$)、阿霉素碱基离子和氯离子($DOX-NH_3^+ + Cl^-$)、阿霉素碱基分子和盐酸分子($DOX-NH_2 + HCl$)三种形式,其中阿霉素碱基分子($DOX-NH_2$)易于穿透脂质体膜进入脂质体内;而在脂质体内部由于硫酸根离子的存在使阿霉素的存在形式变成硫酸阿霉素,硫酸阿霉素的溶解度小,形成胶态沉淀,使得化学平衡向硫酸阿霉素生成的方向进行。硫酸铵梯度法制备的阿霉素脂质体的包封率可达90%以上。

脂质体的制备方法还有很多,如熔融法、超临界法、表面活性剂处理法、离心法和钙融合法等,不再详细介绍。

(六)脂质体的分离与灭菌

1. 脂质体与未包封药物的分离　对于未被包封的药物,常用如下方法将脂质体与未包封的药物进行分离。

(1)透析法:适合于分离小分子物质,不适用于除去大分子药物。透析法的优点是不需要复杂昂贵的设备,能除去几乎所有游离药物,但透析时间长,易发生药物渗漏。

(2)凝胶过滤法:常用葡聚糖凝胶柱(如 Sephadex G-50),当溶质分子(被分离的物质)在一个流动液体中通过多孔粒子固定床时,粒径较大的脂质体渗入小孔的比例较少,因此脂质体更易从柱上洗脱。其结果是粒径大的脂质体先从凝胶柱上流出,粒径小的游离药物后流出。分离时应注意选用的凝胶颗粒的大小,分离小分子物质时可选用 Sephadex G-50,分离大分子物质时可选用 Sepharose 4B。

此外,离心法及微型柱离心法也可用于分离脂质体和游离药物。沉淀脂质体的离心力依赖于脂质体组成成分、粒径大小,在某些条件下,依赖于脂质体的密度。微型柱离心法分离非包裹药物快速有效,适用于分子量小于 7000Da 的药物。

2. 脂质体的灭菌　热压灭菌在 121℃ 可以造成脂质体不可恢复的破坏,^{60}Co 射线灭菌对脂质体灭菌可能是较好的选择之一,但也有研究表明,γ 射线可破坏脂质体膜,因此滤过除菌和无菌操作是最常用的方法。0.22μm 或更小的脂质体可通过滤过法除菌,脂质体及其内容物损失约 0.3%~18.6%。过滤膜分两类,一类是用于除菌用膜,它的通道是弯曲的,这些通道的孔径由膜中纤维密度决定,由于通道的弯曲性质,当大于膜孔径的脂质体通过些膜时,膜孔很容易堵塞,脂质体不能到达另一面;另一类是聚碳酸酯膜(polycarbonate membrane),该膜的通道是直的并且大小相同,脂质体容易通过,即使脂质体直径略大于孔径也能通过。一般将脂质体原液稀释至 12μmol/ml 后再过膜,脂质体易通过孔径。脂质体加压通过孔时,其结构发生变化,根据所需脂质体的大小选择膜的孔径。将脂质体挤压通过 0.2μm 聚碳酸酯膜,这样可将调节粒径和除菌相结合,一步完成。无菌操作是实验室制备无菌脂质体最常用的方法。将脂质体的组成成分脂质、缓冲液、药物和水分别先通过过滤除菌或热压灭菌。所用的容器及制备仪器均经过灭菌,在无菌环境下制备脂质体。这个过程费力、耗时并且花费大。

(七)脂质体的质量评价

1. **包封率与载药量** 包封率是在脂质体的制备过程中很重要的考察参数。测定包封率时需分离载药脂质体和游离药物,然后计算包封率,用式(17-4)表示:

$$EE = \frac{W_e}{W_e + W_o} \times 100\% \tag{17-4}$$

式中,W_e 为脂质体内包封的药物量;W_o 为未包封的游离药物量。包封率表示所有药物中有多少包封于脂质体内。

载药量指脂质体中药物的百分含量,对脂质体工业化生产具有实用价值,可用式(17-5)计算:

$$LE = \frac{W_e}{W_m} \times 100\% \tag{17-5}$$

式中,W_e 为包封于脂质体内的药量;W_m 为载药脂质体的总重量。

2. **形态与粒径** 脂质体形态观察可用光学显微镜法,粒径小于 2μm 时需用扫描电镜或透射电镜。粒径大小可用显微镜测定,也可用电感应法(如 Coulter 计数器)、光感应法或激光散射法测定。激光散射法又称为光子相关光谱法(photon correlation spectroscopy,PCS)或动态光散射法(dynamic light scattering,DLS),该方法能快速简单地测定脂质体粒径。

3. **泄漏率** 脂质体中药物的泄漏率表示脂质体在贮存期间包封率的变化情况,是衡量脂质体稳定性的重要指标,可用式(17-6)表述:

$$泄漏率 = \frac{贮存后泄漏到介质中的药量}{贮存前包封的药量} \times 100\% \tag{17-6}$$

4. **脂质体氧化程度的检查** 制备脂质体的磷脂含有不饱和脂肪酸,容易被氧化。采用氧化指数作为指标考察脂质体的氧化程度。由于氧化偶合后的磷脂在 233nm 波长处具有紫外吸收峰,因而有别于未氧化的磷脂。《中国药典》2010 年版二部规定,测定脂质体的卵磷脂时,其氧化指数应控制在 0.2 以下。具体方法是:将磷脂溶于无水乙醇,配制成一定浓度的澄明溶液,分别测定其在 233nm 及 215nm 波长处的吸光度,按式(17-7)计算氧化指数:

$$氧化指数 = \frac{A_{233nm}}{A_{215nm}} \tag{17-7}$$

磷脂的氧化指数一般应低于 0.2。

二、靶向乳剂

脂肪乳用作肠外营养已有 40 多年的历史,而近年来,将其作为药物载体的研究日趋广泛。与其他微粒给药系统相比,脂肪乳具有许多独特的优点:作为油相的精制植物油和卵磷脂对人体无毒,安全性好;可以使用现有非胃肠道营养用脂肪乳的生产线进行工业化大生产;能够耐受高压蒸汽灭菌;载药量较脂质体高。因此,脂肪乳作为新型给药载体的应用前景十分广阔。

1. 靶向特性　含药脂肪乳的靶向性体现在它对淋巴的亲和性。油状药物或亲脂性药物制成 O/W 型乳剂及 O/W/O 型复乳静脉注射后,油滴经巨噬细胞吞噬后在肝、脾、肾中高度浓集,油滴中溶解的药物在这些脏器中积蓄量也高,因此可达到被动靶向的作用。静注的乳剂乳滴在 0.1~0.5μm 时,为肝、脾、肺和骨髓的单核 - 巨噬细胞系统所清除,2~12μm 时,可被毛细血管摄取,其中 7~12μm 粒径的乳剂可被肺机械性滤取。乳剂粒径越大,其血液清除越快,粒径小的乳剂有利于达到长循环和靶向作用,但是小粒径乳剂需要较多乳化剂才能稳定,因此制剂的安全性也会相应下降。

水溶性药物制成 W/O 型乳剂及 W/O/W 型复乳经肌内或皮下注射后易浓集于淋巴系统。也可以对脂肪乳剂中的乳化剂进行修饰和通过瘤内给药以达到靶向的作用。W/O 型和 O/W 型乳剂虽然都有淋巴定向性,但两者的程度不同。如丝裂霉素 C 乳剂在大鼠肌内注射后,W/O 型乳剂在淋巴液中的药物浓度明显高于血浆,且淋巴液 / 血浆浓度比随时间延长而增大;O/W 型乳剂则与水溶液差别较少,药物浓度比在 2 上下波动。W/O 型乳剂经肌内、皮下或腹腔注射后,易聚集于附近的淋巴器官,是目前将抗癌药运送至淋巴器官最有效的剂型。

乳剂经口服给药后,药物先进入小肠淋巴,后到达胸腺淋巴管转运,而不是进入肝门静脉,避免经肝的首过效应,可以提高药物的生物利用度。脂溶性物质具有明显的淋巴定向性。如果淋巴系统可能含有细菌感染与癌细胞转移等病灶,将药物输送到淋巴就更有必要。5- 氟尿嘧啶的 W/O 型乳剂经口服后,在癌组织及淋巴组织中的含量明显高于血浆。

2. 制备脂肪乳剂的材料　制备脂肪乳剂的主要材料是油相和乳化剂。除了油性药物本身可作为油相外,传统的脂肪乳剂主要是选用植物来源的长链甘油三酯(LCT),如大豆油、麻油、红花油、棉籽油、藏红花油、玉米油等。20 世纪 70 年代以来,在脂肪乳处方中较多采用中链甘油三酯(MCT),它们是含 6~12 个碳原子的脂肪酸甘油酯,常与长链甘油三酯合用以制备静注用脂肪亚纳米乳。中 / 长链脂肪乳注射液的处方采用机体更易吸收的 MCT 作为能源,同时保留了部分 LCT 作为提供必需脂肪酸的来源。近年来,人们也对其他油相进行了较为深入的研究,如结构甘油三酯(STG),以及橄榄油(olive oil)及鱼油(fish oil)等。STG 是由混合的中、长链甘油三酯水解后,随机再酯化而形成的。即一个甘油分子上既有长链又有中链脂肪酸。STG 脂肪乳在代谢上较物理混合的 MCT/LCT 脂肪乳有更显著的优势。

静脉注射亚微乳中最常用的乳化剂是卵磷脂、大豆磷脂、泊洛沙姆(Pluronic-F68)、Tween-80,有时也用聚氧乙烯蓖麻油、氢化蓖麻油、乙酸单甘油酯等。由于 Tween-80 有一定的溶血作用,故在国内上市的静脉注射亚微乳中应用甚少。在制备亚微乳过程中,使用磷脂及泊洛沙姆做复合乳化剂能使以液晶态存在的界面膜具有更高的黏弹性,提高脂肪乳的稳定性。

附加剂用于调节生理环境所需的 pH 和张力。几乎所有静注的亚纳米乳都应加入等张调节剂,其中甘油最为常用(图 17-9)。再者,还需加入稳定剂,为了防止氧化需加入抗氧剂或还原剂,如维生素 E 或维生素 C。为提高膜的稳定性,油酸或其钠盐即是众所周知的稳定剂。胆酸、脱氧胆酸及其盐也能明显提高药物的稳定性。除静注用亚纳米乳外,有时还需加入防腐剂及增稠剂。

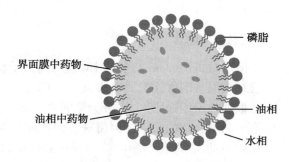

图 17-9 O/W 亚纳米乳剂结构示意图

3. 制备方法 静注的亚纳米乳应符合以下要求:无菌、等张、无热原、无毒、可生物降解、生物相容、理化性质稳定等。

(1) 两步乳化法:首先在轻微加热下将药物、乳化剂溶解或分散在油相中,水溶性成分溶于水相中,水油两相各自加热至 80℃,然后两相混合,高速剪切分散得粗乳,再迅速冷却至室温,经高压均质机或微射流机(mierofluidizer)乳化,即得脂肪乳,最后将脂肪乳的 pH 调至至 7~8,经 5~15μm 滤膜过滤,高压灭菌,所有操作均在氮气流下进行。这种制备方法适合大批量生产。

例:20% 静注脂肪亚纳米乳

【处方】注射用大豆油 100g,注射用卵磷脂 12g,中链甘油三酯 100g,注射用甘油 22g,注射用水加至 1000ml。

【制法】将处方中的中链甘油三酯、卵磷脂、甘油及适量水置于高速组织捣碎机内,在氮气流下分散,再倾入二步乳匀机,缓慢加入 90℃的大豆油,在氮气流下乳化至乳滴粒径小于 1μm 后,加水至足量,用 5~15μm 的玻砂漏斗过滤,灌装、充氮、压盖、高压灭菌(121℃,15 分钟)即得。在 25℃以下(避免冷冻)贮存。

(2) SolEmul 技术:由于许多难溶性药物在注射油中溶解度低,Akkar 等开发出了一种 SolEmul 技术,即将难溶性药物以极细粉(药物先经流能磨微粉化)或者纳米晶体(药物粉末与表面活性剂溶液直接高压均质)形式加入预先制备的空白乳剂中,经高压均质,得到含药脂肪乳。该法增加了微粉化或高压均质步骤,使药物直接载入脂核或 O/W 脂肪乳的界面膜上。用该法将油水均难溶的药物卡马西平、两性霉素 B 及依曲康唑等制备成静脉注射乳剂,其载药量可达 10g/L,粒径为 200nm 左右。

4. 靶向乳剂的质量评价

(1) 乳滴粒径及其分布:乳滴粒径应符合注射用乳剂要求,滴粒径的常用测定方法有激光测定法,可有效地测定 0.05~10μm 范围的乳滴。此外,可用电镜法观察乳滴形态和粒径,包括:①透射电镜(TEM)法:用蒸馏水稀释脂肪纳米乳,再加 OsO_4 溶液固定 15 分钟,将固定的乳剂薄层作 TEM 测定,小乳滴边界清楚,方法简便。②扫描电镜(SEM)法:用 SEM 可得乳滴的三维图像(不同于 TEM),有利于结果的解释。但类脂极难固化,故应特别注意 SEM 的固化手段,以便保持乳滴的粒径及形状。③TEM 冷冻碎裂法:将乳剂速冻再碎裂,可区别乳滴与极易混淆的气泡,可测出分子的尺寸及类脂等大分子的精细结构。

(2) 药物的含量:纳米乳和亚纳米乳中药物含量的测定一般采用溶剂提取法。溶剂的选择原则是:应最大限度地溶解药物,而最小限度地溶解其他材料,溶剂本身也不应干扰测定。

(3) 稳定性:亚纳米乳在热力学上是不稳定的,在制备过程及贮存中乳滴都有增大的趋势。评价亚纳米乳的稳定性是决定其贮存期的基本因素,因此稳定性考察项目可以包括是否有分层现象以及乳滴粒径分布,也可对电导、黏度、ζ 电位、pH 及化学组成(药物含量及有关物质)进行测定。

三、微球

微球(microsphere)是采用适宜的高分子材料包裹或吸附药物形成球状或类球状微粒,一般制成混悬剂供注射或口服,粒径范围在 1~250μm 之间。

根据临床用途不同,可分为靶向微球和非靶向微球。非靶向微球主要目的是缓释长效,如第十四章介绍的长效注射微球。而靶向微球可通过皮下植入或关节腔内注射等局部给药或利用被动、物理化学靶向等原理达到靶向目的,如栓塞性微球、磁性微球等。近年来微球因其优异的性能成为靶向制剂载体的研究热点,发展非常迅速,尤其是对肺、肝、脑等各脏器靶位疾病及肿瘤的治疗,具有独特的优势,显示出了令人鼓舞的前景。各类疾病对微球的材料及粒径的要求各有其特征,必须根据靶向部位进行设计并制备微球。

靶向微球的材料多数是生物降解材料,如蛋白类(明胶、白蛋白等)、糖类(琼脂糖、淀粉、葡聚糖、壳聚糖等)、合成聚脂类(如聚乳酸、丙交酯乙交酯共聚物等)。除主药和载体材料外,还应包括微球制备时加入的附加剂,如稳定剂、稀释剂以及控制释放速率的阻滞剂、促进剂等。

1. 靶向微球的制备方法 靶向微球的制备方法与长效注射微球大体相似,包括液中干燥法、喷雾干燥法、相分离法、超微粒制备系统技术等,详细内容参见十四章相应章节。

2. 微球中药物的释药机制 微球中药物的释放机制有扩散、材料的溶解和材料的降解三种。药物从微球中释放可通过若干途径,包括表面蚀解、酶解、整体崩解、药物扩散等,受药物在微球中的位置、载体材料类型与数量、微球大小和密度等诸多因素影响。目前主要有三种理论解释药物从微球中的释放,即平面模式理论、球形模式理论和双相模式理论。分别适用于骨架型微球、溶蚀型微球,以及受溶胀、水合、降解、蚀解等多种机制操控的微球的释放。

如药物均匀分布或溶解在聚合材料中的微球。其释药量常用 Higuchi 方程描述:$m_0-m=A(2c_0Dc_st)^{1/2}$,或 $m_0-m=Kt_{1/2}$。式中,D 是扩散系数,m_0 和 m 分别是微球在开始和时间 t 含药量。假定上式中微球中药物的浓度 $c_0 \gg$ 药物的溶解度 c_s,在微球与释药介质的界面上药物的浓度为零,则释放模型变为零级释放。当微球中固态药物先溶解成饱和溶液(浓度 c_s),在漏槽条件下,浓度梯度为常数,释药前一阶段符合零级动力学 $m_0-m=DKAtc_s/h$,或 $m_0-m=Kt$。其中 D 和 K 是扩散系数和分配系数,h 是厚度,A 是界面积。开始快速释药的突释效应也较常见,其原因是药物镶嵌于表层、包裹不完全或表面吸附。

四、纳米粒

纳米粒(nanoparticles)的粒径在 10~1000nm 范围,药物可以溶解、包裹于高分子材料中形成载药纳米粒。纳米粒可分为骨架实体型的纳米球(nanospheres)和膜壳药库型的纳米囊(nanocapsules)。

纳米粒的被动靶向性是利用纳米粒的大小、质量、表面疏水性、静电作用,同时通过 EPR 效应达到肿瘤被动靶向。或通过包衣结合成直径为 10~20nm 顺磁性四氧化三铁粒子,在有特殊场合下的物理化学靶向。要实现主动靶向,可以在表面进行修饰,连接特定的配体,通过配体受体相互作用,使与靶部位表达的受体特异性结合。

（一）纳米粒常用的载体材料

纳米粒常用的载体材料在性质上主要应具有生理相容性、生物降解性、靶向性、细胞渗透性以及良好的载药能力。目前多使用天然或合成的可生物降解的高分子化合物。天然高分子及其衍生物可分为蛋白类（白蛋白、明胶和植物蛋白）和多糖类（纤维素和淀粉及其衍生物、海藻酸盐、壳聚糖及其衍生物等）。合成高分子材料主要有聚酯类、两亲性嵌段共聚物以及聚氰基丙烯酸烷酯类等。至今，纳米粒应用于临床的最大障碍是载体材料缺少足够的生物相容性，国际上仅批准了 PLGA 供肌内注射使用，还没有一种高分子材料被批准用于血管内注射。

（二）纳米粒的制备

1. **天然高分子凝聚法** 天然高分子材料可由化学交联、加热变性或离子交联法凝聚成纳米粒。

（1）白蛋白纳米粒：基本工艺是由 Scheffel 等提出的加热交联固化法，步骤是：200~500g/L 的白蛋白与药物（或同时还有磁性粒子做成的磁性纳米球）溶于或分散于水中作水相，在 40~80 倍体积的油相中搅拌或超声得 W/O 型乳状液，将此乳状液快速滴加到热油（100~180℃）中并保持 10 分钟；白蛋白变性形成含有水溶性药物（或还有磁性粒子）的纳米球，再搅拌并冷至室温，加乙醚分离纳米球，于 30 000g 离心，再用乙醚洗涤，即得。

（2）明胶纳米粒：制备明胶纳米球时，先胶凝后化学交联，可用于对热敏感的药物。如将 300g/L 的明胶溶液 3ml（含有 1.8mg 丝裂霉素）在 3ml 芝麻油中乳化，将形成的乳状液在冰浴中冷却，使明胶乳滴完全胶凝。再用丙酮稀释，用 50nm 孔径的滤膜过滤，弃去粒径较大的纳米球。用丙酮洗去纳米球（≤50nm）上的油，加 10% 甲醛的丙酮溶液 30ml 使纳米球交联 10 分钟，丙酮洗涤，干燥，即得粒径范围在 100~600nm、平均粒径 280nm 的单个纳米球。较大粒径的，可能是在交联过程中由小纳米球聚集而成。

（3）壳聚糖纳米粒：壳聚糖有一定疏水性，生物相容性好，可生物降解，是目前有发展前途的多糖类天然高分子材料。可用凝聚法制备纳米粒或亚微粒。壳聚糖分子中含 $-NH_2$，在酸性条件下带正电荷，用负电荷丰富的离子交联剂（如三聚磷酸钠）使凝聚成带负电荷的纳米粒。搅拌下浸吸米托蒽醌（带正电荷）溶液，即得米托蒽醌纳米粒。

2. **乳化聚合法** 以水作连续相的乳化聚合法是目前制备纳米粒、亚微粒主要方法之一。将单体分散于水相中的胶束内或乳滴中，遇 OH^- 或其他引发剂分子或经高能辐射发生聚合，胶束及乳滴作为提供单体的仓库，乳化剂对相分离的纳米粒也起防止聚集的稳定作用。聚合反应终止后，经分离呈固态。

（1）聚氰基丙烯酸烷酯亚微粒：聚氰基丙烯酸烷酯（polyalkylcyanoacrylate，PACA）极易生物降解，在体内几天即可消除。PACA 降解速率基本上随烷基碳原子数的增加而降低。在甲、乙、丁、异丁和己酯中，以丁酯降解最慢、体内耐受性好。经用 ^{14}C-PACA 试验表明，降解产物为水溶性的聚氰基丙烯酸，不贮藏于组织内而从尿中排泄。

聚合反应在室温下，以水中 OH^- 作引发剂，故 pH 对聚合反应速率的影响较大，碱性溶液时反应快。反应式如下：

聚合物可形成膜,得亚微囊,亦可形成实体,得亚微球。通常制得的聚合物平均分子量低,其亚微囊、亚微球也软且易于粘连,故稳定剂的应用特别重要。溶液的 pH 及单体浓度是影响粒径的重要因素。

以 0.5% 右旋糖酐为稳定剂的聚氰基丙烯酸丁酯纳米球的制备为例:pH 为 2 时粒径最小(130nm),而 pH 为 1 或 3 时粒径增大 50%(pH 再高反应太快不易成球);一般搅拌速率增高粒径变小,但过高会使粒径变大;无乳化剂制得的纳米球贮存易粘连。

(2) 聚甲基丙烯酸甲酯亚微粒:聚甲基丙烯酸甲酯(polymethyl methacrylate,PMMA)由 γ 辐射乳化聚合法或化学引发聚合法制备。该法在水介质中进行聚合,可避免用有机溶剂,有时可加入羟丙甲丙烯酸甲酯,以提高甲丙烯酸甲酯单体的水溶性。聚合物的平均分子量及纳米囊或纳米球的粒径均随单体浓度的增大、引发剂(如过硫酸钾)浓度的降低及温度的降低而增大。

3. 液中干燥法 纳米粒粒径取决于溶剂蒸发之前形成乳滴的粒径,可通过搅拌速率、分散剂的种类和用量、有机相及水相的比例和黏度、容器及搅拌器的形状和温度等因素调节。如曲安奈德聚乳酸纳米球粒的制备:取曲安奈德与 PLA 溶于氯仿中作为油相,与明胶溶液在 15℃ 以下超声乳化制得 O/W 型乳状液,再升温至 40℃ 缓慢蒸发氯仿,再超声蒸发除尽氯仿,离心,水洗后将纳米粒混悬于水中,冻干。该微球平均粒径为 476nm,载药量 4.5%。

4. 溶剂置换法 把聚合材料溶于与水互溶的溶剂中,在搅拌下将此溶液倒入非溶剂中(一般为含有表面活性剂的水),使纳米粒沉淀析出,但"药物聚合材料-溶剂-非溶剂系统"的选择比较困难。溶剂置换法制备纳米粒粒径均匀,在 150~250nm 范围内。

5. 自乳化法 自乳化的基本原理是:在特定条件下,乳状液中的乳滴由于界面能降低和界面骚动,而形成更小的、纳米级乳滴。接着再固化、分离,即得纳米粒。例如用 DL-PLGA 制备多肽类药物,如醋酸那法瑞林(nafarelin acetate,简称 NA)的纳米粒时,PLGA 与 NA 混悬于水中,加混合溶剂(丙酮与二氯甲烷),倒入中等速度搅拌的 PVA 水溶液中,形成 O/W 型乳状液,抽气减压,丙酮迅速扩散进入水相,使水相及有机相间的界面张力明显降低;同时,界面的骚动增大了界面积,使有机相乳滴粒径进一步减小,形成纳米级大小的乳滴。丙酮进一步扩散出而水扩散入乳滴内,引起聚合物的沉淀而形成亚微球,其表面吸附的高分子保护胶 PVA 分子可阻止搅拌时亚微球的粘连与合并。二氯甲烷从混合溶剂中挥发后,亚微球在水中进一步固化。用滤膜过滤后,滤液超速离心,除去游离的药物并洗去 PVA,所得亚微球再分散在水中、再超速离心,即得 200~300nm 粒径的亚微球。

6. 聚合物胶束法 如以 PLA 作疏水段、以 PVP 或 PEG 作亲水段的两种嵌段共聚物:PVP-b-PLA 共聚物和 PEG-b-PLA 共聚物,以难溶于水的吲哚美辛(IDM)作模型药物,将共聚物与 IDM 共溶于二甲基亚砜(DMSO)或乙醇,用水透析,再滤膜过滤,即得粒径 40~100nm 的纳米粒,其缔合度为 100~300。

此外,纳米粒制备方法还包括超临界流体技术。该法可以将药物和聚合物溶解在超临界流体中,药物通过喷嘴扩散,超临界流体在喷雾过程中挥发,溶质粒子沉淀出来。这样可避免普通制备方法的残留溶剂、载药量低、制备中药物容易降解等缺点。于文利等采用超临界流体法从丙酮溶液中沉淀制备了 100~300nm 的水飞蓟素纳米粒。这种技术对设备要求较高,需要高压,强极性物质很难溶解在超临界二氧化碳中。

制备纳米粒时,应根据材料和药物性质以及使用的要求,选择合适的制备方法和制备工艺。优选的主要指标包括粒径和形态、释药特性、收率、包封率、载药量、微粉学特性、稳定性、水中分散性、吸湿性等。影响因素根据制备工艺不同而异,一般有 pH、表面活性剂、溶剂、胶凝剂、交联剂等。

对于纳米粒注射剂,在进行灭菌时可能被破坏,应根据具体情况选择适宜的灭菌方法。热压灭菌可能破坏微粒结构,目前 γ 辐射灭菌和无菌操作是实用的方法。通常 γ 辐射不会引起平均粒径的变化,但必须注意有时会引起药物、防腐剂和增稠剂的分解,并使聚合物进一步交联或发生降解。对于粒径较小的纳米粒(<100nm),可以采用终端无菌过滤器。过滤灭菌不会引起其理化性质的任何变化,对不黏稠、粒径较小的系统较适合,但需注意滤膜孔径的大小。

纳米粒在水溶液中不稳定,如载体材料的降解,粒子的聚集,药物的泄漏和变质等,将其冷冻干燥后可明显提高稳定性。为避免冻干后聚集和粒径变化,常加入冻干保护剂,如葡萄糖、甘露醇、乳糖、氯化钠等,根据药物的性质选择适宜的保护剂及其用量,利于保持纳米粒的原形态并易于在水中再分散。

(三) 固体脂质纳米粒的制备

固体脂质纳米粒(solid lipid nanparticles,SLN)是指以固态天然或合成的类脂如卵磷脂、三酰甘油等为载体,将药物包裹或夹嵌于类脂核中制成粒径在 10~1000nm 之间的固态胶粒给药系统。固体脂质纳米粒是 20 世纪 90 年代初发展起来的一种可替代乳剂、脂质体和聚合物纳米粒的新型胶体给药系统。其突出的优点是生理相容性好并可生物降解,可控制药物释放及有良好的靶向性,同时避免了有机溶剂不能完全去除的缺点。SLN 既具有纳米粒的物理稳定性高、药物泄漏少、缓释性好的特点,又有毒性低、易于大规模生产的优点,因此是极具发展前途的新型传递系统的载体。

1. SLN 的制备材料　固体脂质纳米粒的骨架材料为在室温时高熔点脂质材料,有饱和脂肪酸(硬脂酸、癸酸、月桂酸、肉豆蔻酸、棕榈酸、山嵛酸)的甘油酯(三酯、双酯、单酯及其混合酯)、硬脂酸、癸酸、棕榈酸、甾体(如胆固醇等)。乳化剂可用多种磷脂以及合成乳化剂等,但以混合乳化剂的效果更好。

2. SLN 的制备方法

(1) 高压乳匀法:又名高压均质法,其原理是在高压泵作用下使流体通过一个仅有几个微米的狭缝,流体在突然减压膨胀和高速冲击碰撞双重作用下内部形成很强的湍流和涡穴,使乳状液被粉碎成微小珠滴,按工艺的不同可分为热乳匀法和冷乳匀法。热乳匀法是制备 SLN 的经典方法,即将药物先与熔融的脂质混合,然后将混合物分散至含有表面活性剂的分散介质中,形成预混初乳。初乳在高于类脂熔点的温度下高压匀化,冷却后即得粒径小、分布窄的脂质纳米球,但长时间高温条件可能导致药物发生降解。如果药物对热敏感,则不宜采用熔融 - 匀化法,此时可采用冷却 - 匀化法(cold homogenization)。本法系先将脂质材料加热熔融,再将熔融脂质材料与药物混合并冷却,然后与液氮或干冰一起研磨,之后加入于含表面活性剂的水溶液中,在低于脂质熔点 5~10℃ 的温度下进行多次高压匀化。此法所得纳米球粒径较大。

(2) 微乳法:通常先将脂质载体在 65~70℃ 加热熔化,加入药物、乳化剂、辅助乳化剂和温水制成外观透明、热力学稳定的 O/W 型微乳,然后在搅拌条件下将微乳分散于 2~3℃ 冷水中,即可形成 SLN 分散体系。通常微乳与冷水的体积比通常为 1:25~1:50。微乳与冷水之间的温度差对制得的 SLN 的粒径大小起重要作用,微乳中的油滴的快速结晶有助于形成小粒径的 SLN,并且避免油滴之间的融合。微乳制备十分简单,无需特殊设备,其粒径也足够小,分散过程不需要额外的能量即可获得亚微米范围的颗粒,但是制备微乳需要大量的乳化剂和辅助乳化剂。

(3) 乳化溶剂挥发法:溶剂挥发法将脂质材料溶于与水不相溶的有机溶剂中,表面活性剂溶于水中构成水相,加热至相同温度,在机械搅拌下将油相滴入水相,继续搅拌,挥去有机溶剂,脂质就会从水相中沉淀出而得到 SLN。可根据药物的性质,采用单乳化法或复乳法,但制备过程中有机溶剂难于除尽,使得药物具有潜在的毒性。

此外,还有乳化溶剂扩散法、溶剂分散凝聚法、熔融 - 高速剪切超声法以及薄膜 - 超声分散法等用于制备 SLN。

3. SLN 的给药途径　静注给药 SLN 主要被制成胶体溶液或冻干粉针后静注给药,达到缓释、延长药物在循环系统或靶部位停留时间等目的。SLN 可以液体形式口服,或干燥成粉末后加工成其他剂型,如片剂、丸剂、胶囊、软胶囊和粉剂等。口服后利用纳米颗粒的黏着性可增加载药粒子在药效部位或药物吸收部位的停留时间和接触面积,提高药物的生物利用度,减少不规则吸收。SLN 可替代赋形剂改善药物在胃肠道中的分布,保护多肽类药物免受胃肠道消化酶的降解,并可能通过其他转运途径促进吸收。SLN 用喷雾干燥法制成粉末,可用于肺部干粉吸入给药。由于肺部的颗粒很容易被肺部巨噬细胞获取,可考虑靶向肺巨噬细胞,治疗巨噬细胞系统疾病。SLN 作为经皮给药载体的主要优点在于可避免化学性质不稳定药物的降解,同时,由于 SLN 可在皮肤表面形成一层膜,水分挥发导致 SLN 分散体发生形变,药物被挤出,从而提高药物经皮吸收量。SLN 具有黏附性质,可延长在给药部位的滞留时间,SLN 用于眼部给药眼用制剂可以有效提高疗效。

4. SLN 所存在的问题　SLN 载药量一般只有 1%~5%。由于粒径的限制,其巨大的表面积使得药物较多的分布于表面,作为药物缓释系统,突释现象明显。尽管 SLN 与脂肪乳在组成与制备方面极其相似,但 SLN 不可简单视作"乳滴固化"的胶态脂质分散体系,SLN 分散液实质上是一个多相体系,包括胶束、脂质体、过冷熔融液和药物晶体等其他胶体微粒。存放过程中除物理稳定性差外,还可能发生固体脂质晶型变化引起的药物渗漏。

(四) 纳米粒的质量评价

纳米粒的质量评价包括形态、粒径及 ζ 电位,载药量和包封率等。

形态通常采用电镜观察形态,并提供照片,应为球形或类球形,无粘连。粒径分布可采用激光散射粒度分析仪测定,以平均粒径和多分散指数表示粒径分布,且应符合使用要求。一般 ζ 电位大于 15mV,可以达到稳定性要求。不过,若空间稳定剂(steric stabilizer)存在时减弱粒子间相互作用力,虽然电位小,但体系还可以稳定。纳米粒包封率要求不低于 80%。一般采用溶剂提取法测定载药量。纳米粒的药物的释放速率通常将试样置薄膜透析管内进行测定,开始 0.5 小时的释放量需小于 40%,认为突释合格。

第三节　主动靶向制剂

主动靶向制剂是指对载体材料进行修饰达到避免单核 - 巨噬细胞系统的吞噬、改变微粒载体在体内的自然分布状态和使其和靶细胞特异性结合的目的一类微粒制剂。主动靶向制剂包括经过修饰的药物载体及前体药物两大类制剂。修饰的药物载体有修饰脂质体、修饰微乳、修饰微球、修饰纳米球、免疫纳米球等;前体药物包括抗癌药及其他前体药物、脑部位和结肠部位的前体药物等。

一、修饰的药物载体

药物载体经修饰后可将疏水表面由亲水表面代替,就可以减少或避免单核 - 巨噬细胞系统的吞噬作用,有利于靶向肝脾以外的缺少单核 - 巨噬细胞系统的组织,又称为反向靶向(inverse targeting)。为了减小网状内皮系统的清除作用,延长药物在体内的循环时间,往往在粒子表面修饰聚乙二醇分子。然后将靶向基团连接到聚乙二醇分子的外端。靶向基团可能为靶组织标记蛋白的抗体或配体,及一些靶组织特异性的酶响应型基团。

(一) 修饰的脂质体

1. 长循环脂质体   长循环脂质体有两类:含神经节苷脂(GM1)的仿红细胞脂质体和聚乙二醇衍生物修饰的 PEGs 脂质体。GM1 增强膜刚性,降低血液成分破坏,减少 MPS 的摄取,脂质体在血液中的滞留量与被 MPS 摄取量的比值高于传统脂质体几十倍,但 GM1 难以大量获得,具有一定的免疫毒性。

1990 年 Blume 等研制出 PEGs 脂质体,该脂质体表面含聚乙二醇(二硬脂酰基磷脂酰乙醇胺衍生物(PEG-DSPE)。PEG-DSPE 是两亲线型聚合物,它们在脂质体表面交错覆盖成致密的构象云,形成较厚的立体位阻层,阻碍了 MPS 的作用(因此又称为立体稳定脂质体)。而且 PEG-DSPE 有很长的极性基团,增强脂质体的溶剂化作用,有效阻止其表面的调理作用,降低 MPS 对脂质体的亲和力。阿霉素的长循环脂质体(Doxil/caelyx),在处方中含有 HSPC、胆固醇和 mPEG2000-DSPE,粒径为 100nm 左右,采用硫酸铵梯度法制备。研究表明其比游离阿霉素静注后在肿瘤组织中的药物浓度增加了 4~16 倍,半衰期为 55 小时。又如,由人体免疫缺乏病毒(HIV)引起的卡巴瘤(KS),其癌变部位的血管通透性显著增加,长循环脂质体可将高于正常皮肤 5~11 倍的阿霉素输送到 KS 部位,其总体有效率高于 80%,而且可降低阿霉素的心毒性等毒副作用(图 17-10)。

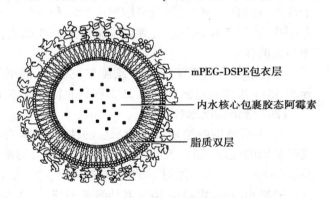

图 17-10   阿霉素长循环脂质结构体示意图

右侧标注:
mPEG-DSPE包衣层
内水核心包裹胶态阿霉素
脂质双层

2. 抗体修饰的免疫脂质体   免疫脂质体的靶向治疗技术是通过将载药脂质体与单克隆抗体或基因抗体共价结合成免疫脂质体,借助抗体与靶细胞表面抗原或受体结合,具有对靶细胞分子水平上的识别能力,可提高脂质体的专一靶向性。例如 Nortrey 等在阿昔洛韦脂质体上连接抗细胞表面病毒糖蛋白抗体,得到阿昔洛韦免疫脂质体,可以识别并靶向于眼部疱疹病毒结膜炎的病变部位,病毒感染后 2 小时给药能特异地与被感染细胞结合,并抑制病毒生长,但游离药物或未免疫的脂质体无此效果。

免疫脂质体在药物输送方面大概经历了三个阶段:阶段一是直接把抗体连接到脂质体的脂膜上,但当进入体内后会很快被免疫细胞作为异物吞噬掉,不能够到达病灶;阶段二是在脂质体表面连接上一些亲水性大分子如聚乙二醇(PEG),降低抗原性,延长药物在体内的循环时间,但是由于这些大分子对脂质体表面抗体会起到屏蔽作用,也就降低了给药的靶向性;阶段三是在前一阶段的基础上,将抗体连接到 PEG 等大分子的末端,不仅降低了脂质体被清除的可能,而且不会影响抗体的寻靶作用。

3. 配体修饰的脂质体   常用的配体包括糖类、叶酸、转铁蛋白和多肽等。不同的糖基结合在脂质体表面，到体内可产生不同的分布。如表面带有半乳糖基的脂质体为肝实质细胞所摄取，带甘露糖残基的脂质体为 K 细胞所摄取，氨基甘露糖的衍生物能集中分布于肺内。人体转铁蛋白是一种传递铁离子的糖蛋白，可以通过转铁蛋白受体介导的细胞内吞作用进入细胞内。转铁蛋白受体的数目与癌细胞的增殖潜力有关，并在癌细胞表面大量表达。Suzuki R 等制备的转铁蛋白介导的长循环奥沙利铂脂质体增强长循环脂质体在肿瘤部位的靶向性。叶酸是新细胞形成的主要成分，其进入细胞主要依靠受体介导的胞饮作用。叶酸受体在正常细胞表面表达很少，而在癌细胞表面却大量表达，特别是在卵巢癌和子宫内膜癌表面。故而叶酸可作为靶向给药的介导物质。

（二）修饰的纳米乳

如布洛芬锌脂微乳以磷脂和 poloxamer 388 分别作乳化剂，豆油为油相，甘油作助乳化剂制成粒径分别为 126.0nm 和 126.9nm 的纳米乳，即二者粒径几乎无差异。静注相同剂量时，以磷脂作乳化剂者在循环系统中很快消失，并主要分布于肝、脾、肺；而后者由于 poloxamer 388 的亲水性使微乳表面性质改变，在循环系统中存在的时间延长，药物在炎症部位的浓度较前者高 7 倍。

（三）修饰的微球

用聚合物将抗原或抗体吸附或交联形成的微球，称为免疫微球，除可用于抗癌药的靶向治疗外，还可用于标记和分离细胞作诊断和治疗。亦可使免疫微球带上磁性提高靶向性和专一性，或用免疫球蛋白处理红细胞得免疫红细胞，它是在体内免疫反应很小的、靶向于肝脾的免疫载体。

如 Pappo 等研究了抗兔 M 细胞单抗 5B11 的聚苯乙烯微球对 M 细胞的靶向性，结果特异性 5B11 抗体免疫微球靶向 M 细胞是非特异抗体 TEPC183 微球的 3.0~3.5 倍。

（四）修饰的纳米粒

1. 表面修饰的纳米粒   纳米粒的性质（如聚合物的类型、疏水性、生物降解性）及药物或靶基因的性质（如分子量、电荷与纳米粒结合的部位）都可影响药物或靶基因在网状内皮系统（RES）的分布。通过对纳米粒的表面性质（大小、形状、亲水性、表面电荷、囊壁孔隙率）进行控制和修饰，可减少 RES 对纳米粒捕获，提高生物学稳定性和靶向性。

Mosqueria 等运用荧光标记 DI 研究了 PEG 修饰的 PLA 纳米粒子与巨噬细胞之间的关系后证明，未经修饰的 PLA 粒子被巨噬细胞吞噬的量是经 PEG 修饰后的粒子的 13 倍；当 PEG 相对分子量为 20000 时，避免被吞噬的能力最强；当 PEG 相对分子量固定时，该能力随 PEG 在共聚物中的比例增大而增强。实现修饰的方法大多是预先将 PEG 与聚乳酸或磷脂酰胆碱等化学结合，然后再制备纳米粒。

研究发现，用表面活性剂包衣的纳米粒延长纳米粒在血液中的循环时间，并提高组织靶向性。常用的表面活性剂包括吐温及一些泊洛沙姆（poloxamer），如 Pluronic-F68 包衣的 PACA 纳米粒可使许多药物如多柔比星、洛哌丁胺、筒箭毒碱和肽类等通过血脑屏障进入脑内，靶向脑组织。而 poloxamer 338 和 poxamine 908 在增加纳米粒的血中循环时间，减少肝摄取是最有效的，而 tween 80 和 poloxamer 184 却增加了非 RES 系统的吸收。

2. 抗体或配体修饰纳米粒   在纳米粒表面偶联特异性的靶向分子（特异性的配体、单克隆抗体等），通过靶向分子与细胞表面特异性受体结合，实现主动靶向治疗。常用的配体包括糖类、叶酸、转铁蛋白、多肽等。如将人肝癌单克隆抗体 HAb18 与载有米托蒽醌的白蛋白纳米粒化学偶联,制成人肝癌特异的免疫纳米粒,能良好地与靶细胞 SMMC-7721 人肝癌株特异性结合,对靶细胞具有剂量依赖性、选择性杀伤作用。

二、靶向前体药物和药物大分子复合物

(一)前体药物

前体药物(prodrug)就是原药经衍生得到的药理惰性物质,能在特定的靶部位再生为母体药物,增加药物在靶或作用部位的利用度,同时减小在其他部位的作用,尤其是显现毒性的那些部位。通常是通过化学反应将药物活性基团改构或衍生形成的一种新的惰性结构,其本身不具有药理活性,在体内特定的靶组织中经化学反应或酶降解,再生为活性药物而发挥治疗作用。一般前药是指小分子药物,如将药物活性基团酯化或者羟甲基化等,在体内再通过水解或者酶的作用脱去保护基团,释放母体药物。采用前体药物可以增加药物的治疗指数,前体药物是目前 TDDS 的重要研究思路。

欲使前体药物在特定的靶部位再生为母体药物,基本条件是:①使前体药物转化的反应物或酶均应仅在靶部位才存在或表现出活性;②前体药物能同药物的受体充分接近;③酶须有足够的量以产生足够量的活性药物;④产生的活性药物应能在靶部位滞留,而不漏入循环系统产生毒副作用。

常用的前体药物的类型及其再生的方法见表 17-2。

表 17-2　药物修饰成前体药物的方法及再生方法

药物	前体药物	再生方法
ROH(酶类和酚类)	烷酯和半酯	酶反应
	磷酸酯和硫酸酯	酶反应
	氨基甲酸酯	酶反应
	酰基氧烷基醚和硫醚	酶反应
RCOOH	烷酯和甘油酯	酶反应
	烷氧基羰氧烷基酯	酶反应
RNH_2,R_2NH,R_3H	烯胺、Schiff 碱、Mannich 碱	化学反应
	酰胺和多肽	酶反应
	羟甲基衍生物	化学反应
	羟甲基酯	酶反应
	氨基甲酸酯	酶反应
RCHO,$\diagup$C=O	烯醇酯	酶反应
	噻唑烷和噁唑烷类	化学反应
酰胺和酰亚胺	羟甲基衍生物	化学反应
	羟甲基酯(如乙酸酯、磷酸酯)	酶反应
	Mannich 碱	化学反应

(二)药物大分子复合物

药物与大分子的共价结合物,如果其中药物与大分子连接的化学键具有酶降解的特异性,也被称作是前体药物的一种。药物的大分子复合物有可能借助 EPR 效应将药物聚集到

肿瘤细胞中,一旦药物大分子复合物内吞进入细胞,有可能在核内低 pH 的环境或蛋白酶的作用下,聚合物降解,药物释放,发挥作用。如针对在肿瘤组织中大量表达的金属蛋白酶,以与其作用的底物序列作为连接药物和大分子载体的基团,使前药在进入肿瘤组织后释放药效基团,达到靶向治疗的效果。同时,研究此类大分子复合物所采用的聚合物有右旋糖酐、PEG、N-(2-羟丙基)甲基丙烯酰胺(HPMA)等。

如果大分子复合物结合有配体或抗体,则由于被肿瘤细胞上过高表达的受体或抗原识别、结合而被肿瘤细胞摄取,更加提高靶向效果。如阿霉素(DOX)-戊二醛-抗体(mAb 425 抗体)活性为原药的三倍,于肿瘤接种后 4 天用药,剂量为 15μg,SClD 小鼠 M 24 Met 肿瘤完全抑制,癌转移抑制率达 50%,单纯抗体或非特异性的 DOX 复合物,抗肿瘤作用很小。

(三)前体药物在靶向制剂中的应用

1. 抗肿瘤前体药物　某些抗癌药制成磷酸酯或酰胺类前体药物可在癌细胞定位,因为癌细胞比正常细胞含较高浓度的磷酸酯酶和酰胺酶;若干肿瘤能产生大量的纤维蛋白溶酶原活化剂,可活化血清纤维蛋白溶酶原成为活性纤维蛋白溶酶,故将抗癌药与合成肽连接,成为纤维蛋白溶酶的底物,可在肿瘤部位使抗癌药再生。

2. 脑部靶向前体药物　脑部靶向释药对治疗脑部疾患有较大意义。Boder 等设计了一种前体药物载体,发挥在脑部定位释药的作用,其基本原理是利用有些二氢吡啶(作载体)能进入脑的性质,在脑内氧化成为相应的、难于跨过血脑屏障的季铵盐,因而滞留在脑内,经脑脊液的酶或化学反应水解,缓慢释放药物而延长药效;而在外围组织形成的季铵盐经胆、肾机制而较快排出体外,全身毒副作用明显降低。碘解磷定(pralidoxime iodide)、苯乙胺、多巴胺及性激素等药物都可利用类似的前体药物载体。

3. 结肠靶向前体药物　前体药物是将药物和多糖、环糊精等高分子聚合物连接,这种前体药物分子量高亲水性强,生物膜的通透性降低,不易被吸收,也不易被胃或小肠中的酶水解,而到达结肠后,在结肠糖苷酶的作用下水解释放活性药物,最后被结肠吸收作用于全身或局部治疗。此类前体药物有泼尼松龙葡聚糖前体药物,地塞米松葡聚糖前体药物等,这两种前体药物能减少小肠的吸收,也能在结肠中被酶解产生活性物质,产生治疗作用。

目前广泛研究的还有经磷酸盐、磷酸酯、聚合物、胆酸盐等结构修饰的肝靶向性前体药物,与其母体药物相比,可提高药物靶向性、增加治疗效果、降低毒副作用。另外,γ-谷氨酰基衍生物,叶酸结合物等肾靶向性前药等都取得了良好的靶向特性。

第四节　物理化学靶向制剂

一、磁性靶向制剂

采用磁性材料与药物制成磁导向制剂,在足够强的体外磁场引导下,通过血管到达并定位于特定靶区的制剂称为磁性靶向制剂。20 世纪 80 年代磁性靶向给药系统(magnetic targeting drug delivery system,MTDDS)开始应用于靶向治疗。这类制剂主要有磁性微球、磁性纳米粒、磁性脂质体、磁性乳剂、磁性片剂、磁性胶囊剂和将单克隆抗体偶联在磁性制剂表面的免疫磁性制剂。其中较为常见的是磁性微球和磁性纳米粒,通常作为抗肿瘤药物的靶向载体,可通过静脉、动脉导管、口服或注射等途径给药。

与其他靶向制剂相比较,磁性载药粒子拥有无可比拟的特点,除了可以有效地减少网状内皮系统(RES)的捕获,还有以下特点:①在磁场的作用下,增加靶区药物浓度,提高疗效;②降低药物对其他器官和正常组织的毒副作用;③磁性药物粒子具有一定的缓释作用,可以减少给药剂量;④在交变磁场的作用下会吸收磁场能量产生热量,起到热疗作用。

磁性靶向药物是由磁性物质骨架材料药物三部分组成:

第一部分:磁性材料。磁性材料为磁性靶向药物提供磁性,同时也起到药物载体的作用。常用的磁性材料有磁粉、纯铁粉、铁磁流体、羟基铁、正铁盐酸、磁赤铁矿等。其中 Fe_3O_4 因制备简单性质稳定磁响应性强灵敏度高等优点而被用于常用的磁性材料。

第二部分:药物。磁性靶向制剂中的药物也必须具备一定特性:①药物剂量不需要精密调节;②不与骨架材料和磁性材料起化学反应;③半衰期短,需频繁给药;④剂量小,药效平稳,溶解度好等。

第三部分:骨架材料。骨架材料是用来支撑磁性材料和药物的,首先应具有良好的生物相容性,不会引起免疫反应,能够在体内逐步降解清除,同时必须具备一定的通透性,能够使被包覆的药物释放出来,骨架材料都是一些高分子材料,如氨基酸聚合物类、聚多糖类以及其他高分子材料。

磁性微球是由将药物与磁性材料包埋于高分子载体材料中制成的类球形微粒状制剂,粒径在一至几十微米不等。应用磁性微球时需要有外加磁场,它通常由两个可调节距离的极板组成,每个极板含多个小磁铁。磁性纳米粒除具有普通纳米粒的特性外,在磁场作用下,可更有效地避免 RES 的吞噬;另一个重要特征是超向聚集,即纳米粒在磁场中磁化成小磁体,遂成簇聚集形成纵向直线排列的短圆柱形链。此现象使磁场中纳米粒的功能直径比实际粒径大得多,易在肿瘤组织微血管中引起栓塞,阻断肿瘤组织的血液供应,而导致肿瘤细胞死亡。而在非磁区,纳米粒的粒径比毛细血管或肝窦的直径小,呈单个分散存在,一般不会造成栓塞,对非磁区组织血流影响不大。

磁性微球或纳米粒可一步法或两步法制备,一步法是在成球前加入磁性物质,聚合物将磁性物质包裹成球;两步法先制成微球或纳米粒,再将微球或纳米粒磁化;或者先制备磁性高分子聚合物微粒,再共价结合或吸附药物。

例:磁性微球的制备

首先采用共沉淀反应制备磁流体。取一定量 $FeCl_3$ 和 $FeCl_2$ 分别溶于适量水中,过滤后将两滤液混合,用水稀释,加入适量分散剂,置超声波清洗器中振荡,同时以 1500r/min 搅拌,在 40℃下以 5ml/min 滴速加适量 6mol/L NaOH 溶液,反应结束后 40℃保温 30 分钟。将所得混悬液置于磁铁上使磁性氧化铁粒子沉降,弃去上清液后加适量分散剂搅匀,再在超声波清洗器中处理 20 分钟,过 $1\mu m$ 孔径筛,弃去筛上物,得黑色胶体,即为磁流体。其反应如下:

$$Fe^{2+}+2Fe^{3+}+8OH^- \longrightarrow Fe_3O_4+4H_2O$$

接着制备含药磁性微球:取一定量明胶溶液与磁流体混匀,滴加含脂肪酸山梨坦 85 的液状石蜡,经乳化、甲醛交联、用异丙醇洗脱甲醛、过滤,再用有机溶剂多次洗去微球表面的液状石蜡,再真空干燥、^{60}Co 灭菌,得粒径为 8~88μm 的无菌微球。最后在无菌操作条件下静态浸吸药物溶液,制得含药磁性微球。该磁性微球经兔耳静脉注射,在兔头颈部加磁场 20 分钟后,微球主要集中在头颈部靶区,未加磁场时微球主要集中于心、肺。

磁性微球或磁性纳米粒的形态、粒径分布、溶胀能力、吸附性能、体外磁响应、载药稳定性等均有一定要求。应用时外加磁场的强度、时间和立体定位等因素对该给药系统的靶向性影响较大。其对于治疗离表皮较近的肿瘤如乳腺癌、口腔颌面癌、食管癌等效果较好,但对于深层部位的靶向性较差。

二、栓塞靶向制剂

动脉栓塞在临床上治疗中晚期恶性肿瘤已用多年,微球制剂作为介入疗法中的动脉栓塞剂具有重要应用价值,尤其肝动脉栓塞是目前治疗无法手术的中晚期肝癌的首选疗法。将微球制剂经超选择动脉导管输入,使之栓塞在肝癌邻近的肝动脉内,闭锁肿瘤血管,切断肿瘤细胞的供养,可导致肝癌组织缺血、缺氧最后坏死。如栓塞制剂含有抗肿瘤药物,则具有栓塞和靶向性化疗的双重作用。由于药物在栓塞部位逐步释放,可使药物在肿瘤织中保持较高的浓度和较长的作用时间,从而可提高疗效,降低对其他器官的毒副作用。动脉栓塞制剂除微球外,还有微囊、脂质体。目前,动脉栓塞技术除了用于治疗肝、脾、肾、乳腺等部位的肿瘤外,还可用于巨大肝海绵血管瘤、肺癌、脑膜瘤、颅内动静脉畸形、额面部肿瘤等。

动脉微球因其成球材料多、对特定组织器官的靶向性高、栓塞效果好、可与化疗药及磁流体和放射性核素结合以及可缓释药物等优点而受到越来越多的重视,是目前最常见的栓塞载体。栓塞性微球一般较大,视栓塞部位不同,大小可有 30~800μm。栓塞微球的制备方法主要有乳化 - 液中干燥法和乳化 - 化学交联法。常用栓塞微球为生物降解微球,如明胶微球、淀粉微球、白蛋白微球、壳聚糖微球等,而非生物降解的动脉栓塞微球栓塞后持久停留,具有强大的栓塞作用。此类微球用于术前辅助栓塞和永久性栓塞,基质材料主要有乙基纤维素和聚乙烯醇。

以淀粉栓塞微球为例,淀粉微球栓塞时间短,适用于需多次反复栓塞的病例;其制备方法简单,国外已商品化,瑞典用于动脉栓塞的不载药淀粉微球商品名为 Spherex。目前应用淀粉微球进行动脉栓塞有两种方式,一种是用"市售空白淀粉微球 + 化疗剂"进行动脉灌流;另一种是以载药微球进行栓塞。用瑞典生产的 Spherex 微球与丝裂霉素混合,给转移性肝癌患者进行肝动脉栓塞化疗,其疗效比肝动脉内单独灌注丝裂霉素高 20%,而且骨髓抑制副作用(以白细胞、血小板计数为指标)则明显减轻。近年来,越来越多的研究证明将淀粉微球栓塞结合热疗和化疗等方法,治疗效果更为显著。

例:栓塞淀粉微球的制备方法

称取 333g 分子量约 20000 的可溶性淀粉,溶于 533ml 含有 53g 氢氧化钠和 2g 四氢硼酸钠的水溶液中,搅拌 4 小时,将溶液表面封上一层辛醇(大约 0.5ml),静置两天,得到澄清的溶液;将 20g Gafac.RTM.PE 510(一种乳化剂)溶解于 1L 的 1,2- 二氯乙烷中,加入先前制备的淀粉溶液,搅拌,使分散为 W/O 型乳剂,控制搅拌速度,使液滴的平均粒径为 70μm 左右;向液体中加入 40g 的环氧氯丙烷,50℃反应 16 小时;形成的产品用丙酮、水反复洗涤,除去未反应的原料和小分子产物,最后一次丙酮洗涤后在 50℃真空干燥两天,即得。微球平均粒径在 40μm 左右。

上述淀粉微球的制备工艺中,环氧氯丙烷作为交联剂,在碱性条件下,与淀粉反应,形成二醚键,使两个或两个以上的淀粉分子之间"架桥"在一起,形成多维空间网状结构。此制备工艺简单,从淀粉原料到微球成品一步即可完成。环氧氯丙烷分子中具有活泼的环氧基和氯基,是一种交联效果极好的交联剂。其反应条件温和,易于控制,不过交联速度很慢,选用较高的反应温度和碱性可明显加速淀粉与环氧氯丙烷的反应速率。四氢硼酸钠作为还原剂,将多糖链末尾的葡萄糖还原成多元醇。

三、热敏感靶向制剂

使用对温度敏感的载体制成热敏感制剂,在热疗机的局部作用下,使其在靶区释药。如热敏感脂质体,由于在相变温度时,药物释放加快,因此由相变温度稍高于体温的脂质组成脂质体,包裹药物,转运至靶部位时,通过适当技术使靶部位局部温度高于磷脂相变温度,导致脂质体快速释放出药物,发挥治疗作用。这种脂质体称为热敏感脂质体。应用热敏感脂质体,可使甲氨蝶呤在局部用微波加热的肿瘤部位摄取量增大 10 倍以上,有效抑制肿瘤的生长。在热敏脂质体膜上将抗体交联,可得热敏免疫脂质体,在交联抗体的同时,可完成对水溶性药物的包封。这种脂质体同时具有物理化学靶向与主动靶向的双重作用,如阿糖胞苷热敏免疫脂质体等。此外,还有热敏长循环脂质体、热敏磁性脂质体、多聚物热敏脂质体等多种新型热敏感脂质体,进一步增加热敏感脂质体在体内存留的时间和靶向性。

四、pH 敏感靶向制剂

pH 敏感的靶向制剂是用对 pH 敏感的载体制备,使其在特定的 pH 靶区释药。

(一) pH 敏感脂质体

是针对肿瘤间质液的 pH 显著低于周围正常组织的特点而设计的。这种脂质体是在普通脂质体的双分子膜中加入一定量的对 pH 敏感的磷脂(如二油酸乙醇胺,DOPE)和脂肪酸。在 pH7.4 时,脂肪酸抑制了 DOPE 形成六角相的趋势,脂质体膜为紧密的双分子层结构;在低 pH(4.5~6.5)范围内,脂肪酸的羧基质子化,DOPE 变成为六角相结构,致使脂质体膜变疏松,脂质体内的药物不断释放出去。

(二) pH 敏感的口服结肠定位给药系统(oral colon specific drug delivery system,简称 OCSDDS)

由于结肠液 pH 最高(7.6~7.8 或更高),因此可设计 pH 控制型结肠靶向制剂。例如国内已上市的结肠溶空心胶囊,采用丙烯酸树脂类 Eudradit S/L 作为包衣材料对普通胶囊壳包衣,不溶于水及低 pH 消化液中,但能在结肠 pH 较高的环境中溶解,填充药物即制成 pH 敏感型 OCSDDS。

(唐　星　蔡翠芳)

思　考　题

1. 简述 TDS、主动靶向制剂、被动靶向制剂、物理化学靶向制剂、liposome、microemulsion、microsphere、nanocapsule 的基本概念。
2. 靶向给药制剂是如何分类的?
3. 理想的靶向制剂应该具备的要素和其如何分级?
4. 实现被动靶向的原理是什么?
5. 如何实现主动靶向?
6. 靶向性评价的指标是什么?
7. 聚乙二醇(PEG)在靶向制剂中的作用是什么?
8. 物理化学靶向制剂的类型并简述其原理。

9. 前体药物在特定的靶部位再生为母体药物,基本条件是什么?

10. 人重组肿瘤坏死因子与 PEG 结合后,抑瘤效果明显大于原药,请试叙述原因。

11. 简述脂质体的概念、分类和功能。

12. 简述 pH 梯度法和硫酸铵梯度法制备高包封率载药脂质体的原理和方法。

13. 药物被脂质体包封后有哪些特点?

14. 何谓包封率和渗漏率? 两参数对脂质体质量有何影响?

15. 乳剂的靶向性有何特点? 乳化剂种类和用量对其靶向性有何影响?

16. 微球有何特性? 试简述微球的制备方法。

17. 纳米粒有何特点和应用?

参 考 文 献

1. Peer, D..Nanocarriers as an emerging platform for cancer therapy. Nat. Nanotechnol., 2007. 2 (12): p. 751-760

2. Jesorka, A. and Orwar, O. Liposomes: technologies and analytical applications. Annual review of analytical chemistry (Palo Alto, Calif.), 2008. 1: 801-832

3. 张震,陈海峰. 磷脂类产品中溶血磷脂的控制. CDE 电子刊物

4. Chang, H.I., M.K. Yeh.Clinical development of liposome-based drugs: formulation, characterization, and therapeutic efficacy. Int. J. Nanomedicine. 2012. 7: 49-60

5. Amphotericin B Liposome preparation. US 67702900B1

6. Multiple step entrapment/loading procedure for preparing lipophilic drug-containing liposomes.US 4946683

7. 崔福德. 药剂学. 第 7 版. 北京:人民卫生出版社,2011

8. 潘卫三. 工业药剂学. 第 2 版. 中国医药科技出版社,2010

9. 陆彬. 药物新剂型新技术. 第 2 版. 北京:人民卫生出版社,2003

10. 邓英杰. 脂质体技术. 北京:人民卫生出版社,2006:523-540

11. Alexander T. Florence, Juergen Siepmann. Modern Pharmaceutics. 5th ed. New York: Informa Healthcare, 2009

12. 柯学. 靶向给药系统的研究进展. 中国药科大学学报. 2012. 43(1):9-15

13. Constantinides PP, Chaubal MV, Shorr R. Advances in lipid nanodispersions for parenteral drug delivery and targeting. Adv. Drug. Deliv. Rev. 2008, 60(6): 757-67

14. Ramachandran N, Mazuruk K. Magnetic microspheres and tissue model studies for therapeutic applications. Ann. N. Y. Acad. Sci. 2004, 1027: 99-109

15. Bethan Hughes. Antibody-drug conjugates for cancer: poised to deliver? Nat. Rev. Drug. Discov. 2010, 9: 665-667

16. H Maeda. Tumor vascular permeability and the EPR effect in macromolecular therapeutics: a review. J. Control. Release, 2000, 65: 271-284

17. Martin C. Garnett Targeted drug conjugates: principles and progess. Adv. Drug Del. Rev. 2001, 53: 171-216

第十八章　新型药物载体

本章要点
1. 掌握无机药物载体的种类及特点，蛋白类载体及红细胞载体的概念及特点。
2. 熟悉介孔羟基磷灰石的制备技术，蛋白类载体的靶向特性。
3. 了解各新型药物载体的应用。

第一节　无机药物载体

与传统的药物载体如脂质体、乳剂、聚合物纳米粒等相比，无机载体由于其物理稳定性好、粒子大小及形态控制简单、易于表面功能化等方面的优势，加上无机材料本身具有的独特的光学、磁学、电学及物理学性能，显示出其在医药领域巨大的应用前景。根据国际纯粹和应用化学联合会的定义，多孔材料根据孔洞的大小可分为 3 类：孔径小于 2nm 的称为微孔（micropore），孔径介于 2~50nm 的称为介孔（mesopore），孔径大于 50nm 的统称为大孔（macropore）。许多不同结构特性的无机材料如介孔羟基磷灰石、介孔二氧化硅、碳纳米管、量子点等在药物传递中的应用均受到广泛的关注与重视。

一、纳米羟基磷灰石作为药物载体

1. 概述　天然的羟基磷灰石（hydroxyapatite，HAP）以 $[Ca_{10}(PO_4)_6(OH)_2]$ 形式存在，Ca/P 化学计量比为 1.67。钙磷酸盐还可以以其他形式存在，例如，八钙磷酸盐（OCP，$Ca_8H_2(PO_4)_6$，Ca/P=1.3）、二钙磷酸盐（DCP，$Ca_2P_2O_7$，Ca/P=1）、β- 三钙磷酸盐（OCP，$Ca_8H_2(PO_4)_6$，Ca/P=1.5）等。然而，羟基磷灰石（$Ca_{10}(PO_4)_6(OH)_2$，Ca/P=1.67）是生理条件下（pH≥5.4）热力学最为稳定的钙磷酸盐，因此也是最常应用的钙磷酸盐（图 18-1）。

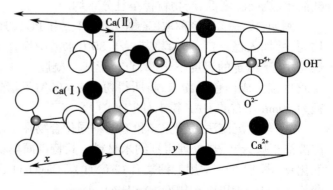

图 18-1　羟基磷灰石空间结构示意图

羟基磷灰石是人体和动物骨骼、牙齿的主要无机成分，具有良好的生物活性和生物相容性，被认为是一种最具潜力的人体硬组织替换材料。人体内天然 HAP 为 65~80nm 的针状结晶体，其粒径位于纳米范围，且均匀地分布在胶原基质中，形成自然的无机 / 有机纳米复合材料，因此纳米级的 HAP（n-HAP）与人体的无机成分更相似,含有人体组织必需的钙和磷元素,具有良好的生物相容性,无毒、无刺激、无免疫原性、无致敏反应、不致突变、致溶血、不破坏生物组织。此外,纳米多孔羟基磷灰石具有独特的多孔结构,巨大的比表面积和高表面活性,能黏附和传递蛋白质、多肽类、免疫调节剂、疫苗等生物大分子药物,并可通过改变孔隙率和孔径来控制药物释放速度。同时,作为药物载体,无细胞毒性,可用于口服或静脉注射给药。

2. 纳米羟基磷灰石作为药物载体的特点

(1) 高载药量:n-HAP 具有很大的比表面积,对药物有很强的吸附能力,因而具有很高的载药量。

(2) 生物相容性好:羟基磷灰石纳米粒子作为药物载体十分安全,因为其与人或动物的骨骼、牙齿成分相同,且不为胃肠液所溶解,在释放药物后可降解吸收或全部随粪便排出。

(3) 靶向性:纳米粒子的透膜性较好,并且不同尺寸的纳米载药粒子可被巨噬细胞作为异物吞噬到达肝、脾、肺等不同器官具有一定靶向性。

(4) 释放速度可控:通过不同方法制备出不同特点的 HAP 载体,可调整药物的释放速度,达到不同的控释效果。

(5) 具有较好的黏附性:可延长药物在胃肠道中的滞留时间,增加药物的吸收面积,提高药物的溶出速率,从而提高药物的生物利用度。

3. 制备方法 目前使用的纳米 HAP 药物载体主要有两类:一类是未对其孔结构进行控制的纳米 HAP 粉体,呈不规则或棒状晶体,所形成的孔道较少,药物多吸附于外表面,因而吸附效果不理想,但优点是制备方法简便,使用传统的溶胶 - 凝胶法、沉淀法、水热法、水解法等即可制备;另一类是对其微孔结构和颗粒形状进行控制,形成特定孔结构或颗粒形状的载药颗粒,颗粒形状有棒状、球状、孔的结构有介孔、花状、中空孔,药物可吸附于孔内部,增强载药性能和缓释性能。

(1) 溶胶 - 凝胶法:是将金属醇盐或无机盐经水解直接形成溶胶或经解凝形成溶胶,然后使溶质聚合凝胶化,再将凝胶干燥、焙烧去除有机成分,最后得到无机材料。其优点是在低黏度的液体状态下混合原料,实现原子或分子级的均质化。它能严格控制化学计量比、工艺简单、烧结温度低、产物粒径小且分布均匀。

例如:按一定比例称取 $Ca(NO_3)_2 \cdot 4H_2O$ 和 $PO(CH_3O)_3$,分别溶于水和无水乙醇中,混合均匀,并加入稳定剂,然后将其置于 80℃ 水浴中搅拌形成稳定的溶胶。将形成的溶胶移至烘箱中,于恒定的温度下干燥,直至形成干凝胶。将干凝胶放于马弗炉中,在 100℃ 左右干凝胶直接生成白色的粉末,将所得粉末在 600℃ 下焙烧、分散处理后可得到结晶性良好、粒径为 50nm 左右的 HAP 粉末(图 18-2)。

(2) 化学沉淀法:是把 Ca 和 P 的不同化合物在水溶液中发生反应,生成 HAP 沉淀,将沉淀洗涤干燥,或经热处理得到纳米材料。其特点简单易行,但纯度低,颗粒半径大,适合制备氧化物(图 18-3)。常用的钙盐有 $Ca(NO_3)_2$、$Ca(OH)_2$、$CaCl_2$、CaO、$Ca(OC_2H_5)_2$ 等,常用的磷酸盐有 $(NH_4)_2HPO_4$、K_2HPO_4、Na_2HPO_4 等。

(3) 水热法:水热法是在特制的密闭反应容器里,采用水溶液作为反应介质,在高温高压环境中,将钙盐和磷酸盐反应生成大晶粒的 HAP(图 18-4)。它可直接得到结晶良好的粉体,无需做高温灼烧处理,避免了粉体的硬团聚和结构缺陷,粒径均匀,形态比较规则。改变水热反应条件,可得到不同晶体结构和结晶形态的产物。

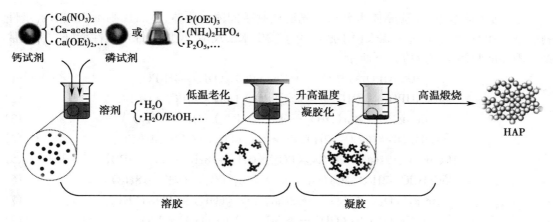

图 18-2 溶胶 - 凝胶法制备 HAP

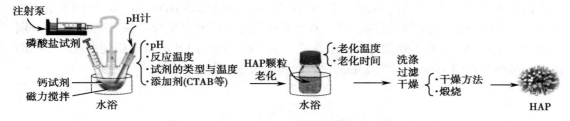

图 18-3 传统的化学沉淀法制备 HAP

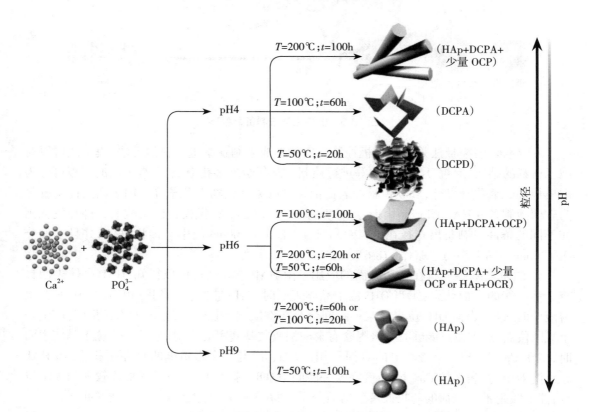

图 18-4 水热法中 pH、温度、时间对 CaP 粉末形态、粒径影响

（4）前驱体水解法：前驱体水解法首先通过制备固体前驱体，然后控制不同的水解条件制备纳米颗粒，由于通过固相表面溶解的离子发生水解反应，反应条件可控性能好。一些常见的固相前驱体水解反应如下所示：

$$10CaHPO_4 + 2H_2O \longrightarrow Ca_{10}(PO_4)_6(OH)_2 + 4H_3PO_4 \tag{1}$$

$$10CaHPO_4 + 12OH^- \longrightarrow Ca_{10}(PO_4)_6(OH)_2 + 4PO_4^{3-} + 10H_2O \tag{2}$$

$$6CaHPO_4 + 4Ca(OH)_2 \longrightarrow Ca_{10}(PO_4)_6(OH)_2 + 6H_2O \tag{3}$$

$$6CaHPO_4 + 4CaCO_3 + 2H_2O \longrightarrow Ca_{10}(PO_4)_6(OH)_2 + 4H_2CO_3 \tag{4}$$

$$10CaHPO_4 \cdot 2H_2O \longrightarrow Ca_{10}(PO_4)_6(OH)_2 + 18H_2O + 12H^+ + 4PO_4^{3-} \tag{5}$$

$$6CaHPO_4 \cdot 2H_2O + 4Ca(OH)_2 \longrightarrow Ca_{10}(PO_4)_6(OH)_2 + 18H_2O \tag{6}$$

$$10Ca_3(PO_4)_2 + 6H_2O \longrightarrow 3Ca_{10}(PO_4)_6(OH)_2 + 2PO_4^{3-} + 6H^+ \tag{7}$$

$$10Ca_3(PO_4)_2 + 6OH^- \longrightarrow 3Ca_{10}(PO_4)_6(OH)_2 + 2PO_4^{3-} \tag{8}$$

（5）机械化学法：机械化学法靠压碎、击碎等机械作用，将反应物充分地混合并使之进一步地发生化学反应，工艺简单，成本低廉（图 18-5）。如使用 $CaHPO_4$ 和 CaO 物质的量比为 3∶2，在传统的球磨机上以乙醇为介质，氧化锆球为球磨珠充分混合物料，然后再放到一定尺寸的氧化铝容器中用不锈钢球为球磨珠进一步研磨，研磨 20 小时以上得到高度结晶的类球状羟基磷灰石纳米晶，尺寸为 25nm，比表面积为 $76.06m^2/g$。

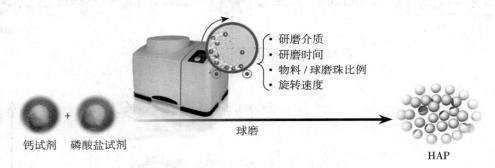

图 18-5　机械化学法制备 HAP

（6）模板法：模板法是通过模板控制材料的形成来制备纳米材料的方法，模板法可以对纳米材料的结构、形貌、尺寸、取向等进行控制。制备纳米多孔 HAP 通常采用的模板可分为硬模板如二氧化硅微球，和软模板如表面活性剂胶束和生物大分子等。用表面活性剂胶束为软模板制备 n-HAP。Li 等用溴代十六烷基三甲胺（CTAB）做模板以磷酸氢二钾和氯化钙在不同的条件下制备出直径在 10~20nm，长度在 100~200nm 的中空棒状 HAP，并且上面分布 1~5nm 不同大小的空隙（图 18-6）。

4. 纳米羟基磷灰石在载药方面的应用　由 HAP 空间结构可以得知，HAP 晶体表面具有 3 种可能的表面状态：①当 OH^- 位于晶体表面时，OH^- 与 2 个 Ca（Ⅱ）相连，当 HAP 在水溶液中时，这个表面 OH^- 位置在某一瞬间会存在空缺，此时 2 个带正电的 Ca（Ⅱ）会产生一个吸附位点，这个位点能够有效吸附含有磷酸根或羧基基团的药物；②当 Ca^{2+} 位于晶体表面时，由于 Ca（Ⅰ）与 6 个带负电的 O 原子相连，Ca（Ⅱ）与 3 个带负电的 O 原子相连，当 HAP 在水溶液中时，表面的 Ca（Ⅰ）位置在某一瞬间空缺时，就在 Ca（Ⅰ）位置形成较强的吸附位点，能够吸附带正电荷的药物或者蛋白质分子，而在 Ca（Ⅱ）位置形成一个较弱的吸附位点；③当 PO_4^{3-} 位于晶体表面时，一些药物还可以通过氢键与 PO_4^{3-} 结合。

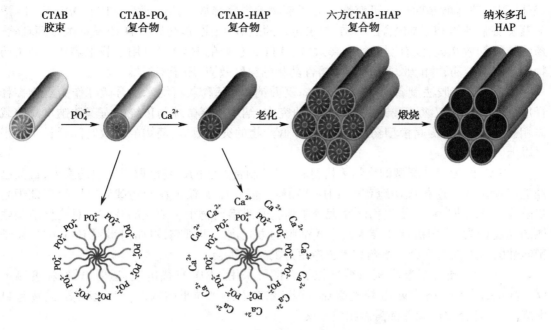

图 18-6　CTAB 模板法合成 HAP 原理示意图

（1）作为蛋白类药物的载体：由于其具有优良的生物相容性以及与蛋白质分子的高亲和性，能对大分子药物起到一定的保护作用，防止变性和降解，并能缓慢释放药物。达到长期治疗的作用。因此 HAP 用于载大分子蛋白类药物成为目前研究的热点。研究表明将免疫球蛋白、酶素蛋白、磷酸化酶、盐酸溶菌酶、超氧化物歧化酶等蛋白类药物载于纳米羟基磷灰石，提高了药物生物活性，载药量大，释放度良好。蛋白吸附羟基磷灰石纳米粒子通过共价键、氢键、电荷和疏水作用等实现，哪种作用起主导地位由吸附质本身的结构和吸附剂表面的性质决定。

（2）作为难溶性药物的载体：提高难溶药物的溶出速率和增加其亲水性是提高其生物利用度的重要前提条件。由于纳米多孔 HAP 具有高表面积、生物黏附性好、磷酸根和羟基等亲水性基团，能够显著降低难溶性药物的粒径，提高分散性，增加药物的亲水性和胃肠道中的滞留时间，从而提高难溶性药物溶出速率和生物利用度。虽然纳米 HAP 用于载难溶性小分子药物的相关研究报道很少，但在难溶性药物载体方面必然有非常重要的应用前景。根据报道，以布洛芬作为模型药，采用 CTAB 阳离子表面活性剂作为模板，制备铕掺杂的发光中空棒状 HAP，布洛芬的载药量质量分数为 46%，载药前后的比表面积分别为 54.8m²/g 和 28.4m²/g，布洛芬在 1 小时内累积释放率达到 50%，12 小时释放完全。

（3）纳米多孔 HAP 的有机复合物作为药物的缓释载体：多孔的 HAP 包合羟丙基 -β- 环糊精作为载药系统，并用于载环丙沙星和万古霉素等抗菌药物，用于缓释释放药物的研究。发现包合 HP-β-CD 后的 HAP 与未包合的 HAP 相比，能够显著降低药物的突释效应和延长药物的释放时间。包合 HP-β-CD 的 HAP 可以作为载抗菌、抗癌等用于局部释放的载药系统。

喷雾干燥法制备的 HAP 多孔微球和聚乳酸聚乙醇酸共聚物（PLGA）包合的 HAP 作为

载体,用于载盐酸多西环素可溶性小分子药物的缓释释放性能的研究。用 S/O/W 乳剂 - 溶剂蒸发法制备的 PLGA 包合的 HAP 与未包合的 HAP 相比,包合后的 HAP 载盐酸多西环素,药物持续释放 7 天,没有明显的突释效应。PLGA 包合的 HAP 可以用于载水溶性小分子药物用于注射给药,并能够显著降低可溶性药物的突释效应,用于缓释给药。

用凝胶 - 溶胶法制备出 pH 敏感的海藻酸钠 - 羟基磷灰石纳米复合微球作为药物控释释放的载体。以双氯芬酸钠做为模型药研究中,纳米复合微球与传统的海藻酸钠水凝胶载体相比,能够显著提高模型药的包封率,降低药物的突释效应,药物的释放时间延长了 8 小时以上。

n-HAP 作为一种新型的生物无机材料,对其制备方法的研究已取得较快的发展,目前已经能够通过各种途径成功地获得 n-HAP 颗粒。但 n-HAP 粒子在药物载体应用研究处于起步阶段,HAP 纳米粒子是生物活性大分子药物及难溶药物很有前途的载体。对这种新型载体的功能行为、作用机制和导入或进入细胞的方式进一步研究,对如何增强 HAP 纳米粒子靶向性的深入探讨都会为给药技术创造更好的发展机会。

5. 质量评价 羟基磷灰石纳米粒子表征可采用 XRD、扫描电镜、透射电镜、粒度测定仪、氮气吸附孔径分析仪、红外光谱确定羟基磷灰石纳米粒子结构以及钙化程度、药物包封率测定,体外释放试验等都需做相应考察。

二、多孔二氧化硅作为药物载体

纳米多孔二氧化硅材料如介孔二氧化硅、二氧化硅气凝胶(aerogel)及干凝胶(xerogel)等,由于其良好的生物相容性、较高的孔隙率、较大的比表面积及较好的稳定性,作为药物载体的研究成为近几年研究的热点。2001 年 Vallet-Regi 等首次尝试将有序介孔二氧化硅材料 MCM-41(mobil composition of matter,MCM)用于非甾体抗炎药物布洛芬的缓释载体,开辟了介孔二氧化硅材料在医药领域的应用研究。目前,纳米多孔二氧化硅材料广泛应用于药物速释、缓释、pH 或温度敏感释放等方面。

1. 介孔二氧化硅 介孔二氧化硅纳米粒子(mesoporous silica nanoparticles,MSN)具有在 2~50nm 范围内可连续调节的均一介孔孔径、规则的孔道、稳定的骨架结构、易于修饰的内外表面和无生理毒性等特点,非常适合用作药物分子的载体。同时,MSN 具有巨大的比表面积(>900m^2/g)和比孔容(>0.9cm^3/g),可以在孔道内负载各种药物,并可对药物起到缓控释作用,提高药效的持久性。

介孔二氧化硅具有一些其他孔材料所不具备的优异性质:首先,介孔二氧化硅具有高度有序的孔道结构,基于微观尺度上的高度孔道有序性;孔径呈单一分布,且孔径尺寸可以在很宽的范围内调控;可以具有不同的结构、孔壁组成和性质,介孔可以具有不同的形状;介孔二氧化硅具有稳定的骨架结构,经过优化合成条件或后处理,可具有很好的热稳定性和水热稳定性;此外,介孔二氧化硅的内表面易于修饰,比表面积和孔隙率均很高。

介孔二氧化硅纳米粒子是利用有机分子(表面活性剂或两亲性嵌段聚合物)作为模板剂,与无机硅源进行界面反应,形成由二氧化硅包裹的规则有序的组装体,通过煅烧或溶剂萃取法除去模板剂后,保留下二氧化硅无机骨架,从而形成的多孔纳米结构材料。通过选择不同的模板剂和采用不同的合成方法可得到不同结构特征的介孔材料,较为常见的硅基介孔材料如表 18-1 所示。

表 18-1 常见的介孔二氧化硅材料及其结构特征

介孔材料	介孔相态	孔通道	孔径 /nm
MCM-41	六方	二维	2~10
MCM-48	立方	三维	2~4
MCM-50	层状	二维	10~20
FSM-16	六方	二维	4
HMS	六方	短程有序	2~10
MSU-X	六方	蠕虫状	2~15
MSU-G	层状	囊泡形	2~15
FDU-5	立方	双连续	5~8
FDU-12	立方	三维	4~12
SBA-1	立方	三维	2~4
SBA-3	六方	二维	2~4
SBA-15	六方	二维	5~30
SBA-16	立方	三维	5~30

近年来 MSN 在可控药物传输系统方面的应用日益得到重视,其中作为药物载体研究最多最具代表性的有 MCM-41 及 SBA-15(Santa Barbava USA,SBA)两种介孔二氧化硅材料。一般而言,介孔二氧化硅利用其巨大的表面积和极强的吸附能力,可将药物分子负载于其纳米孔道内部,并缓慢持续的释放药物;此外,通过对介孔二氧化硅表面硅醇基嫁接各种官能团可以很容易的进行表面改性处理,改性后不会破坏其高度有序性及介孔结构,便于产生表面基团与药物分子之间的相互作用,增强药物分子与载体之间的相互作用力,一方面可以提高药物的负载量;另一方面可以有效调控药物的释放,达到长效缓释,pH 敏感或者温度敏感释放;对难溶性药物而言,通过对介孔二氧化硅孔径以及内部孔道拓扑结构的调节,可以依靠其纳米孔道或者三维结构,将药物以分子或者无定形吸附存在于孔道内部,提高难溶性药物的溶解度及溶出速度。

(1)MCM-41 有序介孔二氧化硅:1992 年,美国 Mobil 公司研究人员采用液晶模板机制利用烷基季铵盐阳离子型表面活性剂为结构导向剂,合成了孔径在 2~10nm 内可调节的新型 M41S 系列介孔材料,包括六方相(hexagon-al)的 MCM-41、立方相(cubic)的 MCM-48 和层状相(lamellar)的 MCM-50(图 18-7)。

MCM-41　　　　　MCM-48　　　　　MCM-50

图 18-7 介孔二氧化硅 M 41S 系列结构

该系列介孔材料被认为是有序介孔材料合成的真正开始,被称为分子筛发展史上的一个新的里程碑。其中,MCM-41 研究得最多,其典型的特征包括:均一且在纳米尺度上连续可调变的孔径(2~10nm)、较大的比表面积(>1000m²/g)和孔容(0.8~1.2cm³/g)、规则有序的六方孔道结构、可控的形貌特征、表面可进行基团官能化和水热稳定性好等。

采用经典的溶胶凝胶法制备,通常以十六烷基三甲基溴化铵(CTAB)为模板,采用约等于CTAB临界胶束浓度的10倍,在酸性条件下用Na₂SiO₃作为硅源,在碱性条件下用正硅酸乙酯(TEOS)作为硅源,再在550℃煅烧6小时,合成了介孔二氧化硅。

对MCM-41进行表面修饰,在其纳米孔道内引入有机基团,可以在保存MCM-41原有结构性能的同时,改善其微环境及界面理化性质,如:亲疏水性、酸碱性、水热稳定性等,进而实现对药物吸附及释放性质的影响。Horcajada等通过后嫁接的方法对MCM-41表面进行各种功能化修饰,并研究药物分子布洛芬在功能化MCM-41中的吸附及释放特性。结果发现,MCM-41孔道的表面官能团对药物的负载和释放都有很大影响,当用带有氨丙基的硅烷偶联剂改性处理MCM-41后,它对含羧基的布洛芬负载能力大大提高,释放周期延长,这表明改性后表面的氨基和药物分子的羧基发生了相互作用。

(2) SBA-15介孔二氧化硅:SBA-15是属于介孔分子筛的一种,与MCM-41具有相似的内部孔道结构,但是具有更大的孔径(5~30nm)和更厚的孔壁,稳定性更高,介孔孔道之间有微孔相连接。嵌段聚物结构多样,无毒,可生物降解,并且用嵌段共聚物作为模板剂合成的介孔二氧化硅具有较大的孔径和较厚的孔壁,因而被认为是有序介孔二氧化硅合成的一大突破性进展,以SBA-15作为药物载体的研究也成为近几年研究的一大热点。

SBA-15典型的合成过程是:在35~40℃的条件下,将三嵌段表面活性剂P123(Aldrich,PEO₂₀PPO₇₀PEO₂₀,M_a=5800)溶于适量去离子水,向其中加入正硅酸乙酯(TEOS)、盐酸(HCl),持续剧烈地搅拌24小时以上,装入乙烯瓶内晶化24小时以上,过滤、洗涤并干燥,最后在550℃煅烧5小时以上除去模板剂或者用溶剂回流洗去模板剂,然后过滤、洗涤并干燥,得到的白色粉末即为SBA-15。SBA-15的合成符合中性模板机制:用中性表面活性剂P123,和中性无机硅物种通过氢键键合,不存在强的静电作用,并随硅烷醇的进一步水解、缩合导致短程六边形胶粒的堆积和骨架的形成。SBA-15的合成条件温和,表面活性剂易除去,且不易引起结构坍塌;中性表面活性剂与中性无机前驱体间的排斥力比离子表面活性剂与带电荷的无机前驱体间的排斥力小得多,能够形成较厚的孔壁,进而提高了分子筛骨架结构的热及水热稳定性(图18-8)。

与典型的MCM-41只有介孔相反,典型的SBA-15含有一定量的微孔,微孔体积约为0.1cm³/g,这些微孔是亲水的环氧乙烷链插入SiO₂墙中所致。SBA-15的介孔是可以调节的,其孔壁中的微孔也是可以调节的(随合成条件或合成后处理过程而变化的),低温(~60℃)合成的产物的孔壁

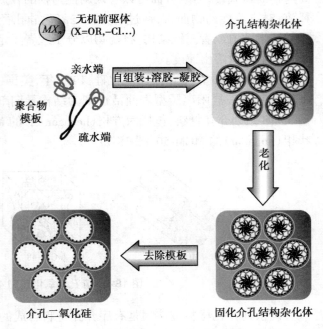

图 18-8　介孔二氧化硅合成示意图

（壁厚4nm）含有超微孔，这些微孔好像没有连通主介孔孔道（~5nm）；中等温度（~100℃）合成，主介孔孔道孔径变大，孔壁变薄，微孔被扩张为较小的介孔，并将主介孔连接起来；高温（~130℃）合成，孔壁内只剩下介孔（孔口为1.5~5nm）而无微孔，主孔道被扩张至9nm，而孔壁壁厚只剩下2nm左右。这主要是因为聚氧乙烯型非离子表面活性剂具有昙点所致，低温时PEO亲水性强，大部分PEO分布在水中，而高温时，PEO与水之间氢键断裂，PEO亲水性变弱，PEO部分收回到胶束的内部（与疏水部分PPO靠近），整个胶束的疏水部分变大。合成的产物经过水处理也能达到类似的效果（图18-9）。

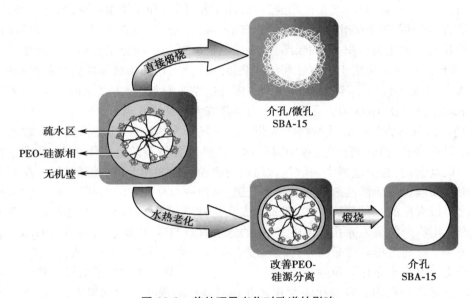

图18-9　前处理及老化对孔道的影响

（3）其他介孔二氧化硅材料：除了MCM-41和SBA-15两种研究最为广泛的介孔二氧化硅载体，其他类型介孔二氧化硅材料，如三维介孔、中空介孔二氧化硅等作为药物载体的研究也受到广泛关注。Heikkil等首次研究了三维网状介孔二氧化硅TUD-1材料作为药物传递系统的载体，并且显著提高了药物的溶出速度。他们将模型药物布洛芬通过浸渍法吸附于TUD-1的介孔中，布洛芬的吸附量质量分数高达49.5%。体外的药物释放实验中，布洛芬在pH5.5的缓冲溶液介质中，210分钟内释放了96%。与MCM-41材料相比，溶出介质在TUD-1的随机的泡沫状的三维介孔网中扩散更快，因此TUD-1显著提高了药物的溶出速度。

相比于介孔二氧化硅材料，中空介孔SiO$_2$壳纳米材料具有更低的表观密度、更大的物质存储空间和可持续释放的性质，因此其在生物医学上得到了广泛的关注。中空介孔二氧化硅（HMS）球作为一种重要的介孔结构材料，在物质扩散和输送方面更具优势，中空部分可容纳大量的靶向分子，特别适用于药物的缓释传递。如Zhu等成功地用一步法和后修饰制备了有着立方孔网状结构的中空介孔二氧化硅微球，以布洛芬为模型药，己烷作溶剂可得到969mg/g的最大载药量，且证实此载体系统有缓释功能。

2. 二氧化硅气凝胶和微粉硅胶　气凝胶（aerogel）是一种新型的纳米、多孔、轻质的非晶固态材料，其孔隙率可高达80%~99.8%以上，粒径分布广（1~100nm），比表面积高达200~1000m^2/g，密度低至0.003~0.150g/cm^3，比空气重三倍，所以也被称作"冷冻的烟"或"蓝烟"。其开放的内部孔道结构，高的孔隙率、大的比表面积及无生理毒性使二氧化硅气凝胶成为药物的优良载体。

一般来说,二氧化硅气凝胶的制备工艺就是通过溶胶 - 凝胶工艺,正硅酸乙酯(TEOS)的水解缩合形成低密度网络结构的凝胶,经过一定时间老化以后,再用超临界干燥工艺去除凝胶内剩余的溶液而保持凝胶的网络结构不变,从而获得密度极低而宏观上很均匀的二氧化硅气凝胶。制备工艺过程会对气凝胶孔径及比表面积产生影响。另外,可以通过表面基团修饰来改变气凝胶的特性,如亲水、疏水性等。亲水性干凝胶遇水结构立即塌陷,而疏水性干凝胶则漂浮于水上几个小时不润湿。

目前,微粉硅胶有两种:气相微粉硅胶(轻质微粉硅胶)和重质微粉硅胶,除了特殊说明,一般我们都认为微粉硅胶指的是重质微粉硅胶,而二氧化硅气溶胶即属于气相微粉硅胶。依靠微粉硅胶大的比表面积、强的吸湿性、表面的硅醇基与药物分子直接的氢键作用以及多孔结构,微粉硅胶主要应用于难溶性药物的载体。广泛用作药物载体的商品化微粉硅胶,主要包括 Aerosil 及 Sylysia。其中,Aerosil 为非多孔的纳米颗粒,分为亲水的 Aerosil 系列及疏水的 AerosilR 系列;Sylysia 为多孔性颗粒,内部含有大量纳米孔道。

3. 药物的载入方法 介孔材料的载药方法一般分为两种:一步载入法和后载入法。一步载入法是在介孔材料的合成过程中将药物加入到介孔材料的合成体系中,形成包含药物的有机无机复合物,这个过程中一般包含药物与表面活性剂和无机硅源的组装,在药物的释放过程中药物通过表面活性剂形成的疏水孔道,从而构成介孔材料对药物分子的控释因素。后载入法是最常见的一种载药方式,即先合成介孔材料,通过颗粒与药物之间的物理吸附或化学吸附作用将药物载入介孔孔道内,常用的方法有溶剂法、热熔法、超临界 CO_2 注入法、喷雾干燥法等。载药过程通常是将介孔颗粒浸泡在高浓度的药物溶液中,然后分离、干燥。颗粒的载药能力取决于介孔颗粒的孔径大小,一般情况下,只要药物分子的尺寸稍小于颗粒的孔径就足以进入到孔内。颗粒比表面积和孔容对颗粒的载药量影响很大,在孔径一定的情况下,载药量随颗粒比表面积的增大而增大。此外,颗粒的载药能力还受载体颗粒对药物的吸附能力的影响,颗粒吸附药物的能力主要来源于介孔表面与药物之间的相互作用,如氢键作用、静电相互作用和疏水性相互作用等。

4. 多孔二氧化硅作为药物载体的应用

(1) 介孔二氧化硅纳米粒(MSNs)传递肿瘤诊疗药物的特点:在肿瘤诊断和治疗的药物中,传统的化学合成类药物毒副作用大、水溶性差;新兴的基因工程类药物稳定性差、半衰期短,它们的生物利用度都较低。应用稳定、高效的 MSNs 载药系统有助于解决这个问题。载药系统在控制性释放、靶向性传输和克服肿瘤多药耐药等方面发挥作用。

1) 控制性释放:对各种外部刺激如 pH、光、热和酶促反应等产生智能性响应的 MSNs 控制释放系统,可以避免抗肿瘤药物的过早释放。在被氨基化的 MSNs 上装载药物,当 pH 下降到 6.0~5.0 时,可释放抗肿瘤药物,达到控释的目的。酶促反应也是达到控制释放的常用方法,在 MSNs 外包被基质金属蛋白酶(MMP)的底物多肽。由于肿瘤高表达 MMP,MSNs 载药系统可以在体内肿瘤组织实现 MMP 触发的刺激响应性化疗药物的释放,诱导肿瘤组织内的细胞凋亡。

2) 靶向性:MSNs 载药系统对肿瘤的被动靶向可以通过 EPR 效应实现。调节 MSNs 的外形尺寸,利用 EPR 效应,使 MSNs 载药系统难于透过正常血管,而易于从高通透性且不完整的肿瘤毛细血管网中渗出,进入肿瘤组织间隙,输送药物到肿瘤组织,从而增加高毒性药物在肿瘤组织中的蓄积量,延长在肿瘤组织中滞留时间。主动靶向可以通过修饰靶向分子实现,如在 MSNs 外壳上连接对肿瘤细胞有特异性识别作用的叶酸、单克隆抗体、糖蛋白、多肽、核酸和细胞等,可以有效、准确地将药物传输到靶细胞和病变部位,实现 MSNs 载药系统主动靶向肿瘤组织释放药物的目的。研究表明在 MSNs 表面修饰叶酸,结果表明修饰过的 MSNs 更易被卵巢癌 HeLa 细胞吞噬,达到靶向传递化疗药物的目的。

3) MSNs 载药系统逆转多药耐药(MDR):研究发现 MSNs 载药系统应用于肿瘤治疗,可增加化疗药物在肿瘤内的浓度,克服 MDR。其作用机制可能是 MSNs 载药系统改变了药物原来进入肿瘤细胞的途径,从而可以避免 MDR 相关的蛋白的识别、结合及外排,使药物在细胞内的蓄积增加。Huang 等制备了腙键连接 MSN 载药系统,利用腙键对 pH 敏感的机制,对子宫肉瘤的耐药细胞控释化疗药物多柔比星,有效绕过 P-gp 外排泵的作用,对抗 P-gp 介导的耐药,缓释多柔比星,显著加强子宫肉瘤的耐药细胞的凋亡。

(2) 作为难溶性药物的口服给药的载体:利用 SBA-15 包载难溶性药物,可以加快药物的体外溶出速度,进而提高口服生物利用度。Michiel 等用介孔二氧化硅 SBA-15 作为载体材料研究十种物理化学性质迥异的药物(卡马西平、桂利嗪、达那唑、地西泮、非诺贝特、灰黄霉素、吲哚美辛、酮康唑、硝苯地平和保泰松)在其中的溶出特性。实验结果显示,与相应的结晶型药物相比,SBA-15 载体中药物的溶出速度都有所提高,并且在 25℃ 相对湿度为 52% 的条件下储存 6 个月后,仍能保持很高的溶出速度。采用一种新型的球形介孔二氧化硅纳米粒(MSN)包载难溶性药物替米沙坦,最佳条件下载药量质量分数可高达 60%,当 MSN 孔径为 12.9nm 时,药物溶出速度得到明显提高,而且经过氨基功能化修饰,药物释放速度明显减慢。

5. 质量评价　介孔二氧化硅的比表面积,比容,孔径等是影响载药量和包封率及释放速度的关键因素。通常采用扫描电镜观察多孔纳米二氧化硅的表面形貌;用吸附仪测试载体的比表面积,小角 X 射线测定孔径等。

三、碳纳米管作为药物载体

1. 碳纳米管的概述　石墨烯(graphene)是一种由碳原子以 sp^2 杂化轨道组成六角型呈蜂巢晶格的平面薄膜,只有一个碳原子厚度的二维材料。石墨烯一直被认为是假设性的结构,无法单独稳定存在,直至 2004 年,英国曼彻斯特大学物理学家安德烈·海姆和康斯坦丁·诺沃肖洛夫,成功地在实验中从石墨中分离出石墨烯,而证实它可以单独存在,两人也因此共同获得 2010 年诺贝尔物理学奖。

石墨烯在一定条件下,可以翘曲成零维(0D)的富勒烯(fullerene),卷成一维(1D)的碳纳米管(carbon nanotube,CNT)或者堆垛成三维(3D)的石墨(graphite),而纳米碳管具有极大表面积、高化学反应活性、独特的空间结构,近些年来在新型药物传递系统中备受关注(图 18-10)。

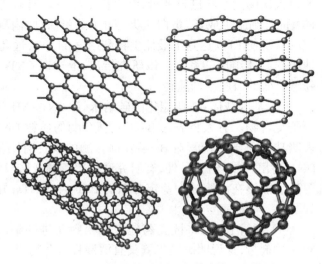

图 18-10　石墨烯、石墨、纳米碳管和富勒烯

根据纳米管中碳原子层数的不同,可以大致分为两类,单壁碳纳米管(SWCNT)和多壁碳纳米管(MWCNT)。单壁管是由单层碳原子绕合而成的,结构具有较好的对称性与单一性。多壁管是由多层碳原子一层接一层绕合而成,形状像个同轴电缆。碳纳米管不仅具有独特的中空结构和内外管径,而且具有良好的细胞穿透能力,可用作药物载体。作为纳米材料,碳纳米管的空腔管体可容纳生物特异性分子和药物,优良的细胞穿透性能使其可作为载体运送生物活性分子及药物进入细胞或组织。但是,无论是 SWCNT 还是 MWCNT 的体外实验表明它们都具有明显的细胞毒性,从而限制了它们在药物载体领域的应用。原始碳纳米管不溶于任何溶剂,而功能化修饰可改善碳纳米管的溶解性和生物相容性,能够通过肾排泄途径迅速从血液中清除,这就显著降低了其毒性,还使其穿透细胞的能力得到了增强。功能化碳纳米管很可能作为多种治疗药物和基因的纳米载体,用于改善它们的药理学作用、提高生物利用度、改变给药途径以及降低毒副作用。另外,通过化学修饰将碳纳米管与药物结合,其优点不仅在于碳纳米管能运载和传递治疗药物,而且药物 - 碳纳米管复合物还能同时兼具治疗和诊断双重作用。

2. 碳纳米管作为药物载体的应用

(1) 利用其靶向性,应用于癌症和各种感染性疾病的治疗:使用两性霉素 B(AmB)和荧光素两种不同基团对 CNTs 进行正交功能化。这种正交方法选择性地控制两性霉素 B 与 CNTs 侧壁结合,而荧光素与其端口结合。其中抗菌素作为活性分子与 CNTs 共价结合,而荧光素用于示踪细胞对碳纳米管的内吞作用。抗菌素与 CNTs 的结合使之更易于透过细胞膜,与单独使用抗菌素相比降低了毒副作用。细胞毒性结果显示,在使用浓度为 $10\mu g/ml$ 的 AmB 培养下,多于 40% 的哺乳细胞由于受到游离 AmB 的毒副作用影响而死亡,而使用 AmB-CNTs 治疗的所有细胞依然存活。并且,不同类型微生物的抗真菌活性评价结果表明,当与 CNTs 共价结合时,AmB 的抗菌作用得到了增强。

将抗癌药物 Pt(IV)与 SWNTs 共价结合,将其转运至靶细胞,并用以非共价形式结合在 CNTs 上的荧光素示踪转运途径。结果显示,在用 SWNTs-Pt(IV)培育的细胞中铂的浓度比用未结合的化合物培育的细胞高 6~8 倍。

(2) 为一些药物提供新的给药途径,并改善它们的生物利用度:将促细胞生成素(EPO)通过大鼠肠内给药进行评价,结果显示在一系列不同类型的碳纳米粒子中,由 CNTs(吸附载体)、促红细胞生成素(蛋白质类药物)、酪蛋白(肠内酶抑制剂)和 Labrasol(吸附增强因子)组成的系统使 EPO 达到了最佳生物利用度 11.5%,远高于由富勒烯(5.7%)、活性炭(3.9%)等其他吸附载体组成的系统。该研究指出,上述以 CNTs 为基础的转运系统为 EPO 提供了一种新型有效的口服给药途径。

(3) 基因载体:铵功能化的碳纳米管(CNTs-NH^{3+})可通过静电相互作用与核苷酸形成超分子复合物。有人将表达 β- 半乳糖苷酶的质粒 DNA 吸附在铵功能化的碳纳米管上,结果表明功能化碳纳米管对 β- 半乳糖苷酶的表达有明显的影响,其基因表达水平比单独使用 DNA 高出 5~10 倍。另外,有研究通过聚乙烯亚胺(PEI)对碳纳米管的侧壁进行共价改性后得到了能够在水溶液中稳定分散的 PEI-g-MWNTs,并将其应用于 DNA 转运,使转运效率得到了进一步提高。

(4) 缓释长效:将抗炎药地塞米松封装进碳纳米管内后,经过两周时间才能释放出约 50% 的剂量,这说明碳纳米管具有缓慢释放药物成分的能力。

四、其他类无机药物载体

除上述的三类无机载体外,以下几种无机载体亦处于开发或应用中。

1. 量子点　量子点(quantum dots,QDs)是一类尺寸小于或接近波尔半径(一般直径不超过 10nm),具有明显量子效应的半导体纳米晶。它可以由一种半导体材料组成,如由Ⅱ族和Ⅵ族元素组成的 CdSe、CdS、ZnSe 等,Ⅲ族和Ⅴ族元素组成的 InP、GaAs 等,Ⅳ族和Ⅵ族元素组成的 PbSe、PbS 等,也可以是由两种或两种以上半导体材料组成的合金,如 $Zn_xCd_{1-x}Se$,或核壳结构如 Au@CdSe、FePt@CdSe、CdTe@CdS@ZnS,或异质结结构如 Au-CdSe@CdS,或掺杂 QDs 如 Mn:ZnS QDs、Cu:ZnCdS QDs 等。

量子点的粒径一般介于 1~10nm 之间,由于电子和空穴被量子限域,连续的能带结构变成具有分子特性的分立能级结构,受激后可以发射荧光。不同粒径的量子点会发射出不同波长的荧光,例如 CdSe 粒径在 2.1nm 时发出蓝色荧光,粒径 5nm 时发出绿色荧光,当粒径接近 10nm 时,它所激发的荧光就接近红色。因此,QDs 作为一种新型的荧光材料,在生物医学领域中发挥了极其重要的作用,尤其应用于定量、长效荧光成像和探测。当前,QDs 在药物运输体系中的应用主要是两个方面:一是 QDs 作为药物载体以及荧光探针示踪药物在体内的分布;二是 QDs 在阐明药物代谢动力学和药效学方面有潜在的应用。如氨基酸 -β-环糊精修饰的量子点作为药物载体,利用环糊精的疏水空腔以及氨基酸的正电荷,使得同时运载靶向多耐药基因 MDR1 的 siRNA 以及化疗药物阿霉素进入细胞成为可能。并且合成的量子点具有稳定的荧光特性,能够作为荧光探针,对药物的输送和转染细胞的过程进行示踪,因此,可以利用了激光共聚焦显微镜以及扫描电子显微镜对载体运载药物的过程进行了详细的研究。虽然量子点在生物医学应用中已取得了很多成果,但还存在一系列问题。就量子点材料本身而言,应积极开展对毒性低和生物相容性好的量子点材料的研究;在靶向载药方面,还要解决在载药的同时如何保证荧光性能稳定的问题。

2. Fe_3O_4 纳米粒子　磁性 Fe_3O_4 作为目前唯一被美国食品和药物管理局(Food and Drug Administration,FDA)批准应用于临床的磁性纳米材料。在 Fe_3O_4 纳米粒子表面修饰上高分子化合物,赋予其表面多种反应性官能团(如羟基、羧基、氨基、醛基等),改善纳米粒子的分散性或相容性,并通过吸附或共价键合的方式与酶、细胞、药物等生物活性物质结合;此外,Fe_3O_4 纳米粒子由于它具有超顺磁性,可以很方便地在外加磁场作用下进行导向或分离。Fe_3O_4 纳米粒子作为抗肿瘤药物载体,可方便地控制给药部位,使药物集中到靶向部位,达到抑制肿瘤生长乃至消除肿瘤的效果;同时,可减少非病变部位的药剂用量,从而减少药物对正常组织的损伤和破坏作用。

综上所述,无机纳米材料由于其本身具有独特的物理化学性质,因此近年来作为药物载体的应用研究取得了较大的进展,但其生物安全性一直是一个颇具争议的问题,尚需要长期的深入研究。此外,目前无机纳米药物载体的研究方向是沿多功能化方向进行,如将磁性纳米粒子与介孔材料复合,使其具有磁靶向功能的同时提高载药量;将量子点与磁性纳米粒子复合,靶向载药的同时能够示踪药物在体内的分布;将无机量子点、磁性纳米粒子与智能高分子(Smart Polymer)复合,不仅可以实现多重靶向和荧光成像,而且容易实现药物的智能型控释。有理由相信具有荧光检测、多重靶向、高效载药、定量定时释药和无毒副作用于一体的多功能纳米药物载体对癌症等重大疾病的诊断和治疗具有重要意义,对这类多功能药物载体的研究将是无机纳米载体的重要研究方向之一。

第二节　蛋白类药物载体

一、白蛋白类载体

1. 白蛋白的概述　白蛋白(albumin)又称血清蛋白,血浆中含量最多的蛋白质(每升人血清中含 30~50g),占其总蛋白质量的 55%,分子质量约为 665 000。白蛋白为内源性物质,并且是一种不具有调理作用的蛋白,早期的研究发现,将其包覆于纳米粒或脂质体表面,可降低微粒对巨噬细胞的亲和力,从而延长循环时间,提高靶向性。结合了纳米粒载体和白蛋白性质两方面优势应运而生的白蛋白纳米粒载药系统近年来受到广泛关注,其中由美国 Abraxis BioScience Inc. 开发的紫杉醇人血清白蛋白纳米粒注射剂获得 FDA 批准上市,成为首个白蛋白纳米粒给药系统的成功案例。

白蛋白在实体瘤和炎症组织中的聚集特性使其成为抗肿瘤药物及抗炎药物传递系统的理想材料。研究表明大量增生的肿瘤组织会蓄积白蛋白,并将其作为主要能量及新生蛋白质合成的氮源,通过这个天然的生物学途径来为自身的快速生长提供营养和能量。此外,由于炎症组织的毛细血管通透性大且缺乏淋巴回流系统,白蛋白在炎症组织中也会大量聚集。

白蛋白作为一种多功能的药物靶向载体和改善多肽蛋白类药物体内药物动力学性质的功能载体,近年来得到很大发展,用于提高药物的溶解性、稳定性、缓释、靶向的目的。其中白蛋白药物偶联物是指通过共价键将白蛋白与药物偶联,在体内酶的作用下链接的化学键断裂,药物被释放;修饰的白蛋白载体是指将白蛋白进行化学修饰后作为药物载体,主要实现靶向目的。

但白蛋白作为药物载体也有着自身的缺陷,如使用人血清白蛋白(HSA)来源有限,而使用牛血清白蛋白(BSA)用于注射会有轻度的免疫反应。另外,白蛋白容易变性,制剂过程中要格外小心。

2. 白蛋白载体种类

(1) 白蛋白纳米粒:白蛋白纳米粒是以白蛋白作为载体,包封或吸附药物,经过固化分离而形成的实心球体。在药剂学领域中一般将纳米尺寸界定在 1~1000nm。主要包括被动靶向白蛋白纳米粒、磁性白蛋白纳米粒、修饰的白蛋白纳米粒等。白蛋白纳米粒能够包裹的药物有抗肿瘤药、抗结核药、降血糖药、抗菌素、激素、支气管扩张剂等,并可通过静脉注射、肌内注射、关节腔内注射、口服、呼吸系统等多途径给药。目前白蛋白纳米粒最引人注目的应用还是将其作为抗肿瘤药物的载体,增加靶向性,减小毒副作用,提高疗效。

(2) 白蛋白微球:白蛋白微球是由人或动物的白蛋白制成的粒径为微米级的球状物。白蛋白微球对亲水性药物有较高的负载能力,很适合用作药物载体,于是将其应用于药物制剂尤其是抗癌药物制剂的研究中。通常白蛋白微球的大小为 0.2~200μm,临床上可用于动脉栓塞注射、口服或静脉注射等给药方式。在动脉栓塞治疗中,可大大提高化疗的疗效,降低毒副作用。口服或静脉注射时,通过控制白蛋白微球的粒径可实现药物的被动靶向性,抗原-抗体及与细胞特异性受体结合的白蛋白微球可达到主动靶向的作用,同时还可达到缓释的效果。

3. 白蛋白纳米粒制备技术　白蛋白纳米粒与白蛋白微球制备技术相似,因此,这里仅对白蛋白纳米粒制备技术进行了说明,白蛋白微球制备技术不再赘述。

（1）去溶剂化法：去溶剂化法是通过脱水剂的去溶剂化作用除去白蛋白的水化膜，使白蛋白析出，辅以搅拌，再用交联剂与白蛋白发生交联反应使之变性，从而稳定白蛋白纳米粒，然后纯化除去残留的交联剂和有机溶剂。其中交联剂多采用戊二醛；脱水剂多用乙醇或丙酮等，采用丙酮为脱水剂的固化温度低、时间短，可用于包埋温度敏感的药物。2006 年，Steinhauser 等应用泵控系统调节乙醇加入速率为 1ml/min，通过调节乙醇加入量、pH、温度、戊二醛加入量制备了粒径和 zeta 电位均稳定的妥珠单抗（trastuzumab）修饰的白蛋白纳米粒，以实现对人表皮生长因子受体 2（HER-2）过度表达细胞的主动识别靶向，奠定了应用妥珠单抗修饰的人血清白蛋白纳米粒（HSA-NP）实现肿瘤细胞靶向的基础。

（2）乳化固化法：乳化固化法是指将白蛋白水溶液和药物溶液，加入到含有乳化剂的油相中，在一定转速下搅拌，再超声乳化形成油包水型乳剂。采用热变性或化学交联法使白蛋白固化，分离后即得白蛋白纳米粒。白蛋白纳米粒的创始人 Seheffel 最初采用乳化 - 热变性法成功制得 HSA-NP，但是粒径较大且易受操作条件影响。Mueller 等人 1996 年使用乳化 - 化学交联法成功制备了粒径 <200nm 的牛血清白蛋白纳米粒（BSA-NP），将 BSA 水溶液加入到含 5g/L 羟丙基纤维素的二氯甲烷 / 甲醇有机相中，超声乳化后，用戊二醛交联固化蛋白，再经过洗涤、离心等操作得到粒径均匀的 BSA-NP。

（3）其他方法：白蛋白纳米粒的制备还包括 pH 凝聚法和快速膨胀超临界溶液法等。2004 年，美国 American Bioscience Inc. 公开了一种独特的基于二硫键形成法的 nab™ 技术（nanoparticle-albumin bound technology，nab™-technology），是一种新型白蛋白纳米粒制备技术。目前，FDA 批准上市的紫杉醇白蛋白纳米粒（Abraxane™），就是基于 nab™- 技术制备的。

4. 紫杉醇白蛋白纳米粒（Abraxane™）

（1）紫杉醇白蛋白纳米粒简介：Abraxane™ 是平均粒径约为 130nm 的注射用白蛋白结合型紫杉醇，其基本组成为每瓶含 100mg 紫杉醇和约 900mg 的人血白蛋白，不含聚氧乙烯蓖麻油聚合物（CrEL），减轻了超敏反应的风险，避免了预治疗和特殊输液器具的使用，注射时间缩短到 30 分钟，给药方便。Abraxane™ 中紫杉醇与白蛋白的结合不是共价结合而是疏水相互作用，以非晶态、无定型状态存在。以 nab™- 技术将药物与人血清白蛋白结合而制备的白蛋白纳米粒，利用了肿瘤生理学特征、白蛋白内源通路及 EPR 效应，具有双重靶向性，大大提高了药物在肿瘤的分布；同时由于减少了基于溶剂传递的常规剂型中的过敏反应及毒性，可以避免预治疗，增加了患者的顺应性。因此，nab™- 技术可很好的提高抗肿瘤药物抗癌活性，尤其适用于基于溶剂运输的水难溶性抗肿瘤药物的体内传递（图 18-11）。

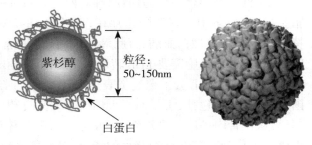

图 18-11 紫杉醇白蛋白纳米粒结构示意图（左）与模拟形态图（右）

（2）基于二硫键形成法的 nab™ 技术：Nab™ 技术是以白蛋白作为基质和稳定剂，在高剪切力（如超声处理、高压均化或类似方法）下，将包含水不溶性药物的油相和含白蛋白的水相混合，制备 O/W 乳剂，在没有任何常规表面活性剂或任何聚合物核心存在的情况下制备药物的白蛋白纳米粒的技术。首先将药物以高浓度溶于一种与水不相混溶的有机溶剂（通常为氯仿、二氯甲烷）内作为油相，其次，将白蛋白溶于水性介质内得到水相。再将油相与水相混合,高压均化,在真空下迅速蒸发溶剂,即得到由极细纳米颗粒组成的胶体分散系统。制备过程中通过调整配方(如有机相的类型、相组分、药物浓度)和操作参数可得到100~200nm内的粒子。得到的纳米颗粒液体混悬物可进一步冷冻干燥,使用时以适宜的水性介质(如生理盐水)再分散冻干物,以混悬液形式给药。

二、脂蛋白类载体

1. 脂蛋白的概述　脂蛋白是一种自然存在的纳米结构大小的颗粒,是由包含载脂蛋白(脂蛋白中的蛋白质部分)和游离胆固醇(free cholesterol,FC)的磷脂单层以及非极性的脂质核心组成的生物大分子,在体内脂质转运过程中发挥关键作用(图18-12)。脂蛋白独特的亲水性-疏水性结构、内源性、可完全降解以及不被网状内皮系统识别和清除的特性,使脂蛋白作为潜在的药物载体越来越受到重视。人体内的脂蛋白根据密度不同大体分为高密度脂蛋白(HDL)、低密度脂蛋白(LDL)、极低密度脂蛋白(VLDL)及乳糜微粒(CM)。

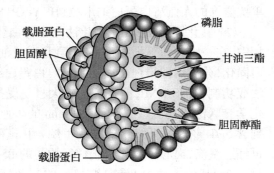

图18-12　脂蛋白结构示意图

2. 脂蛋白的制备　天然脂蛋白的获得需要从血液中提取,大规模的制备具有一定的难度。同时,生物安全性问题以及提取的成本过高也限制了天然脂蛋白作为药物载体的发展潜力。重组脂蛋白是由内源性分离或体外合成的载脂蛋白与磷脂酰胆碱在体外重组形成,保留了天然脂蛋白在胆固醇逆转运、抗炎、抗氧化及抗动脉粥样硬化等方面的功能。脂蛋白药物复合物的重组工艺一般采用类似于脂质体制备的薄膜分散法,胆酸盐透析法、干片法、去脂重组法等。分子生物学技术的逐渐发展和成熟使得脂蛋白的体外重组和大规模制备成为可能。

3. 脂蛋白作为药物载体的应用

(1) 低密度脂蛋白作为药物载体:低密度脂蛋白(LDL)是存在于人类血浆中含量最多的脂蛋白,在血浆中以球形颗粒存在,直径为18~25nm。研究表明,在一些恶性肿瘤细胞中,特别在急性骨髓性白血病、直肠癌、肾上腺癌、肺癌、脑癌、转移性前列腺癌细胞上过量表达LDL受体,这些细胞需要LDL转运大量胆固醇以供细胞膜合成。所以这种受体途径可以有效地转运大量LDL分子至过量表达LDL受体的细胞上。LDL作为药物靶向载体已申请美国专利,其优点包括:①是血浆天然成分并具有相对较长的半衰期;②颗粒粒径在纳米级范围,易从血管内扩散至血管外;③可通过LDL受体途径被细胞特异性识别与内吞;④大容量脂质核可作为脂溶性药物储存的场所,可有效避免所载的药物与血浆中成分相互作用而分解破坏。

LDL作为内源性纳米颗粒,可以通过LDL受体途径将细胞毒药物转运到特定的靶细胞、组织或器官,尽可能将细胞毒药物限定在病变部位;且其脂质核内所携带的细胞毒药物既可使药物避免被血浆中酶系的降解,又可避免脂质体、单克隆抗体等作为靶向药物载体被体内RES识别而迅速清除等缺陷,所以LDL是脂溶性细胞毒药物良好的主动靶向载体。

将5-氟尿嘧啶、5-碘脱氧尿苷、多柔比星、长春地辛4种细胞毒药物掺入到LDL,结果显示药物的掺入并没有明显改变LDL颗粒的完整性。通过对LDL受体过量表达的宫颈癌

Hela 细胞和乳腺癌 MCF-7 细胞实验结果表明,与游离的药物相比,LDL- 药物复合物的 IC_{50} 值明显降低,达 2.4~8.6 倍,说明 LDL- 药物复合物通过 LDL 受体途径能够有效提高药物的细胞毒作用。

总之,亲脂性药物与 LDL 形成载体药物在体内具有一定靶向性。除一些细胞毒药物可直接被 LDL 载运外,经糖基化修饰后的脂蛋白可能被体内特异的凝聚受体识别从而提高靶向性,抗病毒药物由这种脂蛋白载运后可有效地治疗乙肝。

（2）高密度脂蛋白作为药物载体:研究表明,天然高密度脂蛋白（HDL）或重组 HDL（reconstituted HDL,rHDL）具有抗炎、抗氧化、抗血栓形成等多种功能,具有比 LDL 更大的药物载体优势。高密度脂蛋白直径只有 5~12nm,更容易穿过血管壁进入血管外组织。可以通过受体介导的机制运载药物进入特定的细胞或组织,从而选择性增加特定部位的药物浓度,增强药物的抗癌、抗病毒、抗真菌活性以及动脉粥样硬化斑块显影作用。同时,HDL 作为药物载体能够避免网状内皮系统的清除,克服药物水溶性和耐受性差、毒副作用强的缺陷,是一种潜在的高效靶向性药物载体。

将紫杉醇通过体外重组包装入 rHDL 形成 rHDL- 紫杉醇复合物,能够被癌细胞有效结合并具有与泰素®相似的杀伤作用,同时药物化疗过程中的毒副作用显著降低。进一步的研究表明,rHDL- 紫杉醇复合物对多种癌细胞株具有更强的细胞毒性和更好的机体耐受性。rHDL- 阿克拉霉素复合物具有与天然 HDL 相似的大小及相对分子质量,并且 rHDL- 阿克拉霉素复合物对肝癌细胞的杀伤作用大于正常的肝细胞,提示 rHDL 作为药物载体对癌细胞具有选择性,可以减少正常组织的药物损伤。

HDL 可以将外周组织中的胆固醇转运到肝脏中代谢清除,从而具有将药物选择性运载到肝脏的潜能。将阿昔洛韦转变成前体物质阿昔洛韦棕榈酸酯,通过增加阿昔洛韦的疏水性而提高药物包封率（达到 97%）。0.0022mmol/L rHDL- 阿昔洛韦棕榈酸酯复合物对乙肝病毒的抑制率达到 20%,而要达到相同的抑制率需要 20 倍的阿昔洛韦棕榈酸酯脂质体,40 倍的阿昔洛韦脂质体及 200 倍的阿昔洛韦。因此,rHDL 作为药物载体对肝脏具有高度选择性,可以用于乙型肝炎、肝癌等肝脏相关疾病的靶向治疗。

然而,HDL 重组组分的大规模制备和生物安全性问题使 HDL 药物载体的临床应用受到限制,HDL 药物载体的研究仍停留在体外研究阶段,目前没有以脂蛋白为基础的药物进入临床,但是分子生物学重组技术的发展使这一问题得到改观。

三、胶原蛋白类药物载体

1. 概述　胶原蛋白是一种结缔组织蛋白,是构成皮肤、韧带、软骨、肌腱等结缔组织或器官的主要成分。因其具有独特的理化性质、优良的生物相容性、可降解性、低免疫原性以及止血功能等性能,且在生物体内容易被吸收、亲水性强、无毒、安全性好,故被广泛用作生物医用材料。以胶原蛋白为主要成分的给药系统应用非常广泛,可以把胶原蛋白水溶液塑造成各种形式的给药系统,如眼科方面的胶原蛋白保护物、烧伤或创伤使用的胶原海绵、蛋白质传输的微粒、胶原蛋白的凝胶形式、透过皮肤给药的调控材料以及基因传输的纳米微粒等。

2. 胶原蛋白在给药系统中的应用

（1）胶原蛋白膜:将胶原溶液倾倒在平板上,经空气干燥即可得到胶原膜。膜厚一般为 0.01~0.5mm。载药胶原膜常用于治疗局部组织感染及促进骨骼生长等用途。将载有四环素的胶原系统埋植于牙周,抗菌活性可维持 10 天,在 4~7 周内牙周疾病的发生率明显降低,这可归因于四环素的抗菌活性和对胶原酶水解的抑制作用。

(2) 胶原蛋白罩:胶原罩是一种具有眼球形状的膜,用于角膜药物释放。一般可将胶原罩浸泡到药液中 5~10 分钟,制得载药系统,胶原起着药库的作用。将胶原罩放入眼中,在泪水冲洗作用下缓慢溶解,产生一层生物相容的胶原溶液。它可润滑眼表面,减少眼睑与角膜间的摩擦,增加药物与角膜的接触时间,促进上皮愈合。同时,胶原罩作为局部治疗的药物载体可让氧气自由透过,维持角膜正常的代谢过程。该系统可使药物作用时间维持 24~48 小时,并可获得较高的角膜药物浓度。胶原罩所载的药物常是水溶性抗生素,如庆大霉素、妥布霉素、奈替米星等,也可用于释放甾醇和免疫抑制剂环孢多肽。

(3) 胶原海绵:胶原海绵是由胶原蛋白溶液经发泡、固化、冻干和灭菌而制成的一种海绵状固体制剂。由于胶原海绵可吸收大量的组织渗出液,平稳地附着在湿的创面上并维持一定湿度,防止机械伤害和二次细菌感染,因此对治疗重度烧伤特别有效,可作为各种类型创伤敷料,如褥疮、腿部溃疡。胶原海绵可用于抗生素短期给药(3~7 天),该系统无不良反应,且胶原蛋白在几天后可自动被吸收。胶原海绵也可用于释放重组人成骨蛋白 -2,以促进骨形成,重组人成骨蛋白 -2 与可溶性胶原的结合主要受交联度、pH 和胶原质量等海绵特性的影响。

(4) 胶原微粒和微柱:将胶原载体制备成微粒和微柱可简化埋植过程,这类药物系统可通过注射方法埋植于体内。胶原微粒的制备过程包括将胶原溶液分散在液状石蜡或油中,乳化后经戊二醛交联即可制得 3~40μm 的微粒。再将胶原微粒浸泡到药液中吸附药物,即得载药微粒。胶粒对维生素 A、维 A 酸、丁卡因、利多卡因、氢化可的松、泼尼松龙等亲脂性药物的载量可达 10%。将胶原制成长 1cm 和直径 1mm 的微柱是一种可注射植入的药物释放系统,这种系统已用于释放大分子,如干扰素、血浆蛋白及 DNA 等。

(5) 胶原蛋白水凝胶:胶原蛋白水凝胶是一种能在水中显著溶胀但分子不溶解的聚合物,具有良好的生物相容性,亲水小分子能从中自由扩散。与疏水性聚合物相比,水凝胶与所负载的酶等生物活性物质的相互作用力较弱,药物的生物活性维持时间较长。胶原蛋白与聚乙二醇(PEG)6000 和聚乙烯吡咯烷酮制成的水凝胶聚合物可进行避孕药物的控释。

(6) 胶原微球:胶原微球是用 30% 的胶原蛋白凝胶体,经过冻胀和捏合,通过一个喷嘴喷出后得到的固体配药类型,可以作为药物传输装置,这种微球的体积小,可以皮下注射,空间大,足以容纳大分子药物,如破伤风类毒素、白喉类毒素、干扰素以及白介素。微球皮下注射可以使 IL-2 延时释放,并降低最大血药浓度。

第三节　细胞类载体

作为传统的微粒及纳米粒子替代品,细胞系统作为药物的生物载体近年来得到了广泛的关注。不同的细胞,如载体红细胞,基因工程化干细胞和树突细胞已经被研究应用。细胞载体将药物、酶和遗传物质持续地释放,特定的输送到某些器官和组织,在治疗癌症、艾滋病、细胞内感染、心血管疾病、帕金森病或基因疗法表现出有潜在的应用价值。其中,红细胞载 L- 天冬酰胺酶或药物如糖皮质激素已经被成功地用于人类。基因工程化干细胞对于癌症的治疗已经被广泛的研究,而树突状细胞则主要应用于免疫治疗用疫苗的输送。以细胞为基础的载体能有效克服生理屏障,降低毒性和提高疗效,适用于复杂生物大分子药物的靶向治疗,具有良好的应用前景。

一、红细胞类载体

1. 概述　正常情况下红细胞的主要功能是通过其所含血红蛋白来携带氧,在人体和动物内循环数周。由于红细胞具有渗透活性,它的膜有可以开关的孔,允许外源分子的进入,因此包入外源物质的红细胞重新回输到人体或动物体内被称为载体红细胞。1973年,Ihler等观察到破裂的红细胞在一定条件下可发生重新包封的现象,红细胞内释放出来的物质(如血红蛋白)部分又重新被包封在红细胞内部,随后 Ihler 等首次用载体红细胞作为酶在体内运送的载体进行遗传性代谢疾病的治疗并获得成功。从此,以红细胞作为药物载体的研究相继展开。

红细胞体积较大,约为 $90\mu m^3$,使之能有效地包埋和输送生物活性物质,它能在血中循环达 120 天,在此期间释放药物,达到缓释长效的效果。通过对红细胞的处理,可实现靶向给药,如要使药物在肿瘤中浓集,可采用戊二醛或麦胚凝集素处理。此外,在还原的红细胞内环境中,蛋白水解酶活性较低,包入的酶能保持活性;内源性红细胞酶可激活药物,如将一磷酸阿糖胞苷变为有活性的阿糖胞苷;但有些药物也可被红细胞酶灭活,如胰岛素,需通过添加物来抑制其分解。

2. 红细胞药物载体的特点　同其他的一些药物载体相比,红细胞具有一些独特的优点:①极大地延长药物的体内半衰期:红细胞载体在循环中能存活与正常红细胞同样的时间,许多药物(如 SOD 等)在体内半衰期短,使其应用受到限制,载体红细胞比其他药物载体更能延长药物的半衰期,使药物缓慢地释放到体内,长时间地发挥作用;②降低外源药物的免疫反应:从病人身上抽出血液,用自身红细胞制备药物载体,具有合成药物载体无法比拟的生物相容性和降解性;③红细胞膜可容易地被打开和重封闭,药物载入不需特别的化学修饰,大量药物可载入少量红细胞中,且细胞未受到严重损伤;④能够保护药物免受酸碱以及酶的破坏,可以增加药物的稳定性;⑤衰老、变性和膜修饰过的红细胞主要在机体的肝、脾等组织中被清除,可将药物靶向到网状内皮系统。

3. 红细胞作为载体的应用

(1) 作为药物载体:迄今为止,红细胞被发现可以作为药物抗肿瘤药物、抗感染药物、铁离子螯合剂、抗氧化剂等多种药物的递送载体,在使用红细胞作为药物载体的体内和体外研究中抗肿瘤药物占了大部分。经研究证实效果较好的以红细胞为载体的抗肿瘤药物为甲氨蝶呤,包埋在红细胞内的甲氨蝶呤可以延长荷肝腹水细胞瘤的小鼠的平均存活时间,而且用膜稳定剂或其他一些方法处理后可以改善包载甲氨蝶呤的红细胞对网状内皮系统的靶向性,如用戊二醛处理的包载甲氨蝶呤的犬红细胞可将药物选择性地靶向至肝,用 NHS- 生物素处理的包埋甲氨蝶呤的红细胞是一种肝特异性递送载体。

以红细胞包埋阿霉素也取得了较好的效果,包埋在红细胞中的阿霉素的慢速释放可以增强其抗肿瘤活性,延长了药物的半衰期,减轻了毒副作用,特别是对心脏的毒性。以红细胞作为载体递送的其他一些抗肿瘤药物还包括博来霉素、柔红霉素、依托泊苷、卡铂等。

(2) 酶递送的载体:由于酶在血浆中的半衰期很短,而且会对一些组织产生毒性作用,因此一般情况下不能直接进行注射,而用红细胞对酶进行包埋可以很好地解决以上问题。在酶治疗中研究最广泛的是将包载 L- 天冬酰胺酶的红细胞用于儿童急性淋巴细胞白血病(ALL)。L- 天冬酰胺酶在机体内可催化天冬酰胺的水解,生成天冬氨酸和氨,在大量的 ALL

病人中,其肿瘤细胞依赖外源性的 L- 天冬酰胺才能生存,而正常细胞自身能合成 L- 天冬酰胺。L- 天冬酰胺酶抗白血病的作用机制是它能够快速消耗血液循环中的 L- 天冬酰胺,从而消耗肿瘤细胞合成蛋白质所必需的底物,快速抑制蛋白质合成,而不影响正常细胞,实现 L-天冬酰胺酶的选择性细胞毒作用。但 L- 天冬酰胺酶半衰期短限制了其临床应用,经红细胞包埋后,L- 天冬酰胺酶的循环半衰期可以延长至 7 天,动物模型和人体实验表明,静脉内注射包载天冬酰胺酶的红细胞的作用时间较注射游离的酶要长。

（3）核酸递送的载体:以红细胞包载抗病毒药物用于艾滋病（AIDS）的治疗是红细胞载体最有前途的治疗性应用之一。胸苷类似物 AZT 和核酸类似物 DDI 是逆转录酶的抑制剂,将它们包埋在红细胞中可以用作抗 HIV 感染的治疗。在鼠 AIDS 模型上应用包埋在红细胞中的 AZT+DDI 后,鼠巨噬细胞中前病毒 DNA 的含量显著低于用游离 AZT+DDI 处理的小鼠。

（4）疫苗递送的载体:在疫苗研究中红细胞可以作为天然的载体和抗原的佐剂,采用红细胞包载抗原进行免疫可以诱导体液免疫,其效果相当于或者优于皮下免疫的佐剂抗原。研究表明用红细胞包埋的白喉毒素和破伤风毒素免疫后产生的抗体滴度要高于用相应游离的毒素免疫产生的抗体滴度。

除了以上一些药物外,包埋在红细胞载体中进行递送的药物还有重组人红细胞生成素（EPO）、肝素、细胞因子白介素 -3 等。另外,将载体红细胞与真核细胞融合可以将包埋在红细胞中的物质"微注射"入真核细胞中。载体红细胞也可以用于研究包埋某些物质以研究这些物质在红细胞内的代谢,或者观察这些物质对正常细胞的影响。

4. 载体红细胞的制备方法　载体红细胞的制备方法不断地被改进,以提高药物的包埋率,保持红细胞的完整性和延长载体红细胞的体内生命周期。

（1）低渗预膨胀法及低渗透析法:其共同特点是包载效果好,细胞恢复好,其中低渗透析法可通过专门的设备大规模的制备载体红细胞,使其达到生产批量化（图 18-13）;低渗预膨胀法则更快速而简单,包载率也更高。其机制是利用红细胞在低渗膨胀溶血时,细胞膜上会短暂形成许多直径 20~50nm 的膜孔,此时存在于细胞外的药物,能够通过膜孔进入到细胞内部。对于纳米粒子而言,目前已成功包埋于红细胞内的多为磁性纳米粒子,这是因为磁性纳米粒子一般具有较小的粒径,且在核磁共振成像、药物靶向运输等方面具有一定的实用价值。将磁性纳米粒子包埋进红细胞内后,可延长磁性纳米粒子在循环系统中的滞留时间,用于血管系统的造影成像或其他组织器官的靶向成像。另外,将药物和磁性纳米粒子共同包埋进红细胞内部,既可解决磁性纳米粒子在载药量等方面的不足,又可增强红细胞载体的靶向性。

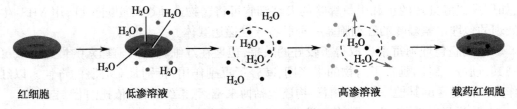

图 18-13　低渗透析法载药原理示意图

（2）二甲基亚砜诱导的渗透压脉冲法:二甲基亚砜（DMSO）是比较常用的化学试剂,研究发现经低浓度（5%~7%）的 DMSO 处理过的红细胞,细胞膜的渗透率可达到 90% 左右,再施加脉冲电场,红细胞膜局部的双层脂分子受到的电场压力超过了它们有序排列的弹性作用,导致区域膜紊乱,使细胞膜穿孔,形成膜桥和质桥,完成药物包埋。该法主要用于制备低亲和力的红细胞载体。

此外,还有化学干扰法、电脉冲等用于载体红细胞的制备。尽管红细胞载药体系可以进行靶向定位治疗,但目前包埋技术还不成熟,且有效性和安全性尚待更深入的考察。

二、其他类细胞载体

1. 干细胞 骨髓中含有多种干细胞及前体细胞群,造血干细胞、胚胎干细胞、间充质干细胞(MSCs)和内皮祖细胞都可以作为细胞载体。MSCs 是具有多向分化潜能的非造血干细胞,除了具有造血支持、免疫调节和多向分化(分化为骨、软骨和脂肪)的特性外,还具有特异性地迁移到损伤部位和肿瘤组织的特性。MSCs 与肿瘤微环境之间存在复杂的交互作用:一方面,可直接作用于肿瘤细胞,抑制其生长;另一方面,MSCs 还可作为细胞载体,传递和表达多种抗肿瘤因子。如携带抗肿瘤因子 IFN-α、IFN-β、IL-12、胞嘧啶脱氨酶 - 和 TNF 相关的凋亡诱导配体等,依靠 MSCs 特异迁移到肿瘤部位的特性,可杀伤或抑制肿瘤细胞生长。

2. 淋巴细胞 T 淋巴细胞被认为是靶向治疗的最具潜力的细胞载体,其具有广泛的组织浸润能力。如细胞因子诱导杀伤细胞(cytokine-induced killer cells,CIK)作为肿瘤的细胞治疗方法之一已成功地在临床上得到了广泛应用。此外,最近科学家使用 CIK 细胞作为病毒运载工具,成功地将病毒运载到肿瘤组织部位并显示出高效的抗肿瘤作用,该方法为病毒运输定位于肿瘤病变部位找到了突破口。

3. 树突细胞 树突细胞是由美国学者 Steinman 于 1973 年发现的,是目前所知的功能最强的抗原提呈细胞,因其成熟时伸出许多树突样或伪足样突起而得名。近年来,世界各国都在研究利用树状细胞预防癌症、治疗癌症的新方法。树突细胞如同驻守在组织中的"雷达",一旦侦查到变异细胞就会释放信号,激活免疫细胞,促进其大量增殖,去杀灭肿瘤细胞。在体外培养树突状细胞,同时加入肿瘤组织,在此过程中,树突细胞会获取到这些肿瘤抗原的信息,进而产生强烈的识别功能,这些经过加工的树突状细胞可成为抗癌疫苗。当这些抗癌细胞返回到人体的时候,人体内的免疫系统对肿瘤的对抗能力就大大加强了。另外,可以从癌症患者体内提取树突细胞,按照所需进行培养,制作成"细胞导弹",通过注射,重新回到患者体内。这些树突细胞进入人体后,刺激体内的肿瘤杀伤性淋巴细胞的增殖,发挥长期肿瘤监视作用和肿瘤杀伤作用,达到消灭肿瘤的目的。

(唐 星 蔡翠芳)

思 考 题

1. 简述纳米羟基磷灰石载体,红细胞载体的概念?
2. 纳米羟基磷灰石载体的特点是什么?
3. 纳米羟基磷灰石载生物大分子药物有何优势?
4. 简述纳米羟基磷灰石的制备方法。
5. 简述常用纳米二氧化硅载体的种类。

6. 红细胞载体的特点是什么?

7. 常用的细胞载体有哪些?

8. 细胞类载体的在药物输送上有何优势?

参 考 文 献

1. Fox K, Tran PA, Tran N. Recent advances in research applications of nanophase hydroxyapatite. Chemphyschem. 2012, 13 (10): 2495-2506

2. Uskoković V, Uskoković DP. Nanosized hydroxyapatite and other calcium phosphates: chemistry of formation and application as drug and gene delivery agents. J. Biomed. Mater. Res. B. Appl. Biomater. 2011, 6 (1): 152-191

3. Tomoda K, Ariizumi H, Nakaji T, et al. Hydroxyapatite particles as drug carriers for proteins. Colloids. Surf. B. Biointerfaces. 2010, 76 (1): 226-235

4. 赵勤富, 郑力, 王思玲. 纳米多孔羟基磷灰石的制备方法及其在药物载体方面应用的研究进展. 沈阳药科大学学报. 2010, 27 (12): 1009-1012

5. 赵欣, 王德平. 纳米羟基磷灰石作为药物载体材料的研究进展. 材料导报. 2010, 24 (023): 116-120

6. Sadat-Shojai M, Khorasani MT, Dinpanah-Khoshdargi E, et al. Synthesis methods for nanosized hydroxyapatite with diverse structures. Acta. Biomater. 2013, 9 (8): 7591-7621

7. Li Y, Tjandra W, Tam KC. Synthesis and characterization of nanoporous hydroxyapatite using cationic surfactants as templates. Mater. Res. Bull. 2008, 43 (8): 2318-2326

8. Wang S. Ordered mesoporous materials for drug delivery. Micro. Mes. Mater. 2009, 117: 1-9

9. Slowing II, Vivero-Escoto JL, Wu CW, et al. Mesoporous silica nanoparticles as controlled release drug delivery and gene transfection carriers. Adv. Drug. Deliv. Rev. 2008, 60 (11): 1278-1288

10. 王昕, 滕兆刚, 黄小银, 等. 介孔二氧化硅纳米粒传递肿瘤诊疗药物的研究进展. 药学学报. 2013, 48 (1): 8-13

11. 胡延臣, 王彦竹, 王思玲. 纳米多孔二氧化硅作为药物载体的研究进展. 沈阳药科大学学报. 2010, 27 (12): 961-965

12. Ambrogi V, Perioli L, Marmottinib F, et al. Carlo Rossia. Role of mesoporous silicates on carbamazepine dissolution rate enhancement. Micro. Mes. Mater. 2008, 113 (1-3): 445-452

13. Smirnova I, Mamic J, Arlt W. Adsorption of drugs on silica aerogels. Langmuir. 2003, 19: 8521-8525

14. Meng H, Liong M, Xia T, et al. Engineered design of mesoporous silica nanoparticles to deliver doxorubicin and P-glycoprotein siRNA to overcome drug resistance in a cancer cell line. ACS. Nano. 2010, 4: 4539-4550

15. 徐如人, 庞文琴, 于吉红. 分子筛与多孔材料化学. 北京: 科学出版社, 2004

16. Soler-Illia GJ, Crepaldi EL, Grosso D, et al. Block copolymer-templated mesoporous oxides. Curr. Opin. Colloid. In. 2003, 8 (1): 109-126

17. Ganesh P, Sangawar P, Gupta R B. Dissolution rate enhancement of fenofibrate by adsorption onto silica using supercritical carbon dioxide. Int. J. Pharm. 2008, 360: 213-218

18. Zhao D, Feng J, Huo Q, et al. Triblock copolymer syntheses of mesoporous silica with periodic 50 to 300 angstrom pores. Science. 1998, 279 (5350): 548-552

19. 胡文平, 刘云圻, 曾鹏举, 等. 纳米碳管. 化学通报, 2000, 2: 2-6

20. Zhang Y, Bai Y H, Yan B. Functionalized carbon nano-tubes for potential medicinal applications. Drug. Discov.

Today. 2010, 15 (11/12): 428-435

21. Constantine P F, Prabhakar R B. Toxicity issues in the application of carbon nanotubes to biological systems. Nanomedicine. 2010, 6 (2): 245-256

22. 毕红, 余乐乐, 宋梦梦, 等. 无机纳米载体在靶向药物输送中的应用研究进展. 安徽大学学报, 2011, 35 (3): 1-8

23. Xie J, Xu C, Kohler N, et al. Controlled PEGylation of monodisperse Fe_3O_4 nanoparticles for reduced non-specific uptake by macrophage cells. Adv. Mater. 2007, 19 (20): 3163-3166

24. Qi L, Gao X. Emerging application of quantum dots for drug delivery and therapy. Expert. Opin. Drug. Deliv. 2008, 5 (3): 263-267

25. Kratz F. Albumin as a drug carrier: design of prodrugs, drug conjugates and nanoparticles. J. Control. Release. 2008, 132 (3): 171-183

26. Elzoghby AO, Samy WM, Elgindy NA. Albumin-based nanoparticles as potential controlled release drug delivery systems. J. Control. Release. 2012, 157 (2): 168-182

27. 季秀峰, 石莉, 邓意辉. 白蛋白纳米粒药物传递系统的研究进展. 沈阳药科大学学报, 2010, 27 (12): 968-978

28. 袁媛, 王晓芸, 王维娜, 等. 重组肝靶向高密度脂蛋白-药物纳米粒的制备及处方优化. 中国医药工业杂志, 2012, 43 (7): 558-567

29. Nikanjam M, Gibbs A R, Hunt C A, et al. Synthetic nano-LDL with paclitaxel oleate as a targeted drug delivery vehicle for glioblastoma multiforme. J. Control. Release. 2007, 124 (3): 163-171

30. Masquelier M, Vitols S, Pålsson M, et al. Low density lipoprotein as a carrier of cytostatics in cancer chemotherapy: study of stability of drug-carrier complexes in blood. J. Drug. Target. 2000, 8 (3): 155-164

31. Rensen PC, de Vrueh RL, Kuiper J, et al. Recombinant lipoproteins: lipoprotein-like lipid particles for drug targeting. Adv. Drug. Deliv. Rev. 2001, 47 (2-3): 251-276

32. Hamidi M, Foroozesh M, Zarrin A. Lipoproteins: from physiological roles to drug delivery potentials. Crit. Rev. Ther. Drug. Carrier. Syst. 2006, 23 (6): 497-523

33. Lacko AG, Nair M, Paranjape S, et al. High density lipoprotein complexes as delivery vehicles for anticancer drugs. Anticancer. Res. 2002, 22 (4): 2045-2049

34. Kim SI, Shin D, Choi TH, et al. Systemic and specific delivery of small interfering RNAs to the liver mediated by apolipoprotein A-I. Mol. Ther. 2007, 15 (6): 1145-1152

35. Bijsterbosch MK, Van Berkel TJ. Lactosylated high density lipoprotein: a potential carrier for the site-specific delivery of drugs to parenchymal liver cells. Mol. Pharmacol. 1992, 41 (2): 404-411

36. 薛新顺, 罗发兴, 何小维, 等. 胶原蛋白作为给药系统载体的研究进展. 医药导报, 2006, 25 (12): 1297-1299

37. Ruszczak Z, Friess W. Collagen as a carrier for on site delivery of antibacterial drugs. Adv. Drug. Del. Rev. 2003, 55 (12): 1679-1698

38. Donald G, Wallace, Rosen blattJ. Collagen gel systems for sustained delivery and tissue engineering. Adv. Drug. Del. Rev. 2003, 55 (12): 1631-1649

39. Maeda M, Tani S, Sano A, et al. Microstructure and release characteristics of the minipellet, a collagen-based drug delivery system for controlled release of protein drugs. J. Control. Release. 1999, 62 (3): 313-324

40. Hu CM, Fang RH, Zhang L. Erythrocyte-inspired delivery systems. Adv. Healthc. Mater. 2012, 1 (5): 537-547

41. Gutiérrez M C, Colino G CI, Sayalero M, et al. Cell-based drug-delivery platforms. Ther. Deliv. 2012, 3 (1): 25-41

42. Magnani M, Pierigè F, Rossi L. Erythrocytes as a novel delivery vehicle for biologics: from enzymes to nucleic acid-based therapeutics. Ther. Deliv. 2012, 3 (3): 405-414

43. Millán CG, Marinero ML, Castañeda AZ, et al. Drug, enzyme and peptide delivery using erythrocytes as carriers. J. Control. Release. 2004, 95 (1): 27-49

44. 范闻, 严微, 徐祖顺. 新型红细胞纳米粒子载体系统的研究进展. 胶体与聚合物, 2011, 29 (4): 187-189

45. 符乃阳, 马靖, 张尔贤. 红细胞用作新型药物载体的研究进展. 药物生物技术, 1997, 4 (4): 251-256